D1750243

Fritz Plasser / Peter A. Ulram / Franz Sommer (Hg.)

Das österreichische Wahlverhalten

Schriftenreihe des
Zentrums für Angewandte Politikforschung

Band 21

Fritz Plasser
Peter A. Ulram
Franz Sommer (Hg.)

Das österreichische Wahlverhalten

Wien 2000

Alle Rechte, insbesondere das Recht der Vervielfältigung und Verbreitung sowie der Übersetzung in fremde Sprachen, vorbehalten. Kein Teil des Werkes darf in irgend einer Form (durch Fotokopie, Mikrofilm oder ein anderes Verfahren) ohne schriftliche Genehmigung des Verlages reproduziert oder unter Verwendung elektronischer Systeme verarbeitet, vervielfältigt oder verbreitet werden.

All rights reserved (including those of translation into foreign languages). No part of this book may be reproduced in any form – by photoprint, microfilm or any other means – nor transmitted or translated into a machine language without written permission
from the publishers.

Copyright 2000 by Signum Verlag Wien

Die Deutsche Bibliothek – CIP-Einheitsaufnahme

Das österreichische Wahlverhalten
Fritz Plasser; Peter A. Ulram; Franz Sommer (Hg.). – Wien: Signum-Verl., 2000
(Schriftenreihe des Zentrums für Angewandte Politikforschung ; Bd. 21)
ISBN 3-85436-308-7
NE: Fritz Plasser [Hrsg.]; Zentrum für Angewandte Politikforschung
<Wien>: Schriftenreihe des Zentrums ...

ISBN 3-85436-308-7

Eigentümer und Herausgeber:
Verein für Sozial- und Wirtschaftsforschung, 1030 Wien, Reisnerstraße 40
Verleger: Signum Verlag GesmbH & Co KG, 1080 Wien, Albertgasse 33
Druck: Ferdinand Berger & Söhne, Gesellschaft m.b.H., 3580 Horn
Umschlaggestaltung: Georg Walter, 3912 Grafenschlag
Satz: Palli & Palli OEG, 6020 Innsbruck

Inhaltsverzeichnis

Vorwort der Herausgeber — 9

I: Wahlverhalten und Parteienwettbewerb

Wahlen und Dynamik des österreichischen
Parteiensystems seit 1986 — Wolfgang C. Müller

13

Breaking the Mold: Politische Wettbewerbsräume
und Wahlverhalten Ende der neunziger Jahre — Fritz Plasser
Gilg Seeber
Peter A. Ulram

55

Steter Tropfen höhlt den Stein. Wählerströme und
Wählerwanderungen 1999 im Kontext der 80er
und 90er Jahre — Christoph Hofinger
Marcelo Jenny
Günther Ogris

117

II. Wahlkampf und Massenmedien

Do Campaigns Matter? Massenmedien und Wahlentscheidung
im Nationalratswahlkampf 1999 — Fritz Plasser
Peter A. Ulram
Franz Sommer

141

Wahlkampf in den Fernsehnachrichten. Günther Pallaver / Clemens Pig
Eine Inhaltsanalyse der tagesaktuellen Gernot W. Gruber / Thomas Fliri
Berichterstattung

175

Impression-Management: Kandidatendiskussionen Michael Posselt
im TV 1994, 1995 und 1999 Manfred Rieglhofer

207

III. Fallstudien zum „Superwahljahr" 1999

Rechtspopulistische Resonanzen: Fritz Plasser
Die Wählerschaft der FPÖ Peter A. Ulram

225

Issue-Voting: Themen und thematische Positionen als Imma Palme
Determinanten der Wahlentscheidung

243

Die Landtagswahlen im Jahr 1999 – zwischen regionalen Herbert Dachs
Kalkülen und bundespolitisch geprägten Stimmungen Elisabeth Wolfgruber

261

Regionales Wahlverhalten: Ferdinand Karlhofer
Analyse der Tiroler Landtagswahl 1999 Gilg Seeber

289

Parteien- und Wahlkampffinanzierung in den 90er Jahren Hubert Sickinger

305

IV. Wahlverhalten in Nachbardemokratien

„It's Time for a Change" – Bestimmungsfaktoren des Oscar W. Gabriel
Wählerverhaltens bei der Bundestagswahl 1998

333

Die nationalkonservative Revolte in der Gestalt der SVP. Claude Longchamp
Eine Analyse der Nationalratswahlen 1999 in der Schweiz

393

V. Datenanhang

Anhang A: Ergebnisse von Wahlen und Abstimmungen 1945–1999   425

Anhang B: Daten aus Wahltagsbefragungen   465

Die Autoren   473

Vorwort der Herausgeber

Das Ergebnis der Nationalratswahl 1999 markiert nicht nur den definitiven Übergang zu einem *tripolaren* System von drei annähernd gleich starken Parteien SPÖ, FPÖ und ÖVP wie der Partei der Grünen am links-alternativen Spektrum des Parteienwettbewerbs, sondern setzte eine innen- und außenpolitische *Kettenreaktion* in Gang, deren Dramatik in der neueren politischen Geschichte Österreichs ohne Beispiel ist. Für innenpolitische Dramatik sorgte das Scheitern der Koalitionsverhandlungen zwischen SPÖ und ÖVP, das gleichzeitig auch die Ära der Großen Koalition (1987–1999) beendete. Konsequenz des Scheiterns der SPÖ-ÖVP-Verhandlungen war die Bildung einer Koalitionsregierung zwischen der mittlerweile knapp (um 415 Stimmen) zur zweitstärksten Partei aufgestiegenen FPÖ mit der ÖVP, die erstmals in der Geschichte der Zweiten Republik auf den dritten Platz zurückgefallen war. Trotzdem stellt die ÖVP den Kanzler dieser Mitte-Rechts-Regierung, die im Februar 2000 vom Bundespräsidenten angelobt wurde.

Für außenpolitische Dramatik sorgte zunächst das Ergebnis der Nationalratswahl 1999, insbesondere die Tatsache, daß die FPÖ mit einem Anteil von 26,9 Prozent zur zweitstärksten Partei geworden war. Die internationale Medienöffentlichkeit verfolgte dieses Ergebnis mit nachhaltiger Besorgnis und widmete dem österreichischen Wahlverhalten eine Aufmerksamkeit, die bislang keiner österreichischen Parlamentswahl zuteil wurde. Die Bildung einer Koalitionsregierung von ÖVP und FPÖ erhöhte nicht nur die Intensität der massenmedialen Kritik und Besorgnis, sondern löste auch bei den 14 Regierungen der Europäischen Union einschneidende und in dieser Form in Westeuropa beispiellose Reaktionen aus, die u.a. in einer Reduktion der bilateralen Beziehungen mit Regierungsvertretern des EU-Mitglieds Österreich mündeten. Die USA schloß sich der Kritik der 14 EU-Staaten an, ohne aber die bilateralen Beziehungen zu ändern. Israel zog hingegen seinen Botschafter aus Wien ab und Kritik und Mißbilligung wurde auch von außereuropäischen Regierungen öffentlich geäußert. Die außen- und innenpolitischen Konsequenzen der Nationalratswahl 1999 und des aus ihr resultierenden Regierungs- und Koalitionswechsels für die zukünftige Entwicklung des politischen Systems Österreichs lassen sich zum gegenwärtigen Zeitpunkt nicht abschätzen und müssen offen bleiben.

Nicht abzuschätzen oder gar vorherzusagen war die Dramatik der Nationalratswahl 1999 bei der Planung des vorliegenden Bandes, die bereits im Frühjahr 1999 begonnen wurde. Die ursprüngliche Absicht der Herausgeber war es, die letzte Parlamentswahl in der zweiten Hälfte des 20. Jahrhunderts zum Anlaß zu nehmen, über die Analyse eines singulären Wahlereignisses hinaus längerfristige Wandlungstendenzen im österreichischen Wahlverhalten zu analysieren, Veränderungs- und Bruchlinien zu definieren, neue Trends und Muster zu modellieren und in ihrer komplexen Dynamik zu erklären. Die politikwissenschaftliche Wahlforschung gilt als die theoretisch und methodisch am weitesten vorangeschrittene Disziplin in der empirischen Sozialwissenschaft und bietet eine Fülle interessanter und vielversprechender Zugänge zur Erklärung der Dynamik des Wahlverhaltens und der Wahlentscheidung. Die Herausgeber haben an der ursprünglichen Zielsetzung festgehalten, diese aber aufgrund der Dramatik des Wahlereignisses und seiner Konsequenzen punktuell modifiziert und um aktuelle Fragen ergänzt und erweitert. Das Ergebnis ist eine Gliederung des Bandes in *vier* Hauptabschnitte, die sich jeweils ausgewählten Perspektiven des Wahlverhaltens zuwenden.

Im *ersten* Hauptabschnitt „Wahlverhalten und Parteienwettbewerb" gibt zunächst Wolfgang C. Müller einen empirischen Überblick über wesentliche Veränderungen der Dynamik des österreichischen Parteienwettbewerbs seit 1986, wobei er sich aus der Perspektive der *rational choice*-Theorie insbesondere mit dem thematischen Wettbewerb der Parlamentsparteien auseinandersetzt. Fritz Plasser, Gilg Seeber und Peter A. Ulram zeichnen in ihrem Beitrag das Entstehen eines neuen politischen Wettbewerbsraums nach und analysieren auf Basis von *Individualdaten* und *exit polls* wesentliche Veränderungen im österreichischen Wahlverhalten im Zeitraum 1979 bis 1999 Christoph Hofinger, Marcelo Jenny und Günther Ogris setzen die längerfristige Analyse auf der Basis von *Aggregatdaten* fort. Ihr Thema sind Wählerströme und Wählerwanderungen bei österreichischen Parlamentswahlen 1983 bis 1999.

Der *zweite* Hauptabschnitt „Wahlkampf und Massenmedien" konzentriert sich auf das massenmediale Einflußpotential und die Relevanz der Wahlkampfberichterstattung für die individuelle Wahlentscheidung. Hier stehen Theorien und Modelle der politischen Kommunikationsforschung im Vordergrund, die mittlerweile unverzichtbare Bestandteile politikwissenschaftlicher Wahlverhaltensforschung sind. Fritz Plasser, Peter A. Ulram und Franz Sommer berichten über zentrale Ergebnisse einer *Panelstudie* zum Nationalratswahlkampf 1999 und versuchen die Frage „*Do Campaigns Matter?*" zu beantworten. Günther Pallaver und seine Kollegen arbeiten die Ergebnisse einer komplexen *Inhaltsanalyse* der innenpolitischen Berichterstattung in den ORF-Fernsehnachrichtensendungen heraus, die einflußreiche Einblicke in Thematisierungsstrategien der Wahlkampfakteure wie *Framing*-Strategien der Nachrichtenredaktionen gestatten. Die professionelle Selbstdarstellung der Spitzenakteure des Wahlkampfes und ihr „*impression management*" bei den Konfrontationen im Fernsehstudio ist das Thema des Beitrags von Michael Posselt und Manfred Rieglhofer, die über eine qualitative Analyse der *TV-Confrontainments* in den Wahlkämpfen 1994, 1995 und 1999 berichten.

Der *dritte* Hauptabschnitt setzt sich aus Fallstudien zum österreichischen „Superwahljahr" 1999 zusammen. Aus aktuellem Anlaß widmen sich Fritz Plasser und Peter A. Ulram der Komposition, politischen Orientierungen und Motiven der FPÖ-Wählerschaft. Imma Palme setzt sich in ihrem Beitrag mit dem Phänomen „*issue voting*" auseinander und untersucht den Einfluß thematischer Positionen auf die Wahlentscheidung. Mit dem *regionalen* Wahlverhalten beschäftigen sich zwei weitere Beiträge. Herbert Dachs und

Elisabeth Wolfgruber untersuchen die Landtagswahlen im Jahr 1999 und zeichnen tiefreichende Trends und Veränderungen im regionalen Wahlverhalten nach. Auf eine dieser Landtagswahlen – die Tiroler Landtagswahl 1999 – konzentrieren sich Ferdinand Karlhofer und Gilg Seeber und berichten im Rahmen ihrer Fallstudie über zentrale Ergebnisse eines *exit poll*. *Institutionelle* Faktoren des Parteienwettbewerbs sind der Ausgangspunkt von Hubert Sickinger, der wesentliche Eckpunkte und Problemfelder der Parteien- und Wahlkampffinanzierung in den neunziger Jahren materialreich untersucht.

Der *vierte* und abschließende Hauptabschnitt ist dem Wahlverhalten in Nachbardemokratien gewidmet. Oscar W. Gabriel arbeitet auf Basis umfangreicher empirischer Datensätze die Bestimmungsfaktoren des Wahlverhaltens bei der *Bundestagswahl 1998* heraus und vermittelt ein dichtes Bild der Dynamik im deutschen Wahlverhalten. Die *Schweizer Nationalratswahl 1999* ist das Thema von Claude Longchamp, der langfristige Veränderungen im Schweizer Wahlverhalten empirisch beleuchtet, die in ihrer Tiefe und ihren Konsequenzen für den Parteienwettbewerb in der Schweiz durchaus mit den Veränderungen in der Tiefenstruktur des österreichischen Wahlverhaltens verglichen werden können.

Die Herausgeber sind den Mitautorinnen und Mitautoren zu großem Dank verpflichtet. Ohne die kollegiale Bereitschaft zur professionellen Zusammenarbeit wäre es nicht möglich gewesen, einen Band über das österreichische Wahlverhalten bereits sechs Monate nach einer Nationalratswahl der interessierten Öffentlichkeit vorstellen zu können. Besonders danken wollen die Herausgeber den Kollegen Gabriel (Stuttgart) und Longchamp (Zürich) für ihre Bereitschaft, im Rahmen eines Bandes über das österreichische Wahlverhalten aktuelle Forschungsergebnisse über das Wahlverhalten in Deutschland bzw. der Schweiz zu veröffentlichen. Es zeigt dies, wie ausgeprägt mittlerweile das Interesse an internationalen Vergleichen und internationalen Forschungskooperationen ist. Es zeigt aber auch, daß trotz der eingangs erwähnten Umschattungen der bilateralen Beziehungen sowohl Interesse an differenzierten Lagebeurteilungen wie kollegialer wissenschaftlicher Zusammenarbeit besteht.

Wie bei allen bisher publizierten Bänden der Schriftenreihe des Zentrums für Angewandte Politikforschung wäre das vorliegende Buch ohne das professionelle redaktionelle Management und die engagierte editorische Betreuung von Herrn Mag. Wolfgang Meixner (ZAP) nicht realisierbar gewesen. Gleiches gilt für die bewährte organisatorische und sekretarielle Unterstützung durch Frau Marianne Zawilensky und Frau Mag. Sigrid Bayrleitner (beide ZAP), die das Projekt engagiert begleiteten. Frau Ellen Palli und Herr Mag. Wolfgang Palli (Innsbruck) haben angesichts komplexer Tabellen und Schaubilder neuerlich ihr außergewöhnliches *know how* bei der Erstellung eines druckfertigen Typoskripts unter Beweis gestellt. Beiden danken wir für die langjährige kollegiale und entgegenkommende Zusammenarbeit.

Die Herausgeber

Wien, im Februar 2000

Wahlen und Dynamik des österreichischen Parteiensystems seit 1986

Wolfgang C. Müller

1. Einleitung

Das österreichische Parteiensystem, das für den Großteil der Zeit seit 1945 zu den stabilsten Westeuropas gehört hat, ist seit 1986 in eine Phase gewaltiger Veränderungen eingetreten. Der Großteil der neueren Literatur zum österreichischen Parteiensystem konstatiert diese Veränderungen und dokumentiert sie im Hinblick auf verschiedene Dimensionen (Müller 1997; Luther 1998; 1999). Wenig Aufmerksamkeit hat hingegen die Frage erfahren, wie die eingetretenen Veränderungen zu *erklären* sind. Wenn diese Frage bisher unterbelichtet geblieben ist, so liegt es nicht an einem Mangel an empirischen Daten, sondern daran, daß diese Forschungsergebnisse weiterer Interpretation und ihrer Integration bedürfen. Die Frage des vorliegenden Beitrags ist also: Wie können die vorhandenen empirischen Daten zusammengeführt und theoretisch konsistent interpretiert werden?

Das Parteiensystem ist das System jener Beziehungen, welche aus dem Parteienwettbewerb resultieren (Sartori 1976: 44). In diesem Wettbewerb sind die Parteien die zentralen Akteure, der Wettbewerb wird aber durch die politischen Institutionen strukturiert und in letzter Konsequenz von den Wählern – als den „Schiedsrichtern" – entschieden. Veränderungen des Parteiensystems können demnach aus Veränderungen
– im Wahlverhalten,
– der politischen Institutionen und
– im Verhalten der Parteien zueinander
resultieren (vgl. Smith 1989). Zwischen 1986 und 1999 hat sich das Verhalten der Parteien zueinander zwar in mancherlei Hinsicht gewandelt, das Parteiensystem wurde dadurch aber nicht verändert, insofern es keinen Übergang von einem Parteien-

systemtyp zu einem anderen gab (vgl. Mair 1997: 51f.).[1] Auf Bundesebene stand die Koalition SPÖ-ÖVP der Opposition der anderen Parteien gegenüber. Die Bildung und der Fortbestand dieser Koalition haben den Parteienwettbewerb um Wählerstimmen freilich maßgeblich beeinflußt (vgl. Kéry 1997). Die politischen Institutionen haben in dieser Zeit zahlreiche Veränderungen erfahren. Den größten direkten Einfluß auf das Parteiensystem hatte die Änderung des Wahlsystems im Jahr 1992 (Ucakar 1995; Müller 1996a), ohne die es 1999 nicht zum Ausscheiden des Liberalen Forums aus dem Parlament gekommen wäre.[2] Den größten Einfluß auf die Veränderungen des österreichischen Parteiensystems hat freilich das Verhalten der Wähler gehabt. Der vorliegende Beitrag konzentriert sich daher auf den Wettbewerb der Parteien um die Stimmen der Wähler.

Ich beschreibe zunächst kurz die Entwicklung des österreichischen Parteiensystems seit 1986 an Hand einiger Standard-Indikatoren. Um die 1986 eingetretene Zäsur deutlich zu machen, betrachte ich dabei die Entwicklung seit 1945. In der Folge gehe ich der Frage nach, wie diese Veränderungen zu erklären sind. Einer kurzen Zusammenfassung des Zerfalls traditioneller Parteibindungen folgt eine ausführliche Darstellung der Rahmenbedingungen und der Inhalte des Issue-Wettbewerbs zwischen den Parteien.

2. Veränderungen des Parteiensystems seit 1986

Veränderungen des Parteiensystems können in zumindest drei Dimensionen erfaßt werden:
1. Anzahl und relative Größe der Parteien;
2. ideologische Polarisierung;
3. Fluktuation der Wähler zwischen den Parteien.

Anzahl und relative Größe der Parteien

Tabelle 1 enthält zunächst einige Zählweisen der am politischen Wettbewerb beteiligten Parteien. Seit 1986 stellen sich mehr potentiell chancenreiche Gruppierungen der Wahl als je zuvor, vor allem aber entstand mit dem Einzug der Grünen wieder ein *Vier*parteienparlament, das durch Abspaltung des Liberalen Forums von der FPÖ im Jahre 1993 zum *Fünf*parteienparlament wurde. Nach zweimaligem durch Wahlen legitimierten Einzug des Liberalen Forums in den Nationalrat verfehlte es 1999 die 4 %-Hürde um 0,35 Prozentpunkte. Nach mehr als sechs Jahren entstand wieder ein *Vier*parteienparlament.

Tabelle 1: Die Entwicklung des österreichischen Parteiensystems, 1945–1999

Jahr	Anzahl der Parteien			Anteile der beiden stärksten Parteien an den (in %)		Wahlbe-rechtigten	Fraktionalisierung des Parteiensystems (Rae)		Anzahl der Parteien nach		
	Kandi-daturen[1]	Im Parla-ment		Mandaten	gültigen Stim-men		Stimmen $(Fa)^2$	Mandate (Fp)	Laakso & Taagepera[3]	Molinar[4]	Sartori
1945	4	3		97,6	94,4	88,0	0,55	0,52	2,2	1,9	3
1949	7	4		87,3	82,7	79,0	0,64	0,61	2,9	2,1	3
1953	10	4		89,1	83,4	78,5	0,64	0,60	2,8	2,2	3
1956	5	4		94,5	89,0	83,9	0,60	0,55	2,5	2,0	3
1959	5	3		95,2	89,0	82,7	0,59	0,54	2,3	2,1	3
1962	5	3		95,2	89,4	82,9	0,58	0,54	2,3	2,0	3
1966	6	3		96,4	90,9	84,3	0,56	0,54	2,3	1,9	3
1970	6	3		96,4	93,1	84,7	0,56	0,53	2,3	2,0	3
1971	5	3		94,5	93,2	85,2	0,56	0,55	2,4	1,9	3
1975	5	3		94,5	94,0	85,8	0,56	0,55	2,4	1,9	3
1979	5	3		94,0	92,9	84,7	0,56	0,55	2,4	1,9	3
1983	8	3		93,4	90,8	83,0	0,58	0,56	2,4	2,0	3
1986	8	4		85,8	84,4	75,0	0,63	0,62	3,0	2,3	4
1990	11	4		76,5	74,9	62,6	0,68	0,67	3,3	2,3	4
1993	-	5		76,5	74,9	62,6	0,68	0,67	3,6	2,3	5
1994	11	5		63,9	62,6	50,2	0,74	0,73	4,1	3,0	5
1995	8	5		67,8	66,4	55,7	0,72	0,71	3,9	2,7	5
1999	9	4		63,9	60,1	47,6	0,73	0,71	3,6	2,9	4

1. Parteien, die mehr als 1.000 Stimmen erzielten.
2. Auf Basis aller Parteien mit zumindest 0,5 % der Stimmen.
3. N1 auf Basis der Mandate.
4. NP auf Basis der Mandate.

Die kumulierten Anteile der beiden stärksten Parteien – SPÖ und ÖVP – an den Mandaten, Stimmen und Wahlberechtigten sowie die Fraktionalisierungsindices von Rae (1971) zeigen, daß die Veränderungen der 80er und 90er Jahre zu einer neuen Qualität des Parteiensystems geführt haben. Während der kombinierte Stimmenanteil von SPÖ und ÖVP zwischen 1949 und 1983 im Durchschnitt 89,9 Prozent betrug, wurden diese beiden Parteien 1999 nur mehr von 63,9 Prozent der Wähler unterstützt. Die ÖVP verlor sogar den Status der stimmenmäßig zweitstärksten Partei und fiel 415 Stimmen hinter die FPÖ zurück. Gemessen an den Wahlberechtigten ist die kombinierte Unterstützung von SPÖ und ÖVP auf weniger als die Hälfte gefallen, während sie im Durchschnitt der Periode 1949–1983 83,2 Prozent betragen hatte. In Mandaten fiel der Anteil dieser beiden Traditionsparteien von 93,7 Prozent, wieder in der Periode 1949–1983, auf 63,9 Prozent im Jahre 1999.

Die Anzahl der Parteien nach Laakso und Taagepera (1979) und Molinar (1991) sind mechanische Konzentrationsmaße. Der Laakso-Taagepera-Index (N1) ist sensibler, der Molinar-Index (NP) besser geeignet, um absolute Mehrheiten zu veranschaulichen. Beide Indices zeigen schon für die 80er Jahre relevante Veränderungen des Parteiensystems an, und beide zeigen sie, daß das Parteiensystem in den 90er Jahren eine neue Qualität angenommen hat.

Die Bestimmung der Anzahl der Parteien nach Sartori (1976: 121–125) hat den Vorteil, nicht mechanistisch auf rein quantitativen Indikatoren zu basieren, sondern auch eine qualitative Bewertung der Rolle der Parteien im Parteiensystem zu beinhalten. Gezählt werden nur die *relevanten* Parteien, wobei sich Relevanz aus folgenden Kriterien ableitet:
– der Notwendigkeit einer Partei für die Bildung von Regierungskoalitionen,
– dem „Erpressungspotential" einer Partei, das i.d.R. aus ihrer Größe abgeleitet werden kann: eine Partei ist dann relevant, wenn ihre Existenz die Taktik des Parteienwettbewerbs beeinflußt, insbesondere dann, wenn sie vermag, die *Richtung* des Parteienwettbewerbs (von zentripetal auf zentrifugal oder umgekehrt) zu ändern.

Parteien, die diese beiden Kriterien nicht erfüllen, werden nicht mitgezählt. Auch diese Zählweise zeigt, daß das Parteiensystem seit 1986 eine eigene Qualität hat, auch wenn es 1999 wieder zu einem Rückgang der Anzahl der relevanten Parteien auf vier gekommen ist.

Ideologische Polarisierung

Die ideologische Polarisierung ist neben der Anzahl der Parteien das zweite Kriterium für die Klassifizierung der Mechanik des Parteiensystems in den Kategorien von Sartori.

Die vorliegenden Studien zu den Grundsatzprogrammen der Parteien (Kadan und Pelinka 1979), zu ihren Wahlprogrammen (Horner 1987; Müller, Philipp und Jenny 1995) und zu ihren inhaltlichen Positionen in zentralen Politikfeldern (Thomas 1979) zeigen bis in die 80er Jahre eine weitgehende Annäherung. Analysen der Politikoptionen der einzelnen Parteien bestätigen dieses Bild. Auch wenn es zwischen SPÖ und ÖVP danach Phasen der ideologischen Auseinanderentwicklung gab, etwa im wirtschaftspolitischen Bereich in der ersten Hälfte der 80er Jahre (Müller 1988; Lauber

1997), hat die ideologische Polarisierung zwischen diesen Parteien insgesamt doch deutlich abgenommen. Die Erweiterung des Parteienspektrums und die Neuausrichtung der FPÖ ab den 80er Jahren haben dem Trend zur Beschränkung des parteipolitisch besetzten ideologischen Raums aber ein Ende gesetzt. Seit Mitte der 80er Jahre ist es zur Infragestellung von tragenden Elementen des Grundkonsenses der Zweiten Republik gekommen: Die Wirtschaftswachstumsstrategie wird durch die Grünen, das Gefüge der politischen Institutionen durch die FPÖ (Stichwort „Dritte Republik") und die Sozialpartnerschaft durch Grüne, FPÖ und Liberales Forum in Frage gestellt.

Tabelle 2: Konflikt und Konsens im Nationalrat, 1983–1999

	XVI. GP 1983–1986	XVII. GP 1986–1990	XVIII. GP 1990–1994	XIX. GP 1994–1996	XX. GP 1996–1999
Von allen Fraktionen unterstützte Gesetze	80	47	28	36	26
„Alleingänge" der Regierungsparteien	20	21	26	15	34

Quelle: Müller 1997; Schefbeck 1999.

Die Polarisierung im Parteiensystem spiegelt sich im Abstimmungsverhalten im Parlament wider. „Alleingänge" der Regierungsparteien haben seit der XIII. Gesetzgebungsperiode zugenommen, und der Anteil der einstimmig beschlossenen Gesetze ist dramatisch gesunken (*Tabelle 2*). In der Rumpf-Gesetzgebungsperiode 1994–1996 gab es zwar eine Trendumkehr, das Konfliktniveau blieb aber immer noch deutlich über dem der 60er und 70er Jahre. In dieser Gesetzgebungsperiode gab es dadurch, daß die Regierungskoalition aus SPÖ und ÖVP im Nationalrat erstmals über keine Zwei-Drittel-Mehrheit verfügte, einen Zwang zum Konsens bei jenen Materien, die eine solche qualifizierte Mehrheit erforderlich machten, was wieder zu einer Dynamik in Richtung Konsens auch bei anderen Materien führte. Durch das Wiedererringen der Zwei-Drittel-Mehrheit durch SPÖ und ÖVP in der XX. GP war ein solcher Zwang zum Konsens mit zumindest einer Oppositionspartei weggefallen.

Fluktuation der Wähler zwischen den Parteien

Wähler fluktuieren sowohl zwischen den Parteien als auch zwischen einerseits den Parteien und andererseits dem Lager der Nicht-Wähler. Im Durchschnitt der fünf Nationalratswahlen seit 1986 ist es gegenüber den fünf vorangegangenen Wahlen (1970–1983) zu einer Verdoppelung des Anteils der Nicht-Wähler gekommen, von 7,6 Prozent auf 15 Prozentpunkte. Wie *Tabelle 3* zeigt, gibt es dabei beträchtliche „Netto"-Schwankungen. Erheblich größer sind aber die „Brutto"-Veränderungen. Wählerstromanalysen zeigen, daß die Mobilisierung von Nicht-Wählern und das

Nicht-Wählen bisheriger Unterstützer zu den größten Veränderungsfaktoren der Parteistärken gehören (Hofinger und Ogris 1996a: 321; SORA 1999).

Die Fluktuation der Wähler zwischen den Parteien kann zunächst auf der Ebene von *Aggregatdaten* behandelt werden, was den Vorteil hat, längere Zeiträume betrachten zu können (*Tabelle 3*). Da ökologische Wahlstudien (mehr noch *miteinander vergleichbare* ökologische Wahlstudien) für die meisten Nationalratswahlen seit 1945 aber bisher fehlen, ist das nur im Sinne von „Netto"-Veränderungen, also im Sinne der summierten Gewinne bzw. Verluste der Parteien (Pedersen-Index) möglich. Im internationalen Vergleich gehörte Österreich bis zum Ende der 70er Jahre zu den Ländern mit der geringsten Wählerfluktuation zwischen den Parteien (Pedersen 1983). Im Durchschnitt der Wahlen 1953 bis 1983 beträgt der Pedersen-Index bei Berücksichtigung aller Parteien, die zumindest 0,5 Prozent der Stimmen erreichen, 3,5. Hingegen beträgt er für 1986 und 1990 jeweils 9,7 und für 1994 15,4. Erst 1995 war mit einem Index-Wert von 3,8 wieder eine geringe Netto-Fluktuation zu verzeichnen, der Index schnellte aber 1999 wieder auf 8,9. Im Durchschnitt der Wahlen 1986 bis 1999 beträgt der Pedersen-Index 9,5. Dieser Durchschnittswert war zuvor nur bei einer einzigen Wahl übertroffen worden (1949 betrug der Pedersen-Index aufgrund des Eintritts des VdU in den Parteienwettbewerb 11,9).

Tabelle 3: Wahlverhalten in Österreich, 1953–1999

Wahl	Nicht-Wähler	„Netto"-Volatilität (Pedersen-Index)[1]	„Brutto"-Volatilität (Wechselwähler)
1953	4,2	3,5	
1956	4,1	5,4	
1959	5,8	2,9	
1962	6,2	1,5	
1966	6,2	6,2	
1970	8,2	7,0	
1971	7,6	1,8	
1975	7,1	0,4	
1979	7,8	1,3	7
1983	7,4	4,7	10
1986	9,5	9,7	16
1990	13,9	9,7	17
1994	18,1	15,4	19
1995	14,0	3,8	22
1999	19,6	8,9	18

[1] Ohne Parteien, die weniger als 0,5 Prozent der Stimmen erreichten.
Quelle: Offizielle Wahlergebnisse; eigene Berechnungen; Plasser, Ulram und Seeber 1996: 168; Plasser, Seeber und Ulram i.d.B.

Grundsätzlich aussagekräftiger – aber aufgrund der kleinen Fallzahlen nur im Sinne von Größenordnungen zu verstehen (vgl. Hofinger und Ogris 1996a) – ist es, die Fluktuation der Wähler zwischen den Parteien auf der Ebene von *Individualdaten* zu betrachten („Brutto"-Volatilität). Natürlich ist die Wählermobilität größer als es die bisher betrachteten „Netto"-Veränderungen der Parteienstärken sind: der Wechselwähleranteil stieg von 7% (1979) auf rund ein Fünftel der Wähler ab Mitte der 90er Jahre (*Tabelle 3*). Diese Zahlen bestätigen den auf Aggregatdatenbasis erarbeiteten Befund: das österreichische Parteiensystem hat sich in der Dimension der Fluktuation der Wähler zwischen den Parteien seit Mitte der 80er Jahre erheblich verändert.

3. Der Zerfall traditioneller Parteibindungen

Die Stabilität des österreichischen Parteiensystems wurde oft mit Hilfe des wahlsoziologischen Ansatzes, der von der Sozialstruktur als Determinante des Parteiensystems ausgeht, und des sozialpsychologischen Ansatzes, der nach langfristigen individuellen Parteibindungen (Parteiidentifikation) fragt, zu erklären versucht. Diese Ansätze sind dann miteinander vereinbar, wenn die sozialstrukturellen Positionen der Wähler ihre Interessenlagen wesentlich bestimmen, sodaß langfristige Parteibindungen Ausdruck sowohl dieser Interessenlagen als auch der mit ihnen korrespondierenden Issue-Positionen der Parteien sind. In diesem Abschnitt zeige ich, daß diese beiden Ansätze allenfalls erklären können, warum die Veränderungen des österreichischen Parteiensystems seit 1986 möglich waren, nicht aber warum sie tatsächlich eingetreten sind.

Sozialstruktur und Parteibindungen

Politisches Verhalten wird als durch die Sozialstruktur, durch die Zugehörigkeit des einzelnen zu bestimmten sozialen Gruppen, vor allem jenen Gruppenzugehörigkeiten, die sich aus der Stellung im Erwerbsleben ergeben, weitgehend determiniert angesehen.[3] Änderungen in der Sozialstruktur führen in dieser Perspektive zu Änderungen im Wahlverhalten und damit wieder zu Änderungen im Parteiensystem. Wenn also z.B. der Agrarsektor im Hinblick auf seinen Bevölkerungsanteil zurückgeht, wenn es also weniger Bauern gibt, kann – da die weit überwiegende Mehrheit der Bauern traditionell die ÖVP wählt – erwartet werden, daß die ÖVP aus diesem Grund weniger Wähler gewinnen kann. Gleichfalls würde ein geringer werdender Anteil an Gewerbetreibenden weniger ÖVP-Wähler bedeuten. Analog dazu kann aus einem zunächst zunehmenden Arbeiteranteil in der Bevölkerung ein größerwerdender Wählerzuspruch für die SPÖ abgeleitet werden, wie – im Umkehrschluß – ein sinkender Arbeiteranteil (wie er seit Mitte der 70er Jahre zu verzeichnen ist) zu einem Rückgang an SPÖ-Wählern führen müßte. Tatsächlich lassen sich solche Entwicklungen feststellen (z.B. Ulram 1990: 72). Sie sind in *Tabelle 4* dokumentiert. Ein Problem stellen freilich jene sozio-ökonomischen Gruppen dar, denen kein eindeutig vorhersagbares Wahlverhalten zugeordnet wird, also vor allem Angestellte und Beamte.

Tatsächlich zeigen die vorhandenen wahlsoziologischen Studien eine immer geringer werdende Erklärungskraft der Sozialstruktur für die Wahlergebnisse. Haerpfer (1985) zum Beispiel dokumentiert einen Rückgang der durch die Sozialstruktur erklärten Varianz in der Parteineigung von rund einem Drittel am Ende der 60er Jahre bzw. Anfang der 70er Jahre auf 17 % im Jahr 1981. Schon diese Analyse demonstriert, daß selbst in einer Zeit, in der die sozio-ökonomischen Gruppen noch relativ geschlossen waren, die Erklärungskraft dieses Ansatzes beschränkt war.

Tabelle 4: Anteile ausgewählter sozio-ökonomischer Gruppen an der Erwerbsbevölkerung, 1951-1993

	1951	1970	1975	1980	1985	1990	1993
Selbständige in Handel & Gewerbe	9	8	7	7	5	6	5
Bauern	9	9	7	6	5	4	4
Arbeiter	42	46	46	44	39	37	36

Quelle: Österreichisches Statistisches Zentralamt, *Ergebnisse der Volkszählung vom 1. Juni 1951*, Wien: Österreichisches Statistisches Zentralamt, 1953 und *Republik Österreich 1945-1995*, Wien: Österreichisches Statistisches Zentralamt, 1995.

Tabelle 5: Veränderungen im Wahlverhalten von traditionellen Kerngruppen von SPÖ und ÖVP, 1983-1999

	1983	1986	1990	1994	1995	1999	Veränderung[1]
Facharbeiter							
SPÖ-Anteil	60	66		44	40	31	-29
FPÖ-Anteil	2	11	25	33	35	48	+46
Un- bzw. angelernte Arbeiter							
SPÖ-Anteil	63	59		52	43	40	-23
FPÖ-Anteil	4	8		24	33	45	+41
Landwirte							
ÖVP-Anteil			93	85	73	72	87	(-6)
FPÖ-Anteil	4	5	9	15	18	10	+6
Gewerbetreibende/feie Berufe							
ÖVP-Anteil			60	51	40	39	41	(-19)
FPÖ-Anteil	4	15	21	30	28	33	+29

1. Veränderungen, die nur den Zeitraum 1986-1999 abdecken und daher nur in der Tendenz mit den anderen Veränderungen vergleichbar sind, sind in Klammern gesetzt.
Quelle: Plasser, Ulram und Seeber 1996: 180f., 172; Plasser und Ulram 1995a: 361; Plasser, Seeber und Ulram i.d.B.

Tabelle 5 zeigt, daß die klassischen sozio-ökonomischen Gruppen, auf denen die soziologische Analyse des Wahlverhaltens weitgehend aufgebaut hat, nicht nur kleiner werden (und daher bei unverändertem Wahlverhalten der einzelnen Gruppen weniger vom Wahlergebnis erklären können), sondern daß ihre Angehörigen auch keineswegs einheitlich agieren. *Tabelle 5* enthält jeweils den Anteil jener Partei, die traditionell in einer Bevölkerungsgruppe dominierte (durchwegs SPÖ oder ÖVP), und jener Partei, die diese Vormachtstellung seit den 80er Jahren in Frage stellt (durchwegs die FPÖ). Noch Anfang der 80er Jahre wählten zum Beispiel 60 % der Facharbeiter die SPÖ, der FPÖ-Anteil war mit 2 % verschwindend gering. Bei der Nationalratswahl 1995 war der SPÖ-Vorsprung auf 5 Prozentpunkte reduziert, bei der Nationalratswahl 1999 lag die FPÖ schließlich 17 Prozentpunkte vor der SPÖ. *Tabelle 5* dokumentiert in der Tendenz ähnliche Entwicklungen für andere sozio-ökonomische Gruppen.

Individuelle Parteibindungen

Der sozialpsychologische Ansatz der Michigan-Schule geht davon aus, daß die Identifikation von Wählern mit bestimmten politischen Parteien das Wahlverhalten maßgeblich bestimmt. Parteiidentifikation wird in der Regel schon in der Kindheit erworben und zumeist nur unter bedeutenden Einflüssen (z.B. Heirat, Arbeitsmilieu) geändert, wenn diese in eine entgegengesetzte Richtung weisen.[4] Es handelt sich also um langfristige und relativ stabile affektive Bindungen an Parteien. Die Existenz solcher Bindungen sorgt für die Stabilität des Parteiensystems, denn bei „normalen" Wahlen werden primär diese langfristigen Loyalitäten registriert. Parteiidentifikation ist auch ein Wahrnehmungsfilter: Wähler mit Parteiidentifikation sehen die Parteien und ihre Handlungen gewissermaßen „durch die Brille" ihrer Partei, was wieder die Aufrechterhaltung der Parteibindungen erleichtert.

Bei der Parteiidentifikation sind drei Dimensionen zu unterscheiden, erstens ihr Umfang, d.h. wie groß ist der Anteil der Bevölkerung bzw. Wählerschaft, der sich mit einer Partei identifiziert, zweitens ihre Intensität, d.h. ist die Identifikation mit einer Partei stark oder schwach, und drittens ihre Prägekraft, d.h. in welchem Umfang ist die Parteiidentifikation in der Lage, das politische Verhalten tatsächlich zu beeinflussen.

Für Österreich ist – vor allem in den Arbeiten von Fritz Plasser (z.B. 1987: 132–169) – seit langem ein Rückgang der Parteiidentifikation dokumentiert, der seit 1986 geradezu dramatischen Umfang angenommen hat (*Tabelle 6*). Noch mehr als die Parteiidentifikation, also die längerfristige Neigung zu einer bestimmten Partei,[5] hat die Intensität der Parteiidentifikation abgenommen[6] und die Bereitschaft der Wähler, „Dissonanzen" mit ihrer Partei zu überwinden und auch dann für sie zu stimmen, wenn sie nicht ganz mit ihr zufrieden sind (*Tabelle 6*). In ähnlichen Größenordnungen bewegen sich die demoskopisch erhobenen Muster des Wahlverhaltens. Der Anteil der Wähler, der nach eigener Angabe einer Partei die Treue hält, ist stark im Rückgang begriffen, während der Anteil jener Wähler, die gelegentlich ihr Wahlverhalten ändern, im Zunehmen begriffen ist. Ohne Zweifel ist die in *Tabelle 6* dokumentierte Entwicklung relevant für die Veränderungen im österreichischen Parteiensystem.

Der Nutzen des sozialpsychologischen Ansatzes für die Erklärung der Veränderungen seit 1986 ist aber beschränkt. Er ist darauf ausgerichtet, *Stabilität* im Wahlverhalten und im Parteiensystem zu erklären. Obzwar er auch in diesem Feld recht kurz greift (was vielfach die Frage aufgeworfen hat, ob die Parteiidentifikation überhaupt etwas anderes als beabsichtigtes Wahlverhalten mißt), wird er dann obsolet, wenn es darum geht, Instabilität zu erklären. Für Wähler ohne Parteiidentifikation kann kein spezifisches Wahlverhalten vorausgesagt werden. Mehr als bei rückgehender Parteiidentifikation größere Schwankungen im individuellen und aggregierten Wahlverhalten vorherzusagen und die vom Rückgang der Parteiidentifikation besonders betroffenen Parteien als mehr „verwundbar" anzusehen, vermag der Ansatz der Parteiidentifikation nicht.

Tabelle 6: Indikatoren individueller Parteiloyalität, 1979-1999

Jahr	Parteiidentifikation (a)	Starke Parteineigung (b)	Subjektive Stammwähler (c)	Subjektive Wechselwähler (d)
1979	63	56	66	16
1983	61	47		
1986	60	39		
1990	49	34	58	26
1994	44	31		
1995	49	28	44	44
1996	46	31		
1997	47	28	46	44
1998	51	25	43	45
1999	51	26	43	46
	−12	−30	−23	+30

(a) Prozent der Befragten mit Parteiidentifikation.
(b) Prozent der Befragten, die ihre Stimme ihrer Partei geben, selbst wenn sie mit der Partei zur Zeit nicht ganz zufrieden sind.
(c) Prozent der Befragten, die angeben, bei jeder Wahl für dieselbe Partei zu stimmen.
(d) Prozent der Befragten, die angeben, gelegentlich ihr Wahlverhalten zu ändern (d.h. für andere Parteien zu stimmen).
Quelle: Müller, Plasser und Ulram 1999.

Sowohl der soziologische als auch der sozialpsychologische Ansatz beschränken sich, wie es Giovanni Sartori (1968: 23) vor mehr als 30 Jahren so treffend formuliert hat, auf die Betrachtung der „Konsumenten" der Politik, bei gleichzeitigem Ignorieren der „Produzenten". In der Tat: „There can be no consumers without political entrepreneurs." Dieser Einsicht trägt der Ansatz des politischen Wettbewerbs Rechnung, dem ich mich nun zuwende. Er befaßt sich mit den politischen Streitgegenständen (Issues) und den auf sie bezogenen Positionen der Parteien. Bevor dieser Ansatz aber dargestellt (5. Abschnitt) und auf das österreichische Parteiensystem seit 1986 angewandt wird (6. Abschnitt), muß noch kurz auf die Rahmenbedingungen des Issue-Wettbewerbs eingegangen werden.

4. Rahmenbedingungen des Issue-Wettbewerbs

Generationsspezifisches Wahlverhalten, wie es im vorigen Abschnitt dargestellt wurde, bedarf einer *Erklärung*: Warum sollten z.B. junge Arbeiter heute anders wählen als junge Arbeiter vor 20 oder mehr Jahren? Vielleicht, weil sie anders sozialisiert wurden und nicht gelernt haben, die Welt durch dieselbe Brille zu sehen, durch die frühere Generationen aus demselben Milieu geblickt haben. In diesem Zusammenhang bieten sich zwei komplementäre Erklärungen an: der weitgehende Bedeutungsverlust der Parteiorganisationen und Vorfeldorganisationen der beiden traditionellen Großparteien als Sozialisationsagenturen[7] und die weitere Bedeutungszunahme der Massenmedien, aber auch deren Wandel. Solche Veränderungen wirken auch auf ältere Wähler, allerdings weniger stark.

Bedeutungsverlust der Parteiorganisationen

Der weitgehende Bedeutungsverlust der Parteiorganisationen als Sozialisationsagenturen läßt sich zumindest an folgenden Entwicklungen festmachen:

Zurückgehende Reichweite. SPÖ und ÖVP haben seit den frühen 80er Jahren rund 350.000 Mitglieder verloren (Müller 1996b; Ucakar 1997: 259; Müller, Plasser und Ulram 1995). Der Organisationsgrad der österreichischen Wählerschaft in den beiden traditionellen Großparteien, der Anfang der 80er Jahre (unter Einrechnung der Familienmitglieder) noch rund 26 % betrug, ist bis zur Mitte der 90er Jahre auf rund 18 % zurückgegangen, mit weiter fallender Tendenz.

Stagnierende oder zurückgehende Teilnahme am innerparteilichen Leben. Die Reichweite der Parteiorganisationen von SPÖ und ÖVP geht nicht nur deshalb zurück, weil passive Mitglieder ausscheiden. Die wenigen systematischen Informationen zur Teilnahme der Mitglieder am innerparteilichen Leben zeigen, daß dieses ebenfalls zurückgeht oder allenfalls stagniert (Müller 1996b: 270–275; Müller, Plasser und Ulram 1995: 190).

Verselbständigung der Vorfeldorganisationen. Das weite Netz der Vorfeldorganisationen von SPÖ und ÖVP hat sich im Verlauf der letzten drei Jahrzehnte weitgehend verselbständigt. Die Vertretung von Partikularinteressen (und die Instrumentalisierung der jeweiligen Mutterpartei dafür) hat gegenüber der Vermittlung des Weltbildes der Mutterpartei stark an Bedeutung gewonnen (Müller 1996b: 312–314; Hartmann 1995).

Rückgang der Kommunikationsfähigkeit nach außen. Die Parteiorganisationen haben ebenfalls erheblich an Kommunikationsfähigkeit nach außen eingebüßt, d.h. Aktivisten und Mitglieder sind immer weniger in der Lage, die Botschaft ihrer Partei ins Volk zu tragen (Müller 1996b: 220–224). In den einprägsamen Worten des Obmanns der SPÖ-Wien, Michael Häupl: die Parteiorganisationen verfügen nicht mehr über die „Lufthoheit über den Stammtischen".

Niedergang und fast völliges Verschwinden der Parteizeitungen. Die Parteizeitungen, die in ihrer „Hochblüte" mehr als ein Drittel der Auflage der Tageszeitungen ausmachten, sind nach einer langen Phase des Niedergangs in den 80er Jahren fast zur Gänze vom Markt verschwunden (Müller 1992; 1994; Plasser 1997).

Diese Entwicklungen zusammenfassend kann man sagen, daß die Reichweite der Parteiorganisationen geringer geworden ist, sie an Prägekraft nach innen – also im Hinblick auf die in den Parteien und ihren Vorfeldorganisationen Organisierten – und an Außenwirkung – also an Kapazität, mit der Wählerschaft zu kommunizieren und diese zu überzeugen – verloren haben. In seiner lesenswerten Interpretation des Wandels der politischen Repräsentation hat Bernard Manin (1997) aus solchen Gründen die Phase der Parteiendemokratie als beendet bezeichnet.

Massenmedien und Medienlogik

Seit den 70er Jahren bildet sich, so Bernard Manin (1997: 228), die „Zuschauerdemokratie" (*„audience" democracy*) heraus, in der sich die Wahlauseinandersetzungen personalisieren und auf die Frage der Besetzung der politischen Exekutive zuspitzen, also tendenziell zu Premierminister- oder Kanzlerwahlen werden. Massenmedien, die mit den Parteien nicht (mehr) „strukturell verknüpft" sind (d.h. von diesen kontrolliert werden), sind nun die dominierende Vermittlungsinstanz zwischen Parteien und Wählerschaft. Insbesondere das Fernsehen ist wichtig, denn hier können sich Politiker *direkt* an ihr Publikum wenden. Das Fernsehen ist gewissermaßen ein Surrogat für die direkten, persönlichen Kontakte zwischen Wählern und Gewählten, wie sie im Zeitalter der „individuellen Repräsentation" (Neumann 1956) auf der Basis eines auf die gesellschaftlichen Eliten beschränkten Wahlrechts möglich waren. Politiker, die regelmäßig im Fernsehen auftreten, brauchen die Vermittlung der Massenorganisation von Parteien und Vorfeldorganisationen nicht mehr. *Tabelle 7* zeigt, daß das Fernsehen für mehr als zwei Drittel der Österreicher und Österreicherinnen die wichtigste politische Informationsquelle ist und auch in der jüngsten Entwicklungsphase des Parteiensystems an Bedeutung gewonnen hat.

Nach der „Kartell-Parteien"-These von Katz und Mair (1995) wäre allerdings zu erwarten, daß der Bedeutungsgewinn *öffentlich-rechtlichen* – d.h. grundsätzlich politischer Einflußnahme unterliegenden – Fernsehens die Chancen jener Parteien vergrößert, die dem „Kartell" jener Parteien angehören, das sich die Macht teilt. Im Falle Österreichs wären das SPÖ und ÖVP. Diese These wird oft auch von jenen Parteien vertreten, die dem „Kartell" nicht angehören. In Österreich ist hier auf die FPÖ zu verweisen, die den ORF in den letzten Jahren häufig und heftig in diesem Sinne attackiert hat. Dies geschieht freilich auch mit der Absicht, die These zu einer sich selbst zerstörenden Vorhersage, einer „self-destroying prophecy", zu machen: Laut vorgetragene Klagen über unfaire Behandlung durch öffentlich-rechtliche Medien sollen diese dazu bringen, auch den „Anti-Kartell-Parteien" eine Bühne zu bieten und so einer tatsächlichen Benachteiligung vorzubeugen. In dem Ausmaß, in dem dies geschieht, kommt es dann auf die Fähigkeit an, sich und seine Positionen darzustellen und sich im Wettstreit mit Konkurrenten um Wählerstimmen zu behaupten. Im Vergleich zu den Printmedien ist jedenfalls der Einfluß journalistischer „Übersetzungstätigkeit" bei O-Ton-Auftritten im Fernsehen und insbesondere Studio-Interviews und Diskussionen gering.

Die im Zusammenhang mit dem Parteienwettbewerb relevanten Veränderungen in der Medienlandschaft gehen weit über den Niedergang der Parteipresse und den weiteren Aufstieg des Fernsehens hinaus. Öffentlich-rechtliche Rundfunkanstalten unterliegen zunehmend der Konkurrenz kommerzieller Stationen (in Österreich bisher fast nur aus dem Ausland). Wenn sie ihre Seherquoten erhalten oder diesbezügliche Verluste in Grenzen halten wollen, müssen sie sich dem Wettbewerb mit den kommerziellen Stationen stellen. Obzwar dieser Wettbewerb vor allem über die Unterhaltungsteile der Programme läuft (über Fernsehshows und -serien, Kinofilme und Sportübertragungen), beeinflußt er tendenziell auch den Bereich der Politikberichterstattung. Sowohl quantitative als auch qualitative Auswirkungen sind möglich: weniger Politikberichterstattung, weniger Politikberichterstattung zur Hauptsendezeit und eine andere, „unterhaltsamere" Form der Politikberichterstattung. Letzteres gilt auch für die Printmedien, vielleicht am meisten für Wochen- und Monatsmagazine. Nachrichten- oder (oft besser) Unterhaltungswert ist erzielbar über Neuigkeiten (*news*): neue Gesichter (neue Politiker), nicht-politische Profilierung (durch verändertes äußeres Erscheinen, diverse – für Politiker – unkonventionelle Aktivitäten) und neue politische Aussagen und Positionen (vgl. Müller 1983: 286–292). Die Anzahl der TV-Auftritte von Repräsentanten einer bestimmten Partei – und allgemeiner die Aufmerksamkeit der Medien für diese Partei – variiert in hohem Ausmaß mit deren Fähigkeit, solche Neuigkeiten zu produzieren, „Medien-Ereignisse" zu schaffen. Auch kleine Parteien und Parteien, die nicht dem Macht-„Kartell" angehören, können ihre TV- und Medienpräsenz durch das Setzen solcher Ereignisse maximieren.

Freilich sind nicht alle für die Medien berichtenswerten Ereignisse geplant und entsprechen den Kommunikationsstrategien der jeweiligen Partei. Innerparteiliche Konflikte zum Beispiel sind geeignet, die Aufmerksamkeit der Medien zu erregen, sie tragen aber selten zur positiven Profilierung der davon betroffenen Partei bei. Ein hohes Ausmaß an Kontrolle nicht nur der Entscheidungen, sondern auch der nach außen dringenden Kommunikation durch die Parteiführung kann also ein Wettbewerbsvorteil sein, solange es nicht an „demokratischen Zentralismus" kommunistischer Parteien erinnert.

Das Fernsehen – schon allein aus medien-spezifischen Gründen – und „dramatisierende" Berichterstattung der Printmedien führen zur *Personalisierung* der Politik. Diese wirkt in Richtung *Egalisierung* der Chancen der Parteien. Wenn die Auseinandersetzung nicht mehr SPÖ gegen FPÖ, sondern Vranitzky gegen Haider, nicht mehr FPÖ gegen Liberales Forum, sondern Haider gegen Schmidt lautet (um auf besonders zugespitzte und dramatisierte Kontroversen zu verweisen), gewinnen die persönlichen Eigenschaften und Auftritte der Spitzenpolitiker an Bedeutung. In den Worten von Fritz Plasser (1997: 472) sind die „Medien-Kompetenz eines Politikers, die Art und Weise wie er sich vor der TV-Kamera präsentiert, auf aufdringliche und kritische Interviewfragen im Studio reagiert, in Confrontainments mit seinen politischen Konkurrenten brilliert und in Talk Shows seine Persönlichkeit unterhaltsam inszeniert, ... entscheidende Anhaltspunkte für die Bewertung von Politikern". Diese Einschätzungen von Politikern werden in hohem und zunehmendem Maße auf Parteien übertragen (vgl. Plasser 1997: 469). Tatsächlich stehen die relativen und absoluten Wahlerfolge von Parteien in den 90er Jahren in engem Zusammenhang mit dem fernsehgerechten Auftreten ihrer Spitzenpolitiker. Die oben dargestellten Veränderungen im österreichischen Parteiensystem wären kaum vorstellbar ohne im Fernsehen sehr effektive Oppositionspolitiker wie Jörg Haider, Heide Schmidt (insbesondere 1994 und 1995), Madeleine Petrovic (im Jahr 1994) und in jüngster Zeit Alexander Van der Bellen.[8]

Eine für die Parteien weitgehend ansprechbare (weil nicht über die politische Sozialisierung gebundene) Wählerschaft und ein im eben dargestellten Sinne „offenes" Mediensystem sind nur *Voraussetzungen* für Veränderungen im Parteiensystem. Damit diese Veränderungen tatsächlich eintreten, bedarf es der Veränderung der politischen Themenlandschaft, der ich mich nun zuwende.

5. Der Ansatz des politischen Wettbewerbs

In diesem Ansatz resultieren Veränderungen im Parteiensystem aus dem Wettbewerb der Parteien. Dieser Wettbewerb wird über Issues ausgetragen. Die relevanten Fragen sind: Welche Issues sind wichtig? Welche Parteien werden dabei jeweils von den Wählern als kompetent erachtet? Nach dieser Theorie bilden sich Parteibindungen auf der Basis einer bestimmten politischen Themenlandschaft und entsprechender Parteipositionen heraus. Ein Parteiensystem bleibt stabil, so lange die Issue-Agenda, genauer gesagt die ihr unterliegende *cleavage*-Struktur, unverändert bleibt (Carmines 1991). Parteien, die sich in einer existierenden politischen Themenlandschaft nicht durchsetzen können – weil sie nicht genügend Wähler ansprechen können[9] –, wenden sich neuen Issues zu, um ihre Situation zu verbessern. Falls diese neuen Issues bestehende Wähleralliarzen der bisher dominierenden Partei oder der bisher dominierenden Parteien spalten, aber gleichzeitig kohäsiv auf die Wähleralliarz der Partei, die dieses Issue auf die politische Tagesordnung setzt, wirken, können sie Veränderungen im Parteiensystem herbeiführen. Die Einführung eines neuen Issue kann, wenn sie erfolgreich ist, eine neue Mehrheitsallianz schaffen, die aus der alten Minderheit und jenem Teil der alten Mehrheit besteht, der die neue Alternative bevorzugt (Riker 1986: 1).

Nur wenige neue Issues sind stark genug, das Parteiensystem zu verändern. Aus diesem Grund hat William Riker (1986: 1) jenen Politikern „künstlerische Kreativität in höchstem Ausmaße" zugeschrieben, die die „richtige Art von neuer Alternative" erfinden. „Richtig" ist hier natürlich nicht in normativem, sondern im streng empirischen Sinn zu verstehen, als Issues, die es vermögen, das Parteiensystem zu restrukturieren. Solche Issues sind aus folgenden Gründen selten: Viele Issues sind nur organische Erweiterungen alter Issues. Sie setzen existierende Konflikte fort und verfestigen so das Parteiensystem in seinem existierenden Zustand. Sie haben kaum das Potential, das Parteiensystem in eine neue Richtung zu lenken (Carmines und Stimson 1993: 156). Selbst wenn es einer Partei gelingt, ein Issue zu finden, das noch nicht im generischen „Eigentum" einer anderen Partei ist, garantiert das noch keinen Erfolg, denn „the vast majority of new issue proposals are bound to fail, striking an unresponsive chord in the mass public and leaving the current majority party's coalition intact" (Carmines und Stimson 1993: 154). Das heißt, strategisch handelnde Politiker müssen mit einem neuen Issue auftreten, das wirklich von Bedeutung für die Wähler ist. Nur solche Issues haben das Potential, das Parteiensystem zu verändern.

Resonanz in der Wählerschaft zu finden, hängt aber nicht nur von den Charakteristika eines Issue ab. Sie hängt ebenso von den Fähigkeiten und Kapazitäten der Betreiber des neuen Issue zur Kommunikation mit dem Publikum ab. Die Einführung eines neuen Issue ist wahrscheinlich ebensosehr Meinungsbildung im Hinblick auf das Issue wie Beeinflussung der politischen Tagesordnung durch Thematisierung dieser Frage. Ein Issue wird also nicht (nur) *entdeckt* (als bereits existierende Meinungsstrukturen ansprechend), sondern (auch) *gemacht* (d.h. die Herausbildung der Meinungsstrukturen selbst muß beeinflußt werden) (vgl. auch Manin 1997: 224f.).

Neuere Forschungen im Bereich der Meinungsbildung deuten darauf hin, daß die Bürger in der Regel keine fixierten Positionen im Hinblick auf Issues haben (Zaller 1992). Sie werden zwar oft neue Issues auf ihre Werthaltungen beziehen, aber diese Werthaltungen selbst sind oft inkonsistent. Daher gibt es in diesem Prozeß ein großes Ausmaß an Spielraum. In den Worten von Stimson (1995: 183): „Each citizen has a range of views, depending on which consideration is consulted, not a single fixed one, and that range tends to be large." Daraus folgt, daß Kommunikation, die darauf abzielt, die Wähler von einer bestimmten Interpretation zu überzeugen, in hohem Maße relevant sein kann. Insbesondere wenn eine Person wenig Vorinformationen hat und wenig alternativer Kommunikation ausgesetzt ist, wird die Information einer dominierenden Kampagne einen großen Effekt haben (Zaller 1992: 267).[10] Nach der *directional theory of voting* nehmen Wähler Issues zumeist in diffuser Form und nicht in der Form von spezifischen Politik-Alternativen wahr (Rabinowitz und Macdonald 1989: 94). Parteien werden von den Wählern belohnt, wenn sie im Hinblick auf ein Issue, für das der jeweilige Wähler eine leichte Präferenz hat, einen klaren Standpunkt einnehmen und sich diesem stark verpflichten. Parteien, die deutlicher Position beziehen, aber Standpunkte vermeiden, die von den Wählern als so extrem angesehen werden, daß sie als unverantwortlich zurückgewiesen werden, sind im Vorteil (Hinich und Munger 1997: 187f.).[11] Insbesondere Oppositionsparteien dürfte die Einnahme markanter Positionen zum Vorteil gereichen (Merrill und Grofman 1997).[12]

6. Issue-Wettbewerb in Österreich

In der Theorie des Issue-Wettbewerbs können nur zwei Faktoren Veränderungen in der Unterstützung für politische Parteien bei Wahlen erklären: „neue Wähler" und „neue Issues" (Carmines 1991: 70–72).

Neue Wähler

Die Beeinflussung des Parteienwettbewerbs durch „neue Wähler" – besser: durch Veränderungen in der Zusammensetzung der Wählerschaft – kann durch Hinzukommen oder Wegfall von Landesteilen erfolgen.[13] Auch Wahlrechtsreformen und andere Veränderungen des Kreises der Wahlberechtigten können solche Effekte produzieren (z.B. Ausweitung des Wahlrechts auf Besitzlose, Frauen und andere historisch diskriminierte Gruppen, Herabsetzung von Altersgrenzen für die Teilnahme an Wahlen und Einbürgerung von Zuwanderern). Während sich Beispiele für alle diese Möglichkeiten finden lassen (z.B. in Österreich die 1992 beschlossene Herabsetzung des Wahlalters auf 18 Jahre), ist der *generative Wandel* die häufigste und im Österreich der 80er und 90er Jahre die wichtigste Ursache für Veränderungen in der Zusammensetzung der Wählerschaft. Das schubweise Hinzukommen von neuen Generationen mit Erreichen des Wahlalters und der graduelle Wegfall (durch Tod) von älteren Generationen verändert die Zusammensetzung der Wählerschaft von Wahl zu Wahl.

Legen die seit 1983 neu hinzugekommenen Wähler tatsächlich ein generationsspezifisches Wahlverhalten an den Tag, das mit den Veränderungen im österreichischen Parteiensystem in Zusammenhang gebracht werden kann? *Tabelle 7* zeigt, daß es starke Unterschiede zwischen den Generationen gibt und daß sich die jüngeren Wählergenerationen tatsächlich in hohem Ausmaß von den beiden traditionellen Großparteien abgewendet und neuen bzw. radikal transformierten Parteien zugewendet haben. Während in den älteren Wählergruppen auch am Ende der Beobachtungsperiode ein deutlicher Vorsprung der beiden traditionellen Großparteien SPÖ und ÖVP gegenüber ihren Mitbewerbern existiert, schwindet er unter den jüngeren Wählern tendenziell sowohl von (älterer) Kohorte zu (jüngerer) Kohorte als auch von Wahl zu Wahl. Interessant ist in diesem Zusammenhang auch, daß die Rückgewinne von SPÖ und ÖVP bei der Nationalratswahl 1995 die Gruppe der Wähler unter 30 Jahren praktisch nicht erfaßten (dort setzte sich der Trend zur Abkehr von diesen beiden Parteien fort) und sonst von Kohorte zu Kohorte mit zunehmendem Alter größer werden (+8% bei den 30-44 Jährigen, +10% bei den 45-59 Jährigen und +12% bei den über 60 Jährigen) (*Tabelle 7*). Gegenüber 1986 haben SPÖ und ÖVP bis 1999 in der jüngsten Wählergruppe 54 Prozentpunkte, in der ältesten nur 31 Prozentpunkte eingebüßt.

Tabelle 7: Aggregierte Differenzen im Wahlverhalten von Altersgruppen, 1986–1995

(Überhang [+] oder Rückstand [–] von SPÖ+ÖVP gegenüber FPÖ+Grüne+Liberales Forum)

Altersgruppen	1986	1990	1994	1995	1999	Verluste von SPÖ und ÖVP
18–29	+44	+18	±0	–4	–10	54
30–44	+60	+44	+14	+22	+14	46
45–59	+80	+60	+34	+44	+37	43
60+	+78	+80	+48	+56	+47	31

Quelle: Berechnet auf Basis von Plasser, Ulram und Seeber 1996: 185; Plasser, Seeber und Ulram i.d.B.

Neue Issues

Wie kommen neue Issues auf die politische Tagesordnung und erlangen Bedeutung? Hier bieten sich drei komplementäre Erklärungen an (Carmines und Stimson 1993): (1) objektive Veränderungen in der Problemlage, (2) das Aufbrechen von internen Widersprüchen und Ungleichgewichten in den bisherigen Wähleralliananzen und (3) strategisches Verhalten von Politikern und Parteien.

Objektive Veränderungen in der Problemlage

Wenn sich die gesellschaftlichen Problemlagen verändern, sollte sich das auch in der politischen Tagesordnung widerspiegeln (Carmines und Stimson 1993: 155). Diese Veränderungen können als Schock oder graduell wirksam werden. Beispiele für schockartige Veränderungen wären Kriege oder plötzliche militärische Bedrohungen, Terrorismus, Umweltkatastrophen, spektakuläre Wirtschaftskrisen (wie der „Schwarze Freitag" der 30er Jahre), Beispiele für graduelle Veränderungen wären mittelfristige wirtschaftliche und ökologische Entwicklungen, wie das Steigen der Arbeitslosigkeit, die Zunahme des Verkehrs und andere ökologische Probleme (Luft-, Wasser-, Bodenbelastung).

Tatsächlich haben sich die objektiven Problemlagen in Österreich seit Anfang der 80er Jahre gewaltig verändert. Jede Aufzählung müßte unvollständig bleiben. Ich beschränke mich daher auf einige wichtige Beispiele.

Arbeitslosigkeit. Das Ende der Vollbeschäftigung fällt noch in die Kreisky-Ära. Seither ist die Arbeitslosigkeit gestiegen, mehr noch das Gefühl, von Arbeitslosigkeit bedroht zu sein. Erst 1999 wurde ein leichter Rückgang der Arbeitslosigkeit vermeldet. Die Arbeitslosigkeit in Österreich ist zwar im europäischen Vergleich gering, dieser Erfolg ist aber teilweise auf eine Politik großzügiger Frühpensionierungen zurückzuführen.

Wirtschaftliche Anpassungsschocks. Die Mitgliedschaft in der Europäischen Union hat bisher weitgehend geschützte Sektoren (wie zum Beispiel die Lebensmittelindustrie) einem Anpassungsschock ausgesetzt. Ähnliche Effekte gehen von der „Ost-Öffnung" aus. Die in den 90er Jahren zu verzeichnenden Rekorde an Insolvenzen sind zum Teil das Ergebnis dieser Anpassungsschocks. Es besteht zwar kein Zweifel daran, daß Österreich insgesamt von der Zunahme der Wirtschaftsbeziehungen mit seinen Nachbarn in West und Ost profitiert, die positive ökonomische Bilanz enthält freilich Gewinner und Verlierer. Von der geplanten Erweiterung der Europäischen Union sind weitere derartige Effekte zu erwarten, deren tatsächliche Bedeutung noch gar nicht abgeschätzt werden kann. Die aus solchen Schocks resultierende wirtschaftliche Existenzangst bleibt nicht auf Arbeiter und Angestellte beschränkt, sondern gilt auch für Gewerblich-Selbständige und Bauern.

Ökologische Probleme. Nicht geringer sind auch die objektiven ökologischen Probleme geworden. Der Transitverkehr zum Beispiel hat in den letzten 15 Jahren beträchtlich zugenommen.

Immigration. Seit Anfang der 80er Jahre ist Österreich Zielland von beträchtlichen Wanderungsbewegungen gewesen. In der Wohnbevölkerung nahm die Anzahl der legal in Österreich lebenden Ausländer – vor allem aus dem (ehemaligen) Jugoslawien, der Türkei und osteuropäischen Staaten – von weniger als 300.000 auf mehr als 700.000 im Jahr 1993 zu (Faßmann 1995: 403). Dazu kommt eine unbestimmte Anzahl illegaler Immigranten. Danach wurde die Zuwanderung von Erwerbsmigranten stark beschränkt und die Anzahl der Asylsuchenden durch neue Gesetze zurückgedrängt, die Flüchtlinge aus dem Bosnienkrieg, die zum Großteil nicht wieder in ihre Heimat zurückkehrten, stellten aber ein neues großes Kontingent an Immigranten dar.[14] Im westeuropäischen Vergleich gehört Österreich zu jenen Ländern mit dem höchsten Ausländeranteil an der Wohnbevölkerung (Lane und Ersson 1999: 66). Die Immigranten sind – primär aus ökonomischen Gründen – vor allem in bestimmten Teilen Wiens konzentriert. Die Objektivierung der Vergabe von Gemeindewohnungen hat zudem dazu geführt, daß Angehörige früherer Immigrationswellen, die mittlerweile die österreichische Staatsbürgerschaft erworben haben, seit einigen Jahren auch Gemeindewohnungen zugeteilt erhalten. Sowohl die starke Präsenz von Immigranten in bestimmten Stadtteilen als auch das Zusammenleben von alten und neuen Staatsbürgern hat zu latenten kulturellen Konflikten geführt. Nach einer Untersuchung aus dem Jahr 1999 halten 77 Prozent der Österreicher den Lebensstil der Ausländer für nicht genügend an den der Österreicher angepaßt.[15]

Das Aufbrechen von internen Widersprüchen und Ungleichgewichten in den bisherigen Wähleralliancen

Jede Wähleralliance trägt schon den Keim ihres Zusammenbruchs in sich. Solange für die Wähler einer Partei ein bestimmtes Issue oder eine Anzahl von Issues im Vordergrund stehen, hält die Allianz, obwohl die Wähler im Hinblick auf viele andere Fragen keineswegs übereinstimmen. Treten die für die Formierung der Wähleralliance einer Partei ursprünglich zentralen Issues aber in ihrer Bedeutung zurück und gewinnen solche Fragen an Bedeutung, über die keine Übereinstimmung in der existierenden Wähleralliance herrscht, so zerfällt diese. Anders gesagt: der Zerfall einer Wähleralliance kann immer schon beim nächsten Issue, das auf die politische Tagesordnung kommt, erfolgen (Riker 1982: 208–212).

Tatsächlich enthalten die alten Wähleralliancen eine Reihe potentieller Widersprüche, die zum Teil schon lange Gegenstand sozialwissenschaftlichen Interesses sind. Ohne Anspruch auf Vollständigkeit seien hier sektorale und vielfältige sozio-kulturelle Konflikte genannt.

Sektorale Konflikte. Herbert Kitschelt (1994; 1995) hat argumentiert, daß der klassische sozio-ökonomische Konflikt zwischen Arbeit und Kapital zunehmend durch einen Konflikt zwischen Wirtschaftssektoren überlagert wird, nämlich zwischen dem der weltwirtschaftlichen Konkurrenz ausgesetzten Sektor (in den der Großteil der Privatwirtschaft fällt) und dem geschützten Sektor (in welchem der öffentliche Sektor dominiert). Während die Angehörigen des öffentlichen Sektors an wohlfahrtsstaatlichen Programmen festhalten, sind die Angehörigen des der weltwirtschaftlichen Konkurrenz ausgesetzten Sektors – die die Notwendigkeit, international konkurrenzfähig zu bleiben, unmittelbar erleben – zunehmend für neoliberale Politik und eine Reduzierung von kostenintensiven Wohlfahrtsprogrammen. Tatsächlich gibt es in Österreich eine leichte Tendenz zur Spaltung entlang der Sektor-Grenzen (Plasser, Ulram und Seeber 1996: 191; Plasser, Seeber und Ulram i.d.B.).

Sozio-kulturelle Konflikte. Die österreichische Gesellschaft hat sich in den letzten etwa eineinhalb Jahrzehnten auch entlang einiger sozio-kultureller Konflikte strukturiert. Die folgende Aufzählung versucht weder, alle dieser Konflikte zu erfassen, noch ihre jeweilige Komplexität darzustellen. Im *Geschlechterkonflikt* geht es primär um die Rolle der Frau, wobei als Pole vielfach eine (der Familie) dienende bzw. eine an Selbstverwirklichung orientierte Rolle der Frau gesehen werden. Im Konflikt über Zuwanderung und dauerhafte Eingliederung von Ausländern (*Ausländer-Konflikt*) sind die Pole der Wunsch nach einer ethnisch und kulturell homogenen Gesellschaft bzw. die Akzeptanz einer multi-ethnischen und multi-kulturellen Gesellschaft. Im *Umwelt-Konflikt* steht das Primat des Wirtschaftswachstums gegen das Primat des Umwelt- und Naturschutzes. Aus diesen Konflikten lassen sich zahlreiche Issues ableiten, welche die politischen Auseinandersetzungen in Österreich im letzten Jahrzehnt geprägt haben. Im Konflikt über die *europäische Integration* sind die Pole nationale Eigenständigkeit und volle Teilnahme am europäischen Integrationsprozeß bei Aufgabe nationaler Rechte. Darüber hinaus gibt es auch höchst unterschiedliche Vorstellungen im Bereich der *politischen Partizipation*, wobei die einen sich mit konventioneller politischer Partizipation, in der weitgehend an politische Repräsentanten delegiert wird, zufrieden geben und die anderen ihre Ziele auch mittels unkonventioneller politischer Partizipation (Demonstrationen, Besetzungen etc.) durchsetzen wollen. Diese gesellschaftlichen Konflikte werden sowohl von neuen sozialen Bewegungen als auch politischen Parteien – vor allem FPÖ und Grüne – angesprochen. Während neue soziale Bewegungen, wie Frauen- und Umweltbewegung, durch Artikulation und Konkretisierung dieser Konflikte an Hand von einzelnen Issues vor allem bestimmte Politikinhalte durchsetzen wollen, steht bei Parteien das Gewinnen von Wählern durch die Artikulation dieser Issues neben oder vor der Durchsetzung von Politikinhalten (vgl. Müller 1999). In all diesen Fragen sind die traditionellen Wähleralliazen von SPÖ und ÖVP alles andere als geschlossen. Sei es wegen „Arbeiter-Autoritarismus" (Middendorp und Meloen 1990) bzw. „Arbeiter-Konservatismus", aus ökonomischen Gründen – weil Arbeitsplätze einem beschleunigten wirtschaftlichen Strukturwandel zum Opfer fallen und/oder Einkommensverluste und/oder größere Disponibilität der Arbeitszeit hingenommen werden müssen – oder aus einer Kombination dieser Gründe, wie sie der These von den *Modernisierungsverlierern* zugrunde liegt.

Strategisches Verhalten von Politikern und Parteien

Welche neuen Angebote der „Politikproduzenten" an die „Politikkonsumenten" haben letztlich die Veränderungen im Parteiensystem seit 1986 herbeigeführt? Mit dem Antreten der Grünen und der Abspaltung des Liberalen Forums von der FPÖ hat sich das Spektrum des politischen Angebots an die Wählerschaft erheblich vergrößert, die FPÖ hat eine radikale Transformation durchlaufen. Die folgende Diskussion konzentriert sich auf diese Parteien, vor allem aber auf die FPÖ, die offensichtlich die attraktivsten Angebote an die „Politikkonsumenten" gemacht hat.

Die FPÖ ist jene Traditionspartei, die in ihrer Wahlprogrammatik den größten Bruch vollzogen hat – und zwar 1986, am Beginn ihres Aufstiegs (Müller, Philipp und Jenny 1995).[16] In ihren Wahlkampagnen[17] und anderen Versuchen,[18] Öffentlichkeit herzustellen, hat die FPÖ sich besonders auf folgende Issues konzentriert:

Politische Klasse
Seit 1986 konstant wichtig sind die Kritik an der „politischen Klasse" (an der „Abgehobenheit" und der fehlenden Responsivität der Politiker [anderer Parteien] gegenüber den echten Bedürfnissen des „kleinen Mannes", an generell überhöhten und teilweise auch kumulierten Politikergehältern etc.) und – im Zusammenhang damit – der Verschwendung öffentlicher Mittel für zu viele Positionen, die mit politisch ernannten Amtsinhabern besetzt werden. Die 27 Sozialversicherungsanstalten, die zu einer einzigen zusammengelegt werden sollten, die Oesterreichische Nationalbank, der ORF und die Elektrizitätswirtschaft werden als Bereiche genannt, in denen die politische Klasse (im weiteren Sinne) Privilegien genießt.

In einem Land mit hoher Politiker- und Parteienverdrossenheit (Müller, Plasser und Ulram 1999: 208) sind die Resonanzbedingungen für solche Issues in der Wählerschaft grundsätzlich günstig, die kritische Frage ist aber, wie sich die Partei, die das Issue artikuliert, selbst von dieser Verdrossenheit ausnehmen kann. Als Oppositionspartei und als Partei, die dem traditionellen Machtkartell der Zweiten Republik nicht angehört, sind die Ausgangsbedingungen für die FPÖ in dieser Hinsicht günstig. Dazu kommen beträchtliche Anstrengungen und kommunikative Leistungen: die FPÖ war Aufdeckerin von echten und vermeintlichen Skandalen bzw. Privilegien, sie bezeichnet sich als „Bewegung" und unterdrückte (vorübergehend) das negativ aufgeladene Wort „Partei" bei der Selbstbezeichnung,[19] sie verzichtete in einem Fall sogar auf einen Teil der ihr zustehenden finanziellen Parteienförderung und nahm generell für sich in Anspruch, „anders" zu sein als die „Altparteien". Stärkste Waffe in der kommunikativen Umsetzung dieser Linie ist ihr Obmann, der sich gelegentlich selbst als „Robin Hood" bezeichnet, der den Reichen nimmt und den Armen gibt.

Für dieses angestrebte Image war die Rosenstingl-Affaire im Jahr 1998 eine große Herausforderung. Erstens zeigte sie, daß auch die selbststilisierte Partei der „Anständigen und Tüchtigen" Persönlichkeiten in ihren Reihen hat, wie sie sonst nur in den „Altparteien" geortet wurden. Zweitens warf das von Peter Rosenstingl verursachte finanzielle Desaster der Landesgruppe Niederösterreich ein schlechtes Licht auf die wirtschaftliche Kompetenz der FPÖ. Das mit Aufbrechen des Skandals einsetzende Krisenmanagement der Parteiführung dürfte aber dauerhafte Image-Schäden verhindert haben.

Ausländer
Seit der „Ost-Öffnung" im Jahr 1989 hat auch das Thema „Ausländer" einen prominenten Platz unter den FPÖ-Schwerpunkten erlangt. Im Hinblick auf Asyl-, vor allem aber Zuwanderungs- und Aufenthaltsbestimmungen nimmt die FPÖ sehr restriktive Standpunkte ein. Dies wird einerseits damit begründet, daß Zuwanderer den Öster-

reichern Arbeitsplätze und Wohnungen wegnehmen würden, andererseits betont die FPÖ das Konfliktpotential, das aus dem Nebeneinander von Kulturen resultiert. Die FPÖ warnt vor der Gefahr der Überfremdung (am markantesten formuliert als „Umvolkung") und fordert – weil diese schon als weit fortgeschritten angesehen wird – konsequenterweise ein „Recht auf Heimat" für die Österreicher. Schließlich wird die Ausländerfrage im Sinne des Issue-Wettbewerbs mit den entsprechend zugespitzten Themen Mißbrauch des Sozialsystems und Kriminalität (durch Ausländer) verknüpft (siehe z.B. Kräh 1996: 219–232).

Das Ausländer-Issue wirkt kohäsiv auf die FPÖ-Wähleralizanz und spaltet die Wähleralizanzen von SPÖ und ÖVP. Eine im August/September 1999 – kurz vor der Nationalratswahl – durchgeführte Umfage des IMAS zeigte etwa, daß das Ausländer-Issue für 65 Prozent der FPÖ-Anhänger besonders wichtig ist, daß aber auch 40 Prozent der SPÖ- und 43 Prozent der ÖVP-Anhänger an der FPÖ positiv beeindruckte, daß sie „eine Überfremdung Österreichs verhindern möchte" (*IMAS-report* Nr. 14, September 1999).

Europäische Integration
Seit 1991 ist die FPÖ, die von allen Traditionsparteien der europäischen Integration immer am positivsten gegenübergestanden ist, zu einer EWR- bzw. EU-kritischen Position umgeschwenkt (Reiter 1994; Schaller 1995). Sie hat gegen den EU-Beitritt Österreichs Stellung bezogen und sich als einzige Partei gegen die Einführung der Euro-Währung ausgesprochen. Nach vollzogenem Beitritt zur EU fordert die FPÖ zwar nicht den Austritt, möchte aber Kompetenzen von der EU-Ebene auf die nationale Ebene zurückverlagern. Der Erweiterung der EU um die ost-mitteleuropäischen Staaten steht sie mit größerer Skepsis gegenüber als alle anderen Parteien. Die FPÖ verknüpft die Erweiterung mit restriktiven Forderungen, deren Erfüllung sie in den nächsten beiden Jahrzehnten unwahrscheinlich machen würde.

Die europäische Integration ist insofern ein neues Issue im Parteienwettbewerb, als es erstmals massenwirksam ist. Demoskopische Erhebungen zeigen, daß diese Fragen die Wähleralizanzen aller Parteien (einschließlich der FPÖ) spalten, daß aber der Anteil der Europa-kritischen Wähler deutlich größer ist als jener der FPÖ-Anhänger (Plasser und Ulram 1994b; *IMAS-report* Nr. 16, August 1997). Die Chancen der FPÖ, vom Europa-Issue bei Wahlen zu profitieren, dürften also größer sein als die damit verbundenen Risken.

Kulturelle Fragen
Die FPÖ hat seit 1986 auch immer wieder moderne Kunst und Kunstpolitik thematisiert, wobei sie an die „schweigende Mehrheit" und deren Ästhetik appelliert. Während die FPÖ das in der Verfassung verankerte Prinzip der Freiheit der Kunst in allgemeiner Form akzeptiert, steht sie der praktizierten Politik der Kunstförderung sehr kritisch gegenüber: zu viel öffentliches Geld wird aufgewendet, um die Ästhetik einer elitären Minderheit zu befriedigen. In dieser Hinsicht trifft sich die FPÖ-Kritik mit der älteren Kritik der Massenblätter. Die FPÖ hat sich aber auch gegen nicht staatlich subventionierte Kunst gewendet und – z.B. mit Verweis auf den Tierschutz – eine staatliche Intervention gefordert, wenn anzunehmen war, daß eine solche Haltung

populär ist. Neben der Ästhetik der „schweigenden Mehrheit" ist Nationalstolz eine wichtige Komponente, die der FPÖ-Kritik an moderner Kunst unterliegt. Autoren, die sich kritisch zu Österreich (und zumeist auch zur FPÖ) äußern, werden als „Nestbeschmutzer" betrachtet, deren Werk keine öffentliche Förderung verdient.

All diese Issues wirken kohäsiv auf die Wählerallianz der FPÖ und spalten die Wählerallianzen von SPÖ und ÖVP. Weder Arbeiter noch Bauern und Gewerbetreibende haben besondere Sympathie für moderne Kunst, insbesondere wenn diese nicht nur ihre Ästhetik verletzt, sondern kritisch ist oder als blasphemisch angesehen werden kann und mit dem Geld der Steuerzahler finanziert wird.

Kirche und österreichische Nation
In jüngster Zeit hat die FPÖ ihr politisch-programmatisches Profil durch pointiert konservative Positionen in Kirchenfragen ergänzt. Damit distanziert sie sich von der antiklerikalen Tradition des „dritten Lagers" und versucht, den konservativen Flügel der österreichischen Katholiken anzusprechen. Die Parteinahme in der innerkirchlichen Auseinandersetzung unterscheidet die FPÖ von der traditionellen Partei der Katholiken, der ÖVP, die Wähler aus beiden Flügeln der praktizierenden Katholiken halten möchte. Ideologischen Ballast wollte die FPÖ durch eine vom Parteiobmann verkündete Abkehr von ihrer traditionellen „Deutschtümelei" abwerfen (Luther 1997: 298).

Antiklerikalismus und deutschnationales Bekenntnis gehören zu jenen Traditionen des „dritten Lagers", die potentiell den Zusammenhalt der seit 1994 auf mehr als eine Million Wähler angewachsenen Wählerallianz der FPÖ gefährden und ihrer zukünftigen Erweiterung im Wege stehen. Allerdings gibt es parteiinterne Widerstände gegen eine solche Reorientierung, die teilweise ungewollte Publizität hervorgerufen haben. Vor allem aber ist der stark konservative Teil der österreichischen Katholiken eine relativ kleine Gruppe,[20] die starke Betonung ihrer Werte würde hedonistisch orientierte jüngere Wähler (z.B. aus dem Arbeitermilieu), die eine wichtige Rolle bei den FPÖ-Wahlerfolgen haben (Grausgruber 1995; Plasser, Seeber und Ulram i.d.B.), eher abstoßen. Die FPÖ hat daher diese Positionierung nach einem energischen Vorstoß im Zusammenhang mit der Erstellung des im Oktober 1997 beschlossenen Grundsatzprogrammes wieder etwas zurückgenommen.

Sozialpolitik
Bis 1999 hat die Sozialpolitik keinen besonders prominenten Platz in der Selbstpositionierung der FPÖ eingenommen. Nur die Ausnützung des Wohlfahrtsstaates durch „Sozialschmarotzer" war ein vielfach angesprochenes Thema, wobei die implizite Botschaft war, daß die Sozialleistungen vorwiegend durch solchen Mißbrauch gefährdet seien. Eine teilweise Ausnahme davon war das FPÖ-Modell einer Pensionsreform, das einen wirtschaftlich realistischen (und daher für Wohlfahrtsstaat„gläubige" wenig attraktiven) Kern hat, aber bis 1999 hinreichend vage blieb, um keine Wähler abzuschrecken. Im Wahlkampf 1999 forderte die FPÖ sogar eine Garantie bestehender Pensionen durch eine Verfassungsbestimmung. Vor allem aber propagierte die FPÖ den „Kinderscheck", eine verteilungspolitische Maßnahme, die schon im – von Partei-

obmann Haider aus diesem Grund als „sozialdemokratisch" bezeichneten – Landtagswahlkampf der FPÖ in Kärnten im Frühjahr 1999 eine zentrale Rolle gespielt hatte.

Dieses Politikangebot war dahin konzipiert, sowohl bisherige SPÖ- als auch ÖVP-Wähler, vor allem aber Wählerinnen – die bisher in der FPÖ-Wählerschaft deutlich unterrepräsentiert waren (Hofinger und Ogris 1996b) – anzusprechen. Mit diesem Politikangebot überbot die FPÖ die traditionelle Partei sozialpolitischer Expansion, die SPÖ, welche den Kindercheck ablehnte (wegen fehlender Finanzierbarkeit bzw. den konservativen familien- und frauenpolitischen Nebeneffekten), und die traditionelle Partei der Familienförderung, die ÖVP, deren Forderung nach „Karenzgeld für alle" sich als weniger „griffig" erwies.

Steuerpolitik
Seit der Mitte der 90er Jahre propagiert die FPÖ ein Modell radikaler Steuerreform, der Einführung eines einheitlichen Steuersatzes von 23 Prozent (*flat tax*). Während dieses Politikangebot von Experten generell als unrealistisch bezeichnet wird, ist es ohne Zweifel die Einnahme eines deutlichen Standpunktes, wie er von der *directional theory of voting* als wahlpolitisch aussichtsreich betrachtet wird, solange er nicht als unverantwortlich erachtet wird. Offensichtlich richtet sich dieses Politikangebot an alle Wähler, die einen höheren Einkommensteuersatz als 23 Prozent entrichten müssen.

Zusammenfassend ist festzuhalten: die FPÖ hat eine Reihe von ganz neuen Issues in den Parteienwettbewerb eingebracht. Diese wirken kohäsiv auf die FPÖ-Wählerallianz und spalten die bisherigen Wählerallianzen von SPÖ und ÖVP. Weiters hat die FPÖ sich im Hinblick auf „klassische" Konflikte im österreichischen Parteiensystem neu positioniert. Einerseits hat sie sich von traditionellen Positionen zurückgezogen, die in keiner Weise wahlpolitisch erfolgversprechend waren (Stichwort „Deutschtümelei"), andererseits hat sie Standpunkte artikuliert, die – im Sinne der *directional theory of voting* – in eine potentiell wählerwirksame *Richtung* weisen.

Die Analyse der Programme und sonstigen Positionierungen der beiden neuen Parteien – der Grünen und des Liberalen Forums – zeigt, daß sie ebenfalls klare Positionen bezogen haben. Die Grünen haben sich erwartungsgemäß in den Bereichen Umwelt-, Natur- und Landschaftsschutz sowie Tierschutz profiliert. Bei sozio-ökonomischen Fragen nehmen sie oft Positionen links von jenen der SPÖ ein. In vielen anderen Bereichen, z.B. Minderheiten, Demokratie, Frauen, haben sie markante Positionen bezogen (Dachs 1997). Die Positionen der Grünen im Bereich Asyl, Zuwanderung, Aufenthaltsbestimmungen etc. sind die klarste Gegenposition zur FPÖ. Das Liberale Forum hat sich am klarsten ebenfalls in einigen sozio-kulturellen Fragen positioniert, bei der Trennung von Staat und Kirche, der rechtlichen Behandlung von hetero- und homosexuellen Beziehungen, der Drogenpolitik, wo es klar libertäre Positionen einnimmt (Liegl 1997).

7. Resultate des Issue-Wettbewerbs

Issue-Kompetenz der Parteien

Zu welchen Resultaten hat die Positionierung von Parteien und Politikern im Hinblick auf den Issue-Wettbewerb geführt? *Tabelle 8* zeigt, daß die FPÖ es geschafft hat, bei einigen Issues beträchtliche Kompetenzzuschreibung zu erhalten. Mehr als jede andere Partei gilt sie als prädestiniert für den „Kampf gegen Korruption und Privilegienwirtschaft", ihr wird auch die „Verhinderung der Verschwendung öffentlicher Mittel" am ehesten zugetraut. Seit 1993 wird die FPÖ auch als jene Partei angesehen, die das „Ausländerproblem" am ehesten „in den Griff bekommen" kann.[21] Im Hinblick auf diese drei Issues geht die Zuschreibung von Kompetenz an die FPÖ Mitte der 90er Jahre deutlich über ihre Wählerschaft hinaus.

Am Endpunkt der in *Tabelle 8* dokumentierten Entwicklung, im Jahr 1998, hatte die FPÖ beim Issue „Kampf gegen Korruption und Privilegienwirtschaft" einen Kompetenzvorsprung von jeweils 17 Prozentpunkten auf die SPÖ und ÖVP, beim Issue „Verhinderung der Verschwendung öffentlicher Mittel" betrug ihr Vorsprung 12 (SPÖ) bzw. 13 (ÖVP) Prozentpunkte, beim Issue „Ausländerproblem in den Griff bekommen" 18 Prozentpunkte auf die SPÖ und 24 Prozentpunkte auf die ÖVP. Allerdings hat die FPÖ 1998 im Zusammenhang mit der Rosenstingl-Affäre bei allen Issues erhebliche Kompetenzverluste hinnehmen müssen (*Schaubild 1*). Zuvor war ihr Kompetenzvorsprung bei diesen Fragen schon beträchtlich größer gewesen.

Schaubild 1: Issue-Kompetenz und wahlpolitische Stärke der FPÖ

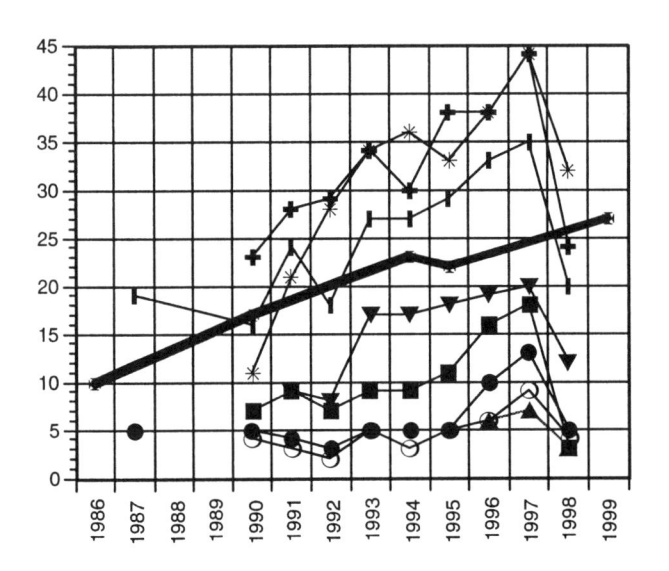

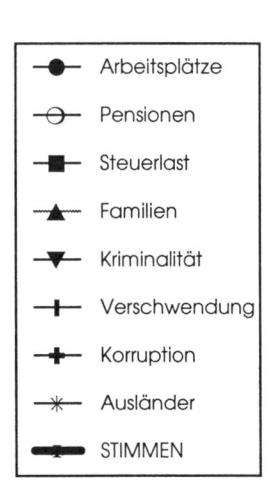

Quelle: Fessel-GfK, Repräsentative Umfragen (N = 1.000–2.000).

Tabelle 8: Issue-Kompetenz der FPÖ, 1990–1998

(Antworten auf die Frage: „Sagen Sie mir bitte für jedes dieser politischen Ziele, welche der politischen Parteien sich eher dafür einsetzt ...")

Issue	Kompetenz (in %)							Rangplatz der FPÖ (unter allen Parlamentsparteien)						
	1990	1993	1995	1996	1997	1998		1990	1993	1995	1996	1997	1998
Kampf gegen Korruption und Privilegienwirtschaft	11	35	33	39	44	24		3	1	1	1	1	1
Verhinderung der Verschwendung öffentlicher Mittel	23	32	38	40	44	32		1	1	1	1	1	1
Ausländerproblem in den Griff bekommen	16	23	29	35	35	20		2	1	1	1	1	1
Kriminalitätsbekämpfung	N.g.	18	18	18	20	12		N.g.	3	3	3	3	3

N.g. = nicht gefragt.
Quelle: Fessel-GfK, Repräsentative Umfragen (N = 1.000–2.000).

Tabelle 9: Einschätzungen der Problemlösungskompetenz der Parteien und daraus resultierende Wettbewerbsvorteile, 1987-1999: die Issues der FPÖ-Agenda

(Für die Messung der Problemlösungskompetenz von Parteien siehe *Tabelle 8*. Die hier wiedergegebenen Zahlen sind Durchschnittswerte von insgesamt 13 Umfragen, die zwischen 1987 und 1998 durchgeführt wurden [nicht alle Issues wurden in allen Umfragen überprüft]. Die Stimmenanteile der Parteien beziehen sich auf die Nationalratswahlen 1990, 1994, 1995 und 1999. Positive Vorzeichen zeigen an, daß die der jeweiligen Partei zuerkannte Problemlösungskapazität größer ist als der von ihr erzielte Stimmenanteil, negative Vorzeichen zeigen den umgekehrten Zusammenhang an.)

Gesetzgebungsperiode (Anzahl der Umfragen)	Verschwendung verhindern	Korruption/Privilegien bekämpfen	Kriminalitätsbekämpfung	Die Ausländerfrage „in den Griff bekommen"
1987-1990 (1-2)				
SPÖ	18	16	–	26
ÖVP	20	13	–	16
FPÖ	18	23	–	11
SPÖ + ÖVP	38	29		42
(SPÖ + ÖVP) – (SPÖ$_v$ + ÖVP$_v$)	–37	–46		–33
FPÖ – FPÖ$_v$	+1	+6		–6
1991-1994 (6)				
SPÖ	10	12	30	21
ÖVP	10	8	16	13
FPÖ	24	30	13	29
SPÖ + ÖVP	20	20	36	34
(SPÖ + ÖVP) – (SPÖ$_v$ + ÖVP$_v$)	–43	–43	–27	–26
FPÖ – FPÖ$_v$	+1	+7	–10	+6
1995 (1)				
SPÖ	10	11	34	19
ÖVP	10	8	20	11
FPÖ	29	38	18	33
SPÖ + ÖVP	20	19	54	30
(SPÖ + ÖVP) – (SPÖ$_v$ + ÖVP$_v$)	–46	–47	–12	–36
FPÖ – FPÖ$_v$	+7	+16	–4	+11
1996-1999 (3-4)				
SPÖ	10	10	30	16
ÖVP	9	8	19	10
FPÖ	30	36	18	38
SPÖ + ÖVP	19	18	49	26
(SPÖ + ÖVP) – (SPÖ$_v$ + ÖVP$_v$)	–41	–42	–11	–34
FPÖ – FPÖ$_v$	+3	+9	–18	+11

SPÖ, ÖVP, FPÖ: Problemlösungskompetenz der jeweiligen Partei.
SPÖ$_v$, ÖVP$_v$, FPÖ$_v$: Anteil der Wählerstimmen am Ende der Gesetzgebungsperiode (1990, 1994, 1995, 1999).
Quelle: Fessel-GfK, Repräsentative Umfragen (1987-1998) (N = 1.000-2.000).

Die *Tabellen 9* und *10* geben einen detaillierten Überblick über die den Parteien zugeschriebene Problemlösungskompetenz im Hinblick auf einerseits die Issues, welche die FPÖ in den Parteienwettbewerb eingebracht hat, andererseits jene Issues, die auf jene Konfliktdimensionen zurückgehen, welche das Parteiensystem traditionell strukturiert haben. *Tabelle 10* enthält auch den Umweltschutz, bei welchem die Grünen konsistent einen Vorsprung auf jede andere Partei haben, der größer ist als jeder an-

Tabelle 10: Einschätzungen der Problemlösungskompetenz der Parteien und daraus resultierende Wettbewerbsvorteile, 1987–1999: traditonelle Issues

Gesetzgebungsperiode (Anzahl der Umfragen)	Arbeitsplatz- sicherung	Renten/ Pen- sionen sichern	Milderung des Steuerdrucks	Umwelt- schutz	Förderung von Familien mit Kindern
1987–1990 (1–2)					
SPÖ	46	44	23	20	–
ÖVP	21	19	28	15	–
FPÖ	5	4	7	6	–
SPÖ + ÖVP	67	63	51	35	–
(SPÖ + ÖVP) – (SPÖ$_v$ + ÖVP$_v$)	–8	–12	–24	–40	
FPÖ – FPÖ$_v$	–12	–13	–10	–11	
1991–1994 (6)					
SPÖ	48	49	18	12	–
ÖVP	19	20	17	9	–
FPÖ	4	3	9	3	–
SPÖ + ÖVP	67	69	44	21	–
(SPÖ + ÖVP) – (SPÖ$_v$ + ÖVP$_v$)	–4	–6	–19	–42	
FPÖ – FPÖ$_v$	–21	–20	–14	–20	
1995 (1)					
SPÖ	45	47	17	8	–
ÖVP	22	23	15	7	–
FPÖ	5	5	11	5	–
SPÖ + ÖVP	67	70	31	15	–
(SPÖ + ÖVP) – (SPÖ$_v$ + ÖVP$_v$)	+1	+3	–35	–51	
FPÖ – FPÖ$_v$	–17	–17	–11	–17	
1996–1999 (3–4)					
SPÖ	45	44	16	9	29
ÖVP	23	20	7	7	24
FPÖ	9	6	15	3	5
SPÖ + ÖVP	68	70	23	16	53
(SPÖ + ÖVP) – (SPÖ$_v$ + ÖVP$_v$)	+8	+10	–37	–44	–7
FPÖ – FPÖ$_v$	–19	–21	–12	–24	–22

Quelle: Fessel-GfK, Repräsentative Umfragen (1987–1998) (N = 1.000–2.000).

dere Kompetenzvorsprung einer Partei bei einem anderen Issue. Die beiden Tabellen sind nach Wahlperioden strukturiert und enthalten jeweils Durchschnittswerte aus den in diesem Zeitraum durchgeführten Umfragen. Die Dynamik, die in *Schaubild 1* voll erfaßt ist, wird so zwar etwas nivelliert, kurzfristige Schwankungen und Meßfehler beeinflussen das Ergebnis aber weniger.

Tabelle 9 zeigt, daß die FPÖ im Hinblick auf ihre Kern-Issues in jeder Wahlperiode deutlich mehr Problemlösungskompetenz zugesprochen erhält als SPÖ und ÖVP. Im Hinblick auf diese Issues wird der FPÖ auch mehr Kompetenz zugeschrieben, als sie Wähler gewinnen kann. Die Ausweitung der der FPÖ zugeschriebenen Problemlösungskompetenz und der Zugewinn von Wählern gehen bei diesen Issues Hand in Hand.

Schaubild 2: Issue-Kompetenz und wahlpolitische Stärke der FPÖ, 1994–1999

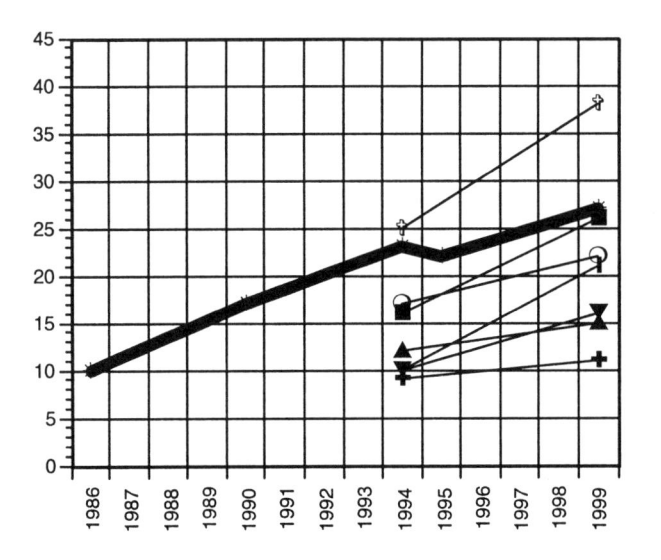

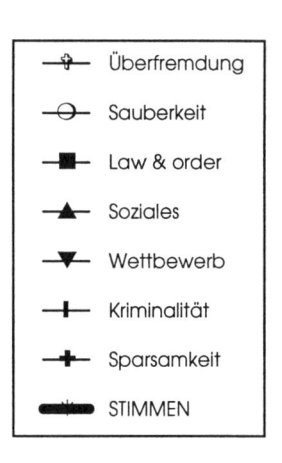

Anmerkung: Antworten auf die Frage: „An jeder Partei kann man ja bestimmte Dinge gut finden, auch wenn man sie selbst nicht wählt. Wenn Sie einmal an die FPÖ denken: Was beeindruckt Sie, unabhängig von Ihrer eigenen politischen Meinung an der FPÖ am ehesten?" Die Issues waren formuliert als: *Überfremdung*: „Daß sie eine Überfremdung Österreichs verhindern möchte"; *Sauberkeit*: „Daß sie für politische Sauberkeit sorgt"; *Law & order*: „Daß sie für Recht und Ordnung eintritt"; *Soziales*: „Daß sie soziales Verständnis hat, viel für den 'kleinen Mann' tut"; *Wettbewerb*: „Daß sie für Wettbewerb und Leistung eintritt"; *Kriminalität*: „Daß sie sich besonders für die Bekämpfung von Kriminalität und Drogensucht einsetzt"; *Sparsamkeit*: „Daß sie sparsam mit Steuermitteln umgeht".
Quelle: IMAS, Repräsentative Umfragen (N = 1.100). *IMAS-report* Nr. 24, September 1994 und Nr. 14, September 1999.

Tabelle 10 zeigt, daß die FPÖ im Hinblick auf die ihr bei den anderen Issues zugeschriebene Kompetenz weit hinter deren traditionellen „Eigentümern" zurückbleibt. Zwar hat die FPÖ seit 1987 Kompetenzgewinne erzielt, diese sind aber hinter den Gewinnen an Wählern zurückgeblieben. Relativ am besten schneidet die FPÖ bei der Milderung des Steuerdrucks ab, wo sie mit dem *flat tax*-Modell eine deutlich in eine bestimmte Richtung weisende Position bezogen hat.

Die Zeitreihe des Fessel-GfK-Instituts reicht leider nur bis 1998 und endet damit zu einem Zeitpunkt, zu welchem die FPÖ durch die Rosenstingl-Affaire im Hinblick auf die ihr zugeschriebene Problemlösungskompetenz erheblich geschwächt war (siehe *Schaubild 1*). Die Frage, die sich in diesem Zusammenhang stellt, ist daher, ob es sich nur um ein vorübergehendes Tief handelte (weil die Bürger vergeßlich sind und/oder das Krisenmanagement der Partei gegriffen hat) oder ob die FPÖ dauerhafte Verluste in ihrer Issue-Kompetenz hinnehmen mußte. Glücklicherweise existiert eine kürzere Zeitreihe des IMAS, das mit etwas anderen Fragestellungen nahezu dieselben Bereiche abgefragt hat. *Schaubild 2* zeigt auf der Basis von zwei Meßpunkten die Entwicklung der FPÖ-Issue-Kompetenz von 1994 bis 1999. Die absoluten Zahlen politischer Kompetenz sind in der Frage-Formulierung des IMAS generell geringer als in der des Fessel-GfK-Instituts. Die Issues sind hier mehr im Hinblick auf die positive Gestaltung von Politik (und weniger auf die Artikulation von Protest) formuliert. In diesem Kontext hat das Ausländer-Thema nicht nur einen größeren relativen Stellenwert im Rahmen der FPÖ-Issue-Kompetenz, sondern es ist auch das einzige Thema, bei dem der FPÖ mehr Kompetenz zuerkannt wird, als sie Wähler gewinnen kann. Was aber hier am meisten interessiert, ist, daß die Kompetenz-Zuschreibung zwischen 1994 und 1999 generell erheblich gestiegen ist. Während *Schaubild 1* zeigt, daß die FPÖ-Issue-Kompetenz im Jahr 1998 fast überall *unter* das Niveau von 1994 gefallen war, zeigt *Schaubild 2* generell einen *Anstieg* der Issue-Kompetenz zwischen 1994 und 1999. Daraus läßt sich der Schluß ableiten, daß die FPÖ den durch die Rosenstingl-Affaire verursachten Vertrauensverlust im Jahr 1999 auffangen und kompensieren konnte.

Wie wichtig sind aber die FPÖ-Issues für die Wählerschaft? *Tabelle 11* zeigt, daß es zwar nicht *die* zentralen Issues sind, es sich aber durchaus um relevante Issues handelt – immerhin finden sich für die 90er Jahren – mit der Ausnahme von 1998 – immer zwei, einmal (1993) sogar drei von ihnen unter den fünf von den Wählern als am wichtigsten eingestuften politischen Fragen. Während die FPÖ sich also im Hinblick auf die neuen, von ihr entdeckten bzw. gemachten Issues eine beachtliche Wettbewerbsposition aufgebaut hat, liegt sie bei den klassischen sozi-ökonomischen Issues, die im generischen „Eigentum" von SPÖ und ÖVP sind, ganz deutlich im Hintertreffen. Beim Issue „Arbeitsplatzsicherung" liegt sie im Mittel der XX. Gesetzgebungsperiode (1996–1999) 36 Prozentpunkte hinter der SPÖ und 14 Prozentpunkte hinter der ÖVP, beim Issue „Pensionssicherung" 38 Prozentpunkte hinter der SPÖ und 14 Prozentpunkte hinter der ÖVP.

Tabelle 11: Politische Prioritäten der österreichischen Bevölkerung, 1987–1998

(Den Befragten wurden 15 bis 17 Kärtchen vorgelegt, von denen jedes ein politisches Ziel enthielt. Sie wurden gebeten, die vier wichtigsten Punkte anzugeben, „um die sich die politischen Parteien in Österreich kümmern sollen". Die Tabelle enthält die fünf am häufigsten genannten politischen Ziele. Während die Liste der den Befragten vorgelegten Ziele über die Zeit weitgehend unverändert blieb, wurden gelegentlich neue hinzugefügt oder solche entfernt, die nur das Interesse weniger Befragten gefunden hatten. Mit einer einzigen Ausnahme, dem „Ausländerproblem", erreichte keines der neuen Issues die ersten fünf Plätze.)

	1987	1990	1993	1995	1996	1997	1998
1	Umweltschutz	Umweltschutz	Arbeitsplatz-sicherung	Arbeitsplatz-sicherung	Arbeitsplatz-sicherung	Arbeitsplatz-sicherung	Arbeitsplatz-sicherung
2	Verschwendung verhindern	Renten/Pensionen sichern	Renten/Pensionen sichern	Renten/Pensionen sichern	Renten/Pensionen sichern	Renten/Pensionen sichern	Renten/Pensionen sichern
3	Arbeitsplatz-sicherung	Verschwendung verhindern	Ausländerproblem	Verschwendung verhindern	Verschwendung verhindern	Verschwendung verhindern	Verschwendung verhindern
4	Schaffung neuer Arbeitsplätze	Korruption/Privilegien bekämpfen	Verschwendung verhindern	Umweltschutz	Korruption/Privilegien bekämpfen	Korruption/Privilegien bekämpfen	Förderung von Familien mit Kindern
5	Preisstabilität	Arbeitsplatz-sicherung	Korruption/Privilegien bekämpfen	Korruption/Privilegien bekämpfen	Kriminalitäts-bekämpfung	(a) Kriminalitätsbe-kämpfung (b) Förderung von Fami-lien mit Kindern	Milderung des Steuerdrucks

Quelle: Fessel-GfK, Repräsentative Umfragen (N = 1.000–2.000).

Issues und Wahlverhalten

Wieweit sind nun Issues bzw. die ihnen unterliegenden *cleavages* für das Wahlverhalten entscheidend? Im folgenden beziehe ich mich auf demoskopische Untersuchungen, die *unabhängig* von der Erhebung der Issue-Prioritäten und Problemlösungskompetenz der Parteien durchgeführt wurden.

In *offen* (also ohne Antwortvorgaben) gestellten Fragen nach dem Wahlmotiv bei repräsentativen Wahltagsbefragungen (*exit polls*) dominierten bei SPÖ- und ÖVP-Wählern 1986, 1990 und 1994 Traditionsmotive („Stammwähler", „Familientradition") und allgemeine Images, die auf den klassischen *cleavage*-Strukturen basierten (wie z.B. „Einsatz für Arbeitnehmeranliegen", „Arbeiterpartei", „Partei der kleinen Leute", „Weltanschauung") (Plasser und Ulram 1995b: 384–389).[22] Im Gegensatz dazu standen bei der vorzeitigen Nationalratswahl 1995, die nach heftigen Auseinandersetzungen zwischen den Regierungsparteien SPÖ und ÖVP über budget- und sozialpolitische Fragen abgehalten wurde, konkrete Sachprobleme als Wahlmotiv für diese beiden Parteien im Vordergrund: die „Sicherung der Pensionen und der sozialen Leistungen" bzw. „konsequentes Sparen" und „keine neuen Steuern" (Plasser, Ulram und Sommer 1995: 83–85).[23] Für die Wahl von SPÖ und ÖVP sind damit die klassischen *cleavage*-Strukturen maßgeblich. Diese „eingefrorenen" Konflikte werden nur dann mit konkreten Issues in Verbindung gebracht, wenn sie, wie in der Wahlauseinandersetzung 1995, neu entfacht werden.

FPÖ-Wähler benannten ab 1986 zunächst vor allem die Person des Spitzenkandidaten, Jörg Haider, als ihr Wahlmotiv. Freilich hatte der Kandidat keine „unpolitische" Persönlichkeitskampagne geführt, sondern vor allem scharfe Kritik an der Regierung und den beiden traditionellen Großparteien artikuliert. In den 1986 folgenden Wahlen rationalisierten die FPÖ-Wähler immer mehr die Issue-Basis ihrer Wahlentscheidung: Protest gegen Skandale, Privilegien und Parteibuchwirtschaft und die „Ausländerfrage" (Plasser und Ulram 1995b: 387f.; 1995a: 489–493; 1996: 39–41).

Tabelle 12 enthält die von den FPÖ-Wählern genannten Wahlmotive, wobei es sich hier um die Antworten auf *geschlossene* – also mit Antwortvorgaben versehene – Fragen handelt. Die Tabelle bestätigt die Bedeutung der schon bisher als für den Aufstieg der FPÖ identifizierten Issues: Protest gegen Skandale und Privilegien und die Frage der Immigration. Über die Zeit scheint es einen leichten Trend von reinen Protestmotiven hin zu positiven Motiven zu geben, welche hier freilich sehr vage formuliert sind („Interessen", „frischer Wind der Veränderung").

Die Wähler der beiden neuen Parteien – der Grünen und des Liberalen Forums – haben vordergründig ein unterschiedliches Profil: die Grünen werden wegen des zentralen Themas Umweltschutz, das Liberale Forum wegen ihrer Spitzenkandidatin, Heide Schmidt, gewählt (Plasser und Ulram 1996: 39–42). Die Grünen „besitzen" also ein „neues" Issue. Beim Liberalen Forum wäre es – ähnlich wie bei der FPÖ am Beginn ihres Aufstiegs – falsch, die Person der Spitzenkandidatin losgelöst von politischen Inhalten zu sehen. Der Verweis der Wähler auf die Spitzenkandidatin ist auch Verweis auf eine inhaltliche Positionierung, die eine Gegenposition zu jener der FPÖ markiert. Im Hinblick auf die politische Auseinandersetzung über die Differenzen in der rechtlichen Regelung hetero- und homosexueller Beziehungen hat das Liberale Forum auch die „Eigentümerschaft" an einem konkreten Issue erworben (siehe die Wiedergabe einer repräsentativen Umfrage in *Der Standard* 15.9.1997). Allerdings handelt es sich dabei um ein „Randthema", d.h. ein Thema, das nur selten bestimmend für die Wahlentscheidung ist. Mehr noch, die Wählerpräferenzen in der ökonomischen und der sozio-kulturellen Politikdimension sind nicht in ausreichendem Maße entsprechend den vom Liberalen Forum eingenommenen Positionen verknüpft, um eine dauerhafte Unterstützung dieser Partei bei Wahlen zu garantieren, wie am Wahlresultat 1999 ersehen werden kann.

Tabelle 12: Motive der FPÖ-Wähler, 1990–1999 (in % der FPÖ-Wähler)

	1990	1994	1995	1999	Durchschnitt 1990–1999
Weil die FPÖ ernsthaft gegen Skandale und Privilegien ankämpft*	62	68	79	65	69
Weil die FPÖ in der Ausländerfrage den richtigen Standpunkt vertritt**	39	49	51	47	47
Wegen der Persönlichkeit Jörg Haiders	42	39	38	40	40
Um den beiden Koalitionsparteien einen Denkzettel zu geben	44	39	32	36	38
Weil die Freiheitlichen meine Interessen am ehesten vertreten bzw. aus Tradition	26	34	34	48	36
Weil die Freiheitlichen im Vergleich zu den anderen Parteien das kleinere Übel sind	18	18	19	N.g.	(18)
Weil die FPÖ gegen die Macht der Parteien und für mehr Bürgerrechte eintritt	N.g.	45	N.g.	N.g.	(45)
Weil die Freiheitlichen für Sparen und gegen Sozialmißbrauch eintreten	N.g.	N.g.	52	N.g.	(52)
Weil die FPÖ frischen Wind und Veränderung bringt	N.g.	N.g.	N.g.	63	(63)

N.g. = Nicht gefragt.
* Weil die Freiheitlichen schonungslos Skandale und Mißstände aufzeigen (1995, 1999).
** Weil die Freiheitlichen gegen die Zuwanderung von Ausländern eintreten (1995, 1999).
Quelle: Plasser, Sommer und Ulram 1990: 133; Plasser, Sommer und Ulram 1994a: 106; Plasser, Ulram und Sommer 1995: 87; Plasser, Seeber und Ulram i.d.B.

Issue-Wettbewerb und Parteiensystem

Geht man von den Aktivitäten der politischen Akteure aus, so kann der Issue-Wettbewerb der 90er Jahre vereinfachend entlang von fünf Politikachsen beschrieben werden: der sozio-ökonomischen mit den Polen „links" und „rechts"; der sozio-kulturellen mit den Polen „konservativ" und „libertär"; der Konfliktachse der europäischen

Integration mit den Polen „weitere Integration" und „zurück zur Nationalstaatlichkeit"; der ökologischen Konfliktachse mit den Polen „Priorität des Wirtschaftswachstums" und „Priorität des Umweltschutzes" und eine Konfliktdimension, die auf den politischen Prozeß (Stil und Partizipation) bezogen ist.[24]

Die *ökonomische* Politikachse, auf der die „klassischen" Konflikte zwischen Arbeit und Kapital, über viel oder wenig Staatsintervention, ausgetragen werden, ist nach wie vor die wichtigste. Von den zwölf wichtigsten Issues der Jahre 1995 und 1998 konnten sieben dieser Dimension zugerechnet werden, darunter die beiden wichtigsten. Diese Politikachse ist noch immer die Domäne von SPÖ und ÖVP.

Die *sozio-kulturelle* Konfliktachse und die auf den *politischen Prozeß* bezogene Konfliktachse haben in den letzten Jahren stark an Bedeutung gewonnen. Die FPÖ hat insbesondere mit ihren Positionen zum Themenkomplex „Ausländer" und mit Kritik an der politischen Klasse eine beachtliche Wettbewerbsposition erobert. Dabei ist es zu einer deutlichen Polarisierung gekommen. Grüne und Liberale haben im Hinblick auf den Themenkomplex „Ausländer" pointierte Gegenpositionen eingenommen. Im Hinblick auf die Kritik an der politischen Klasse versuchte das Liberale Forum den Spagat zwischen einerseits reformorientierter Kritik und andererseits der Verteidigung der Institutionen und Verfahren gegen überzogene Kritik. Die Grünen üben aus einer anderen Perspektive Kritik an der „politischen Klasse", nicht aus der des „kleinen Mannes", sondern gewissermaßen aus der einer Avantgarde, einer Minderheit mit besonders intensiven Einstellungen.

Innerhalb der Konfliktdimension der *europäischen Integration* haben sich ursprünglich die Regierungsparteien SPÖ und ÖVP und das Liberale Forum auf der Pro-, die FPÖ und die Grünen auf der Contra-Seite positioniert. Nach erfolgter Volksabstimmung haben die Grünen insofern ihre Position geändert, als sie nunmehr nicht nur die Mitgliedschaft in der EU akzeptieren, sondern auch weitere Integrationsschritte bejahen, zum Teil sogar mit mehr Enthusiasmus als SPÖ und ÖVP. Damit hat die FPÖ gewissermaßen ein Monopol auf die Besetzung EU-kritischer Positionen im Parteienwettbewerb. Ob die FPÖ darauf verzichtet, diese Issue-Dimension weiter zu nützen, wie es die Koalitionsvereinbarung zwischen ÖVP und FPÖ intendiert, bleibt abzuwarten.

Die Bedeutung der *ökologischen* Politikachse ist starken Konjunkturen unterworfen, wobei wirtschaftliche Probleme dazu führen, daß sie in ihrer Bedeutung zurückgeht. Auf dieser Politikachse haben die Grünen eine ausgezeichnete Wettbewerbsposition erworben; andere Parteien haben hier so niedere Kompetenzzuweisungen wie sonst kaum wo.

Grüne und Liberale haben bei Nationalratswahlen zusammen maximal 13,3 % der Stimmen gewonnen (1994). Die FPÖ hat maximal 26,9 % (1999) der Stimmen erreicht und damit gegenüber dem Bezugsjahr 1983 einen Zugewinn von 21,9 %. Diese Veränderungen des Parteiensystems sind vor allem auf den Bedeutungsgewinn der drei nicht-ökonomischen Politikachsen zurückzuführen. Hier fanden die Herausforderer von SPÖ und ÖVP gute Chancen vor, Unterstützung für ihre Issues zu finden bzw. im Hinblick auf sie meinungsbildend zu wirken.

8. Schluß

Seit 1986 sind gewaltige Veränderungen im österreichischen Parteiensystem zu konstatieren. Der vorliegende Beitrag hat versucht, die Frage zu beantworten, auf welche Ursachen diese Veränderungen zurückzuführen sind. Drei Erklärungsansätze wurden diskutiert. Während der wahlsoziologische Ansatz ungeeignet ist, die politische Dynamik seit 1986 zu erklären, vermag der sozialpsychologische Ansatz immerhin das Veränderungspotential im Parteiensystem zu erkennen. Für die Erklärung der tatsächlich eingetretenen Veränderungen ist aber der Ansatz des Issue-Wettbewerbs am zielführendsten.

Als Voraussetzungen für das Wirksamwerden des Issue-Wettbewerbs habe ich erstens den Bedeutungsverlust der Parteiorganisationen und Vorfeldorganisationen als Sozialisationsagenturen und Kommunikationsinstrumente und zweitens „tektonische Verschiebungen" in der Medienlandschaft identifiziert. Diese Veränderungen wirken natürlich vor allem auf neue Generationen von Wählern, die tatsächlich ein Wahlverhalten zeigen, welches sie von den älteren Generationen systematisch unterscheidet und welches die Veränderungen im Parteiensystem maßgeblich mitbestimmt hat.

Die politische Themenlandschaft wurde durch das Auftreten neuer (objektiver) Probleme und durch das Sichtbarwerden interner Widersprüche in bestehenden Wählerallianzen beweglich. Neue (Grüne, Liberales Forum) und radikal transformierte (FPÖ) Parteien und strategisch handelnde Politiker haben diese Situation genützt und neue Themen forciert, mit denen sie Wähler aus den alten Wählerallianzen gewinnen konnten bzw. verhinderten, daß sich neue Generationen dort einordneten.

Der vorliegende Beitrag hat jene Issues identifiziert, die von zentraler Bedeutung für die Veränderung des Parteiensystems von 1986 bis 1999 waren. Diese Themen waren wirksam für Verschiebungen in der Wählerunterstützung für die einzelnen Parteien. Gleichzeitig blieben aber die Beziehungen zwischen diesen Parteien weitgehend konstant, das heißt, die Rollen von Regierung und Opposition waren in diesem Zeitraum in gleicher Weise auf die Parteien verteilt. Freilich eignen sich bestimmte Issues nicht gleichermaßen dafür, Unterstützung für eine Regierungspartei wie für eine Oppositionspartei zu mobilisieren; und die Issue-Kompetenz von Parteien ist auch nicht ganz unabhängig von ihrem Status als entweder Regierungs- oder Oppositionsparteien.

Jene Issues, die maßgeblich zum Aufstieg der FPÖ beigetragen haben, sind „klassische" Oppositionsthemen. Insofern stellt der im Februar 2000 erfolgte Wechsel der Freiheitlichen von der Opposition in die Regierung eine potentielle Gefahr für die Kohäsion der FPÖ-Wählerallianz dar. Zum einen sind die Möglichkeiten einer Regierung – und insbesondere einer Koalitionsregierung – zur Politikgestaltung in vielerlei Hinsicht beschränkt, was leicht zu enttäuschten Erwartungen führen kann. Zum anderen stellt sich die Frage, wieweit der Wille zur Erfüllung der geweckten Erwartungen tatsächlich existiert. Während sich die FPÖ z.B. über die Beendigung der SPÖ-ÖVP-Proporzpatronage sicher einig ist, sei dahingestellt, ob alle FPÖ-Funktionäre die Alternative tatsächlich in einer völligen Objektivierung personeller Entscheidungen (und nicht in einem Beute-System anderer Art) sehen.

Freilich ist es nicht unmöglich, die bestehende FPÖ-Wähleralliianz auch als Regierungspartei zumindest kurzfristig zusammenzuhalten. Jedenfalls bedarf das beträchtlichen Geschicks. Und möglicherweise ist ein Zusammenhalten der Wähleralliianz nur auf Kosten der Arbeitsfähigkeit der neuen Koalition erreichbar. Es ist aber auch möglich, daß die FPÖ in jenen Themenbereichen, welche die „normale" politische Agenda bestimmen, insbesondere Wirtschafts- und Sozialpolitik, durch ihre neue Regierungsfunktion Issue-Kompetenz gewinnt. Auch die SPÖ hat vieles von ihrer Issue-Kompetenz im Bereich der Wirtschaftspolitik erst während ihrer Regierungszeit erworben.

Für die SPÖ stellt sich die Frage nach dem Zusammenhalt der geschrumpften Wähleralliianz und der Rückgewinnung von ehemaligen und neuen Wählern unter umgekehrten Vorzeichen ähnlich dar wie für die FPÖ. Im Gegensatz zu FPÖ und SPÖ hat sich die Position der ÖVP im Regierungssystem nicht grundlegend verändert, da sie weiter in der Regierung bleibt. Daß sie nunmehr den Bundeskanzler stellt, sollte ihr, nach der von ihr seit 1986 entwickelten Theorie vom Kanzlerbonus und der undankbaren Rolle der zweiten Partei in der Regierung, im Parteienwettbewerb nützen. Allerdings können der dramatische Wechsel des Koalitionspartners und die internationalen Reaktionen erhebliche Konsequenzen für die Einschätzung der ÖVP und ihrer politischen Kompetenz durch die Wähler haben. Die Frage, ob das österreichische Parteiensystem nunmehr in eine neue Konsolidierungsphase eintritt, wird maßgeblich davon abhängen, wie sich die Parteien im Issue-Wettbewerb positionieren und mit welchem Geschick sie ihre diesbezüglichen Strategien im neuen Jahrzehnt umsetzen.

Anmerkungen

1   Das gilt sowohl für die Kategorisierung von Sartori (1976) als auch Mair (1997).

2   Mit dem von 1970 bis 1992 geltenden Wahlsystem hätte das Liberale Forum 1999 den Wiedereinzug ins Parlament geschafft, was aber die parlamentarischen Mehrheitsverhältnisse nicht wesentlich verändert hätte.

3   Klassische Arbeiten in dieser Tradition sind Lipset (1983 [1959], insb. 230 ff.), Alford (1963), die meisten Beiträge in Lipset und Rokkan (1967) und Rose (1974), neuere Arbeiten, die im wesentlichen auf die nur mehr begrenzte Gültigkeit dieses Ansatzes hinweisen, sind Crewe und Denver (1985) und Franklin, Mackie, Valen et al. (1992), größere Bedeutung für das Wahlverhalten messen der Sozialstruktur und insbesondere der Berufszugehörigkeit (*class structure*) Heath et al. (1991), Wright (1997) und die meisten Beiträge in Evans (1999) zu. Letztere Arbeiten kommen zum Teil über andere Definitionen der einzelnen sozialstrukturellen Gruppen zu Ergebnissen, die dem soziologischen Ansatz größere Erklärungskraft beimessen, zumindest für das Verhalten von enger definierten Wählergruppen, die sinkende Erklärungskraft der Sozialstruktur für das Wahlverhalten insgesamt wird aber zumeist auch von Arbeiten in dieser Tradition akzeptiert.

4   Siehe Campbell et al. (1960) für die klassische Formulierung dieser Theorie und Budge, Crewe und Farlie (1976) – insb. Teil I – für eine weiterführende Diskussion.

5   Während die Operationalisierung dieses Konzeptes in den USA konstant geblieben ist, wurde in Europa viel damit experimentiert (siehe u.a. Plasser 1987: 274-276). Für den in dieser Arbeit relevanten Zeitraum (ab 1985) lautet die in Österreich verwendete Frage: „Wenn Sie es einmal insgesamt betrachten: Würden Sie dann sagen, Sie neigen alles in allem einer bestimmten Partei eher zu als anderen Parteien, oder ist das bei Ihnen nicht der Fall? Wenn ja, welcher?"

6   Operationalisiert in folgender Frage: „Wie stark oder wie schwach neigen Sie - alles zusammengenommen - dieser Partei zu? eher stark, mäßig, eher schwach."

7   Zu deren klassischer Rolle siehe u.a. Houska (1985), Luther (1992), Müller (1994; 1996b).

8   Siehe u.a. Plasser, Scheucher und Sommer 1995: 242f.; Plasser, Sommer und Scheucher 1996.

9   Diese Logik ließe sich grundsätzlich auf Parteien übertragen, die sich nicht durchsetzen können, weil sie keinen Koalitionspartner finden. In einem solchen Fall wäre es die Aufgabe der neuen Issues, Brücken zu anderen Parteien zu schlagen (vgl. Sjöblom 1968).

10 Wie Zaller (1996) gezeigt hat, haben Massenmedien - entgegen der bis vor kurzem dominierenden These ihrer relativen Wirkungslosigkeit - massiven Einfluß auf die Wählerschaft. Dieser Einfluß wird nur dann nicht sichtbar, wenn die von verschiedenen Medien ausgehenden Einflußströme in entgegengesetzte Richtungen wirken und einander so weitgehend aufheben. Wirken sie hingegen in eine Richtung, so muß von massivem Medieneinfluß ausgegangen werden.

11 Die empirische Relevanz der *directional theory of voting* ist in einer Reihe von Arbeiten dokumentiert (Macdonald, Rabinowitz und Listhaug 1991; Macdonald und Rabinowitz 1993; Macdonald, Rabinowitz und Listhaug 1995; Aarts, Macdonald und Rabinowitz 1999), die freilich nicht unwidersprochen geblieben sind (Iversen 1994a; 1994b; Krämer und Rattinger 1997; Gilljam 1997; Pierce 1997; Granberg und Gilljam 1997; vor allem aber siehe Westholm [1997] und die Antwort von Macdonald, Rabinowitz und Listhaug [1998]). Viele Widersprüche resultieren aus methodischer Kritik an den konkreten Forschungsdesigns und einzelner Operationalisierungen durch die Proponenten dieser Theorie. Grundsätzlicher ist die Frage der Falsifizierbarkeit dieser Theorie, die sich vor allem durch die Einschränkung stellt, daß Parteien dann keinen Wettbewerbsvorteil durch die Einnahme deutlicher Issue-Positionen erzielen, wenn diese als extreme Standpunkte eingeschätzt werden (Westholm 1997). Dennoch ist gerade diese Beschränkung ein wichtiger - freilich bisher unterentwickelter - Bestandteil dieser Theorie. Laut Adams und Merrill (1999) sind die wahlpolitisch optimalen *policy*-Positionen von Parteien ähnlich jenen ihrer Anhänger, aber etwas extremer.

12 Generell dürfte die *directional theory of voting* eher das Verhalten politisch weniger gut informierter Wähler erklären (Maddens 1996; Morris und Rabinowitz 1997), während sich politisch besser informierte Wähler eher einen Überblick über die genauen Issue-Positionen der Parteien verschaffen.

13 Spektakuläre jüngere Beispiele stellen der Beitritt der „neuen Bundesländer" (der ehemaligen DDR) zur Bundesrepublik Deutschland und die Teilung der Tschechoslowakei dar.

14 Bis 1997 stieg die Zahl der Immigranten auf 732.700 (Fassmann, Münz und Seifert 1999: 99), die Anzahl der Kriegsflüchtlinge aus Bosnien beträgt über 70.000.

15 59 Prozent bringen die Ausländer mit einem Anstieg der Kriminalität in Zusammenhang, 47 Prozent sehen in ihnen eine Belastung des Sozialstaates, 42 Prozent sehen in den Ausländern eine Konkurrenz für die Österreicher am Arbeits- und 46 Prozent am Wohnungsmarkt, und 40 Prozent fühlen sich durch die vielen Ausländer in Österreich zunehmend als Fremde (Lebhart und Münz 1999: 22f.).

16 Für eine differenzierte qualitative Analyse siehe Luther (1997).

17 Siehe Müller und Plasser 1992; Schaller und Vretscha 1995; Kossdorff und Sickinger 1996.

18 Als effektives Mittel, Issues auf die Agenda zu setzen und Meinungsbildung zu betreiben, haben sich auch Volksbegehren der Oppositionsparteien – der FPÖ und in letzter Zeit auch der Grünen – erwiesen (Müller 1998; 1999).

19 Eine IMAS-Umfrage aus dem Mai 1992 zeigte, daß der Begriff „Partei" zu jenen gehörte, die am wenigsten Sympathie (12 %) and am meisten Antipathie (32 %) hervorriefen (*IMAS-report* Nr. 13, Juni 1992).

20 Wenn man „innerkirchlich konservativ" als totale Übereinstimmung mit den Ansichten des Papstes operationalisiert, so traf das 1994 gerade auf sechs Prozent der Österreicher zu, weitere zwölf Prozent stimmten weitgehend überein (*IMAS-report* Nr. 4, Februar 1994).

21 Untersuchungen des Spektra-Instituts (siehe *Der Standard*, 31.8.1998) und des IMAS (*IMAS-report* Nr. 24, September 1994 und Nr. 14, September 1999) haben sehr ähnliche Ergebnisse erbracht.

22 Bei der SPÖ figurierte auch der Spitzenkandidat Vranitzky prominent.

23 Es handelt sich hierbei allerdings um gestützte Fragestellungen (Antwortvorgaben, Mehrfachnennungen), die einige der 1986 bis 1994 relevanten Motive nicht enthalten. Plasser und Ulram (1996: 40f.) betonen dennoch den diesbezüglichen Unterschied zwischen den Wahlen 1986–1994 und 1995.

24 Auf der Basis der Analyse der Wahlprogramme (Müller, Philipp und Jenny 1995) und der Wählermotive (Plasser, Ulram und Grausgruber 1992; Grausgruber 1995) wurden mit Hilfe von Hauptkomponenten- bzw. Clusteranalysen umfangreichere Kategorisierungen vorgenommen.

Literatur

Aarts, Kees, Stuart Elaine Macdonald und George Rabinowitz (1999). Issues and Party Competition in the Netherlands, *Comparative Political Studies* 32, 63-99

Alford, Robert R. (1963). *Party and Society*, New York

Adams, James und Samuel Merrill, III (1999). Modeling Party Strategies and Party Representation in Multiparty Elections: Why Are Strategies So Extreme?, *American Journal of Political Science* 43, 765-791

Budge, Ian, Ivor Crewe und Dennis Farlie (eds.) (1976). *Party Identification and Beyond*, London

Campbell, Angus, Philip E. Converse, Warren E. Miller und Donald D. Stokes (1960). *The American Voter*, New York

Carmines, Edward G. (1991). The Logic of Party Alignments, *Journal of Theoretical Politics* 3, 65-80

Carmines, Edward G. und James A. Stimson (1993). On the Evolution of Political Issues, in: William H. Riker (ed.). *Agenda Formation*, Ann Arbor, 151-168

Crewe, Ivor und David Denver (eds.) (1985). *Electoral Change in Western Democracies*, London

Dachs, Herbert (1997). Grünalternative Parteien, in: Herbert Dachs et al. (Hg.). *Handbuch des politischen Systems Österreichs*, Wien, 304-314

Evans, Geoffrey (ed.) (1999). *The End of Class Politics? Class Voting in Comparative Context*, Oxford

Faßmann, Heinz (1995). Der Wandel der Bevölkerungsstruktur in der Zweiten Republik, in: Reinhard Sieder, Heinz Steinert und Emmerich Tálos (Hg.). *Österreich 1945-1995*, Wien, 395-408

Fassmann, Heinz, Rainer Münz und Wolfgang Seifert (1999). Ausländische Arbeitskräfte in Deutschland und Österreich, in: Heinz Fassmann, Helga Matuschek und Elisabeth Menasse (Hg.). *Abgrenzen, ausgrenzen, aufnehmen: Empirische Befunde zu Fremdenfeindlichkeit und Integration*, Klagenfurt, 95-114

Franklin, Mark, Tom Mackie, Henry Valen et al. (1992). *Electoral Change*, Cambridge

Gilljam, Mikael (1997). The Directional Theory of Voting Under the Magnifying Glass: A Reappraisal, *Journal of Theoretical Politics* 9, 5-12

Granberg, Donald und Mikael Gilljam (1997). Implausible Hypotheses in the Directional Theory of Issue Voting, *European Journal of Political Research* 32, 31-50

Grausgruber, Alfred (1995). Wählertypen und Parteienwettbewerb nach der Nationalratswahl 1994, in: Wolfgang C. Müller, Fritz Plasser und Peter A. Ulram (Hg.). *Wählerverhalten und Parteienwettbewerb*, Wien, 407-433

Haerpfer, Christian (1985). Austria, in: Ivor Crewe und David Denver (eds.). *Electoral Change in Western Democracies*, London, 267-286

Hartmann, Gerhard (1995). Die Vorfeldorganisationen der ÖVP, in: Robert Kriechbaumer und Franz Schausberger (Hg.). *Volkspartei – Anspruch und Realität*, Wien, 317-335

Heath, Anthony, Roger Jowell, John Curtice, Geoff Evans, Julia Field und Sharon Witherspoon (1991). *Understanding Political Change. The British Voter 1964-1987*, Oxford

Hinich, Melvin J. und Michael C. Munger (1997). *Analytical Politics*, Cambridge

Hofinger, Christoph und Günther Ogris (1996a). Wählerwanderungen: Ein Vergleich fünf verschiedener Wählerstromanalysen anläßlich der Nationalratswahl 1995, in: Fritz Plasser, Peter A. Ulram und Günther Ogris (Hg.). *Wahlkampf und Wählerentscheidung*, Wien, 315-341

Hofinger, Christoph und Günther Ogris (1996b). Achtung, *gender gap*! Geschlecht und Wahlverhalten 1979-1995, in: Fritz Plasser, Peter A. Ulram und Günther Ogris (Hg.). *Wahlkampf und Wählerentscheidung*, Wien, 211-232

Horner, Franz (1987). Austria 1949-1979, in: Ian Budge, David Robertson und Derek Hearl (eds.). *Ideology, Strategy and Party Change: Spatial Analyses or Post-War Election Programmes in 19 Democracies*, Cambridge, 270-293

Houska, Joseph J. (1985). *Influencing Mass Political Behavior*, Berkeley

Iversen, Torben (1994a). The Logics of Electoral Politics, *Comparative Political Studies* 27, 155-189

Iversen, Torben (1994b). Political Leadership and Representation in the West European Democracies: A Test of Three Models of Voting, *American Journal of Political Science* 38, 45-74

Kadan, Albert und Anton Pelinka (1979). *Die Grundsatzprogramme der österreichischen Parteien*, St. Pölten

Katz, Richard S. und Peter Mair (1995). Changing Models of Party Organization and Party Democracy: The Emergence of the Cartel Party, *Party Politics* 1, 5-28

Kéry, Andreas (1997). Strukturen parteipolitischen Wettbewerbs und Großparteien, *Österreichische Zeitschrift für Politikwissenschaft* 26, 85-101

Kitschelt, Herbert (1994). *The Transformation of European Social Democracy*, Cambridge

Kitschelt, Herbert in collaboration with Anthony J. McGann (1995). *The Radical Right in Western Europe*, Ann Arbor

Kossdorff, Felix und Hubert Sickinger (1996). Wahlkampf und Wahlstrategien: Eine Biographie der Kampagnen 1995, in: Fritz Plasser, Peter A. Ulram und Günther Ogris (Hg.). *Wahlkampf und Wählerentscheidung*, Wien, 47-84

Kräh, Gerd (1996). *Die Freiheitlichen unter Jörg Haider*, Frankfurt am Main

Krämer, Jürgen und Hans Rattinger (1997). The Proximity and the Directional Theories of Issue Voting: Comparative Results for the USA and Germany, *European Journal of Political Research* 32, 1-29

Laakso, Markku und Rein Taagepera (1979). „Effective" Number of Parties, *Comparative Political Studies* 12, 3-27

Lane, Jan-Erik und Svante Ersson (1999). *Politics and Society in Western Europe*, London

Lauber, Volkmar (1997). Wirtschafts- und Finanzpolitik, in: Herbert Dachs et al. (Hg.). *Handbuch des politischen Systems Österreichs*, Wien, 545-556

Lebhart, Gustav und Rainer Münz (1999). Die Österreicher und ihre „Fremden", in: Heinz Fassmann, Helga Matuschek und Elisabeth Menasse (Hg.). *Abgrenzen, ausgrenzen, aufnehmen: Empirische Befunde zu Fremdenfeindlichkeit und Integration*, Klagenfurt, 9-32

Liegl, Barbara (1997). Das Liberale Forum, in: Herbert Dachs et al. (Hg.). *Handbuch des politischen Systems Österreichs*, Wien, 315-322

Lipset, Seymour Martin (1983 [1959]). *Political Man. The Social Bases of Politics*, London

Lipset, Seymour Martin und Stein Rokkan (eds.) (1967). *Party Systems and Voter Alignments*, New York

Luther, Kurt Richard (1992). Consociationalism, Parties and the Party System, in: Kurt Richard Luther und Wolfgang C. Müller (eds.). *Politics in Austria*, London, 45-98

Luther, Kurt Richard (1997). Die Freiheitlichen, in: Herbert Dachs et al. (Hg.). *Handbuch des politischen Systems Österreichs*, Wien, 286-303

Luther, Kurt Richard (1998). From Accomodation to Competition: The „Normalization" of the Second Republic's Party System?, in: Kurt Richard Luther und Peter Pulzer (eds.). *Austria 1945-95. Fifty Years of the Second Republic*, Aldershot, 121-158

Luther, Kurt Richard (1999). From Moderate to Polarized Pluralism? The Austrian Party System in Transition, in: David Broughton und Mark Donovan (eds.). *Party System Change in Western Europe*, London, 118-142

Macdonald, Stuart Elaine und George Rabinowitz (1993). Direction and Uncertainty in a Model of Issue Voting, *Journal of Theoretical Politics* 5, 61-87

Macdonald, Stuart Elaine, George Rabinowitz und Ola Listhaug (1991). Issues and Party Support in Multiparty Systems, *American Political Science Review* 85, 1107-1128

Macdonald, Stuart Elaine, George Rabinowitz und Ola Listhaug (1995). Political Sophistication and Models of Issue Voting, *British Journal of Political Science* 25, 453-483

Macdonald, Stuart Elaine, George Rabinowitz und Ola Listhaug (1998). On Attempting to Rehabilitate the Proximity Model: Sometimes the Patient Just Can't Be Helped, *Journal of Politics* 60, 653-690

Maddens, Bart (1996). Directional Theory of Issue Voting: The Case of the 1991 Parliamentary Elections in Flanders, *Electoral Studies* 15, 53-70

Mair, Peter (1997). *Party System Change. Approaches and Interpretations*, Oxford

Manin, Bernard (1997). *The Principles of Representative Government*, Cambridge

Merrill, Samuel, III und Bernard Grofman (1997). Directional and Proximity Models of Voter Utility and Choice: A New Synthesis and an Illustrative Test of Competing Models, *Journal of Theoretical Politics* 9, 25-48

Middendorp, C. P. und J. D. Meloen (1990). The Authoritarianism of the Working Class Revisited, *European Journal of Political Research* 18, 257-267

Molinar, Juan (1991). Counting the Number of Parties: An Alternative Index, *American Political Science Review* 85, 1383-1391

Morris, Irwin L. und George Rabinowitz (1997). On the Coexistence of Directional and Proximity Voters, *Journal of Theoretical Politics* 9, 75-88

Müller, Wolfgang C. (1983). Parteien zwischen Öffentlichkeitsarbeit und Medienzwängen, in: Peter Gerlich und Wolfgang C. Müller (Hg.). *Zwischen Koalition und Konkurrenz. Österreichs Parteien seit 1945*, Wien, 281-315

Müller, Wolfgang C. (1988). Conservatism and the Transformation of the Austrian People's Party, in: Brian Girvn (ed.). *The Transformation of Contemporary Conservatism*, London, 98-119

Müller, Wolfgang C. (1992). Austria (1945-1960), in: Richard S. Katz und Peter Mair (eds.). *Party Organizations*, London, 21-120

Müller, Wolfgang C. (1994). The Development of Austrian Party Organizations in the Post-War Period, in: Richard S. Katz und Peter Mair (eds.). *How Parties Organize*, London, 51-79

Müller, Wolfgang C. (1996a). Wahlsysteme und Parteiensystem in Österreich, 1945-1995, in: Fritz Plasser, Peter A. Ulram und Günther Ogris (Hg.). *Wahlkampf und Wählerentscheidung*, Wien, 233-272

Müller, Wolfgang C. (1996b). Die Organisation der SPÖ, 1945-1995, in: Wolfgang Maderthaner und Wolfgang C. Müller (Hg.). *Die Organisation der österreichischen Sozialdemokratie, 1889-1995*, Wien, 195-356

Müller, Wolfgang C. (1997). Das Parteiensystem, in: Herbert Dachs et al. (Hg.). *Handbuch des politischen Systems Österreichs*, Wien, 215-234

Müller, Wolfgang C. (1998). Party Competition and Plebiscitary Politics in Austria, *Electoral Studies* 17, 21-43

Müller, Wolfgang C. (1999). Plebiscitary Agenda-Setting and Party Strategies: Theoretical Considerations and Evidence from Austria, *Party Politics* 5, 305-317

Müller, Wolfgang C., Wilfried Philipp und Marcelo Jenny (1995). Ideologie und Strategie österreichischer Parteien: Eine Analyse der Wahlprogramme 1949-1994, in: Wolfgang C. Müller, Fritz Plasser und Peter A. Ulram (Hg.). *Wählerverhalten und Parteienwettbewerb*, Wien, 119-166

Müller, Wolfgang C. und Fritz Plasser (1992). Austria: The 1990 Campaign, in: Shaun Bowler und David M. Farrell (eds.). *Electoral Strategies and Political Marketing*, Houndmills, 24-42

Müller, Wolfgang C., Fritz Plasser und Peter A. Ulram (1995). Wähler und Mitglieder der ÖVP, 1945-1994, in: Robert Kriechbaumer und Franz Schausberger (Hg.). *Volkspartei – Anspruch und Realität*, Wien, 163-200

Müller, Wolfgang C., Fritz Plasser und Peter A. Ulram (1999). Schwäche als Vorteil, Stärke als Nachteil. Die Reaktion der Parteien auf den Rückgang der Wählerbindungen in Österreich, in: Peter Mair, Wolfgang C. Müller und Fritz Plasser (Hg.). *Parteien auf komplexen Wählermärkten*, Wien, 201-245

Neumann, Sigmund (1956). Towards a Comparative Study of Political Parties, in: Sigmund Neumann (ed.). *Modern Political Parties*, Chicago, 395-427

Pedersen, Mogens (1983). Changing Patterns of Electoral Volatility in European Party Systems, 1948-1977: Explorations and Explanations, in: Hans Daalder und Peter Mair (eds.). *Western European Party Systems: Continuity and Change*, London, 29-66

Pierce, Roy (1997). Directional versus Proximity Models: Versimilitude as the Criterion, *Journal of Theoretical Politics* 9, 61-74

Plasser, Fritz (1987). *Parteien unter Streß*, Wien

Plasser, Fritz (1997). Massenmedien und Politikvermittlung, in: Herbert Dachs et al. (Hg.). *Handbuch des politischen Systems Österreichs*, Wien, 463-482

Plasser, Fritz, Christian Scheucher und Franz Sommer (1995). Massenmedien und Wahlkampf in Österreich: Personalisierung, Dethematisierung und Videopolitik, in: Wolfgang C. Müller, Fritz Plasser und Peter A. Ulram (Hg.). *Wählerverhalten und Parteienwettbewerb*, Wien, 224-264

Plasser, Fritz, Franz Sommer und Christian Scheucher (1996). Medienlogik: Themenmanagement und Politikvermittlung im Wahlkampf, in: Fritz Plasser, Peter A. Ulram und Günther Ogris (Hg.). *Wahlkampf und Wählerentscheidung*, Wien, 85-118

Plasser, Fritz, Franz Sommer und Peter A. Ulram (1990). Eine Kanzler- und Protestwahl, *Österreichisches Jahrbuch für Politik* 1990, 95-149.

Plasser, Fritz, Franz Sommer und Peter A. Ulram (1994a). Ende des traditionellen Parteiensystems? Analyse der Nationalratswahl 1994, *Österreichisches Jahrbuch für Politik* 1994, 51-123

Plasser, Fritz, Franz Sommer und Peter A. Ulram (1994b). Entscheidung für Europa. Analyse der Volksabstimmung über den EU-Beitritt Österreichs 1994, *Österreichisches Jahrbuch für Politik* 1994, 325-354

Plasser, Fritz und Peter A. Ulram (1983). Wahlkampf und Wählerverhalten – Analyse der Nationalratswahl 1983, *Österreichisches Jahrbuch für Politik* 1983, 19-43

Plasser, Fritz und Peter A. Ulram (1986). Das Jahr der Wechselwähler. Wahlen und Neustrukturierung des österreichischen Parteiensystems 1986, *Österreichisches Jahrbuch für Politik* 1986, 31-80

Plasser, Fritz und Peter A. Ulram (1994). Meinungstrends, Mobilisierung und Motivlagen bei der Volksabstimmung über den EU-Beitritt, in: Anton Pelinka (Hg.). *EU-Referendum*, Wien, 87-119

Plasser, Fritz und Peter A. Ulram (1995a). Wandel der politischen Konfliktdynamik: Radikaler Rechtspopulismus in Österreich, in: Wolfgang C. Müller, Fritz Plasser und Peter A. Ulram (Hg.). *Wählerverhalten und Parteienwettbewerb*, Wien, 471-503

Plasser, Fritz and Peter A. Ulram (1995b). Konstanz und Wandel im österreichischen Wählerverhalten, in: Wolfgang C. Müller, Fritz Plasser und Peter A. Ulram (Hg.). *Wählerverhalten und Parteienwettbewerb*, Wien, 341-406

Plasser, Fritz und Peter A. Ulram (1996). Kampagnedynamik: Strategischer und thematischer Kontext der Wählerentscheidung, in: Fritz Plasser, Peter A. Ulram und Günther Ogris (Hg.). *Wahlkampf und Wählerentscheidung*, Wien, 13-46.

Plasser, Fritz, Peter A. Ulram und Alfred Grausgruber (1992). The Decline of Lager Mentality and the New Model of Electoral Competition in Austria, in: Kurt Richard Luther und Wolfgang C. Müller (eds.). *Politics in Austria*, London, 16-44

Plasser, Fritz, Peter A. Ulram und Gilg Seeber (1996). (Dis-)Kontinuitäten und neue Spannungslinien im Wählerverhalten: Trendanalysen 1986-1995, in: Fritz Plasser, Peter A. Ulram und Günther Ogris (Hg.). *Wahlkampf und Wählerentscheidung*, Wien, 155-209

Plasser, Fritz, Peter A. Ulram und Franz Sommer (1995). Restabilisierung der Traditionsparteien oder nur scheinbare Konsolidierung?, *Österreichisches Jahrbuch für Politik* 1995, 73-114

Rabinowitz, George und Stuart Elaine Macdonald (1989). A Directional Theory of Issue Voting, *American Political Science Review* 83, 93-121

Rabinowitz, George, Stuart Elaine Macdonald und Ola Listhaug (1991). New Players in an Old Game. Party Strategies in Multiparty Systems, *Comparative Political Studies* 24, 147-185

Rae, Douglas W. (1971). *The Political Consequences of Electoral Laws*, New Haven

Reiter, Erich (1994). Zur Entwicklung der FPÖ vor und nach der EU-Volksabstimmung, *Österreichisches Jahrbuch für Politik* 1994, 427-453

Riker, William H. (1982). *Liberalism Against Populism. A Confrontation Between the Theory of Democracy and the Theory of Social Choice*, San Francisco

Riker, William H. (1986). *The Art of Political Manipulation*, New Haven

Rose, Richard (ed.) (1974). *Electoral Behavior: A Comparative Handbook*, New York

Sartori, Giovanni (1968). The Sociology of Parties. A Critical Review, in: Otto Stammer (ed.). *Party Systems, Party Organizations, and the Politics of the New Masses*, Berlin, 1-25

Sartori, Giovanni (1976). *Parties and Party Systems*, Cambridge

Schaller, Christian (1995). „Ja" oder „Nein" zu „Europa"?, in: Anton Pelinka (Hg.). *EU-Referendum*, Wien, 49-85

Schaller, Christian und Andreas Vretscha (1995). „Es geht um viel (mehr). Es geht um (ein demokratisches) Österreich!" - Der Nationalratswahlkampf 1994, in: Wolfgang C. Müller, Fritz Plasser und Peter A. Ulram (Hg.). *Wählerverhalten und Parteienwettbewerb*, Wien, 167-225

Schefbeck, Günther (1999). Die XX. GP im Spiegel der Statistik, Teil I, Beilage „Das Parlament" Nr. 53, *Wiener Zeitung* 9.11.1999, 14-19

Sjöblom, Gunnar (1968). *Party Strategies in Multiparty Systems*, Lund

Smith, Gordon (1989). A System Perspective on Party System Change, *Journal of Theoretical Politics* 1, 349-363

SORA (1999). *Wählerströme bei der Nationalratswahl '99*. http://www.elections.at/wsa1999-nr.html

Stimson, James (1995). Opinion and Representation, *American Political Science Review* 89, 179-183

Thomas, John Clayton (1979). The Changing Nature of Partisan Division in the West: Trends in Domestic Policy Orientations in Ten Party Systems, *European Journal of Political Research* 7, 397-413

Ucakar, Karl (1995). Wahlrecht und politische Legitimation: Nationalrats-Wahlordnung 1992, in: Wolfgang C. Müller, Fritz Plasser und Peter A. Ulram (Hg.). *Wählerverhalten und Parteienwettbewerb*, Wien, 41-65

Ucakar, Karl (1997). Die Sozialdemokratische Partei Österreichs, in: Herbert Dachs et al. (Hg.). *Handbuch des politischen Systems Österreichs*, Wien, 248-264

Westholm, Anders (1997). Distance versus Direction: The Illusiory Defeat of the Proximity Theory of Electoral Choice, *American Political Science Review* 91, 865-883

Wright, Erik Olin (1997). *Class Counts. Comparative Studies in Class Analysis*, Cambridge

Zaller, John R. (1992). *The Nature and Origins of Mass Opinion*, Cambridge

Zaller, John R. (1996). The Myth of Massive Media Impact Revived: New Support for a Discredited Idea, in: Diana C. Mutz, Paul M. Sneiderman und Richard A. Brody (eds.). *Political Persuasion and Attitude Change*, Ann Arbor, 17-78

Breaking the Mold: Politische Wettbewerbsräume und und Wahlverhalten Ende der neunziger Jahre

Fritz Plasser / Gilg Seeber / Peter A. Ulram

Gliederung

1. Der traditionelle Raum der österreichischen Parteienkonkurrenz
2. Der neue politische Wettbewerbsraum
3. Zerfall traditioneller Parteibindungen und erhöhte Volatilität
4. Traditionelle Determinanten des Wahlverhaltens: Konstanz bei abnehmender Relevanz
5. Erosion des klassengebundenen Wählens und neue sektorale Cleavages
6. Geschlechts- und generationsspezifische Neuformierung des Wahlverhaltens
7. Wahlverhalten bei den Wahlen zum Europäischen Parlament
8. Beweggründe (*reasons*) der Wahlentscheidung

Was Mitte der achtziger Jahre als prognostisches Szenario formuliert wurde, bestimmt fünfzehn Jahre später die Realität des österreichischen Parteienwettbewerbs, „eine Entwicklung, bei der sich die beiden Großparteien dem wahlpolitischen Status von Mittelparteien annähern und das wachsende Potential parteiungebundener, jüngerer und überdurchschnittlich mobiler Wählerinnen und Wähler dritten und vierten Parteien überlassen müssen" (Plasser 1987: 273). Was sich bei den Wahlen zum Europäischen Parlament 1996 erstmals herauskristallisierte – ein Wettbewerb zwischen drei annähernd gleich starken Parteien – spiegelt seit 1999 auch die Realität österreichischer Parlamentswahlen. Langfristige Veränderungen in der Tiefenstruktur des Wahlverhaltens (Müller, Plasser und Ulram 1995a) wie des Parteienwettbewerbs (Müller, Plasser und Ulram 1999), die bei der Nationalratswahl 1995 nur scheinbar zum Stillstand kamen (Plasser, Ulram und Ogris 1996), haben unter der Oberfläche fortgewirkt und zu einer für österreichische Verhältnisse beispiellosen Neustrukturierung beigetragen. Der vorliegende Beitrag verwendet neuere Theorien und Modelle der internationalen Wahlforschung (Bürklin und Klein 1998; Evans 1999; Kitschelt 1995; Falter 2000; Kaase 1999; Norris 1998; Roth 1998) zur Erklärung der Transformation des österreichischen Wahlverhaltens. In den ersten Abschnitten werden Veränderungen der politischen Wettbewerbsräume und Konfliktlinien skizziert. Die folgenden Abschnitte geben einen Überblick über aktuelle Trends und Muster im österreichischen Wahlverhalten, der sich auf Datensätze repräsentativer Nachwahl- bzw. Wahltagsbefragungen (*exit polls*) abstützt, die den Zeitraum 1979 bis 1999 abdecken.[1]

1. Der traditionelle Raum der österreichischen Parteienkonkurrenz

Noch bis in die frühen siebziger Jahre konnte die österreichische Wählerlandschaft mit den Konzepten „Lagerkultur" und „Lagerbindung" beschrieben werden (Plasser, Ulram und Grausgruber 1992; Müller, Plasser und Ulram 1995b). Eingebunden in spezifische subkulturelle Sozialmilieus, die durch eine relative Konstanz trennscharfer Strukturmerkmale wie soziokultureller Orientierungen gekennzeichnet waren, prägten emotionale Verbundenheit und disziplinierte Folgebereitschaft das politische Verhalten der Stamm- und Kernschichtenwähler. Die außerordentliche Stabilität tief verankerter Parteibindung stützte sich dabei auf ein die österreichische Gesellschaft strukturierendes Konfliktmuster, das sich in den fünfziger und sechziger Jahren aus *drei* Hauptspannungslinien *(cleavages)* zusammensetzte: Es waren dies die konfessionelle Konfliktachse (aktives katholisches bzw. konfessionell gebundenes Milieu versus laizistisches, kirchenfernes Milieu), die wohlfahrtsstaatliche Konfliktlinie (sozialstaatliche Sicherheits- und Regelungserwartungen versus stärker marktwirtschaftliche, auf individuelle Initiativen und Risken abgestellte Orientierungen) sowie eine – wenn auch deutlich abgeschwächte – deutschnationale versus österreichnationale Spannungslinie (*Schaubild 1*). Diese drei Hauptspannungslinien – ergänzt durch traditionelle Spannungen zwischen Stadt und Land wie Zentralräumen und peripheren Randlagen – definierten die Konfliktlogik der österreichischen Nachkriegsdemokratie wie die Grenzen der dominanten Lager.

Entlang der beiden erstgenannten Cleavages formierten sich die beiden dominanten politischen Lager, die Subkulturen mit starken emotionalen, weltanschaulichen und organisatorischen Bindungen darstellten. SPÖ und ÖVP waren ebenso politische Ausdrucksformen wie Verstärkungspotentiale der Lagerkulturen: speziell durch die parteipolitische Kolonisierung von Verwaltung, öffentlicher Wirtschaft und Bildungswesen wurden Lagerbeziehungen und -mentalitäten in ihrer Reichweite ausgedehnt und durch die Vergabe von materiellen *benefits* stabilisiert. Den anderen relevanten Parteien, also KPÖ und FPÖ (bzw. VdU, WdU) mangelte es entweder an dieser Verflechtung mit dem Staatsapparat und/oder einem entsprechenden organisatorischen Netzwerk, damit aber auch an internen wie externen Stabilisierungsfaktoren, die politische Loyalitäten auch in schwierigen Situationen aufrechterhalten konnten. Tatsächlich büßten diese Parteien in den späten fünfziger und sechziger Jahren einen Gutteil ihres in den Anfangsjahren der Zweiten Republik noch durchaus beträchtlichen Stimmanteils ein: konnten Klein-

Schaubild 1: Der traditionelle österreichische Parteienraum

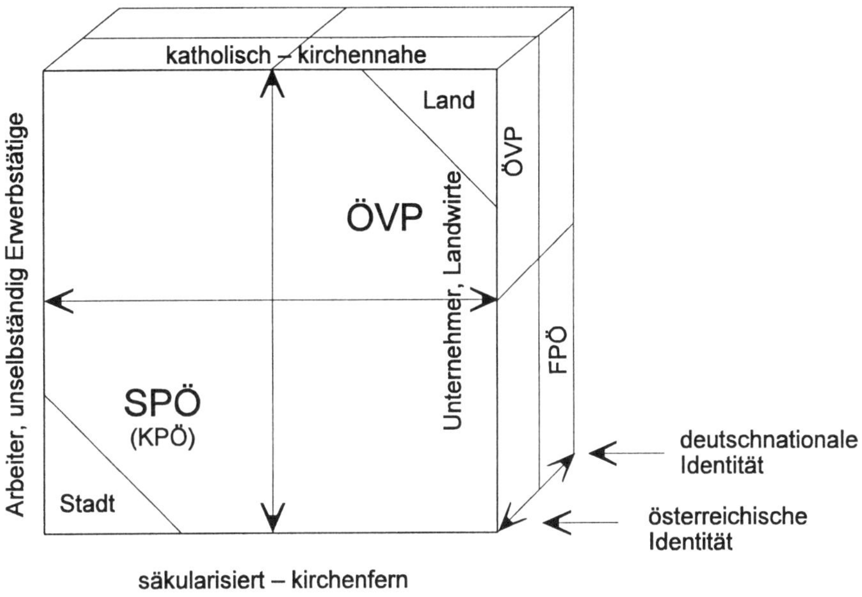

```
                    katholisch – kirchennahe
                              ↑
                              |         Land
   Arbeiter, unselbständig Erwerbstätige      ÖVP
                              |
                             ÖVP
         ←—————————————————————————————→
                      Unternehmer, Landwirte    FPÖ
                              |
                             SPÖ
                             (KPÖ)                    ← deutschnationale
                                                        Identität
                      Stadt
                              ↓                      ← österreichische
                    säkularisiert – kirchenfern         Identität
```

Quelle: Schaubild nach Müller, Plasser und Ulram (1995b: 164).

parteien in den Wahlen 1949 und 1953 noch ca. 17 Prozent der gültigen Wählerstimmen erringen, so waren dies in den Wahlgängen 1956–1966 nur noch wenig mehr als 10 Prozent. Umgekehrt gelang es der SPÖ und ÖVP, ihren gemeinsamen Stimmenanteil auf fast 90 Prozent zu steigern. Die Konkurrenzsituation war in dieser Phase des Parteienwettbewerbs eingeschränkt. Bewegliche Wählergruppen rekrutierten sich aus

- jüngeren Wählerinnen und Wählern, die noch nicht in die Lager völlig integriert waren;
- einer kleinen Gruppe politisch desinteressierter und wenig informierter Wähler, von Kienzl einprägsam als „politischer Flugsand" (Kienzl 1964) apostrophiert;
- Wählerinnen und Wählern der Kleinparteien;
- verschiedenen politischen Abspaltungen von SPÖ und ÖVP, erkennbar etwa bei den Nationalratswahlen 1966.

Mit Ausnahme der Nationalratswahlen von 1970 war die elektorale Volatilität nach internationalen Standards vergleichsweise gering (Plasser, Ulram und Grausgruber 1992); vor allem die beiden Traditionsparteien konzentrierten sich mehr auf die Mobilisierung ihrer Kernwählergruppen als auf die Ansprache parteiungebundener Wählersegmente. Im Laufe der Zeit modifizierten sich aber Wettbewerbslogik und Wettbewerbsräume. Durch den Prozeß der österreichischen Nationsbildung schwächte sich der nationale Cleavage ab, weil deutschnationale Orientierungen auf eine immer kleinere und zusehends überaltete Restgruppe reduziert wurden (Plasser und Ulram 1993). Dies stellte zunächst ein zentrales Problem für die Freiheitliche Partei dar, weil nicht nur ein zentrales Element ihres ideologischen Selbstverständnisses keine positive wahlpolitische Resonanz mehr zeitigte, sondern die verbleibenden deutschnationalen Sentiments im Funktionärskorps sogar zu innerparteilichen Konflikten führten und so Barrieren für die Ansprache neuer Wählergruppen darstellten. Erst die weitgehende Liquidierung dieser „historischen Erblast", der Austausch alter Kader und die Instrumentalisierung von ethnozentrischen (nun aber österreich-chauvinistischen) Orientierungen in den neunziger Jahren konnte dieses strategische *Handicap* wettmachen. In ähnlicher, wenngleich abgeschwächter Weise unterminierte auch der religiöse Säkularisierungsprozeß den säkularkatholischen Cleavage. Dieser behält zwar eine strukturierende Funktion bei (Jagodzinski 1999), verliert aber aufgrund der starken Abnahme von Kirchenbindungen erheblich an wahlpolitischer Bedeutung (Plasser und Ulram 1995a). Dies verschlechterte zunächst die Wettbewerbsposition der ÖVP. Die alte Konfliktkonfiguration Arbeitnehmer versus Arbeitgeber und Landwirte schließlich wurde zunehmend in einen Gegensatz zwischen wohlfahrtsstaatlichen (und staatsinterventionistischen) Orientierungen auf der einen Seite, stärker marktbezogenen und individualistischen Orientierungen auf der anderen Seite transformiert. Für die SPÖ bedeutete dies ursprünglich eine beträchtliche Herausforderung, die allerdings dadurch gemildert wurde, daß der primäre Kontrahent auf der sozioökonomischen Konfliktachse, die ÖVP, durch die Interessen breiter Klientelgruppen, speziell aber auch durch ihre Integration in die Sozialpartnerschaft und die Verankerung im bis in die achtziger Jahre überdimensionierten öffentlichen Wirtschaftssektor lange Zeit nicht in der Lage war, sich eindeutig am marktwirtschaftlichen Pol zu positionieren.[2]

Gleichermaßen folgenschwer sind die Konsequenzen des sozioökonomischen und soziokulturellen Wandels, der sich seit den siebziger Jahren beschleunigt. Die sozialen Kerngruppen der Traditionsparteien schrumpfen zahlenmäßig, die traditionellen Sozialmilieus brechen auf, wodurch sich auch die alten Netzwerke sozialer Kontakte und persönlicher Beziehungen, die eine soziale Konsonanz politischer Einstellungen sicherten, auflösen (Plasser, Ulram und Grausgruber 1992). Weltanschauliche Deutungsmuster verblassen bzw. vermögen nicht mehr, einer immer differenzierteren gesellschaftlichen Realität Rechnung zu tragen. ÖVP und SPÖ verlieren an subkultureller Verankerung wie die immer kleiner werdenden Subkulturen an politischer Integrations- und Prägekraft verlieren. Die Folge ist eine affektive und organisatorische Entstrukturierung der Wählerschaft, die durch den Aufstieg der Massenmedien zu primären Trägern des politischen Kommunikationsprozesses beschleunigt wird. In Summe bedeutete dies einen fundamentalen Wandel der Rahmenbedingungen des Parteienwettbewerbs (Donovan und Broughton 1999; Mair 1997; Pennings und Lane 1998). Für die vorliegende Analyse sind in diesem Zusammenhang insbesondere *zwei* Fragestellungen zu beantworten: *Erstens*, ob die genannten Entwicklungen überhaupt zur Ausbildung eines Raums der Parteienkonkurrenz geführt haben, der durch konturierte Einstellungsmuster und Dimensionen strukturiert ist. Theoretisch denkbar wäre ja auch eine weitgehende Individualisierung der Wählerschaft bis hin zu „politischer Atomisierung", also der Auflösung von stabilen Mustern und ihre Ablöse durch „freifluktuierende" Individuen und Kleingruppen, deren politische Einstellungen und Verhaltensweisen im Regelfall instabil und anlaßbezogen sind. *Zweitens*, soferne neue Strukturmuster feststellbar sind, wie diese beschaffen sind, worin die grundlegenden gesellschaftspolitischen Orientierungen bestehen und welche neuen Konfliktkonfigurationen daraus abgeleitet werden können.

2. Der neue politische Wettbewerbsraum

Wenn im folgenden der Versuch unternommen wird, den neuen Wettbewerbsraum der Parteien in Österreich abzustecken, so ist eine Reihe von Restriktionen zu beachten:

1. Die Analyse bezieht sich auf Einstellungsdimensionen (hier gesellschaftspolitische Orientierungen) in der Bevölkerung bzw. in Subgruppen sowie auf die Perzeption der Position der politischen Parteien hinsichtlich dieser Orientierungen. Soziostrukturelle bzw. demographische Charakteristika wie Geschlecht, Schichtzugehörigkeit oder berufliche Stellung werden ebensowenig zur Definition des politischen Raumes herangezogen wie die Sichtweise der Parteien als Vertreter bestimmter Gruppeninteressen etc.
2. Die Existenz eines durch politische Einstellungen determinierten politischen Raumes wird nicht vorausgesetzt, sondern muß erst durch die Analyse belegt werden. Dies kann durch den Nachweis von Orientierungstypen oder Einstellungsdimensionen erfolgen.
3. Im positiven Fall ist das Ergebnis ein vergleichsweise abstrakter gesellschaftspolitischer Konkurrenzraum, aus dem keine direkten Schlüsse auf spezifische Wettbewerbssituationen oder Wahlkampfstrategien gezogen werden können. Faktoren wie Kandidatenpersönlichkeit, die Dynamik von Wahlkämpfen, Medieneffekte etc. konnten bei der Modellierung gesellschaftspolitischer Wettbewerbsräume nicht berücksichtigt werden.

Konkret wurde ein *drei*stufiges Verfahren gewählt: Im ersten Schritt erfolgt eine Unterteilung (Segmentation) der österreichischen Bevölkerung (ab 15 Jahren) hinsichtlich gesellschaftspolitischer Orientierungen. Mittels einer Clusteranalyse[3] wird eine gesellschaftspolitische Orientierungstypologie ermittelt, wobei aus der aktuellen wie potentiellen Stärke der Parteien (gemessen über die Fragen nach der Wahlabsicht bzw. der prinzipiellen Wählbarkeit) in den einzelnen Typen (Clustern) erste Informationen über parteipolitische Konkurrenzfelder gewonnen werden. Im zweiten Schritt wird der politische Konkurrenzraum durch eine Korrespondenzanalyse dargestellt: diese zeigt Nähe- bzw. Distanzverhältnisse der einzelnen Orientierungen zueinander bzw. der Parteien zu diesen Orientierungen. Im dritten Schritt erfolgt eine Verdichtung der Orientierungen mittels Faktorenanalyse zu Orientierungsdimensionen. Diese können als grundlegende Konfliktachsen interpretiert werden, die den politischen Wettbewerbsraum strukturieren. Folgende Orientierungen werden für die Analyse herangezogen[4]:

- *Etatismus* (staatliche Intervention zur Lösung oder Entschärfung von sozialen Problemen) versus *Selbsthilfe*;
- Befürwortung von *freier Marktwirtschaft* versus *wirtschaftspolitischer Protektionismus*;
- *Egalitarismus* (mehr Gleichheit und Gerechtigkeit auch auf Kosten der Freiheit einzelner) versus *individuelle Freiheit* auch unter Inkaufnahme sozialer Unterschiede;
- *Normbindung* (Befürwortung verbindlicher Werte und Normen) versus *radikaler Individualismus*, also weitgehender Verzicht auf die Beschränkung des Wunsches nach individueller Selbstverwirklichung;
- *Toleranz* (Verständnis und Hilfe für Gestrauchelte) versus *Rigidität* (Forcierung von Law and order);
- *Partizipation* (Ausweitung von Mitsprache) versus *Autoritarismus* (gesellschaftliches und politisches Führungsprinzip);
- *Integration von Ausländern* und positive Bewertung ihrer unter Umständen unterschiedlichen Lebensweise versus *Ethnozentrismus* (Sicht von Ausländern als soziale und wirtschaftliche Konkurrenz wie kulturelle Bedrohung);
- Vorrang von *Arbeitsplatzsicherung* vor ökologischen Anliegen versus Priorität des *Umweltschutzes* notfalls unter Akzeptanz von Arbeitsmarktproblemen.

Die gesellschaftspolitische Typologie unterscheidet insgesamt *sieben* trennscharfe (Orientierungs-) Typen bzw. Clusters:[5]

Sozialstaatliche Traditionalisten: Sozialstaatliche Traditionalisten befürworten die Intervention des Staates bei sozialen Problemlagen und treten im Zweifelsfall für protektionistische Maßnahmen ein. Gleichheit und soziale Gerechtigkeit sind vorrangige gesellschaftliche Zielsetzungen, wie überhaupt verbindliche Werte und Normen deutlich vor individueller Freiheit und Selbstentfaltung rangieren; Normverletzungen sollen auch entsprechend geahndet werden. Politisch sind hier die Reste der sozialdemokratischen Lagerkultur mit starker Parteibindung an die SPÖ, geringer wahlpolitischer Mobilität und wenig Sympathie für tiefgreifende Reformen zu finden. Es dominieren die älteren Jahrgänge sowie (unter den Berufstätigen) die Angehörigen weniger qualifizierter Berufe.

Wohlfahrtsstaatliche Chauvinisten: Auch sie machen den Staat für die Lösung sozialer Probleme verantwortlich. Ihre sozialgarantistische Grundhaltung liegt aber kaum in verbindlichen Wertvorstellungen, sondern vielmehr im Streben nach Schutz vor wirtschaftlichem Wettbewerb und in der Abwehr von Bedrohungen begründet. Vielfach handelt es sich um jüngere, wenig qualifizierte Berufstätige aus der Privatwirtschaft (Frauen, Arbeiter), die Ausländer, wirtschaftlichen Wandel und den europäischen Integrationsprozeß als Bedrohung für ihren eher prekären Lebensstandard und ihre Lebensweise interpretieren und darauf mit emotionaler Abgrenzung gegen Randgruppen und Ausländer reagieren. Ihr objektiver und/oder subjektiver Status als „Modernisierungsverlierer" schlägt sich auch in beträchtlicher Unzufriedenheit mit der politischen Entwicklung und dem politischen System nieder. SPÖ und FPÖ erhalten in dieser Gruppe fast gleich starke wahlpolitische Unterstützung.

Integrierte Wertkonservative: Integrierte Wertkonservative betonen sowohl die Notwendigkeit verbindlicher Normen als auch die soziale Verantwortung des Staates. Zu ihren Grundwerten zählen Toleranz, Demokratie und Weltoffenheit. Sie sind mit dem Zustand der österreichischen Politik weitgehend zufrieden und stehen moderatem Wandel nicht ablehnend gegenüber. Soziodemographisch handelt es sich eher um Angehörige des gehobenen Mittelstandes mit überdurchschnittlichem Bildungsgrad und qualifizierter Berufstätigkeit (zu einem Großteil im öffentlichen Sektor). Politisch den Traditionsparteien SPÖ und ÖVP nahestehend, weisen sie doch ein erhebliches Ausmaß an wahlpolitischer Mobilität auf – freilich mit erkennbaren Vorbehalten gegenüber den anderen Parteien und deren offenbar als zu radikal empfundenen Vorstellungen.

Defensive Konservative: Im Unterschied zur vorangegangenen Gruppe zeigen die Defensiven Konservativen ein beträchtliches Ausmaß an Verunsicherung über die wirtschaftliche und politische Entwicklung, aber auch über die Infragestellung traditioneller soziokultureller Selbstverständlichkeiten. Man hofft auf den Staat und klare Anweisungen von oben, möchte sich selbst dafür politisch aber nur wenig engagieren. Niedrige Bildung, die Herkunft aus einfachen Sozialmilieus und vergleichsweise höheres Alter tragen zu einem Mißtrauen gegen Veränderungen bei.

Systemverdrossene Rechte: Hier verbinden sich rigide Abgrenzungen gegen alles „Fremde" (ausgeprägter Ethnozentrismus und Forderung nach „hartem Durchgreifen" gegen Randgruppen) mit einer strikten Ablehnung egalitärer Tendenzen und sozialstaatlicher Intervention. Auffällig ist zudem ein anomischer Zug; verbindliche Normen stoßen nur auf geringe Zustimmung, so daß man einem radikalen Individualismus mit sozialdarwinistischer Prägung huldigt, unterfüttert mit einer Neigung zum Autoritären. Ideologisch verorten sich die Systemverdrossenen Rechten eindeutig rechts; starke Unzufriedenheit mit der Demokratie geht Hand in Hand mit einer fundamentalen Kritik an der österreichischen Politik wie der Teilnahme am europäischen Integrationsprozeß. Auch soziodemographisch ist dieses Segment klar definiert: sechs von zehn Systemverdrossenen Rechten sind Männer; Arbeiter und Gewerbetreibende gerade aus dem privatwirtschaftlichen Sektor sind überdurchschnittlich vertreten, desgleichen Pensionisten. Wahlpolitisch dominiert hier die FPÖ.

Marktliberale Individualisten: Eine antietatistische und antiegalitäre Grundhaltung, konsequent ausgeweitet auf die Ablehnung von wirtschaftspolitischem Protektionismus kennzeichnet auch die Marktliberalen Individualisten. Im Unterschied zur vorhergehenden Gruppe zeigt man sich aber tolerant gegenüber Randgruppen, offen gegenüber Menschen mit anderer Nationalität und ihrer Lebensart und tritt für eine Ausweitung der Demokratie ein. An der österreichischen Demokratie haben die Marktliberalen Individualisten eher wenig auszusetzen; man sieht das Land insbesondere auch aufgrund der EU-Mitgliedschaft auf dem richtigen Weg und kann sich für sektorale Reformen erwärmen. Die Mehrzahl dieser urbanen Gruppe ist in qualifizierten Berufen und gehobenen Positionen tätig, Einkommen und Bildungsgrad liegen deutlich über dem Durchschnitt. Politisch hochmobil, neigen die Liberalen Individualisten verstärkt der ÖVP, dem Liberalen Forum und den Grünen zu.

Libertäre Neue Linke: Die Libertäre Neue Linke lehnt Einschränkungen persönlicher Freiheit durch verbindliche Normen ab, zeigt aber zugleich ausgeprägte sozialstaatliche und protektionistische Orientierungen. Toleranz, Multikulturalismus, Partizipation und Ökologie werden hervorgehoben. Politisch verortet man sich links. Bei aller Kritik an einzelnen Fehlentwicklungen ist man mit dem Zustand der österreichischen Demokratie zufrieden und deutlich proeuropäisch eingestellt. Die Angehörigen dieses Clusters sind zumeist jung, verfügen über ein hohes Bildungsniveau und rekrutieren sich zu zwei Drittel aus Frauen. Soferne berufstätig, findet man sie in white-collar-Berufen mit einem überdurchschnittlichen Anteil an öffentlich Bediensteten. Grüne und LIF stoßen hier auf überdurchschnittliche Sympathie.

Aus der Beschreibung der gesellschaftspolitischen Orientierungstypen geht bereits hervor, daß die politischen Parteien bei den Angehörigen der einzelnen Cluster unterschiedlichen Anklang finden. Die SPÖ ist unter den Integrierten Wertkonservativen und den Sozialstaatlichen Traditionalisten am stärksten vertreten; bei den Wohlfahrtsstaatlichen Chauvinisten und den Libertären Neuen Linken liegt sie etwa im österreichischen Durchschnitt. Die ÖVP hat ihre stärkste Position bei den Marktliberalen Individualisten und den Integrierten Wertkonservativen, gefolgt von den Sozialstaatlichen Traditionalisten und den Defensiven Konservativen. Damit wird auch deutlich, daß die Wähler (in ähnlicher Form auch die potentiellen Wähler) von SPÖ und ÖVP vergleichsweise weit über die einzelnen Typen streuen. Dies spiegelt zum einen ihren traditionellen Charakter als Volksparteien wider, verweist aber zum anderen auf strategische Dilemmata: die beiden Wählerschaften sind mit Blick auf ihre gesellschaftspolitischen Orientierungen sehr heterogen zusammengesetzt; beide Parteien werden in den einzelnen Clustern von unterschiedlichen Seiten konkurrenziert. Bei den Integrierten Wertkonservativen findet der Wettbewerb vorwiegend zwischen den beiden Traditionsparteien SPÖ und ÖVP statt. In den Gruppen der Sozialstaatlichen Traditionalisten und der Defensiven Konservativen hat die FPÖ bereits eine relevante Position errungen. Bei den Wohlfahrtsstaatlichen Chauvinisten stehen SPÖ und FPÖ in unmittelbarer Konkurrenz; bei der Libertären Neuen Linken konkurriert die SPÖ sichtbar mit Grünen und Liberalen. Gerade im soziokulturellen Bereich (Rigidität, Ethnozentrismus) weisen die beiden letztgenannten Typen aber nur wenige Gemeinsamkeiten auf – eine Profilierung in Richtung *Law and Order* oder striktere Ausländerpolitik mag so eher die Position der SPÖ bei den Wohlfahrtsstaatlichen Chauvinisten gegenüber der FPÖ verbessern, verschlechtert aber zugleich die Konkurrenzsituation der Sozialdemokratie gegenüber Grünen und Liberalen bei der Libertären Neuen Linken und vice versa. Ähnlich die Situation bei der ÖVP: die antietatistische Grundhaltung der Marktliberalen Individualisten steht in Widerspruch zum Etatismus der Integrierten Wertkonservativen, vor allem aber der Sozialstaatlichen Traditionalisten; die Hochschätzung verbindlicher gesellschaftlicher Normen (etwa im Bereich der Familienpolitik) bei den Integrierten Wertkonservativen findet bei den Marktliberalen Individualisten nur wenig Anklang. Noch stärkere Spannungen sind voraussehbar, wenn die Traditionsparteien versuchen (würden), Wähler aus der Kerngruppe der FPÖ, der Systemverdrossenen Rechten (zurück) zu gewinnen.

Tabelle 1: Definitorische Charakteristika der gesellschaftspolitischen Typen (1998)

Mittelwerte auf einer 5-stufigen Skala von 1,0 bis 5,0 *)	Österreich gesamt	Sozialstaatliche Traditionalisten		Wohlfahrtsstaatliche Chauvinisten		Integrierte Wertkonservative		Defensive Konservative		Systemverdrossene Rechte		Marktliberale Individualisten		Libertäre Neue Linke	
Etatismus (1,0) vs. *Selbsthilfe* (5,0)	2,6	1,9	++	2,0	+	1,7	++	3,2	-	4,1	=	3,5	=	1,9	++
Marktwirtschaft (1,0) vs. *Protektionismus* (5,0)	3,1	2,7	-	4,3	++	2,6	-	3,0	0	2,7	-	2,2	=	3,9	++
Egalitarismus (1,0) vs. *individuelle Freiheit* (5,0)	3,0	2,2	++	2,8	0	2,3	+	3,2	0	3,8	=	3,9	=	2,9	0
Normbindung (1,0) vs. *Individualismus* (5,0)	3,2	2,2	++	4,0	=	2,1	++	2,9	+	3,8	-	3,4	0	4,3	=
Toleranz (1,0) vs. *Rigidität* (5,0)	3,0	4,0	++	4,3	++	1,7	=	2,8	0	4,2	++	2,6	-	1,6	=
Partizipation (1,0) vs. *Autoritarismus* (5,0)	2,2	2,3	0	1,8	-	1,7	-	3,2	++	2,5	+	1,8	-	1,6	-
Ausländerintegration (1,0) vs. *Ethnozentrismus* (5,0)	3,1	3,4	+	3,5	+	2,5	-	3,3	0	4,1	++	2,1	=	2,6	-
Arbeitsplatzsicherung (1,0) vs. *Umweltschutz* (5,0)	3,0	2,7	-	3,4	+	2,5	-	3,3	+	2,8	0	3,2	0	3,3	0

*) positive (++, +) bzw. negative (=, -) Vorzeichen bezeichnen die Stärke der Abweichung vom Mittelwert.

Quelle: Fessel-GfK, Positionierungsstudie (1998).

Tabelle 2: Gesellschaftspolitische Typen: Parteipräferenz und Parteiwählerverhalten

In Prozent	Deklarierte Parteipräferenz (Zeilenprozentuierung)						Parteiwählerschaften (Spaltenprozentuierung)					Österreich
	SPÖ	ÖVP	FPÖ	LIF	GRÜNE		SPÖ	ÖVP	FPÖ	LIF	GRÜNE	
Sozialstaatliche Traditionalisten	<u>31</u>	22	15	0	0	(=100%)	<u>16</u>	13	12	2	2	13
Wohlfahrsstaatliche Chauvinisten	<u>26</u>	18	<u>24</u>	1	2	(=100%)	<u>15</u>	12	<u>21</u>	7	6	14
Integrierte Wertkonservative	<u>34</u>	<u>25</u>	10	2	3	(=100%)	<u>19</u>	<u>16</u>	8	8	11	14
Defensive Konservative	21	20	15	3	3	(=100%)	15	<u>17</u>	16	12	13	19
Systemverdrossene Rechte	19	19	<u>34</u>	0	1	(=100%)	10	12	<u>27</u>	2	2	10
Marktliberale Individualisten	23	<u>30</u>	10	<u>6</u>	<u>11</u>	(=100%)	12	<u>19</u>	8	<u>30</u>	<u>33</u>	12
Libertäre Neue Linke	25	18	9	<u>6</u>	<u>11</u>	(=100%)	13	12	8	<u>28</u>	<u>35</u>	14
							(100%)	(100%)	(100%)	(100%)	(100%)	(100%)
Österreich gesamt	25	22	17	3	4	(=100%)						

Quelle: FESSEL-GfK, Positionierungsstudie (1998).

Umgekehrt ist die Wählerschaft der drei anderen Parteien weniger heterogen, obwohl auch hier Spannungslinien feststellbar sind. So bezieht die FPÖ beinahe die Hälfte ihrer Wähler aus zwei Orientierungstypen, den Systemverdrossenen Rechten und den Wohlfahrtsstaatlichen Chauvinisten. Hinsichtlich soziokultureller Einstellungen weisen beide Segmente zwar beträchtliche Gemeinsamkeiten auf, unterscheiden sich aber deutlich im Bereich etatistischer Orientierungen. Bei Grünen und LIF konzentrieren sich sogar zwei Drittel bzw. sechs von zehn ihrer Wähler(innen) auf die Cluster Libertäre Neue Linke und Marktliberale Individualisten. Auch diese beiden Orientierungstypen weisen nur im Hinblick auf soziokulturelle Orientierungen große Ähnlichkeiten auf, während bei Einstellungen zu sozialstaatlicher und ökonomischer Interventionspolitik markante Gegensätze sichtbar werden. Darüber hinaus konstituiert die weitgehende Überschneidung der beiden Wählerschaften wie ihrer Wählerpotentiale eine unmittelbare Konkurrenzsituation zwischen Grünen und LIF.

Schon die Clusteranalyse hat durch die Beschreibung der Stärke- und Schwächeverhältnisse der Parteien in den einzelnen Clustern Hinweise auf die Existenz unterschiedlicher gesellschaftspolitischer Konkurrenzfelder erbracht. Sie hat aber keine direkten Aussagen über das Nähe- oder Distanzverhältnis zwischen den Orientierungen und zwischen Orientierungen und (perzipierten) Parteipositionen getroffen. Dies wird durch eine Korrespondenzanalyse ermöglicht, die die Positionierung von Parteien und Orientierungen in einer Art *„virtuellen"* Raumes (Hoffmann und Franke 1996; Myers 1992 und 1996) ermöglicht. Ein solcher gesellschaftspolitischer (Konkurrenz-) Raum läßt sich auch graphisch als „politische Landkarte" darstellen. Ähnlich wie bei einer geographischen Karte stellen dabei die Entfernungen zwischen den einzelnen Orientierungen „reale Distanzen" dar, d.h. sie geben Auskunft über die Stärke von Zusammenhängen; gleiches gilt für die Entfernungen zwischen Orientierungen und (perzipierten) Parteipositionen bzw. zwischen Parteipositionen. Im Unterschied zu einer geographischen Karte (oder zu Skalen) ist „die Mitte" in dieser Wettbewerbskonkurrenz aber kein inhaltlich definierter Mittelpunkt, sondern markiert nur eine Zone weitgehender Ununterscheidbarkeit[6].

Ein erster Blick auf die Positionierungskarte (*Schaubild 2*) zeigt zunächst das Nähe- bzw. Distanzverhältnis der einzelnen Orientierungen: Ethnozentrismus und Rigidität (*„Law and Order"*) stehen in engem Zusammenhang und belegen einen Quadranten, ähnlich Selbsthilfe (versus Etatismus) und individuelle Freiheitsorientierung. Im dritten Quadranten findet man Umweltschutzorientierung und radikalen Individualismus. Dezidiert protektionistische Einstellungen sind vergleichsweise isoliert. Die FPÖ wird von den Befragten im Umfeld ethnozentrischer und rigider Orientierungen plaziert; die SPÖ am ehesten in der Nähe des Protektionismus. ÖVP und LIF weisen ein Naheverhältnis zueinander wie zu Selbsthilfe und individueller Freiheit auf; die Grünen zum Umweltschutz und ansatzweise zum Radikalen Individualismus. Die Reduktion auf zwei Dimensionen bringt dabei eine gewisse Verzerrung des Bildes mit sich, die durch eine dreidimensionale Darstellung modifiziert werden kann (*Schaubild 3*). Hier wird deutlich, daß die SPÖ vergleichsweise weit von der (hypothetischen) Ego-Position des Durchschnittsösterreichers entfernt ist und autoritäre Orientierungen mehr zu Rigidität und Ethnozentrismus rücken.

Schaubild 2: Perzipierte Position der Parteien im Wettbewerbsraum

Korrespondenzanalyse
Selbst- und Fremdbilder aller Befragten

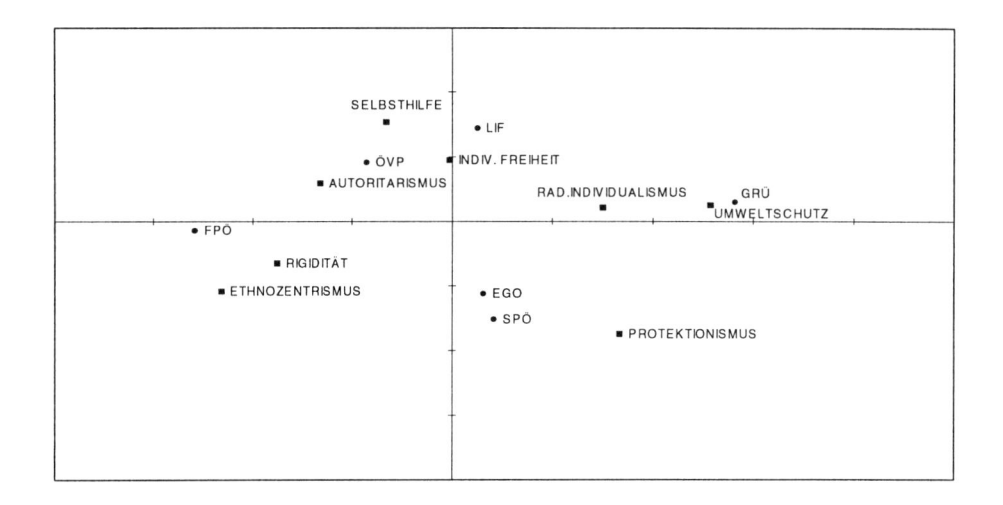

Schaubild 3: Positionierung der Parteien im dreidimensionalen Wettbewerbsraum

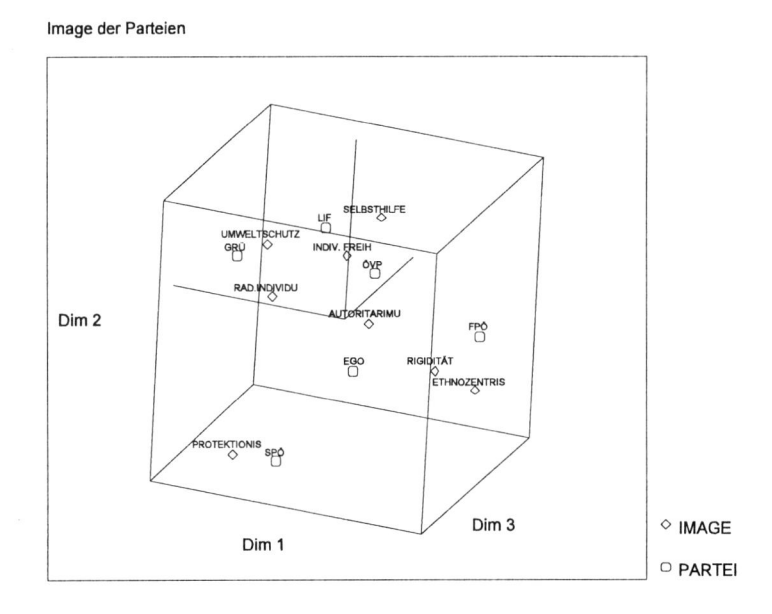

Image der Parteien

◇ IMAGE
□ PARTEI

Die ausgewiesenen Distanzen indizieren auch Nähe und Abstand der Parteien zueinander und damit gesellschaftspolitische Konkurrenzfelder bzw. Monopolpositionen. So liegen Grüne und Freiheitliche am weitesten auseinander, hier findet kaum eine direkte gesellschaftspolitische Konkurrenz statt. ÖVP und LIF befinden sich in einer unmittelbaren Wettbewerbssituation im Bereich antietatistischer und individueller Freiheitsorientierungen; ÖVP und FPÖ bei der Befürwortung eines gesellschaftlichen und politischen Führerprinzips. LIF und Grüne wiederum stehen am ehesten beim Radikalen Individualismus in Konkurrenz. Neben diesen Konkurrenzräumen existieren auch Felder, in denen einzelne Parteien eine Art *„unique selling position"* einnehmen, so die Grünen beim Umweltschutz, die FPÖ beim Ethnozentrismus und die SPÖ beim wirtschaftlichen (und sozialen) Protektionismus. Nicht zufällig handelt es sich dabei um Orientierungen, die äußerst trennscharf wirken (sprich am weitesten von der Mitte der Karte, also dem Punkt der geringsten Unterscheidbarkeit entfernt sind).

Die vorliegende Studie markiert die Positionierung der Parteien im gesellschaftspolitischen Konkurrenzraum. Sie macht außerdem deutlich, daß strategische Positionsänderungen von Parteien – Annäherung einer Parteiposition an gesellschaftspolitische Positionen, um die Konkurrenzsituation gegenüber einer anderen Partei zu verbessern – zugleich mit dem Abrücken von Positionen und damit mit einer möglichen Vergrößerung des (Spiel-)Raumes einer anderen Partei verbunden sein können. Bewegt sich die ÖVP etwa stärker in Richtung „konservativer" gesellschaftspolitischer Orientierungen (z.B. Autoritarismus und Rigidität), um die dort angesiedelten Freiheitlichen verstärkt zu konkurrieren, so entfernt sie sich gleichzeitig von individuellen und Freiheitsorientierungen und vergrößert somit den Spielraum des LIF. Ähnliches gilt für die SPÖ, die dadurch vor allem den Grünen mehr Spielraum einräumen würde. Für das Liberale Forum bedeutet eine stärkere Annäherung an die Position des Radikalen Individualismus zwar eine verschärfte Konkurrenz zu den Grünen, zugleich aber das Überlassen von Raum bei Freiheits- und antietatistischen Orientierungen zugunsten der Volkspartei.

Bewegungen im gesellschaftspolitischen Raum bringen so zwei Konsequenzen mit sich: sie können Chancen eröffnen, zugleich aber Risiken vergrößern (Mair, Müller und Plasser 1999). Ein Spezifikum stellen dabei die *„unique selling positions"* dar: sie plazieren den jeweiligen Inhaber einer solchen Position weit von den möglichen Konkurrenten und stellen zugleich ein schweres *Handicap* für eben diese Konkurrenten dar: wer immer sich auf die unique selling position einer Partei zubewegt, muß nicht nur einen großen Abstand überwinden, sondern entfernt sich auch ebenso von seinem(n) Imageschwerpunkt(en) und seiner bisherigen Wählerschaft (*Schaubild 4*).

Schaubild 4: Perzipierte Positionen der Parteien nach Parteipräferenz

Korrespondenzanalyse
EGO-Position / 8 Items nach Parteipräferenz

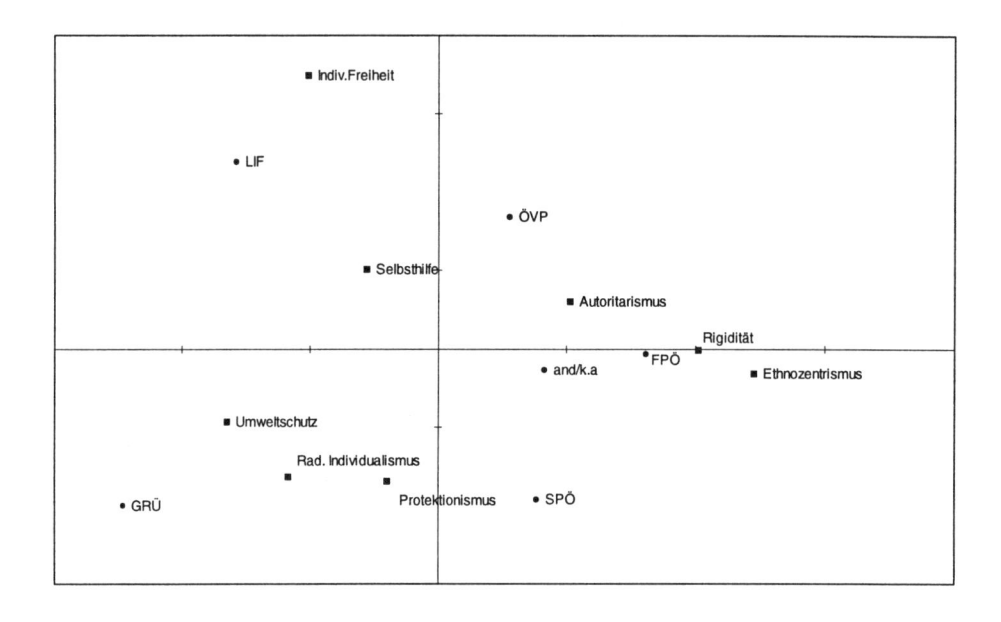

In einem anspruchsvollen theoretischen Erklärungsversuch hat Kitschelt (1994 und 1995) den neuen politischen Wettbewerbsraum in Westeuropa durch eine Kombination aus sozioökonomischen und soziokulturellen Konfliktkonstruktionen strukturiert (ähnlich auch Betz 1994), die im wesentlichen auf zwei Achsen – libertäre versus autoritäre und kapitalistische versus etatistisch-regulierende Wirtschaft – reduziert werden können. Dies legt die Frage nahe, inwieweit den bislang zur Definition des österreichischen gesellschaftspolitischen Raumes herangezogenen Orientierungen übergreifende Faktoren bzw. Dimensionen zugrunde liegen. Methodisch wurde dabei eine Faktorenanalyse herangezogen, die drei zentrale Faktoren identifizieren konnte:
Faktor 1:   „Soziokultureller Traditionalismus"
Faktor 2:   „Marktliberaler Individualismus"
Faktor 3:   „Protektiver Individualismus"

Tabelle 3: Faktorenstruktur gesellschaftspolitischer Orientierungen

Ego-Positionierung	Faktorenladung
Faktor 1 *„Soziokultureller Traditionismus"*:	
- Ethnozentrismus	0,77
- Rigidität	0,68
- Autoritarismus	0,57
Faktor 2 *„Marktliberaler Individualismus"*:	
- Selbsthilfe	0,77
- Individuelle Freiheit	0,76
Faktor 3 *„Protektiver Individualismus"*:	
- Protektionismus	0,72
- Radikaler Individualismus	0,69
- Umweltschutz	0,54

Quelle: FESSEL-GfK, Positionierungsstudie (1998).

Eine Korrespondenzanalyse der genannten Faktoren (oder Dimensionen) wie der Parteiwählerschaften ermöglicht die Bestimmung der grundlegenden gesellschaftspolitischen Achsen, die den neuen politischen Wettbewerbsraum in Österreich strukturieren (*Schaubild 5*). Die eine Achse wird durch den Gegensatz „soziokultureller Traditionalismus" versus „soziokultureller Modernismus" gebildet. Am traditionalistischen Pol findet sich die Wählerschaft der FPÖ; SPÖ und ÖVP sind etwa gleich weit davon entfernt. Die zweite Achse verläuft zwischen „marktliberalem Individualismus" und etatistisch-egalitären Orientierungen. Diesem Pol steht die liberale Wählerschaft am nächsten, gefolgt von der der ÖVP. Als dritte Achse wurde der „protektive Individualismus" identifiziert, in dessen Naheverhältnis sich die grüne Wählerschaft befindet. Das sozialdemokratische Element ist davon etwa gleich weit entfernt wie vom soziokulturellen Traditionalismus. Soziokultureller Traditionalismus und marktliberaler Individualismus bzw. ihre Gegenpole entsprechen den Achsen von Kitschelt (1995), die dritte Achse stellt jedoch eine Modifizierung seines Modells dar. Wie bereits erwähnt, wird dieser Wettbewerbsraum nur durch Orientierungsdimensionen bestimmt; er bildet somit einen gesellschaftspolitischen Raum ab, nicht nur unmittelbare gruppenspezifische Konfliktkonfigurationen oder Reaktionen auf den tagesaktuellen thematischen Wettbewerb. Die wahlpolitische Relevanz des politischen Wettbewerbsraums entsteht durch strategische Positionierungen und konsistente thematische Angebote der Parteien (Collins und Butler 1996). Anders als im alten Wettbewerbsraum, der sich durch vergleichsweise stabile Parteibindungen und geringe Mobilität auszeichnete, eröffnete der Zerfall traditioneller Parteibindungen weit mehr Möglichkeiten zur strategischen Formierung neuer Wählerkoalitionen und ein wechselndes Wahlverhalten fluktuierender Wählergruppen.

Schaubild 5: Image der Parteien

Korrespondenzanalyse
EGO-Position / 3 Faktoren nach Parteipräferenz

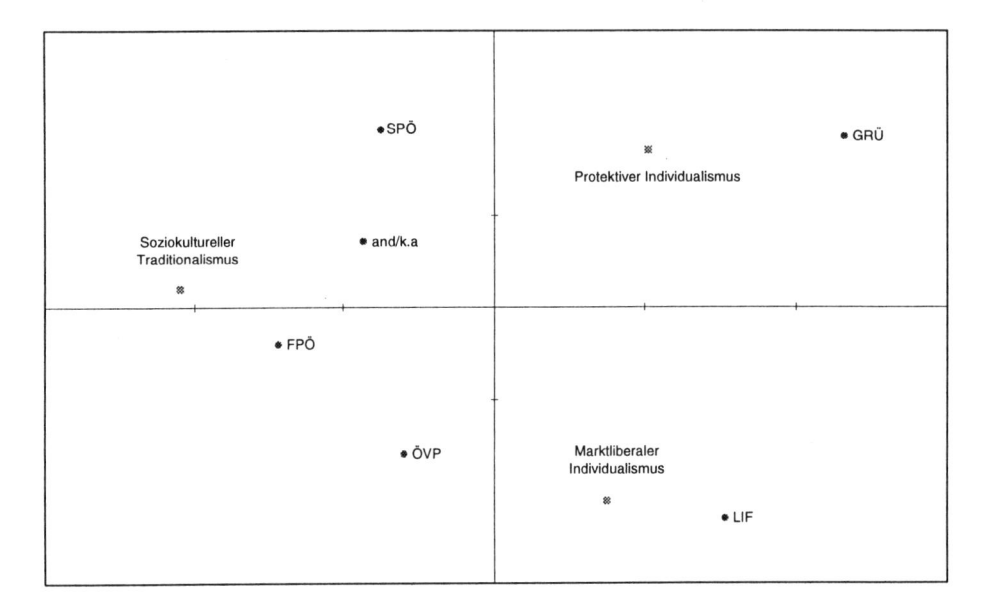

```
                  • SPÖ                          ☒                    • GRÜ
                                         Protektiver Individualismus

   Soziokultureller    • and/k.a
   Traditionalismus
         ☒
                  • FPÖ

                                         Marktliberaler
                  • ÖVP                  Individualismus
                                                ☒
                                                              • LIF
```

3. Zerfall traditioneller Parteibindungen und erhöhte Volatilität

Der Zerfall traditioneller Parteibindungen und die daraus resultierende Verschärfung der Wettbewerbssituation für die politischen Parteien zählen mittlerweile zu Standarddiagnosen der westeuropäischen Parteienforschung. Anders als noch in den achtziger Jahren entzünden sich die Kontroversen nicht an der Frage, *ob* ein Dealignment stattfindet, sondern *wie weit* die Lockerung traditioneller Parteibindungen bereits fortgeschritten ist. In der sozialwissenschaftlichen Literatur wird unter Dealignment zum einen die Entkoppelung sozialer Schichtmerkmale und Wahlverhalten verstanden. Dealignment bedeutet in diesem Zusammenhang die Lockerung der strukturellen Verankerung der Parteien in traditionellen gesellschaftlichen Cleavage-Konfigurationen. Mit Dealignment wird zweitens die Erosion der längerfristigen, affektiven Identifikation mit einer bestimmten politischen Partei bezeichnet. Prominenter Indikator ist dabei die in Repräsentativumfragen gemessene Parteiidentifikation. Dealignment steht drittens für eine generelle Distanzierung vom traditionellen Parteienangebot und wird als Indikator für tiefreichende Legitimitätsprobleme des politischen Wettbewerbs herangezogen (Gluchowski und Plasser 1999: 3).

Damit werden zunächst methodische Probleme angesprochen, die im Kern um die Frage kreisen, ob das aus der US-amerikanischen Wahlforschung übernommene Konzept der Parteiidentifikation überhaupt in westeuropäischen Mehrparteiensystemen sinnvoll einsetzbar ist. Die Übertragbarkeit des Konzeptes einer affektiven, langfristigen Parteiidentifikation wie die methodischen Unschärfen der Meßinstrumente (Sinnott 1998) sorgen für kontroverse Diskussionen. Ähnlich strittig ist die Einschätzung der Tiefe des Zerfalls traditioneller Parteibindungen. Daß in der Mehrzahl westeuropäischer Parteiensysteme *„dealignments of degree"* (Clarke und Stewart 1998) zu beobachten sind, traditionelle Cleavage-Konfigurationen an Relevanz verlieren (Inglehart 1997) und die elektorale Instabilität in den westeuropäischen Parteiensystemen seit den siebziger Jahren deutlich angestiegen ist (Franklin, Mackie und Valen 1992; Ersson und Lane 1998), zählt Ende der neunziger Jahre zum *conventional wisdom* der Parteienforscher und Parteistrategen.

Ob die vorliegenden Zeitreihen und Indikatoren aber den Befund eines programmierten *„decline of parties"* rechtfertigen, wird hingegen kontrovers diskutiert. Kommen Schmitt und Holmberg (1995) nach extensiven Analysen der Abschwächung affektiver Parteibindungen in Westeuropa zu einer differenzierten und vorsichtigen Schlußfolgerung, bei der sie auf „specific developements, by country and by party" (Schmitt und Holmberg 1995: 121) verweisen, sieht Dalton (1998) in seinen Daten einen generalisierten und anhaltenden Erosionsprozeß, der es rechtfertige, Ende der neunziger Jahre von *„parties without partisans"* zu sprechen.

Zeichnete sich das *„Golden Age of Parties"* (Janda und Colman 1998) durch hohe Stammwähleranteile, ausgeprägte Parteiloyalität, stabiles, weitgehend berechenbares Wahlverhalten und intakte Organisations- und Kommunikationsstrukturen zwischen den Parteien und ihrer spezifischen Wählerklientel aus, sorgen seit den sechziger Jahren tiefreichende Veränderungen am Wähler- und Wettbewerbsmarkt für eine Kumulation komplexer Problemlagen (Mair, Müller und Plasser 1999). Bereits in den fünfziger und sechziger Jahren bewirkten die fortschreitende Industrialisierung und Modernisierung der Produktionsstrukturen einen Rückgang von Wählern aus dem selbständig gewerblichen bzw. landwirtschaftlichen Bereich. Parteien, die ihren vorrangigen Rückhalt in diesen Wählermilieus hatten, mußten versuchen, ihr programmatisches Angebot zu verbreitern und neue Wählergruppen anzusprechen. War davon zunächst die ÖVP betroffen, bedrohte der sozioökonomische Strukturwandel ab den späten sechziger Jahren auch die SPÖ, die sich überwiegend auf Wählergruppen aus dem industriellen Sektor abstützte. Der Rückgang des Anteils von Industriearbeitern, abnehmendes Klassenbewußtsein und die Erosion klassenspezifischer Milieus bedrohen ihre wahlpolitische Position. Aber auch die ÖVP wurde durch den gesellschaftlichen Wandel in die Defensive gedrängt. Der Rückgang der Kirchenbindungen, die rückläufige Zahl regelmäßiger Kirchgeher und die Unterminierung konfessioneller Netzwerke und Milieus durch die fortschreitende Säkularisierung der Gesellschaft reduzierte den wahlpolitischen Einfluß konfessioneller Bindungen.

Seit den frühen siebziger Jahren verstärken neue Themen- und Konfliktfelder wie veränderte Wert- und Anspruchshaltungen post-moderner, kognitiv mobilisierter Wählergruppen den Wettbewerbsdruck (Dalton 1996b; Inglehart 1997; Clark und Rempel 1997). Neuformierte grün-alternative bzw. libertäre Parteien verschärften die Wettbewerbssituation und bedrohten zunächst das wahlpolitische Interessenvertretungsmonopol der traditionellen Parteien. Seit den achtziger Jahren sind die politischen Parteien in Österreich mit einer zunehmend parteikritisch eingestellten Öffentlichkeit, erhöhter politischer Unzufriedenheit und fluktuierenden Protestwählern konfrontiert. Die 1986 strategisch neuformierte rechtspopulistische FPÖ verankert seither polarisierende Themen in der öffentlichen Diskussion, bündelt emotionale Protesthaltungen und Antiparteien-Reflexe und ist teilweise tief in die Kernschichten der traditionellen Parteien eingedrungen. Hinter den wahlpolitischen Erfolgen der FPÖ verbergen sich aber nicht nur aufgestaute Kritik und Unzufriedenheit verdrossener Wähler, sondern auch Konflikte zwischen Modernisierungsgewinnern und Modernisierungsverlierern bzw. Konflikte zwischen Angehörigen des geschützten, öffentlichen und des ungeschützten, privaten Sektors, die durch konjunkturelle Probleme und den steigenden ökonomischen Rationalisierungs- und Wettbewerbsdruck in den neunziger Jahren an Schärfe gewonnen haben (Kitschelt 1995).

Die aktuellste Herausforderung für politische Parteien stellen schließlich tiefreichende Veränderungen der politischen Kommunikation dar. Betroffen ist davon zum einen die organisatorische Binnenkommunikation zwischen Parteizentralen und Parteimitgliedern, zum anderen die parteiexterne Kommunikationsfähigkeit der Parteieliten in medienzentrierten Demokratien (Mair, Müller und Plasser 1999). Mediengerechte Präsentation der Themen, Personalisierung des Erscheinungsbildes, marketingstrategische Überlegungen bei der Positionierung gegenüber der Konkurrenz (Collins und Butler 1996), Segmentierung des Wählermarktes und präzises Targeting sorgen zwar für kurzfristige Mobilisierungserfolge, tragen aber gleichzeitig zur Schwächung langfristiger, gefühls- und interessengeleiteter Parteibindungen bei (Plasser 2000).

Die vorliegenden Zeitreihen widerspiegeln die Tiefe der Erosion traditioneller Parteibindungen. Hatten in den fünfziger und sechziger Jahren noch rund drei Viertel der österreichischen Wahlberechtigten eine stabile Bindung zu einer politischen Partei, weist Ende der neunziger Jahre nur mehr die Hälfte der Wahlberechtigten eine langfristige gefühlsmäßige Neigung zu einer bestimmten Partei auf. Im Vergleich zur Mitte der siebziger Jahre hat sich der Anteil von Personen mit einer starken Parteibindung halbiert und beträgt 1999 nur mehr 16 Prozent. Fast halbiert hat sich auch der Anteil an eingetragenen Parteimitgliedern, wie insgesamt die organisatorische Mobilisierungs- und Kampagnefähigkeit der österreichischen Traditionsparteien teilweise dramatisch abgenommen hat. Demotivation, mangelnde Anreize und eine seit den achtziger Jahren deutlich parteienkritischer eingestellte Öffentlichkeit demobilisierten die Parteianhängerschaften.

In Österreich lassen sich *drei* Phasen des Dealignment unterscheiden, denen jeweils spezifische Ursachen zugeordnet werden können (Müller, Plasser und Ulram 1999: 209f.). Die erste Phase, die den Zeitraum von den späten 60er Jahren bis Ende der 70er Jahre einschließt, kann als *strukturelles* Dealignment bezeichnet werden. Der sozioökonomische Wandel (Rückgang der Agrarquote, erhöhte regionale und berufliche Mobilität, Industrialisierung und Suburbanisierung ehemals ländlicher Regionen) sowie die Modernisierung der Produktionsstrukturen (Rückgang der traditionellen Industriearbeiterschaft, Rückgang der Einzelhandels- bzw. Kleingewerbebetriebe, Anwachsen des Dienstleistungssektors, des öffentlichen Sektors wie der neuen Mittelschicht aus der Angestelltenschaft) haben nicht nur die soziale Wählerbasis der großen Parteien nachdrücklich verändert, sondern auch zu einer Abschwächung traditioneller Parteiloyalitäten und vormals stabiler Wähler-Partei-Bindungen geführt. In dieser ersten Phase hatte

Tabelle 4: Indikatoren der Parteiloyalität 1954–1999

Jahr	Partei-Identifikation (a)	Starke Identifikation (b)	Starke Parteibindung (c)	Stamm-wähler (d)	Wechsel-wähler (e)	Partei-wechsler (f)	Late Deciders (g)	Parteimitglieder (Umfragedaten)	Parteimitglieder (Mitgliedschaftsstatistiken)
1954	73		71						27
1969	75		65						27
1972	65		61	76	8				26
1974	63	30	61						26
1979	61	27	56	66	16				26
1983	60	21	47						24
1986	49	19	39	58	26	7	9	24	23
1990	44	12	34			10	8	23	20
1994	49	13	31	44	44	16	16	22	17
1995	46		28			17	14	23	
1996	47	15	31	46	44	19	18	18	16
1997	51	15	28	43	45	22	21	15	
1998	51	16	25					13	
1999			26	43	46	18	20		
Veränderung	−22	−14	−45	−33	+38	+11	+11	−11	−11

(a) Prozent der Respondenten mit Parteiidentifikation.
(b) Prozent der Respondenten mit starker Parteiidentifikation.
(c) Prozent der Respondenten, die angeben, immer dieselbe Partei zu wählen, auch wenn sie nicht vollständig mit ihr zufrieden sind.
(d) Prozent der Respondenten, die angeben, immer dieselbe Partei gewählt zu haben.
(e) Prozent der Respondenten, die angeben, daß sie gelegentlich ihr Wahlverhalten ändern.
(f) Prozent der *exit-poll*-Respondenten, die angeben, eine andere Partei als bei der vergangenen Wahl gewählt zu haben.
(g) Prozent jener Wählerinnen und Wähler, die sich erst in den letzten Tagen vor dem Wahlsonntag definitiv auf die Partei ihrer Wahl festlegten.
Quelle: Müller, Plasser und Ulram (1999) und FESSEL-GfK, Exit Poll (1999).

das Dealignment den Charakter eines politischen Säkularisierungsprozesses und konzentrierte sich auf Personen mit nur mäßiger oder schwacher Parteiidentifikation. Der harte Kern der Parteiidentifizierer blieb trotz eines graduellen Anstiegs der politischen Mobilität weitgehend unberührt. Resultat war ein graduelles Dealignment der Wählerschaft auf der Mikroebene bei gleichzeitiger Stabilität des Wahlverhaltens auf der Aggregatebene (Gluchowski und Plasser 1999: 13-15).

Die zweite Phase des Dealignment setzte in den späten siebziger Jahren ein und erstreckte sich bis Mitte der achtziger Jahre. Diese Phase kann als *affektives* Dealignment bezeichnet werden. Vor allem in den 80er Jahren kam es in Österreich zu einer Zunahme genereller Verdrossenheit über die politischen Parteien und einem scharfen Anstieg der Parteien- und Elitenkritik in Form emotional aufgeladener „anti-politischer" Reflexe und Ressentiments. Verstärkt durch eine Serie politischer Skandale, Unzufriedenheit mit der Performanz der Regierungsparteien und das Herauskristallisieren neuer Konfliktlinien (ökologischer Cleavage), nahm die Bereitschaft zur Identifikation mit einer bestimmten Partei deutlich ab. Die politische Kultur veränderte sich in Richtung einer Wählerprotestkultur, die vor allem die dritte Phase des Dealignment bestimmen sollte. Sie kann als ein *oppositionelles, protestgeladenes* Dealignment charakterisiert werden. Zwei Faktoren stehen hinter dieser Dynamik. Es ist dies erstens die Neuauflage der großen Koalition zwischen SPÖ und ÖVP (1987), die zu einer weiteren Schwächung traditioneller Parteiloyalitäten beitrug, da sie als *oversized coalition* oppositionelle Reflexe stimulierte wie den Eindruck der mangelnden Unterscheidbarkeit zwischen den Regierungsparteien verstärkte. Der zweite Faktor kann auf einen strategischen Akteur – die rechtspopulistische FPÖ – zurückgeführt werden, der latente Protesthaltungen in der Wählerschaft gezielt verstärkt, neue Spannungslinien in der Gesellschaft noch stärker polarisiert, brisante bzw. ressentimentgeladene Themen (Immigration, Kriminalität) bewußt zuspitzt und insgesamt eine Politik des strategischen Affekt-Management betreibt. Konsequenzen dieser dritten Phase des Dealignment sind nicht nur ein fortschreitender Zerfall traditioneller Parteibindungen, erhöhte Mobilität und Wechselbereitschaft, sondern auch eine substantielle Schwächung der Kernwählerschichten der beiden Regierungsparteien, die – anders als in der ersten Phase des Dealignment – voll von der Erosionsdynamik erfaßt wurden.

Dem Rückgang der parteigebundenen Stammwählerschaft der österreichischen Parteien steht ein kontinuierlich ansteigender Anteil von mobilen, parteiungebundenen Wechselwählern gegenüber. Konnten etwa 1972 nur 8 Prozent der Wahlberechtigten als *„split voters"* klassifiziert werden, betrug der Anteil 1999 bereits 46 Prozent. Fast jeder zweite Wahlberechtigte hat bei Nationalrats- oder Landtagswahlen unterschiedliche Parteien gewählt. Nur mehr 43 Prozent der Wahlberechtigten können als konsistente Wähler bezeichnet werden, die bei allen Wahlen, an denen sie teilnahmen, konstant für dieselbe Partei votierten. Kontinuierlich angestiegen ist auch der Anteil von Wechselwählern bei Nationalratswahlen. Wählten bei der Nationalratswahl 1979 nur 7 Prozent eine andere Partei als bei der Nationalratswahl 1975, lag der Wechselwähleranteil bei der Nationalratswahl 1999 bei 18 Prozent. Im selben Zeitraum hat auch die in Österreich traditionell hohe Wahlbeteiligungsrate abgenommen. Wie die Parteibindungen hat sich auch die Beteiligungsdisziplin abgeschwächt und ist die Nichtwahl aus Protest zu einer

Option für unzufriedene und vom politischen Geschehen enttäuschte Wahlberechtigte geworden.

Schaubild 6: Nichtwähler- und Wechselwähleranteile 1979-1999 (in Prozent)

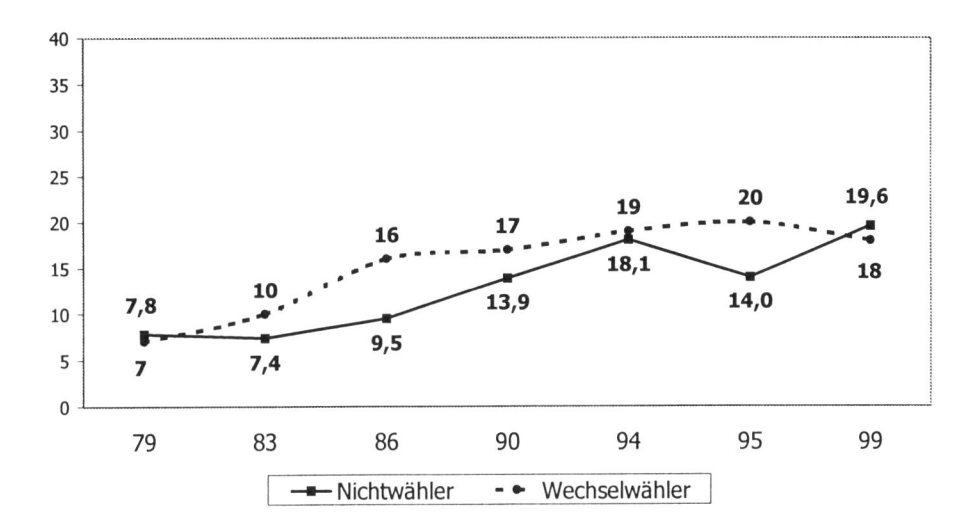

	79	83	86	90	94	95	99
Nichtwähler	7	7,4	9,5	13,9	18,1	14,0	18
Wechselwähler	7,8	10	16	17	19	20	19,6

Gleichzeitig erhöhte sich der Anteil der Wähler, die sich erst in der letzten Phase des Wahlkampfes definitiv auf die Partei ihrer Wahl festlegten. Zählten 1979 nur 9 Prozent zur Gruppe der *late deciders*, waren es bei der Nationalratswahl 1999 bereits 20 Prozent. Der steigende Anteil von *late deciders* erhöht konsequenterweise das Einflußpotential der massenmedialen Politikvermittlung wie kritischer Wahlkampfereignisse und Medienauftritte bei TV-Interviews und Studio-Konfrontationen bzw. deren massenmediale Interpretation und Wertung (Plasser 2000).

Tabelle 5: Zeitpunkt der Wahlentscheidung im Trend (1979-1999)

In Prozent haben sich definitiv festgelegt ...	1979	1983	1986	1990	1994	1995	1999
late deciders (kurz vor der Wahl)	9	8	16	14	18	21	20
early deciders (schon länger vorher)	91	92	84	86	82	79	80

Quelle: FESSEL-GfK, Repräsentative Nachwahlbefragungen (1979-1983) bzw. Exit Polls (1979-1999).

Ein Fünftel der Wähler der Nationalratswahlen hat sich erst in den letzten Tagen bzw. Wochen vor dem Wahltag definitiv für die Partei ihrer Wahl entschieden. Dieser Prozentsatz an „*late*" und „*last minute deciders*" entspricht etwa den Werten von 1995. Am spätesten haben sich die Wähler und Wählerinnen der Kleinparteien Grüne, LIF (und DU) entschieden. Von besonderem Interesse und dem Verlauf des Wahlkampfes entsprechend ist jedoch der Entscheidungszeitpunkt der Wähler der drei größeren Parteien. Bei den SPÖ- und FPÖ-Wählern beträgt der Anteil an Spätentscheidern jeweils 15 Prozent. Demgegenüber haben sich 18 Prozent der ÖVP-Wähler erst spät festgelegt, wobei 12 Prozent der ÖVP-Gruppe ihre definitive Wahlentscheidung erst in den letzten Tagen vor der Wahl trafen. Die Wahlentscheidung wurde insbesondere von den Parteiwechslern spät getroffen (50 Prozent Spätentscheider). Drei von zehn Wählern der Nationalratswahl 1999 hatten ähnlich wie bei den vorangegangenen Wahlen auch die Wahl einer anderen Partei in Erwägung gezogen. Bei Grün- und LIF-Wählern trifft dies auf sechs von zehn Wählern bzw. Wählerinnen dieser Partei zu. Unter den größeren Parteien hat die ÖVP den höchsten Anteil an fluktuierenden Wählern, wobei ein Drittel dieser Gruppe eine Wahl der FPÖ erwogen hatte und sich beinahe die Hälfte erst in den letzten Tagen und Wochen auf die ÖVP festgelegt hatte.

Tabelle 6: Anteil „fluktuierender" Wähler (*waverers*) im Trend

In Prozent haben ursprünglich überlegt, eine andere Partei zu wählen als die, die sie tatsächlich gewählt haben					
	1986	1990	1994	1995	1999
Anteil der waverers	30	29	32	34	30

Quelle: FESSEL-GfK, Exit Polls (1986-1999).

18 Prozent der Wähler und Wählerinnen haben 1999 eine andere Partei gewählt als bei den Nationalratswahlen 1995, was der Wechselwählerrate der Wahlgänge der neunziger Jahre entspricht. Die leichte Abnahme an Wechselwählern von 1995 auf 1999 ist dabei vor dem Hintergrund der stark gestiegenen Wahlenthaltung zu sehen, von der die SPÖ ungleich stärker betroffen wurde als die ÖVP, wie insgesamt die Tendenz zur Wahlenthaltung aus Protest zu einer Revision des Bildes des apathischen, dem politischen Prozeß entfremdeten, marginalisierten Nichtwählers Anlaß gibt (Renz 1997; Völker und Völker 1998).

Die soziodemographische Zusammensetzung der Wechselwähler unterscheidet sich in einigen Punkten sichtbar von der der Wählerschaft. Die relativ stärkste Gruppe bilden die 30-44-Jährigen mit 44 Prozent aller Parteiwechsler, stark überdurchschnittlich vertreten sind Maturanten und Akademiker (50 Prozent) bzw. Angestellte (38 Prozent). Umgekehrt liegt der Anteil an Parteiwechslern in der älteren Wählergeneration und der unteren Bildungsschicht deutlich unter dem Durchschnitt. Geschlechtsspezifische Differenzen sind in Summe vergleichsweise gering, bei einer detaillierten Analyse aber durchaus aufschlußreich: so waren 63 Prozent der SPÖ-Abwanderer zur FPÖ und 57 Prozent der ÖVP-Abwanderer zur FPÖ Männer.

Tabelle 7:   Strukturprofil der Wechselwähler 1999

In Prozent	Wähler (insgesamt)	Wechselwähler
Männer	52	50
Frauen	48	50
	100%	100%
unter 30-Jährige	21	20
30-44-Jährige	32	44
45-49-Jährige	28	24
60-69-Jährige	11	8
70-Jährige und älter	9	4
	100%	100%
Selbständige, Unternehmer, freie Berufe, Landwirte	11	13
Beamte	9	11
Angestellte	31	38
Arbeiter	15	11
Hausfrauen	9	10
Pensionisten	20	13
in Ausbildung	5	5
	100%	100%
Pflichtschulbildung	17	10
Fachschulbildung	46	40
Maturanten/Akademiker	37	50
	100%	100%

Quelle: FESSEL-GfK, Exit Poll (1999).

Vor allem Wechselwählerinnen und Wähler, die sich erst in der Schlußphase für die Partei ihrer Wahl festlegten *(late deciders)*, berichteten überdurchschnittlich von einem starken Einfluß der massenmedialen Politikvermittlung auf ihre persönliche Entscheidungsfindung. Jeweils 23 Prozent der Wechselwähler gaben an, daß Aussagen der Spitzenkandidaten in Fernsehen und Radio bzw. die TV-Diskussionen zwischen den Spitzenpolitikern ihre persönliche Wahlentscheidung stark beeinflußt haben. Aber auch Kommentare und Analysen in den Printmedien wie Gespräche im Familien- bzw. Bekanntenkreis haben für jeden fünften Wechselwähler und für einen noch höheren Anteil unter den „Spätentscheidern" einen starken Einfluß ausgeübt. Immerhin 5 Prozent der befragten Wechselwähler sahen sich auch durch in den Medien veröffentlichte Meinungsforschungsergebnisse stark in ihrer Wahlentscheidung beeinflußt. Berücksichtigt man den in der Kommunikationsforschung bekannten „third person effect", nach dem man dritte Personen für ungleich beeinflußbarer hält als sich selbst, und daß Befragte im allgemeinen dazu tendieren, die Wirkung der Medien auf ihr eigenes Verhalten eher herunterzuspielen, erscheint dieser Prozentwert als durchaus bemerkenswert. Bemerkenswert ist auch der subjektiv geringe Stellenwert werblicher Kommunikationsmittel auf die persönliche Wahlentscheidung. Aber auch hier gilt der „third person effect", wie insgesamt aus den berichteten Daten keine Schätzungen über Medieneffekte auf den tatsächlichen Wahlausgang abzuleiten sind. Dieser Nachweis bleibt ungleich aufwendigeren Forschungsdesigns vorbehalten. Trotzdem bestätigen die vorliegenden Datenbilder den außergewöhnlichen Stellenwert der massenmedialen Politikvermittlung. Sie verweisen gleichzeitig aber auch auf die vielfach unterschätzte Bedeutung der persönlichen Kommunikation und Diskussion im engeren sozialen Umfeld. Dieses ist aber immer weniger in der Lage, durch konsonante Botschaften und Signale für ein stabiles, parteitreues Wahlverhalten zu sorgen.

4. Traditionelle Determinanten des Wahlverhaltens: Konstanz bei abnehmender Relevanz

Kirchenbindung und gewerkschaftliche Nähe zählten zu den *traditionellen* Determinanten des österreichischen Wählerverhaltens. Beide haben in den vergangenen Jahrzehnten zur außerordentlichen Stabilität des österreichischen Wählerverhaltens beigetragen. Wähler mit starker Kirchenbindung – operationalisiert als regelmäßiger Kirchgang – entscheiden sich in überwiegender Mehrheit für die ÖVP, während gewerkschaftlich organisierte Wähler mehrheitlich für die SPÖ votieren (Plasser und Ulram 1995a: 373). Der gesellschaftliche Modernisierungsprozeß hat aber nicht nur die soziale und subkulturelle Bindungskraft der Traditionsparteien SPÖ und ÖVP unterminiert, sondern durch die fortschreitende Pluralisierung und Individualisierung auch einstmals verbindliche kollektive Wert- und Deutungsmuster abgeschwächt. Davon sind auch traditionelle Determinanten des österreichischen Wahlverhaltens wie die konfessionelle Kirchenbindung und die Gewerkschaftsmitgliedschaft betroffen. Im Verlauf der vergangenen Dekaden haben sich kirchliche Bindungen gelockert, ist die Kirchgangsfrequenz rückläufig, wird vor allem die Verankerung der ÖVP in konfessionellen Milieus fragiler. In ländlich-dörflichen Regionen noch weitgehend intakt, verliert das katholische Milieu in den urbanisierten Zentralräumen seine Konturen, werden die Netzwerke brüchiger und schwindet seine gesellschaftspolitische Relevanz (Müller, Plasser und Ulram 1995b: 167).

Zählten in den frühen siebziger Jahren noch 35 Prozent der Wählerinnen und Wähler zur Kerngruppe regelmäßiger katholischer Kirchgänger, waren es 1999 nur mehr 19 Prozent. Trotzdem ist die kirchliche Integration für das Wahlverhalten weiterhin von erheblicher Bedeutung, „in Österreich mehr noch als in Westdeutschland, weil hier die ÖVP in der Gruppe der Konfessionslosen und kirchlich nicht Gebundenen viel weniger Fuß fassen konnte als die CDU/CSU. Genau aus diesem Grund differieren in Österreich kirchennahe und kirchenferne Personen in ihrem Wahlverhalten so stark, und genau deshalb determiniert in Österreich die Kirchgangshäufigkeit das Wahlverhalten weit mehr als in der Bundesrepublik" (Jagodzinski 1999: 90). 45 Prozent der ÖVP-Wählerschaft zählen zum katholischen Kern. 1990 waren es 49 Prozent, Anfang der sechziger Jahre konnten noch mehr als zwei Drittel der ÖVP-Wählerinnen und Wähler zum Kreis der regelmäßigen katholischen Kirchengeher gezählt werden. Der religiöse Cleavage ist auch noch am Ende der Neunziger im österreichischen Wahlverhalten nachweisbar und zeigt im Zeitverlauf nur marginale Veränderungen. Der *Lijphart*-Index des „*religious voting*" bewegt sich in Österreich seit den achtziger Jahren um 40 Punkte. Wählten 59 Prozent der regelmäßigen katholischen Kirchgänger die ÖVP, waren es bei den Kirchenfernen nur 20 Prozent und unter den Konfessionslosen nur 6 Prozent. Umgekehrt erhielt die SPÖ 42 Prozent der Stimmen der Konfessionslosen, 34 Prozent der Kirchenfernen und nur 20 Prozent der Stimmen der regelmäßigen katholischen Kirchgänger. Ähnlich ist das Muster für die FPÖ bzw. Grüne und Liberales Forum. Die Kirchgangshäufigkeit ist somit weiterhin ein stabiler Prädiktor für das Wahlverhalten zugunsten der ÖVP.

Tabelle 8: Wahlverhalten stark konfessionell gebundener Wähler (1990–1999)

In Prozent	SPÖ	ÖVP	FPÖ	Grüne	LIF
1990	22	60	10	5	–
1994	20	59	14	5	1
1995	20	59	12	2	2
1999	20	59	13	4	1

N= zwischen 380 und 440 Befragte.
Quelle: FESSEL-GfK, Exit Polls (1990–1999).

Stärkere Veränderungen zeigen sich bei der *zweiten* traditionellen Determinante des österreichischen Wahlverhaltens: der Gewerkschaftsmitgliedschaft. Analog zur Kirchenbindung haben sich auch die Bindungen an die Gewerkschaft abgeschwächt. Die Mitgliederstatistiken des ÖGB signalisieren einen anhaltenden Mitgliederschwund. Waren 1990 noch 25 Prozent der Wählerinnen und Wähler Gewerkschaftsmitglieder, waren es 1999 nur mehr 19 Prozent. Für die Sozialdemokratische Partei hat aber die Gewerkschaftsbindung eine ähnliche stabilisierende Funktion wie eine intakte Kirchenbindung für die ÖVP. 61 Prozent der SPÖ-Wählerschaft bei der Nationalratswahl 1990 rekrutierten sich aus Gewerkschaftsmitgliedern. Neun Jahre später waren es immerhin noch 57 Prozent. Der Prädiktor Gewerkschaftsbindung hat aber im Verlauf der neunziger Jahre an verhaltensprägender Wirkung verloren. Wählten 1990 noch 62 Prozent der Gewerkschaftsmitglieder die SPÖ, waren es vier Jahre später nur mehr 50 Prozent. 1999 entschieden sich 49 Prozent der Gewerkschaftsmitglieder für die Sozialdemokratische Partei, aber bereits 21 Prozent für die FPÖ, die ihren Stimmenanteil unter Gewerkschaftsmitgliedern im Vergleich zu 1990 verdoppeln konnte. Das wahlpolitische Vordringen der FPÖ in traditionelle Kernwählersegmente der Sozialdemokratischen Partei wie die abnehmende Relevanz der sozialen bzw. konfessionellen Kerngruppen im politischen Wettbewerb verweisen auf ein ausgeprägtes *class dealignment*, dessen Ausmaß und Ursachen im Mittelpunkt des folgenden Abschnittes stehen.

Tabelle 9: Wahlverhalten von Gewerkschaftsmitgliedern (1990-1999)

In Prozent	SPÖ	ÖVP	FPÖ	Grüne	LIF
1990	62	19	11	4	-
1994	50	19	19	7	5
1995	55	16	18	3	4
1999	49	19	21	6	2

N= zwischen 600 und 660 Befragte.
Quelle: FESSEL-GfK, Exit Polls (1990-1999).

5. Erosion des klassengebundenen Wählens und neue sektorale Cleavages

Soziale Lagen und berufliche Lebensumstände waren noch bis in die frühen achtziger Jahre trennscharfe Prädiktoren des österreichischen Wahlverhaltens. Vor allem der berufliche Status und hier insbesondere die Trennung zwischen vorwiegend manuellen bzw. nichtmanuellen Tätigkeiten prägten das Wahlverhalten und führten zum vergleichsweise stabilen Muster des klassengebundenen Wählers. Seit den achtziger Jahren haben sozioökonomischer und generativer Wandel in Verbindung mit fortschreitender Individualisierung und sozialer Differenzierung zu einer substantiellen Schwächung des klassengebundenen Wählens beigetragen. „Throughout Western Europe, social class voting indices are about half as large among the postwar birth cohorts as they are among older groups" (Inglehart 1997: 254f.). Prominentester Indikator zur Messung des klassengebundenen Wählens ist der *Alford*-Index, der sich aus den Prozentpunktdifferenzen zwischen manuellen „*blue collar workers*" und nicht- manuellen „*white collar workers*", die eine Partei links der Mitte wählen, errechnet. Lag der *Alford*-Index für das österreichische Wahlverhalten noch in den siebziger Jahren konstant über dem Durchschnittswert westlicher industrieller Demokratien, ist der *Alford*-Index seit den achtziger Jahren rückläufig und erreichte bei der Nationalratswahl 1999 erstmals einen *negativen* Wert.

Tabelle 10: Alford-Index of Class-Voting (1961-1999)

Zeitraum	Mittlerer Index-Wert
1961-1970	27,4
1971-1980	28,9
1981-1990	18,3
1990-1999	8,7
1999	-1,0

Quelle: Nieuwbeerta und De Graaf (1999: 32) und FESSEL-GfK, Exit Polls (1994-1999).

Charakteristisch für die österreichische Situation ist aber nicht nur die ausgeprägte Erosion des klassengebundenen Wählens – ein *„class voting dealignment"* (Evans 1999) –, sondern eine gleichzeitig stattfindende Neuorientierung des Wahlverhaltens der österreichischen Arbeiterschaft, die man ohne Übertreibung als *„blue collar realignment"* bezeichnen kann. Wählten 1979 noch 65 Prozent der österreichischen Arbeiter und Arbeiterinnen die SPÖ, waren es bei der Nationalratswahl 1999 nur mehr 35 Prozent. Innerhalb von zwanzig Jahren hat sich der SPÖ-Anteil bei der Arbeiterschaft halbiert, der FPÖ-Anteil hingegen verzehnfacht.

Tabelle 11: Wahlverhalten der Arbeiterschaft (1979–1999)

In Prozent	SPÖ	ÖVP	FPÖ
1979	65	29	4
1983	61	28	3
1986	57	26	10
1990	53	22	21
1994	47	15	29
1995	41	13	34
1999	35	12	47

N= zwischen 450 und 550 Befragte.
Quelle: FESSEL-GfK, Repräsentative Nachwahlbefragungen (1979–1983) und Exit Polls (1986–1999).

Seit 1999 ist die FPÖ mit einem Anteil von 47 Prozent die mit Abstand stärkste Partei unter Arbeitern. Für die SPÖ entscheiden sich nur mehr 35 Prozent dieser Berufsgruppe, für die ÖVP nur mehr 12 Prozent. Das Wahlverhalten der österreichischen Arbeiterschaft unterscheidet sich somit deutlich vom *„blue collar vote"* in anderen westeuropäischen Demokratien. So haben bei der Bundestagswahl 1998 in Deutschland 48 Prozent der Arbeiter die SPD und 30 Prozent die CDU/CSU gewählt (Feist und Hoffmann 1999). In Großbritannien votierten bei den Unterhauswahlen 1997 68 Prozent der *blue collar voters* für New Labour und 18 Prozent für die Konservative Partei (Norris 1999). Bei den französischen Parlamentswahlen 1997 entschieden sich 50 Prozent der manuellen Arbeiter für Parteien links der Mitte, 25 Prozent für den Front National (Boy und Mayer 2000). Frankreich ist gleichzeitig ein Beispiel für die überdurchschnittliche Attraktivität radikal rechtspopulistischer Parteien bei (vorwiegend männlichen) Wählern aus der industriellen Arbeiterschaft (Betz 1994; Betz und Immerfall 1998). Im Vergleich zu Frankreich stellt sich aber die Neuorientierung im Wahlverhalten der *blue collar workers* in Österreich ungleich ausgeprägter dar. Bereits bei den österreichischen Parlamentswahlen 1995 konnte die FPÖ mehr Arbeiterstimmen an sich ziehen als der Front National bei den Wahlen zur Nationalversammlung im selben Jahr. 1997 wählten 25 Prozent der französischen Arbeiter den Front National. Bei den österreichischen Nationalratswahlen 1999 entfielen rund 50 Prozent der Arbeiterstimmen auf die rechtspopulistische FPÖ.

Mittels eines Loglinearen Modells (Payne 1999) lassen sich Größen konstruieren, die die Wahrscheinlichkeit des parteispezifischen Wahlverhaltens der österreichischen Arbeiterinnen und Arbeiter über die Zeit angeben. War die Chance eines Arbeiters, die FPÖ zu wählen, bei der Nationalratswahl 1986 nur 60 Prozent der Chance eines anderen Wählers, für diese Partei zu stimmen, liegt die Wahrscheinlichkeit 1999 um 70 Prozent höher. Umgekehrt: war die Chance eines Arbeiters, die SPÖ zu wählen, 1986 noch dreimal so hoch wie eines anderen Wählers, liegt diese 1999 nur mehr knapp 60 Prozent darüber. Die im multivariaten Modell als *odds* ausgedrückten Verhaltenschancen bzw. Wahrscheinlichkeiten bestätigen und unterstreichen die These einer tiefreichenden Neu- bzw. Umorientierung des Wahlverhaltens österreichischer *blue collar voters*.

Tabelle 12: Parteispezifische Wahrscheinlichkeiten im Wahlverhalten der Arbeiter

Partei	NRW	Arbeiter
SPÖ	1986	3,04
-	1990	2,67
-	1994	2,06
-	1995	1,85
-	1999	1,56
ÖVP	1986	0,40
-	1990	0,37
-	1994	0,48
-	1995	0,50
-	1999	0,32
FPÖ	1986	0,59
-	1990	0,85
-	1994	1,03
-	1995	1,12
-	1999	1,71
Grüne	1986	0,89
-	1990	0,40
-	1994	0,73
-	1995	0,74
-	1999	0,54

Quelle: FESSEL-GfK, Exit Polls (1986–1999), eigene Berechnungen.

Noch ausgeprägter stellt sich die Neuorientierung im Wahlverhalten der Arbeiterschaft bei Angehörigen der jüngeren Wählergeneration dar. Von den männlichen unter 30-jährigen Arbeitern haben 1999 57 Prozent die FPÖ gewählt. Von den jüngeren Arbeiterinnen entschieden sich 46 Prozent für die FPÖ. Die traditionelle Arbeiterpartei SPÖ konnte bei der Nationalratswahl 1999 nur mehr 28 Prozent der jüngeren Arbeiter und Arbeiterinnen ansprechen. Bei der Nationalratswahl 1986 wählten noch 55 Prozent der jüngeren Arbeiter die Sozialdemokratische Partei und nur 13 Prozent gaben ihre Stimme der Freiheitlichen Partei.

Tabelle 13: Neuorientierung im Wahlverhalten der „*Blue Collars*" in Frankreich und Österreich

Wahl der	FPÖ	Front National
1986	10	11
1988	-	11
1990	21	-
1993	-	15
1994	29	-
1995	34	27
1997	-	25
1999	47	-

Quelle: Lewis-Beck (2000: 72) bzw. FESSEL-GfK, Exit Polls (1986–1999).

Schaubild 7: FPÖ-Trend bei jüngeren Arbeiterinnen und Arbeitern (1986–1999)

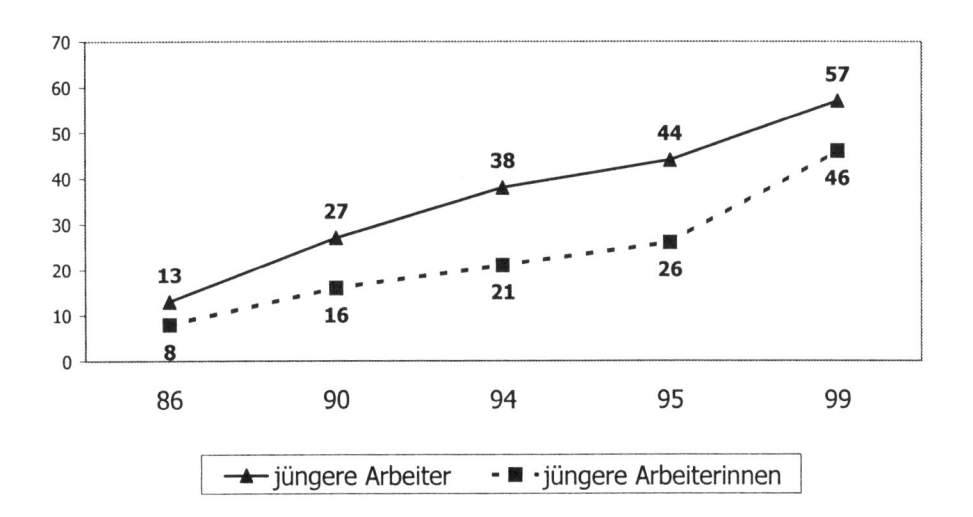

Interessante Ansätze zur Erklärung dieses langfristigen „*blue collar-realignment*" bieten die Überlegungen von Flanagan (1987) und Kitschelt (1994; 1995), die sich mit den Konsequenzen der Veränderung gesellschaftlicher Konflikt- und Spannungslinien für das Wahlverhalten auseinandersetzen. Im Modell von Flanagan setzt sich der Konfliktraum fortgeschrittener Industriegesellschaften aus drei Hauptspannungslinien zusammen. Die *erste* Konfliktachse repräsentiert die traditionelle Konfliktlinie zwischen wohlfahrtsstaatlicher Umverteilung und marktwirtschaftlicher Orientierung bei möglichst geringen staatlichen Eingriffen, die über Jahrzehnte für den wahlpolitischen Wettbewerb konstitutiv war. Die *zweite* Konfliktachse repräsentiert das Spannungsverhältnis zwischen einer Politik des ökonomisch-technologischen Wachstums und einer auf Ökologie und Umweltschutz orientierten Politik. Hinter dieser Konfliktachse steht aber auch ein neuer *value cleavage* zwischen Gruppen mit vorrangig materialistischen, an Pflicht- und Akzeptanzwerten ausgerichteten Werthaltungen und Gruppen mit an postmaterialistischen *life styles* und persönlichen Freiheits- und Entfaltungswerten orientierten Personen (Dalton 1996a; Inglehart 1997). Flanagan ergänzt aber das zweidimensionale Konfliktschema fortgeschrittener Industriegesellschaften um eine *dritte* Konfliktachse: das Spannungsverhältnis zwischen einer libertären *New Left* und einer autoritären *New Right*, das sich etwa an polarisierenden Streitfragen wie der Immigration bzw. der Integration ausländischer Bürger entzündet. Nach Flanagan geraten vor allem Teile des traditionellen *blue collar*-Wählersegments in eine *cross-pressure*-Situation, die dazu führen kann, daß Angehörige der *working class-Left* eine Partei der Neuen Rechten wählen. „Cross pressured voters, for example, may fall on the left side on the Old Politics cleavage because of their working-class occupation and union membership ... but on the right side of the New Politics cleavage because of their authoritarian values" (Flanagan 1987: 1307).

Schaubild 8: Cleavage-Struktur fortgeschrittener Industriegesellschaften

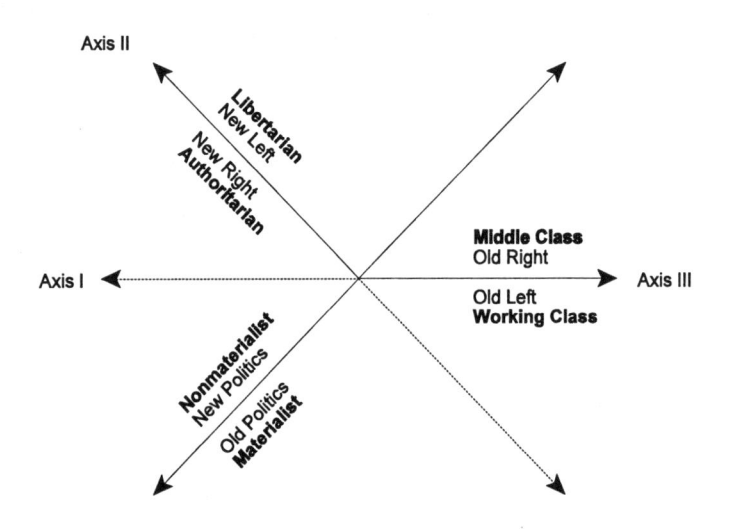

Quelle: Flanagan (1997: 1306).

Konzentriert sich das Modell von Flanagan auf neue soziokulturelle Konfliktlinien im gesellschaftlichen Werteraum, beschäftigt sich Kitschelt mit Verschiebungen der Hauptachsen des politischen Wettbewerbs als Konsequenz der Markt- und Arbeitserfahrungen in fortgeschrittenen Industriegesellschaften. Angelpunkt ist das Auseinanderdriften von Berufserfahrungen in interaktionsintensiven, qualifizierten „*white collar*"-Berufsfeldern mit eigenverantwortlichen Aufgaben und den wenig interaktionsintensiven, häufig nur geringe Qualifikation voraussetzenden „*blue collar*"-Tätigkeiten, die aber ungleich schärfer dem internationalen Wettbewerbs- wie technologischen Rationalisierungsdruck ausgesetzt sind (Bürklin und Klein 1998: 99-101).

Konstitutiv für diesen Konflikt sind aber nicht nur unterschiedliche Berufserfahrungen und damit verbundene Interessenlagen, sondern auch unterschiedliche Werthaltungen. Personen in interaktionsintensiven, qualifizierten Berufsfeldern tendieren demnach zu liberalen bis libertären Werthaltungen, während bei in mechanische Arbeitsabläufe eingebundenen Personen häufiger rechts-autoritäre Werthaltungen und Einstellungsmuster anzutreffen sind (Arzheimer und Klein 1999). Unterschiedliche Markt- und Berufserfahrungen in Verbindung mit unterschiedlichen Werthaltungen können somit – ein entsprechendes Angebot am Parteienmarkt vorausgesetzt – in einer Abkehr der *blue collar workers* von der traditionellen linken Arbeiterpartei und zur Zuwendung zu einer ihre Lebens- und Berufserfahrungen subjektiv besser artikulierenden rechtspopulistischen Partei führen.

Die sozialen Kosten der rasanten ökonomischen und technologischen Modernisierung, der Eindruck, zu einer gesellschaftlichen Verlierergruppe zu zählen, der Aufstiegs- und Karrierechancen ebenso verwehrt werden wie öffentliche Wertschätzung und Anerkennung ihrer Tätigkeit, verdichten innerhalb der Arbeiterschaft latente Protesthaltungen wie diffuse soziale Abstiegs- und Marginalisierungsängste. Beide werden von der rechtspopulistischen FPÖ gezielt aktiviert und verstärkt und durch Verweise auf strukturelle Mißstände (Privilegien, Elitenkritik, anti-institutionelle Affekte) wie das gezielte Ansprechen latenter ausländerfeindlicher Ressentiments gebündelt (Plasser, Ulram und Seeber 1996: 182f.). Dazu kommt noch, daß vor allem jüngere, männliche Arbeiter ihren persönlichen *life style* in das Image und Erscheinungsbild des FPÖ-Führers projizieren, der die Zeichen- und Symbolwelt dieser Subkultur schärfer und entschlossener zu deuten versteht als die traditionalistischen Arbeiter- und Gewerkschaftsvertreter innerhalb der SPÖ. Voraussetzung für den Aufstieg der rechtspopulistischen FPÖ zur neuen Arbeiterpartei sind aber konkrete Markt- und Berufserfahrungen und ein an Härte und Schärfe gewonnener internationaler Wettbewerbsdruck, der große Teile der industriellen Arbeiterschaft ihrer traditionellen Interessenvertretung entfremdet hat. „Given the sectoral division between competitive and domestic sectors, blue collar voters, as a whole, should not longer be economically leftist in a pronounced way. At the same time, given the bulk of blue collar workers is involved in object- and document-processing, has comparatively little education, and is pre-dominantly male, this occupational group may express above the average disposition toward particularist and culturally parochial conceptions of citizenship and authoritarian decision making" (Kitschelt 1995: 9).

Schaubild 9: Die Lagerung der verschiedenen Berufsgruppen im politischen Wettbewerbsraum von *Kitschelt*

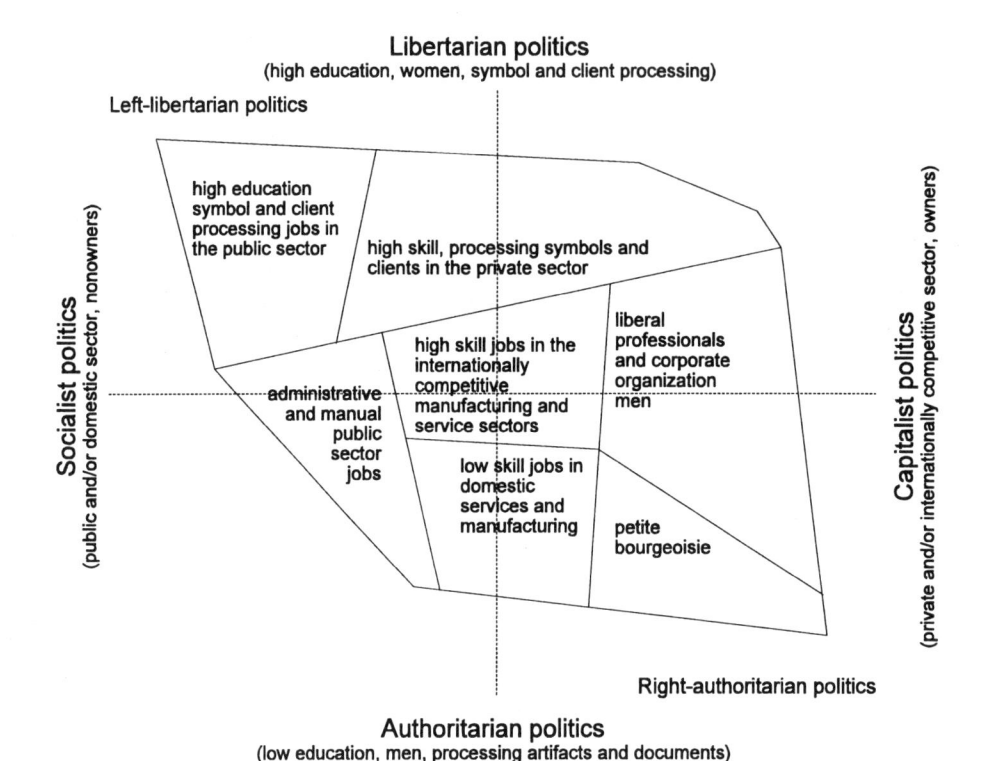

Libertarian politics
(high education, women, symbol and client processing)

Left-libertarian politics

Socialist politics
(public and/or domestic sector, nonowners)

- high education symbol and client processing jobs in the public sector
- high skill, processing symbols and clients in the private sector
- administrative and manual public sector jobs
- high skill jobs in the internationally competitive manufacturing and service sectors
- liberal professionals and corporate organization men
- low skill jobs in domestic services and manufacturing
- petite bourgeoisie

Capitalist politics
(private and/or internationally competitive sector, owners)

Right-authoritarian politics

Authoritarian politics
(low education, men, processing artifacts and documents)

Quelle: Kitschelt (1994: 32).

Im Vergleich zur spektakulären Neuorientierung des Wahlverhaltens der österreichischen Arbeiterschaft fallen die Veränderungen im Wahlverhalten der Angehörigen von *white collar*-Berufen ungleich moderater aus. Bei Angestellten konnte die SPÖ ihren Stimmanteil im Zeitverlauf weitgehend stabilisieren. Wählten 1986 40 Prozent der Angestellten die SPÖ, waren es 1999 36 Prozent. Stärker fallen die Verluste der ÖVP bei den neuen, angestellten Mittelschichten aus. Wählten 1986 noch 36 Prozent der Angestellten die ÖVP, waren es 1999 nur mehr 23 Prozent. Vergleichsweise moderat stellt sich der FPÖ-Trend bei den Angestellten dar. Entschieden sich 1986 13 Prozent der Angestellten für die FPÖ, liegt ihr Anteil 1999 mit 23 Prozent um - 4 Prozentpunkte unter dem bundesweiten FPÖ-Ergebnis. Vergleichbare Zugewinne im Wählersegment der Angestellten können auch die postmaterialistischen Grünen wie das libertäre Liberale Forum verbuchen. 1999 wählten 10 Prozent der Angestellten die Grünen und 5 Prozent das Liberale Forum, wobei der gemeinsame Anteil dieser beiden Neue Politik-Parteien und 15 Prozent deutlich unter dem Ergebnis 1994 liegt, wo die beiden Parteien gemeinsam von 25 Prozent der Angestellten gewählt wurden.

Tabelle 14: Veränderungen im Wahlverhalten ausgewählter Wählergruppen: Angestellte (*white collar*)

In Prozent	SPÖ	ÖVP	FPÖ	Grüne	LIF
1986	40	36	13	7	*
1990	38	27	16	7	*
1994	29	25	22	12	11
1995	32	28	22	7	8
1999	36	23	22	10	5
Veränderungen (1986-1999)	-4	-13	+9	+3	-6

N= zwischen 600 und 680 Befragte.
Quelle: FESSEL-GfK, Exit Polls (1986–1999).

Die sozialstatistische Unschärfe der Angestelltendefinition, die auch Beschäftigte einschließt, die de facto vorrangig manuelle, wenig qualifizierte, mechanische Tätigkeiten verrichten, erschwert wahlsoziologische Interpretationen. Differenziert man zwischen Angestellten in leitenden Positionen und Angestellten ohne betriebliche Leitungs- bzw. Führungsfunktion, zeigen sich interessante Unterschiede.

So wählten 33 Prozent der leitenden Angestellten 1999 die SPÖ und 32 Prozent die ÖVP. Für die FPÖ entschieden sich 19 Prozent der leitenden Angestellten. Anders ist die wahlpolitische Wettbewerbssituation unter untergeordneten Angestellten: von dieser Gruppe wählten 38 Prozent die SPÖ, 23 Prozent die FPÖ und nur 19 Prozent die ÖVP. Grüne und Liberales Forum erhielten 11 bzw. 5 Prozent der Stimmen der Angestellten. Anders als bei den Arbeitern konnte die SPÖ ihren Repräsentationsvorsprung bei den Angestellten im Zeitverlauf aufrecht halten, während die wahlpolitische Attraktivität der ÖVP auf Angehörige der angestellten Mittelschicht deutlich schwächer geworden ist. Ungleich volatiler stellt sich das Wahlverhalten der Beamten bzw. im öffentlichen Dienst Beschäftigten dar. Je nach budgetpolitischen Konjunkturen und kontroversen Reformvorhaben im Kontext einer Nationalratswahl verteilen die im öffentlichen Sektor Beschäftigten ihre Stimmen auf SPÖ oder ÖVP. Die Anteile der FPÖ sind in diesem Wählersegment unter-, die der Grünen erwartungsgemäß überdurchschnittlich.

Das Wahlverhalten der Beamten und öffentlich Bediensteten berührt eine seit den achtziger Jahren auch das österreichische Wahlverhalten beeinflussende Spannungslinie: den Sozialstaats-Cleavage, wie Dunleavy und Husbands (1985) diesen neuen *sektoralen* gesellschaftspolitischen *Cleavage* bezeichneten. Im Kern behandelt dieses Cleavage-Modell das wahlpolitische Auseinanderdriften der Angehörigen des *public* bzw. *private*-Sektors bzw. das latente Konfliktpotential zwischen dem geschützten und dem ungeschützten Produktionssektor. Dunleavy und Husbands differenzieren in ihrem Modell zwischen *drei* neuen Spannungslinien in sozialstaatlichen Gesellschaften: 1. die aus unterschiedlichen Markt- und Berufserfahrungen resultierende Spannungslinie zwi-

Tabelle 15: Veränderungen im Wählerverhalten ausgewählter Wählergruppen: Beamte, öffentlicher Dienst

In Prozent	SPÖ	ÖVP	FPÖ	Grüne	LIF
1986	49	33	8	6	*
1990	40	30	14	8	*
1994	35	23	14	18	9
1995	48	20	17	6	6
1999	33	30	20	12	3
Veränderungen (1986-1999)	-16	-3	+12	+6	-6

N= zwischen 350 und 380 Befragte.
Quelle: FESSEL-GfK, Exit Polls (1986-1999).

schen den Beschäftigten im öffentlichen und im privaten Sektor (*production sector effect*), 2. die Spannungslinie zwischen Wählern, die vorwiegend öffentliche Leistungen nutzen (z.B. Wohnen, Transport u.a.), und denjenigen Wählern, die vorrangig private Dienstleistungen zu Marktpreisen konsumieren (z.B. Eigenheim, privater PKW als Verkehrsmittel, Privatschule u.a.), die sie als Konsumenten-Sektor-Konflikt (*consumer sector effect*) bezeichnen, und 3. das latente Konflikt- und Spannungspotential zwischen Wählern, die vorrangig von staatlichen Einkommen bzw. sozialstaatlichen Transferzahlungen abhängen (z.B. Pensionen, sozialstaatliche Transfer- und Unterstützungszahlungen, Karenzgeldbezieher u.a.), und jenen Wählern, die vorrangig von privaten Einkommensquellen leben (z.B. Gehalt aus Privatwirtschaft, Kapitalerträge, Privatversicherungen u.a.). Die dritte Spannungslinie bezeichnen sie als sozialstaatlichen Dependenz-Effekt (*state-dependence effect*). Das Dunleavy und Husbands-Modell ist somit nicht nur ein differenzierter Erklärungsversuch für den Rückgang des klassengebundenen Wählens, sondern auch ein Ansatz, um die Neuorientierung im Wahlverhalten der im ungeschützten Sektor Tätigen nachvollziehen zu können.

Konturen dieses sektoralen Cleavage begannen sich in Österreich seit Mitte der achtziger Jahre abzuzeichnen und haben durch den Zusammenbruch des verstaatlichten Industriesektors, durch die Privatisierung im staatlichen Eigentum befindlicher Unternehmen bzw. die aus der EU-Mitgliedschaft Österreichs resultierende Entmonopolisierung staatlich geschützter Dienstleistungs- und Versorgungsunternehmen an Schärfe gewonnen. Davon wurden langfristig die SPÖ, aber insbesondere die ÖVP betroffen, die bei den in der Privatwirtschaft beschäftigten Wählerinnen und Wählern bereits 1994 von der FPÖ überholt wurde. Seit 1994 ist die FPÖ unter den Wählern des privaten Sektors die zweitstärkste Partei. Trennten SPÖ und FPÖ bei den in der Privatwirtschaft Beschäftigten 1986 noch 19 Prozentpunkte, beträgt der SPÖ-Vorsprung vor der FPÖ 1999 nur mehr 5 Prozentpunkte. Unverkennbar aktiviert die FPÖ konsequent das im Cleavage *public* versus *private* angelegte Spannungs- und Konfliktpotential. Seit 1986 haben SPÖ und ÖVP bei Beschäftigten in der Privatwirtschaft überdurchschnittlich verloren – die FPÖ hat dagegen gerade im *private sector* überdurchschnittlich Stimmen gewonnen (Plasser, Ulram und Seeber 1996: 190-192).

Tabelle 16: Sektorale Spannungslinien (*Cleavages*) im österreichischen Wählerverhalten (1986-1999): *public* versus *private*

NRW	In Prozent	SPÖ	ÖVP	FPÖ	Grüne	LIF
1986	im/in öffentlichen Dienst/Unternehmen Beschäftigte	51	34	8	6	-
	in der Privatwirtschaft Beschäftigte	51	32	12	5	-
	PPD Index	+-0	-2	+4	-1	
1990	im/in öffentlichen Dienst/Unternehmen Beschäftigte	44	33	16	8	-
	in der Privatwirtschaft Beschäftigte	49	26	20	4	
	PPD Index	+5	-7	+4	-4	
1994	im/in öffentlichen Dienst/ Unternehmen Beschäftigte	37	26	17	14	6
	in der Privatwirtschaft Beschäftigte	38	19	27	7	7
	PPD Index	+1	-7	+10	-7	+1
1995	im/in öffentlichen Dienst/ Unternehmen Beschäftigte	44	23	19	5	5
	in der Privatwirtschaft Beschäftigte	36	20	29	6	6
	PPD Index	-8	-3	+10	+1	+1
1999	im/in öffentlichen Dienst/Unternehmen Beschäftigte	36	29	21	9	5
	in der Privatwirtschaft Beschäftigte	36	19	31	7	4
	PPD Index	0	-10	+10	+2	+1

Anmerkung: PPD = Prozentpunktdifferenzen.
Quelle: Fessel-GfK, Exit Polls (1986-1999).

Die Konfliktlinie *public* versus *private* hat sich in Österreich im Verlauf der neunziger Jahre vertieft und kristallisiert sich in überdurchschnittlichen Stimmenanteilen der FPÖ im privaten Sektor wie – umgekehrt – in tendenziell überdurchschnittlichen Stimmenanteilen der Grünen und des Liberalen Forums bei Wählerinnen und Wählern, die im öffentlichen Sektor (insbesondere in öffentlichen Dienstleistungs-, Bildungs- und Verwaltungsbereichen) beschäftigt sind. Berufs- und sektorspezifische Trends im österreichischen Wahlverhalten sind mit den traditionellen mikrosoziologischen Erklärungsansätzen nur mehr eingeschränkt interpretierbar. Neue Cleavage-Theorien wie das „*radikale Modell*" von Dunleavy und Husbands (1985) oder das Modell der sozialen Lagen von Kitschelt (1994; 1995) bieten realitätsnahe Perspektiven, um das *class dealignment* im österreichischen Wahlverhalten erklären zu können. „In short, the radical model sees voters as a reflection of the political system's ideological interpretation of social division. It is this emphasis on the impact of media and party debate which makes the radical model distinctive within the category of sociological approaches to voting" (Harrop und Miller 1992: 159).

6. Geschlechts- und generationsspezifische Neuformierung des Wahlverhaltens

Seit den achtziger Jahren kann im österreichischen Wahlverhalten eine geschlechtsspezifische Differenzierung beobachtet werden. Im Verlauf der neunziger Jahre ist diese „Geschlechter-Kluft" *(gender gap)* breiter geworden (Hofinger und Ogris 1996). Ende der neunziger Jahre ist es keine Übertreibung mehr, in Österreich von zwei geschlechtsspezifischen Parteiensystemen zu sprechen. In der Mehrzahl der westeuropäischen Parteiensysteme hat seit den siebziger Jahren eine bemerkenswerte geschlechtsspezifische Differenzierung des Wahlverhaltens stattgefunden, die sich in drei Phasen vollzogen hat (Norris 1999). 1. die Phase des *traditionellen* Wahlverhaltens, das durch eine deutliche Tendenz von Frauen, konfessionelle bzw. konservativen Werten verpflichtete Parteien zu wählen, gekennzeichnet war. 2. die Phase der fortschreitenden *Konvergenz* bzw. Angleichung des Wahlverhaltens von Männern und Frauen, die etwa in Österreich dazu führte, daß die SPÖ bei weiblichen Wählern deutlich an wahlpolitischer Attraktivität gewinnen konnte. 3. die Phase einer geschlechtsspezifischen Neuorientierung *(gender realignment)*, die sich in einer ausgeprägten Tendenz vor allem jüngerer, qualifizierter und selbstbewußter Frauen zu postmaterialistischen bzw. libertären Parteiformationen manifestiert.

Zugespitzt wird die „Geschlechter-Kluft" aber auch durch die ausgeprägte Distanz von Frauen zu neuformierten rechtspopulistischen Protestparteien, deren polarisierende Themen wie deren konfliktorientiertes und auf negative Emotionalisierung abzielendes Affekt-Management vor allem bei jüngeren Frauen auf Ablehnung stoßen. Hinter der Ausweitung des *gender gap* im Wahlverhalten stehen zum einen die erhöhten Bildungs- und Qualifikationschancen für jüngere Frauengenerationen wie ein aktives und selbstbewußteres Rollenverständnis an gleichberechtigter Partnerschaft und beruflicher Gleichstellung orientierter jüngerer Frauengenerationen, zum anderen spezifische *Issue*-Präferenzen und generelle Werthaltungen, die humanitären und liberalen Entfaltungswerten wie ökologischer und sozialer Rücksichtnahme einen besonderen Stellenwert zuweisen. Dies aber auch vor dem Hintergrund eines „Politisierungsschubes" jüngerer Frauen, der am Anstieg des politischen Interesses, erhöhter Involvierung wie eines aktiven staatsbürgerlichen Selbstbewußtseins *(political efficacy)* ebenso abzulesen ist wie an einem – im Vergleich zu jüngeren Männern – deutlich höheren politischen Informationsniveau.

Im internationalen Vergleich bietet vor allem das Wahlverhalten in den Vereinigten Staaten eindrucksvolle Belege für einen sich im Zeitverlauf ausweitenden *gender gap*, der sich bei Kongreß- und Präsidentschaftswahlen in unterschiedlichen geschlechtsspezifischen Mehrheiten der Republikaner (bei Männern) und Demokraten (bei Frauen) manifestiert (Abramson, Aldrich und Rohde 1999; Clark und Rempel 1997; Miller und Merrill 1996). Empirische Nachweise für einen *gender gap* im Wahlverhalten liefern auch Untersuchungen aus Großbritannien (Norris 1999) und Frankreich (Boy und Nayer 2000), während in Deutschland bei der Bundestagswahl 1998 nur schwache Konturen einer „Geschlechter-Kluft" nachzuweisen waren (Neu und Molitor 1999) und in der Schweiz vor allem die rechtspopulistische SVP für eine geschlechtsspezifische Polarisierung im Wahlverhalten sorgt (Kriesi, Linder und Klöti 1998). Anders ist die Situation in Österreich, wo die geschlechtsspezifische Differenzierung im Wahlverhalten mittlerweile eine neue sektorale Spannungs- und Konfliktlinie darstellt.

Die in den siebziger Jahren stattgefundene Angleichung des Wahlverhaltens von Männern und Frauen (Hofinger und Ogris 1996) führte noch Anfang der achtziger Jahre zu geringen geschlechtsspezifischen Abweichungen im österreichischen Wahlverhalten. Berechnet man den *gender gap* als Summe der prozentuellen Differenz der Stimmenanteile der Parlamentsparteien bei Männern und Frauen, lag 1979 die Prozentpunktdifferenz bei nur 2 Punkten. 1983 erhöhte sich die *Gender*-Differenz auf 5 Punkte. Erst mit der Nationalratswahl 1986 und einer in der Wahlarena strategisch und stilistisch neuformierten rechtspopulistischen FPÖ begann sich die „Geschlechter-Kluft" zu vertiefen. Mit einer *Gender*-Differenz von 24 Punkten markiert die Nationalratswahl 1994 den bisherigen Höhepunkt geschlechtsspezifischer Unterschiede im Wahlverhalten, wobei die *Gender*-Differenzen auch bei den nachfolgenden Wahlen von 1995 und 1999 mit einem Wert von 21 Punkten im westeuropäischen Vergleich auf markante Unterschiede im Wahlverhalten von Frauen und Männern verweisen.

Tabelle 17:   *Gender Gap* bei Nationalratswahlen (1979-1999)

M – F in Prozent	SPÖ	ÖVP	FPÖ	Grüne	LIF	*Gender Gap* (Punkte)
1979	-1	0	+1	-	-	2
1983	-1	-1	+2	-1	-	5
1986	-1	-5	+5	-1	-	12
1990	-5	-4	+8	-1	-	18
1994	-2	-5	+11	-4	-2	24
1995	-5	-3	+11	-1	-1	21
1999	-4	-1	+11	-4	-1	21

Quelle: FESSEL-GfK, Repräsentative Nachwahlbefragungen (1979-1983) bzw. Exit Polls (1986-1999).

Im Verlauf der neunziger Jahre hat sich aber nicht nur die „Geschlechter-Kluft" vertieft, sondern haben sich auch tiefreichende Veränderungen bei den geschlechtsspezifischen Parteimehrheiten ergeben. Seit 1994 ist die FPÖ unter männlichen Wählern die zweitstärkste Partei und seit 1999 – wenn auch innerhalb der Schwankungsbreite – mit 32 Prozent die stärkste Partei unter Männern. Trotz erheblicher Stimmengewinne und eines kontinuierlichen wahlpolitischen Aufwärtstrends liegt die FPÖ aber bei Frauen mit 21 Prozent nach wie vor hinter SPÖ (35 Prozent) und ÖVP (27 Prozent) an dritter Stelle. Anders stellt sich die geschlechtsspezifische Attraktivität der Grünen bzw. des Liberalen Forums dar. Beide postmaterialistischen bzw. libertären Parteien schneiden bei Frauen deutlich besser ab als bei Männern, wobei insbesondere die Grünen 1999 ungleich mehr weibliche Wähler ansprechen konnten als männliche Wähler.

Tabelle 18: Geschlechtsspezifisches Wahlverhalten (1986-1999)

In Prozent		SPÖ	ÖVP	FPÖ	Grüne	LIF
1986	Männer	42	38	13	4	-
	Frauen	43	43	7	5	-
1990	Männer	39	29	20	4	-
	Frauen	44	33	12	5	-
1994	Männer	34	25	29	6	5
	Frauen	36	30	18	9	6
1995	Männer	35	26	27	4	5
	Frauen	40	29	16	5	6
1999	Männer	31	25	32	5	3
	Frauen	35	27	21	9	4

Quelle: FESSEL-GfK, Exit Polls (1986-1999).

Hinter den geschlechtsspezifischen Unterschieden im Wahlverhalten verbergen sich aber komplexe Muster, die mit Faktoren wie Alter und dem Bildungs- und Berufsstatus korrelieren. Einem hochkonzentrierten Duopol der beiden Koalitionsparteien SPÖ und ÖVP unter weiblichen Pensionisten steht ein aufgefächertes Mehrparteiensystem bei jüngeren Frauen mit Matura bzw. Hochschulabschluß gegenüber, in dem nicht einmal mehr Konturen einer „dominanten" Partei auszumachen sind. Bemerkenswert ist das Wahlverhalten unter 30-jähriger Frauen, bei denen die FPÖ mit einem Anteil von 30 Prozent zur stärksten Partei geworden ist. Rund ein Viertel der jüngeren Frauen hat aber auch entweder den Grünen bzw. dem Liberalen Forum ihre Stimme gegeben. Die ÖVP liegt mit einem Anteil von nur mehr 15 Prozent bei jüngeren Frauen hinter den Grünen am vierten Platz.

Tabelle 19: Wahlverhalten der Frauen bei der Nationalratswahl 1999

In Prozent	SPÖ	ÖVP	FPÖ	Grüne	LIF
Frauen	35	27	21	9	4
Pensionistinnen	45	32	19	2	1
berufstätige Frauen	32	26	22	12	5
Hausfrauen	33	24	22	10	3
jüngere Frauen mit höherer Bildung	28	26	18	16	10
jüngere Frauen	25	15	30	19	6
jüngere Arbeiterinnen	44	13	34	4	1

N= zwischen 1150 und 1250 Befragte.
Quelle: FESSEL-GfK, Exit Poll (1999).

Die „Geschlechter-Kluft" in Österreich gleicht bei differenzierter Betrachtung eher einem verzweigten Canyon. Ausgeprägten wahlpolitischen Attraktivitätsdefiziten der ÖVP – vor allem bei jüngeren, qualifizierteren Frauen – stehen spiegelverkehrt überdurchschnittliche Anteile postmaterialistischer bzw. libertärer Parteien gegenüber. Überdurchschnittlichen SPÖ-Anteilen bei weiblichen Pensionisten, die mittlerweile 13 Prozent der SPÖ-Wählerschaft repräsentieren, stehen überdurchschnittliche Anteile der FPÖ bei unter 30-jährigen Frauen und jüngeren Arbeiterinnen gegenüber, die mittlerweile 11 Prozent der gesamten FPÖ-Wählerschaft ausmachen. Jüngere Frauen stellen aber mittlerweile auch 25 Prozent der Wählerschaft der Grünen bzw. des Liberalen Forums. Die Ausdifferenzierung im Wahlverhalten der jüngeren, weiblichen Wählergenerationen wird in der internationalen Wahlforschung mit dem Terminus „*gender realignment*" bezeichnet und lenkt des Blick auf Indikatoren für eine Neuorientierung des Wahlverhaltens jüngerer Frauen.

Erste Evidenzen für eine geschlechtsspezifische Neuorientierung bieten langfristige Veränderungen der Trends im Wahlverhalten berufstätiger Frauen. Zwischen 1986 und 1999 sind die Anteile von SPÖ und ÖVP um –14 bzw. –11 Prozentpunkte zurückgegangen. Konnten SPÖ und ÖVP 1986 gemeinsam noch 83 Prozent der Stimmen auf sich vereinigen, beträgt der gemeinsame Stimmenanteil von SPÖ und ÖVP 1999 nur mehr 58 Prozent. Wählten 1986 nur 7 Prozent der berufstätigen Frauen die FPÖ, waren es 1999 bereits 22 Prozent. Postmaterialistische bzw. libertäre Parteien waren 1994 unter berufstätigen Frauen mit einem gemeinsamen Stimmenanteil von 21 Prozent am erfolgreichsten. 1999 entschieden sich 12 bzw. 5 Prozent für die Grünen bzw. das Liberale Forum.

Tabelle 20: Veränderungen im Wahlverhalten berufstätiger Frauen

In Prozent	SPÖ	ÖVP	FPÖ	Grüne	LIF
1986	46	37	7	7	-
1990	40	34	13	6	-
1994	32	27	17	12	9
1995	35	26	20	7	8
1999	32	26	22	12	4
Veränderungen (1986–1999)	–14	–11	+15	+5	–4

N= zwischen 500 und 600 Befragte.
Quelle: FESSEL-GfK, Exit Polls (1986–1999).

Aufschlußreiche Hinweise auf eine geschlechts- und generationsspezifische Neuorientierung *(gender-generation realignment)* bietet das Wahlverhalten jüngerer Frauen und Männer. Die *Gender*-Differenz beträgt hier 29 Punkte und verweist auf die Tiefe der „Geschlechter-Kluft" in dieser Gruppe von Wählerinnen und Wählern. Bemerkenswert sind aber weiters auffallende geschlechtsspezifische Akzente im Wahlverhalten, die sich in dieser Schärfe bei keiner anderen Wählergruppe nachweisen lassen.

Nur mehr 42 Prozent der jüngeren Frauen haben 1999 SPÖ oder ÖVP gewählt. 1986 waren es noch 76 Prozent. Mit einem Anteil von 31 Prozent ist die FPÖ nicht nur zur stärksten Partei unter jüngeren weiblichen Wählern geworden, sondern hat auch gegenüber 1995 11 Prozentpunkte dazugewonnen. 20 Prozent der jüngeren Frauen wählten die Grünen, die damit bei dieser Wählerinnengruppe ihren höchsten Stimmenanteil erzielen konnten. Rechnet man die Prozentanteile für das Liberale Forum hinzu, haben 26

Prozent der jüngeren Frauen eine postmaterialistische bzw. libertäre Partei gewählt. Beim *"gender-generation realignment"* (Norris 1999) im Wahlverhalten der jüngeren Frauen handelt es sich offensichtlich um eine *zweidirektionale* Neuorientierung: zum einen in Richtung FPÖ, zum anderen in Richtung postmaterialistischer bzw. libertärer Parteiformationen, die beide mittlerweile zu kompetitiven Wettbewerbspolen geworden sind, während die beiden Traditionsparteien SPÖ, aber noch deutlicher die ÖVP für jüngere Frauen weitgehend an wahlpolitischer Attraktivität verloren haben.

Tabelle 21: *Gender-Generation-Gap*: Differenz im Wahlverhalten jüngerer Frauen und Männer

In Prozent	SPÖ	ÖVP	FPÖ	Grüne	LIF
Frauen	26	16	31	20	6
Männer	25	19	41	8	3
PPD	+1	-3	-10	+12	+3

N= zwischen 500 und 600 Befragte.
Quelle: FESSEL-GfK, Exit Poll (1999).

Als Indikator für die Größe des *Gender Gap* wurde bisher im wesentlichen die Differenz der Anteile von Wählern und Wählerinnen der einzelnen Parteien herangezogen. Im folgenden wird versucht, einen Indikator anzugeben, der einerseits unabhängig vom Stimmenanteil einer Partei ist und andererseits vom Einfluß anderer Determinanten bereinigt werden kann. Wir haben uns dabei für einen logistischen Regressionsansatz entschieden, bei dem die *Chance (odds)*, eine Partei zu wählen, als das Verhältnis aus der Wahrscheinlichkeit, diese Partei zu wählen, und der Wahrscheinlichkeit, eine andere Partei zu wählen, definiert wird. Bildet man nun das Verhältnis der Chance für eine Wählerin zur Chance für einen Wähler, erhält man einen positiven Indikator, der Werte größer als 1 annimmt, wenn Frauen eine stärkere Neigung haben als Männer, die Partei zu wählen. Ist das *Chancenverhältnis (odds ratio)* kleiner als 1, besitzen die Männer eine größere Wahrscheinlichkeit.

Chancenverhältnisse können mit linear-logistischen Modellen statistisch analysiert werden; siehe dazu z.B. Andreß et al. (1997). Diese Regressionsmodelle erlauben zudem, Chancenverhältnisse vom Effekt anderer Einflußgrößen zu bereinigen. Ändert sich z.B. die Chance zur Wahl einer Partei mit dem Alter des Wählers, mag es sinnvoll erscheinen, den *Gender Gap* unabhängig vom Alterseffekt anzugeben. Der altersbereinigte Gendereffekt gibt an, um wieviel höher (bzw. niedriger) die altersspezifische Chance der Frauen im Vergleich zu jener der Männer liegt.

Tabelle 22 gibt die altersbereinigten Chancenverhältnisse Frauen/Männer für die Nationalratswahlen seit 1986 wieder. Der *Gender Gap* bei den Wählern der Grünen und des LIF mit steigender Tendenz sowie mit anderen Vorzeichen und abnehmender Tendenz bei den Wählern der FPÖ ist eine durchgängige Charakteristik. Bei der SPÖ fällt ein einmaliger „Einbruch" bei den Nationalratswahlen 1994 auf, dem höhere Werte bei der ÖVP und den Grünen gegenüber stehen.

Tabelle 22: Parteispezifischer, altersbereinigter *Gender Gap* im Trend (1986–1999)

	SPÖ	ÖVP	FPÖ	LIF	Grüne
1986	1,008	1,166	0,523		1,487
1990	1,193	1,146	0,528		1,468
1994	1,077	1,212	0,505	1,405	1,981
1995	1,219	1,105	0,517	1,503	1,746
1999	1,183	1,020	0,578	1,640	2,109

Quelle: FESSEL-GfK, Exit Polls (1986–1999), eigene Berechnungen.

Beurteilt man den Gender Effekt nach statistischen Kriterien, zeigt sich ein differenziertes Bild: Bei Berücksichtigung von Bildung, Beruf und Alter als weitere beeinflussende Größen ist der Einfluß von „Geschlecht" in den SPÖ-Modellen für die Wahlen 1990 und 1994, für die FPÖ bei allen Wahlen, für das LIF 1999 und für die Grünen bei allen Wahlen mit Ausnahme von 1990 signifikant.

Ein *„gender-generation realignment"* zeichnet sich aber auch im Wahlverhalten der jüngeren Männer ab, nur handelt es sich dabei um eine *eindirektionale* Neuorientierung in Richtung FPÖ. Mit einem Anteil von 41 Prozent ist die FPÖ die mit Abstand stärkste Partei im Segment jüngerer, männlicher Wähler. Nur 8 Prozent der jüngeren Wähler entscheiden sich für die Grünen, nur 3 Prozent für das Liberale Forum. Die *Gender*-Differenz der Grünen ist mit 12 Punkten ausgeprägter als die geschlechtsspezifische Anteilsdifferenz der FPÖ (10 Punkte). Wie bei jüngeren Frauen entfallen nur mehr 44 Prozent der Stimmen jüngerer Männer auf die beiden Regierungs- bzw. Koalitionsparteien. 1986 konnten SPÖ und ÖVP noch gemeinsam 75 Prozent der jüngeren Wählerstimmen an sich ziehen. Die Trends im Wahlverhalten der jüngeren Wählergeneration verdeutlichen die anhaltende Schärfe einer generativen Neuformierung des österreichischen Wahlverhaltens zu Lasten der beiden Traditionsparteien SPÖ und ÖVP (Plasser und Ulram 1999). Ist die FPÖ unter jüngeren Männern zum kompetitiven Herausforderer für SPÖ und ÖVP geworden, die gemeinsam nur mehr über einen Vorsprung von 3 Prozentpunkten verfügen, haben bei jüngeren Frauen FPÖ, aber gleichermaßen auch die Grünen bzw. das Liberale Forum die beiden Regierungsparteien in die wahlpolitische Defensive gedrängt. Nur mehr 41 Prozent der jüngeren Frauen wählten 1999 SPÖ oder ÖVP.

Schaubild 10: Wahlverhalten der jüngeren, männlichen Wählergeneration (1986-1999)

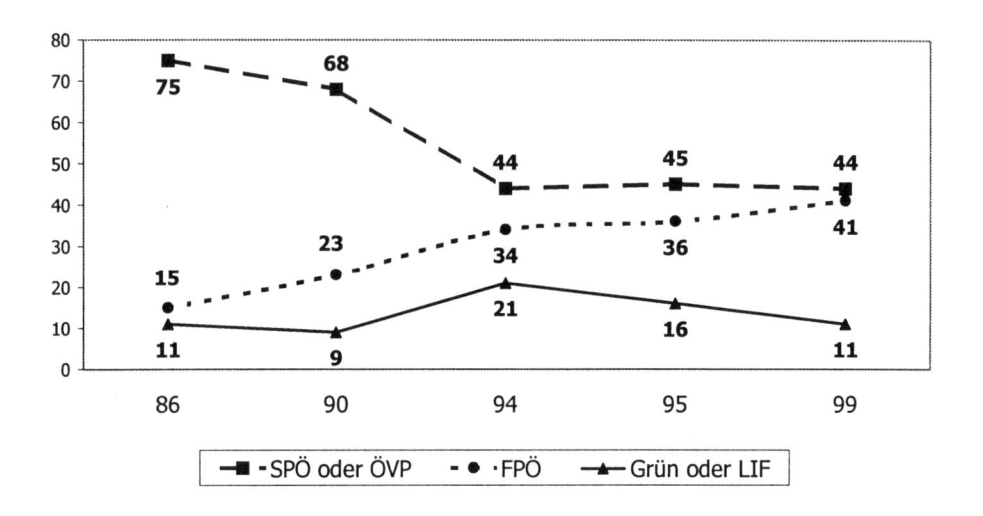

Schaubild 11: Wahlverhalten der jüngeren, weiblichen Wählergeneration (1986-1999)

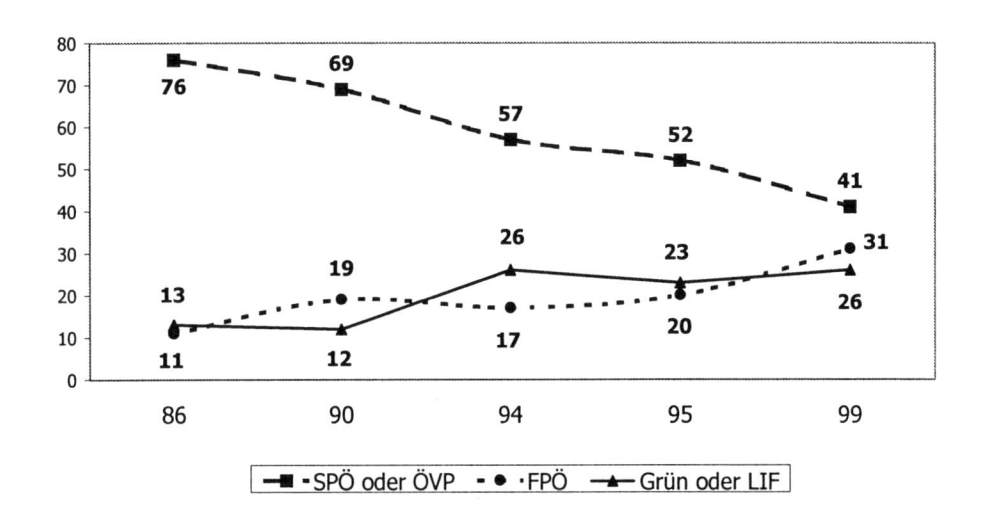

Die kontinuierlich abnehmende Attraktivität der beiden Traditionsparteien SPÖ und ÖVP für Angehörige der jüngeren, nachrückenden Wählergenerationen wird auch durch den

Trend im Wahlverhalten der Erstwählerinnen und Erstwähler eindrucksvoll bestätigt. Konnten SPÖ und ÖVP bei der Nationalratswahl 1979 noch 97 Prozent der Erstwählerstimmen auf sich vereinen, waren es zwanzig Jahre später nur mehr 42 Prozent. Umgekehrt konnte die FPÖ ihren Stimmenanteil bei Erstwählern von 3 Prozent im Jahr 1979 auf 38 Prozent bei der Nationalratswahl 1999 erhöhen.

Tabelle 23: Wahlverhalten der Erstwähler

In Prozent	SPÖ	ÖVP	FPÖ	Grüne	LIF
1979	55	42	3	-	-
1983	41	40	5	13	-
1986	37	35	14	14	-
1990	31	27	20	21	-
1994	24	23	29	11	13
1995	26	17	31	12	10
1999	25	17	38	12	4

N= zwischen 130 und 150 Befragte (Tendenzwerte).
Quelle: FESSEL-GfK, Repräsentative Nachwahlbefragungen (1979-1983) und Exit Polls (1986-1999).

Etwas differenzierter betrachten wir nun zusätzlich den Einfluß von Bildung und Beruf auf die Wahlentscheidung. Zur Beurteilung der Effekte verwenden wir wieder linear-logistische Modelle, *glätten* jedoch den Alterseffekt. Derartige Modelle heißen *generalisierte additive Modelle* und werden z.B. in Hastie und Tibshirani (1990) beschrieben. Die Parameter dieser Modelle lassen sich, wie bereits ausgeführt, als Chancenverhältnisse interpretieren. Um bei der großen Zahl geschätzter Parameter den Überblick nicht zu verlieren, stellen wir die wesentlichen Ergebnisse grafisch dar. Die *Exit Polls* erfaßten das Alter der befragten Personen in Fünfjahresgruppen, beginnend mit den bis 24-jährigen, den 25- bis 29-jährigen usw. Die ersten Schaubilder stellen, getrennt nach gewählter Partei, die Struktur des Alterseffektes für die Nationalratswahlen seit 1986 dar.

Es mag überraschen, daß der Alterseffekt bei der SPÖ im Vergleich zu den anderen Parteien relativ schwach ausgeprägt ist. Am auffälligsten mag noch erscheinen, daß die SPÖ im Laufe der Zeit für die jüngeren Wähler unattraktiver geworden ist. Als deutlicher Trend zeigt sich, daß ältere Menschen zunehmend stärker zur ÖVP tendieren, während die FPÖ junge Wähler für sich gewinnen konnte. Die Grünen sprechen vorrangig ein junges Wählerpublikum an. Als Indikator für die Bildung wird zwischen Personen mit und ohne Abschluß einer höheren Schule unterschieden. Bildung stellt für alle Parteien einen nach statistischen Kriterien signifikanten Effekt dar. Grüne, LIF und wesentlich schwächer ausgeprägt ÖVP weisen höhere Chancen bei den oberen Bildungsschichten aus. Geschlecht, Alter und Bildung stellen im österreichischen Wahlverhalten somit Ende der neunziger Jahre markante parteispezifische Prädiktoren dar, während traditionelle Determinanten wie das *class voting* weitgehend ihre prognostische Relevanz verloren haben.

Schaubild 12: Struktur des Effektes Alter: ÖVP

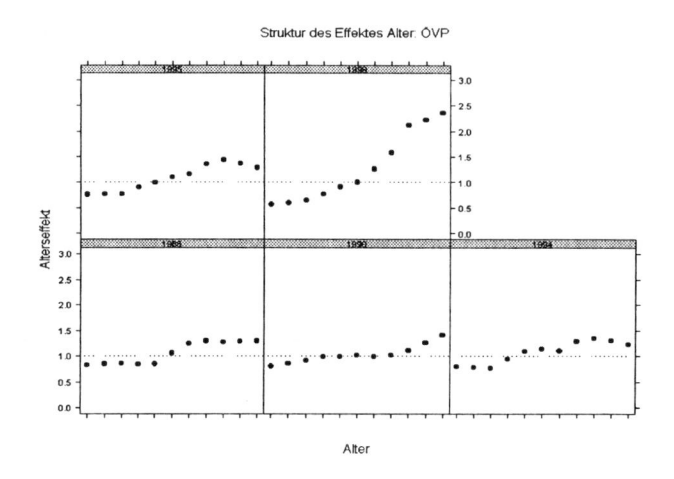

Quelle: FESSEL-GfK, Exit Polls (1986-1999), eigene Berechnungen.

Schaubild 13: Struktur des Effektes Alter: FPÖ

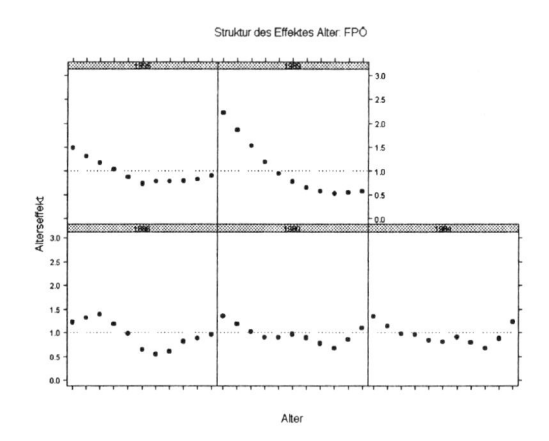

Quelle: FESSEL+GfK, Exit Polls (1986-1999), eigene Berechnungen.

Tabelle 24: Sektorale Spannungslinien *(Cleavages)* im österreichischen Wahlverhalten Ende der neunziger Jahre

In Prozent	SPÖ	ÖVP	FPÖ	Grüne	LIF
Religious Voting					
- regelmäßige Kirchgänger	20	59	13	4	1
- Kirchenferne	34	22	30	7	3
- ohne Religionsbekenntnis	42	6	32	9	7
Class Voting					
- Arbeiter (blue collar)	35	12	47	2	1
- Angestellte (white collar)	36	23	22	10	5
Gender Voting					
- Männer	31	26	32	5	3
- Frauen	35	27	21	9	4
Generation-Voting					
- unter 30-Jährige	25	17	35	13	4
- über 60-Jährige	39	33	23	1	1
Public vs. Private					
- im öffentlichen Dienst/in öffentl. Unternehmen Beschäftigte	36	29	21	9	3
- in der Privatwirtschaft Beschäftigte	36	19	31	7	4
Union-Voting					
- Gewerkschaftmitglieder	49	19	21	6	2
- keine Gewerkschaftmitglieder	24	30	30	8	4
Lager-Kultur					
- Wähler, die in Selbständigen- bzw. Landwirte-Haushalten leben	9	53	27	5	4
- Wähler, die in Arbeiter-Haushalten leben	41	12	38	2	1

Quelle: FESSEL-GfK, Exit Poll (1999).

Eine empirische Zwischenbilanz der Trends und Muster im österreichischen Wahlverhalten Ende der neunziger Jahre definiert die zentralen Determinanten der wahlpolitischen Wettbewerbs:

1. ein *gender-generation realignment*, dh. eine tiefreichende Neuorientierung im Wahlverhalten der jüngeren Wählergeneration bei dem Geschlecht in Verbindung mit Alter und Bildung zu neuen Wählerkoalitionen geführt haben;
2. ein *realignment* des Wahlverhaltens der österreichischen Arbeiterschaft, das in dieser Tiefe im westeuropäischen Vergleich beispiellos ist;
3. das Entstehen neuer sektoraler Konflikt- und Spannungslinien, wobei für das österreichische Wahlverhalten vor allem die Spannungslinie *public* versus *private* von besonderer Relevanz ist;
4. eine Werte-Polarisierung bzw. ein neuer *value cleavage* zwischen einer Neuen Rechten mit autoritären Akzenten und einer Neuen Linken mit vorrangig postmaterialistisch-libertären Orientierungen;

5. das anhaltende Muster des *negative voting*, dh. eines primär von diffusen Protesthaltungen und generalisierter Unzufriedenheit motivierten Wahlverhaltens, das sich für das rechtspopulistische Affekt-Management der FPÖ besonders empfänglich zeigt;
6. Anzeichen für eine konfrontative *Issue*-Polarisierung, wie sie im Themenfeld Immigration und Integration versus Exklusion und ausländerfeindlichen Ressentiments sichtbar wurde;
7. eine – wenn auch im internationalen Vergleich moderate – De-Mobilisierung, wie sie an den sinkenden Wahlbeteiligungsraten abzulesen ist; und schließlich
8. der vermutliche Einfluß massenmedial induzierter Stimmungslagen auf eine im Umbruch befindliche Wähler- und Parteienlandschaft.

7. Wahlverhalten bei den Wahlen zum Europäischen Parlament

1999 fanden in Österreich zwei bundesweite (Parlaments-) Wahlen statt: die Wahlen zum Europäischen Parlament am 13. Juni und die Wahlen zum österreichischen Nationalrat am 3. Oktober. Angesichts der zeitlichen Nähe der beiden Wahlgänge wurden die Europawahlen von vielen Medien zu „Testwahlen" für die Nationalratswahl hochstilisiert; die massenmediale Coverage des Europa-Wahlkampfes war überaus hoch wie auch Aufwand und Intensität der Wahlkampfführung durch die politischen Parteien sich sichtbar von denen der meisten anderen EU-Länder abhoben. Die Interpretation der Europawahl als „Testwahl" übersieht freilich, daß diese im Bewußtsein der Wählerschaft *„second order elections"* darstellen, d.h. vom Gros der Wähler und zumindest von Teilen der Parteiorganisationen für weniger bedeutsam erachtet werden als nationale Parlamentswahlen. Andererseits bieten Nebenwahlen unzufriedenen Wählern die Möglichkeit, ihrer Mißstimmung wahlpolitischen Ausdruck zu verleihen, ohne dadurch größere innenpolitische Verwerfungen auszulösen (Stimmabgabe als „Warnschuß" oder „Denkzettel"), was gerade Oppositionsparteien eine gute Chance eröffnet, Proteststimmen zu mobilisieren. Dementsprechend liegt die Wahlbeteiligung bei Europa-Wahlen im Regelfall unter jener nationaler Parlamentswahlen – wie diese Wahlgänge zumeist auch durch vergleichsweise hohe Stimmenanteile oppositioneller Parteien gekennzeichnet sind (Van der Eijk und Franklin 1996; Blondel, Sinnott und Svensson 1998; Schmitt und Thomassen 1999).

Die ersten österreichischen Wahlen zum Europäischen Parlament im Oktober 1996 entsprachen im wesentlichen diesem Muster. In Teilen (gerade der sozialdemokratischen) Wählerschaft herrschte beträchtliche Verstimmung über die Budgetkonsolidierungspolitik der Bundesregierung, die mit den Wahlkampfaussagen der SPÖ im (Nationalratswahlkampf vom) Winter 1995 nur schwer in Einklang zu bringen war (Plasser und Ulram 1996; Koßdorff und Sickinger 1996; Plasser, Ulram und Sommer 1997), die versprochenen *benefits* des österreichischen EU-Beitritts waren für die Mehrzahl der Wähler noch nicht spürbar geworden, die SPÖ präsentierte weder besonders profilierte Kandidaten noch wurden spezifische *issues* massiv kampagnisiert. Die kleinere Regierungspartei ÖVP wurde von der Mißstimmung weniger betroffen, weil sie im Nationalratswahlkampf eine „harte" budgetpolitische Konsolidierungslinie vertreten hatte; sie führte einen kandidatenzentrierten Europa-Wahlkampf, wobei als Spitzenkandidatin eine bekannte frühere TV-Moderatorin fungierte. Seitens der Oppositionsparteien war es vor allem die FPÖ, die die Europa-Wahlen als Möglichkeit zur Abgabe einer Proteststimme gegen die Regierungspolitik im allgemeinen wie gegen den EU-Beitritt im besonderen propagierte und ihre generelle politische Linie auch auf die Person von Parteiobmann Haider fokussierte. Unzufriedenheit mit der Regierungskoalition, Protest- und Denkzettelmotive waren dann auch die mit Abstand stärksten Entscheidungsmotive für die FPÖ-Wähler; von denjenigen Wählern, die die österreichische EU-Mitgliedschaft als falsche Entscheidung ansahen, entschied sich jeder Zweite für die FPÖ. Die prozentuellen Zuwächse der FPÖ im Vergleich zur Nationalratswahl 1995 gingen vor allem zu Lasten der SPÖ, was sich auch im hohen Arbeiteranteil der freiheitlichen Wählerschaft niederschlug. Die SPÖ erlitt sowohl durch Stimmenthaltung als auch durch direkte Abwanderung massive Verluste und fiel im Ergebnis auf den zweiten Platz hinter die ÖVP zurück. Umgekehrt profitierte die ÖVP von einer höheren Wahldisziplin ihrer Stammwähler und verzeichnete spürbare Stimmenzuwächse im Bereich der (vor allem weiblichen) städtischen Mittelschichten, die ihre Verluste im ländlichen Raum ausgleichen konnten.

Im Europawahlkampf 1999 stellte sich die Ausgangslage deutlich anders dar. Die generelle Zustimmung zur EU-Mitgliedschaft lag mit 64 Prozent im Frühjahr 1999 um zehn Prozentpunkte über jener vom Herbst 1996; die Unzufriedenheit mit der Arbeit der Koalitionsregierung war hingegen geringer (45 Prozent im Vergleich zu 59 Prozent). Zeitlich waren die Europa-Wahlen im Vorfeld der Nationalratswahlen terminisiert. Mit einer Wahlbeteiligung von 49,0 Prozent – was einem Rückgang um 18,7 Prozentpunkte gegenüber 1996 entspricht – war die Europa-Wahl vom 13. Juni 1999 der erste bundesweite Wahlgang der Zweiten Republik[7], bei dem die 50-Prozent-Beteiligungsmarke verfehlt wurde. Besonders schwach war die Wahlbeteiligung im großstädtischen Bereich, wodurch die Stadt-Land-Differenzen im Beteiligungsniveau deutlicher ausfielen als drei Jahre zuvor. Ein Vergleich der soziodemographischen Zusammensetzung von Wählern und Nichtwählern bei den beiden Wahlgängen läßt den Schluß zu, daß die Wahlenthaltung vor allem bei Jungwählern und Frauen überdurchschnittlich angestiegen ist. Die Entscheidung, an der Wahl nicht teilzunehmen, wurde von den Nichtwählern vielfach durchaus politisch begründet: jede(r) zweite Nichtwähler(in) begründete die Wahlabstinenz mit Motiven der Unzufriedenheit und des Protests (21 Prozent Ablehnung oder Skepsis gegenüber der EU, 13 Prozent Unzufriedenheit mit der Politik der Europäischen Union, je acht Prozent innenpolitische Protestmotive oder Ablehnung der Spitzenkandidaten für das Europaparlament). Ein Fünftel der Nichtwähler gab spontan Desinteresse an der EU oder dem Europäischen Parlament zu Protokoll; ein Siebentel bezeichnete die Europa-Wahl als sinnlos. Desinteresse und Skepsis gegenüber der Europäischen Union werden 1999 häufiger als Begründung für die Wahlabstinenz angeführt als 1996. Umgekehrt wurden technische, genuin unpolitische Motive wie Zeitmangel, Krankheit oder Verhinderung seltener als Begründungen für die Nichtwahl angeführt.

Tabelle 25: Motive der Nichtwähler: Europawahlen 1996 und 1999

In Prozent der Nichtwähler begründeten ihr Fernbleiben von der Wahl	1996	1999
Kein Interesse für EU bzw. das Europäische Parlament	16	21
Ablehnung bzw. Skepsis gegenüber EU	17	21
Zeitmangel, Krankheit, Verhinderung	28	19
Sinnlosigkeit dieser Wahl (bringt nichts, ändert nichts)	17	14
Allgemeine Unzufriedenheit über EU-Politik (nur Nachteile, kostet mehr als es bringt)	14	13
Ablehnung der EP-Spitzenkandidaten	6	8
Wahlenthaltung aus Protest (Politikerprivilegien, allgemeine politische Unzufriedenheit)	10	8
Zu wenig Information über Europäisches Parlament	8	6
Andere Begründungen	22	27

Quelle: FESSEL-GfK, Telefonische Wahltagsbefragungen zu den Europawahlen (1996 und 1999).
Anmerkung: Offene Fragestellung. Nachträgliche Zuordnung der Spontanbegründungen. Mehrfachnennungen.

Für das Abschneiden der Parteien bei den Europawahlen 1999 war ihre Fähigkeit, die ihnen jeweils nahestehenden Wählerpotentiale mobilisieren zu können, von entscheidender Bedeutung. SPÖ und ÖVP verfolgten dabei durchaus unterschiedliche Strategien: die Sozialdemokratie versuchte den Wahlkampf auf sicherheitspolitische Themen zu fokussieren und die Europawahl zu einer Art Abstimmung über den österreichischen Neutralitätsstatus zu machen. Diese Strategie war offensichtlich nur in begrenztem Umfang erfolgreich, weil sich nur drei Viertel der Wähler für die Aufrechterhaltung der Neutralität aussprachen, die SPÖ aber nur 38 Prozent dieser Gruppe für sich gewinnen konnte[8]. Die ÖVP stellte ihre Kampagne primär auf die Person der Spitzenkandidatin zum Europäischen Parlament ab – diese erwies sich dann auch bei jüngeren Frauen und im white-collar-Bereich als das stärkste Pro-ÖVP-Wahlmotiv; ergänzt um einen Organisationswahlkampf im ländlichen und kleinstädtischen Bereich. Beide Parteien erlitten durch die verringerte Wahlbeteiligung massive Stimmenverluste, konnten aber ihren Prozentanteil an den abgegebenen Stimmen leicht steigern. Vergleichsweise am erfolgreichsten waren die Grünen, die indirekt von der Kampagnisierung des Neutralitätsthemas durch die SPÖ profitierten und zudem eine stark personalisierte Wahlkampflinie eingeschlagen hatten. Umgekehrt gelang es der FPÖ nicht, die – soweit vorhandene – Unzufriedenheit der Bevölkerung auch entsprechend wahlpolitisch zu mobilisieren. Unter den EU-Kritikern, die sich an der Wahl beteiligten, erzielte die FPÖ lediglich 41 Prozent der Stimmen (1996 noch 50 Prozent), während die Regierungsparteien ihre Anteile an dieser Gruppe erhöhen konnten. Auch innenpolitische Unzufriedenheits-, Protest- und Denkzettelmotive spielten für die Wahlentscheidung zugunsten der Freiheitlichen 1999 eine weit geringere Rolle als noch 1996. Praktisch bedeutungslos war auch die dezidierte Ablehnung einer (baldigen) EU-Osterweiterung durch die FPÖ – die Erweiterungsgegner gingen mehrheitlich nicht zur Wahl; soferne sie sich aber beteiligten, verteilten sich ihre Stimmen ziemlich gleichmäßig über die größeren Parteien. In Summe erlitt die FPÖ die größten Einbußen an Stimmen und Wähleranteilen, wobei die stärksten Verluste auf Arbeiter und berufstätige Frauen entfielen. Während aber die – für die symbolische Mobilisierungsagentur FPÖ (Plasser und Ulram 1995b: 496) doch eher überraschende – mangelnde Mobilisierungskapazität der FPÖ einen vorläufigen politischen Rückschlag brachte, so erwies sie sich im Falle des Liberalen Forums als politisch letal: das LIF verlor in absoluten Zahlen über 87.000 Stimmen oder mehr als die Hälfte der Wähler von 1996 und verfehlte damit den neuerlichen Einzug ins Europäische Parlament.

Tabelle 26: Wahlpolitische Mobilisierung der EU-Gegner: Europawahlen 1996 und 1999

In Prozent der Wähler bei der EPW 1996 und 1999 *)	SPÖ	ÖVP	FPÖ	Grüne	LIF
EU-Mitgliedschaft **richtige** Entscheidung					
1996	36	35	17	5	6
1999	37	32	18	9	4
EU-Mitgliedschaft **falsche** Entscheidung					
1996	15	19	50	9	2
1999	21	25	41	10	2

*) Rest auf 100%: andere Parteien, keine Angabe.
Quelle: FESSEL-GfK, Telefonische Wahltagsbefragungen zu den Europawahlen 1996 und 1999.

Tabelle 27: Spontane Wahlmotive: Wahlen zum Europäischen Parlament 1996 und 1999

In Prozent der jeweiligen Parteiwähler, jeweils die zwei häufigst genannten Motive	Europawahl 1996	Europawahl 1999
SPÖ:		
Tradition, Stammwähler, Interessenvertretung	72	48
SPÖ-Position zur NATO, Neutralität, Sicherheitspolitik	1	17
ÖVP:		
Tradition, Stammwähler, Interessenvertretung	43	46
Person der Spitzenkandidation für das Europäische Parlament	35	36
FPÖ:		
Unzufriedenheit mit Regierung, Protest, Denkzettel	60	26
Tradition, Stammwähler, Interessenvertretung	30	16
Grüne:		
Person des Spitzenkandidaten für das Europäische Parlament	8	28
Umwelt, Transitprobleme	41	21
Grünen-Position zur NATO, Neutralität, Sicherheitspolitik	4	21

Quelle: FESSEL-GfK, Telefonische Wahltagsbefragungen zu den Europawahlen 1996 und 1999.

Vergleicht man die Wahlen zum Europäischen Parlament vom Juni 1999 mit den nicht einmal vier Monate später stattgefundenen Nationalratswahlen, so wird neuerlich die hohe Mobilität des österreichischen Elektorats und die Differenzierung zwischen den einzelnen Wahl- und damit Entscheidungsebenen augenscheinlich:

- die Wahlbeteiligung differierte um mehr als 30 Prozentpunkte (49,0 Prozent bei der Europawahl 1999 im Vergleich zu 80,4 Prozent bei der Nationalratswahl 1999);
- die FPÖ konnte ihre Schwächephase überwinden, neue Elemente in die politische Auseinandersetzung einbringen („Wechselmotiv"), ihre Schwerpunktthematik speziell in der Ausländerfrage akzentuieren und ihren Stimmenanteil vor allem in jenen Gruppen erhöhen, wo sie auf Europaebene zwischen 1996 und 1999 spürbare Einbußen hinnehmen mußte (Arbeiter, berufstätige Männer und Frauen); relativ schlechter schnitt sie nur bei Pensionisten ab;
- demgegenüber ging der Stimmenanteil der ÖVP um fast 3,8 Prozentpunkte zurück, schwerpunktmäßig bei Berufstätigen in weniger qualifizierten Positionen und in der jungen Wählergeneration. Die Anteilsveränderungen der anderen Parteien fielen moderater aus (SPÖ: plus 1,4 Prozentpunkte, Grüne: minus 1,9 Prozentpunkte, LIF: plus 1 Prozentpunkt). Andere Parteien blieben mit jeweils etwa zwei Stimmenprozenten bedeutungslos.

Auf der anderen Seite zeigen sich auch *strukturelle* Gemeinsamkeiten im Wählerverhalten bei beiden Wahlgängen. Dazu zählen insbesondere die veränderte Konkurrenzsituation in der jüngeren Wählergeneration, die wahlpolitische Neuorientierung der Arbeiterschaft und der *gender gap* in den Wählerschaften von FPÖ und Grünen. Sowohl bei den Europawahlen wie bei den Nationalratswahlen erzielten die beiden Traditionsparteien SPÖ und ÖVP gemeinsam weniger als die Hälfte der Stimmen der Jungwähler. Die FPÖ konnte ihren Stimmenanteil bei den unter 30-Jährigen in beiden Wahlen erhöhen und jeweils die stärkste Position erringen. Die Freiheitlichen blieben auch – trotz der Einbrüche von der Europawahl 1996 zur Europawahl 1999 in dieser Gruppe – die führende Partei in der österreichischen Arbeiterschaft bei den Europawahlen und konnten bei den Nationalratswahlen beinahe jede zweite Arbeiterstimme an sich ziehen. Auffallend ist auch die Kontinuität der geschlechtsspezifischen Differenzen in der Wählerschaft von FPÖ und Grünen: von den FPÖ-Wählern waren bei der Europawahl 57 Prozent und bei den Nationalratswahlen 62 Prozent Männer; von den Grün-Stimmen entfielen bei der Europawahl 61 Prozent und bei der Nationalratswahl 63 Prozent auf Frauen. Gemeinsam ist beiden Wahlgängen auch das schlechte Abschneiden des Liberalen Forums, das seine parlamentarische Vertretung sowohl auf Europa- wie auf Nationalratsebene verlor. Für das LIF waren die Europawahlen tatsächlich Testwahlen und die personellen wie inhaltlich-politischen Defizite der Partei, die sich zuvor auch schon auf Landtagsebene abgezeichnet hatten, kamen bei den Nationalratswahlen neuerlich zum Tragen.

Tabelle 28: Wahlverhalten ausgewählter Wählergruppen: Europawahlen 1996 und 1999

In Prozent der Wähler*)	SPÖ			ÖVP			FPÖ			GRÜNE		
E= EPW, N= NRW	96E	99E	99N	96E	99E	99N	96E	99E	99N	96E	99E	99N
Männer	26	30	31	28	31	26	32	29	32	7	7	5
berufstätige Männer	22	26	30	29	33	26	35	28	33	8	9	5
Pensionisten	38	39	41	26	28	27	31	31	28	1	-	1
Frauen	32	36	35	31	29	27	25	20	21	6	11	9
berufstätige Frauen	25	30	32	29	32	26	33	18	22	7	14	12
Hausfrauen	38	37	33	38	29	26	13	23	25	2	10	6
Pensionistinnen	44	43	45	31	30	32	17	23	19	4	3	2
Unter 30 Jahre	21	24	25	25	23	17	21	28	35	12	15	13
30 – 44 Jahre	25	29	32	25	32	23	35	24	29	8	11	8
45 – 59 Jahre	25	33	35	36	30	32	30	23	21	5	11	5
60 Jahre und älter	43	42	39	29	31	33	22	23	23	-	2	1
Arbeiter	24	30	40	21	27	10	50	36	45	2	4	1
Angestellte/Beamte	26	30	35	28	29	25	30	23	22	9	14	10

*) Rest auf 100%, LIF, andere Parteien, ungültige Wählerstimmen
Quelle: FESSEL-GfK, Telefonische Nachwahlbefragungen zu den Europawahlen 1996 und 1999; FESSEL-GfK, Exit Poll zur Nationalratswahl 1999.
Anmerkung: Aufgrund der statistischen Unschärfe (Fallzahlenproblematik) dürfen die Daten nur als Tendenz- bzw. Näherungswerte interpretiert werden.

8. Beweggründe (reasons) der Wahlentscheidung

Anders als der Mobilisierungswahlkampf zum Europäischen Parlament im Juni, aber auch anders als der stark thematisch ausgerichtete Nationalratswahlkampf von 1995 (Plasser und Ulram 1996) war vor allem die Endphase des Nationalratswahlkampfes 1999 durch die massive Dominanz „symbolischer Politik" geprägt. Dies gilt sowohl für die Strategie der Mehrzahl politischer Akteure wie für die massenmediale Politikvermittlung[9], in der die Veröffentlichung von Meinungsforschungsergebnissen, Berichte über Strategie und Taktik der Parteien und Spekulationen über den Wahlausgang und die sich dadurch ergebenden Konsequenzen für die regierungspolitische Konstellation einen für österreichische Verhältnisse neuartigen Höhepunkt erreichten. Die zentrale Thematik des Wahlkampfes war das Abschneiden der politischen Parteien und die daraus resultierenden Auswirkungen auf ihren strategischen Aktionsraum als Regierungs- und Oppositionspartei. Die Dominanz symbolischer Politik wird auch in den deklarierten Wahlmotiven sichtbar, mit denen die Wähler und Wählerinnen ihre Stimmentscheidungen zugunsten der jeweiligen Partei begründen. Zum einen erscheint die Persönlichkeit des Spitzenkandidaten bei den drei größeren Parteien eindeutig nachrangig – ein Novum vor allem für die FPÖ, bei der der Spitzenkandidat Haider in allen Wahlkämpfen seit 1986 eine herausragende Rolle spielte; ein Novum aber auch für die SPÖ, die einen stark auf die Person des Bundeskanzlers zugeschnittenen Wahlkampf geführt hatte und bei der die Person des Kanzlers (mit Ausnahme der Nationalratswahlen 1995) immer ein zentrales Motiv der Wahlentscheidung für die SPÖ gewesen war[10]. Ausnahmen von diesem Trend stellen lediglich die Grünen, deren Spitzenkandidat Van der Bellen sich als äußerst wählerwirksam erwies, und in – vor allem im Vergleich zu früheren Wahlgängen stark – abgeschwächter Form das Liberale Forum dar. Auch substanzielle Wahlmotive, also die Position der Parteien zu inhaltlichen Streitfragen oder *Issues*, spielten nur eine vergleichsweise geringe Rolle, was im wesentlichen auch für das von der FPÖ propagierte „Ausländerthema" gilt.

Von der so skizzierten Wettbewerbskonstellation konnten am meisten die Freiheitlichen und die Volkspartei wahlpolitisch profitieren. Neben dem klassisch-oppositionellen Aufdeckungs- und Kontrollmotiv war es vor allem der Wunsch nach frischem Wind und Veränderung, der fast zwei Drittel der FPÖ-Wähler zu ihrer Wahlentscheidung motivierte; Jungwähler der FPÖ nannten dieses sogar als das stärkste Motiv. Andere Komponenten des FPÖ-Wahlkampfes erwiesen sich als weniger ausschlaggebend, fanden aber in spezifischen Segmenten des Elektorats positiven Anklang, so die Ausländerthematik bei (weiblichen) Pensionisten und Arbeitern und die Familienpolitik (Kinderscheck) bei Hausfrauen. Im Falle der ÖVP wurde deren Warnung vor instabilen Verhältnissen und der Kampf um das Bewahren des zweiten Platzes speziell von Zuwanderern von anderen Parteien zur ÖVP honoriert – in dieser Gruppe standen die beiden genannten Punkte an der Spitze der wahlentscheidenden Motive, während die Stammwähler der ÖVP überwiegend auf Tradition und Interessenvertretung verwiesen. Umgekehrt vermochte die Sozialdemokratie mit dem Stabilitätsargument am ehesten ihre Stammwähler zu erreichen, die Verhinderung einer ÖVP-FPÖ-Koalition – 1995 noch ein zentrales Motiv für die SPÖ – erwies sich 1999 als weit weniger wählermotivierend. Ähnlich die Situation beim Liberalen Forum, wo die Abgrenzung von Haider und der FPÖ im Unterschied zu früheren Wahlgängen nur mehr begrenzt mobilisierend wirkte.

Tabelle 29:   Motive für die Wahl von SPÖ, ÖVP, FPÖ und Grünen bei der Nationalratswahl 1999

Es nannten als ausschlaggebendes Wahlmotiv (gestützte Fragestellung, Mehrfachnennungen)			
Wähler der SPÖ in Prozent	SPÖ	Wähler der ÖVP in Prozent	ÖVP
weil die SPÖ die politische und soziale Stabilität sichert	65	weil sie meine Interessen am ehesten vertritt bzw. aus Tradition	69
weil sie meine Interessen am ehesten vertritt bzw. aus Tradition	62	damit in Österreich keine instabilen Verhältnisse entstehen	44
weil sie für die Sicherung der Arbeitsplätze und der sozialen Leistungen eintritt	55	weil die ÖVP mehr von der Wirtschaft versteht	44
weil die SPÖ für die Erhaltung der Neutralität und gegen einen NATO-Beitritt eintritt	44	damit die ÖVP nicht von der FPÖ überholt wird	40
weil die SPÖ eine schwarz-blaue Koalition mit Jörg Haider in der Regierung verhindern will	38	weil sie für die Förderung der Familien eintritt	35
wegen der Persönlichkeit Viktor Klimas	35	wegen der Persönlichkeit Wolfgang Schüssels	22
Wähler der FPÖ in Prozent	FPÖ	Wähler der Grünen in Prozent	Grüne
weil die FPÖ schonungslos Skandale und Mißstände aufdeckt	65	weil sie sich ernsthaft für den Umweltschutz einsetzen	68
weil die FPÖ frischen Wind und Veränderung bringt	63	weil sie sich für Menschenrechte, sozial Schwache und für die Anliegen der Frauen einsetzen	60
wil sie meine Interessen am ehesten vertritt bzw. aus Tradition	48	weil sie engagiert gegen Ausländerfeindlichkeit und gegen Rechtsradikalismus eintreten	58
weil die FPÖ gegen die Zuwanderung von Ausländern eintritt	47	wegen der Persönlichkeit Alexander Van der Bellens	57
wegen der Persönlichkeit Jörg Haiders	40	weil sie am ehesten meine Interessen vertreten bzw. aus Tradition	34
um den beiden Koalitionsparteien einen Denkzettel zu geben	36	weil sie schonungslos Skandale und Mißstände aufdecken	25

Quelle: FESSEL-GfK, Exit Poll 1999.

Wie sehr die Frage nach den parteipolitischen Kräfteverhältnissen und den möglichen Auswirkungen auf die Regierungskonstellation die Stimmungslage und das Stimmverhalten der Wähler beeinflußte, kommt auch in den Ergebnissen der Nachwahlbefragung im Rahmen der Panelstudie zur Nationalratswahl 1999 zum Ausdruck. Wähler, die mit dem Wahlergebnis zufrieden waren, begründeten dies spontan vor allem mit drei Argumenten: der Stabilisierung der ÖVP, den Gewinnen der FPÖ und der Hoffnung auf Veränderung bzw. der Ablehnung der großen Koalition. Mit den Wahlergebnissen Unzufriedene monierten zu mehr als der Hälfte die hohen Gewinne der FPÖ. Der Wunsch nach

Veränderung – insbesondere in der jungen Wählergeneration – wie der Wunsch nach stabilen Verhältnissen waren so die „Leitmotive" der Wählerentscheidung bei der Nationalratswahl 1999, jedenfalls in den mobilen Segmenten des Elektorates.

Analysiert man die Entwicklung der entscheidungsrelevanten Beweggründe[11] der österreichischen Wähler in längerfristiger Perspektive, so ergeben sich *zwei* Hauptbefunde. Der erstere betrifft Veränderungen in der Bedeutung politischer Streitfragen (issues) bzw. der Spitzenkandidaten bei der Wahlentscheidung zugunsten der einzelnen Parteien. Das loglineare Modell zeigt, daß sich die Chancen einer kandidatenorientierten Stimmabgabe für die SPÖ im Zeitverlauf erkennbar verringert haben (eine Ausnahme stellt nur die Nationalratswahl 1995 mit ihrem vergleichsweise stark themabezogenen Wahlkampf dar). Im Falle der FPÖ war issuemotiviertes Wählen in der Anfangsphase kaum nachweisbar, um dann zunächst stark anzusteigen – die einschlägigen Chancen (*odds*) haben sich zwischen 1990 und 1995 beinahe verdreifacht. 1999 erfolgt wieder ein Rückgang; die Wahrscheinlichkeit, daß ein issueorientierter Wähler die FPÖ wählt, halbiert sich im Vergleich zu 1995. Ein Ergebnis, das im übrigen auch bivariate Interpretationen des Wahlergebnisses 1999 (eben des FPÖ-Erfolges primär durch die gegen Immigranten gerichtete Kampagne) nicht als zulässig erscheinen läßt. Für die ÖVP und die Grünen ist kein eindeutiger Trend bzw. Trendbruch nachweisbar. Kandidatenorientiertes Wählen war 1986 bis 1994 von zentraler Bedeutung für die SPÖ. 1995 und 1999 haben sich die *odds* hingegen markant verschlechtert. Weniger ausgeprägt ist die Tendenz im Falle der FPÖ, doch lagen auch hier die Chancen für ein parteispezifisches Wahlverhalten für kandidatenorientierte Wähler, sich zugunsten der FPÖ zu entscheiden, 1986 und 1990 erkennbar besser als in der zweiten Hälfte der neunziger Jahre. Auffallend ist schließlich die Situation bei den *reasons* für eine Veränderung der Wahlmotive für die Grünen 1999: die Wahrscheinlichkeit, daß sich ein kandidatenorientierter Wähler bzw. eine solche Wählerin für die Grünen entschied, lag deutlich über der der anderen Parteien.

Der zweite Befund betrifft das Verhältnis von traditionellen und neuen Identifikationsansätzen insgesamt Hier zeigt sich, daß – abseits von Wahlkampf- bzw. parteispezifischen Schwankungen – traditionelle Identifikationsansätze zunehmend an Gewicht verlieren und faktisch nur für die Stammwählerschaft von SPÖ und ÖVP von größerer Relevanz sind (Tabelle im Anhang B des Buches). Bei den Nationalratswahlen 1986 und 1990 begründeten noch etwa vier von zehn Wählern und Wählerinnen ihr Stimmverhalten mit traditionellen Bindungen, ideologischen Bezügen oder gruppenspezifischer Interessenvertretung. Für die folgenden Wahlen gilt dies nur mehr für drei von zehn – mit abnehmender Tendenz. Was von den neuen Motivlagen im Einzelfall von größerer Bedeutung ist, die Position der Parteien hinsichtlich inhaltlicher Streitfragen, das personelle Angebot, das generelle Erscheinungsbild der politischen Akteure, die Mobilisierung von Unzufriedenheit oder die Perzeption der Stabilität oder Labilität einer bestimmten Regierungskonstellation, hängt dabei wesentlich von der spezifischen Konstellation des jeweiligen Wahlganges ab. In Summe werden somit Kandidaten- und Parteiimages, *Issues*, (vorwiegend negative) Stimmungslagen (*moods*) und die Entscheidung zwischen Konstanz und Wandel immer wichtiger – was einerseits die strategischen Optionen der Parteien erhöht, andererseits aber auch das Risiko. Gerade vor dem Hintergrund massenmedialer Politikvermittlung ist der Einfluß der Parteieliten und ihres Wahlkampfmanagements auf die Definition dessen, „worum es bei den Wahlen geht", eine denkbar begrenzte: nicht nur die Wahlen von 1994 mit ihren Schwerpunkten auf Negativthemen und Kandidatenpersönlichkeiten, sondern auch die Wahlen von 1999 mit der Dominanz symbolischer Politik haben dafür Anschauungsmaterial geliefert. In dem Maß, in dem traditionelle Determinanten des österreichischen Wahlverhaltens an Relevanz verloren haben, gewinnen kurzfristige Einflußfaktoren an Bedeutung. Aktuelle Streitfragen (*issues*) und fluktuierende massenmedial induzierte Stimmungslagen beeinflussen das Wahlverhalten parteiungebundener, wechselbereiter Wählerinnen und Wähler ebenso wie neue gesellschaftspolitische Spannungslinien und der konfrontative Wettbewerb zwischen Regierungsmehrheit und parlamentarischer Opposition die Neustrukturierung des österreichischen Wahlverhaltens vorantreiben.

Tabelle 30: Issue- und Kandidatenorientierung: Chancenverhältnis nach Parteien 1986–1999

Partei		Chancenverhältnis	
	Wahl	Issueorientiert	Kandidatenoriert
SPÖ	1986	0,99	1,40
-	1990	0,77	1,85
-	1994	0,59	1,16
-	1995	0,93	0,59
-	1999	0,56	0,61
ÖVP	1986	1,53	0,19
-	1990	0,65	0,26
-	1994	0,44	0,56
-	1995	0,74	1,77
-	1999	0,82	0,42
FPÖ	1986	0,09	2,20
-	1990	0,98	2,07
-	1994	1,65	1,04
-	1995	2,75	1,54
-	1999	1,41	1,66
Grüne	1986	0,01	0,01
-	1990	7,56	0,35
-	1994	9,04	1,24
-	1995	0,02	0,21
-	1999	3,86	2,52

Quelle: FESSEL-GfK, Exit Polls (1986–1999); eigene Berechnungen.

Anmerkungen

1 Es handelt sich um bundesweite Stichproben des FESSEL-GfK-Instituts von nach dem Zufallsprinzip ausgewählten Wählerinnen und Wählern bei Nationalratswahlen. Die Stichprobengrößen betragen 1979 N = 1.746, 1983 N = 1.661, 1986 N = 2.149, 1990 N = 2.229, 1994 N = 2.265, 1995 N = 2.333 und 1999 N = 2.146.

2 Verstärkt wurde dies durch die weitgehende Absenz einer modernen und ökonomisch starken privaten Großindustrie sowie durch den beträchtlichen Rückhalt etatistischer Orientierungen in der Bevölkerung insgesamt wie in breiten Teilen der ÖVP-Wählerschaft. Noch Jahrzehnte später erbrachte eine Analyse von Kitschelt (1995: 184/185) nur geringe Unterschiede in der Position der SPÖ- und ÖVP-Wählerschaft hinsichtlich sozioökonomischer Faktoren (Datenbasis: World Value Survey 1990).

3 Nicht-hierarchische Clusteranalyse mit k-means Algorithmus (vgl. dazu Aldenderfer und Blashfield 1984; Myers 1996). Die Datenbasis wird aus der Studie FESSEL-GfK, Politische Positionierungsstudie (1998), N=2000 Befragte (*face to face*) ab 15 Jahren bezogen.

4 Es sei noch einmal darauf verwiesen, daß die Clustertypologie nur auf diesen Variablen beruht. Andere Merkmale wie Soziodemographie, Parteipräferenz oder spezifische politische Einstellungen dienen der Illustration der Cluster und belegen indirekt auch die Trennschärfe der Cluster, sie sind aber nicht typenbildend.

5 Diese Typologie stellt eine methodische Weiterentwicklung der bei Plasser und Ulram (1995a) präsentierten Typologie dar; ist daher nicht direkt vergleichbar.

6 Darüber hinaus kann das Bild „kippen", d.h. die Position der Quadranten wechseln, ohne daß sich dadurch die Distanzen zwischen den Punkten oder die Richtung von Achsen ändert.

7 Ausgenommen die Wahlen zu den beruflichen Interessenvertretungen.

8 26 Prozent dieser Gruppe votierten für die ÖVP, 23 Prozent für die Freiheitlichen, 10 Prozent für die Grünen, 2 Prozent für das LIF (FESSEL-GfK, Telefonische Wahltagsbefragung zur Europawahl 1999).

9 Vgl. dazu Pallaver et al. im vorliegenden Band.

10 In Prozent der SPÖ-Wähler nannten als ausschlaggebendes Wahlmotiv für die Wahl der SPÖ die Person des amtierenden Kanzlers und Spitzenkandidaten: 1986: 61 Prozent (Vranitzky), 1990: 54 Prozent (Vranitzky), 1995: 37 Prozent (Vranitzky), 1999: 35 Prozent (Klima) (FESSEL-GfK, Exit Polls zu den Nationalratswahlen 1986-1999, jeweils gestützte Fragestellung.

11 Für die längerfristige Analyse wird dabei auf die spontanen geäußerten Wahlmotive der Exit Polls zurückgegriffen, da die gestützten Begründungen (also unter Verwendung von Antwortvorgaben) nicht nur von der Anzahl her begrenzt sind, sondern auch einen Direktvergleich aller Beweggründe bei den einzelnen Wahlen nicht zulassen.

Literatur

Abramson, Paul R., John H. Aldrich und David W. Rohde (1999). *Change and Continuity in the 1996 and 1998 Elections,* Washington DC

Aldenderfer, Mark S. und Roger K. Blashfield (1984). *Cluster Analysis,* Newbury Park CA

Anderson, Christopher J. (1998). Attitudes Toward Domestic Politics and Support for European Integration, *Comparative Political Studies* 5

Andreß, H.-J., J. A. Hagenaars und St. Kühnel (1997). *Analyse von Tabellen und kategorialen Daten. Log-lindeare Modelle, latente Klassenanalyse, logistische Regression und GSK-Ansatz,* Berlin

Arzheimer, Karl und Markus Klein (1999). Liberalismus, Rechtsradikalismus und Rechtspopulismus in Deutschland und Österreich, in: Fritz Plasser, Oscar W. Gabriel, Jürgen W. Falter und Peter A. Ulram (Hg.). *Wahlen und politische Einstellungen in Deutschland und Österreich,* Frankfurt/Berlin, 31-63

Betz, Hans-Georg (1994). *Radical Right Wing Populism in Western Europe,* London

Betz, Hans-Georg und Stefan Immerfall (eds.) (1998). *The New Politics of the Right. Neo-Populist Parties and Movements in Established Democracies,* London

Blondel, Jean, Richard Sinott und Palle Svensson (1997). Representation and Voter Participation, *European Journal of Political Research* 32 (2), 243-272

Blondel, Jean, Richard Sinnott und Palle Svensson (1998). *People and Parliament in the European Union. Participation, Democracy, and Legitimacy,* Oxford

Boy, Daniel und Nonna Mayer (2000). Cleavage Voting and Issue Voting in France, in: Michael S. Lewis-Beck (ed.). *How France Votes,* Chatham NJ, 153-175

Broughton, David und Mark Donovan (eds.) (1999). *Changing Party Systems in Western Europe,* London and New York

Bürklin, Wilhelm und Markus Klein (1998). *Wahlen und Wählerverhalten. Eine Einführung,* 2. Auflage, Opladen

Catt, Helena (1996). *Voting Behaviour. A Radical Critique,* London

Clark, Terry Nichols und Michael Rempel (eds.) (1997). *Citizen Politics in Post-Industrial Societies,* Boulder

Clarke, Harold D. und Marianne C. Stewart (1998). The Decline of Parties in the Mind of Citizens, in: Nelson W. Polsby (ed.). *Annual Review of Political Science,* Volume 1

Collins, Neil und Patrick Butler (1996). Positioning Political Parties. A Market Analysis, *The Harvard International Journal of Press/Politics* 1 (2), 63-77

Dalton, Russell J. (1996a). *Citizen Politics. Public Opinion and Political Parties in Advanced Western Democracies,* Chatham NJ

Dalton, Russell J. (1996b). Political Cleavages, Issues, and Electoral Change, in: Lawrence LeDuc, Richard G. Niemi und Pippa Norris (eds.). *Comparing Democracies. Election and Voting in Global Perspective,* Thousand Oaks, 319-342

Dalton, Russell J. (1998). *Parties Without Partisans: The Decline of Party Identifications Among Democratic Publics,* Research Paper for the „Unthinkable Democracy". Project University of California, Irvine

Denver, Daniel et al. (eds.) (1998). *The 1997 General Election. British Elections & Parties Review,* London

Donovan, Mark und David Broughton (1999). Party System Change in Western Europe: Positive Political, in: David Broughton und Mark Donovan (eds.). *Changing Party Systems in Western Europe,* London und New York, 255-274

Dunleavy, P. und C. Husbands (1985). *British Democracy on the Crossroads,* London

Eijk, Cees van der und Mark N. Franklin (1996). What We Have Learned about Voting and Elections, in: Cees van der Eijk und Mark N. Franklin (eds.). *Choosing Europe? The European Electorate and National Politics in the Face of Union*, Ann Arbor, 391-404

Ersson, Svante und Jan-Erik Lane (1998). Electoral Instability and Party System Change in Western Europe, in: Paul Pennings und Jan-Erik Lane (eds.). *Comparing Party System Change*, London und New York, 23-39

Evans, Geoffrey (ed.) (1999). *The End of ClassPolitics? Class Voting in Comparative Perspective*, New York

Evans, Geoffrey und Pippa Norris (eds.) (1999). *Critical Elections. British Parties and Voters in Long-Term Perspective*, Thousand Oaks

Falter, Jürgen W. (Hg.) (2000). *Empirische Wahlforschung. Ein einführendes Handbuch*, Opladen

Falter, Jürgen W. und Harald Schoen (1999). Wahlen und Wählerverhalten, in: Thomas Ellwein und Everhard Holtmann (Hg.). *50 Jahre Bundesrepublik Deutschland* (PVS Sonderheft 30), Opladen, 454-470

Feist, Ursula und Hans-Jürgen Hoffmann (1999). Die Bundestagswahl 1998: Wahl des Wechsels, *Zeitschrift für Parlamentsfragen* 30 (2), 215-251

Flanagan, Scott C. (1987). Value Change in Industrial Societies, *American Political Science Review* 81 (4), 1303-1319

Franklin, Mark, Tom Mackie und Henry Valen (eds.) (1992). *Responses to Evolving Social and Attitudinal Structures in Western Countries*, Cambridge

Gabriel, Oscar W. (1997). Parteiidentifikation, Kandidaten und politische Sachfragen als Bestimmungsfaktoren des Parteienwettbewerbs, in: Oscar W. Gabriel, Oskar Niedermayer und Richard Stöss (Hg.). *Parteiendemokratie in Deutschland*, Opladen, 233-254

Gabriel, Oscar W. und Frank Brettschneider (1998). Die Bundestagswahl 1998: Ein Plebiszit gegen Kanzler Kohl?, *Aus Politik und Zeitgeschichte* B 52/1998, 20-32

Gluchowski, Peter und Fritz Plasser (1999). Zerfall affektiver Parteibindungen in Deutschland und Österreich, in: Fritz Plasser, Oscar W. Gabriel, Jürgen W. Falter und Peter A. Ulram (Hg.). *Wahlen und politische Einstellungen in Deutschland und Österreich*, Frankfurt/Berlin, 3-29

Harrop, Martin und William L. Miller (1992). *Elections and Voters*, Second Edition, London

Hastie, T. und R. Tibshirani (1990). *Generalized Additive Models*, London

Hofferbert, Richard (ed.) (1998). *Parties and Democracy: Party Structure and Party Performance in Old and New Democracies*, Oxford

Hoffman, Donna L. und George R. Franke (1996). Correspondence Analysis: Graphical Representation of Categorical Data in Marketing Research, *Journal of Marketing Research* 23 (august), 213-227

Hofinger, Christoph und Günther Ogris (1996). Achtung Gender Gap! Geschlecht und Wahlverhalten 1979 - 1995, in: Fritz Plasser, Peter A. Ulram und Günther Ogris (Hg.). *Wahlkampf und Wählerentscheidung. Analysen zur Nationalratswahl 1995*, Wien, 211-232

Hofrichter, Jürgen (1999). Exit Polls and Election Campaigns, in: Bruce I. Newman (ed.). *Handbook of Political Marketing*, Thousand Oaks, 223-241

Inglehart, Ronald (1997). *Modernization and Postmodernization. Cultural, Economic, and Political Change in 43 Societies*, Princeton NJ

Jagodzinski, Wolfgang (1999). Der religiöse Cleavage in Deutschland und Österreich, in: Fritz Plasser, Oscar W.Gabriel, Jürgen W. Falter und Peter A. Ulram (Hg.). *Wahlen und politische Einstellungen in Deutschland und Österreich*, Frankfurt/Berlin, 65-93

Janda, Kenneth und Tyler Colman (1998). Effects of Party Organization on Performance during the „Golden Age" of Parties, in: Richard Hofferbert (ed.). *Parties and Democracy: Party Structure and Party Performance in Old and New Democracies*, Oxford, 189-210

Jung, Matthias und Dieter Roth (1998). Wer zu spät geht, den bestraft der Wähler. Eine Analyse der Bundestagswahl 1998, in: *Aus Politik und Zeitgeschichte* B 52/1998, 1-19

Kaase, Max (1999). *Entwicklung und Stand der empirischen Wahlforschung in Deutschland.* Tagungspapier (Mimeo)

Kaase, Max und Hans-Dieter Klingemann (Hg.) (1998). *Wahlen und Wähler. Analysen aus Anlaß der Bundestagswahl 1994*, Opladen

Kienzl, Heinz (1964). Die Struktur der Wählerschaft, in: Karl Blecha, Rupert Gmoser und Heinz Kienzl (Hg.). *Der durchleuchtete Wähler*, Wien

Kitschelt, Herbert (1994).*The Transformation of European Social Democracy*, New York

Kitschelt, Herbert (1995). *The Radical Right in Western Europe. A Comparative Analysis*, Ann Arbor

Koßdorff, Felix und Hubert Sickinger (1996). Wahlkampf und Wahlstrategien. Eine Biographie der Kampagnen 1995, in: Fritz Plasser, Peter A. Ulram und Günther Ogris (Hg.). *Wahlkampf und Wählerentscheidung. Analysen zur Nationalratswahl 1995*, Wien, 47-84

Kriesi, Hanspeter, Wolf Linder und Ulrich Klöti (Hg.) (1998). *Schweizer Wahlen 1995*, Bern

Lane, Jan-Erik und Svante Ersson (1999). *Politics and Society in Western Europe*, Thousand Oaks

Lewis-Beck, Michael S. (ed.) (2000). *How France Votes*, Chatham NJ

Mair, Peter (1997). *Party System Change. Approaches and Interpretations*, Oxford

Mair, Peter, Wolfgang C. Müller und Fritz Plasser (1999). Veränderungen in den Wählermärkten. Herausforderungen für die Parteien und deren Antworten, in: Peter Mair, Wolfgang C. Müller und Fritz Plasser (Hg.). *Parteien auf komplexen Wählermärkten. Reaktionsstrategien politischer Parteien in Westeuropa*, Wien, 11-29

Mair, Peter, Wolfgang C. Müller und Fritz Plasser (Hg.) (1999). *Parteien auf komplexen Wählermärkten. Reaktionsstrategien politischer Parteien in Westeuropa*, Wien

Miller, Warren E. und J. Merill Shanks (1996). *The New American Voter*, Cambridge

Müller, Wolfgang C., Fritz Plasser und Peter A. Ulram (Hg.) (1995a). *Wählerverhalten und Parteienwettbewerb. Analysen zur Nationalratswahl 1994*, Wien

Müller, Wolfgang C., Fritz Plasser und Peter A. Ulram (1995b). Wähler und Mitglieder der ÖVP, 1945-1994, in: Robert Kriechbaumer und Franz Schausberger (Hg.) *Volkspartei – Anspruch und Realität*, Wien/Köln, 163-200

Müller, Wolfgang C., Fritz Plasser und Peter A. Ulram (1999). Schwäche als Vorteil. Stärke als Nachteil. Die Reaktion der Parteien auf den Rückgang der Wählerbindungen in Österreich, in: Peter Mair, Wolfgang C. Müller und Fritz Plasser (Hg.). *Parteien auf komplexen Wählermärkten. Reaktionsstrategien politischer Parteien in Westeuropa*, Wien, 201-245

Myers, James H. (1992). Positioning Products/Services in Attitude Space, *Marketing Research* (march), 46-51

Myers, James H. (1996). *Segmentation and Positioning for Stratetic Marketing Decisions*, Chicago

Nabholz, Ruth (1998). Das Wählerverhalten in der Schweiz: Stabilität oder Wandel? Eine Trendanalyse von 1971-1995, in: Hanspeter Kriesi, Wolf Lindner und Ulrich Klöti (Hg.). *Schweizer Wahlen 1995*, Bern, 17-43

Neu, Viola und Ute Molitor (1999). Das Wahlverhalten der Frauen bei der Bundestagswahl 1998: Kaum anders als das der Männer, *Zeitschrift für Parlamentsfragen* 30 (2), 252-267

Nieuwbeerta, Paul und Nan Dirk De Graaf (1999). Traditional Class Voting in Twenty Postwar Societies, in: Geoffrey Evans (ed.). *The End of Class Politics. Class Voting in Comparative Context*, New York, 23-56

Norris, Pippa (1996). *Electoral Change since 1945*, London

Norris, Pippa (ed.) (1998). *Elections and Voting Behaviour*, Aldershot

Norris, Pippa (1999). Gender: A Gender-Generation Gap?, in: Geoffrey Evans und Pippa Norris (eds.). *Critical Elections. British Parties and Voters in Long-Term Perspective*, Thousand Oaks, 148-163

Payne, C. (1999). Helping to Win the UK Elections With Statistical Models?, in: H. Friedl, A. Berghold und G. Kauerman (eds.). *Statistical Modelling. Proceedings of the 14th International Workshop on Statistical Modelling*, Graz, 316-323

Pennings, Paul und Jan-Erik Lane (eds.) (1998). *Comparing Party System Change*, London and New York

Plasser, Fritz (1987). *Parteien unter Streß. Zur Dynamik der Parteiensysteme in Deutschland, Österreich und den Vereinigten Staaten*, Wien

Plasser, Fritz (2000). Amerikanisierung des politischen Wettbewerbs in Österreich, in: Anton Pelinka, Fritz Plasser und Wolfgang Meixner (Hg.). *Die Zukunft der österreichischen Demokratie*, Wien (im Druck)

Plasser, Fritz und Gilg Seeber (1995). In Search of a Model: Multivariate Analysen der Exit-Polls 1986-1994, in: Wolfgang C. Müller, Fritz Plasser und Peter A. Ulram (Hg.). *Wählerverhalten und Parteienwettbewerb. Analysen zur Nationalratswahl 1994*, Wien, 435-453

Plasser, Fritz und Peter A. Ulram (1993) (Hg.). *Staatsbürger oder Untertanen? Politische Kultur Deutschlands, Österreichs und der Schweiz im Vergleich*, Frankfurt/M.

Plasser, Fritz und Peter A. Ulram (1995a). Konstanz und Wandel im österreichischen Wählerverhalten, in: Wolfgang C. Müller, Fritz Plasser und Peter A. Ulram (Hg.). *Wählerverhalten und Parteienwettbewerb. Analysen zur Nationalratswahl 1994*, Wien, 341-406

Plasser, Fritz und Peter A. Ulram (1995b). Wandel der politischen Konfliktdynamik. Radikaler Rechtspopulismus in Österreich, in: Wolfgang C. Müller, Fritz Plasser und Peter A. Ulram (Hg.). *Wählerverhalten und Parteienwettbewerb. Analyse zur Nationalratswahl 1994*, Wien, 471-503

Plasser, Fritz und Peter A. Ulram (1996). Kampagnendynamik. Strategischer und thematischer Kontext der Wählerentscheidung, in: Fritz Plasser, Peter A. Ulram und Günther Ogris (Hg.). *Wahlkampf und Wählerentscheidung. Analyse zur Nationalratswahl 1995*, Wien, 13-46

Plasser, Fritz und Peter A. Ulram (1997). Veränderungen in den politisch-sozialen Spannungslinien in Österreich, in: Ernst Hanisch und Theo Faulhaber (Hg.). *Mentalitäten und wirtschaftliches Handeln in Österreich*, Wien, 201-233

Plasser, Fritz und Peter A. Ulram. (1999a). Voting Behaviour of Austrian Youth as Newcomers to the European Union, in: *European Yearbook on Youth Policy and Research* Volume 2

Plasser, Fritz und Peter A. Ulram. (1999b). Trends and Ruptures: Stability and Change in Austrian Voting Behavior, in: Günther Bischof, Anton Pelinka und Ferdinand Karlhofer (eds.). *The Vranitzky Era in Austria. Contemporary Austrian Studies* Volume 7, New Brunswick

Plasser, Fritz, Oscar W. Gabriel, Jürgen W. Falter und Peter A. Ulram (Hg.) (1999). *Wahlen und politische Einstellungen in Deutschland und Österreich*, Frankfurt/Berlin

Plasser, Fritz, Gilg Seeber und Peter A. Ulram (1996). (Dis-)Kontinuitäten und neue Spannungslinien im Wählerverhalten. Trendanalysen 1986-1995, in: Fritz Plasser, Peter A. Ulram und Günther Ogris (Hg.). *Wahlkampf und Wählerentscheidung. Analysen zur Nationalratswahl 1995*, Wien, 155-209

Plasser, Fritz, Peter A.Ulram und Alfred Grausgruber (1992). The Decline of „Lager Mentality" and the New Model of Electoral Competition in Austria, in: Kurt Richard Luther und Wolfgang C. Müller (eds.). *Politics in Austria: Still a Case of Consociationalism?*, London, 16-44

Plasser, Fritz, Peter A. Ulram und Günther Ogris (Hg.) (1996). *Wahlkampf und Wählerentscheidung. Analysen zur Nationalratswahl 1995*, Wien

Plasser, Fritz, Peter A. Ulram und Franz Sommer (1997). Die erste Europaparlamentswahl in Österreich, in: *Österreichisches Jahrbuch für Politik 1996*, Wien, 56-84

Renz, Thomas (1997). Nichtwähler zwischen Normalisierung und Krise: Zwischenbilanz zum Stand einer nimmer endenden Diskussion, *Zeitschrift für Parlamentsfragen* 28 (4), 572-531

Roth, Dieter (1998). *Empirische Wahlforschung. Ursprung, Theorien, Instrumente und Methoden*, Opladen

Roth, Dieter und Andreas M. Wüst (1998). Parteien und Wähler. Erklärungsmodelle des Wahlverhaltens, in: Heinrich Oberreuter (Hg.). *Ungewißheiten der Macht. Parteien, Wähler, Wahlentscheidung*, München, 102-133

Schmitt, Hermann und Steven Holmberg (1995). Political Parties in Decline?, in: Hans-Dieter Klingemann und Dieter Fuchs (eds.). *Citizens and the State* (Beliefs in Government Volume One), London, 95-133

Schmitt, Hermann und Jaques Thomassen (eds.) (1999). *Political Representation and Legitimacy in the European Union*, Oxford

Schuhmann, Siegfried (1999). Die Wahl extrem rechter Parteien. Ideologische Bekenntniswahl oder Protestwahl? Vergleichende Analysen für Österreich (FPÖ) und die Alten Bundesländer Deutschlands (Republikaner), in: Fritz Plasser, Oscar W. Gabriel, Jürgen W. Falter und Peter A. Ulram (Hg.). *Wahlen und politische Einstellungen in Deutschland und Österreich*, Frankfurt/Berlin, 95-128

Sinnott, Richard (1998). Party Attachment in Europe: Methodological Critique and Substantive Implications, *British Journal of Political Science* 28

Van der Eijk, Cees, Mark Franklin und Michael Marsh (1996). What Voters Teach Us About Europe-Wide Elections: What Europe-Wide Elections Teach Us About Voters, *Electoral Studies* 15 (2)

Völker, Marion und Bernd Völker (1998). *Wahlenthaltung. Normalisierung oder Krisensymptom?*, Wiesbaden

Wattenberg, Martin P. (1998). *The Decline of American Political Parties 1952-1996*, Cambridge

Weisberg, Herbert E. und James M. Box-Steffensmeier (eds.) (1999). *Reelection 1996. How Americans Voted*, Chatham NJ

White, John Kenneth und Philip John Davis (eds.) (1999). *Political Parties and the Collapse of the Old Orders*, New York

Steter Tropfen höhlt den Stein.
Wählerströme und Wählerwanderungen 1999
im Kontext der 80er und 90er Jahre

Christoph Hofinger / Marcelo Jenny / Günther Ogris

Die Nationalratswahl 1999 wird in die österreichischen Geschichtsbücher eingehen – vor allem deswegen, weil ihr Ergebnis die Grundlage war für die seit 1970 erste Regierung ohne Beteiligung der Sozialdemokratischen Partei, die fast 30 Jahre lang ununterbrochen den Kanzler gestellt hatte. Die letzte Wahl des vergangenen Jahrhunderts brachte in Stimmen und noch mehr in Mandaten eine passabel abgesicherte Mehrheit von ÖVP und FPÖ, die nach langen Koalitionsverhandlungen am 4. Februar 2000 zur Angelobung einer Mitte-Rechts-Regierung unter einem ÖVP-Kanzler führte. Daß die ÖVP in den Verhandlungen so viel erreicht hatte, ist insofern bemerkenswert, als die Partei am 3. Oktober knapp auf den dritten Platz zurückgefallen war (und für diesen Fall auch den Gang in die Opposition angekündigt hatte).

In diesem Beitrag werden die Wählerbewegungen, die zu diesem „historischen" Wahlergebnis geführt haben, dokumentiert und analysiert, wobei besonderes Augenmerk auf den historischen Kontext gelegt wird. Die Haupterkenntnis ist, daß die Nationalratswahl 1999 zwar tiefgreifende Veränderungen in der österreichischen Innenpolitik nach sich gezogen hat, die Wählerdynamik aber unter den vergleichbaren Wahlen in den 80er und 90er Jahren nicht herausragt: Der stete Tropfen hat den Stein ausgehöhlt, die Wählerströme der letzten 16 Jahre sind einem stetigen Trend gefolgt – bis sie schließlich durch ihre Kumulation zum Wechsel in einem mittlerweile Drei-Parteien-System geführt haben.

1. Wie wird eine Wählerstromanalyse berechnet?

Die Wählerstromanalyse kommt ohne die Befragung von Einzelpersonen aus. Verwendet werden ausschließlich *Aggregatdaten*, also Ergebnisse von Gemeinden, Sprengeln, Bezirken etc. Von den dort errechneten statistischen Zusammenhängen wird dann auf das Verhalten der Wählerinnen und Wähler[1] geschlossen. Die Idee dahinter ist, vereinfacht ausgedrückt: Wenn eine Partei bei der Wahl 1999 im Durchschnitt genau in jenen Gemeinden stark ist, wo eine andere Partei 1995 stark war, interpretieren wir das als einen Hinweis darauf, daß viele Wähler zwischen diesen Parteien gewechselt haben. Das Verfahren dazu heißt *multiple Regression*: „Regression", weil wir die Parteienergebnisse von 1999 auf die Parteienergebnisse von 1995 regredieren (zurückkommen) lassen, und „multipel", weil wir das Ergebnis einer Partei bei der Wahl 1999 gleichzeitig mit allen Parteienergebnissen der Wahl 1999 in Beziehung setzen. Die Gleichung für die ÖVP sieht dann beispielsweise so aus:

ÖVP99 = β_1 × SPÖ95 + β_2 × ÖVP95 + β_3 × FPÖ95 + β_4 × LIF95 + β_5 × Grüne95 + β_6 × Sonstige95 + β_7 × Nichtwähler95

Ein β_1 von 0,02 bedeutet: 2% der SPÖ-Wähler von 1995 sind 1999 zur ÖVP gewandert. Wenn β_2 0,78 beträgt, interpretieren wir: Knapp mehr als drei Viertel derjenigen, die 1995 ÖVP gewählt haben, wählten sie 1999 wieder, etc.

Obwohl die Wählerstromanalyse mittels Aggregatdaten viele methodische Fallstricke birgt[2], stellt sie doch eine wertvolle Ergänzung zu Wählerstromanalysen aus Individualdaten, die mittels Umfragen erhoben sind, dar. Die beiden unterschiedlichen Zugänge zur Untersuchung des Wahlverhaltens haben ihre spezifischen Vor- und Nachteile (vgl. Hofinger und Ogris 1996a). Die Qualität einer Wählerstromanalyse aus Aggregatdaten hängt vor allem von zwei Kriterien ab:
1. der *Anzahl* der Untersuchungsobjekte (Gemeinden, Sprengel) und
2. der *Sorgfalt*, mit der diese in homogene Gruppen zusammengefaßt werden.

Wir haben dem ersten Kriterium Rechnung getragen, indem wir die Wählerströme bei der Nationalratswahl 1999 für Wien nicht nur aus den Ergebnissen der 23 Wiener Gemeindebezirke, sondern aus den Ergebnissen von mehr als 2.000 Wahlsprengeln errechnet haben.[3] Um der zweiten Anforderung zu entsprechen, wurden für die 2.354 Gemeinden ohne Wien Regressionen mit 16 verschiedenen Einteilungen der Gemeinden berechnet und deren Güte anhand eines im vorhinein festgelegten Kriteriums (minimale Anzahl an zu korrigierenden Korrelationskoeffizienten, die kleiner als 0 oder größer als 1 sind[4]) beurteilt. Dabei erwies sich eine Klassifikation der Gemeinden nach der Anzahl der Wahlberechtigten als die beste Lösung.

2. Die Wählerströme bei der Nationalratswahl am 3. Oktober 1999

Wenn wir die Ausnahmewahl von 1995 außer acht lassen, war der 3. Oktober 1999 typisch für die zweite Ära der großen Koalition (1986–1999): Es gab deutliche Verluste für SPÖ und ÖVP, starke Gewinne für die FPÖ und einen moderaten Stimmenzuwachs für die Grünen. Das Liberale Forum verfehlte nach zweimaligem erfolgreichen Antreten 1994 und 1995 bei der Nationalratswahl 1999 den Einzug ins Parlament. Für große Spannung sorgte diesmal die Auszählung der Wahlkarten, da die ÖVP sich Chancen ausrechnete, den knappen Rückstand zur FPÖ aufzuholen und mit der FPÖ gleich zu ziehen – ein Ziel, das sie aber um 415 Stimmen verfehlte (siehe *Tabelle 1*).

Tabelle 1: Wahlergebnisse 1995 und 1999, inklusive Wahlkarten

	17.12.1995*)			3.10.1999		
	Stimmen absolut	in Prozent der gültigen Stimmen	Mandate	Stimmen absolut	in Prozent der gültigen Stimmen	Mandate
SPÖ	1,843.474	38,1	71	1,532.448	33,2	65
FPÖ	1,060.377	21,9	41	1,244.087	26,9	52
ÖVP	1,370.510	28,3	52	1,243.672	26,9	52
Grüne	233.208	4,8	9	342.260	7,4	14
LIF	267.026	5,5	10	168.612	3,6	
Sonstige	69.578	1,4		91.275	2,0	
Gültige Stimmen	4,844.173	100,0		4,622.354	100,0	
Wahlberechtigte	5,768.099			5,838.373		

*) unter Berücksichtigung der Wiederholungswahl vom 13. Oktober 1996.
Quelle: Bundesministerium für Inneres.

Aus Gründen der Übersichtlichkeit fassen wir die übrigen wahlwerbenden Parteien zu einer einzigen Gruppe der „Sonstigen" zusammen.[5] Außerdem werden die ungültigen Stimmen mit der Zahl jener, die nicht zur Wahl gegangen sind, zur „Partei der Nichtwähler" summiert. In der Wählerstromanalyse können wir nur jene Wähler berücksichtigen, deren Stimme einer bestimmten Gemeinde zuordenbar ist. Da dies für die abgegebenen Wahlkarten nicht möglich ist, müssen diese von der Analyse ausgespart, d.h. ebenfalls den Nichtwählern zugeordnet werden. Deswegen erklärt die Wählerstromanalyse nur, was sich zwischen den Nicht-Wahlkartenwählern von 1995 und 1999 abgespielt hat (*Tabelle 2*).

Tabelle 2: Wahlergebnisse 1995 und 1999, exklusive Wahlkarten

	17.12.1995*)		3.10.1999	
	Stimmen absolut	in Prozent der Wahlberechtigten	Stimmen absolut	in Prozent der Wahlberechtigten
SPÖ	1,787.392	31,0	1,461.272	25,0
FPÖ	1,029.689	17,9	1,191.467	20,4
ÖVP	1,319.334	22,9	1,177.215	20,2
Grüne	212.551	3,7	310.942	5,3
LIF	246.329	4,3	149.241	2,6
Sonstige	67.547	1,2	86.817	1,5
Nichtwähler**)	1,105.257	19,2	1,461.419	25,0
Summe = Wahlberechtigte	5,768.099	100,0	5,838.373	100,0

*) unter Berücksichtigung der Wiederholungswahl vom 13. Oktober 1996.
**) Nichtwähler, ungültige Stimmen und nicht zuordenbare Wähler.
Quelle: Bundesministerium für Inneres.

Die Wählerströme

Insgesamt haben ein Viertel der Wahlberechtigten ihr Verhalten gegenüber 1995 geändert: 14% haben die Partei gewechselt, 1% sind als ehemalige Nichtwähler von einer Partei mobilisiert worden, und 8% haben 1999, im Gegensatz zur vorherigen Wahl, keine gültige Stimme mehr für eine Partei abgegeben. Drei Viertel der Wahlberechtigten haben ihr Verhalten gegenüber 1995 nicht verändert. Bereits 17% sind konstante Nichtwähler, d.h. sie haben bei zwei aufeinander folgenden Nationalratswahlen keine gültige Stimme abgegeben.[6] 59%, also nur knapp mehr als die Hälfte der Wahlberechtigten, haben bei den Wahlen 1995 und 1999 derselben Partei ihre Stimme gegeben. Die größten Bewegungen zwischen den Parteien waren die Verluste der Koalitionsparteien SPÖ und ÖVP an die Opposition. Die beiden Regierungsparteien haben bei dieser Wahl in Summe 314.000 Stimmen an die FPÖ eingebüßt, davon die SPÖ 176.000 ihrer früheren Wähler und die ÖVP 138.000 – jeweils ein Zehntel der Anhänger von 1995. Außerdem hat die FPÖ etwa 50.000 Nichtwähler für sich mobilisieren können.

Schaubild 1: Wählerwanderungen von der Nationalratswahl 1995 zur Nationalratswahl 1999, absolut in 1000 Stimmen (nur Wanderungen ab 30.000 Wählern)

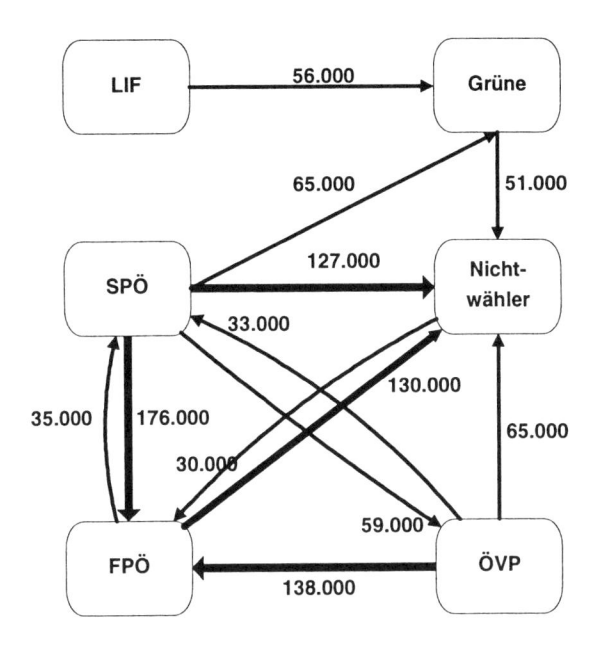

Die SPÖ

Die SPÖ hat am 3. Oktober 1999 in Summe 176.000 Stimmen an die FPÖ verloren, das sind 10% ihrer früheren Wähler. Ein weiteres Problem der SPÖ war die schwache Mobilisierung der eigenen Klientel: Die SPÖ hat 127.000 Stimmen durch Wahlenthaltung eingebüßt, aber praktisch keine (8.000) ehemalige Nichtwähler für sich gewonnen. Die Netto-Verluste durch Demobilisierung (minus 119.000) waren daher fast so schmerzhaft wie der Negativsaldo gegenüber der FPÖ (minus 141.000). Insgesamt ergibt sich bei der SPÖ eine Behalterate von nur 74%.

89.000 Stimmen hat die SPÖ an Grüne (65.000) und an Liberale (24.000) verloren, also auch deutliche Abwanderungen an Parteien links von der Mitte hinnehmen müssen. Dies lag wahrscheinlich an einer verminderten Ausstrahlung von Bundeskanzler Viktor Klima auf das höher gebildete, urbane Segment der Wähler, in Kombination mit der FPÖ-freundlichen Position des Innenministers Karl Schlögl, die durch die Affäre Omofuma symbolträchtig aufgeladen wurde.[7] Trotzdem hat die SPÖ vom Erosionsprozeß des LIF mit 29.000 Stimmen Zugewinn überraschend stark profitiert. Hier spiegelt sich die Verunsicherung von Liberal-Wählern wider, die – im nachhinein zu Recht – ein Scheitern dieser Partei an der 4%-Hürde befürchteten.

Tabelle 3: Wählerwanderungen von der Nationalratswahl 1995 zur Nationalratswahl 1999, absolut in 1000 Stimmen*)

	SPÖ 99	FPÖ 99	ÖVP 99	Grüne 99	LIF 99	Sonstige 99	Nichtw. 99	Summe 95
SPÖ 95	1353	176	59	65	24	25	127	1828
FPÖ 95	35	829	6	26	7	14	130	1047
ÖVP 95	33	138	1061	24	23	14	65	1356
Grüne 95	3	1	24	123	12	4	51	219
LIF 95	29	12	5	56	79	9	65	253
Sonst. 95	2	5	5	3	0	13	42	71
Nichtw. 95	8	30	16	12	4	8	981	1060
Summe 99	1461	1191	1177	311	149	87	1459	5835

Beispiel: Von den SPÖ-Wählern 1995 haben 1,353.000 wieder SPÖ gewählt, 59.000 die ÖVP, 176.000 haben die FPÖ gewählt, etc.
*) Die Datenquelle sind bei dieser und bei allen folgenden Tabellen (wenn nicht anders angegeben) die Wählerstromanalysen der Autoren.

Die FPÖ

Vor allem durch die starken Zugewinne von den Regierungsparteien ging die FPÖ als relativer Wahlgewinner des 3. Oktober 1999 hervor. Im Saldo hat die FPÖ bei dieser Wahl - ohne die Berücksichtigung der Wahlkarten - um 160.000 Stimmen mehr als 1995 erzielt. Gleichzeitig haben die Freiheitlichen etwa 130.000 (12%) durch Wahlenthaltung verloren, außerdem sind etwa 35.000 (3%) FPÖ-Wähler von 1995 zur SPÖ zurückgekehrt.

Die ÖVP

Die ÖVP hat ihr - im Vergleich mit den vor der Wahl publizierten Umfragen unerwartet gutes - Ergebnis durch eine höhere Behalterate (78%) und geringe Verluste an die Nichtwähler (5%) erreicht. Trotzdem hat die ÖVP 138.000 Wähler (das sind wie bei der SPÖ 10% ihrer Anhänger von 1995) an die FPÖ verloren und ist dadurch knapp hinter die FPÖ auf die dritte Stelle zurückgefallen. Vom Koalitionspartner SPÖ hat die ÖVP 59.000 Wähler gewonnen, aber nur 33.000 an ihn abgegeben. Damit hat die ÖVP seit 1986 im Wählerabtausch mit dem „großen" Regierungspartner zum ersten Mal im Saldo mehr Stimmen an sich ziehen können. Hierbei handelt es sich wahrscheinlich um eine strategische Rückwanderung zur Volkspartei, um damit die Fortführung der Koalition von SPÖ und ÖVP zu sichern.

Tabelle 4: Wählerwanderungen von der Nationalratswahl 1995 zur Nationalratswahl 1999, in Prozent

	SPÖ 99	FPÖ 99	ÖVP 99	Grüne 99	LIF 99	Sonstige 99	Nichtw. 99	Summe 95
SPÖ 95	74	10	3	4	1	1	7	100
FPÖ 95	3	79	1	3	1	1	12	100
ÖVP 95	2	10	78	2	2	1	5	100
Grüne 95	1	0	11	56	5	2	23	100
LIF 95	11	5	2	22	31	3	25	100
Sonst. 95	3	7	7	5	0	18	59	100
Nichtw. 95	1	3	2	1	0	1	93	100

Beispiel: Von den SPÖ-Wählern 1995 haben 74% wieder SPÖ gewählt, 3% die ÖVP, 10% die FPÖ, etc.

Die Grünen

Die Grünen haben eine eher magere Behalterate von 56%. Somit hat ihnen nur etwas mehr als jeder zweite Wähler von 1995 auch bei dieser Wahl die Treue gehalten. 51.000 (23%) der früheren Grün-Wähler gingen 1999 nicht zur Wahl, was im Vergleich zu den größeren Parteien eine außerordentlich hohe Demobilisierung bedeutet. Ebenfalls überraschend hoch sind die Verluste an die ÖVP mit 24.000 oder 11% der Wähler von 1995. Der Saldo zwischen Grünen und ÖVP ist aber ausgeglichen, weil auch 24.000 ehemalige ÖVP-Wähler am 3.10.1999 Grün gewählt haben. Bemerkenswert ist, daß von ÖVP und FPÖ in etwa gleich viele Wähler zu den Grünen abgewandert sind; offensichtlich sind FPÖ und Grüne beim jüngeren Teil der Wählerschaft trotz aller ideologischen Differenzen nach wie vor Konkurrenten im Kampf um Wählerstimmen.

Relativ gering ist dafür die Abwanderung an das beim jungen, höher gebildeten und urbanen Bevölkerungssegment ebenfalls populäre Liberale Forum mit 5%. Der Abgang in die umgekehrte Richtung (56.000 wanderten vom LIF zu den Grünen) war eine der Grundlagen des Erfolges der Grünen bei der Nationalratswahl 1999. Noch mehr Wähler, insgesamt 65.000, konnten von der SPÖ rekrutiert werden.

Das Liberale Forum

Das Liberale Forum scheiterte an der 4%-Hürde für den Einzug in den Nationalrat. 65.000 (25%) der ehemaligen LIF-Wähler gingen 1999 nicht zur Wahl – das sind nur um 14.000 weniger als ihnen über vier Jahre die Treue gehalten haben. Die Hauptverluste der Liberalen (56.000) gingen an die Grünen. Zeitreihen der Wählerstromanalysen zeigen, daß die Ströme von den Liberalen an die Grünen seit den Nationalratswahlen 1995 immer stärker und die Rückgewinne immer geringer geworden sind (siehe Abschnitt 4 dieses Beitrages). Zu den Zugewinnen der SPÖ trug das Liberale Forum mit rund 30.000 Wählern fast in gleichem Ausmaß bei wie ÖVP und FPÖ, was sich bei einer Kleinpartei besonders schmerzhaft auswirkt.

Die „Sonstigen"

In der Kategorie „Sonstige" werden sehr heterogene Listen zusammengefaßt: „DU – die Unabhängigen", die Liste des im Wahlkampf rechtspopulistisch agierenden Richard Lugner, und die KPÖ auf dem anderen Ende des Spektrums. Es läßt sich jedenfalls festhalten, daß weder DU noch eine andere sonstige Partei in nennenswertem Ausmaß Nichtwähler mobilisieren konnte. Die Partei Richard Lugners dürfte ihre Stimmen in erster Linie von der SPÖ, in zweiter Linie von FPÖ und ÖVP geholt haben.[8]

Die Nichtwähler

Die Nichtwähler bilden – in pointierter Formulierung – die „erfolgreichste Partei" des 3. Oktober 1999: Ihr Anteil an den Wahlberechtigten ist um fast 6 Prozentpunkte gewachsen. Dies liegt zum einen an der hohen Behalterate von 91% – das heißt, die Nichtwähler von 1995 gingen mit sehr hoher Wahrscheinlichkeit auch diesmal nicht zur Wahl. Das ist insofern nicht verwunderlich, als 1995 eine außerordentlich hohe Mobilisierung zu verzeichnen war. Es war nicht zu erwarten, daß viele von denen, die nicht einmal der stark polarisierende Wahlkampf 1995 zu den Urnen gebracht hatte, sich 1999 dann zu einer Stimmabgabe entschließen würden.

Aderlässe zugunsten der Nichtwähler gab es von allen Parteien; interessanterweise nicht nur von den Verlierern SPÖ (127.000), ÖVP (65.000) und LIF (65.000), sondern auch von den Gewinnern FPÖ (130.000) und Grüne (51.000). Der hohe Abgang von freiheitlichen Wählern ins Nichtwählerlager scheint nur damit erklärbar, daß es für die meisten FPÖ-Wähler keine attraktive Alternative im derzeitigen Parteiensystem gibt. In der Konsequenz werden diejenigen Wähler, die die FPÖ nicht mehr für sich mobilisieren kann, zu Wahlverweigerern oder „Abstainers" (vgl. Hofinger und Ogris 1999).

Die Wählerstruktur der Parteien

Das Elektorat von SPÖ und ÖVP besteht jeweils zu mindestens 90% aus den Anhängern von 1995 (*Tabelle 5*). Die FPÖ-Wähler des Jahres 1999 sind dagegen nur zu 70% „alte" Wähler, 15% sind ehemalige Sozialdemokraten von 1995, 12% ehemalige ÖVP-Wähler.

Bei den Grünen sind mehr als die Hälfte ihrer Wähler „neu": nur 40% haben auch 1995 ihre Stimme für Grün abgegeben. Jeweils rund ein Fünftel machen Wähler aus, die sich entweder von der SPÖ oder den Liberalen abgewendet haben. Aber auch jeweils 8% der Grün-Anhänger von 1999 kommen von Parteien rechts der Mitte, also ÖVP und FPÖ.

Beim Liberalen Forum sind etwa die Hälfte Wähler, die bereits bei der letzten Wahl für das LIF votierten. Jeweils ca. ein Sechstel kommt von den Koalitionsparteien SPÖ und ÖVP, nur etwa ein Zwölftel von den Grünen.

Tabelle 5: Struktur der Wählerschaft bei der NR-Wahl 1999, in Prozent

	SPÖ 99	FPÖ 99	ÖVP 99	Grüne 99	LIF 99	Sonstige 99	Nichtw. 99
SPÖ 95	93	15	5	21	16	29	9
FPÖ 95	2	70	1	8	5	16	9
ÖVP 95	2	12	90	8	16	17	4
Grüne 95	0	0	2	40	8	5	4
LIF 95	2	1	0	18	53	10	4
Sonst. 95	0	0	0	1	0	15	3
Nichtw. 95	1	3	1	4	3	10	67
Summe 99	100	100	100	100	100	100	100

Beispiel: Die SPÖ-Wähler 1999 haben zu 93% bereits 1995 SPÖ gewählt, 2% haben 1995 die ÖVP gewählt, zu 2% die FPÖ, etc.

Die Nichtwähler des Jahres 1999 bestehen zu rund zwei Dritteln aus Nichtwählern von 1995. Jeweils 9% dieser Gruppe kommen von SPÖ und FPÖ, jeweils 4% von ÖVP, Grünen und LIF.

3. Die Wählerströme bei der Nationalratswahl 1999 im Kontext der 80er und 90er Jahre

Wie ist die Nationalratswahl 1999 vor dem Hintergrund der Wählerbewegungen der 80er und 90er Jahre zu beurteilen? In der Dynamik ist kein historischer Bruch festzustellen. Die letzte Wahl des Jahrhunderts war in vielerlei Hinsicht typisch für die Nationalratswahlen der 90er Jahre:
- Ca. 60% sind konstante Parteiwähler, haben also zum zweiten Mal hintereinander die gleiche Partei gewählt.
- In etwa jeder Siebte hat die Partei gewechselt.
- Der Abgang ins Nichtwählen war - mit der Ausnahme von 1995 - stärker als die Mobilisierung von Nichtwählern.

Nicht erst der 3. Oktober 1999, sondern bereits die Wahl vom 23. November 1986 brachte den Paradigmenwechsel: Zum ersten Mal wechselte damals mit 13% mehr als ein Zehntel der österreichischen Wahlberechtigten von einer Partei zur anderen. Das waren fast doppelt so viele wie noch 1983. Nachdem sich in den 70er Jahren bei den österreichischen Nationalratswahlen noch weniger getan hatte (vgl. Hofinger 1994b), können wir hier vom Beginn einer neuen Ära in der Geschichte der österreichischen Demokratie sprechen.

Diese neue Ära wurde durch einschneidende gesellschaftliche und politische Ereignisse in der Legislaturperiode 1983-1986 vorbereitet: Die Verstaatlichte Industrie war in eine schwere Krise geschlittert; die Aubesetzung in Hainburg hatte zu erhöhtem Umweltbewußtsein und der rascheren Formierung der Grünen geführt; Kurt Waldheim hatte seine umstrittene Präsidentschaft angetreten und Jörg Haider Norbert Steger als Vorsitzenden der FPÖ abgelöst.

Tabelle 6: Wählerströme bei den Nationalratswahlen 1983-1999 nach Wählertypen (in % der Wahlberechtigten)

	79-83	83-86	86-90	90-94	94-95	95-99
Parteiwechsler	7	13	14	16	12	14
mobilisierte Nichtwähler	3	1	2	6	7	1
demobilisierte Parteiwähler	2	3	7	10	3	8
Wechselwähler insgesamt	*12*	*17*	*23*	*31*	*22*	*24*
konstante Nichtwähler	6	7	9	14	16	17
konstante Parteiwähler	82	76	68	55	62	59
Konstante Wähler insgesamt	*88*	*83*	*77*	*69*	*78*	*76*
Wahlberechtigte	100	100	100	100	100	100

Ab 1986 wechselten dann stets zwischen 12 und 15% der österreichischen Wahlberechtigten zwischen zwei Parteien. Dieser Anteil ist außerordentlich stabil. Mit einer „für österreichische Verhältnisse beispiellose[n] Transformation" (Plasser, Ulram und Sommer 1999: 38) des Parteiensystems hatten wir es 1999 vor allem deswegen zu tun, weil jahre- bzw. jahrzehntelanges Wechselwahlverhalten die politische Landschaft Österreichs am Ende des Jahrhunderts so weit verändert hat, daß der Übergang zu einem Dreiparteiensystem als vollzogen betrachtet werden kann.

Die Entwicklung der Wechselwählerdynamik deckt sich im wesentlichen mit den Befunden der Umfrageforschung. Nur im Jahr 1995 konstatieren *Exit Polls* einen deutlich höheren Wechselwähleranteil als unsere Wählerstromanalysen, ansonsten weichen die Befunde nicht substantiell voneinander ab: Bei allen anderen Wahlen zwischen 1986 und 1999 lag der Anteil der Wechselwähler an den Wahlberechtigten konstant zwischen 13 und 16%, bewegte sich also bei beiden methodischen Ansätzen stets in der gleichen Größenordnung (*Tabelle 7*).

Tabelle 7: Wechselwähleranteil (*Party Changers*) bei Nationalratswahlen (1983-1999) in Prozent der Wahlberechtigten bei *Exit Polls* und Aggregatdatenanalyse

	1983	1986	1990	1994	1995	1999
laut *Exit Polls* (Plasser/Ulram/Sommer 1999*)	9	14	15	16	17	14
laut Aggregatdatenanalyse der Autoren	7	13	14	16	12	14
Differenz	-2	-1	-1	0	-5	0

*) im Original angegeben in Prozent der Wähler, hier durch Multiplikation mit der Wahlbeteiligung umgerechnet in Prozent der Wahlberechtigten.

Lediglich bei zwei Nationalratswahlen konnten die österreichischen Parteien in nennenswertem Ausmaß Nichtwähler mobilisieren. 1994 entschlossen sich 6% der Wahlberechtigten, nach Wahlenthaltung wieder einer Partei ihre Stimme zu geben, 1995 waren dies 7%. Bei allen anderen Wahlen erwies sich das Nichtwählen dagegen eher als eine Einbahnstraße: Nur 1 bis 3% der Wahlberechtigten fanden aus der politischen Abstinenz wieder zu den Wahlurnen zurück.

Dadurch kommt es in den 90er Jahren zu einem Phänomen, das in der Geschichte der österreichischen Demokratie ein Novum darstellt: konstante Wahlverweigerung. Waren in den Publikationen der 60er Jahre Nichtwähler noch als „Querulanten" (vgl. Kienzl 1964: 55) gebrandmarkt worden, so können wir heute keinesfalls weite Bevölkerungskreise als anomisch-deviant abstempeln. Seit 1994 hatten stets mindestens 14% der Wahlberechtigten mindestens bereits zum zweiten Mal hintereinander von ihrem Wahlrecht keinen Gebrauch gemacht. Selbst wenn wir von einer leichten Überschätzung der Nichtwählerkonstanz in der Aggregatdatenanalyse ausgehen müssen, deutet das auf einen Paradigmenwechsel hin.

Über die Gruppe der Wahlverweigerer wissen wir relativ wenig. Die Umfrageforschung ist mit dem Problem konfrontiert, daß nicht alle Befragten gleich freimütig zugeben, daß sie nicht wählen waren – die Beteiligung an einer Wahl gilt nach wie vor als sozial erwünschtes Verhalten. Auch bei den für die Motive von tatsächlichen Wählern sehr hilfreichen *Exit Polls* treffen die Interviewer naturgegebener Maßen keine Nichtwähler an.

War früher das Nichtwählen ein kurioses Phänomen, das gerade hin und wieder einen wissenschaftlichen Seitenblick rechtfertigte, haben wir es heute mit einer „Massenerscheinung" zu tun. Hier muß eine alte Streitfrage der Wahlforschung wieder aufgerollt werden, nämlich ob Wahlabstinenz ein eher zufälliges Verhalten in einer Wählerbiographie darstellt – oder ob es so etwas wie eine „Partei der Nichtwähler" gibt, also eine relativ konstante Gruppe von „Verweigerern". Die Wählerstromdaten bergen Hinweise darauf, daß Nichtwähler mit hoher Wahrscheinlichkeit auch bei der nächsten Wahl wieder zu Hause bleiben, unterstützen also eher die These des „Parteiencharakters" des Nichtwählens (zur Vertiefung vgl. Eilfort 1994).

4. Wählermobilisierung, Abwanderung und Zuwanderung im Zeitverlauf

Der folgende Abschnitt analysiert getrennt für jede der fünf größten Parteien sowie für die Nichtwähler die zeitlichen Trendmuster der vergangenen zwei Jahrzehnte. Es werden jeweils zunächst die Abwanderungen und danach die strukturelle Zusammensetzung untersucht.

4.1. Die SPÖ

Bei den Nationalratswahlen der 80er Jahren war die SPÖ stets in der Lage, deutlich mehr als 80% ihrer Wählerschaft wieder zur Stimmabgabe zu motivieren. In den 90er

Jahren gelang ihr dies nur bei der Nationalratswahl 1995, als ihr 91% der eigenen Wählerschaft bei der Nationalratswahl des Vorjahres die Treue hielten. Bei den Nationalratswahlen 1994 und 1999 erzielte die Sozialdemokratischen Partei mit 71% beziehungsweise 74% deutlich schlechtere Behalteraten (siehe *Tabelle 8*).

Tabelle 8: Behalteraten und Verlustraten der SPÖ bei den Nationalratswahlen 1983-1999 (in Prozent)

	SPÖ	FPÖ	ÖVP	Grüne	LIF	Sonstige	Nichtwähler
79-83	91	2	4	1	-	0	3
83-86	84	6	5	1	-	0	4
86-90	87	5	1	1	-	1	5
90-94	71	12	1	3	3	1	9
94-95	91	3	2	1	1	1	2
95-99	74	10	3	4	1	1	7

Angaben auf Basis der ersten Wahl.

Bei der Nationalratswahl 1983 stellte die Abwanderung zur Oppositionspartei ÖVP im Ausmaß von 4% der früheren SPÖ-Wähler die größte Quelle der Verluste bisheriger Wähler dar. Demobilisierung der Wähler, d.h. die Abwanderung von 3% der SPÖ-Wählerschaft der letzten Wahl ins Lager der Nichtwähler war die zweitwichtigste Verlustquelle. Ab 1986 stellte die Abwanderung zur oppositionellen FPÖ den größten negativen Wählerstrom dar. Die relativen Verluste an die FPÖ lagen mit einer Ausnahme - bei der Nationalratswahl 1995 - immer, mitunter sogar beträchtlich, höher. Bei den Nationalratswahlen 1994 und 1999 waren es 12% respektive 10% der SPÖ-Wählerschaft der jeweils vorhergehenden Wahl. Bei diesen beiden Wahlgängen erreichten auch die Verluste der SPÖ an das Lager der Nichtwähler mit 9% beziehungsweise 7% beträchtliche Ausmaße. Seit der Nationalratswahl 1990 ist die erfolglose Mobilisierung eines Teils der bisherigen Parteiwählerschaft stets die zweitwichtigste Verlustquelle der SPÖ gewesen. In der Phase der SPÖ-ÖVP-Koalitionsregierungen betrugen die Verluste früherer Wähler an den Koalitionspartner nie mehr als 3%. Sie wurden mitunter - etwa bei den Nationalratswahlen 1994 und 1999 - von den Wählerabwanderungen von der SPÖ zu den kleinen Oppositionsparteien Grüne und Liberales Forum übertroffen. Die sonstigen kandidierenden Parteien stellten nie eine ernsthafte Herausforderung für die SPÖ bei der Sicherung ihres Wählerpotentials dar.

Das Wahlergebnis der SPÖ bei der Nationalratswahl 1983 wurde fast ausschließlich mittels Mobilisierung der SPÖ-Wähler von 1979 erzielt (*Tabelle 9*). Die Wanderungen von anderen Parteien zur SPÖ waren gering, ebenso die Mobilisierung von Nichtwählern. In den beiden darauffolgenden Wahlen erwies sich die SPÖ als für einen Teil der ÖVP-Wähler attraktiv. Bei der Nationalratswahl 1986 waren 4%, 1990 5% ihrer Wähler von der ÖVP gekommen, je 2% stammten von der FPÖ. Die Mobilisierung aus dem Bereich der Nichtwähler blieb im Gegensatz zu den beiden darauffolgenden Nationalratswahlen schwach. Bei der Nationalratswahl 1994 betrug der Anteil jener Personen, die an der letzten Wahl nicht teilgenommen hatten und dieses Mal die SPÖ wählten, am Stimmenergebnis der SPÖ 5%, 1995 sogar 8%.

Tabelle 9: Wählerstruktur der SPÖ bei den Nationalratswahlen 1983-1999 (in Prozent)

	SPÖ	FPÖ	ÖVP	Grüne	LIF	Sonstige	Nichtwähler
79-83	96	0	1	-	-	0	2
83-86	93	2	4	0	-	0	1
86-90	90	2	5	1	-	0	1
90-94	92	0	1	0	-	1	5
94-95	79	4	2	4	3	1	8
95-99	93	2	2	0	2	0	1

Angaben auf Basis der zweiten Wahl.

Bei der Nationalratswahl 1995 bezog die SPÖ mehr als ein Zehntel ihrer Stimmen aus dem Wählerpotential der parlamentarischen Oppositionsparteien. Zuletzt sind die Wählerzuwanderungen von den anderen Parteien und aus dem Bereich der Nichtwähler wieder geringer ausgefallen. In Summe beträgt ihr gemeinsamer Anteil am Stimmenergebnis der SPÖ 7%.

4.2. Die FPÖ

Parallel zum Aufstieg der FPÖ von einer Kleinpartei zu einer Mittelpartei gibt es auch eine steigende Tendenz bei ihren Behalteraten (*Tabelle 10*). In den letzten beiden Nationalratswahlen konnte die FPÖ jeweils rund 80% ihrer bisherigen Wähler mobilisieren. Bei der Nationalratswahl 1983 lag die Behalterate noch bei 61%. Einen markanten Einbruch in der Treue der Parteiwähler gab es aber bei der Nationalratswahl 1994, als 22% der FPÖ-Wählerschaft von 1990 auf die Ausübung ihres Wahlrechtes verzichteten.

Bei der Nationalratswahl 1983 verlor die FPÖ als Kleinpartei noch massiv (in relativen Zahlen) an die ÖVP (16%) und die erstmals antretenden Grünparteien VGÖ und ALÖ (15%). Die Ziele der größten Abwanderungen von früheren FPÖ-Wählern zu anderen Parteien schwankten von Nationalratswahl zu Nationalratswahl. In den Wahlgängen der 80er Jahre war der Anteil der Wechselwähler, die die FPÖ in Richtung einer anderen Partei verließen, aber stets größer als jener Teil der FPÖ-Wählerschaft, der sich zur Wahlenthaltung entschloß. In den 90er Jahren gab es dagegen zwei Nationalratswahlen (1994 und 1999), bei denen der Anteil der Nichtwähler unter den bisherigen FPÖ-Wählern höher war als die Summe der Abwanderungen zu allen anderen wahlwerbenden Parteien. Die Nationalratswahl 1995 ist auch in dieser Hinsicht eine Ausnahme. Der vom ideologischen „Richtungsstreit" zwischen den Koalitionsparteien (vgl. Plasser, Ulram und Ogris 1996) geprägte Wahlkampf beeindruckte auch die FPÖ-Wählerschaft: 7% wanderten bei dieser Wahl zur SPÖ, 6% zur ÖVP. In zwei der drei Nationalratswahlen der 90er Jahre gab es geringe Verluste an die grüne Konkurrenz in der Opposition. Die Verluste an das Liberale Forum und sonstige wahlwerbende Parteien waren gering.

Tabelle 10: Behalteraten und Verlustraten der FPÖ bei den Nationalratswahlen 1983-1999 (in Prozent)

	SPÖ	FPÖ	ÖVP	Grüne	LIF	Sonstige	Nichtwähler
79-83	2	61	16	15	-	0	6
83-86	6	65	7	5	-	15	5
86-90	5	77	11	12	-	14	5
90-94	1	71	1	3	1	1	22
94-95	7	81	6	1	1	1	5
95-99	3	79	1	3	1	1	12

Angaben auf Basis der ersten Wahl.

Das Wachstum der FPÖ ist in erster Linie durch Zugewinne früherer SPÖ- und ÖVP-Wähler verursacht. Bei der Nationalratswahl 1983 bewahrten 16% der früheren SPÖ-Wähler die FPÖ vor einem noch schlechteren Wahlergebnis. In den ersten beiden Nationalratswahlen nach dem Wechsel der Parteiführung von Norbert Steger zu Jörg Haider zog die Partei vor allem von der ÖVP Wähler ab, in den Wahlen 1994 und 1999 dagegen verstärkt von der SPÖ.

Tabelle 11: Wählerstruktur der FPÖ bei den Nationalratswahlen 1983-1999 (in Prozent)

	SPÖ	FPÖ	ÖVP	Grüne	LIF	Sonstige	Nichtwähler
79-83	16	70	4	-	-	2	8
83-86	28	32	32	2	-	1	5
86-90	15	47	29	4	-	1	4
90-94	24	55	12	1	-	2	5
94-95	4	79	4	1	1	1	11
95-99	15	70	12	0	1	0	3

Angaben auf Basis der zweiten Wahl.

Die erfolgreiche Mobilisierung von Nichtwählern war bis zur jüngsten Nationalratswahl immer eine weitere Ursache der Stimmenzugewinne, deren Bedeutung aber eindeutig hinter der erfolgreichen Anziehung von Parteiwechselwählern rangierte. Eine Ausnahme bildete die Wahl von 1994, bei der die Zugewinne aus dem Lager der beiden Regierungsparteien dramatisch zurückgingen. Die Mobilisierung von Nichtwählern steuerte damals 11% zum Wahlergebnis der FPÖ bei.

4.3. Die ÖVP

Die ÖVP wies in den Wahlen der 80er Jahre bis Mitte der 90er Jahre eine ständig sinkende Behalterate auf. Der Anteil der Wähler, die ihr von einer Nationalratswahl zur nächsten die Treue hielten, sank von 94% bei der Nationalratswahl 1983 auf 72% bei der Nationalratswahl 1994. Erst die Nationalratswahl 1995 kehrte diesen Trend wieder um. Bei dieser Wahl gelang der ÖVP mit einer Behalterate von 87% wieder eine wesentlich höhere Mobilisierung der eigenen Wählerschaft, sie kam damit allerdings nicht ganz an den damaligen Erfolg der SPÖ (91%) heran. Bei der Nationalratswahl 1999 ist die Behalterate der ÖVP wieder unter die 80%-Marke gesunken, war aber nun höher als jene der SPÖ (74%).

Tabelle 12: Behalteraten und Verlustraten der ÖVP bei den Nationalratswahlen 1983-1999 (in Prozent)

	SPÖ	FPÖ	ÖVP	Grüne	LIF	Sonstige	Nichtwähler
79-83	2	0	94	1	-	0	2
83-86	4	7	86	2	-	0	1
86-90	5	11	71	4	-	1	9
90-94	1	8	72	5	6	1	7
94-95	3	3	87	1	1	1	4
95-99	2	10	78	2	2	1	5

Angaben auf Basis der ersten Wahl.

Die Abwanderung von Teilen der ÖVP-Wählerschaft vollzog sich ab 1986 vornehmlich in Richtung FPÖ, besonders stark erfolgte sie bei der eben erwähnten Nationalratswahl von 1986 (11%) und der Nationalratswahl 1999 (10%). Der zweitwichtigste Wählerstrom weg von der ÖVP ging an die Wahlenthaltung, die die ÖVP besonders bei den Nationalratswahlen 1990 und 1994 zu spüren bekam. Bei diesen beiden Wahlen verlor die ÖVP auch viele Wähler an die parlamentarischen Oppositionsparteien, in Summe 15% beziehungsweise 19% auf Basis der jeweils letzten Wahl. Vor allem 1994 konnten sich die Grünen und das erstmals kandidierende Liberale Forum Anteile am „Wählerkuchen" der ÖVP sichern. Bei der Nationalratswahl 1999 gingen der ÖVP in Summe 14% ihrer Wählerschaft in Richtung der damaligen parlamentarischen Oppositionsparteien verloren. Im Vergleich dazu war die Abwanderung von der ÖVP zum Koalitionspartner SPÖ meist geringen Umfangs. Ihre Höchstwerte erreichte sie bei den Nationalratswahlen 1986 und 1990 mit 4% respektive 5%.

In der Phase der Opposition bis 1986 konnte die ÖVP Wählerzuströme von der SPÖ verzeichnen. Nachdem sie Regierungspartei geworden ist, sind diese Wählzuströme vom nunmehrigen Koalitionspartner, ebenso wie die Wählerzuströme von den neuen Oppositionsparteien, bis zur Nationalratswahl 1995 praktisch versiegt. Bei dieser Wahl bezog sie je 5% ihrer Wähler von FPÖ und Liberalem Forum, in Summe beruhten sogar 15%

ihres Ergebnisses auf einem für die ÖVP vorteilhaften Meinungsumschwung unter früheren Wählern anderer Parteien.

Tabelle 13: Wählerstruktur der ÖVP bei den Nationalratswahlen 1983-1999 (in Prozent)

	SPÖ	FPÖ	ÖVP	Grüne	LIF	Sonstige	Nichtwähler
79-83	4	2	90	-	-	0	3
83-86	6	2	92	0	-	0	1
86-90	1	1	97	0	-	0	1
90-94	1	1	88	1	-	0	9
94-95	2	5	81	2	5	1	5
95-99	5	1	90	2	0	0	1

Angaben auf Basis der zweiten Wahl.

Die Mobilisierung des Stimmenpotentials der Nichtwähler spielte für die ÖVP bei der Nationalratswahl 1994 die größte Rolle, sie erwies sich aber auch bei den Nationalratswahlen 1983 sowie 1995 als bedeutsam.

4.4. Die Grünen[9]

Die Grünen sind unter den im Parlament vertretenen Parteien am stärksten mit zwei Problemen konfrontiert: einer geringeren Teilnahmebereitschaft ihrer Anhängerschaft an Wahlen und gleichzeitig deren hoher Bereitschaft, bei der nächsten Wahl einer anderen Partei ihre Stimme zu geben. Ihre höchste Behalterate verzeichneten die Grünen in der Frühphase ihrer Geschichte als parlamentarische Partei bei der Nationalratswahl 1986. Sie konnten 60% ihrer Wähler von 1983 wieder motivieren, für sie die Stimme abzugeben. In den 90er Jahren sank der Mobilisierungserfolg bei den eigenen Wählern stetig. Die neu entstandene Konkurrenz in der Opposition, das Liberale Forum, holte sich bei den Nationalratswahlen 1994 und 1995 beträchtliche Anteile der Grün-Wähler (18% bzw. 13%).

Tabelle 14: Behalteraten und Verlustraten der Grünen bei den Nationalratswahlen 1986-1999 (in Prozent)

	SPÖ	FPÖ	ÖVP	Grüne	LIF	Sonstige	Nichtwähler
83-86	5	5	1	60	-	5	25
86-90	1	5	4	51	-	20	4
90-94	1	6	4	45	18	2	25
94-95	20	4	10	44	13	2	7
95-99	1	0	11	56	5	2	23

Angaben auf Basis der ersten Wahl.

Deutliche Mißerfolge bei der Mobilisierung der eigenen Wählerschaft gab es bei den Nationalratswahlen 1986, 1994 und 1999. Jeweils rund ein Viertel der bisherigen Grünwähler gingen nicht zur Wahl. Die Abwanderung an die FPÖ erreichte von 1986 bis 1995 jeweils ein Ausmaß von 4 bis 6%. Bei der Nationalratswahl 1999 gab es praktisch keine Abwanderung zur FPÖ mehr. 1990 gab es, mit 20% der Stimmen von 1986, einen kräftigen Aderlaß an die sonstigen Parteien, hier vor allem an die Vereinten Grünen Österreichs (VGÖ), eine mitte-rechts-orientierte Gruppierung, die sich von der 1986 gemeinsam gebildeten Plattform getrennt hatte. Gering war die Abwanderung zur Regierungspartei SPÖ – mit einer wichtigen Ausnahme: Bei der Nationalratswahl 1995 verloren die Grünen 20% ihrer Wählerschaft an die SPÖ sowie weitere 10% an die ÖVP. Bei der Nationalratswahl 1999 wirkte die Oppositionsdrohung der ÖVP offenkundig auch in der grünen Wählerschaft: 11% Abwanderung zur ÖVP waren das Ergebnis.

Tabelle 15: Wählerstruktur der Grünen bei den Nationalratswahlen 1983-1999 (in Prozent)

	SPÖ	FPÖ	ÖVP	Grüne	LIF	Sonstige	Nichtwähler
79-83	21	33	20	-	-	2	23
83-86	17	2	21	53	-	2	5
86-90	10	7	28	43	-	4	8
90-94	16	7	24	31	-	9	13
94-95	6	4	7	64	4	2	14
95-99	21	8	8	40	18	1	4

Angaben auf Basis der zweiten Wahl.

Die Grünen zogen bei der Nationalratswahl 1983 Stimmen von allen drei Parlamentsparteien ab, am meisten aber von der FPÖ. 1986 und 1994 waren es vor allem ÖVP-Wähler, in zweiter Linie SPÖ-Wähler, die dem grünen Wählerstock zuwanderten. Bei der jüngsten Nationalratswahl hat sich das Verhältnis der Zuwanderung deutlich umgedreht: 21% der Grünwähler gaben bei der letzten Wahl der SPÖ ihre Stimme, 8% der ÖVP. 1999 profitierten die Grünen von der Zuwanderung eines Teils der liberalen Wählerschaft. Die Mobilisierung von Nichtwählern ist den Grünen vor allem bei ihrem ersten Antreten in zwei getrennten Listen (ALÖ, VÖG) bei der Nationalratswahl 1983 geglückt. Als Neuzugang zum Angebot an politischen Parteien kamen sie zusammen auf einen Anteil von 23% früherer Nichtwähler. Auch bei den Nationalratswahlen 1994 und 1995 stammten mehr als ein Zehntel der Grünwähler aus dem Lager der Nichtwähler.

4.5. Das Liberale Forum

Das Liberale Forum hatte in den Nationalratswahlen von 1995 und 1999 mit 44% beziehungsweise 31% die geringsten Behalteraten aller Parlamentsparteien zu verzeichnen. Die jüngste parlamentarische Partei hatte von Beginn an bis zu ihrem Scheitern an der Prozenthürde bei der Nationalratswahl 1999 mit zwei Problemen zu kämpfen: einerseits mit der mangelnden Bereitschaft der eigenen Klientel, die Wahllokale aufzusuchen, und andererseits der stark ausgeprägten Tendenz ihrer Wähler, zu einer anderen Partei zu wechseln. Bei der Nationalratswahl 1995 verlor das Liberale Forum 45% der liberalen Wähler von 1994 an die beiden Regierungsparteien SPÖ und ÖVP. Bei der Nationalratswahl 1999 zerstreute sich die liberale Wählerschaft von 1995 vor allem ins Lager der Nichtwähler (25%), zu den Grünen (22%) und zur SPÖ (11%).

Tabelle 16: Behalteraten und Verlustraten des Liberalen Forums bei den Nationalratswahlen 1995 und 1999 (in Prozent)

	SPÖ	FPÖ	ÖVP	Grüne	LIF	Sonstige	Nichtwähler
94-95	19	4	26	3	44	1	2
95-99	11	5	2	22	31	3	25

Angaben auf Basis der ersten Wahl.

Den Abwanderungen standen 1999 zu geringe Zuwanderungen von seiten früherer Wähler der Regierungsparteien gegenüber, auch der Versuch der Mobilisierung früherer Nichtwähler blieb 1999 erfolglos (*Tabelle 16*). Bei seiner ersten Kandidatur zu den Parlamentswahlen im Jahr 1994 stellt sich das Liberale Forum vor allem für ÖVP-Wähler als ein reizvolles Angebot heraus. Mehr als ein Drittel der liberalen Stimmen von 1994 waren von der ÖVP zugewandert. Auch von der SPÖ (25%), den Grünen (15%) und früheren Nichtwählern (14%) wanderten Wähler zu. Die Entstehungsgeschichte des Liberalen Forums als Abspaltung von der FPÖ zeigte keine Auswirkung auf die Wechselbereitschaft der FPÖ-Wählerschaft. Lediglich 5% der liberalen Wähler von 1994 waren frühere FPÖ-Wähler.

Tabelle 17: Wählerstruktur des Liberalen Forums bei den Nationalratswahlen 1994-1999 (in Prozent)

	SPÖ	FPÖ	ÖVP	Grüne	LIF	Sonstige	Nichtwähler
90-94	25	5	36	15	-	6	14
94-95	8	4	5	16	47	3	17
95-99	16	5	16	8	53	0	3

Angaben auf Basis der zweiten Wahl.

Die Nationalratswahl 1995 war für das Liberale Forum durch eine relativ erfolgreiche Überzeugungsarbeit im Lager der Nichtwähler (17%) und durch die Zuwanderung früherer Grünwähler (16%) charakterisiert. Die Zuwanderung von seiten der anderen drei Parlamentsparteien fiel gering aus.

4.6. Die „Partei der Nichtwähler"

Die Betrachtung der Nichtwähler als „Partei" dient als Konstrukt, um die Wanderungsströme zwischen den Parteien und jenem Teil der Bevölkerung, der sein Wahlrecht nicht wahrgenommen hat, darzustellen. Auffallend ist die hohe Behalterate dieser Gruppe. Das ist ein deutlicher Hinweis auf eine wiederholte Wahlverweigerung. Am niedrigsten war die Behalterate bei der Nationalratswahl 1983 (64%), am höchsten bei der jüngsten Nationalratswahl (93%).

Tabelle 18: Behalteraten und Verlustraten der Nichtwähler bei den Nationalratswahlen 1986-1999 (in Prozent)

	SPÖ	FPÖ	ÖVP	Grüne	LIF	Sonstige	Nichtwähler
79-83	9	4	14	6	-	2	64
83-86	3	5	3	2	-	1	85
86-90	4	5	2	4	-	1	84
90-94	7	5	10	4	3	1	71
94-95	11	9	5	2	3	1	69
95-99	1	3	2	1	0	1	93

Angaben auf Basis der ersten Wahl.

1983 war die ÖVP überaus erfolgreich bei der Mobilisierung dieser Wählergruppe (*Tabelle 18*). In den beiden darauffolgenden Nationalratswahlen stellten die Nichtwähler ein Reservoir dar, das von allen Parteien gleichermaßen, allerdings mit eher mäßigem Erfolg, angezapft werden konnte. 1994 war in diesem Bestreben wieder die ÖVP (10%) überdurchschnittlich erfolgreich, 1995 die SPÖ (11%) und die FPÖ (9%). Bei der Nationalratswahl 1999 vermochte es keine Partei in besonderem Ausmaß, Nichtwähler von 1995 in die Wahllokale zu bringen und zur Stimmabgabe zu motivieren.

Tabelle 19: Struktur der Nichtwähler bei den Nationalratswahlen 1983-1999 (in Prozent)

	SPÖ	FPÖ	ÖVP	Grüne	LIF	Sonstige	Nichtwähler
79-83	15	4	9	-	-	1	71
83-86	15	2	5	7	-	1	70
86-90	12	2	20	6	-	1	58
90-94	14	13	8	4	-	4	48
94-95	4	4	5	2	1	1	84
95-99	9	9	4	4	4	3	67

Angaben auf Basis der zweiten Wahl.

5. Wählerströme bei der zweiten Wahl zum Europäischen Parlament 1999

Nur etwa ein Drittel der Wahlberechtigten hat bei der Wahl zum Europäischen Parlament 1999 dieselbe Partei gewählt wie 1996, ein weiteres Drittel hat bereits zum zweiten Mal nicht oder ungültig gewählt, und das verbleibende Drittel hat das Wahlverhalten geändert (*Tabelle 20*). Mit 12% Parteiwechslern fügt sich die Europa-Wahl gut in das Bild ein, das die Nationalratswahlen seit 1986 im historischen Überblick ergeben (vgl. Abschnitt 3 dieses Beitrags). Die Besonderheit dieser Wahl war vor allem die starke Demobilisierung: Beinahe ein Fünftel derjenigen Wahlberechtigten, die 1996 ihre Stimme für eine der kandidierenden Parteien abgegeben haben, sind 1999 zu Hause geblieben.

Tabelle 20: Wählerströme bei den Wahlen zum Europäischen Parlament 1996 bis 1999 nach Wählertypen in % der Wahlberechtigten

Parteiwechsler	12
mobilisierte Nichtwähler	2
demobilisierte Parteiwähler	19
Wechselwähler insgesamt	*33*
konstante Nichtwähler	34
konstante Parteiwähler	34
Konstante Wähler insgesamt	*68*
Wahlberechtigte	100

Tabelle 21: Wählerwanderungen von der Europawahl 1996 zur Europawahl 1999, absolut in 1000 Stimmen

	ÖVP 99	SPÖ 99	FPÖ 99	Grüne 99	LIF 99	Sonstige 99	Nichtw. 99	Summe 96
ÖVP 96	763	104	114	25	7	12	95	1120
SPÖ 96	44	616	95	23	7	11	312	1108
FPÖ 96	14	123	384	5	3	7	516	1052
Grüne 96	4	3	3	167	10	8	62	257
LIF 96	4	3	19	23	41	3	68	161
Sonst. 96	4	6	19	3	2	14	53	101
Nichtw. 96	18	27	20	11	4	8	1965	2053
Summe 99	851	882	654	257	74	63	3071	5852

Beispiel: Von den ÖVP-Wählern 1996 haben 763.000 wieder ÖVP gewählt, 104.000 die SPÖ, 114.000 haben die FPÖ gewählt, etc.

Im Vergleich der Parteien haben sich die *ÖVP-Wähler* als die treuesten Europa-Wähler erwiesen. 92% der ÖVP-Wähler der EU-Wahl 1996 sind 1999 wieder zur Wahl gegangen. Von diesen sind aber 104.000 Wähler an die SPÖ, 114.000 Wähler an die FPÖ sowie 25.000 Wähler an die Grünen gewandert. Da die ÖVP jedoch nur bescheidene Zugewinne von anderen Parteien (mit 44.000 am meisten noch von der SPÖ) für sich verbuchen konnte, hat sie ihren ersten Platz von 1996 eingebüßt. Im Stimmen-Karussell der drei größten Parteien hat die *SPÖ* am meisten Wähler von den anderen Parteien gewonnen, nämlich 104.000 von der ÖVP und 123.000 von der FPÖ. Die SPÖ hat somit gegenüber den beiden anderen Parteien eine positive Wählerstrombilanz. Trotz des mit 312.000 Stimmen beträchtlichen Verlustes an die Nichtwähler reichte das für den ersten Platz.

Die *FPÖ* hat zum ersten Mal seit der Nationalratswahl 1986 bei einer bundesweiten Wahl weniger als 700.000 Stimmen erzielt. Ungefähr die Hälfte der FPÖ-Wähler der EU-Wahl 1996 sind 1999 zu Hause geblieben. Die FPÖ hat aber von der ÖVP (114.000) und von der SPÖ (95.000) weitere Wähler abgezogen. Auch die *Grünen* haben an die Nichtwähler verloren (62.000), allerdings von ÖVP, SPÖ und LIF gegenüber der EU-Wahl 1996 jeweils zwischen 23.000 und 25.000 Wähler gewinnen können. Mit 65 Prozent Behalterate erzielten die Grünen einen für diese Partei sehr hohen Wert. Die Mobilisierung der Stammwähler brachte einen eindeutigen Erfolg. Insgesamt erzielten die Grünen genauso viele Stimmen wie bei der letzten EU-Wahl. Da alle anderen Parteien bei dieser Wahl Stimmen verloren, konnten die Grünen ihren Stimmenanteil gegenüber der EU-Wahl 1996 deutlich ausbauen. Das *LIF* konnte nur ein Viertel ihrer Wähler der EU-Wahl 1996 zu den Urnen bringen. Durch Wahlenthaltung gingen mehr als 40% ihrer Wähler verloren. Es gibt zwar bescheidene Gewinne von den Großparteien und den Grünen, diese Stimmenwanderungen waren jedoch zu gering, um den durch die schwache Mobilisierung entstandenen Verlust wettmachen zu können.

Tabelle 22: Wählerwanderungen bei der Europawahl 1999, in Prozent der Stimmen von 1996

	ÖVP 99	SPÖ 99	FPÖ 99	Grüne 99	LIF 99	CSA 99	KPÖ 99	Nichtw. 99	Summe 96
ÖVP 96	68	9	10	2	1	1	0	8	100
SPÖ 96	4	56	9	2	1	1	0	28	100
FPÖ 96	1	12	37	1	0	1	0	49	100
Grüne 96	2	1	1	65	4	2	1	24	100
LIF 96	3	2	12	14	25	2	0	42	100
KPÖ 96	8	8	5	5	2	3	42	25	100
Sonst. 96	3	6	22	3	1	7	0	58	100
Nichtw. 96	1	1	1	1	0	0	0	95	100

Beispiel: Von den ÖVP-Wählern 1996 haben 68% wieder ÖVP gewählt, 9% die SPÖ, 10% die FPÖ, etc.

Tabelle 23: Struktur der Wählerschaft bei der Europawahl 1999, in Prozent der Stimmen von 1999

	ÖVP 99	SPÖ 99	FPÖ 99	Grüne 99	LIF 99	CSA 99	KPÖ 99	Nichtw. 99
ÖVP 96	90	12	17	10	9	22	13	3
SPÖ 96	5	70	15	9	10	17	18	10
FPÖ 96	2	14	59	2	4	12	8	16
Grüne 96	1	0	1	65	14	11	13	2
LIF 96	1	0	3	9	56	7	2	2
KPÖ 96	0	0	0	0	1	1	37	0
Sonst. 96	0	1	3	1	2	13	1	1
Nichtw. 96	2	3	3	4	5	16	9	64
Summe 99	100	100	100	100	100	100	100	100

Beispiel: Die ÖVP-Wähler 1999 haben zu 90% bereits 1996 ÖVP gewählt, 5% haben 1996 die SPÖ gewählt, 2% die FPÖ, etc.

Anmerkungen

1 Im folgenden wird zwecks besserer Lesbarkeit auf die Binnen-I Schreibung beim Wort Wähler verzichtet; die Autoren halten jedoch ausdrücklich fest, daß mit dem Ausdruck „Wähler" *Voters* gemeint sind – also Wähler(innen) beiderlei Geschlechts.

2 Zur Methodendiskussion vgl. Achen und Shively 1995, King 1997, Kohlsche 1985, Krauß und Smid 1989, Küchler 1983, Hoschka und Schunck 1975 und 1982, sowie Thomsen 1987.

3 Die von den Autoren am Wahlabend im ORF publizierte Wählerstromanalyse konnte die Wiener Sprengelergebnisse noch nicht berücksichtigen. Sie weicht daher in manchen Aspekten (allerdings nicht in den substantiellen Aussagen) von der hier publizierten Wählerstromanalyse ab.

4 Das von den Autoren verwendete Verfahren der *linearen Regression* gibt teilweise auch Korrelationskoeffizienten aus, die nicht unmittelbar als Übergangswahrscheinlichkeit i.e. Wählerströme interpretiert werden können. Bei negativen Koeffizienten haben wir das Problem, daß nicht eine negative Anzahl von Wählern der Partei x zur Partei y gegangen sein kann; bei Koeffizienten über 1 (die meistens in der Diagonale auftreten, also bei den Behalteraten) können wir nicht folgern, daß mehr als 100% der Wähler der Partei x sie ein zweites Mal gewählt haben. Um dieses Problem zu vermeiden, gibt es zwei Strategien: entweder die Koeffizienten zu korrigieren (etwa durch Herabsetzen der Diagonale und Hinaufsetzen der übrigen, vgl. Füle 1994) oder ein anderes Regressionsverfahren wie einen *Maximum-Likelihood*-Schätzer zu verwenden, das nur Wahrscheinlichkeiten zwischen 0 und 1 ergibt (vgl. Neuwirth 1984). Wir verwenden bewußt ein Verfahren, das „böse" Koeffizienten kleiner 0 oder größer 1 zuläßt, weil unserer Ansicht nach nur so gesehen werden kann, inwieweit die Einteilung der Gemeinden Gruppen mit interpretierbaren Trends ergibt. Die *A priori*-Unterdrückung von Koeffizienten kleiner 0 oder größer 1 durch das Verfahren erspart einem zwar die Notwendigkeit einer nachfolgenden Korrektur, verdeckt aber wertvolle Informationen.

5 Bei den Berechnungen wurde die Liste „Die Unabhängigen – Richard Lugner" teilweise noch als eigene Partei berücksichtigt, in den Übersichtstabellen jedoch dann nicht mehr getrennt angeführt.

6   Da wir – wie weiter oben erläutert – aus methodischen Gründen die Wahlkartenwähler den Nichtwählern zuschlagen müssen und diese ca. 4% der Wahlberechtigten ausmachen, sind in dieser Gruppe „nur" 13% auch inhaltlich als konstante Nichtwähler zu betrachten.

7   Der wegen eines abgelehnten Asylantrages in Schubhaft genommene Marcus Omofuma starb bei seiner Abschiebung in einem Flugzeug in Begleitung von drei Exekutivbeamten, die ihm den Mund verklebt hatten.

8   Der Effekt des Antretens von Richard Lugner ist allerdings nicht zu unterschätzen, als er für die FPÖ eine – vermeintliche – Bedrohung von rechts darstellte. Dies dürfte das Motiv der FPÖ Wien gewesen sein, auf Plakaten und in Postwurfsendungen gegen angebliche „Überfremdung" und „Asylmißbrauch" aufzutreten. Dies führte zu heftigen Diskussionen, die aber nicht unbedingt der FPÖ nützten – in Wien war ihr relativer Erfolg vergleichsweise bescheiden.

9   1983 kandidierten zwei grüne Parteilisten, VGÖ und ALÖ, die bei den Wählerstromanalysen zu einer Partei zusammengefaßt wurden. 1986 kandidierten beide gemeinsam als Liste Freda Meissner-Blau, ab 1990 wieder getrennt. Seit 1990 wird die VGÖ in den hier publizierten Wählerstromanalysen zu den „sonstigen Parteien" gezählt.

Literatur

Achen, Christopher H. und W. Ph. Shively (1995). *Cross-level Inference*, Chicago und London

Eilfort, Michael (1994). *Die Nichtwähler. Wahlenthaltung als Form des Wahlverhaltens* (= Studien zur Politik; 24), Paderborn

Füle, Erika (1994). Estimating Voter Transitions by Ecological Regression, *Electoral Studies* 4, 313-330

Hofinger, Christoph (1994a). Am Beispiel Politik: Daten-Akquisition für ein Mastergleichungsmodell, *WISDOM* 3/4, 110-127

Hofinger, Christoph (1994b). *Entwurf eines Mastergleichungsmodells zur Beschreibung der Dynamiken bei den österreichischen Nationalratswahlen 1970 bis 1990*, Institut für Höhere Studien – Reihe Soziologie, Wien

Hofinger, Christoph und Günther Ogris (1996a). Wählerwanderungen. Ein Vergleich fünf verschiedener Wählerstromanalysen anläßlich der Nationalratswahl 1995, in: Fritz Plasser, Peter A. Ulram und Günther Ogris (Hg.). *Wahlkampf und Wählerentscheidung. Analysen zur Nationalratswahl 1995* (Schriftenreihe des Zentrums für angewandte Politikforschung; 11), Wien, 315-341

Hofinger, Christoph und Günther Ogris (1996b). Denn erstens kommt es anders...Die Gründe für das Überraschungsergebnis der Nationalratswahlen vom 17.12.1995, in: Andreas Khol, Günther Ofner und Alfred Stirnemann (Hg.). *Österreichisches Jahrbuch für Politik 1995*, Wien und München, 55-72

Hofinger, Christoph und Günther Ogris (1999). Wie treu sind blaue Wählerherzen? Eine statistische Analyse des Wahlverhaltens der FPÖ-Wähler bei den österreichischen Nationalratswahlen in den neunziger Jahren, in: Fritz Plasser, Oscar W. Gabriel, Jürgen Falter und Peter A. Ulram (Hg.). *Wahlen und politische Einstellungen in Deutschland und Österreich* (Empirische und methodologische Beiträge zur Sozialwissenschaft; 17), Opladen, 129-144

Hoschka, Peter und Hermann Schunck (1975). Schätzung von Wählerwanderungen: Puzzlespiel oder gesicherte Ergebnisse?, *Politische Vierteljahresschrift* 4, 491-539

Hoschka, Peter und Hermann Schunck (1982). Das Puzzlespiel der Wählerwanderungen: Noch immer ungelöst, *Zeitschrift für Parlamentsfragen* 1, 113-115

Kienzl, Heinz (1964). Die Struktur der Wählerschaft, in: Karl Blecha, Rupert Gmoser und Heinz Kienzl (Hg.). *Der durchleuchtete Wähler*, Wien, 31-71

King, Gary (1997). *A Solution to the Ecological Inference Problem: Reconstructing Individual Behavior from Aggregate Data*, Princeton

Kohlsche, Andreas (1985). *Wählerverhalten und Sozialstruktur in Schleswig-Holstein und Hamburg von 1947 bis 1983. Eine methodisch und methodologisch orientierte Aggregatdatenanalyse*, Opladen

Krauß, Fritz und Menno Smid (1989). Wählerwanderungsanalyse. Ein Vergleich verschiedener Ansätze am Beispiel der Bundestagswahl 1980, *Zeitschrift für Parlamentsfragen* 1, 83-108

Küchler, Manfred (1983). Die Schätzung von Wählerwanderungen. Neue Lösungsversuche, in: Max Kaase und Hans-Dieter Klingemann (Hg.). *Wahlen und politisches System. Analysen aus Anlaß der Bundestagswahl 1980*, Opladen, 632-650

Neuwirth, Erich (1984). Schätzung von Wahlübergangswahrscheinlichkeiten, in: Manfred J. Holler (Hg.). *Wahlanalyse. Hypothese, Methode und Ergebnisse*, München, 197-211

Ogris, Günther (1993). Die Wählerstromanalyse ist etwas besser als ihre Kritik. Replik auf Daniel Seller ‚Die Wählerstromanalyse. Anspruch und Wirklichkeit' aus der SWS-Rundschau 3/1992, 417-428, *SWS-Rundschau* 1, 109-114

Plasser, Fritz, Peter A. Ulram und Gilg Seeber (1996). (Dis-)Kontinuitäten und neue Spannungslinien im Wählerverhalten: Trendanalysen 1986-1995, in: Fritz Plasser, Peter A. Ulram und Günther Ogris (Hg.). *Wahlkampf und Wählerentscheidung. Analysen zur Nationalratswahl 1995* (Schriftenreihe des Zentrums für angewandte Politikforschung; 11), Wien, 155-209

Plasser, Fritz, Peter A. Ulram und Franz Sommer (1999). *Analyse der Nationalratswahl 1999. Muster, Trends und Entscheidungsmotive*, Forschungsbericht des Zentrums für Angewandte Politikforschung und des Fessel-GfK-Instituts (http://www.zap.or.at/1010.html)

Plasser, Fritz, Peter A. Ulram und Franz Sommer (1996). Restabilisierung der Traditionsparteien oder nur scheinbare Konsolidierung? Analyse der Nationalratswahl 1995, in: Andreas Khol, Günther Ofner und Alfred Stirnemann (Hg.). *Österreichisches Jahrbuch für Politik 1995*, Wien und München, 73-102

Sommer, Franz (1996). Regionale Trendmuster im Wählerverhalten, in: Fritz Plasser, Peter A. Ulram und Günther Ogris (Hg.). *Wahlkampf und Wählerentscheidung. Analysen zur Nationalratswahl 1995* (Schriftenreihe des Zentrums für angewandte Politikforschung; 11), Wien, 273-287

Thomsen, Soren R. (1987). *Danish Elections 1920-1979. A Logit Approach to Ecological Analysis and Inference*, Aarhus

Do Campaigns Matter?
Massenmedien und Wahlentscheidung
im Nationalratswahlkampf 1999

Fritz Plasser / Peter A. Ulram / Franz Sommer

Gliederung

1. Der Nationalratswahlkampf 1999
2. Die Panel-Studie 1999: Design und Methodik
3. Involvierung in den Wahlkampf und direkte Kampagne-Effekte
4. Rezeption politischer Werbung
5. Muster in der Wahlkampfberichterstattung der Massenmedien
6. Evaluierung der Massenmedien im Wahlkampf
7. Typologie der Reaktionsgruppen

Angesichts der professionellen Aufmerksamkeit und der werblich-finanziellen Ressourcen, die politische Parteien in Wahlkämpfe investieren, wie der Dichte der redaktionellen Wahlkampfberichterstattung in einer multi-medialen „Vielkanalöffentlichkeit" ist das empirische Wissen über tatsächliche Kampagne-Effekte mehr als unbefriedigend (Holtz-Bacha und Kaid 1996; Farrell und Schmitt-Beck 1999). Sechzig Jahre nach der bahnbrechenden „*Erie-County*"-Studie von Lazarsfeld, Berelson und Gaudet (1944), bei der erstmals eine Stichprobe von Wahlberechtigten sechsmal während des Präsidentschaftswahlkampfes 1940 über ihre Einstellungen und ihr Wahlverhalten befragt wurde, zählen die Hauptergebnisse dieser Panel-Studie noch immer zum Kanon der Wirkungsforschung (McQuail 1998). Da nur acht Prozent der Befragten während des Ereigniszeitraums Wahlkampf ihre Präferenz veränderten, wurden direkte persuasive Effekte des Wahlkampfes (*coversion effects*) als sekundär bezeichnet. Das Wirkungspotential von Kampagnen bzw. deren massenmedialer Vermittlung läge vielmehr in der Verstärkung bestehender Prädispositionen (*reinforcement effect*) bzw. der Mobilisierung, sich überhaupt an der Wahl zu beteiligen (*activation effect*). Das Konzept „*minimaler*" Kampagne-Effekte bestimmte über Jahrzehnte die – spärliche – empirische Forschungslage. Eine vergleichbare Panel-Studie zum Präsidentschaftswahlkampf 1980 schien die These minimaler persuasiver Wirkungen zu bestätigen. Finkel (1993) berichtet, daß nur 4,8 Prozent der Befragten während des Wahlkampfes ihre Kandidatenpräferenz änderten. Neben sozialpsychologischen Mechanismen zur Abwehr bzw. Neutralisierung persuasiver Botschaften durch selektive Mediennutzung, selektive Wahrnehmung und Interpretation dissonanter Botschaften wurden primär kontextuelle Faktoren wie die ökonomische Konjunkturlage und gesellschaftspolitische Makrotrends als verhaltensprägende Einflußgrößen angesehen.

Unter dem Eindruck des Modells minimaler Kampagne-Effekte und „der Theorien indirekter, kognitiv vermittelter Medienwirkungen kam die Wahlentscheidung als abhängige Variable fast gänzlich aus der Mode. Erst in der jüngeren Zeit sind wieder vermehrt Stimmen zu vernehmen, die für eine Wiederbelebung der Idee plädieren, daß Berichte der Massenmedien die Richtung politischer Entscheidungen verändern können" (Schmitt-Beck 1998b: 324). Obwohl die Medienwirkungsforschung vorrangig auf die kognitive Wirkungsebene massenmedialer Botschaften konzentriert ist (Bonfadelli 1999; Merten 1999; Jäckel 1999) und indirekte, kognitive Wirkungen wie Themensetzung und Themenstrukturierung (*agenda setting*) empirisch modelliert und nachgewiesen werden (Rössler 1997), hat sich der Fokus der Wahlkampfforschung wiederum tendenziell direkten Effekten massenmedialer Kampagnen zugewandt (Ansolabehre, Iyengar und Simon 1997; Schulz 1997).

In einem aktuellen Überblick zum Forschungsstand kommt Holbrook (1996) zu einer differenzierten Antwort auf die Frage nach direkten Kampagne-Effekten. „Although national candidates set the parameters of likely outcomes and contribute more to the eventual outcome, campaigns can provide the votes that swing the outcome one way or the other" (Holbrook 1996: 158). Komplexe Mehrebenenstudien rezenter Präsidentschaftswahlkämpfe in den USA (Just et al. 1996; Denton 1998; Kaid und Bystrom 1999), britischer Unterhauswahlen (Crewe, Gosschalk und Bartle 1998; Norris et al. 1999) und deutscher Bundestagswahlkämpfe (Holtz-Bacha 1999; Schmitt-Beck 1998a; Schneider, Schönbach und Semetko 1999; Noelle-Neumann, Kepplinger und Donsbach 1999) zeichnen mehrdimensionale Wirkungspotentiale der massenmedialen Politikvermittlung wie des Kommunikations- und News-Management professioneller Medien- und Werbestrategen (Kamps 1999), die die Schwelle „*minimaler*" Kampage-Effekte weit überschreiten.

Drei systemische Trends haben zur Verstärkung des Wirkungspotentials politischer Kampagnen beigetragen. Es handelt sich dabei zum einen um den als Dealignment bezeichneten Zerfall traditioneller Parteibindungen und damit verbundener stabiler Loyalitätsmuster, der die politische Mobilitäts- und Wechselbereitschaft nicht mehr fix auf eine bestimmte Partei orientierter Wählerinnen und Wähler deutlich ansteigen ließ. Es handelt sich zweitens um einen als „*press-media dealignment*" (Norris et al. 1999: 182) bezeichneten Prozeß der Autonomisierung kompetitiver Massenmedien in einer fragmentierten „Vielkanal-Öffentlichkeit" (Schulz 1998), der redaktionellen Nachrichtenwerten wie Konflikt und Negativität im Kampf um die Publikumsaufmerksamkeit absolute Priorität beimißt. Es handelt sich drittens um einen anhaltenden Professionalisierungsprozeß der Wahlkampfakteure, der auf zielgruppengerechtes *„message developement"*, *„targeting"* und kameragerechtes *„impression management"* fixiert ist und sich durch professionelles Kommunikationsmanagement in Form strategischer Instrumentalisierung der massenmedialen Berichterstattung auszeichnet (Plasser 2000).

Wie sehr sich die politische Kommunikationswelt seit den sechziger Jahren verändert hat, verdeutlichen ausgewählte Indikatoren zum politischen Informationsverhalten der österreichischen Wählerschaft. Verfügten im Nationalratswahlkampf 1962 nur 16 Prozent der Haushalte über ein TV-Gerät, liegt der Anteil von TV-Haushalten dreißig Jahre später bei 98 Prozent. Wurden 1962 nur 23 Prozent der Wählerinnen und Wähler von der politischen Fernsehberichterstattung erreicht, waren es 1999 89 Prozent. 1962 gab es noch keine TV-Diskussionen zwischen den Spitzenkandidaten der politischen Parteien wie auch der Begriff *„talk show"* auf völliges Unverständnis gestoßen wäre. 1999 haben 86 Prozent der Wählerinnen und Wähler zumindest eine der politischen Diskussionsrunden im Fernsehen gesehen. 1962 gab es in Österreich noch keine wöchentlichen Nachrichtenmagazine wie Profil, Format oder News, aus denen sich 1999 25 Prozent der Wähler über den Wahlkampfverlauf informierten. Auch politische TV-Werbung war 1962 noch unbekannt. 1999 erreichten die TV-Belangsendungen der Parlamentsparteien rund 30 Prozent der Wahlberechtigten, die zumindest eine dieser TV-Werbesendungen gesehen haben. Immerhin 5 Prozent der österreichischen Wähler nutzten im Wahlkampf 1999 das Internet, um sich über das Wahlkampfgeschehen zu informieren. 1962 war nicht einmal in den kühnsten Prognosen vorstellbar, daß dreißig Jahre später bereits in jedem dritten Haushalt ein Personal Computer stehen würde.

Von den klassischen Werbemitteln konnte nur das Medium Plakat seine Reichweitenposition halten. 1962 hatten 76 Prozent der Wählerinnen und Wähler Kontakt mit den politischen Werbeplakaten. 1999 ist 87 Prozent zumindest ein Wahlplakat einer politischen Partei aufgefallen. Andere traditionelle Kommunikationskanäle wie Wahlkampfveranstaltungen und Gesprächskontakte mit Funktionären einer politischen Partei erreichten 1999 nur mehr überschaubare Wählergruppen. Verdoppelt hat sich hingegen der Anteil der Wähler, die von zumindest einer Postwurfsendung bzw. *direct mailing* der Parteien erreicht wurden. Berichteten 1962 27 Prozent der Befragten, daß sie während des Wahlkampfes von einer Postwurfsendung einer politischen Partei erreicht wurden, waren es im Nationalratswahlkampf 1999 57 Prozent, die eine Postwurfsendung bzw. ein persönlich adressiertes *direct mailing* erhalten haben. Wie in den USA und Deutschland versuchen auch in Österreich die politischen Parteien mittels *direct mail*-Kampagnen einen zumindest punktuellen direkten Kontakt zu Zielgruppen zu finden (Römmele 1999).

Tabelle 1: Politische Informationskontakte in den Nationalratswahlkämpfen 1962 und 1999

In Prozent hatten Kontakt	1999	1962	Veränderung
Fernsehberichte	89	23	+66
TV-Diskussionsformate	86	0	+86
Zeitungsberichte	79	48	+31
Plakate	87	76	+11
Radioberichte	55	65	-10
Postwurfsendungen (direct mailings)	54	27	+27
TV-Werbesendungen	30	0	+30
Politische Nachrichtenmagazine	25	0	+25
Gespräche mit Parteifunktionären	10	18	-8
Wahlveranstaltungen	7	11	-4
Internet	5	0	+5
Lautsprecherwagen	0	6	-6

Quelle: FESSEL-GfK, Wahlkampfanalyse 1962 (N = 1.993) und Panelstudie zur Nationalratswahl 1999.

Eine Konsequenz des Zerfalls traditioneller Parteibindungen ist die tendenzielle Verlagerung des definitiven Entscheidungsprozesses in den Zeitraum des Intensivwahlkampfes. Haben sich 1979 nur 9 Prozent der Wählerinnen und Wähler nach eigenen Angaben kurz vor dem Wahltag definitiv auf die Partei ihrer Wahl festgelegt, waren es 1999 bereits 20 Prozent, die sich erst in den Wochen des Intensivwahlkampfes definitiv festgelegt haben. Bemerkenswert erscheint aber vor allem die Tatsache, daß rund 50 Prozent der Wechselwähler zu der wachsenden Gruppe von „*late deciders*" zählen. Der steigende Anteil von Spätentscheidern erhöht somit das vermutete Wirkungspotential massenmedial vermittelter Wahlkampfbotschaften, thematischer Positionen, Kandidatenauftritte bzw. „*kritischer*" Medienereignisse wie TV-Diskussionen bzw. kameragerechter *Events* und inszenierter Pseudoereignisse, aber auch des Tenors und der Tonalität der redaktionellen Kommentierung des Wahlkampfgeschehens.

Der Frage „*Do Campaigns Matter?*" wird im vorliegenden Beitrag in *vier* Schritten nachgegangen. Im ersten Abschnitt wird die Dynamik der Präferenzbildung im Nationalratswahlkampf 1999 auf Basis wöchentlicher telefonischer Repräsentativumfragen (*track polling*) nachgezeichnet. Im zweiten Abschnitt werden zentrale Ergebnisse einer begleitenden Panelstudie in sechs Wellen, die zwischen Mitte August und der ersten Oktoberwoche 1999 durchgeführt wurden, berichtet. Der dritte Abschnitt versucht, Einblicke in Interaktionseffekte zwischen Medien- bzw. Kampagnekontakten und der individuellen Wahlentscheidung zu gewinnen. Im vierten und letzten Abschnitt werden Reaktionsgruppen typologisch beschrieben und wird auf die funktionale Relevanz der massenmedialen Wahlkampfberichterstattung für die individuelle Meinungsbildung während des Nationalratswahlkampfes 1999 eingegangen.

1. Der Nationalratswahlkampf 1999

Für die Analyse des Nationalratswahlkampfs 1999 standen im wesentlichen *vier* Datenquellen zur Verfügung:

1. Die repräsentative Wahltagsbefragung *(Exit Poll)* unter N = 2.200 Wählern und Wählerinnen nach Verlassen der Wahllokale.
2. Die *Panel*-Studie zur Nationalratswahl, d.h. die wiederholte telefonische Befragung derselben Personen während des Wahlkampfs bzw. in der Woche danach.
3. Das telefonische *Track-Polling* zur Nationalratswahl. Das Track-Polling umfaßte sieben telefonische Befragungswellen, jeweils mit 500 Interviews im Zeitraum vom 16. August bis zum 30. September. Im Rahmen des Track-Polling wurden sowohl Standardindikatoren erhoben (Wahlabsichten, Entscheidungssicherheit der Parteienwahl, Wahlbeteiligungsabsicht) als auch ereignisbezogene Fragen gestellt. Einzelne Fragestellungen waren mit jenen des Wählerpanels ident, sodaß das Track-Polling gleichzeitig als Kontrollstudie zum Wählerpanel herangezogen werden kann.
4. Die quantitative *Inhaltsanalyse* der tagesaktuellen Wahlkampfberichterstattung in den Fernsehnachrichten und ausgewählten Tageszeitungen.

Tabelle 2: Erhebungszeiträume des Track-Polling

Track 1	16.08. - 18.08.1999
Track 2	25.08. - 30.08.1999
Track 3	06.09. - 08.09.1999
Track 4	13.09. - 15.09.1999
Track 5	20.09. - 21.09.1999
Track 6	27.09. - 28.09.1999
Track 7	30.09.1999

Quelle: FESSEL-GfK, Telefonisches Track-Polling zur Nationalratswahl 1999.

Die Daten der Track Polls gestatten den Nachvollzug des Ereigniszeitraums Wahlkampf, wobei Konstanz und Wandel in bestimmten Einstellungsdimensionen festgestellt und *kritische* Wahlkampfereignisse identifiziert werden können. Eine Analyse nach spezifischen Bevölkerungssegmenten ist aber aufgrund der numerisch kleinen Stichproben nur bei größeren Gruppen (etwa Präferenten der drei größeren Parteien) möglich.

Der Beginn des Nationalratswahlkampfs im August war durch eine – primär von sachpolitischen Positionierungen getragene – Auseinandersetzung zwischen den beiden Regierungsparteien SPÖ und ÖVP geprägt. Die Entscheidungssicherheit der Wähler stieg an – die Daten des Track-Polling zeigen eine Zunahme von Wählern, die angaben, sich ganz oder ziemlich auf eine Partei festgelegt zu haben, parallel dazu sank der Prozentsatz an Wählern, die keine Parteipräferenz deklarierten. SPÖ und ÖVP verzeichneten leichte Zunahmen in der Wählergunst. Anfang September setzte die FPÖ-Wahlkampagne massiv ein, die *drei* unterschiedliche Stoßrichtungen verfolgte: Die Hauptkampagne griff eine diffuse Veränderungsstimmung in der Bevölkerung auf (Leitmotiv war hier „*it's time for a change!*"). Die beiden Nebenkampagnen waren stärker thematisch ausgerichtet – speziell in der Bundeshauptstadt wurde das Ausländerthema kampagnisiert; Steuersenkungsforderungen *(„flat tax")* in Verbindung mit einem bekannten Industriellen als Spitzenkandidat (aber nicht Kanzlerkandidat) und sozialpolitische Vorschläge („Kinderscheck"), Verfassungsgarantie für Pensionserhöhungen und Agrarsubvention) richteten sich an spezifische Zielgruppen in der ÖVP- und SPÖ- Wählerschaft. Die Entscheidungssicherheit der Wählerschaft ging zurück (Abnahme entscheidungssicherer Wähler und Zunahme von Personen, die keine Parteipräferenz deklarierten), SPÖ und ÖVP verloren an Zustimmung. Die Schwerpunkte der massenmedialen Berichterstattung ebenso wie deren Tonalität veränderte sich: Sachpolitische Streitfragen (*issues*) traten – mit Ausnahme des Ausländerthemas – in den Hintergrund und wurden von Spekulationen über Wahlausgang, mögliche Regierungskonstellationen nach der Wahl, Berichte über Wahlkampfstrategien etc. überlagert. Eine besondere Rolle spielte die Veröffentlichung von Umfrageergebnissen in den Massenmedien (die der FPÖ einen deutlichen Vorsprung vor der ÖVP bescheinigten) bzw. deren Kommentierung. In abgeschwächtem Ausmaß findet sich die Veränderung der parteipolitischen Kräfteverhältnisse auch in den Daten des Track-Polling wieder. Den Abschluß dieser Phase bildeten die Vorarlberger Landtagswahlen vom 19. September, bei denen die FPÖ starke Zugewinne auf Kosten beider Traditionsparteien erzielte.

Tabelle 3: Entscheidungssicherheit im Trend (Nationalratswahlkampf 1999)

In Prozent	Track 1	Track 2	Track 3	Track 4	Track 5	Track 6	Track 7
Befragte, die angaben, sich ganz sicher oder ziemlich sicher für eine Partei entschieden zu haben	65	71	67	72	77	82	76
Befragte, die keine Parteipräferenz deklarierten	23	19	30	28	22	34	35

Quelle: FESSEL-GfK, Telefonisches Track-Polling zur Nationalratswahl 1999.

Tabelle 4: Deklarierte Wahlabsichten (Rohdaten) im Trend (Nationalratswahlen 1999)

In Prozent	Track 1	Track 2	Track 3	Track 4	Track 5	Track 6	Track 7
SPÖ	27	31	27	21	27	25	25
ÖVP	21	23	17	20	17	16	17
FPÖ	16	15	14	17	20	14	13
Grün	10	8	7	9	7	6	8
LIF	2	3	3	3	6	4	2
andere Parteien	1	1	2	2	1	1	0
Nichtdeklariert	23	19	30	28	22	34	35

Quelle: FESSEL-GfK, Telefonisches Track-Polling zur Nationalratswahl 1999.

Als Reaktion auf die neue Situation änderte vor allem die ÖVP ihre Wahlkampflinie. Nach der Ankündigung ihres Spitzenkandidaten, bei einem Abrutschen auf den dritten Platz in Opposition gehen zu wollen, trat sie in eine direkte Konfrontation mit der FPÖ, wobei insbesondere Fragen der politischen Stabilität und Berechenbarkeit hervorgehoben wurden. Die Wahlkampflinie wurde verstärkt auf die Person des Spitzenkandidaten fokussiert, wie auch die beiden anderen größeren Parteien ihre Führungspersonen (SPÖ-Bundeskanzler Klima und FPÖ-Obmann Haider) zunehmend in den Vordergrund der Kampagne stellten. Dramatisierung, symbolische Politik (speziell bei FPÖ und ÖVP) und Personalisierung kennzeichneten so die Endphase des Wahlkampfs. Nach den Daten der begleitenden Wahlkampfforschung (Track-Polling) gelang es der ÖVP durch ihre Festlegung, in die Opposition zu gehen, falls sie von der FPÖ vom zweiten Platz verdrängt werden sollte, ihre Stammwählerklientel neuerlich an sich zu binden und dadurch wahlpolitisches Terrain wettzumachen[1]. Demgegenüber verlor die FPÖ in der Schlußphase des Wahlkampfes wieder an Wählergunst. Im Endergebnis hält die SPÖ ihre Führungsposition, allerdings mit deutlichen Stimmeneinbußen; die ÖVP mußte gegenüber der Nationalratswahl 1995 nur leichte Verluste hinnehmen, wurde aber um 415 Stimmen von der FPÖ überholt, die damit erstmals in der Wahlgeschichte der Zweiten Republik zur zweitstärksten Partei aufstieg, wenngleich sich in Mandaten ein Gleichstand zwischen FPÖ und ÖVP (beide jeweils 52 Parlamentssitze) ergab.

2. Die Panel-Studie 1999: Design und Methodik

Seit der bahnbrechenden Studie von Lazarsfeld, Berelson und Gaudet (1944) zählen Panel-Studien zu den wichtigsten Instrumenten der empirischen Wahlkampfforschung. Im Vergleich zu Trendstudien – das sind Querschnitterhebungen mit identem Fragenprogramm bei verschiedenen Stichproben – weisen Panel-Studien, also die Befragung des gleichen Personenkreises zu verschiedenen Zeitpunkten, eine Reihe von Vorteilen auf[2]:

- die Möglichkeit der eindeutigen *Identifikation* konsistenter wie fluktuierender Wähler sowie spezieller Subgruppen derselben im Wahlkampf, da immer die gleichen Personen befragt werden;
- die Möglichkeit der *Kumulation* von Informationen über die Panel-Wellen;
- die Möglichkeit der *Identifikation* von Zeitpunkt und Gründen von Meinungsveränderungen im Wahlkampf;
- die Möglichkeit, die *Wirkungen* von massenmedialer Berichterstattung und Wahlwerbung direkt zu erfassen;
- die Möglichkeit, das Ausmaß von *Veränderungen* z.B. der Wahlabsichten präziser zu bestimmen, weil sämtliche Wählerbewegungen im Untersuchungszeitraum erfaßt werden (und nicht nur saldierte Wählerströme).

Forschungsstrategisch handelt es sich bei Panel-Studien um ein ebenso aufwendiges wie organisatorisch und erhebungstechnisch komplexes Verfahren, da immer die gleichen Personen befragt werden müssen[3]. Neben dem allgemeinen Problem der *Panel-Mortali-*

tät, also dem Ausfall von Befragten von einer Welle zur nächsten (Gefahr von systematischen Ausfällen, die zur Verzerrung der Stichprobe führen; zu kleine Restbefragtenanzahl bei der letzten Panelwelle, um genügend große Untergruppen analysieren zu können) können auch Probleme durch spezifische Lerneffekte wiederholter Befragungen auftreten, etwa eine Steigerung des Interesses an der Fragestellung, was wiederum zu geändertem Informationsverhalten führt usw., sodaß sich die Panelpopulation in zentralen Merkmalsausprägungen (Interesse, Involvierung, Mobilisierung) erkennbar von der Gesamtwählerschaft unterscheiden kann.

In Österreich wurden Panel-Studien im Bereich der Wahlkampfforschung – anders als in der kommerziellen Marktforschung – bislang nur selten eingesetzt. Ausnahmen stellen eine (allerdings regional begrenzte) Studie zur Nationalratswahl 1986 (FESSEL-GfK und IFES, Wahlkampf und Nationalratswahl 1986) und das Vierwellenpanel von Ogris (1996) zum Nationalratswahlkampf 1995 dar. Die erwähnten ressourcenmäßigen und logistischen Probleme haben auch die Durchführung des FESSEL-GfK Wählerpanels zur Nationalratswahl 1999 begleitet, wobei insbesondere die knappe zeitliche Aufeinanderfolge der einzelnen Panel-Wellen (6 Panels in einem Zeitraum von nicht einmal zwei Monaten) zu Adaptionen des ursprünglichen Konzepts führten[4]. Das Wählerpanel zur Nationalratswahl 1999 wurde telefonisch durchgeführt. Ausgang war eine Stichprobe von N = 1.991 repräsentativen Telefoninterviews unter Wahlberechtigten. Für die Endauswertung wurden N = 972 Interviews herangezogen. Diese Interviews umfaßten Personen, die an mindestens *vier* Befragungswellen teilgenommen hatten, in jedem Fall aber an den Panel-Wellen 1 und 6 (letztere in der Woche nach der Nationalratswahl).

Tabelle 5: Das Wählerpanel zur Nationalratswahl 1999

Panel-Welle	Befragungszeitraum	Realisierte Interviews je Welle
T1	16.08.-25.08.99	N=1.991
T2	01.09.-07.09.99	N=1.615
T3	16.09.-20.09.99	N=1.462
T4	21.09.-24.09.99	N=1.296
T5	28.09.-30.09.99	N=1.201
T6	04.10.-07.10.99	N=1.211

Quelle: FESSEL-GfK, Panelstudie zur Nationalratswahl 1999.

Die Ergebnisse der begleitenden Wahlkampfforschung (*Track Polling* zur Nationalratswahl) wurden zur Kontrolle möglicher Panel-Effekte herangezogen. Die Erhebungszeiträume von Track-Polling und Panel-Studie waren weitgehend parallel. Zugleich sind einzelne Fragestellungen der 6. Panelwelle (Nachwahlbefragung) direkt mit denen des *Exit Poll* zur Nationalratswahl 1999 vergleichbar. Generell lassen sich zwei Problemfelder identifizieren, die eine Einschränkung der Aussagekraft des Wählerpanels bedingen:

1. Der Anteil an Nichtwählern: nur 5 Prozent der (für die Analyse herangezogenen) Personen der letzten Panelwelle gaben zu Protokoll, an der Nationalratswahl nicht teilgenommen zu haben. Dies mag zum einen im Mobilisierungseffekt einer Panel-Befragung begründet sein – das Interesse am Wahlkampfgeschehen für die Panelteilnehmer lag über dem der Kontrollgruppe –, zum anderen aber in einer speziellen Antworthemmung. In Österreich kommt der Beteiligung an Wahlen nach wie vor ein hoher Verpflichtungscharakter zu (Ulram 2000), was zu einem *under-reporting* potentieller Nichtwähler führt[5]. Die Panel-Studie ermöglicht so keine Aussage über die Nichtwähler der Nationalratswahl 1999 (ein Fünftel der Wahlberechtigten).
2. Der Anteil an FPÖ-Wählern im Wählerpanel liegt unter, jener von Grün- und LIF-Wählern über den tatsächlichen Parteienanteilen. Dies entspricht einer langjährigen Erfahrung der sozialwissenschaftlichen Meinungsforschung in Österreich. Insbesondere FPÖ-Wähler tendieren zu einer systematischen Unterdeklaration (Antwort- bzw. Interviewverweigerung). Interviews stellen soziale (Gesprächs-) Situationen dar, die manche Interviewte zu Zurückhaltung bei sensiblen Fragen veranlassen. Dies ist im politischen Bereich vor allem bei der FPÖ der Fall – speziell vor dem Hintergrund eines massenmedialen Berichterstattungstenors, in dem vorwiegend Fragen der politischen Stabilität u.ä. thematisiert werden. Konsequenz ist die systematische Unterschätzung mobiler FPÖ-Wähler (z.B. Zuwanderer zur FPÖ im Verlauf des Wahlkampfes bzw. seit den letzten Nationalratswahlen), da sich traditionelle FPÖ-Wähler gegenüber dem Druck des massenmedialen Meinungsklimas deutlich resistenter zeigen.

Tabelle 6:   Parteienanteile: Panel und Nationalratswahlen im Vergleich

In Prozent	Wählerpanel T6	Wahlergebnis
SPÖ	32,5	33,2
ÖVP	26,0	26,9
FPÖ	19,0	26,9
Grüne	10,5	7,4
LIF	5,0	3,7
andere Parteien	1,5	2,0
Nicht/Weißwähler	5,0	20,0

Quelle: FESSEL-GfK, Panelstudie zur Nationalratswahl 1999 und amtliche Wahlergebnisse.

Ungeachtet dieser Einschätzungen stellt die Panel-Studie zur Nationalratswahl 1999 eine Innovation nicht nur in der österreichischen Wahlforschung, sondern auch eine Weiterführung internationaler Forschungsansätze dar. Die Studie konzentriert sich vorrangig auf Aspekte der politischen Kommunikation wie der Identifikation von Reaktionsgruppen. In letztgenannter Hinsicht standen nicht nur Parteiwechsler während des Wahlkampfs („Fluktuierende") im Mittelpunkt der Analyse, sondern auch Wähler, die im Laufe des Wahlkampfs zunächst ihre Wahlpräferenz geändert hatten, dann aber zur ursprünglich präferierten Partei zurückgekehrt waren („Fluktuierend Konsistente").

3. Involvierung in den Wahlkampf und direkte Kampagne-Effekte

Einer der wichtigsten Kampagne-Effekte ist die Erhöhung des Interesses für den Wahlkampf. Personen, die das Wahlkampfgeschehen mit Interesse verfolgen, werden sich mit hoher Wahrscheinlichkeit auch an der Wahl beteiligen, während bei Personen, die dem Wahlkampfgeschehen gleichgültig bis distanziert gegenüberstehen, von einer geringen Beteiligung auszugehen ist. In der partizipationsfördernden Mobilisierung liegt somit einer der wesentlichen Effekte von Wahlkämpfen. „Reinforcement and mobilization effects are just as important for elections, by generating participation in the democratic process, as the alteration of party preferences" (Norris et al. 1999: 13). Mobilisierungseffekte lassen sich während des Nationalratswahlkampfes zwar nachweisen, doch sind sie eher moderat ausgefallen. Zwar hat sich der Anteil jener Wählerinnen und Wähler mit geringem bis keinem Interesse für das Wahlkampfgeschehen im Beobachtungszeitraum von 44 Prozent auf 23 Prozent halbiert, dem steht aber nur ein moderater Anstieg des Anteils von Personen mit starkem Interesse von 26 Prozent auf 35 Prozent gegenüber. Dieser Befund – mit Blick auf die Gesamtheit der Panel-Teilnehmer – stellt sich differenzierter dar, teilt man die Panel-Befragten in spezifische Reaktionsgruppen. Für die weitere Analyse wurden insgesamt *vier* Gruppen von Panel-Teilnehmern gebildet:

1. die Gruppe der *Konsistenten* (stayers), d.h. Befragten, die ihre Wahlpräferenz im Beobachtungszeitraum nicht veränderten und bei allen Befragungspunkten konsistente Wahlabsichten zu Protokoll gaben. Der Anteil der Konsistenten an der Panel-Stichprobe beträgt 51 Prozent.

2. Die Gruppe der *Fluktuierend Konsistenten* (wavering stayers), d.h. Befragten, die zum ersten und letzten Befragungszeitraum dieselbe Partei präferierten, während des Beobachtungszeitraumes aber bei zumindest einem Befragungspunkt eine Präferenz für eine andere Partei als die, die sie tatsächlich wählten, äußerten. Der Anteil der *Fluktuierend Konsistenten* an der Panel-Studie beträgt 9 Prozent.

3. Die Gruppe der *Fluktuierenden* (waverers), d.h. Befragten, die zum Zeitpunkt T1 eine andere Partei präferierten als bei T6. Bei Fluktuierenden erfolgte dabei im Beobachtungszeitraum ein Wechsel zu einer anderen Partei bzw. ein Wechsel in das Lager der Nichtwähler (De-Mobilisierungseffekt) ohne Rückkehr zur am Beginn des Wahlkampfes präferierten Partei. Der Anteil der Fluktuierenden an der Panelstichprobe beträgt 27 Prozent. Norris et al. (1999: 17) berichten auf Grundlage der 1997 BES Campaign Panel Study zu den britischen Unterhauswahlen von einem *waverers*-Anteil von 23 Prozent.

4. Die Gruppe der faktischen *Wechselwähler* (party changers), d.h. Befragten, die zwischen 1995 (*recall*) und 1999 tatsächlich die Partei gewechselt haben, unabhängig davon, zu welchem Zeitpunkt der Wechsel erfolgte. Wechselwähler können ihren Parteiwechsel aber über mehrere Stationen vollzogen haben, d.h. einzelne Wechselwähler können auch im Beobachtungszeitraum fluktuiert haben. Der Anteil der so definierten Wechselwähler an der Panelstudie beträgt 31 Prozent.

Konsistente Befragte zeigten bereits am Beginn des Beobachtungszeitraums ein überdurchschnittliches Interesse für das Wahlkampfgeschehen, das sich von Befragungswelle zu Befragungswelle kontinuierlich erhöhte. Anders die Gruppe der Fluktuierend Konsistenten, die bei denen sich das Wahlkampfinteresse erst in den letzten beiden Wahlkampfwochen sprunghaft erhöhte und wenige Tage vor der Wahl die Involvierungsstärke der Konsistenten erreichte. Dies ist ein erster Hinweis auf gruppenspezifische Mobilisierungseffekte, die auch für den Wahlausgang Relevanz besitzen, da der – verspätete – Anstieg des generellen Wahlkampfinteresses mit jener Phase korreliert, in der die Fluktuierenden sich wieder der von ihnen ursprünglich präferierten Partei annäherten. Solche – in der Literatur als „*homing-effects*" bezeichneten Heimkehrbewegungen absprungbereiter Wähler – dürften zu strategisch ebenso bedeutsamen Kampagne-Effekten zählen wie die *Persuasion*, d.h. Effekte, die einen tatsächlichen Parteiwechsel begünstigen bzw. auslösen. Bei faktischen Wechselwählern erhöht sich das Wahlkampfinteresse hingegen zu einem vergleichsweise frühen Zeitpunkt der Kampagne, ohne in den folgenden Wochen deutlich weiter zu steigen. Fluktuierende Befragte zeichnen sich wiederum durch eine vergleichsweise niedrigere Anteilnahme am Wahlkampfgeschehen aus.

Tabelle 7: Starkes Interesse für den Wahlkampf

In Prozent	T1	T2	T3	T4	T5	T6
Konsistente	30	31	33	41	44	
Fluktuierend Konsistente	25	23	30	35	46	
Fluktuierende	18	12	23	27	27	
Wechselwähler	23	19	31	37	35	
Total	26	26	30	35	35	
Zeitpunkt	16.8.-25.8.	1.9.-7.9.	16.9.-20.9.	21.9.-24.9.	28.9.-30.9.	4.10.-7.10.

Quelle: FESSEL-GfK, Panel-Studie zur Nationalratswahl 1999.

Ähnliche Muster zeigen sich beim Grad der Entscheidungssicherheit der Panel-Teilnehmer. 88 Prozent der Konsistenten waren sich bereits am Beginn des Wahlkampfes weitgehend sicher, welcher Partei sie am Wahltag ihre Stimme geben werden. Am Höhepunkt des Intensivwahlkampfes hatte sich die Entscheidungssicherheit der Konsistenten bereits der Hundert-Prozent-Marke angenähert. Anders formuliert, war der Wahlkampf für das Wahlverhalten von 51 Prozent de facto irrelevant, da sie bereits am Beginn der Kampagne definitiv auf eine bestimmte Partei festgelegt waren und gleichzeitig eine überdurchschnittliche Beteiligungsabsicht erkennen ließen. Daß auch bei dieser Gruppe konsistenter Wähler kognitive Lern- und Verstärkungseffekte durch den Wahlkampfverlauf und seiner massenmedialen Vermittlung nachzuweisen wären, ist evident. Diese lassen sich aber mit den verfügbaren Daten unserer Panelstudie nicht empirisch aufspüren. Anders reagierten die Fluktuierend Konsistenten: einem Anstieg der individuellen Entscheidungssicherheit folgte eine Phase erhöhter Entscheidungsunsicherheit, die erst in der Schlußphase des Wahlkampfes ansatzweise abnam. Rund 30 Prozent der Fluktuierend Konsistenten waren in der Woche vor dem Wahltag noch nicht definitiv auf die Partei festgelegt, der sie am Wahltag ihre Stimme gaben. Die Fluktuierenden, d.h. Befragte, die im Verlauf des Beobachtungszeitraums ihre Parteipräferenz veränderten, zeichnen sich durch eine deutlich niedrigere Entscheidungssicherheit aus als faktische Wechselwähler.

Tabelle 8: Hohe Entscheidungssicherheit

In Prozent	T1	T2	T3	T4	T5	T6
Konsistente	88	86	94	98	98	
Fluktuierend Konsistente	68	78	61	61	69	
Fluktuierende	59	63	56	56	61	
Wechselwähler	62	73	68	69	69	
Total	77	78	79	77	78	
Zeitpunkt	16.8.-25.8.	1.9.-7.9.	16.9.-20.9.	21.9.-24.9.	28.9.-30.9.	4.10.-7.10.

Quelle: FESSEL-GfK, Panel-Studie zur Nationalratswahl 1999.

Am höchsten war die Entscheidungsunsicherheit bei jüngeren Wechselwählern. Nur 37 Prozent der Wechselwähler unter 30 Jahren waren wenige Tage vor der Wahl definitiv auf jene Partei festgelegt, die sie schließlich am Wahltag wählten. Noch unsicherer war die persönliche Wahl- bzw. Wechselentscheidung bei Wählerinnen und Wählern, die zur FPÖ wechselten. Nur jeder Dritte dieser Wechselwählergruppen war sich noch in der Woche vor dem Wahltag seiner definitiven Wahlentscheidung völlig sicher. Der Schlußphase des Wahlkampfes kommt angesichts der verbreiteten Entscheidungsunsicherheit beweglicher Wählergruppen somit eine außergewöhnliche Bedeutung zu. *The Game is over, when it's over.* Diese US-amerikanische Sport-Maxime trifft vor dem Hintergrund zerfallender Parteibindungen und fluktuierender Stimmungslagen im massenmedial vermittelten Meinungsklima auch auf die Dynamik politischer Wahlkampagnen zu. Die vorliegenden Daten des Sechs-Wellen-Panels zum Nationalratswahlkampf 1999 gestatten die Qualifizierung ausgewählter Kampagneeffekte und beantworten damit auch die forschungsleitende Frage nach der Wirkung bzw. Wirkungslosigkeit politischer Wahlkämpfe und deren massenmedialer Vermittlung:

1. Für jeden Zweiten der Panel-Teilnehmer lassen sich im Beobachtungszeitraum keine Veränderungen der Parteipräferenzen bzw. Wahlabsichten nachweisen, was nicht bedeutet, daß bei Konsistenten nicht andere, kognitive Lern- und Verstärkereffekte nachweisbar wären. Diese Effekte hatten aber keine direkte, das unmittelbare Wahlverhalten beeinflussende Konsequenz.

2. 9 Prozent der Befragten – die Fluktuierend Konsistenten – haben im Beobachtungszeitraum ihre Parteipräferenz vorübergehend verändert, sind aber am Wahltag wieder zur ursprünglich präferierten Partei zurückgekehrt. Dieser „homing effect" ist erst in der Spätphase des Wahlkampfes eingetreten.

3. Insgesamt 27 Prozent der Panel-Teilnehmer haben ihre Parteipräferenz während des Beobachtungszeitraums zumindest einmal geändert, wobei 42 Prozent der Fluktuierenden am Wahltag wiederum dieselbe Partei wie bei der Nationalratswahl 1995 wählten. 55 Prozent der Fluktuierenden können hingegen zur Gruppe der faktischen Wechselwähler gezählt werden und haben 1999 eine andere Partei gewählt als bei der Nationalratswahl 1995.

4. Bei 15 Prozent der Panel-Teilnehmer lassen sich schließlich *direkte*, kampagne-induzierte *Konversionseffekte* nachweisen. 15 Prozent der Befragten vollzogen erst *während* des Wahlkampfes den Wechsel von der Partei, die sie 1995 gewählt hatten, zu einer anderen Partei, der sie 1999 auch am Wahltag ihre Stimme gaben. Über eine vergleichbare Konversionsrate berichten auch Noelle-Neumann, Kepplinger und Donsbach für den deutschen Bundestagswahlkampf 1998. 15 Prozent der Befragten des Allensbach-Panel haben zwischen August und November 1998 ihre Parteipräferenz verändert (1999: 252).

5. Weitere 15 Prozent waren bereits vor Beginn des offiziellen Wahlkampfes zum Parteiwechsel entschlossen. Obwohl auch Teile dieser Gruppe von Wechselwählern zu den Fluktuierend Konsistenten zu zählen sind und im Beobachtungszeitraum auch punktuell ihre Parteipräferenz änderten, haben sie am Wahltag insofern „konsistent" gewählt, als sie einer anderen Partei als der 1995 gewählten ihre Stimme gaben. Dieser Befund deckt sich mit den Daten der repräsentativen Wahltagsbefragung (*exit poll*), nach denen sich rund 50 Prozent der faktischen Wechselwähler erst während des Wahlkampfes definitiv für einen Parteiwechsel entschieden haben.

Die Daten des Sechs-Wellen-Panels zum Nationalratswahlkampf 1999 wie die Daten der repräsentativen Wahltagsbefragung stimmen somit in *zwei* sozialwissenschaftlich wie strategisch überaus relevanten Kernbefunden überein: 1. Rund die Hälfte der Parteiwechselentscheidungen fallen erst während des Wahlkampfes. 2. Neben diesem durchaus beachtlichen direkten *Konversionseffekt* gibt es auch einen – wenn auch quantitativ zunächst weniger spektakulären – *Homing-Effekt*, d.h. während des Wahlkampfes konnten auch absprungbereite, potentielle Wechselwähler wiederum zu einem konsistenten Wahlverhalten motiviert werden. In pointierter Formulierung: Wahlkämpfe generieren nicht nur Wechselwähler, sondern können auch absprungbereite Stammwähler wieder zurückholen bzw. vom Parteiwechsel abhalten. Beide Effekte können im Nationalratswahlkampf 1999 nachgewiesen werden und relativieren somit die These *minimaler* Kampagneeffekte für den Wahlausgang. Von den drei von Holbrook zur Diskussion gestellten Perspektiven auf die tatsächliche Relevanz massenmedial vermittelter Wahlkämpfe für den Ausgang einer Wahl erscheint die *erste* der genannten Perspektiven als die überzeugendste. „The first perspective held that it is the campaign that is primarily responsible for determining election outcomes. The second perspective suggested that, although campaigns might have some influence, their effect is really limited by the political and economic context of the election. The third perspective views campaigns as nearly or completely irrelevant" (Holbrook 1996: 157).

4. Rezeption politischer Werbung

Plakate zählen zu den klassischen Medien politischer Werbung und ziehen zumindest in Österreich auch noch in einer multimedialen Kommunikationswelt vierzig bis fünfzig Prozent der Werbebudgets auf sich. Dies entspricht in etwa dem Anteil für Plakatwerbung an den Werbeausgaben der britischen Parteien bei den Unterhauswahlen 1997 (Crewe, Gosschalk und Bartles 1998: 31). Vorrangige Funktion von Wahlplakaten ist ihr Beitrag zur Mobilisierung und Aktivierung. Erst an zweiter Stelle kommen kognitive Lerneffekte und die begleitende, verstärkende Kommunikation der zentralen Wahlkampfbotschaften. Die Reichweite der Plakatkampagnen ist beträchtlich, variiert aber im Kampagnezeitraum. Ist in der dritten Augustwoche 61 Prozent der Panel-Teilnehmer ein politisches Plakat aufgefallen, berichteten zwei Wochen später bereits 85 Prozent über Plakatkontakte. In der Schlußphase des Wahlkampfes gingen die Reichweiten der politischen Plakate zurück. Nur mehr 76 Prozent berichteten in der Woche vor dem Wahltag, daß ihnen Plakate politischer Pateien aufgefallen seien. Dies mag auch auf Gewöhnungs- bzw. Sättigungseffekte zurückgehen und mit dem abnehmenden Grenznutzen extensiver Werbebotschaften zusammenhängen. „The value of information declines as the cumulative amount of information increases" (Holbrook 1996: 156). Überdurchschnittliche Beachtung fanden politische Plakate bei der Gruppe der Konsistenten wie der Fluktuierend Konsistenten, die sich mit dem Näherrücken des Wahltages nicht nur durch ein steigendes Interesse am Wahlkampfgeschehen auszeichneten, sondern auch das politische Informationsangebot auf der Suche nach entscheidungsrelevanten Informationen („*information shortcuts*") intensiver nutzten als in den ersten Wochen des Nationalratswahlkampfes, während definitive Wechselwähler mit Fortschreiten der Kampagne den Wahlplakaten weniger Beachtung schenkten als zu Kampagnebeginn.

Tabelle 9: Rezeption von Wahlplakaten

In Prozent	T1	T2	T3	T4	T5	T6
Konsistente	64	84	87	84	87	
Fluktuierend Konsistente	63	95	89	94	93	
Fluktuierende	57	82	91	78	74	
Wechselwähler	59	80	88	75	74	
Total	61	85	87	79	76	
Zeitpunkt	16.8.-25.8.	1.9.-7.9.	16.9.-20.9.	21.9.-24.9.	28.9.-30.9.	4.10.-7.10.

Quelle: FESSEL-GfK, Panel-Studie zur Nationalratswahl 1999.

Ähnlich stellt sich die Rezeption politischer Inserate in Tages- und Wochenzeitungen dar. Überdurchschnittlich häufigen Kontakt mit Inseraten politischer Parteien hatten die Fluktuierend Konsistenten, von denen in der Intensivphase des Wahlkampfes rund siebzig Prozent berichteten, daß ihnen Werbeeinschaltungen politischer Parteien bei der Lektüre von Tages- bzw. Wochenzeitungen aufgefallen sind. Von der Gruppe der „*wa-*

verers", d.h. der Wähler, die im Beobachtungszeitraum ihre Parteipräferenz änderten, wie der faktischen Parteiwechsler berichtete hingegen nur jeder Zweite, daß ihm/ihr Inserate der wahlwerbenden Parteien aufgefallen sind. Reichweite ist nicht gleich Wirkung. Trotzdem legen die vorliegenden Daten die Vermutung nahe, daß die traditionellen Werbemittel primär Mobilisierungsfunktionen erfüllen bzw. vorrangig der Verstärkung (*reinforcement*) bestehender Prädispositionen dienen als der Einstellungs- bzw. Verhaltensänderung. Ähnliche Muster zeigen auch die Daten über die Rezeption von *direct mailings*, wie die Kontakthäufigkeit mit Wahlveranstaltungen oder direkte Gesprächskontakte mit Wahlkampfmitarbeitern einer politischen Partei. All diese Medien werden von konsistenten Wählerinnen und Wählern ungleich frequenter wahrgenommen und rezipiert als von fluktuierenden, ihre Parteipräferenz während des Wahlkampfes verändernden Wählern.

Tabelle 10: Rezeption von Inseraten

In Prozent	T1	T2	T3	T4	T5	T6
Konsistente		50	60	60	70	
Fluktuierend Konsistente		58	69	71	73	
Fluktuierende		50	57	52	59	
Parteiwechsler		53	54	54	58	
Total		51	58	56	61	
Zeitpunkt	16.8.-25.8.	1.9.-7.9.	16.9.-20.9.	21.9.-24.9.	28.9.-30.9.	4.10.-7.10.

Quelle: FESSEL-GfK, Panel-Studie zur Nationalratswahl 1999.

Am Höhepunkt der Intensivphase des Nationalratswahlkampfes 1999 berichteten 15 Prozent der Konsistenten über Gesprächskontakte mit Wahlkampfaktivisten einer Partei und 11 Prozent besuchten eine Wahlkampfveranstaltung, hingegen berichteten nur 7 Prozent der Fluktuierenden von Gesprächskontakten mit Parteimitarbeitern, und nur 2 Prozent dieser Gruppe hatten punktuellen Kontakt mit einer Wahlkampfveranstaltung einer politischen Partei. Anders stellt sich die Rezeption der politischen Fernsehwerbung dar. Jeder dritte Panelteilnehmer wurde nach eigenen Angaben von zumindest einer TV-Werbesendung einer politischen Partei erreicht. Obwohl auch hier konsistente Wählerinnen und Wähler tendenziell häufiger von einer „Belangsendung", wie in Österreich die Gratiswerbeeinschaltungen politischer Parteien im öffentlich-rechtlichen ORF bezeichnet werden, erreicht wurden, berichteten im Kampagnezeitraum auch fluktuierende Wähler über ähnlich frequente Kontakte mit politischen TV-Werbesendungen. Vergleichsweise flächendeckend waren hingegen die Kontakte mit TV-Diskussionsformaten wie den Sommergesprächen bzw. TV-Konfrontationen zwischen Spitzenrepräsentanten der politischen Parteien. 14 Prozent der Panelteilnehmer haben nach eigenen Angaben zwischen Mitte August und Ende September zehn und mehr dieser TV-Diskussionsformate zumindest teilweise mitverfolgt, 36 Prozent haben fünf bis zehn der TV-Confrontainments rezipiert, weitere 35 Prozent kamen mit zumindest zwei bis drei dieser TV-Formate in Kontakt, nur 15 Prozent der Panel-Teilnehmer wurden von keiner dieser Sendungen erreicht. Als teil-mediatisierte Bestandteile des redaktionellen Wahlkampfes verdeutlichen die Seh- und Nutzungsfrequenzen der *TV-Confrontainments,* wo sich das mit Abstand einflußstärkste Potential für Kampagne-Effekte befindet: in den TV-Studios und Nachrichtenredaktionen der auflagenstarken Printmedien und nur zu einem überschaubaren Anteil in den Werbeabteilungen politischer Parteizentralen, wenngleich diese über den Großteil der Wahlkampfbudgets disponieren.

Tabelle 11: Rezeption politischer TV-Confrontainments

In Prozent	T1	T2	T3	T4	T5	T6
Konsistente	61	70	75	77	81	85
Fluktuierend Konsistente	56	68	73	76	77	85
Fluktuierende	49	58	65	73	79	87
Wechselwähler	60	69	73	76	81	86
Total	57	67	70	75	79	86
Zeitpunkt	16.8.-25.8.	1.9.-7.9.	16.9.-20.9.	21.9.-24.9.	28.9.-30.9.	4.10.-7.10.

Quelle: FESSEL-GfK, Panel-Studie zur Nationalratswahl 1999.

5. Muster in der Wahlkampfberichterstattung der Massenmedien

Stärker noch als bei früheren Nationalratswahlen dominierte in den letzten Wochen vor dem Wahltag der Themenschwerpunkt „Wahlen/Wahlkampf/Koalitionen" die tagesaktuelle Medienberichterstattung: Der Anteil an untersuchungsrelevanten Beiträgen, die sich mit publizierten Wählertrends, TV-Konfrontationen, Kandidaten-Images, ritualisierter Wahlkampfpolemik und Koalitionsprognosen auseinandersetzten, ist im Vergleich zur Nationalratswahl 1995 von 37 auf 51 Prozent angestiegen. Bei keiner Nationalratswahl der vergangenen Jahre[6] nahmen Spekulationen über den Wahlausgang und künftige Regierungsformen einen so breiten Raum ein wie vor der Nationalratswahl 1999. Dabei wurde die Berichterstattung in den fünf untersuchten Wahlkampfwochen nicht nur von der Selektionslogik der Nachrichtenredaktionen bestimmt, sondern auch vom Thematisierungsverhalten der zentralen politischen Akteure entscheidend mitgeprägt. Die Nominierung von Kandidaten, die strategische Positionierung der Parteien, die inhaltlichen und stilistischen Elemente der Werbelinien, veröffentlichte Umfrageergebnisse und daraus resultierende Spekulationen über künftige Regierungsformen beherrschten während des gesamten Intensivwahlkampfes sowohl die redaktionelle Berichterstattung als auch die Kommentare der Tagespresse. Die am häufigsten behandelten inhaltlichen Streitfragen („issues") der Wahlauseinandersetzung wie „Pensionen", „Familie", „Ausländer" und „NATO/Neutralität/Berufsheer" und „Kriminalität" fanden im Vergleich dazu nur eine geringe Resonanz.

Tabelle 12: Behandelte Themenbereiche in den tagesaktuellen Medien (Nationalratswahlen 1994, 1995 und 1999 im Vergleich)

In Prozent aller behandelten Innenpolitik-Themen	NRW 1994 in %	NRW 1995 in %	NRW 1999 in %
Wahlen/Wahlkampf/Koalitionen (Kandidaten/Images/Positionierung der Parteien, Wahlkampf-Rhetorik, Umfragen/Wahlchancen, TV-Konfrontationen, Regierungsformen/Koalitionsvarianten)	38,5	37,1	51,0
Wirtschaft/Pensionen/Familie (Steuern/Sparpaket, Pensionssystem, Arbeitsmarkt, Karenzgeld, Kindercheck, ...)	9,5	24,9	17,8
Ausländerfrage – Asylrecht – Zuwanderung	2,8	2,4	4,2
Skandale/Affären – Privilegien	21,7	5,0	3,4
NATO/Berufsheer (Neutralität, Abschaffung der allgemeinen Wehrpflicht, Berufsheer, gesamteuropäisches Sicherheitssystem)	n.e.	n.e.	7,0

Quelle: Quantitative Inhaltsanalyse der tagesaktuellen Medienberichterstattung über innenpolitisch relevante Themen, untersuchte Sendungen/Zeitungen: 1983–1995: Zeit im Bild und jeweils drei auflagenstarke Tageszeitungen (reichweitengewichtet); 1999: Kronenzeitung, Kurier, Kleine Zeitung, Oberösterreichische Nachrichten, Tiroler Tageszeitung, Der Standard, Die Presse.

Tabelle 13: Dethematisierung und Dominanz meta-politischer Themen im Trend (Nationalratswahlen 1983–1999)

Nationalratswahlen 1983–1999 (Erhebungszeitraum jeweils das letzte Monat vor dem Wahltermin)	Themenschwerpunkte „Wahlchancen/Wahlziele/Umfragen – generelle Positionierung der Parteien, Wahlkampfrhetorik – Regierungsformen/Koalitionsvarianten", „Privilegien/Skandale/Affären" *(in Prozent aller behandelten Innenpolitik-Themen)*
April 1983	37,1
November 1986	38,3
Oktober 1990	33,2
Oktober 1994	60,2
Dezember 1995	42,1
September 1999	54,4

Quelle: Quantitative Inhaltsanalyse der tagesaktuellen Medienberichterstattung über innenpolitisch relevante Themen, untersuchte Sendungen/Zeitungen: 1983–1995: Zeit im Bild und jeweils drei auflagenstarke Tageszeitungen (reichweitengewichtet); 1999: Kronenzeitung, Kurier, Kleine Zeitung, Oberösterreichische Nachrichten, Tiroler Tageszeitung, Der Standard, Die Presse.

Mit der Nominierung von Thomas Prinzhorn zum Spitzenkandidaten der FPÖ wurde Ende August die heiße Phase des Wahlkampfes eröffnet. Die massenmediale Aufmerksamkeit richtete sich schlagartig auf den Kanzlerkandidaten der Freiheitlichen, der als „ein taktisches Signal Richtung Regierungsbeteiligung" (Kurier, 2.9.) wahrgenommen wurde. Die Spekulationen über künftige Regierungsformen erreichten ihren ersten Höhepunkt. Die SPÖ warnte „vor einer radikalen Wende" (Die Presse, 3.9.), die Koalitionsparteien SPÖ und ÖVP unterstellten einander Koalitionspläne: Die Sozialdemokraten warnten „vor einer radikalen Wende" (Die Presse, 3.9.) in Richtung einer schwarz-blauen Regierung, die Volkspartei wiederum argumentierte, es drohe vielmehr eine SPÖ-Minderheitsregierung, die von den Freiheitlichen geduldet werden könnte. ÖVP-Obmann Wolfgang Schüssel konstatierte eine „Auseinanderentwicklung zwischen SPÖ und ÖVP" (Der Standard, 4.9.). Ab der zweiten September-Woche signalisierten Umfrageergebnisse verschiedener Institute, daß die Freiheitlichen die Volkspartei in der Wählergunst überholt haben. Durch eine Serie von negativen Umfragedaten geriet die ÖVP zunehmend in die Defensive, sie wurde de facto „abgeschrieben", die FPÖ dagegen – unter Vorwegnahme des Wahlergebnisses – bereits als zweitstärkste Partei angesehen. In dieser für die Volkspartei dramatischen Situation deponierte ÖVP-Obmann Wolfgang Schüssel seine „Oppositionsdrohung": Bei Platz drei werde die ÖVP aus der Regierung ausscheiden und in Opposition gehen (Der Standard, 8.9.). Die ÖVP-„Landesfürsten" unterstützten die neue Oppositionsstrategie ihres Spitzenkandidaten zunächst nur halbherzig: Der niederösterreichische Landeshauptmann Erwin Pröll sprach von einem „Gedankenspiel", die steirische Landeshauptfrau Waltraud Klasnic sagte, „die Rolle der Opposition passe nicht zur ÖVP" (Kronenzeitung, 9.9.). FPÖ-Obmann Jörg Haider erklärte, er werde „keinesfalls ein Minderheitskabinett tolerieren" (Der Standard, 9.9.).

Finanzminister Rudolf Edlinger sprach sich dezidiert gegen eine Minderheitsregierung der SPÖ aus. Bundeskanzler Viktor Klima artikulierte seine Sorgen über die Regierbarkeit und die Stabilität Österreichs (Kronenzeitung, 10.9.), an die ÖVP appellierte er, „keine Brücken abzureißen und sich nicht der Verantwortung zu entziehen" (Kurier, 10.9.). Beim Wahlkampfauftakt der Freiheitlichen stellte FPÖ-Obmann Jörg Haider den Führungsanspruch. Eine Koalition mit der ÖVP werde es nur mit einem Kanzler Haider geben (Kleine Zeitung, 12.9.). Als Juniorpartner der ÖVP stehe die FPÖ nicht zur Verfügung (Kronenzeitung, 12.9.). Bundeskanzler Viktor Klima plädierte für eine neue Kompetenzaufteilung und „eine Regierung der besten Köpfe" (Kronenzeitung, 12.9.).

Wenige Tage vor der Vorarlberger Landtagswahl wurde eine neue, für die ÖVP katastrophale OGM-„Wahlprognose" (SPÖ 35 Prozent, ÖVP 23 Prozent, FPÖ 29 Prozent, Grüne 7 Prozent, Liberales Forum 4 Prozent, Lugner 3 Prozent) veröffentlicht, die auch ihren Niederschlag in den Schlagzeilen der Tagespresse fand: „Umfrage-Tief löst Aufregung in ÖVP aus. Schüssel gibt Durchhalteparolen aus" (Kurier, 19.9.). Bei der Vorarlberger Landtagswahl am 19. September erzielte die FPÖ erdrutschartige Stimmenzuwächse, die SPÖ mußte – in Relation gesehen – stärkere Verluste hinnehmen als die ÖVP, das Liberale Forum scheiterte an der 5-Prozent-Sperrklausel. Anders als die Umfragedaten des Fessel-GfK-Instituts, die in der Schlußphase des Wahlkampfes wieder ein Kopf-an-Kopf-Rennen zwischen der Volkspartei und den Freiheitlichen signalisierten, wiesen die OGM-Prognosen selbst wenige Tage vor der Wahl noch einen FPÖ-Vorsprung gegenüber der ÖVP von vier Prozentpunkten aus.

In den letzten Tagen vor dem Wahltermin konzentrierte sich die politische Agenda auf die Frage künftiger Regierungsformen. Vizekanzler und ÖVP-Obmann Wolfgang Schüssel warnte vor einer Stärkung der FPÖ und politischer Instabilität (Kurier, 26.9.). Die Verhinderung einer ÖVP-FPÖ-Mehrheit war eines der zentralen Wahlziele des Liberalen Forums. Die Unterstützung einer SPÖ-Minderheitsregierung konnte sich die LIF-Spitzenkandidatin Heide Schmidt dagegen vorstellen (Kleine Zeitung, 26.9.). Bundeskanzler Viktor Klima schloß „jeden Pakt mit der FPÖ aus" (Oberösterreichische Nachrichten, 27.9.), einen grünen Umweltminister hielt er dagegen für möglich. In einer „neuen Form des Regierens" könnten SPÖ, ÖVP, Grüne und Liberales Forum zusammenarbeiten. Die Sozialpartner warnten die Wähler vor Unregierbarkeit und vor Unberechenbarkeit der Politik nach einer „Wende" (Oberösterreichische Nachrichten, 29.9.). Die Wahlchancen der Freiheitlichen beurteilte FPÖ-Obmann Haider wenige Tage vor der Wahl optimistisch. Er rechnete für seine Partei mit einem Wähleranteil von 25 bis 28 Prozent[7] (Kurier, 30.9.).

Tabelle 14: Nationalratswahl 1999: Karrieren einzelner Themenbereiche im Wochentrend

Erhebungswoche	Themenbereiche im Wahlkampf 1999	In Prozent der behandelten Innenpolitik-Themen
30.8. – 5.9.	Kandidaten/Parteien/Umfragen	29,1
	Koalitionen/Regierungsformen	17,9
	Familienpolitik (Karenzgeld, Kinderscheck)	11,2
	NATO/Neutralität	9,0
6.9. – 12.9.	Koalitionen/Regierungsformen	36,7
	Kandidaten/Parteien/Umfragen	25,5
	Familienpolitik (Karenzgeld, Kinderscheck)	6,9
13.9. – 19.9.	Koalitionen/Regierungsformen	18,3
	Wahlchancen/Umfragen	17,1
	Familienvolksbegehren – Karenzgeld, Kinderscheck – Sparpaket	12,6
	NATO/Berufsheer	8,6
20.9. – 26.9.	Wahlchancen/Umfragen	20,3
	Pensionen – Pensionistenbriefe	15,2
	Koalitionen/Regierungsformen	12,0
	NATO/Berufsheer	8,2
	Spitalsaufenthalt Klima/Edlinger	8,0
27.9. – 1.10.	Koalitionen/Regierungsformen	30,4
	Wahlchancen/Umfragen	17,6
	NATO/Berufsheer	10,8

Die vorliegenden inhaltsanalytischen Befunde der Wahlkampfberichterstattung österreichischer Massenmedien 1999 bestätigen neuerlich die Ergebnisse von Untersuchungen vorangegangener Nationalratswahlkämpfe (Plasser, Scheucher und Sommer 1995; 1996): den Vorrang *meta-politischer* Themen vor substanziellen inhaltlichen Streitfragen, die Tendenz zur De-Thematisierung der Wahlauseinandersetzung und die sportive Dramatisierung des Wahlkampfes durch exzessive Veröffentlichung von Meinungsforschungsdaten wie deren strategische Kommentierung. Trotz der erwähnten Schwachpunkte der massenmedialen Vermittlungsleistung wurde die Rolle der Massenmedien im Wahlkampf von den Rezipienten der Berichterstattung durchaus positiv beurteilt, wie aus den Publikumsbefragungen abzulesen ist, die im folgenden Abschnitt referiert werden.

6. Evaluierung der Massenmedien im Wahlkampf

Die von den Parteizentralen geplanten und kontrollierten Werbekampagnen sind nur Teilkomponenten des Wahlkampfgeschehens. Im Mittelpunkt steht der *redaktionelle* Wahlkampf in den Massenmedien mit seinen Möglichkeiten, Themen und Positionen in der öffentlichen Diskussion zu verankern, thematische Akzente zu setzen, strategische Zielgruppen anzusprechen, Problemlösungskompetenz zu demonstrieren bzw. die Glaubwürdigkeit und Sachkompetenz der Mitkonkurrenten in Zweifel zu ziehen (Holtz-Bacha 1999). Seit den siebziger Jahren sind aus parteizentrierten Organisations- und Mobilisierungswahlkämpfen kandidatenzentrierte Medien- und Fernsehwahlkämpfe geworden. Die Expansion der Massenmedien hat aus traditionellen Partei-Öffentlichkeiten eine multimediale „Vielkanalöffentlichkeit" gemacht (Plasser 2000). Aus Sicht der Wählerinnen und Wähler wichtigstes Massenmedium ist das Fernsehen, das 44 Prozent der in der Panelstudie Befragten als ihre wichtigste politische Informationsquelle nannten. 33 Prozent waren Print-Orientierte, die die Berichterstattung in Tageszeitungen als ihre wichtigste politische Informationsquelle bezeichneten. 14 Prozent nannten das Radio als ihre wichtigste Quelle für politische Informationen. 52 Prozent der Panelteilnehmer haben während des Wahlkampfes fast täglich eine der Nachrichtensendungen im österreichischen Fernsehen verfolgt. 33 Prozent sahen mehrmals wöchentlich eine der TV-Nachrichtensendungen, nur 15 Prozent der Befragten konnten als TV-distante Wähler klassifiziert werden. Zu regelmäßigen Lesern der innenpolitischen Berichterstattung in einer Tageszeitung zählten während des Wahlkampfes 40 Prozent. 26 Prozent hatten zumindest mehrmals wöchentlich Kontakt mit der innenpolitischen Berichterstattung in einer Tageszeitung. 10 Prozent der Befragten waren print-distante Wähler. 16 Prozent hörten fast täglich eine der Nachrichtenjournalsendungen im Hörfunk. Weitere 19 Prozent nutzten mehrmals in der Woche die Morgen-, Mittags- oder Abendjournale des ORF. 66 Prozent der Panelteilnehmer wurden nur punktuell von der politischen Berichterstattung im Radio erreicht. 26 Prozent der Befragten konnten als überdurchschnittlich nachrichtenorientierte Wähler eingestuft werden, da sie fast täglich sowohl eine der TV-Nachrichtensendungen als auch die innenpolitische Berichterstattung in einer Tageszeitung verfolgten. Nur 6 Prozent der Panel-Stichprobe zeichneten sich durch eine generelle Distanz zur massenmedialen Berichterstattung aus, wobei deren

Mediendistanz mit einer unterdurchschnittlichen Bereitschaft, sich an der Nationalratswahl zu beteiligen, korrelierte.

Täglich mehrmals wechselnde Nachrichtenlagen (*news cycles*), hunderte Interviews und „*sound bites*", Dutzende Studio-Konfrontationen zwischen Spitzenrepräsentanten der Parteien, analytische Hintergrundstories, strategische Kommentierung des Wahlkampfes und exzessive Veröffentlichung politischer Meinungsforschungsergebnisse verweisen auf die Intensität des redaktionellen Wahlkampfes wie die außergewöhnliche Bedeutung der massenmedialen Politikvermittlung. Diese findet auch in den Urteilen der Wählerinnen und Wähler ihren Niederschlag. Jeder zweite im Rahmen der Panelstudie Befragte berichtete, daß prominente Aussagen der Spitzenkandidaten im Fernsehen bzw. Radio seine persönliche Wahlentscheidung beeinflußt hätten. 17 Prozent berichten von einem starken Einfluß, 38 Prozent davon, daß einzelne Aussagen oder Argumente der Spitzenkandidaten ihre persönliche Entscheidungsfindung zumindest mit beeinflußt haben. 37 Prozent weisen auch redaktionellen Kommentaren und Analysen in Tageszeitungen und Nachrichtenmagazinen einen entscheidungsrelevanten Stellenwert zu. Ebenso viele berichten aber auch, daß persönliche Gespräche im Familien-, Bekannten- oder Kollegenkreis ihre Wahlentscheidung zumindest mit beeinflußt hätten. Selbstverständlich handelt es sich dabei um subjektive Einschätzungen, die keine Rückschlüsse auf tatsächliche Kampagne- und Medienwirkungen zulassen, da Personen im allgemeinen dazu tendieren, die Bedeutung externer Einflußquellen eher herunterzuspielen (*third person effect*). Trotzdem gestatten die Daten bei aller Unschärfe vorsichtige Rückschlüsse auf die subjektive Relevanz ausgewählter Kommunikationskanäle für die persönliche Entscheidungsfindung.

Tabelle 15: Subjektiver Einfluß einzelner Wahlkampfmedien für die persönliche Wahlentscheidung

In Prozent der Befragten wurden nach eigenen Angaben ...	stark beeinflußt	eher beeinflußt	überhaupt nicht beeinflußt
Aussagen der Spitzenkandidaten in Fernsehen und Radio	17	38	45
Gespräche mit Verwandten/Bekannten oder Arbeitskollegen (über Wahlkampf, Parteien und Politiker)	12	25	63
Fernsehdiskussionen zwischen den Politikern	11	25	64
Kommentare und Analysen in Zeitungen und Zeitschriften	10	27	63
Veröffentlichungen von Meinungsforschungsergebnissen in den Medien	5	18	77
Plakate der wahlwerbenden Parteien	3	13	85
Wahlwerbesendungen in Fernsehen, Radio und Kino	3	12	85
Persönliche Gespräche mit Mitarbeitern einer Partei	3	9	87
Inserate in Tageszeitungen und Zeitschriften	2	10	89
Wahlveranstaltungen der Parteien	2	8	89
Briefe, Prospekte und Postwürfe der Parteien	1	8	91

Quelle: FESSEL-GfK, Panelstudie zur Nationalratswahl 1999.

Der redaktionelle Wahlkampf in Verbindung mit persönlichen Kommunikationserfahrungen in sozialen Netzwerken (Huckfeldt und Sprague 1995; Schenk 1998), die ihrerseits durch massenmediale Informationen und Eindrücke geprägt sind, dominiert den Ereignis- und Entscheidungszeitraum Wahlkampf. Die Werbekampagnen der Parteien wie ihre traditionellen Kontaktmedien spielen dabei eine vergleichsweise untergeordnete Rolle. Eine der (problematischen) Innovationen im Nationalratswahlkampf 1999 war der exzessive Einsatz politischer Meinungsforschungsdaten in der redaktionellen Berichterstattung. An einzelnen Tagen wurden in österreichischen Tageszeitungen und Nachrichtenmagazinen bis zu fünf Ergebnisse telefonischer Blitzumfragen über die Wahlchancen der Parteien veröffentlicht. Was in den USA als *„horse race journalism"* bezeichnet wird und sich als Zyklus von *„poll driven media and media driven polls"* darstellt, charakterisiert seit dem Nationalratswahlkampf 1999 auch die redaktionelle Politikvermittlung in Österreich. Immerhin 5 Prozent der Befragten berichten, daß ihre persönliche Wahlentscheidung von veröffentlichten Umfragedaten stark beeinflußt wurde. Weitere 18 Prozent fühlten sich durch die veröffentlichten Datensplitter in ihrer Wahlentscheidung zumindest mit beeinflußt. Wenig überraschend waren es vor allem Leser der Nachrichtenmagazine News, Profil und Format, von denen jeder Sechste seine/ihre Wahlentscheidung stark von den wöchentlichen Umfrageserien beeinflußt sah. Trotz der strukturellen Probleme und Restriktionen der massenmedialen Politikvermittlung (Plasser, Scheucher und Sommer 1995; 1996) wurde die redaktionelle Vermittlungsleistung der Massenmedien im Wahlkampf 1999 vom Publikum überwiegend positiv beurteilt. Daß die Massenmedien über den Nationalratswahlkampf zu viel berichtet hätten, meinten nur 36 Prozent mit Blick auf die Printmedien und nur jeder Vierte mit Blick auf die Wahlkampfberichterstattung im ORF. Bei den britischen Unterhauswahlen 1997 meinten 58 Prozent, daß die Fernsehstationen der Wahlkampfberichterstattung zu viel Raum gewidmet hätten. 41 Prozent beklagten die aus ihrer Sicht übertriebene *Coverage* der Kampagne in den Tageszeitungen (Crewe, Gosschalk und Bartle 1998: 69f.). Überwiegend positiv wurde auch das Bemühen der Redaktionen um eine faire Berichterstattung bewertet. 70 Prozent der befragten Panelteilnehmer attestierten der ORF-Wahlkampfberichterstattung Fairneß und Ausgewogenheit. Nur 22 Prozent qualifizierten die Wahl-

Tabelle 16: Evaluierung der Wahlkampfberichterstattung in den Massenmedien

In Prozent	zu viel berichtet	gerade richtig	zu wenig berichtet
Wahlkampfberichterstattung im Fernsehen	26	61	5
Wahlkampfberichterstattung in Zeitungen und Zeitschriften	36	54	4

In Prozent	fair und ausgewogen	unfair und einseitig
Wahlkampfberichterstattung im Fernsehen	70	22
Wahlkampfberichterstattung in Zeitungen und Zeitschriften	66	30

Quelle: FESSEL-GfK, Panelstudie zur Nationalratswahl 1999.

kampfberichterstattung des Fernsehens als unfair und einseitig. Ähnlich die Bewertung der Tageszeitungen und Zeitschriften, deren Redaktionen 66 Prozent das Bemühen um eine faire und ausgewogene Wahlkampfberichterstattung bescheinigten.

Jeder vierte Panelteilnehmer berichtet, daß ihm die Wahlkampfberichterstattung im Fernsehen bei der persönlichen Entscheidungsfindung geholfen hätte. Während nur 20 Prozent der Konsistenten Wähler einen positiven Zusammenhang zwischen der Fernsehberichterstattung und ihrer persönlichen Wahlentscheidung sehen, geht jeder Dritte der mobilen Wählergruppen davon aus, daß die Fernsehberichterstattung eine unterstützende Rolle bei der Entscheidungsfindung gespielt hätte. Deutlich verhaltener wird hingegen die Unterstützungs- und Orientierungsleistung der Printmedien beurteilt. Nur 13 Prozent glauben, daß ihnen die Wahlkampfberichterstattung in Tageszeitungen und Nachrichtenmagazinen bei ihrem Entscheidungsprozeß geholfen habe. Auch die fluktuierend mobilen Wählergruppen beurteilen die Orientierungsleistung der Printmedienberichterstattung deutlich reservierter als die Wahlkampfberichterstattung im Fernsehen.

Tabelle 17: Unterstützung der Entscheidungsfindung durch Massenmedien

In Prozent hat die Berichterstattung bei der persönlichen Wahlentscheidung geholfen	Fernsehberichterstattung	Printberichterstattung
Konsistente	20	9
Fluktuierend Konsistente	29	16
Fluktuierende	30	19
Wechselwähler	33	18
Total	24	13

Quelle: FESSEL-GfK, Panelstudie zur Nationalratswahl 1999.

7. Typologie der Reaktionsgruppen

Ein zentrales Element von Panel-Analysen ist die (vergleichende) Beschreibung von Wählertypen oder Reaktionsgruppen. Dabei existieren mehrere Möglichkeiten der Definition insbesondere von konsistenten oder fluktuierenden Wählern. Eine Möglichkeit besteht im Vergleich der deklarierten Wahlabsicht zu Beginn der Untersuchungsperiode mit dem (angegebenen) faktischen Wahlverhalten: konsistente Wähler wären dann solche, die zu beiden Befragungszeitpunkten die gleiche Partei präferiert bzw. gewählt haben. Wie aus *Tabelle 18* ersichtlich, würde diese Vorgangsweise einen Anteil von konstanten Wählern von 69,5 Prozent ergeben (SPÖ: 24,5 % + ÖVP: 19,0% + FPÖ: 14,5 % + Grüne: 7,0 % + LIF: 3,5 % + andere Parteien: 0,5 % + Nicht- und Ungültigwähler: 0,5 %).

Tabelle 18: Wählerströme von Panelwelle 1 zu Panelwelle 6

Wahlverhalten am 3. Oktober 1999 (in Prozent)

deklarierte Wahlabsicht Mitte August (in Prozent)	SPÖ	ÖVP	FPÖ	Grün	LIF	andere Part.	Nicht-Weiß-Wähl.	Summe*)
SPÖ	24,5	0,5	1,0	0,5	0,5	0	1,5	29,0
ÖVP	1,0	19,0	0,5	0,5	0	0	0,5	22,0
FPÖ	1,5	0,5	14,5	0	0	0	0,5	17,5
Grün	1,0	0,5	0	7,0	0,5	0	0,5	10,0
LIF	0,5	1,0	0	0,5	3,5	0	0,5	5,0
andere Parteien	0,5	1,0	0,5	0,5	0	0,5	0,5	3,5
Nichtwähler/Weißwähler	0	1,5	0,5	0	-	0	0,5	3,5
keine Angabe	3,5	2,0	1,5	2,0	0	0	0	10,0
Summe *)	32,5	26,0	19,0	10,5	5,0	1,5	5,0	100

Quelle: FESSEL-GfK, Panelstudie zur Nationalratswahl 1999.
*): Differenzen auf die Zeilen- bzw. Spaltensumme der jeweiligen Parteien ergeben sich durch Rundungsfehler, 0 Prozent bedeutet nicht keine Befragten, sondern weniger als drei Befragte.

Allerdings führt diese Vorgangsweise zu einer systematischen Unterschätzung von Wählerbewegungen während des Wahlkampfs, weil dadurch vor allem jene Fluktuationen nicht erfaßt sind, die sich durch die Kombination aus Ab- und Rückwanderung ergibt (*homing effects*), wenn also Wähler ihrer zunächst präferierten Partei den Rücken kehren, im Verlauf des Wahlkampfes aber wieder zu dieser Partei zurückkehren. In der vorliegenden Studie werden die einzelnen Reaktionsgruppen wie folgt definiert[8]:

1. *Konsistente Wähler* (stayers) sind Befragte, die zu allen Befragungszeiträumen dieselbe Partei präferierten oder die zu Beginn und Ende des Panels die gleiche Partei präferierten/wählten, aber zwischenzeitlich (in einer oder mehreren der Panelwellen 2,3,4,5) keine Parteipräferenz deklarierten.
2. *Fluktuierend konsistente Wähler* sind Befragte, die zu Beginn und Ende des Panels dieselbe Partei präferierten/wählten, zwischenzeitlich aber eine andere Parteipräferenz äußerten. Die Gruppe der Nicht- bzw. Ungültigwähler wurde dabei als „*Pseudopartei*" behandelt, d.h. ein fluktuierend konsistenter Wähler ist auch eine Person, die zu Panel 1 und Panel 6 eine Wahlabsicht für die Partei A deklariert, zwischenzeitlich aber zumindest einmal angibt, der Wahl fernzubleiben oder ungültig wählen zu wollen.
3. *Fluktuierende Wähler* sind Befragte, die zu Beginn des Untersuchungszeitraums (T1) eine andere Partei präferierten als sie schlußendlich am Wahltag wählten. Wiederum werden die Nicht- bzw. Weißwähler als eigene (Pseudo-)Partei behandelt.

Auf diese Weise konnten 87 Prozent der Panel-Teilnehmer eindeutig klassifiziert werden. Die Differenz auf 100 Prozent ergibt sich im wesentlichen durch die Zuwanderung von Nichtdeklarierten (Personen, die keine Parteipräferenz angaben) zu der einen oder anderen Partei. Eine Sondergruppe stellen die *faktischen Wechselwähler* dar, also Befragte, die angaben, bei der Nationalratswahl 1999 eine andere Partei gewählt zu haben als bei der Nationalratswahl 1995. Dieser Wechsel konnte vor oder während des Untersuchungszeitraums vollzogen worden sein, wodurch Überschneidungen der Gruppe der Wechselwähler mit den drei zuvor genannten Gruppen vorkommen. Konkret hatten 50 Prozent der Wechselwähler ihre Wahlabsicht (auch) während des Wahlkampfs verändert, 30 Prozent blieben im Untersuchungszeitraum konsistent und 8 Prozent zählten zur Gruppe der Fluktuierend Konsistenten[9].

Generell zeigt sich ein durchgehender Zusammenhang zwischen allgemeiner politischer Mobilität der Wähler und stabilen bzw. fluktuierenden Einstellungen zu den politischen Parteien bei den Nationalratswahlen 1999. Von den konsistenten Wählern der Nationalratswahlen 1999 hatten bei früheren Wahlgängen auf Nationalrats- und Landtagsebene erst 41 Prozent ein- oder mehrmals einen Parteienwechsel vollzogen; bei den Fluktuierend Konsistenten sind (bisherige) Stammwähler bereits in der Minderheit. Bei den Fluktuierenden steigt der Wechsleranteil auf zwei Drittel, bei den Wechselwählern (von 1995 auf 1999) auf drei Viertel der Angehörigen der jeweiligen Gruppe. Soziodemographisch gesehen zeichnen sich „gewohnheitsmäßige" Parteiwechsler durch überdurchschnittliche Anteile der jüngeren Jahrgänge (30-44 Jahre), Berufstätige in *white-collar*-Berufen (speziell Angestellte) bzw. Facharbeiter aus; Männer sind häufiger vertreten als Frauen. Traditionelle Stammwähler sind demgegenüber älter und vielfach bereits in Pension, ÖVP stellten drei Viertel der Angehörigen der traditionellen Stammwähler, unter den habituellen Wechslern kommen FPÖ-, Grün- und LIF-Wähler sowie die Wähler von Kleinparteien bereits über die 50-Prozent-Marke.

Tabelle 19: Generelle Mobilität der Reaktionsgruppen

In Prozent haben bei früheren Wahlen	schon die Partei gewechselt	noch nicht die Partei gewechselt	sind Erst- bzw. frühere Nicht-Wähler
Total	50	48	2
Konsistente	41	58	2
Flukturierend Konsistente	57	39	4
Fluktuierende	66	30	4
Wechselwähler	74	25	1

Quelle: FESSEL-GfK, Panelstudie zur Nationalratswahl 1999.

In der politischen Zusammensetzung der einzelnen Reaktionstypen kommen sowohl die allgemein unterschiedlichen Niveaus an politischer Mobilität sowie die Effekte der spezifischen Wahlkampfkonstellation zum Tragen. In der Gruppe der *Konsistenten* sind SPÖ-Wähler mit 37 Prozent und FPÖ-Wähler mit 23 Prozent im Vergleich zur Gesamtstichprobe deutlich überdurchschnittlich vertreten, Grün- und LIF-Wähler sowie die Wähler der Kleinparteien finden sich hier kaum. Fluktuierende Wähler wiederum kennzeichnet zum einen unterdurchschnittliche Anteile der Wähler der drei größeren Parteien SPÖ, ÖVP und FPÖ, zum anderen ein hoher Anteil an Nicht- bzw. Weißwählern. Faktische Wechselwähler weisen vergleichsweise geringere Anteile an SPÖ- und ÖVP-Wählern auf, sprich: diese beiden Parteien konnten während des Ereigniszeitraums Wahlkampf nur in bescheidenem Ausmaß Wähler von anderen Parteien für sich gewinnen. Umgekehrt bilden die Wähler von FPÖ, der kleineren und kleinen Parteien in dieser Gruppe bereits die Mehrheit. Unter den *Fluktuierend Konsistenten* stellen die ÖVP-Wähler mit 38 Prozent das mit Abstand größte Segment dar, überdurchschnittlich vertreten sind auch Präferenten der Grünen. SPÖ und FPÖ konnten demgegenüber nur in weit geringerem Ausmaß Wähler, die sich während des Wahlkampfs von ihnen abgewendet hatten, wieder an sich ziehen.

Tabelle 20: Wahlpolitische Struktur der Reaktionsgruppen

Von den Angehörigen der jeweiligen Reaktionsgruppe haben am 3. Oktober 1999 gewählt (in Prozent) (senkrechte Prozentuierung)	Konsistente	Fluktuierend Konsistente	Fluktuierende	Wechselwähler NRW 95-99
SPÖ	37	24	27	28
ÖVP	27	38	22	16
FPÖ	23	12	14	25
GRÜN	9	16	13	15
LIF	4	6	6	8
andere Parteien	1	1	4	4
Nichtwähler/Ungültigwähler	-	2	15	6
	100%	100%	100%	100%

Quelle: FESSEL-GfK, Panelstudie zur Nationalratswahl 1999.
Anmerkung: Differenz auf 100 Prozent = Rundungsfehler.

Am Beispiel von zwei Gruppen – den Fluktuierend Konsistenten und der Wechselwählern zur FPÖ (überwiegend von SPÖ und ÖVP) – lassen sich auch unterschiedliche Reaktionen auf das Wahlkampfgeschehen demonstrieren. Die ÖVP hatte im Verlauf der ersten Wahlkampfphase deutlich Wähler verloren wie insgesamt die Frage des wahlpolitischen Aufstiegs der FPÖ und der möglichen Konsequenzen auf die regierungspolitische Konstellation auch zum zentralen Thema der massenmedialen Berichterstattung und Kommentierung wurde. Die ÖVP antwortete darauf mit einer Änderung der Wahlkampfstrategie (Dramatisierung durch Oppositionsdrohung, „Kampfansage" um die zweite Position, Fokussierung der Wahlkampfführung und massenmedialen Präsenz auf die Person des Spitzenkandidaten), was sichtbare *„homing effects"* bei einem Teil jener ÖVP-Sympathisanten auslöste, die sich bereits von der ÖVP abgewendet hatten. Die Reaktion der Fluktuierend Konsistenten auf Aussagen von Parteien und Spitzenpolitikern fiel in der zweiten Wahlkampfphase deutlich positiver aus als in der ersten, eine Entwicklung, die sich signifikant von jener des Elektorats in seiner Gesamtheit wie insbesondere der Wechselwähler (Zuwanderer) zur FPÖ unterscheidet. Von der letztgenannten Gruppe wurden im Verlauf des Wahlkampfs zunehmend negative Signale, Botschaften und Parteienaussagen wahrgenommen.

Tabelle 21: Parteipräferenzen der Fluktuierend Konsistenten

deklarierte Wahlabsicht (T1-T5) bzw. Wahlverhalten (T6) in Prozent	T1	T2	T3	T4	T5	T6
SPÖ	24	22	16	13	16	24
ÖVP	39	23	23	23	34	39
FPÖ	12	6	18	21	18	12
Grün und LIF	23	32	29	29	28	23

Quelle: FESSEL-GfK, Panelstudie zur Nationalratswahl 1999.

Tabelle 22: Index wahrgenommener Wahlkampfaussagen

Es sind positive bzw. negative Aussagen von Parteien oder Politikern aufgefallen (PPD)	T1	T2	T3	T4	T5
Fluktuierend Konsistente	-11	-23	-16	-8	-4
Wechselwähler zur FPÖ	-2	-9	-20	-11	-24

Quelle: FESSEL-GfK, Panelstudie zur Nationalratswahl 1999.
Anmerkung: PPD = Prozentpunktdifferenz Aussagen von Politikern/Parteien sind positiv aufgefallen (+) vs. Aussagen sind negativ aufgefallen (-).

Konsistente Wähler der SPÖ begründen ihre Wahlentscheidung vor allem mit habituellem Wahlverhalten (Tradition), gruppenspezifischer Interessenvertretung und ideologisch-weltanschaulicher Verbundenheit. Fluktuierend Konsistente, vor allem aber Fluktuierende (also Personen, die während des Wahlkampfs von einer anderen Partei zur SPÖ gewechselt sind) stellen hingegen die Zufriedenheit mit der Regierungstätigkeit bzw. die Ablehnung eines Regierungswechsels und der FPÖ in den Vordergrund ihrer entscheidungsrelevanten Überlegungen. In der motivationalen Wertigkeit inhaltlicher Streitfragen unterscheiden sich die Reaktionsgruppen hier kaum. Auch bei konsistenten ÖVP-Wählern dominieren traditionelle Wahlmotive. Das stärkste Wahlmotiv für fluktuierend konsistente ÖVP-Wähler war hingegen die Verhinderung eines weiteren Aufstiegs der FPÖ bzw. die Oppositionsdrohung der ÖVP, sollte sie hinter die FPÖ zurückfallen; ähnlich die Motivlage bei Wechselwählern zur ÖVP. Bei Panelteilnehmern, die sich für die FPÖ entschieden, stehen der Wunsch nach frischem Wind, einer Regierungsbeteiligung der FPÖ bzw. die Ablehnung der alten Koalition und ihrer Trägerparteien an erster Stelle, in besonderem Ausmaß ist dies bei Wählern der Fall, die während des Wahlkampfs zur FPÖ gewandert sind (Fluktuierende) oder 1995 noch eine andere Partei gewählt hatten. In der Wertigkeit des Ausländerthemas finden sich hingegen nur wenige Differenzierungen zwischen den FPÖ-Reaktionsgruppen: relativ gesehen liegt aber die Motivationskraft dieses *Issue* gerade bei den Fluktuierenden FPÖ-Wählern und den Wechslern zur FPÖ weit hinter dem des Leitmotivs „*it's time for a change*". Mit einer Ausnahme (der Wechselwähler zur SPÖ) spielen somit symbolische und konkurrenzorientierte Argumente, aber auch *negative voting* in den mobilen Reaktionsgruppen eine weit größere Rolle für die Stimmabgabe zugunsten der präferierten Partei als bei den konsistenten Wählern, die sich durch die symbolische Dramatisierung des Wahlkampfgeschehens nur in Grenzen beeindrucken ließen.

Tabelle 23: Spontane Wahlmotive *(reasons)* für SPÖ, ÖVP und FPÖ

Es nannten als wesentlichsten Grund, sich für die **SPÖ** zu entscheiden (in Prozent)	Konsistente SPÖ-Wähler	Fluktuierend Konsistente	Fluktuierende zur SPÖ	Wechselwähler zur SPÖ
Tradition, Interessenvertretung, Ideologie, traditionelles Image	45	6	21	25
Ablehnung NATO-Beitritt, für Neutralität	15	12	11	12
andere Issues	12	11	17	5
Zufriedenheit mit Regierungstätigkeit	10	20	32	16
Ablehnung FPÖ/ÖVP-FPÖ-Koalition, taktisches Wählen	15	22	26	13
Es nannten als wesentlichsten Grund, sich für die **ÖVP** zu entscheiden (in Prozent)	Konsistente ÖVP-Wähler	Fluktuierend Konsistente	Fluktuierende zur ÖVP	Wechselwähler zur ÖVP
Tradition, Interessenvertretung, Ideologie	52	24	10	15
Programm, Ansichten, Konzepte	12	4	2	19
Issues insgesamt	7	21	10	12
Oppositionsdrohung, Ablehnung FPÖ, taktisches Wählern	13	29	16	22
Person Spitzenkandidat	6	10	15	11
Es nannten als wesentlichsten Grund, sich für die **FPÖ** zu entscheiden (in Prozent)	Konsistente FPÖ-Wähler	Fluktuierend Konsistente	Fluktuierende zur FPÖ	Wechselwähler zur FPÖ
Ausländerpolitik	25	(10)	18	19
andere Issues	10	(5)	11	15
Protest, Unzufriedenheit, Denkzettel	8	(24)	13	11
frischer Wind, Veränderung, Ablehnung SPÖ-ÖVP-Koalition / Parteien, FPÖ an die Regierung	29	(33)	37	38
Programm, Konzepte, Ansichten	14	(8)	22	12

Quelle: FESSEL-GfK, Panelstudie zur Nationalratswahl 1999.
Anmerkung: nachträgliche Vercodung spontaner, ungestützter Antworten. Nur Motive bzw. Motivgruppen, die von mindestens 10 Prozent der Wähler der jeweiligen Partei genannt werden.

Aufschlußreiche Unterschiede zeigten sich in der soziodemographischen Zusammensetzung der Reaktionsgruppen. Die konsistenten Wähler rekrutieren sich zu jeweils mehr als einem Viertel aus der Gruppe der 45-59-Jährigen bzw. der über 60-Jährigen, weisen also die vergleichsweise älteste Wählerschaft auf. Dem entspricht auch einem Pensionistenanteil von rund einem Drittel. Ansatzweise sind hier noch die Reste der traditionellen Lagerkulturen erkennbar (Landwirte, unqualifizierte Arbeiter). Im scharfen Gegensatz dazu steht die Altersstruktur der Fluktuierenden wie der Wechselwähler: Beinahe zwei Drittel bzw. sechs von zehn Angehörigen dieser Gruppe(n) zählen zu jüngeren Jahrgängen. (Speziell männliche) Berufstätige machen gleichfalls zwei Drittel dieser beiden Reaktionsgruppen aus – dies gilt sowohl für den *white*- wie den *blue-collar*-Sektor;

Tabelle 24: Soziodemografische Struktur der Reaktionsgruppen

Von den Angehörigen des jeweiligen Typus sind ... (senkrechte Prozentuierung)	Konsistente		Fluktuierend Konsistente		Fluktuierend		Wechselwähler NRW 95-99	
Männer	47		47		50		48	
davon: berufstätige Männer		31		37		40		41
davon: Pensionisten		14		5		7		6
Frauen	53		53		50		52	
davon: berufstätige Frauen		25		22		28		26
davon: Pensionistinnen		17		16		11		15
	100%		100%		100%		100%	
Alter								
Unter 30 Jahren	19		20		25		27	
30-44 Jahre	29		28		38		33	
45-50 Jahre	26		30		19		20	
60 Jahre und älter	26		22		18		21	
	100%		100%		100%		100%	
Beruf								
Freie Berufe/Selbständige	4		7		5		5	
Landwirte	5		3		1		3	
Beamte	7		6		5		6	
Angestellte	20		24		30		28	
Facharbeiter	8		10		19		11	
sonstige Arbeiter	12		9		7		14	
Hausfrauen	8		10		10		9	
Pensionist/in	30		21		18		21	
in Ausbildung	5		9		4		3	
	100%		100%		100%		100%	
Berufsgruppe								
white collar	30		30		36		34	
blue collar	21		19		26		25	
Selbständige	9		10		6		8	
Sektor								
öffentlicher Dienst	16		13		17		18	
Privatwirtschaft	38		44		48		47	
Bildung								
ohne abgeschlossene Schulbildung	25		19		24		20	
mit abgeschlossener Schulbildung	41		41		43		45	
Matura	25		33		25		26	
Universität	9		7		7		8	
	100%		100%		100%		100%	

Quelle: FESSEL-GfK, Panelstudie zur Nationalratswahl 1999.

ein deutlicher Hinweis auf die steigende Mobilität und parteipolitische Neuausrichtung des Wahlverhaltens der österreichischen Arbeiterschaft. Die höchste Mobilität zeigt sich dabei bei Berufstätigen in der Privatwirtschaft: diese stellen beinahe die Hälfte der Fluktuierenden im Wahlkampf wie der Wechselwähler zwischen den Nationalratswahlen 1995 und 1999. Geschlechtsspezifische Differenzen zwischen den Reaktionsgruppen sind vergleichsweise gering und nur in spezifischen Subgruppen erkennbar – entsprechen hier aber den Ergebnissen des *Exit Poll*: Über zwei Drittel der Shifters von anderen Parteien zur FPÖ sind Männer, Abwanderer zu den Grünen setzen sind mehrheitlich aus Frauen zusammen[10].

Auch die detaillierte Analyse der Reaktionsgruppen stützt somit das zentrale Argument *„campaigns do matter"*. Speziell die mobilen Segmente der Wählerschaften der drei größeren Parteien haben offensichtlich auf zentrale Ereignisse, Aussagen und massenmedial induzierte Stimmungslagen der Wahlkampfauseinandersetzung reagiert – sei es in Form einer verstärkten Betonung des Wechselmotivs, sei es als Abwehr von (von ihnen) unerwünschten politischen Veränderungen. Darüber hinaus lassen sich zumindest bei *zwei* Reaktionsgruppen ausgeprägte selektive Tendenzen bei der Aufnahme von wahlkampfrelevanten Informationen beobachten: bei den Fluktuierenden Konsistenten wendet sich die Aufmerksamkeit von als negativ empfundenen Wahlkampfaussagen zunehmend ab; bei den *Shifters* zur FPÖ wurden solche Botschaften im Laufe des Wahlkampfs immer stärker registriert. Selektive Wahrnehmung und selektive Interpretation von als konträr empfundenen Aussagen und Botschaften begünstigt nach wie vor ein stabiles und konsistentes Wahlverhalten. Negativität und protestorientiertes Affekt-Management können das „Schutzschild" selektiver Wahrnehmung aber durchbrechen, dies um so leichter, je weiter der Zerfall traditioneller Parteibindungen und Loyalitäten vorangeschritten ist (Lau et al. 2000). Kampagnen haben Effekte auf das Wahlverhalten, aber negative Kampagnen mobilisieren offensichtlich stärker als positive Wahlkämpfe zur Stabilisierung eines *„dealigned electorate"* beitragen.

Anmerkungen

1 Dies wird noch deutlicher, wenn man die Prozentanteile der Parteien unter den deklarierten Wahlabsichten, also nur jener Wähler, die eine Wahlabsicht bekunden, vergleicht. Die ÖVP steigerte hier ihren Wähleranteil vom 20./21.9 bis zum 30.9. von 22 auf 26 Prozentpunkte, die FPÖ nahm im gleichen Zeitraum von 27 auf 20 Prozent ab. De facto bedeutete dies eine Rückkehr der Situation Anfang September.

2 Vgl. dazu Lazarsfeld, Berelson und Gaudet (1949), Noelle-Neumann, Kepplinger und Donsbach 1999. Zu Methode siehe insbesondere Falter (2000), Roth (1998), Noelle-Neumann und Petersen (1998), Allison 1994.

3 Ein Problem, das etwa bei der von Ogris (1996) präsentierten Panel-Studie zum Nationalratswahlkampf 1995 deutlich wird.

4 Eine Aufstockung der Panelwellen durch neue Interviews war nicht möglich. Zur Ausschaltung von soziodemographischen bias-Effekten wurde eine soziodemographische Gewichtung durchgeführt.

5   In den sechziger Jahren deklarierte nur etwa ein Zehntel der faktischen Nichtwähler auch wirklich dieses Nicht-Wahlverhalten. In der Folgezeit hat sich dieser Anteil leicht erhöht, doch sind für seriöse Aussagen über Nichtwähler nach wie vor eigene Nichtwähler-Studien notwendig (vgl. dazu FESSEL-GfK, Telefonische Wahlkampfbefragungen zu den Europawahlen 1996 und 1999).

6   Vergleichbare inhaltsanalytische Befunde liegen für die Nationalratswahlen 1983, 1986, 1990, 1994 und 1995 vor. Die untersuchten Sendungen/Zeitungen und die Erhebungszeiträume haben sich im Zeitverlauf nur unwesentlich verändert.

7   Bei der Nationalratswahl 1995 erreichte die FPÖ 21,9 Prozent der gültigen Stimmen.

8   Wie schon oben angeführt, werden jene Personen für die Auswertung herangezogen, die an mindestens vier oder sechs Panel-Wellen teilgenommen haben, darunter in jedem Fall an den Panels 1 und 6.

9   Die Frage nach dem Wahlverhalten 1995 wurde am Beginn des Panels gestellt (*recall*), um Einflüsse des Wahlkamps auf die Rückerinnerung auszuschalten. Trotzdem ist von einer systematischen Unterschätzung der Größe dieser Gruppe auszugehen.

10 Die einzige größere Differenz – neben den parteipolitischen Stärkeverhältnissen – zwischen den Ergebnissen der Exit Polls und dem Wählerpanel zeigt sich im Bildungsniveau der Wechselwähler: dieses liegt bei den Wechslern laut Exit Poll deutlich höher als bei den Wechslern im Wählerpanel. Die Unterschiede in der parteipolitischen Zusammensetzung zwischen den beiden Studien liegen in der unterschiedlichen Erhebungsmethode begründet. Beim Exit Poll (face to face Befragung nach Verlassen der Wahllokale) sind die Verweigerungsmöglichkeiten vergleichsweise gering, beim Panel können die Befragten keine Parteipräferenz deklarieren (1.Panelwelle) bzw. an den späteren Wellen nicht mehr teilnehmen, was wiederum überdurchschnittlich auf die FPÖ-Wähler zutreffen dürfte.

Literatur

Alison, Paul D. (1994). Using Panel Data to Estimate the Effects of Events, *Sociological Methods & Research* 23

Alvarez, Michael R. (1997). *Informations & Elections*, Ann Arbor

Ansolabehere, Stephen, Shanto Iyengar und Adam Simon (1997). Shifting Perspectives on the Effects of Campaign Communication, in: Shanto Iyengar und Richard Reeves (eds.). *Do the Media Govern?*, Thousand Oaks, 149-155

Bonfadelli, Heinz (1999). *Medienwirkungsforschung*, Konstanz

Brunner, Wolfram (1999). Bundestagswahlkämpfe und ihre Effekte: Der Traditionsbruch 1998, *Zeitschrift für Parlamentsfragen* 30 (2), 268-295

Bürklin, Wilhelm und Markus Klein (1998). *Wahlen und Wählerverhalten*, Opladen

Crewe, Ivor, Brian Gosschalk und John Bartle (eds.) (1998). *Political Communications. Why Labour Won the General Election of 1997*, London

DeBoef, S. (1999). Persistence and Aggregations of Survey Data over Time: From Microfoundations to Macropersistence, *Electoral Studies* Vol. 19

Denton, Robert E. (ed.) (1998). *The 1996 Presidential Campaign. A Communication Perspective*, Westport CT

Falter, Jürgen W. (Hg.) (2000). *Empirische Wahlforschung. Ein einführendes Handbuch*, Opladen

Farrell, David und Rüdiger Schmitt-Beck (1999). *Do Campaigns Matter? The Political Consequences of Modern Electioneering*, ECPR Information Letter (Mimeo)

Finkel, Steven (1993). Reexamining the „minimal effects" Model in recent Presidential Elections, *Journal of Politics* 55

Firebaugh, Glenn (1998). *Analyzing Repeated Surveys*, Thousand Oaks

Gleich, Uli (1998). Die Bedeutung medialer politischer Kommunikation für Wahlen, *Media Perspektiven* 8/98, 411-422

Holbrook, Thomas E. (1996). *Do Campaigns Matter?*, Thousand Oaks

Holtz-Bacha, Christine (Hg.) (1999). *Wahlkampf in den Medien – Wahlkampf mit den Medien. Ein Reader zum Wahljahr 1998*, Opladen

Holtz-Bacha, Christine und Lynda Lee Kaid (Hg.) (1996). *Wahlen und Wahlkampf in den Medien*, Opladen.

Huckfeldt, Robert und John Sprague (1995). *Citizens, Politics and Social Communication: Information and Influence in an Election Campaign*, Ann Arbor

Jäckel, Michael (1999). *Medienwirkungen*, Opladen

Just, Marion R. et al. (1996). *Crosstalk. Citizens, Candidates, and the Media in a Presidential Campaign*, Chicago

Kaid, Lynda Lee und Dianne G. Bystrom (eds.) (1999). *The Electronic Election. Perspectives on the 1996 Campaign Communication*, Mahwah NJ

Kamps, Klaus (1999). *Politisches Kommunikationsmanagement. Zur Professionalisierung moderner Politikvermittlung*, Opladen

King, Gary (1997). *A Solution to the Ecological Inference Problem. Reconstructing Individual Behavior from Aggregate Data*, Princeton NJ

Klingemann, Hans-Dieter und Kätrin Voltmer (1998). Politische Kommunikation als Wahlkampfkommunikation, in: Otfried Jarren, Ulrich Sarcinelli und Ulrich Saxer (Hg.). *Politische Kommunikation in der demokratischen Gesellschaft*, Opladen, 396-405

Lau, Richard R. et al. (2000). The Effects of Negative Political Advertisement: A Meta-Analytic Assessment, *American Political Science Review* 93 (4), 851-876

Lazarsfeld, Paul, Bernhard Berelson und Helen Gaudet (1944). *The People's Choice. How the Voter Makes up his Mind in a Presidential Campaign*, New York

McQuail, Denis (1998). Reflection on The People's Choice: Start of a Great Tradition or of a False Trait?, in: Christine Holtz-Bacha, Helmut Scherer und Norbert Waldmann (Hg.). *Wie die Medien die Welt erschaffen und wie die Menschen darin leben*, Opladen, 155-172

Merten, Klaus (1999). *Einführung in die Kommunikationswissenschaft. Bd. 1/1: Grundlagen der Kommunikationswissenschaft*, Münster

Müller, Wolfgang C., Fritz Plasser und Peter A. Ulram (Hg.) (1995). *Wählerverhalten und Parteienwettbewerb. Analysen zur Nationalratswahl 1994*, Wien

Noelle-Neumann, Elisabeth, Hans Martin Kepplinger und Wolfgang Donsbach (1999). *Kampa. Meinungsklima und Medienwirkungen im Bundestagswahlkampf 1998*, Hamburg

Norris, Pippa (1997). The Rise of Postmodern Communication, in: Pippa Norris (ed.). *Politics and the Press*, New York, 1-17

Norris, Pippa (2000). *A Virtuos Circle: Political Communications in Post-Industrial Democracies*, Cambridge

Norris, Pippa et al. (1999). *On Message. Communicating the Campaign*, Thousand Oaks

Ogris, Günther (1996). Kampagne-Effekte: Eine Analyse von Panel-Daten aus dem Wahlkampf 1995, in: Fritz Plasser, Peter A. Ulram und Günther Ogris (Hg.). *Wahlkampf und Wählerentscheidung*, Wien, 119-153

Plasser, Fritz (2000). „Amerikanisierung" des politischen Wettbewerbs in Österreich, in: Anton Pelinka, Fritz Plasser und Wolfgang Meixner (Hg.). *Die Zukunft der österreichischen Demokratie*, Wien (im Druck)

Plasser, Fritz, Christian Scheucher und Franz Sommer (1995). Massenmedien und Wahlkampf in Österreich: Personalisierung, Dethematisierung und Videopolitik, in: Wolfgang C. Müller, Fritz Plasser und Peter A. Ulram (Hg.). *Wählerverhalten und Parteienwettbewerb*, Wien, 227-264

Plasser, Fritz, Franz Sommer und Christian Scheucher (1996). Medienlogik: Themenmanagement und Politikvermittlung im Wahlkampf, in: Fritz Plasser, Peter A.. Ulram und Günther Ogris (Hg.). *Wahlkampf und Wählerentscheidung*, Wien, 85-118

Plasser, Fritz, Peter A. Ulram und Günther Ogris (Hg.) (1996). *Wahlkampf und Wählerentscheidung. Analysen zur Nationalratswahl 1995*, Wien

Römmele, Andrea (1999). *Direkte Kommunikation zwischen Parteien und Wählern. Postmoderne Wahlkampftechnologie in den USA und in der BRD*, Unveröffentlichte Habilitationsschrift an der Universität Mainz

Rössler, Patrick (1997). *Agenda Setting. Theoretische Annahmen und empirische Evidenzen einer Medienwirkungshypothese*, Opladen

Roth, Dieter (1998). *Empirische Wahlforschung*, Opladen

Schenk, Michael (1998). Mediennutzung und Medienwirkung als sozialer Prozeß, in: Ulrich Sarcinelli (Hg.) *Politikvermittlung und Demokratie in der Mediengesellschaft*, Opladen, 387-407

Schmitt-Beck, Rüdiger (1998a). Medieneinflüsse auf Kandidatenbewertungen, in: Max Kaase und Hans-Dieter Klingemann (Hg.). *Wahlen und Wähler*, Opladen, 599-622

Schmitt-Beck, Rüdiger (1998b). Wähler unter Einfluß. Massenkommunikation, interpersonelle Kommunikation und Parteipräferenz, in: Ulrich Sarcinelli (Hg.). *Politikvermittlung und Demokratie in der Mediengesellschaft*, Opladen, 297-325

Schneider, Melanie, Klaus Schönbach und Holli A. Semetko (1999). Kanzlerkandidaten in den Fernsehnachrichten und in der Wählermeinung, *Media Perspektiven* 5/99, 262-269

Schulz, Winfried (1997). Massenmedien im politischen Prozeß, in: Winfried Schulz (Hg.). *Politische Kommunikation. Theoretische Ansätze und Ergebnisse empirischer Forschung*, Opladen

Schulz, Winfried (1998). Wahlkampf unter Vielkanalbedingungen, *Media Perspektiven* 8/98, 378-391

Ulram, Peter A. (2000). Civic Democracy. Politische Beteiligung und politische Unterstützung, in: Anton Pelinka, Fritz Plasser und Wolfgang Meixner (Hg.). *Die Zukunft der österreichischen Demokratie*, Wien (im Druck)

Wlezien, Christopher (1999). An Essay on Combined Time Series Processes, *Electoral Studies* 19

Wahlkampf in den Fernsehnachrichten.
Eine Inhaltsanalyse der tagesaktuellen Berichterstattung

Günther Pallaver / Clemens Pig
Gernot W. Gruber / Thomas Fliri

1. Inhalt und Methode

Die vorliegende Untersuchung hat die innenpolitische Berichterstattung der *Zeit im Bild*, der Leit-Nachrichtensendung mit den höchsten Einschaltquoten des ORF, vom 1.8. bis 2.10.1999 (neun Wochen) zum Gegenstand. Dabei erfaßt die zwei Monate Wahlkampf umfassende Analyse das Untersuchungsobjekt auf zwei Ebenen. Auf der ersten wird der audio-visuellen Präsenz der im Zeitalter massenmedialer Politikvermittlung für die Wahlentscheidung oftmals als (mit)entscheidend betrachteten Visibilität der politischen AkteurInnen nachgegangen (Ricolfi 1994; 1997). Denn unabhängig davon, ob die politische Kommunikation mehr auf die Vermittlung der Inhalte ausgerichtet ist oder sich stärker auf die Personalisierung der Politik konzentriert, bilden Öffentlichkeit und die damit verbundene Visibilität eine Grundvoraussetzung für den Machterwerb und für die Legitimation des Politikmanagements in den Demokratien (Pasquino 1990). Um die Zugangschancen zur Macht zu vergrößern, muß deshalb auch die Potenzierung der Präsenz in den Massenmedien erreicht werden. Diese ist durch die Fähigkeit des Fernsehens gekennzeichnet, mit bestimmten Sendungen, darunter auch den Hauptnachrichten, in die unterschiedlichsten sozialen Schichten vorzudringen.

Bei der Analyse der audiovisuellen Präsenz der politischen AkteurInnen und AkteurInnengruppen (Parteien) wird untersucht, wer (Personen/Parteien) die politische Kommunikation anführt und/oder dominiert, wer welche politischen Inhalte vermittelt und wie hoch der Personalisierungsgrad ist. Außerdem wird auf das Geschlechterverhältnis in der TV-Präsenz eingegangen. Dazu wurde zunächst die Dauer der direkten Rede, die den einzelnen PolitikerInnen in der ZiB zur Verfügung stand, gemessen. Als zweite quantitative Kategorie wurde erfaßt, wie häufig PolitikerInnen durch die Nennung Dritter (PolitikerInnen, JournalistInnen, ExpertInnen) präsent sind. Die aktive, direkte Redezeit wird als die signifikantere betrachtet, da die politischen AkteurInnen ihre Botschaft ungefiltert, also ohne Zwischenschaltung durch Dritte, vermitteln können (Rositi 1994). Die Kategorie „Nennung" gibt vor allem darüber Auskunft, inwiefern den AkteurInnen politisches Gewicht beigemessen wird, indem diese zum Gegenstand durch die Erörterung Dritter avanciert sind. Die Summe der direkten (O-Ton) und der indirekten (Nennungen) Präsenz der Akteure bildet dann die inhaltliche Präsenz. Als dritte Kategorie wurde (zum Teil) auch die rein visuelle Präsenz erfaßt. Die Messung erfolgte in Sekunden.

Die Erfassung der TV-Präsenz weist auf die wissenschaftliche und politische Debatte über den Einfluß und die Wirkung des Fernsehens auf das Wahlverhalten hin. Es ist eine Debatte, die zwischen Minimalisten und Maximalisten hin und her pendelt (Kepplinger, Brosius und Dahlem 1994). Doch die unter den politischen Parteien vielfach vertretene Grundannahme, daß mehr TV-Präsenz automatisch mehr WählerInnenstimmen bedeutet, greift für sich allein betrachtet zu kurz, zumal das Wahlverhalten nicht nur von der politischen TV-Kommunikation abhängt, sondern von einer Reihe weiterer Faktoren, wie der politischen Kultur eines Landes, der Architektur des politischen Systems oder der Organisation der Medien (Schulz 1994). Doch unabhängig von der Quantifizierung dieses Einflußpotentials bleibt es unbestritten, daß den Massenmedien und insbesondere dem Fernsehen eine zentrale Bedeutung im Wahlkampf beigemessen wird. Diese massenmediale Entwicklung ist längst auch in Österreich eingezogen, wo Wahlkämpfe vor allem in den Medien, insbesondere im Fernsehen, stattfinden. Die Personalisierung und die damit zusammenhängende Bedeutung der SpitzenkandidatInnen sind eine Folge davon (Plasser, Sommer und Scheucher 1996). Eine Folge, die die Aufmerksamkeit des politischen Publikums stärker auf die Charakteristika der politischen Leader denn auf die Diskussion über konkrete Probleme und unterschiedliche politische Angebote gelenkt hat.

Diese massenmediale Auswirkung auf das Wahlverhalten läßt sich auch empirisch belegen. 34% der am Wahltag (3. Oktober 1999) bei einer „exit-poll" Befragten wurden als PersönlichkeitswählerInnen eingeordnet. Es ist dies ein wichtiger Hinweis für die zentrale Bedeutung, die Öffentlichkeit via Medien zu dominieren. Weiters gaben bei dieser Befragung 16% an, in ihrer Wahlentscheidung durch Aussagen der SpitzenkandidatInnen in Fernsehen und Radio stark beeinflußt worden zu sein. Und nochmals 16% erklärten, daß die TV-Konfrontationen zwischen den SpitzenkandidatInnen auf ihre Wahlentscheidung einen starken bzw. nennenswerten Einfluß ausgeübt haben. Besondere Auswirkungen der massenmedialen Politikvermittlung sind bei den WechselwählerInnen und „late deciders" anzutreffen. 23% dieser WechselwählerInnen erklärten, durch Aussagen der SpitzenkandidatInnen im Fernsehen und im Radio bzw. bei den TV-Diskussionen zwischen den SpitzenkandidatInnen in ihrer Wahlentscheidung stark beeinflußt worden zu sein (Plasser, Ulram und Sommer 1999: 34–37).

Schließlich hat das Fernsehen die Natur der Wahlkämpfe und deren genetische Muster selbst verändert: zum einen vom Standpunkt des Angebots her, das die Strategien und Taktiken der politischen AkteurInnen stark beeinflußt und selbige gezwungen hat, diese dem Instrument Fernsehen selbst anzupassen und unterzuordnen, zum anderen von einem kognitiven und einschätzungsgeleiteten Standpunkt der Nachfrage her, auf denen die Entscheidungen der WählerInnen beruhen (Sani und Nizzoli 1997). Anders ausgedrückt hat die in den letzten Jahren und Jahrzehnten erfolgte Mediatisierung der Politik und Politikvermittlung zu einem unaufhaltsamen Transformationsprozeß von der *party logic* zur *media logic* geführt. Die kommunikative Vermittlungslogik, die früher den politischen Parteien, ihren Bedürfnissen und Traditionen sowie der inneren Logik des Parteiapparats entsprach (party logic), wurde schrittweise durch die Tendenz der Massenkommunikationsmittel ersetzt, dem politischen System und seinen traditionellen Kommunikationsritualen die eigenen Regeln aufzuzwingen (media logic) (Mazzoleni 1998: 84ff.). Aktivierung und Mobilisierung erfolgten immer weniger über die Parteien und ihre Apparate, dafür immer mehr über die Massenmedien. Über politische (Wahl-) Erfolge entscheidet heute strategisches Agenda Setting, symbolische Leadership, Tele-Charisma und Tele-Performance (Plasser 1993; Swanson und Mancini 1996). Diese Entwicklung hat auch vor den Toren Österreichs nicht Halt gemacht, wo die traditionelle Parteienlogik ebenfalls stark zurückgedrängt wurde (Müller, Plasser und Ulram 1995; Plasser, Ulram und Ogris 1996).

Diese beiden sehr wesentlichen Mutationen in der politischen Massenkommunikation, nämlich die Personalisierung und die Dominanz der *media logic* weisen auf starke Auswirkungen auf den Inhalt der Wahlkampagnen hin. Dabei tritt die Tendenz zur Dethematisierung immer deutlicher hervor. Um diese Tendenzen verifizieren und quantifizieren zu können, wurden die einzelnen bei der hier durchgeführten Untersuchung ermittelten Themenfelder nach einer international vielfach angewandten Methode (Mancini und Mazzoleni 1995) in vier Kategorien unterteilt. Unter die *political issues* wurden ideologische Fragen subsumiert, Koalitionsoptionen, Allianzen, das Leben und die Debatte unter den Parteien. Die *policy issues* betreffen die eigentlichen Politikbereiche oder Themenfelder wie das Gesundheitswesen, die Finanzen, die Arbeit, die Kriminalität. *Personal issues* beziehen sich hingegen auf die einzelnen politischen AkteurInnen, ihren Charakter, ihre Qualitäten, Eigenschaften, ihre familiäre Situation. Unter die vierte Kategorie der *campaign issues* fällt hingegen alles, was mit dem Wahlkampf zusammenhängt, wie Umfragen, Bildung der Listen, Art der Wahl oder Kandidaturen.

Die zweite Ebene der Untersuchung hat somit den massenmedial vermittelten, gesprochenen Nachrichtentext zum Gegenstand. Dieser wurde im Volltext erfaßt, transkribiert und analysiert. Für die qualitative Bestimmung der vermittelten Themen bzw. Aussagen lehnt sich die Untersuchung, insbesondere im Konzept der kommunikativen Proposition, an die von Werner Früh (1989) entwickelte „Semantische Struktur- und Inhaltsanalyse" an. Bei dieser inhaltsanalytischen Methode wird davon ausgegangen, daß „Satzbedeutungen, die Rezipierende in einem Text wahrnehmen, in der semantisch elementaren Form von Propositionen mental gespeichert" werden (Lutz 1997: 21). Diese kommunikativen Propositionen bestehen in der Regel aus kohärenten Teilstrukturen bzw. Sinnabschnitten des untersuchten Textes. Solche Propositionen sind die einfachste gedankliche Einheit, die etwas über die Realität aussagt und somit Wissen darstellt. In einem zweiten Schritt wird dann der Inhalt einer Medienaussage in jedem Kommunikationsvorgang neu konstruiert (Früh 1989). Nach der Aufschlüsselung der einzelnen Berichte der ZiB-Nachrichtensendungen in Einzel-Propositionen wurden diese den einzelnen Themenfeldern zugeordnet. Letzteres ist dabei eine Dachbezeichnung für inhaltlich nahestehende und korrespondierende Themen. Unter das Themenfeld äußere Sicherheit fallen z.B. Aspekte wie Nato, Neutralität und WEU.

2. Dominanz der Meta-Themen

2.1. Political issues

Nehmen wir das Ergebnis der Untersuchung gleich vorweg. Bei der Nationalratswahl 1999 standen wie in den Urnengängen von 1994 und 1995 nicht die *policy issues* im Mittelpunkt, sondern die *political issues*.

Schaubild 1: Verteilung der *issues*

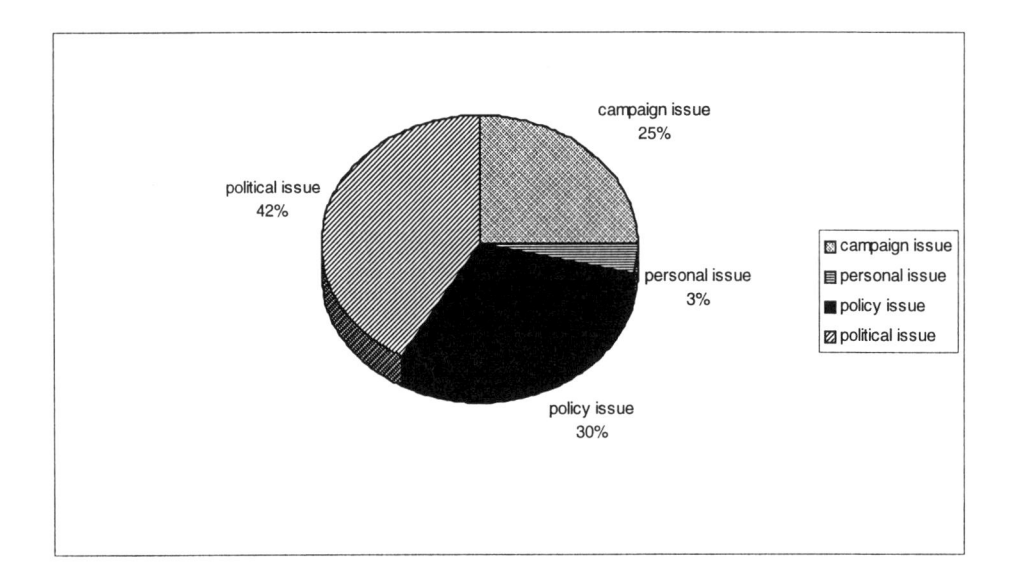

Pie chart showing: political issue 42%, campaign issue 25%, personal issue 3%, policy issue 30%

Die *political issues* haben mit 41,76% den politischen Diskurs von zwei Monaten Wahlkampf dominiert. Dabei ging es in erster Linie um die Frage, welche Parteien nach den Wahlen die neue Koalitionsregierung bilden werden, anders ausgedrückt: Würde die „Große Koalition" zwischen SPÖ und ÖVP nach dem 3. Oktober weitergeführt werden oder würde es zu einer ÖVP-FPÖ-Regierung kommen. Weit seltener wurde die Frage einer möglichen Kombination rot-grün gestellt. Wenn man zu den *political issues* auch die *campaign issues* (25,13%) und die *personal issues* (3,46%) summiert, erhöht sich der Prozentsatz der Meta-Themen auf 70,35%. Bei den *campaign issues* ging es vor allem um die Kandidaturen, Unterstützungsunterschriften, um den Hinweis auf TV-Konfrontationen, den Wahlkampfstil, Wahlkampftouren, Umfragen, die Reaktionen auf das Ergebnis der Landtagswahlen in Vorarlberg (19. September), Wahlaufrufe und zu erwartende

Stimmenverluste der Regierungsparteien. Die 3,46% *personal issues* gingen im wesentlichen auf die Berichterstattung über den Spitalsaufenthalt von Bundeskanzler Viktor Klima wegen einer Lungenentzündung (23. September) und den Kreislaufkollaps von Finanzminister Rudolf Edlinger (24. September) zurück. Die *policy issues* kamen auf einen Anteil von 29,65%.

Aufschlußreich ist in dieser Hinsicht ein Vergleich mit den Nationalratswahlen von 1995. Damals nahmen die metapolitischen Themen der untersuchungsrelevanten Beiträge (acht Wochen) in der TV-Nachrichtensendung *Zeit im Bild* und in den auflagenstarken Tageszeitungen *Kronenzeitung, Kurier und Täglich Alles* insgesamt 38,5% ein. Darunter fielen die strategische Positionierung und Wahlkampfkonzepte der Parteien, die TV-Konfrontationen, die Wahlziele, der Wahlausgang, Umfragen, Regierungsformen und Koalitionsoptionen (Plasser, Sommer und Scheucher 1996: 91). Dies alles waren Themenbereiche, die in dieser Analyse unter die Kategorien *political* und *campaign issues* fallen und einen Prozentsatz von insgesamt 66,89% erzielten. Auch wenn in der hier präsentierten Analyse der tagesaktuellen Berichterstattung die auflagenstarken Tageszeitungen fehlen, läßt der hohe Prozentsatz von 67% den Schluß zu, daß sich der Trend zu den Meta-Themen während des Nationalratswahlkampfes 1999 erheblich verstärkt hat.

Die Debatte rund um *campaign* und *political issues* auf der einen und *policy issues* auf der anderen Seite entwickelte sich im Untersuchungszeitablauf indirekt proportional. Zu Beginn des Wahlkampfs waren die *policy issues* noch stark präsent und erreichten in der Woche vom 16.–22.8. einen Spitzenwert von 82,79%. In diesem Zeitraum wurde über die Strompreissenkung diskutiert, über Kriminalität in Verbindung mit Kindesmißbrauch, das Patientenrecht nach der Spitalsaffäre von Freistadt in Oberösterreich, über Kulturpolitik, das Überholverbot für schwere LKWs auf allen Autobahnen, über Menschenrechte und Probleme mit den Pandur-Panzern des Bundesheeres. Aber je näher der Wahltermin rückte, umso mehr traten die *policy issues* in den Hintergrund und wurden von den *campaign* und *political issues* ersetzt. Als am 7. September, vier Wochen vor dem Wahltermin, Vizekanzler und ÖVP-Obmann Wolfgang Schüssel nach der Ministerratssitzung in der ZiB ankündigte, in die Opposition zu gehen, „wenn wir nicht mindestens auf dem zweiten Platz sind", nahm die Diskussion rund um die künftige Regierungskoalition immer größere Zeiträume ein. Schüssel sagte in der ZiB wörtlich: „Viele Wähler glauben, was immer geschieht, die Zusammenarbeit zwischen Sozialdemokraten und Christdemokraten ist fix, und ich will hier sehr deutlich machen, das ist es nicht. Wenn wir nicht mindestens auf dem zweiten Platz sind, gibt's uns nicht in der Regierung. Dann werde ich persönlich die ÖVP in Opposition führen."

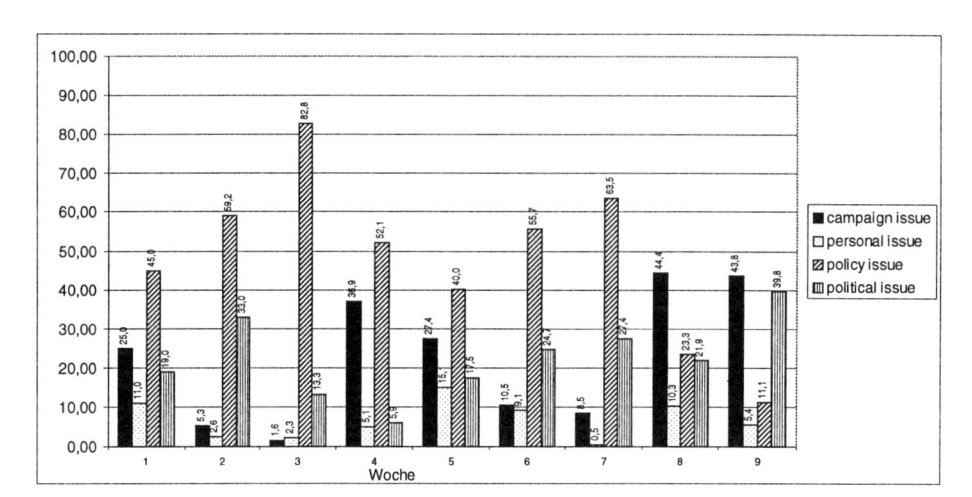

Schaubild 2: *Issues*-Verteilung in den einzelnen Wochen vom 1.8.–2.10.1999

In den letzten beiden Wochen des Wahlkampfes vom 20.9. bis 2.10. nahm die Kategorie der *campaign issues* stark zu und erreichte 44%, während sich die *political issues* auf einen Durchschnittswert von 30% einpendelten. In der letzten Woche vor den Nationalratswahlen (27.9.–2.10.) erreichten *campaign* und *political issues* summiert einen Wert von 83,52%, zusammen mit den *personal issues* kletterte der Anteil der Meta-Themen auf 88,9%. Die *policy issues* fielen mit 11,10% entsprechend weit zurück.

Tabelle 1: *Issues*-Verteilung nach Sekunden und Prozentsätzen

Woche	Sekunden					Prozent			
	Gesamt-summe	campaign issue	personal issue	policy issue	political issue	campaign issue	personal issue	policy issue	political issue
1	2400	600	264	1079	457	25,00	11,00	44,96	19,04
2	3953	208	101	2340	1304	5,26	2,56	59,20	32,99
3	3272	52	76	2709	435	1,59	2,32	82,79	13,29
4	8136	3001	413	4239	483	36,89	5,08	52,10	5,94
5	11749	3225	1770	4703	2051	27,45	15,07	40,03	17,46
6	8599	901	786	4790	2122	10,48	9,14	55,70	24,68
7	6682	571	36	4246	1829	8,55	0,54	63,54	27,37
8	8378	3722	866	1955	1835	44,43	10,34	23,33	21,90
9	8664	3791	466	962	3445	43,76	5,38	11,10	39,76

Die *personal issues* erzielten in der fünften Woche vor dem Urnengang (30.8.-5.9.) mit 15,07% ihren Höhepunkt, als die FPÖ den Industriellen Thomas Prinzhorn als ihren Spitzenkandidaten präsentierte und drei Politiker, nämlich Vizekanzler Wolfgang Schüssel (ÖVP), Wissenschaftsminister Caspar Einem (SPÖ) und Peter Pilz (Grüne), ihre Bücher vorstellten.

2.2. Issues und Parteienranking

Die ÖVP lag im Vergleich zu allen anderen Parteien und bei einer annähernd gleichen TV-Präsenz wie die SPÖ in der ZiB in allen vier *issues*-Kategorien mit Anteilen zwischen 38 und 44% an der Spitze, gefolgt von der FPÖ. Lediglich bei den *personal issues* lag die SPÖ wegen der ZiB-Berichterstattung über den Gesundheitszustand von Bundeskanzler Viktor Klima und Finanzminister Rudolf Edlinger mit 41,88% äußerst knapp vor der ÖVP mit 41,36%. Bei allen anderen *issues* lagen die Prozentsätze der SPÖ unter der Hälfte von jenen der ÖVP. Von den kleineren Parteien schafften es lediglich die Grünen, bei den *campaign issues* und bei den *policy issues* die 10%-Grenze zu erreichen. „Die Unabhängigen" punkteten lediglich in zwei Kategorien (*campaign* und *political issues*).

Tabelle 2:   *Issues*-Ranking der Parteien

Gruppenname	campaign issue	personal issue	policy issue	political issue
ÖVP	38,59	41,36	44,01	43,00
FPÖ	33,74	9,31	23,94	33,95
SPÖ	15,50	41,88	20,34	16,99
Grüne	9,44	5,95	10,85	4,57
LIF	1,85	1,41	0,80	1,39
Die Unabhängigen	0,66	0,00	0,00	0,07
KPÖ	0,23	0,09	0,04	0,03
	100%	100%	100%	100%

Schlüsselt man die *issues* innerhalb jeder Partei auf, so sehen wir, daß die SPÖ bei den *policy issues* mit 31,31% die ÖVP (29,24%) knapp übertrifft. Die SPÖ liegt damit auch knapp über dem Gesamtdurchschnitt der *policy issues* (29,65%). Die FPÖ folgt mit 21,95%. Bei den Meta-Themen liegt die FPÖ in Führung. Fast die Hälfte ihrer in der ZiB eingeräumten inhaltlichen Präsenz (47%) fällt in die Kategorie der *political issues*, 29,91% in jene der *campaign issues*, was in Summe 76,91% ausmacht. Die FPÖ wird damit zu gut drei Vierteln ihrer inhaltlichen ZiB-Präsenz mit Meta-Themen in Verbindung gebracht.

Tabelle 3: *Issues*-Ranking innerhalb der Parteien

Gruppenname	campaign issue	personal issue	policy issue	political issue	
ÖVP	24,80	2,47	29,24	43,49	100%
FPÖ	29,91	0,77	21,95	47,38	100%
SPÖ	23,07	5,80	31,31	39,81	100%
Grüne	33,23	1,95	39,50	25,32	100%
LIF	37,00	2,63	16,64	43,73	100%
Die Unabhängigen	85,32	0,00	0,29	14,38	100%
KPÖ	70,16	2,52	13,24	14,08	100%

Unter den kleineren Parteien verbuchen die Grünen in der Kategorie der *policy issues* mit knapp 40% ihrer ZiB-Präsenz Platz eins unter den Parteien. Aber auch sie erreichen bei den Meta-Themen noch insgesamt 58,55%, während das LIF auf knapp über 80% kommt. Besonders bei den *political issues* ist das LIF mit 43,73% überaus präsent. Die Unabhängigen kommen in der Berichterstattung im wesentlichen in der Kategorie *campaign issues* vor, zumal der angebliche Kauf einer Unterschrift für die Liste ihren Leader Richard Lugner in die Schlagzeilen brachte (25. August). Dieser hatte dem grünen Nationalratsabgeordneten Andreas Wabl angeblich 150.000 Schilling für eine Unterstützungserklärung angeboten. Einmal publik, tat Lugner den Vorfall als einen „Jux" ab. Auffällig ist, daß die FPÖ bei den *personal issues* mit 0,77% so gut wie nicht präsent ist. Am stärksten ausgeprägt ist diese Kategorie bei der SPÖ mit 5,80%.

2.3. Gesamtranking der Themenfelder

Schlüsselt man die *issues* im Untersuchungszeitraum vom 1.8. bis zum 2.10.1999 in die einzelnen Themenfelder auf, so kommen wir auf insgesamt 56. Davon belegt der Aspekt Wahlen mit einem überdurchschnittlich hohen Anteil von knapp 30% Platz eins. Allerdings schaffen nur fünf Themenfelder die 5%-Hürde. Zwischen zwei und vier Pozent liegen weitere acht. Weniger als die Hälfte, nämlich insgesamt 21 Themenfelder, erreichen eine inhaltliche ZiB-Präsenz von über einem Prozent. Die restlichen 35 liegen darunter.

Tabelle 4: Themenfelder-Ranking (inhaltliche Präsenz)

Themenfeld	Summe Sekunden	Prozent
Wahlen	14674	29,93
Familie	3757	7,66
Regierung	3628	7,40
Umwelt	2674	5,45
Arbeit	2510	5,12
Gesundheit	2172	4,43

Ausländer	1867	3,81
Energie	1808	3,69
Konsumentenschutz	1494	3,05
Verkehr	1336	2,73
Landwirtschaft	1164	2,37
Sicherheit	979	2,00
Kriminalität	935	1,91
Soziales	927	1,89
Justiz	920	1,88
Bildung	771	1,57
EU	654	1,33
Demokratie	588	1,20
Skandale	508	1,04
Kunst	488	1,00
Parlament	393	0,80
Frauen	374	0,76
Wirtschaft	346	0,71
Finanzen	343	0,70
Bürokratie	315	0,64
Bundesländer	315	0,64
Kultur	278	0,57
Menschenrechte	249	0,51
Forschung	240	0,49
Proteste	222	0,45
Unfälle	208	0,42
Psychologie	195	0,40
Handel	164	0,33
Infrastruktur	156	0,32
Minderheiten	147	0,30
Innere Sicherheit	141	0,29
Baugewerbe	127	0,26
Äußeres	120	0,24
Meinungsforschung	116	0,24
Technologie	107	0,22
Krieg	96	0,20
Tourismus	69	0,14
Reformen	67	0,14
Institutionen	60	0,12
Film	49	0,10
Sexualität	46	0,09
Parteien	45	0,09
Personalia	43	0,09

Theater	30	0,06
Versicherungen	28	0,06
Dienstleistung	20	0,04
Gesellschaft	16	0,03
Historische Aufarbeitung	13	0,03
Sport	12	0,02
Musik	10	0,02
Zivilschutz	8	0,02
Europa	5	0,01
	49027	100,00

Unter den ersten fünf Themenfeldern befinden sich die Bereiche Wahlen, Familie, Regierung, Umwelt und Arbeit. Von 56 Themenfeldern sind dies insgesamt knapp 9%. Die einzelnen Themen, die innerhalb dieser fünf Felder diskutiert wurden, bezogen sich bei den *Wahlen* auf die bereits hingewiesenen Inhalte wie die Ankündigung von Kandidaturen, Unterstützungsunterschriften und Wahlaufrufe. Beim Themenfeld *Familie* ging es im wesentlichen um Debatten rund um das Karenzgeld, das Familieneinkommen, den Familienausgleichsfonds, Familienbeihilfen, die Vorstellung der Familienprogramme durch die einzelnen Parteien sowie um das Familienvolksbegehren. Beim Themenfeld *Regierung* drehte sich die gesamte Debatte vor allem um die künftige Koalition, um Optionen zu einer Neuauflage der „Großen Koalition" von SPÖ und ÖVP, um eine mögliche Regierungsbildung von ÖVP und FPÖ, grundsätzlich um den Eintritt der FPÖ in eine Regierung, den Gang der ÖVP in die Opposition bis hin zu der von der SPÖ propagierten „Regierung der besten Köpfe". Beim Themenfeld *Umwelt* wurden weniger einzelne konkrete Themen diskutiert als vielmehr allgemeine Bekenntnisse zu einer aktiven Umweltpolitik abgegeben. Wir finden jedenfalls auch einzelne Themen wie Tierfutter, Atomkraftwerke (vor allem mit Bezug auf Bohunice in der Slowakei), Gentechnik, Nahrungsketten oder Bio-Diesel. Beim fünften Themenfeld *Arbeit* drehte sich die Wahlkampfdebatte um Themen wie Arbeitsplätze, Arbeitslosigkeit und Arbeitsmarktzahlen, Arbeitszeit, Arbeitslosenrente, Abfertigungen, Arbeitslosenversicherung sowie Lohnnebenkosten. Fünf Themenfelder (das entspricht einem Anteil von 9%) deckten 55,56% der ZiB-Berichterstattung (inhaltliche Präsenz) ab.

Aufschlußreich ist ein Vergleich mit den Nationalratswahlen von 1994 und 1995 beim Themenfeld *Skandale*. Auch wenn sich damals die Untersuchungsobjekte unterschieden, weil neben der ZiB wie im vorliegenden Fall (neun Wochen) auch die Tageszeitungen *Kronenzeitung, Kurier* und *Täglich Alles* (acht Wochen) herangezogen wurden, so sank der Anteil dieses Themenfelds 1999 mit 1,04% im Vergleich zu sämtlichen anderen sehr stark zurück.

Tabelle 5:   Skandale/Affären im Vergleich 1994–1999

Themenfeld Skandale/Affären	Prozente
Nationalratswahlen 1994	21,7
Nationalratswahlen 1995	5,0
Nationalratswahlen 1999	1,04

Quelle: forschungsgruppe mediawatch. Tagesaktuelle Berichterstattung ZiB, 1.8.–2.10.1999 und Plasser, Sommer und Scheucher 1996: 92.

Dieser starke Rückgang gilt nicht für das Thema *Ausländer*. Bei allem Vorbehalt des Vergleichs wegen der unterschiedlichen Analyseparameter hat dieses Themenfeld mit 3,81% beim Nationalratswahlkampf 1999 wieder leicht zugenommen.

Tabelle 6:   Ausländerfrage im Vergleich 1994–1999

Themenfeld Ausländer	Prozente
Nationalratswahlen 1994	2,8
Nationalratswahlen 1995	2,4
Nationalratswahlen 1999	3,81

Quelle: forschungsgruppe mediawatch. Tagesaktuelle Berichterstattung ZiB, 1.8.–2.10.1999 und Plasser, Sommer und Scheucher 1996: 92.

2.4. Themenfelder im Zeitverlauf

Von den 56 erfaßten Themenfeldern konnten sich in den jeweils neun Untersuchungswochen nur 14 unter den ersten fünf plazieren. In der Reihenfolge der wöchentlichen Präsenz sind dies: Wahlen, Regierung, Umwelt, Arbeit, Gesundheit, Ausländer, Energie, Konsumentenschutz, Landwirtschaft, Sicherheit, Kriminalität, Kunst, Parlament und Minderheiten.

Die zehn am meisten präsenten Themenfelder in den Nachrichtensendungen der ZiB waren in dieser Reihenfolge: Wahlen, Familie, künftige Regierungsbildung, Umwelt, Arbeit, Gesundheit, Ausländer, Energie, Konsumentenschutz und Verkehr. Schlüsselt man die ersten fünf auf, so wird evident, daß die Meta-Themenfelder dominieren.

An erster Stelle steht das Meta-Themenfeld Wahlen, mit dem die Parteien in den ZiB-Nachrichtensendungen am meisten präsent waren. Es belegte in den neun Untersuchungswochen mit hohen Zeitwerten fünfmal den ersten Platz. Lediglich in der Woche vom 16.8.–22.8. lag dieses Themenfeld auf Platz fünf, vom 13.9.–19.9. auf Platz 4, vom 9.8.–15.8. auf Platz drei und vom 1.8.–8.8. auf Platz zwei. Besonders in den beiden letzten Wochen des Wahlkampfs nahm die Berichterstattung rund um die Wahl massiv zu. Unter all den 56 analysierten Themenfeldern nahm diese Wahlberichterstattung (Themenfeld Wahlen) in der Zeit vom 20.9. bis 2.10. einen Anteil von insgesamt 59,4% ein, die Woche davor waren es 53,7%. Dadurch wurde in den beiden letzten Wochen vor dem Urnengang zu Sachthemen kaum Stellung bezogen. Dies wird umso evidenter, wenn wir auch noch das Themenfeld „Regierung" heranziehen. Dieses finden wir zwar nicht über alle neun Untersuchungswochen unter den ersten fünf Themenfeldern, aber es ist dennoch mehr als die Hälfte der Zeit, insgesamt fünfmal, in dieser Rangordnung anzutreffen. Viermal belegt es Platz fünf, in der letzten Woche knapp hinter der Debatte rund um die Wahlen Platz zwei. In der letzten Woche vor dem Wahltag klettert dieses Themenfeld auf 23,1%. Beide Themenfelder zusammen, Wahlen und Regierungsbildung, dominieren die letzte Wahlkampfwoche mit insgesamt 82,5%.

Tabelle 7:   Wochenranking der ersten 5 Themenfelder

	31. Wo 1.8.–8.8	32. Wo 9.8.–15.8.	33. Wo 16.8.–22.8.	34. Wo 23.8.–29.8.	35. Wo 30.8.–5.9.	36. Wo 6.9.–12.9.	37. Wo 13.9.–19.9.	38. Wo 20.9.–26.9.	39. Wo 27.9.–2.10.
1.	Arbeit	Gesundheit	Familie	Wahlen	Wahlen	Wahlen	Ausländer	Wahlen	Wahlen
2	Wahlen	Familie	Justiz	Familie	Umwelt	Arbeit	Familie	Umwelt	Regierung
3.	Umwelt	Wahlen	Energie	Sicherheit	Konsumentenschutz	Kriminalität	Umwelt	Energie	Konsumentenschutz
4.	Skandale	Kriminalität	Ausländer	Kunst	Landwirtschaft	Bildung	Wahlen	Parlament	Minderheiten
5.	Regierung	Regierung	Wahlen	Justiz	Regierung	Regierung	Energie	Arbeit	Ausländer

Quelle: forschungsgruppe mediawatch. Tagespolitische Berichterstattung ZiB, 1.8.–2.10.1999.

Das Sachthema, das am meisten diskutiert wurde, kreiste rund um die *Familie*. Hier ging es, wie bereits beschrieben, um Karenzgeld und Kinderscheck, Familieneinkommen, Familienbeihilfen und um die Vorstellung des Programms für die Familien durch die Parteien. Dieses Themenfeld finden wir in der ZiB auf Platz zwei. Im Untersuchungszeitraum gelingt es diesem Sachgebiet, sich viermal unter den ersten fünf Themenfeldern zu plazieren, in der Woche vom 9.8.–15.8. liegt es sogar auf Platz eins. Als zweites Sachthema behauptete sich das Themenfeld Umwelt. Im Gesamtranking der Themenfelder auf Platz vier, kommt es in den neun untersuchten Wochen viermal vor. Allerdings gingen die politischen Akteure beim Themenfeld Umwelt weniger auf konkrete Sachfragen ein, sondern behandelten dieses eher allgemein. Vor allem mündeten die Aussagen der politischen AkteurInnen in einem generellen Bekenntnis zur Bedeutung der Umweltpolitik.

Das Themenfeld *Ausländer*, von etlichen Kommentatoren als eines der Hauptthemenfelder des Wahlkampfes gesehen, liegt im Gesamtranking der Themenfelder zwar an siebenter Stelle, dominierte die Diskussion aber nur in der Woche vom 13. bis 19.9. In jener Woche forderte FPÖ-Chef Jörg Haider (17.9.) eine Nullquote bei der Zuwanderung und löste damit eine Diskussion und Reaktionen von Innenminister Karl Schlögl aus. Einen Tag vor den Landtagswahlen in Vorarlberg (18.9.) ging es um Fragen einer restriktiven Ausländerpolitik durch die Freiheitlichen, während die erste Stellvertreterin der Partei „Die Unabhängigen", Christine Lugner, weniger Kinder von Ausländern in den Pflichtschulen forderte. Einen Tag später kritisierte ÖVP-Obmann Wolfgang Schüssel die FPÖ-Wahlplakate mit den Slogans „Stop der Überfremdung". In der Woche vom 16.8.–22.8. finden wir das Themenfeld auf Platz vier, in der letzten Woche vor den Wahlen auf Platz fünf, aber jedesmal mit relativ geringer zeitlicher Präsenz. Die Themen dazu betrafen vor allem Fragen des Einwanderungsstops, Forderungen gegen Asylmißbrauch, Ausländerpolitik im allgemeinen, Ausländerkinder in den Schulen, Kritik an der Ausländerpolitik der FPÖ, der Verteidigung der Ausländerpolitik der Regierung und ausländische Arbeitskräfte. In vier von neun untersuchten Wochen kommt das Themenfeld Ausländer in der ZiB überhaupt nicht vor.

2.5. Themen und Parteien

Bei welchen Themenfeldern beanspruchen die einzelnen Parteien, kompetent zu sein? Ein Indikator dafür ist deren inhaltliche Medienpräsenz. Allerdings sagt die Häufigkeit der Nennungen nichts über die Art der Berichterstattung selbst aus, nicht, ob über eine Partei im Zusammenhang mit einem Themenfeld positiv, negativ oder neutral berichtet wurde. Der Umstand etwa, daß eine Partei in der Kategorie „Skandale" sehr oft genannt wird, kann positiv (Aufdeckung) oder aber auch negativ sein (Involvierung). Trotz dieser fehlenden Differenzierung lassen sich bei den meisten Themenfeldern vorsichtige Rückschlüsse auf die Settingkompetenz ziehen, zumal die Nennung einer Partei, insbesondere im Zusammenhang mit einem Sachthema, von den Parteien in der Regel als positiv eingestuft wird.

Zieht man von den insgesamt 56 Themenfeldern der ZiB die ersten 40 heran, so sieht man, daß die ÖVP in 19 Fällen zeitlich am ausführlichsten genannt wurde. Das entspricht einem Anteil von 47,55%. Es handelt sich dabei in der Reihenfolge ihrer Gesamtnennungen in den ZiB-Nachrichten um folgende Themenfelder:

Tabelle 8: Themenfelderdominanz der ÖVP (Nennungen)

Themenfelder	Prozente
1. Versicherungen	100
2. Innere Sicherheit	100
3. Wirtschaft	86,79
4. Demokratie	76,98
5. Verkehr	73,08
6. Meinungsforschung	66,61
7. Landwirtschaft	61,40
8. Kunst	57,00
9. Arbeit	54,36
10. Familie	49,36
11. Europäische Union	47,90
12. Frauen	46,06

Themenfelder	Prozente
13. Gesundheit	45,53
14. Bundesländer	42,68
15. Finanzen	42,05
16. Kriminalität	41,20
17. Minderheiten	38,82
18. Skandale	37,60
19. Parlament	37,46

Quelle: forschungsgruppe mediawatch. Tagespolitische Berichterstattung ZiB, 1.8.–2.10.1999.

Es gelang der ÖVP, von diesen 19 Themenfeldern zwei zu 100% zu dominieren (innere Sicherheit und Versicherungen), bei weiteren sieben lag sie im Vergleich zu den anderen Parteien über der 50%-Grenze (Arbeit, Demokratie, Kunst, Wirtschaft, Meinungsforschung, Verkehr, Landwirtschaft).

Die SPÖ brachte es bei den ersten 40 Themenfeldern auf 10 Bereiche, in denen sie dominierte. Das entspricht einem Anteil von 25%.

Tabelle 9:   Themenfelderdominanz der SPÖ (Nennungen)

Themenfelder	Prozente
1. Forschung	100
2. Konsumentenschutz	85,83
3. Bildung	70,67
4. Reformen	60,55
5. Soziales	58,27
6. Proteste	52,29
7. Sicherheit	47,73
8. Bürokratie	44,64
9. Regierungskoalition	40,15
10. Wahlen	34,34

Quelle: forschungsgruppe mediawatch. Tagespolitische Berichterstattung ZiB, 1.8.–2.10.1999.

Bei diesen von der SPÖ dominierten Themenfeldern schaffte sie es in fünf Bereichen, die 50%-Schwelle zu überschreiten (Konsumentenschutz, Bildung, Reformen, Soziales, Proteste). Das Themenfeld Forschung wird ausschließlich von der SPÖ angesprochen (100%).

Die FPÖ kam auf sechs von ihr im wesentlichen beherrschte Bereiche, das sind 15% der gesamten Themenfelder. Nur in zwei Fällen (Handel und Parteien) übersprang sie die 50%-Marke. Kein einziges Thema konnte von ihr zu 100% besetzt werden.

Tabelle 10: Themenfelderdominanz der FPÖ (Nennungen)

Themenfelder	Prozente
1. Parteien	73,12
2. Ausländer	69,22
3. Handel	51,81
4. Justiz	50,76
5. Finanzen	42,92
6. Energie	28,52

Quelle: forschungsgruppe mediawatch. Tagespolitische Berichterstattung ZiB, 1.8.–2.10.1999.

Die kleineren im Parlament vertretenen Oppositionsparteien (Grüne und LIF) sowie zwei andere wahlwerbende Parteien, nämlich „Die Unabhängigen" und die KPÖ, schafften es in keinem Themenfeld, die Spitze zu erklimmen. Eine Ausnahme bildeten lediglich die Grünen, die im Vergleich zu allen anderen konkurrierenden Parteien ihr Kernthema Umwelt und Umweltschutz mit 45,18% dominierten. Beim Themenfeld Menschenrechte lagen die Grünen mit 85,52% markant in Führung.

Tabelle 11: Themenfelderdominanz der Grünen (Nennungen)

Themenfelder	Prozente
1. Menschenrechte	85,52
2. Umwelt	45,18

Quelle: forschungsgruppe mediawatch. Tagespolitische Berichterstattung ZiB, 1.8.–2.10.1999.

Das LIF schaffte es kein einziges Mal, ein Themenfeld zu dominieren. Nur dreimal gelang es diesem, die 25%-Marke zu überschreiten. Einmal bei der Bildung (29,33%), dann beim Verkehr (26,92%) und beim Handel (25,30%). Beachtliche 26,88% schafften „Die Unabhängigen" bei der Debatte um die Parteien, in diesem Falle um ihre eigene Partei. Dabei ging es vor allem um die Unterstützungserklärungen für die Kandidatur der DU.

2.6. Themen und politische AkteurInnen

Betrachtet man die inhaltliche Präsenz (Nennungen und direkte Rede) der Top 30 politischer Akteure in den ZiB-Nachrichten näher, so finden wir unter den ersten fünf Plazierten in der Reihenfolge den SPÖ-Vorsitzenden Viktor Klima, gefolgt von ÖVP-Bundesparteiobmann Wolfgang Schüssel und Bundespräsident Thomas Klestil. Dem folgt FPÖ-Chef Jörg Haider und FPÖ-Spitzenkandidat Thomas Prinzhorn. Der Obmann der „Unabhängigen", Richard Lugner, liegt bei der inhaltlichen Präsenz mit Platz 7 noch vor LIF-Obfrau Heide Schmidt (Platz 9). Alexander Van der Bellen von den Grünen belegt

Platz 13. Bundeskanzler Viktor Klima nimmt zu 24 der 56 Themenfelder Stellung oder wird im Zusammenhang mit diesen zitiert. Das entspricht einer „Themenfeldstreuung" von 42,8%. ÖVP-Obmann Wolfgang Schüssel kommt auf 20 Themenfelder (37,7%), der FPÖ-Obmann Jörg Haider auf 14 (25%). Es folgen der Sprecher der Grünen Van der Bellen mit 13 Themenfeldern (23,2%), der damit vor der LIF-Obfrau Heide Schmidt mit neun Themenfeldern (16%) liegt. Richard Lugner kommt auf acht Themenfelder (14,3%).

Von den 56 Themenfeldern werden die drei Bereiche *Wahlen, Regierung* und *Ausländer* von allen sechs Parteivorsitzenden eingebracht, Das Themenfeld *Arbeit* wird nur mit Richard Lugner, das Themenfeld *Ausländer* mit Heide Schmidt nicht in Zusammenhang gebracht. Insgesamt wurden in den ZiB-Nachrichten 37 Themenfelder (66%) durch die Parteivorsitzenden angesprochen, 19 Themenfelder (34%) wurden durch andere politische Akteure ins Spiel gebracht. Die inhaltliche Präsenz von Viktor Klima konzentrierte sich vor allem auf fünf Themenfelder. In erster Linie waren es der Bereich Wahlen, gefolgt von der künftigen Regierungskoalition, der Arbeit, der Energie und der äußeren Sicherheit. Wolfgang Schüssels erste fünf Themenfelder sind die Wahlen, die Regierungskoalition, die Arbeit, die Familie und die Frauen. Jörg Haider kam in der ZiB in den Bereichen Wahlen, Regierungsbildung, Ausländer, Familie und Arbeit zeitlich am stärksten vor. LIF-Obfrau Heide Schmidt punktete ebenfalls beim Themenfeld Wahlen, gefolgt vom Themenfeld Regierung, Arbeit, Demokratie und Finanzen. Mit dem Themenfeld Wahlen lag auch der grüne Bundessprecher Alexander Van der Bellen an der Spitze, gefolgt von den Bereichen Regierungskoalition, Ausländer, Landwirtschaft und Bürokratie. Auch DU-Präsident Richard Lugner war in Zusammenhang mit dem Themenfeld Wahlen am meisten präsent, gefolgt von den Bereichen Justiz, Parteien, Ausländer und Bildung.

Unter den ersten 30 PolitikerInnen, die in der ZiB in den zwei Monaten vor der Nationalratswahl inhaltlich präsent waren, finden wir zehn Regierungsmitglieder. Das entspricht einem Drittel dieses Themenfeld-Rankings. Neben Bundeskanzler Viktor Klima und Vizekanzler Wolfgang Schüssel sind dies in der Reihenfolge ihrer inhaltlichen Präsenz:

Tabelle 12: ZIB-Präsenz und -Absenz der Regierungsmitglieder

ZiB-Präsenz Regierungsmitglieder Top 30 PolitikerInnen	ZiB-Absenz Regierungsmitglieder Top 30 PolitikerInnen
Viktor Klima (SPÖ)	Hannes Farnleitner (ÖVP)
Wolfgang Schüssel (ÖVP)	Barbara Prammer (SPÖ)
Karl Schlögl (SPÖ)	Eleonore Hostasch (SPÖ)
Wilhelm Molterer (ÖVP)	Werner Fasslabend (ÖVP)
Rudolf Edlinger (SPÖ)	Benita Ferrero-Waldner (ÖVP)
Caspar Einem (SPÖ)	Nikolaus Michalek (parteilos)
Martin Bartenstein (ÖVP)	
Wolfgang Ruttenstorfer (SPÖ)	
Elisabeth Gehrer (ÖVP)	
Peter Wittmann (SPÖ)	

Quelle: forschungsgruppe mediawatch. Tagesaktuelle Berichterstattung ZiB, 1.8.–2.10.1999.

In der ZiB-Präsenzliste finden wir sechs SPÖ- und vier ÖVP-ExponentInnen. Bei den Nicht-Präsenten sind es drei ÖVP-Exponenten, zwei Vertreterinnen der SPÖ und der parteiunabhängige Justizminister Nikolaus Michalek. Unter den in der ZiB registrierten MinisterInnen hat sich Innenminister Karl Schlögl zu 13 (23,2%) Themenfeldern zu Wort gemeldet, gefolgt von Landwirtschaftsminister Wilhelm Molterer mit elf Themenfeldern (19,6%). In der weiteren Reihenfolge finden wir Caspar Einem, Wolfgang Ruttenstorfer und Peter Wittmann (alle SPÖ) mit je sieben Politikbereichen (12,5%), sodann Elisabeth Gehrer mit sechs (10,7%), Rudolf Edlinger mit fünf (8,9%) und Martin Bartenstein mit vier (7,1%) Themenfeldern.

3. TV-Präsenz der Parteien und ihrer AkteurInnen

3.1. Inhaltliche Präsenz der Parteien

Der ORF berichtete in seinen drei Nachrichtensendungen (ZiB, ZiB2, ZiB3) am meisten über die SPÖ. Deren inhaltliche Präsenz mit 26% lag allerdings nur knapp über jener der Freiheitlichen mit 25,6% und der ÖVP mit 25%. Es folgen die Grünen mit 8,4%, das LIF mit 6%, parteilose politische Exponenten (zB. Bundespräsident Klestil) mit 1,4%, die Lugner-Liste mit 5,4% und die Kommunisten mit 1,7%. Die restlichen 0,7% verteilen sich auf die FDU und andere kleinere Listen.

Tabelle 13: Verteilung der inhaltlichen Präsenz ZiB-ZiB2-ZiB3 (Angaben in %)

	ZiB	ZiB2	ZiB3
SPÖ	28	28	22
ÖVP	28	26	21
FPÖ	21	23	32
Grüne	8	9	8
LiF	6	5	7
parteilos	3	1	1
DU/Lugner	3	7	6
KPÖ	2	1	2
FDU	0	0	1
Diverse	1	0	0
	100%	100%	100%

Quelle: forschungsgruppe mediawatch. Tagesaktuelle Berichterstattung ZiB-ZiB2-ZiB3, 1.8.–2.10.1999.

Vergleichen wir die parlamentarische Stärke der fünf im Nationalrat vertretenen Parteien mit ihrer inhaltlichen Präsenz in den drei Nachrichtensendungen, so ergibt sich folgendes Bild:

Tabelle 14: Parlamentarische Vertretung und inhaltliche Präsenz im Vergleich ZiB-ZiB2-ZiB3

SPÖ		ÖVP		FPÖ		Grüne		LIF	
Parlament	ORF	Parlament	ORF	Parlament	ORF	Parlament	ORF	Parlament	ORF
38,1	26	28,3	25	21,9	25,4	4,8	8,8	5,5	6

Quelle: forschungsgruppe mediawatch. Tagesaktuelle Berichterstattung ZiB-ZiB2-ZiB3, 1.8.–2.10.1999 und Plasser, Ulram und Ogris 1995: 345.

Wie aus dem Vergleich ersichtlich wird, lag die mediale inhaltliche Präsenz der SPÖ mit einer Differenz von 12% relativ deutlich unter ihrer parlamentarischen Vertretung (38,1% vs. 26%). In etwa ausgeglichen präsentiert sich das Ergebnis bei der ÖVP (28,3 vs. 25%). Die FPÖ lag mit ihren medialen 25,4% gute 3% über ihrer parlamentarischer Repräsentanz, während die Grünen fast doppelt so oft in den ORF-Nachrichten vorkamen, als dies ihrer Präsenz im Nationalrat entsprach. Ausgeglichen hingegen ist wieder der Vergleich beim Liberalen Forum. Einer parlamentarischen Vertretung von 5,5% entsprach in der Untersuchungsperiode einer ORF-Nachrichtenpräsenz von 6%. Hervorzuheben ist hier noch, daß die Lugner-Liste „Die Unabhängigen" auf einen durchaus beachtlichen Prozentsatz von 5,4% kommt, ein Prozentsatz, der mit jenem des LIF so gut wie ident ist (5,5%). Die Vorwürfe Richard Lugners, vom ORF verdunkelt worden zu sein, muß im Lichte dieser Datenlage relativiert werden. Die KPÖ liegt bei 1,7%.

Tabelle 15: Präsenz von SPÖ, ÖVP und FPÖ in den ORF-Nachrichtensendungen ZiB-ZiB2-ZiB3 (Angaben in Prozent)[1]

Inhaltliche Präsenz								
SPÖ			ÖVP			FPÖ		
ZiB	ZiB2	ZiB3	ZiB	ZiB2	ZiB3	ZiB	ZiB2	ZiB3
28	28	22	28	26	21	21	23	32
Direkte Redezeit								
SPÖ			ÖVP			FPÖ		
ZiB	ZiB2	ZiB3	ZiB	ZiB2	ZiB3	ZiB	ZiB2	ZiB3
40	38	20	29	26	18	11	15	25
Nennungen								
SPÖ			ÖVP			FPÖ		
ZiB	ZiB2	ZiB3	ZiB	ZiB2	ZiB3	ZiB	ZiB2	ZiB3
27	25	22	28	25	22	22	25	34
Bildpräsenz								
SPÖ			ÖVP			FPÖ		
ZiB	ZiB2	ZiB3	ZiB	ZiB2	ZiB3	ZiB	ZiB2	ZiB3
36	34	23	28	24	14	15	16	24

Quelle: forschungsgruppe mediawatch. Tagesaktuelle Berichterstattung ZiB-ZiB2-ZiB3, 1.8.–2.10.1999.

Schlüsselt man die inhaltliche Gesamtpräsenz der drei Nachrichtensendungen des ORF in die einzelnen ZiBs auf, so ergeben sich interessante Details. In der ZiB und ZiB2 – und dabei in allen Kategorien (direkte Redezeit, Nennungen, Bildpräsenz) – lag die SPÖ vor allen anderen Parteien oder zumindest gleich auf. Nur einmal lag die ÖVP in der Kategorie der Nennungen in der ZiB vor der SPÖ, aber lediglich um einen Prozentpunkt. Hingegen dominierte in der ZiB3 die FPÖ. Hier lag in allen Kategorien die Partei Jörg Haiders in Führung. Besonders stark präsent war die FPÖ bei den Nennungen. Mit 34% wurde sie in der Mitternachtssendung um 12% öfters genannt als SPÖ und ÖVP.

Unter den kleineren Parteien, mit Ausnahme der KPÖ, war die Präsenz in den ORF-Nachrichtensendungen eher ausgeglichen.

Tabelle 16: Präsenz von Grünen, LIF, DU und KPÖ in den ORF-Nachrichtensendungen ZiB-ZiB2-ZiB3 (Angaben in Prozent)

Inhaltliche Präsenz											
	Grüne			LIF			Die Unabhängigen			KPÖ	
ZiB	ZiB2	ZiB3	ZiB	ZiB2	ZiB3	ZiB	ZiB2	ZiB3	ZiB	ZiB2	ZiB3
8	9	8	6	5	7	3	7	6	2	1	2
Direkte Redezeit											
	Grüne			LIF			Die Unabhängigen			KPÖ	
ZiB	ZiB2	ZiB3	ZiB	ZiB2	ZiB3	ZiB	ZiB2	ZiB3	ZiB	ZiB2	ZiB3
7	10	13	6	4	4	2	7	8	1	-	3
Nennungen											
	Grüne			LIF			Die Unabhängigen			KPÖ	
ZiB	ZiB2	ZiB3	ZiB	ZiB2	ZiB3	ZiB	ZiB2	ZiB3	ZiB	ZiB2	ZiB3
8	9	7	6	6	6	3	7	5	-	1	2
Bildpräsenz											
	Grüne			LIF			Die Unabhängigen			KPÖ	
ZiB	ZiB2	ZiB3	ZiB	ZiB2	ZiB3	ZiB	ZiB2	ZiB3	ZiB	ZiB2	ZiB3
8	11	11	5	5	11	3	9	10	1	-	3

Quelle: forschungsgruppe mediawatch. Tagesaktuelle Berichterstattung ZiB-ZiB2-ZiB3, 1.8.–2.10.1999.

3.2. Regierung und Opposition

Die beiden Regierungsparteien SPÖ und ÖVP erzielten bei den Nationalratswahlen von 1995 zusammen einen WählerInnenkonsens von 66,4%, die im Parlament vertretenen Oppositionsparteien kamen auf 32,2%. Dieses Kräfteverhältnis zwischen Regierungsparteien und Oppositionsparteien entspricht auch in etwa der inhaltlichen Präsenz in der ZiB. Im Untersuchungszeitraum kommen die Regierungsparteien auf 61%, die Oppositionsparteien auf 39%.

Schaubild 3: Präsenzvergleich Regierung – Opposition

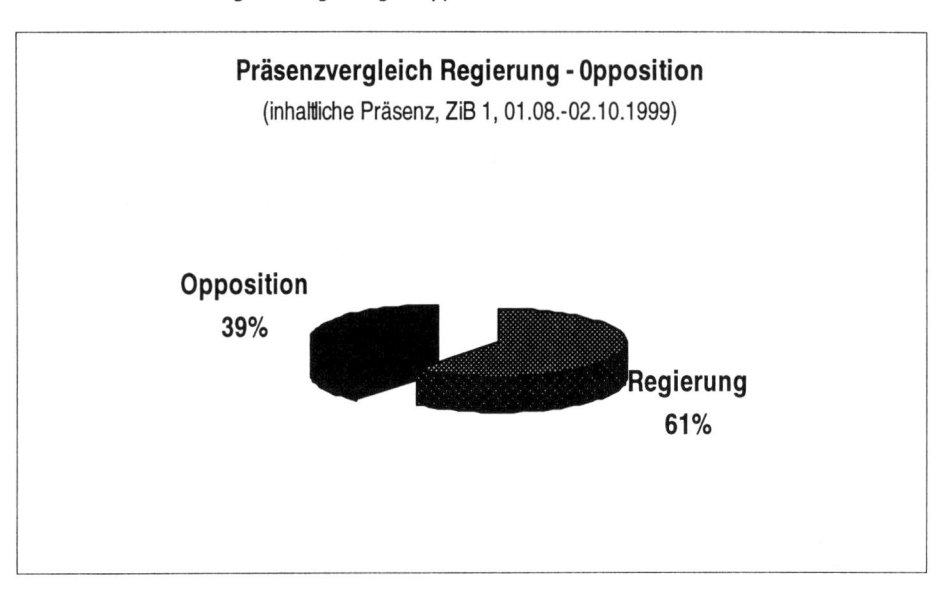

Präsenzvergleich Regierung - Opposition
(inhaltliche Präsenz, ZiB 1, 01.08.-02.10.1999)

Opposition 39%
Regierung 61%

Vergleicht man das Verhältnis Regierung und Opposition im Zeitverlauf, so läßt sich feststellen, daß die Regierungsparteien in der Woche vom 9.8.–15.8. mit 84% und in der Woche vom 16.8.–22.8. mit 74% die stärkste TV-Präsenz in der ZiB verbuchen konnten. Lediglich in der Woche vom 23.8.–29.8 konnten die Oppositionsparteien eine stärkere inhaltliche Präsenz in der ZiB-Nachrichtensendung verbuchen als die Regierungsparteien. In den letzten drei Wochen des Wahlkampfs, ab dem 13. September, blieben die Oppositionsparteien zwar hinter den Regierungsparteien zurück, doch nahm der Abstand immer mehr ab. In der letzten Wahlkampfwoche betrug das Verhältnis nur mehr 55% zu 45% zugunsten der Regierungsparteien.

Tabelle 17: Inhaltlicher Präsenzvergleich Regierung – Opposition (Angaben in Prozent)

Zeitraum	Regierung	Opposition
2.8. – 8.8.	36	64
9.8. – 15.8.	84	16
16.8. – 22.8.	74	26
23.8. – 29.8.	46	54
30.8. – 5.9.	55	45
6.9. – 12.9.	73	27
13.9. – 19.9.	67	33
20.9. – 26.9.	60	40
27.9. – 3.10.	55	45

Quelle: forschungsgruppe mediawatch. Tagesaktuelle Berichterstattung ZiB, 1.8.–2.10.1999.

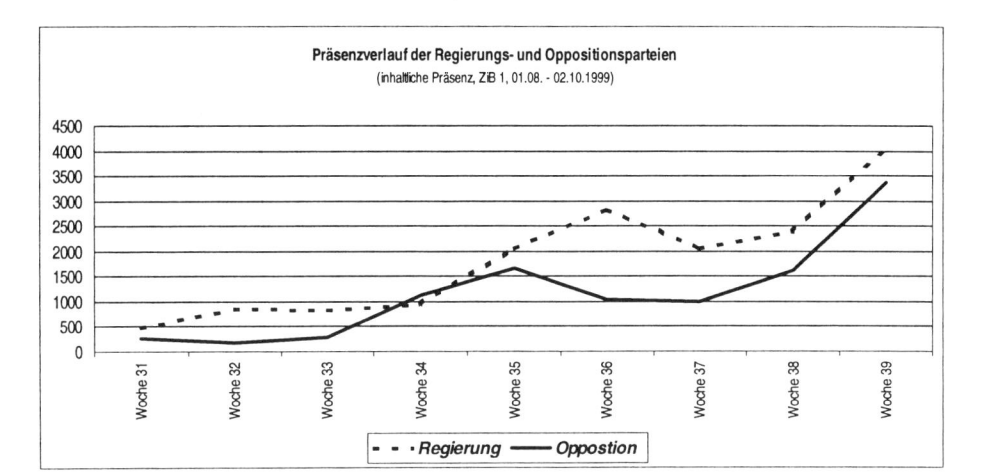

Schaubild 4: Inhaltlicher Präsenzverlauf Regierung – Opposition nach Wochen

Präsenzverlauf der Regierungs- und Oppositionsparteien
(inhaltliche Präsenz, ZiB 1, 01.08. - 02.10.1999)

3.3. TV-Präsenz der politischen AkteurInnen

In der Hauptnachrichtensendung, der ZiB, hat Bundeskanzler Viktor Klima im Vergleich mit den Parteivorsitzenden der vier weiteren im Parlament vertretenen Parteien ein Drittel der inhaltlichen Präsenz (O-Töne und Nennungen) für sich in Anspruch nehmen können (33,8%). Vizekanzler Wolfgang Schüssel kommt auf einen Anteil von 26,5%, FPÖ-Chef Jörg Haider auf 20,5%. Alexander Van der Bellen von den Grünen (9,7%) und Heide Schmidt vom LIF (9,5%) bleiben knapp unter der 10%-Marke (siehe *Tabelle 18*).

In den beiden anderen ZiBs kann Klima dieses gute Ergebnis nicht wiederholen. In der ZiB2 liegt bei der inhaltlichen Präsenz Wolfgang Schüssel an erster Stelle, allerdings sind hier die Präsenz-Unterschiede nicht sehr relevant. Dasselbe gilt bei der Aufschlüsselung nach den beiden anderen Kategorien (Nennungen und O-Töne). Den größten Unterschied in der Präsenz der Parteivorsitzenden kann man in der ZiB3 Nachtausgabe feststellen, wo FPÖ-Chef Jörg Haider im Vergleich zu allen anderen vier Parteivorsitzenden auf eine inhaltliche Präsenz von 52,6% kommt. Viktor Klima erreicht in dieser Kategorie 24,6%, Wolfgang Schüssel 22,8%. Die Parteivorsitzenden der Grünen und des LIF scheinen unter den Top 30 PolitikerInnen gar nicht auf. Außerdem kommen in der ZiB3 unter den Top 30 auch PolitikerInnen zum Zuge, die eher in der zweiten Reihe ihrer Parteien angesiedelt sind. Ausschließlich in den Mitternachtsnachrichten tritt auch die KPÖ und die FDU in Erscheinung, während Richard Lugners Liste „Die Unabhängigen" in allen ZiBs präsent ist. In der Kategorie der direkten Redezeit in der ZiB2 erklimmt Lugner sogar Platz eins.

Tabelle 18: ZiB: Top 30 PolitikerInnen (inhaltliche Präsenz)

Politiker	Anzahl
Klima Viktor	2086
Schüssel Wolfgang	1632
Haider Jörg	1268
Prinzhorn Thomas	785
Klestil Thomas	664
Schlögl Karl	624
Van der Bellen Alexander	601
Schmidt Heide	589
Lugner Richard	452
Molterer Wilhelm	366
Fischler Franz	362
Edlinger Rudolf	304
Einem Caspar	293
Bartenstein Martin	268
Westenthaler Peter	240
Fischer Heinz	221
Gehrer Elisabeth	171
Rudas Andreas	150
Pilz Peter	147
Ortlieb Patrick	147
Rauch-Kallat Maria	143
Wittmann Peter	121
Aichinger Walter	120
Gorbach Hubert	119
Ackerl Josef	114
Sausgruber Herbert	108
Fasslabend Werner	104
Wabl Andreas	97
Pühringer Josef	92
Sima Ulli	88

3.4. Personalisierungsrate

Der Trend zu noch stärkeren Personalisierungsraten der Parteivorsitzenden im Vergleich zu ihren Parteien scheint bei diesen Nationalratswahlen etwas eingebremst worden zu sein. Im Vergleich der Nationalratswahlen von 1995 und 1999 sah die Medienpräsenz der Spitzenkandidaten in Relation zur Medienpräsenz ihrer Parteien wie folgt aus:

Tabelle 19: Personalisierungsrate 1995 – 1999 im Vergleich[2]

Parteivorsitzende	1995	1999
Vranitzky – Klima	42,9	37,9
Schüssel	42,8	38,7
Haider	65,8	47,5
Schmidt	51,4	51,2
Petrovic – Van der Bellen	37,5	50,75

Quelle: forschungsgruppe mediawatch. Tagesaktuelle Berichterstattung ZiB, 1.8.–2.10.1999 und Plasser, Sommer und Scheucher 1996: 109.

Wie aus der Tabelle ersichtlich ist, hat die Personalisierungsrate der Parteivorsitzenden im Vergleich zu 1995 abgenommen. Auffällig ist dies bei FPÖ-Chef Jörg Haider, der von einem Anteil von 65,8% im Jahr 1995 auf 47,5% im Jahr 1999 zurückgefallen ist. Allerdings muß man berücksichtigen, daß Haider nicht Spitzenkandidat seiner Partei war, sondern Thomas Prinzhorn. Die einzige Partei, die einen relativ starken Personalisierungsschub zu verzeichnen hatte, waren die Grünen mit Alexander Van der Bellen.

Betrachtet man die Personalisierungsrate der Parteivorsitzenden im Zeitverlauf der neun untersuchten Wahlkampfwochen, so sieht man, daß sich diese gegen Ende des Wahlkampfes in der ZiB Nachrichtensendung immer mehr verdichtet. Die durchschnittliche Personalisierungsrate aller fünf Parteivorsitzenden in der *Zeit im Bild* betrug 1995 58,4%, 1999 nur noch 45,18% – ein Verlust von 13 Prozentpunkten.

Tabelle 20: Personalisierungsrate der Parteivorsitzenden (Angaben in Prozent)

	Klima	Schüssel	Haider	Van der Bellen	Schmidt
31. Woche	31,1	0	0	0	0
32. Woche	27,7	20,3	81,2	0	0
33. Woche	5,9	29,1	73,2	34,7	0
34. Woche	35	27,6	15,1	46,9	35,1
35. Woche	34,4	29,1	29,3	76,9	90,5
36. Woche	50,8	51,7	60,1	73,8	86,2
37. Woche	38,5	41,8	35,3	39,5	50
38. Woche	53,1	69,1	62,1	85	99,4
39. Woche	61	80,4	70,7	100	100

Quelle: forschungsgruppe mediawatch. Tagesaktuelle Berichterstattung ZiB, 1.8.–2.10.1999.

Von allen Parteivorsitzenden schneidet Bundeskanzler Viktor Klima mit 61% in der letzten Wahlkampfwoche am schlechtesten ab, gefolgt von Jörg Haider (70,7%) und Wolfgang Schüssel (80,4%). In dieser letzten Woche traten für die Grünen und für das Liberale Forum ausschließlich die Parteivorsitzenden Alexander Van der Bellen und Heide Schmidt auf. In der Berichterstattung über die beiden Oppositionsparteien wurden wiederum ausschließlich die beiden Parteivorsitzenden genannt. Heide Schmidt erzielte im Vergleich zu allen anderen Parteivorsitzenden in den letzten 5 Wochen eine konstant hohe Personalisierungsrate. Lediglich in der Woche vom 13.9. –19.9. fiel sie auf 50% zurück.

Schaubild 5: Personalisierungsrate der Parlamentsparteien durch die Parteivorsitzenden im Wochenverlauf

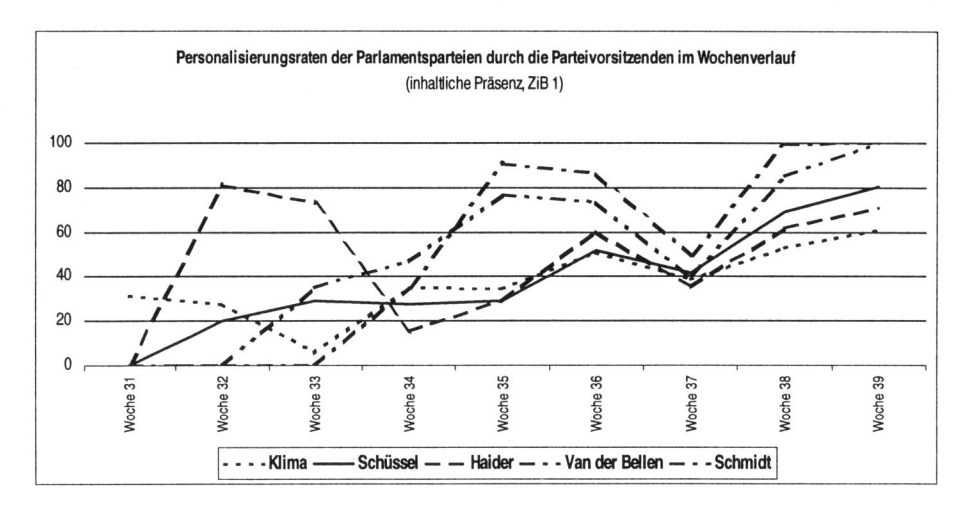

Die niedrigste Personalisierungsrate mußte in der Woche vom 16.8.–22.8. Bundeskanzler Klima mit 5,9% verbuchen. Allerdings waren alle anderen Parteivorsitzenden in der ersten Untersuchungswoche (2.8.–8.8.) überhaupt nicht TV-präsent. Van der Bellen widerfuhr die Nicht-Präsenz in den beiden ersten Wochen (2.8.–15.8.), Heide Schmidt gar in den ersten drei Wochen (2.8.–22.8.).

3.5. Parteien-Image

Geht man der Frage des Image der einzelnen Parteien in der ORF-Berichterstattung der Nachrichtensendungen nach (ZiB, ZiB2, ZiB3), so fällt auf, daß die SPÖ den geringsten Anteil an positiver Berichterstattung verbucht, die FPÖ den höchsten Anteil an negativen Aussagen. Umgekehrt haben die Grünen mit 12% den höchsten positiven und mit 10% den geringsten negativen Wert zu verzeichnen. Dieses Bild wiederholt sich, wenn die inhaltliche TV-Präsenz der einzelnen Parteien lediglich in der ZiB untersucht wird. In diesem Falle liegen die Grünen mit denselben Werten wie bei der Gesamtpräsenz in allen drei ZiBs an erster Stelle bei den positiven Zuordnungen und an letzter Stelle bei den negativen Wertungen. Auch in der Gesamtzuordnung der Aussagen liegt hier die FPÖ mit 26% negativer Zuordnung an erster Stelle.

Tabelle 21: Parteienimage gesamt ZiB, ZiB2, ZiB3 (Angaben in Prozent)

SPÖ			ÖVP			FPÖ			Grüne			LIF		
positiv	neutral	negativ	positiv	neutral	negativ	positiv	neutral	negativ	positiv	neutral	negativ	positiv	neutral	negativ
7	74	19	10	70	20	9	65	26	10	76	14	8	79	13

Quelle: forschungsgruppe mediawatch. Tagesaktuelle Berichterstattung ZiB, ZiB2, ZiB3, 1.8.–2.10.1999.

Tabelle 22: Parteienimage ZiB (Angaben in Prozent)

SPÖ			ÖVP			FPÖ			Grüne			LIF		
positiv	neutral	negativ	positiv	neutral	negativ	positiv	neutral	negativ	positiv	neutral	negativ	positiv	neutral	negativ
6	78	16	7	76	17	7	66	27	12	78	10	9	78	13

Quelle: forschungsgruppe mediawatch. Tagesaktuelle Berichterstattung ZiB, ZiB2, ZiB3, 1.8.–2.10.1999.

4. Der Bundespräsident

Österreichs Verfassung räumt dem Bundespräsidenten zwar eine starke Stellung ein, aber die Verfassungswirklichkeit ist durch seinen weitgehenden Rollenverzicht gekennzeichnet. Außerdem schreibt die Verfassung dem Bundespräsidenten in der Tagespolitik eine passive Rolle zu. Und schließlich ist das Amt seit der Präsidentschaft Kurt Waldheims im Zusammenhang mit der Debatte um sein Verhalten in der NS-Zeit enttabuisiert worden. Eine Entwicklung, die mit Bundespräsident Thomas Klestil durch Veröffentlichungen über sein Privatleben fortgesetzt wurde, aber auch durch die Kritik, die an seiner Amtsinterpretation laut wurde (Müller 1997: 145f.).

Wenn man allerdings die Liste der Top 30 PolitikerInnen in der ZiB (inhaltliche Präsenz) heranzieht, kann man feststellen, daß Bundespräsident Klestil auf Platz fünf liegt. Vor ihm plazierten sich Bundeskanzler Viktor Klima, Außenminister Wolfgang Schüssel und die beiden FPÖ-Spitzenpolitiker Jörg Haider und Thomas Prinzhorn. Klestil liegt noch vor Innenminister Karl Schlögl und den drei Parteivorsitzenden Alexander Van der Bellen, Heide Schmidt und Richard Lugner. Diese quantitativ beachtliche Präsenz in den ORF-Hauptnachrichten läßt den vorsichtigen Schluß zu, daß Klestil seine Rolle als aktives Staatsoberhaupt im Sinne einer verstärkten politischen Kommunikation mit den StaatsbürgerInnen auf der einen Seite, aber auch mit den Parteien auf der anderen Seite sehr wohl wahrgenommen hat. Klestil hat im Wahlkampf keine direkten parteipolitischen Präferenzen durchblicken lassen, wohl aber hat er durch gezielte Aussagen die Aufmerksamkeit auf allgemeine Grundsätze gelenkt, die sowohl innen- als auch außenpolitische Folgen der Nationalratswahlen betrafen.

Zu den 56 erfaßten Themenfeldern während der neunwöchigen Untersuchung hat Thomas Klestil zu 20 Themenfeldern unterschiedlich intensiv Stellung bezogen, worüber die ZiB berichtete (inhaltliche Präsenz). Das entspricht einem Themenbereichsanteil von 35,7%. Die fünf wichtigsten Themenfelder waren dabei die Wahlen, die künftige Regierung, die Europäische Union, die Bundesländer und die Familie. Klestils nachhaltigste inhaltliche Präsenz in der ZiB betraf das Themenfeld Wahlen, das auch im Gesamtranking aller Bereiche an erster Stelle liegt. Darüber berichtete die ZiB besonders am 31. August, als Klestil eine Mahnung an die wahlkämpfenden Parteien richtete, in der er diese aufforderte, im Wahlkampf verantwortungsvoll mit den Sorgen und Ängsten der Österreicher und Österreicherinnen umzugehen. Außerdem gehe es um die Glaubwürdigkeit der Politik und um das Ansehen Österreichs im Ausland. Am 1. Oktober, zwei Tage vor dem Urnengang, war Klestil mit seinem Aufruf an die Österreicher und Österreicherinnen präsent, von ihrem Wahlrecht Gebrauch zu machen. Mit Aussagen und Nennungen Klestils zur künftigen Regierung war der Bundespräsident am zweithäufigsten in den Abendnachrichten um 19.30 Uhr präsent. Klestil hat aber vor den Wahlen nie über seine Koalitionspräferenzen gesprochen, wie er dies nach dem Urnengang vom 3. Oktober hat durchblicken lassen. Der Bundespräsident wurde in diesem Zusammenhang im wesentlichen mit Aussagen über die „Stabilität der künftigen Regierung" zitiert. Ein Themenfeld, das im Wahlkampfranking den 17. Platz einnahm, betraf die Europäische Union. Es wurde zum dritten Hauptthema, mit dem Klestil in der ZiB-Nachrichtensendung präsent war. Dabei ging es in erster Linie um die Osterweiterung der EU. Darüber wurde besonders ausführlich anläßlich des zweitägigen Staatsbesuchs des Bundespräsidenten am 14. und 15. September 1999 im Nachbarland Ungarn berichtet. Österreich, so der Bundespräsident, werde die Bemühungen der Ungarn, der EU beizutreten, unterstützen. Weiters war Klestil mit den Themenfeldern Bundesländer (Reformen) und Familie inhaltlich präsent.

Die ZiB-Präsenz des Bundespräsidenten und seine Aussagen sowie Nennungen zu den Nationalratswahlen waren von der Sorge gekennzeichnet, allzuharte Auseinandersetzungen zwischen den Parteien könnten dem Image Österreichs im Ausland schaden. Der Bundespräsident wurde nur zu zwei Themenfeldern direkt gesendet (Wahlen, Europäische Union), in allen anderen Fällen wurde er lediglich zitiert.

5. Frauenpräsenz

Der Frauenanteil im österreichischen Nationalrat hat in den letzten Jahrzehnten bis auf 1999 ständig zugenommen (Steininger 1998). Nach den Nationalratswahlen vom 3. Oktober (Stand 31.12.1999) lag dieser Anteil bei 26,8% (www.parlament 1999) und entspricht damit dem Frauenanteil in der vorausgegangenen XIX. Legislaturperiode (Appelt 1998). Österreich liegt damit im Mittelfeld der EU-Staaten.

Während die parlamentarische Präsenz der Frauen die 25-Prozentmarke überschritten hat, blieb die Vermittlung wahlpolitischer Inhalte während der zweimonatigen Untersuchungszeit in den ORF-Nachrichtensendungen hinter diesem Prozentsatz zurück. In allen drei Nachrichtensendungen (ZiB, ZiB2, ZiB3) betrug die inhaltliche Präsenz (direkte Redezeit und Nennungen) der Frauen 14% gegenüber einem Anteil von 86% männlicher Präsenz. Damit lag die Frauenpräsenz in der innenpolitischen Berichterstattung des ORF hinter dem Anteil der Frauen im österreichischen Nationalrat.

Tabelle 23: Frauenanteile im Nationalrat und im ORF im Vergleich

Nationalrat (XIX. GP)	ORF
26,78	14

Quelle: forschungsgruppe mediawatch. Tagesaktuelle Berichterstattung ZiB, ZiB2, ZiB3, 1.8.–2.10.1999.

Schlüsselt man diese 14% Frauenpräsenz nach den einzelnen ZiB-Sendungen auf, ergibt sich folgendes Bild: Den größten Frauenanteil verzeichnete die ZiB3 mit 19%. Dieser Anteil lag bei der ZiB mit der größten Reichweite bei 11%, bei der ZiB2 bei 8%.

Tabelle 24: Geschlechterverhältnis aufgeschlüsselt nach ZiB, ZiB2, ZiB3 (Angaben in Prozent)

ZiB		ZiB2		ZiB3	
Männer	Frauen	Männer	Frauen	Männer	Frauen
89	11	92	8	81	19

Quelle: forschungsgruppe mediawatch. Tagesaktuelle Berichterstattung ZiB, ZiB2, ZiB3, 1.8.–2.10.1999.

Zum Vergleich: Im Jahresdurchschnitt 1999 betrug das Geschlechterverhältnis in der Kategorie der inhaltlichen Präsenz in allen ZiBs (ZiB, ZiB2, ZiB3) 12% Frauen und 88% Männer. In der ZiB betrug dieser Anteil ebenfalls 12% zu 88%, in der ZiB2 10% zu 90% und in der ZiB3 etwas mehr, nämlich 16% zu 84%. Wenn für die politischen Akteure die Eroberung der Öffentlichkeit Visibilität und Schaffung einer autonomen Identität bedeutet – Voraussetzung dafür, die potentiellen WählerInnen zu erreichen –, so bedeutet die niedere Frauenpräsenz in den ORF-Nachrichtensendungen einen Nachteil bei den Zugangschancen zur Macht (Beyme und Weßler 1998), zumal die kommunikative Interaktion zwischen den politischen Akteuren und WählerInnen heute ganz wesentlich über die Massenmedien, insbesondere über das Fernsehen erfolgt.

Vergleicht man das Geschlechterverhältnis unter den ersten 30 PolitikerInnen, die in den einzelnen ORF-Nachrichtensendungen präsent waren, so befinden sich die Frauen eher im zweiten Drittel. Eine Ausnahme bildet Heide Schmidt, die auf ihren Bonus als Vorsitzende des Liberalen Forums zurückgreifen konnte. Allerdings nur in der ZiB, wo sie bei der inhaltlichen Präsenz auf Platz 8 landet. In der ZiB2 finden wir sie bereits auf Platz 16, während wir sie in der ZiB3 unter den ersten 30 gar nicht antreffen. In der ZiB3 plaziert sie sich lediglich bei den Nennungen auf Rang 26.

Auch die Anzahl der Frauen variiert in den einzelnen ORF-Nachrichtensendungen. Bei der inhaltlichen Präsenz treffen wir bei der ZiB und ZiB2 auf vier, bei der ZiB3 auf sieben Frauen. Schlüsseln wir die inhaltliche Präsenz in direkte Redezeit und Nennungen auf, so erhöht sich der Anteil der Frauen bei den O-Tönen am meisten. Fünf Frauen haben in der ZiB direkt zu den WählerInnen gesprochen und dadurch ihre Inhalte ungefiltert vermitteln können, vier waren es in der ZiB2 und zehn in der ZiB3. Auch bei den

Nennungen liegt die ZiB3 mit sieben Frauen vor der ZiB mit vier und der ZiB2 mit zwei Frauen.

Betrachtet man die drei ZiB-Sendungen, so schneidet die ZiB2 bei der Präsenz von Frauen am schlechtesten ab. Dies gilt nicht nur für die Anzahl der präsenten Frauen, sondern auch für die Zeit, die den Frauen zur Vermittlung ihrer politischen Inhalte eingeräumt wurde. Auffällig ist auch, daß von den weiblichen Regierungsmitgliedern (Barbara Prammer und Eleonore Hostasch von der SPÖ, Elisabeth Gehrer und Benita Ferrero-Waldner von der ÖVP) unter den ersten 30 PolitikerInnen am häufigsten Unterrichtsministerin Elisabeth Gehrer präsent war. Gehrer kommt in der ZiB in allen Kategorien vor (inhaltliche Präsenz, direkte Redezeit und Nennungen), während in der ZiB3 lediglich Barbara Prammer anzutreffen ist. Hostasch finden wir mit einem O-Ton in der ZiB, Ferrero-Waldner wird in der ZiB zitiert. Im Vergleich zu den männlichen Ministern sind die Ministerinnen in den Nachrichtensendungen stark unterrepräsentiert. Das Geschlechterverhältnis im 16köpfigen Ministerrat setzt sich aus zwölf männlichen und vier weiblichen Regierungsmitgliedern zusammen, das entspricht einem Verhältnis von 75% zu 25%. In den Nachrichtensendungen spiegeln sich diese Geschlechterverhältnisse unter den Regierungsmitgliedern nicht wider. In der ZiB (inhaltliche Präsenz) finden wir unter den ersten 30 PolitikerInnen zwar acht Minister, aber nur die Ministerin Elisabeth Gehrer. Das entspricht einem Anteil von 11,11%. Bei der direkten Redezeit in ZiB befinden sich neben den acht Ministern die beiden Ministerinnen Elisabeth Gehrer und Eleonore Hostasch (20%). Auf 20% TV-Präsenz kommen die weiblichen Regierungsmitglieder mit Elisabeth Gehrer und Benita Ferrero-Waldner auch bei den Nennungen. In der ZiB2 sind bei der inhaltlichen TV-Präsenz und bei den Nennungen jeweils nur sieben Minister zu finden, aber keine Ministerin. Als einzige finden wir Elisabeth Gehrer neben sechs Ministern in der Kategorie der direkten Redezeit. In der ZiB3 kommt Barbara Prammer (SPÖ) als einzige Ministerin bei der inhaltlichen Präsenz (neben fünf Ministern) und bei den Nennungen (neben sechs Ministern) zum Zuge.

Vergleicht man unter den ersten 30 PolitikerInnen lediglich die inhaltliche TV-Präsenz unter den Frauen, so fällt auf, daß die Frauen der nach der Liste der KandidatInnen am frauenfreundlichsten Partei, der Grünen, kaum repräsentiert sind. In der ZiB kommen sie nicht vor, nur bei der direkten Redezeit finden wir Eva Glawischnig mit 23 Sekunden auf dem 27. Platz. In der ZiB2 scheint in dieser Rangordnung keine einzige Frau auf, während in der ZiB3 Terezija Stoisits (Platz 17) und Eva Glawischnig (Platz 30) im O-Ton präsent sind, Madeleine Petrovic (Platz 28) bei den Nennungen zu finden ist. Diese fast völlige Absenz der grünen Frauen in den ORF-Nachrichtensendungen hat mit der äußerst starken Personalisierungsrate durch Alexander Van der Bellen innerhalb der Grünen zu tun. Während in der ZiB bei der inhaltlichen Präsenz unter den Frauen Heide Schmidt vom LIF dominiert (59,44%), ist es in der ZiB2 die ÖVP-Generalsekretärin Maria Rauch-Kallat (49,20%). In der ZiB3 waren inhaltlich die FPÖ-Frauen mit insgesamt 32,79% am stärksten vertreten, nämlich mit ihrer Generalsekretärin Susanne Riess-Passer (24,22%) und mit Brigitte Povysil (8,57%). In der ZiB3 erzielte auch Christine Lugner von der Liste „Die Unabhängigen" mit 23,80% unter den Frauen eine nennenswerte inhaltliche Präsenz, während sie bei der direkten Redezeit hinter Susanne Riess-Passer (FPÖ: 613 Sekunden) und Herbert Scheibner (FPÖ: 532 Sekunden) mit 456 Sekunden Platz drei in der Rangliste der ersten 30 PolitikerInnen einnimmt.

Ein Blick auf die parteiinterne Geschlechtsverteilung in der ZiB (inhaltliche Präsenz) zeigt recht deutlich, wie männerdominiert die Berichterstattung war. Mit 4% Frauenanteil schneidet die FPÖ am schlechtesten ab, gefolgt von der SPÖ und den Grünen mit jeweils 6%. Lediglich beim LIF ist das Geschlechterverhältnis genau umgekehrt. Auf Grund der sehr hohen Personalisierungsrate von Heide Schmidt liegt der Frauenanteil bei 88%.

Tabelle 25: Geschlechterverhältnis innerhalb der einzelnen Parteien (Angaben in Prozent)

SPÖ		ÖVP		FPÖ		Grüne		LIF	
Männer	Frauen	Männer	Frauen	Männer	Frauen	Männer	Frauen	Männer	Frauen
94	6	87	13	96	4	94	6	12	88

Quelle: forschungsgruppe mediawatch. Tagesaktuelle Berichterstattung ZiB-ZiB2-ZiB3, 1.8.–2.10.1999.

Schlüsselt man die ersten 30 Themenfelder auf, mit denen sich die Kandidatinnen zum Nationalrat inhaltlich auseinandergesetzt haben, so finden wir darunter insgesamt sechs Frauen: LIF-Obfrau Heide Schmidt, Monika Langthaler (Grüne), Elisabeth Gehrer (ÖVP), Maria Theresia Fekter (ÖVP), Maria Rauch-Kallat (ÖVP) und Elfriede Madl (Die Unabhängigen). LIF-Obfrau Heide Schmidt war in der ZiB bei acht von 56 aufgeschlüsselten Themenfeldern präsent: Arbeit, Demokratie, Finanzen, Menschenrechte, Minderheiten, Parlament, Regierung, Wahlen. Das entspricht einem Anteil an den Themenfeldern (Streuung auf alle Themenfelder) von 14,3%. Unterrichtsministerin Elisabeth Gehrer wurde bei fünf (8,9%) Themenfeldern genannt oder direkt zitiert: Arbeit, Familie, Finanzen, Aufarbeitung von historischen Wahrheiten und Wahlen. Es folgen die ÖVP-Justizsprecherin Maria Theresia Fekter (Familie, Gesundheit, Justiz), die ÖVP-Bundesgeschäftsführerin Maria Rauch-Kallat (Finanzen, Regierung, Wahlen) und die Vertreterin der „Unabhängigen", Elfriede Madl (Proteste, Wahlen).

6. Resümee

Die Inhaltsanalyse der tagesaktuellen innenpolitischen Berichterstattung der *Zeit im Bild* vom 1.8. bis 2.10.1999 bestätigt Muster, die bereits bei vorangegangenen Nationalratswahlen auffindbar waren. Gleichzeitig zeichnen sich auch Innovationen wie gegenläufige Trends ab. Einige dieser Kontinuitäten und Diskontinuitäten sollen hier abschließend aufgezeigt werden.

- Der Trend zur *Dethematisierung* hat bei diesen Nationalratswahlen noch weiter zugenommen. *Campaign, political* und *personal issues* erreichten in den Abendnachrichten der ZiB um 19.30 Uhr einen Spitzenwert von 70%. Nicht um harte Sachthemen ist es in der politischen Diskussion unter den einzelnen Parteien gegangen, sondern um Meta-Themen. Innerhalb der Meta-Themen nahmen die *political issues* mit 41,76% einen ganz beachtlichen Anteil ein. Im Mittelpunkt stand dabei die Frage der künftigen Koalitionsoptionen, der Regierungsbeteiligung der FPÖ und der Oppositionsrolle der ÖVP. Dieser Meta-Diskussionstrend, der bereits 1994 und 1995 stark präsent war, hat 1999 die *policy issues* noch dominanter überlagert. Den höchsten Anteil an Meta-Themen hatte das LIF mit rund 80% zu verzeichnen, den höchsten Anteil an *policy issues* die Grünen mit rund 40%.

- Bei der Aufschlüsselung der *issues* nach *Themenfeldern* als einer Dachbezeichnung für inhaltlich nahestehende und korrespondierende Themen liegt die Diskussion rund um die Wahlen an erster Stelle unter den 56 erfaßten Bereichen. Neben dem Themenfeld *Wahlen* befinden sich unter den ersten fünf noch die Bereiche *Familie, Regierung, Umwelt* und *Arbeit*. Diese fünf Themenfelder deckten rund 55% der inhaltlichen ZiB-Berichterstattung ab.

- Der *TV-Präsenz* wird im Zeitalter massenmedialer Politikvermittlung eine für die Wahlentscheidung essentielle Bedeutung zugemessen. So bildet die Visibilität der Parteien und ihrer politischen Akteure eine Grundvoraussetzung für die Zugangschancen zur Macht. In dieser Hinsicht dominiert bei der inhaltlichen Präsenz (Nennungen und direkte Redezeit) die SPÖ in der ZiB und ZIB2, die FPÖ in der ZiB3. SPÖ (mehr) und ÖVP (weniger) waren im Vergleich zu ihrer parlamentarischen Vertretung in den ORF-Nachrichtensendungen unterrepräsentiert, alle anderen Parteien (unterschiedlich) überrepräsentiert.

- Beim vermittelten *TV-Image* der Parteien erhielt die SPÖ den geringsten Anteil an positiver Berichterstattung (7%), die FPÖ den höchsten Anteil an negativer Berichterstattung (27%). Die Grünen können hingegen den höchsten positiven (10%) und den niedersten negativen Wert bei der Berichterstattung über sie verbuchen (14%). Über alle Parteien wurde in den ZiB-Nachrichten zwischen 70% und 80% neutral berichtet.

- Der Trend zur *Personalisierung* ist bei diesen Nationalratswahlen etwas eingebremst worden. 1995 lag die gemeinsame Medienpräsenz der fünf SpitzenkandidatInnen in der ZiB bei knapp 60%. 1999 haben alle Parteivorsitzenden, mit Ausnahme des Exponenten der Grünen, im Vergleich zu 1995 Präsenzdominanzen innerhalb ihrer Parteien abgeben müssen. Diese Einbußen waren zum Teil erheblich. Die drei klassischen Parteien SPÖ (37,9%), ÖVP (38,7%) und FPÖ (47,4%) blieben mit ihren Parteivorsitzenden in diesem Sektor unter der 50%-Marke. Umgekehrt hält bei den kleineren Parteien der Trend zur Konzentration auf den Parteivorsitzenden an. Mit 51,2% lag hier die LIF-Obfrau an erster Stelle.

- Die Nationalratswahlen von 1994 und 1995 waren von der Diskussion rund um eine Reihe von *Skandalen* geprägt. Dieser Trend ist bei den Wahlen vom 3. Oktober ausgeblieben. Skandale haben bei diesen Wahlen eine eher untergeordnete Rolle gespielt, wie die Plazierung des Themenfeldes im Themenfeldranking zeigt, aber auch die geringe inhaltliche Präsenz in den ZiB-Nachrichten. 1994 hatte dieses Themenfeld noch einen Anteil von 21,7% verbuchen können, 1995 nur noch 5%, und 1999 sank dieser Anteil auf 1%.

- Der *Bundespräsident* hatte bei diesem Wahlgang in den ZiB-Abendnachrichten eine hohe inhaltliche Präsenz aufzuweisen. Thomas Klestil ist dabei über den formalen Appell, etwa vom Wahlrecht Gebrauch zu machen, hinausgegangen. Mit seinen Stellungnahmen zu bestimmten Themenfeldern hat er recht deutlich erkennen lassen, was er sich inhaltlich von einer künftigen Regierung erwartet. Klestil hat zu 20 der 56 Themenfelder Stellung bezogen. Besonders ausführlich war dabei die ZiB-Berichterstattung über die Wahlen im allgemeinen, die künftige Regierung, die Europäische Union, die Bundesländer und die Familie. Dadurch hat sich die „aktivere" Rolle des Bundespräsidenten auf ein neues Feld, nämlich auf das Feld der politischen Kommunikation verlagert.

- Die politische Wahlkampfkommunikation in den Fernsehnachrichten war *männlich dominiert*. Lediglich 14% der inhaltlichen Präsenz betraf Frauen. Die starke Unterrepräsentierung der Frauen schlägt sich auch in der starken Unterrepräsentierung der weiblichen Regierungsmitglieder wie beim Geschlechterverhältnis innerhalb der einzelnen Parteien nieder. In der ZiB lag die FPÖ mit 4% an letzter Stelle, gefolgt von der SPÖ und den Grünen mit jeweils 6%. Es folgten die ÖVP mit 13% und das LIF auf Grund des weiblichen Parteivorsitzes und der hohen Personalisierungsrate mit 88%.

Anmerkungen

1   Die fehlenden Prozentpunkte auf 100 sind auf Aussagen von parteiunabhängigen PolitikerInnen zurückzuführen (z.B. Bundespräsident Thomas Klestil oder Justizminister Nikolaus Michalek).

2   Der Untersuchung von 1995 lag die TV-Nachrichtensendung *Zeit im Bild* und die Tageszeitungen *Kronenzeitung, Kurier* und *Täglich Alles* zugrunde (acht Wochen).

Literatur

Appelt, Erna und Monika Jarosch (1998). Zwischen Gleichstellungsrhetorik und Verhinderungsstrategien: Frauenquoten in Österreich, *Schweizerische Zeitschrift für Politische Wissenschaft* 4, 102-112

Beyme, Klaus von und Hartmut Weßler (1998). Politische Kommunikation als Entscheidungskommunikation, in: Otfried Jarren, Ulrich Sarcinelli und Ulrich Saxer (Hg.). *Politische Kommunikation in der modernen Gesellschaft. Ein Handbuch mit Lexikonteil*, Opladen/Wiesbaden, 312-323

Früh, Werner (1989). Semantische Struktur- und Inhaltsanalyse (SSI). Eine Methode zur Analyse von Textinhalten und Textstrukturen und ihre Anwendung in der Rezeptionsanalyse, in: Max Kaase und Winfried Schulz (Hg.). *Massenkommunikation. Theorien, Methoden, Befunde* (KZSS-Sonderheft 30), Opladen, 490-507

Kepplinger, Hans Mathias, Hans-Bernd Brosius und Stefan Dahlem (Hg.) (1994). *Wie das Fernsehen Wahlen beeinflußt. Theoretische Modelle und empirische Analysen* (Reihe Medien-Skripten, Bd. 21), München

Lutz, Hagen M. (1997). Semantische Struktur- und Inhaltsanalyse (SSI) und Qualitätsanalyse von Nachrichtenagenturen, *Medien Journal. Zeitschrift für Kommunikationskultur* 3, 20-30

Mancini, Paolo und Gianpietro Mazzoleni (Hg.) (1995). *I media scendono in campo. Le elezioni politiche 1994 in televisione* (RAI VQPT Nr. 132), Roma

Mazzoleni, Gianpietro (1998). *La communicazione politica*, Bologna

Müller, Wolfgang C. (1997). Der Bundespräsident, in: Herbert Dachs, Peter Gerlich et al. (Hg.). *Handbuch des politischen Systems Österreichs. Die Zweite Republik* (3. Auflage), Wien, 138-147

Müller, Wolfgang C., Fritz Plasser und Peter A. Ulram (Hg.) (1995). *Wählerverhalten und Parteienwettbewerb. Analysen zur Nationalratswahl 1994* (Schriftenreihe des Zentrums für Angewandte Politikforschung, Bd. 8), Wien

Pasquino, Gianfranco (1990). I sistemi elettorali, in: Giuliano Amato und Augusto Barbera (Hg.). *Manuale di diritto pubblico* (3. Auflage), Bologna

Plasser, Fritz (1993). Tele-Politik, Tele-Image und die Transformation demokratischer Führung, *Österreichische Zeitschrift für Politikwissenschaft* 4, 409-425

Plasser, Fritz, Peter A. Ulram und Günther Ogris (Hg.) (1996). *Wahlkampf und Wählerentscheidung. Analysen zur Nationalratswahl 1995* (Schriftenreihe des Zentrums für Angewandte Politikforschung, Bd. 11), Wien

Plasser, Fritz, Franz Sommer und Christian Scheucher (1996). Medienlogik: Themenmanagement und Politikvermittlung im Wahlkampf, in: Fritz Plasser, Peter A. Ulram und Günther Ogris (Hg.). *Wahlkampf und Wählerentscheidung. Analysen zur Nationalratswahl 1995* (Schriftenreihe des Zentrums für Angewandte Politikforschung, Bd. 8), Wien, 85-118

Plasser, Fritz, Peter A. Ulram und Franz Sommer (1999). *Analyse der Nationalratswahl 1999. Muster, Trends und Entscheidungsmotive*, Forschungsbericht des Zentrums für Angewandte Politikforschung und des FESSEL-GfK-Instituts, Wien

Ricolfi, Luca (1994). Quanti voti ha spostato la tv, *Il Mulino* 6, 1013-1046

Ricolfi, Luca (1997). Politics and the Mass Media in Italy, in: Martin Bull und Martin Rhodes (eds.). *Crisis and transition in italian politics* (West European Politics Vol. 20, Nr. 1), London, 135-156

Rositi, Franco (1994). Sette televisioni nazionali e quasi ventimila casi. Metodo e resultati dell'Osservatorio di Pavia, *Problemi dell'informazione* 3, 253-260

Sani, Giacomo und Antonio Nizzoli (1997): L'offerta televisiva di politica elettorale (1994-1996), *Quaderni di Scienza Politica* 3, 465-481

Schulz, Winfried (1994). Wird die Wahl im Fernsehen entschieden?, *Media Perspektiven* 7, 318-327

Schulz, Winfried (1997). *Politische Kommunikation. Theoretische Ansätze und Ergebnisse empirischer Forschung zur Rolle der Massenmedien in der Politik*, Opladen/Wiesbaden

Steininger, Barbara (1998). Zwischen Konflikt und Konsens: Frauen im politischen System Österreichs, in: Beate Hoecker (Hg.). *Handbuch Politische Partizipation von Frauen in Europa*, Opladen, 275-296

Swanson, David L. und Paolo Mancini (ed.) (1996). *Politics, Media, and Modern democracy. An International Study of innovations in Electoral Campaigning and Their Consequences*, Westport

www.parlament.intra.gv.at/pd/pad/9X/abgnr-f-gm.html (31.12.1999)

Impression-Management:
Kandidatendiskussionen im TV 1994, 1995 und 1999

Michael Posselt / Manfred Rieglhofer

1. Einleitung

Seit 1994 sind sie aus dem Wahlkampf nicht mehr wegzudenken: die TV-Konfrontationen im Österreichischen Fernsehen (ORF). Bei den Nationalratswahlen 1994, 1995 und 1999 waren die TV-Konfrontationen von je zwei bzw. fünf Vertretern der im österreichischen Parlament vertretenen Parteien ohne Zweifel der massenmediale Höhepunkt des Wahlkampfgeschehens. In jeder nur möglichen Konstellation trafen jeweils zwei Politiker aus unterschiedlichen Fraktionen unter der Leitung eines neutralen Moderators aufeinander, um vor mehr oder weniger großem Fernsehpublikum die eigenen Standpunkte dem Wahlvolk näherzubringen. Obligatorisch wurden damit 10 TV-Duelle und zumindest eine Konfrontation mit Vertretern aller fünf im österreichischen Parlament vertretenen Parteien. Zusätzlich führte der ORF 1995 eine zweite 5er-Diskussionsrunde der Wirtschaftsexperten ein, auf die jedoch vier Jahre später wieder verzichtet wurde.

1994 war also das Jahr 1 dieser TV-Duelle, und tapfer entsandte man in jede Konfrontation seine Galionsfigur, nicht ahnend, daß man damit den Oppositionsparteien erst ermöglichte, ordentlich an deren Lack zu kratzen. 1994 war sozusagen ein Lernjahr, denn offensichtlich verfolgen die Parteistrategen vor allem der beiden Regierungsparteien ÖVP und SPÖ in der Folge eine etwas andere Strategie bei der Besetzung der einzelnen Konfrontationen als im Startjahr.

Tabelle 1:   Die TV-Konfrontationen vor der Nationalratswahl am 9. Oktober 1994

Konfrontationen 1994	Sendetermin	Reichweite
Franz Vranitzky – Heide Schmidt	Mo, 12.09.1994	364.000
Erhard Busek – Madeleine Petrovic	Di, 13.09.1994	347.000
Jörg Haider – Madeleine Petrovic	Do, 15.09.1994	515.000
Franz Vranitzky – Madeleine Petrovic	Mo, 19.09.1994	409.000
Erhard Busek – Heide Schmidt	Di, 20.09.1994	342.000
Franz Vranitzky – Jörg Haider	Mi, 21.09.1994	650.000
Jörg Haider – Heide Schmidt	Do, 22.09.1994	573.000
Madeleine Petrovic – Heide Schmidt	So, 25.09.1994	292.000
Erhard Busek – Jörg Haider	Mo, 26.09.1994	457.000
Franz Vranitzky – Erhard Busek	Di, 27.09.1994	328.000
5er-Diskussion: Vranitzky, Busek, Haider, Petrovic, Schmidt	Do, 29.09.1994	1,139.000
	Summe	5,416.000

Die beiden Spitzenkandidaten von SPÖ und ÖVP, Franz Vranitzky und Erhard Busek, traten 1994 in jeder 2er-Konfrontation und auch in der abschließenden 5er-Diskussionsrunde persönlich gegen die Vertreter von FPÖ, der Grünen und dem Liberalen Forum an. 5,5 Millionen Zuseher verfolgten die von ORF-Reporter Elmar Oberhauser geleiteten Duelle. Den Zuseherrekord verzeichnete die abschließende Diskussion aller fünf Spitzenkandidaten mit mehr als 1,1 Millionen Zusehern.

Als ein Jahr später die Neuauflage der Großen Koalition in die Brüche ging und neuerlich Nationalratswahlen ausgetragen wurden, war es nahezu selbstverständlich, daß die neu eingeführten TV-Konfrontationen wiederum ein fester Bestandteil des Wahlkampfes sein würden. Der ORF steigerte sogar noch sein Angebot, so daß insge-

Tabelle 2:   Die TV-Konfrontationen vor der Nationalratswahl am 17. Dezember 1995

Konfrontationen 1995	Sendetermin	Reichweite
Brigitte Ederer – Madeleine Petrovic	Mi, 08.11.1995	759.000
Wolfgang Schüssel – Heide Schmidt	Fr, 11.11.1995	953.000
Wolfgang Schüssel – Jörg Haider	Mi, 15.11.1995	1,471.000
Caspar Einem – Volker Kier	Fr, 17.11.1995	573.000
Madeleine Petrovic – Heide Schmidt	Mo, 20.11.1995	615.000
Jörg Haider – Madeleine Petrovic	Mi, 22.11.1995	1,000.000
Jörg Haider – Heide Schmidt	Fr, 24.11.1995	1,108.000
Wolfgang Schüssel – Madeleine Petrovic	Mo, 27.11.1995	823.000
Viktor Klima – Jörg Haider	Fr, 01.12.1995	808.000
Wolfgang Schüssel – Franz Vranitzky	Di, 05.12.1995	1,390.000
5er-Diskussion: Vranitzky, Ditz, Haider, Van der Bellen, Haselsteiner	Mi, 29.11.1995	1,717.000
5er-Diskussion: Vranitzky, Schüssel, Haider, Petrovic, Schmidt	Mi, 06.12.1995	1,753.000
	Summe	12,970.000

samt 12 TV-Diskussionen ausgestrahlt wurden. Doch offensichtlich hatten die Parteistrategen in den Zentralen von SPÖ und ÖVP ihre Schlüsse gezogen und entsandten großteils Stellvertreter aus der zweiten Reihe in die Konfrontationen mit den Vertretern der Oppositionsparteien.

Dem Zuseherinteresse tat dies jedoch keinen Abbruch – ganz im Gegenteil. Insgesamt verfolgten annähernd 13 Millionen Zuseher die Diskussionen zur Nationalratswahl 1995. Selbst jene Sendung, die 1995 das geringste Zuseherinteresse hervorgerufen hatte, die Konfrontation zwischen Caspar Einem (SPÖ) und Madeleine Petrovic (Grüne), wäre mit ihren 573.000 Zusehern noch ein Jahr zuvor unter den Top 3 gelegen. Das TV-Duell zwischen Jörg Haider (FPÖ) und Heide Schmidt (Liberales Forum) war mit 1,1 Millionen Politikinteressierten im Jahr 1995 die Top 2er-Konfrontation. Nur die beiden 5er-Diskussionen konnten diese Quote noch übertreffen.

Angespornt vom Quotenerfolg der 95er Wahlkampfkonfrontationen setzte der Österreichische Rundfunk 1999 erneut 10 TV-Duelle und eine abschließende 5er-Diskussion an. War es die späte Ausstrahlungszeit, oder war es der bis zur Perfektion betriebene Poker um das Entsenden von Stellvertretern, oder gar die zunehmende Politikverdrossenheit, welche die Attraktivität der Wahlkampfdiskussionen wieder deutlich fallen ließ? Jedenfalls lockten die TV-Konfrontationen vor den Nationalratswahlen 1999 nur noch insgesamt 4,8 Millionen Zuseher vor ihr TV-Gerät.

Kein einziges TV-Duell 1999 konnte ähnlich viele Zuseher aktivieren wie in den Wahlkämpfen 1994 und 1995. Mit nur 193.000 Zusehern bei der Diskussion zwischen Alexander Van der Bellen (Grüne) und Heide Schmidt (Liberales Forum) wurde sogar ein Negativrekord unter den seit 1994 ausgestrahlten TV-Konfrontationen erzielt. Einzig die abschließende 5er-Diskussionsrunde konnte mit 1,4 Millionen Zusehern ein zu den vorhergehenden Wahlkämpfen vergleichbares Interesse erwecken.

Tabelle 3: Die TV-Konfrontationen vor der Nationalratswahl am 3. Oktober 1999

Konfrontationen 1999	Sendetermin	Reichweite
Barbara Prammer – Alexander Van der Bellen	Mi, 01.09.1999	263.000
Elisabeth Gehrer – Heide Schmidt	Fr, 03.09.1999	226.000
Wilhelm Molterer – Madeleine Petrovic	Mi, 08.09.1999	275.000
Wolfgang Ruttenstorfer – Hans-Peter Haselsteiner	Fr, 10.09.1999	202.000
Heide Schmidt – Alexander Van der Bellen	Di, 14.09.1995	193.000
Alexander Van der Bellen – Thomas Prinzhorn	Do, 16.09.1995	342.000
Johannes Köck – Thomas Prinzhorn	So, 19.09.1995	247.000
Wolfgang Schüssel – Thomas Prinzhorn	Di, 21.09.1999	515.000
Rudolf Edlinger – Jörg Haider	Mi, 22.09.1999	561.000
Viktor Klima – Wolfgang Schüssel	Di, 28.09.1999	588.000
5er-Diskussion: Klima, Schüssel, Haider, Van der Bellen, Schmidt	Do, 30.09.1999	1,400.000
	Summe	4,812.000

Was sich jedoch kaum veränderte, war der hohe Stellenwert, den die TV-Konfrontationen in den drei Wahlkämpfen in der medialen Berichterstattung einnahmen. Ein Großteil der Berichte über den Nationalratswahlkampf in den verschiedenen Printmedien stand im Zusammenhang mit den abendlichen Fernsehkonfrontationen. In manchen Medien wurden Punkte an die einzelnen Kandidaten vergeben und damit Sieger und Verlierer der Diskussionen gekürt[1]. Die Journalisten stützten sich dabei selten auf seriöse demoskopische Untersuchungen. Zumeist waren es subjektive Eindrücke oder parteiinterne Umfragen mit fragwürdigen Samples.

Wir glauben, mit der vorliegenden Analyse der TV-Konfrontationen einen wissenschaftlichen Zugang abseits jeder subjektiven Bewertung und demoskopischer Forschung auf dem Themengebiet der „Selbstdarstellung von Politikern im Fernsehen" erschlossen zu haben. Durch unsere Methode einer wissenschaftlichen Inhaltsanalyse können Rückschlüsse auf die Selbstdarstellung und die Gesprächstaktik der Spitzenkandidaten gezogen werden, die weitere Anhaltspunkte zur Erklärung des kaum erforschten Bereiches der politischen Kommunikation in Massenmedien zulassen. Besonders interessant erscheint uns dabei die Betrachtung des Wandels im Auftrittsverhalten der österreichischen Spitzenpolitiker zwischen 1994 und 1999.

2. Die Analyse

Die Analyse der TV-Präsentationsstile der Kandidaten erfolgt nach einer genauen, wissenschaftlichen Methode (Rieglhofer und Posselt 1996: 82ff.). Zunächst werden die Aussagen der Kandidaten während der Diskussion in Sinneinheiten unterteilt. Als Sinneinheit definieren wir jede in sich abgeschlossene Aussage eines Kandidaten[2]. Eine Sinneinheit besteht in der Regel aus mindestens einem eigenständigen Satzteil. Als Ausnahme ist es möglich, daß ein Gedanke zwar inhaltlich als vollständiger Satz verstanden werden kann, ohne daß dieser im Gesprächsverlauf jedoch vollständig ausformuliert wurde. Vor allem bei kurzen Einwürfen oder unterschwelligen Nebenbemerkungen ist dies der Fall. Da diese ihre Wirkung zumeist nicht verfehlen, wurden solche Formulierungen von uns ebenfalls codiert und im weiteren Verlauf den entsprechenden Kategorien zugeordnet. Insgesamt kann ein Kandidat somit in seiner Wortmeldung mehrere Aussagen verpacken, die von uns als separate Sinneinheiten codiert werden. Kurze Einwürfe und Unterbrechungen werden ebenfalls gesondert codiert. Eine Sinneinheit kann jedoch maximal so lange sein wie eine Aussage eines Kandidaten.

In einem zweiten Schritt werden diese Sinneinheiten einem von uns entwickelten Kategorienschema[3] (Rieglhofer und Posselt 1996: 87ff.) zugeordnet. Dieses Schema teilt die Präsentationsstile der Politiker in drei Hauptrichtungen: offensiver, defensiver und assertiver Präsentationsstil. Diese drei Richtungen unterteilen sich in 18 Ober- und 64 Unterkategorien. Diese Menge ist notwendig, um möglichst alle Sinneinheiten zuordnen zu können. Unter einem *offensiven Präsentationsstil* subsumierten wir beispielsweise den Versuch, das Gespräch zu dominieren und das Gesprächsthema festzusetzen. Eindeutig auf das Gegenüber abzielende Kritik oder Abwertung des Gegners wurden ebenso hier kategorisiert wie Kritik an Institutionen oder Medienvertretern. Ebenso von einem offensiven Gesprächsstil zeugen Versuche, durch Unterbrechen das Wort an sich zu ziehen. Ein *defensiver Präsentationsstil* ist zumeist durch die ständigen Attacken des Gegenübers bedingt. Er äußert sich darin, daß der Kandidat stets versucht ist, sein angekratztes Selbstbild zu verteidigen, indem man seine Schuld von sich weist oder zu widersprechen oder auszuweichen versucht. Auch der Versuch der Abgrenzung im eigenen Bereich oder vom Koalitionspartner zeugt von einer defensiven Gesprächsführung. Als *assertiv* werten wir die Versuche der Kandidaten, ein positives Selbstbild zu erzeugen, indem sie ihre Persönlichkeit darstellen oder Fähigkeiten aufzeigen. Ersteres gelingt durch das Aufzeigen von Wertorientierung, das Demonstrieren von Bürgernähe, Selbstöffnung oder Respektbezeugungen für den politischen Gegner. Fähigkeiten können durch das Aufzeigen von Zielgerichtetheit, das Darstellen von Kompetenz und das Hervorheben vollbrachter Leistungen demonstriert werden.

3. Die Ergebnisse
3.1. Das Auftrittsverhalten von Franz Vranitzky und Viktor Klima im Vergleich

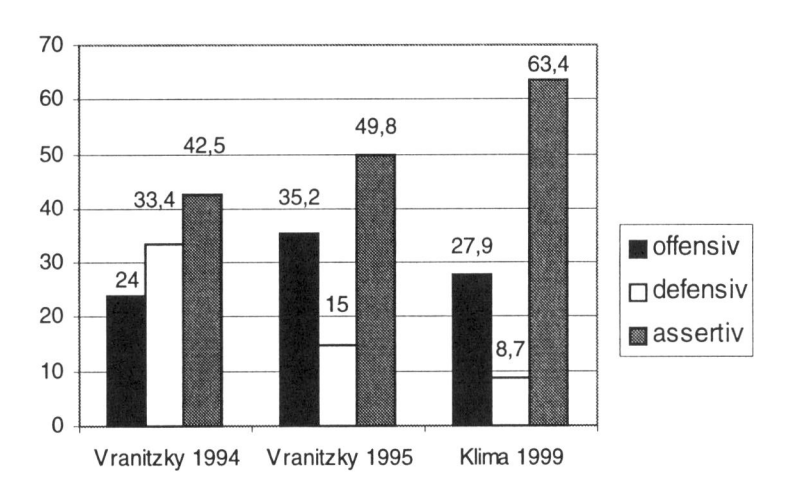

Schaubild 1: Das Auftrittsverhalten von Franz Vranitzky und Viktor Klima im Vergleich

	Vranitzky 1994	Vranitzky 1995	Klima 1999
offensiv	24	35,2	27,9
defensiv	33,4	15	8,7
assertiv	42,5	49,8	63,4

Quelle: Posselt/Rieglhofer: Qualitative Inhaltsanalyse der TV-Konfrontationen vor den Nationalratswahlen 1994, 1995 und 1999.

Den politisch interessierten Beobachtern werden noch einige Szenen aus den TV-Auftritten von Alt-Bundeskanzler Franz Vranitzky in Erinnerung sein, in denen er, von seinen Kontrahenten verbal angegriffen, unter Schweißperlen nach Auswegen suchte. Und viele Wahlkampfberichterstatter und Wahlkampfkommentatoren sprachen nach den TV-Konfrontationen 1994 davon, daß vor allem die Frauen Madeleine Petrovic und Heide Schmidt das Image des „Teflon-Kanzlers" stark angekratzt hatten. Diese Einschätzung bestätigte auch unsere Analyse. Mit einem Anteil von 33,4 Prozent im Jahr 1994 weist Franz Vranitzky den höchsten Anteil an defensiven Wortmeldungen auf, den wir in unserer Analyse feststellen konnten. Demgegenüber lag der Anteil an offensiven und assertiven Aussagen deutlich unter dem allgemeinen Durchschnitt. Bereits im darauffolgenden Jahr hat sich aber auch Vranitzkys Präsentationsstil deutlich gewandelt. Mit einer überwiegend assertiven Selbstdarstellung lag der Bundeskanzler im Trend.

Im Gegensatz zu Franz Vranitzky kam Viktor Klima kaum in Verlegenheit, sich verteidigen zu müssen, bzw. gelang es ihm, sich den verbalen Angriffen seiner Gegner ohne defensive Wortmeldungen zu widersetzen. Klima selbst legte den Schwerpunkt seiner Selbstdarstellung eindeutig in den assertiven Bereich. Kein anderer Politiker war im Beobachtungszeitraum in einem derartigen Ausmaß bemüht, seine Persönlichkeit zu präsentieren und seine Fähigkeiten darzustellen. Klima versuchte in erster Linie sozialdemokratische Programmpunkte zu vermitteln. Aber auch Fähigkeiten bzw. vollbrachte Leistungen aufzuzeigen war ihm wichtig. Sein Ansinnen, möglichst alle Gesprächspartner für sich und sein Regierungsprogramm zu gewinnen, ließen ihn manchmal in die Moderatorenrolle schlüpfen und das Wort an seine Gesprächspartner verteilen.[4]

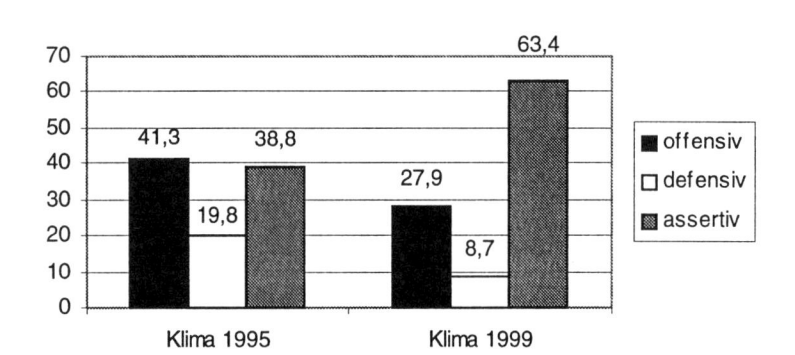

Schaubild 2: Das Auftrittsverhalten von Viktor Klima 1995 und 1999 im Vergleich

Quelle: Posselt/Rieglhofer: Qualitative Inhaltsanalyse der TV-Konfrontationen vor den Nationalratswahlen 1995 und 1999.

Im Vergleich des Auftrittsverhaltens von Viktor Klima 1995 (in der Diskussion mit FP-Chef Jörg Haider) und 1999 wird diese Veränderung besonders deutlich. 1995 gerierte sich Klima noch deutlich offensiver und konterte mit verbalen Attacken Jörg Haiders Offensive und versuchte damit seinerseits, den FP-Chef in die Defensive zu drängen (was ihm allerdings nur bedingt gelang; vgl. Rieglhofer und Posselt 1996: 181ff.; Posselt und Rieglhofer 1996: 135f.).

Im Vergleich mit seinem Regierungspartner Vizekanzler Wolfgang Schüssel war die assertive Selbstdarstellung Viktor Klimas besonders augenscheinlich. Während Schüssel nicht mit Kritik am Bundeskanzler sparte, versuchte dieser moderierend und sachlich zu beschwichtigen und eine gemeinsame Gesprächsbasis zu finden. Mit dieser Gesprächstaktik brachte er Wolfgang Schüssel allerdings kaum einmal in die Verlegenheit, sich selbst rechtfertigen oder verteidigen zu müssen, wodurch dieser sich ganz auf seine Offensiv-Strategie konzentrieren konnte.

Schaubild 3: Das Auftrittsverhalten von Viktor Klima und Wolfgang Schüssel in der TV-Konfrontation 1999

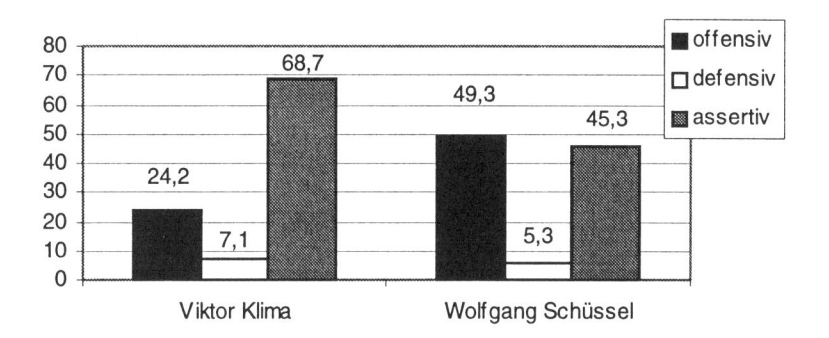

	offensiv	defensiv	assertiv
Viktor Klima	24,2	7,1	68,7
Wolfgang Schüssel	49,3	5,3	45,3

Quelle: Posselt/Rieglhofer: Qualitative Inhaltsanalyse der TV-Konfrontationen vor der Nationalratswahl 1999.

3.2. Das Auftrittsverhalten von Erhard Busek und Wolfgang Schüssel im Vergleich

Während sich Erhard Busek 1994 noch sehr ausgewogen präsentierte (präsentieren mußte), gelang es Wolfgang Schüssel bereits im Jahr darauf deutlich besser, seine Persönlichkeit in den Vordergrund zu rücken. Obwohl er kaum offensiver agierte als sein Vorgänger, geriet er deutlich seltener in die Defensive, wodurch er einen Großteil seiner TV-Zeit der Darstellung seiner Fähigkeiten, Programmpunkte und Erfolge widmen konnte. Im Vergleich mit den anderen Regierungsvertretern fällt auf, daß Schüssels Präsentationsstil stark dem der Oppositionspolitiker gleicht, die ebenfalls vorwiegend im offensiv-assertiven Bereich argumentieren.

Schaubild 4: Das Auftrittsverhalten von Erhard Busek und Wolfgang Schüssel im Vergleich

Quelle: Posselt/Rieglhofer: Qualitative Inhaltsanalyse der TV-Konfrontationen vor den Nationalratswahlen 1994, 1995 und 1999.

Schaubild 5: Das Auftrittsverhalten von Wolfgang Schüssel und Thomas Prinzhorn in der TV-Konfrontation 1999

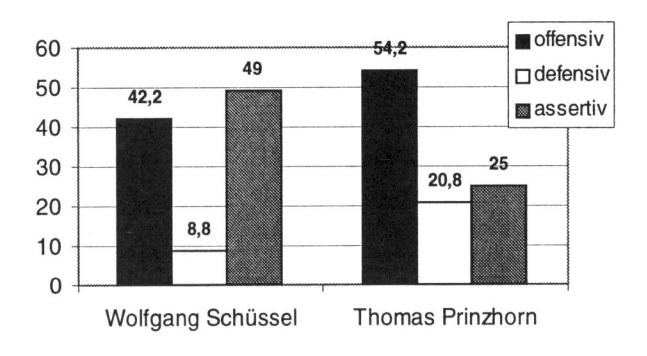

Quelle: Posselt/Rieglhofer: Qualitative Inhaltsanalyse der TV-Konfrontationen vor der Nationalratswahl 1999.

Die Diskussion des Vizekanzlers mit dem freiheitlichen Spitzenkandidaten Thomas Prinzhorn wurde von vielen Wahlkampfkommentatoren als Wendepunkt im ÖVP-Wahlkampf hochstilisiert. In Verbindung mit der Aussage Schüssels, man werde in Opposition gehen, so man nicht als zweitstärkste Partei aus der Wahl hervorgehe, gab sie dem

Wahlkampf eine neue Spannung. Wenngleich sich Wolfgang Schüssel gegenüber Thomas Prinzhorn weniger offensiv generierte als beispielsweise eine Woche später gegenüber Viktor Klima, so gelang es ihm doch immer wieder, seinen freiheitlichen Kontrahenten in die Defensive zu drängen. Thomas Prinzhorn agierte in der Defensive ungeschickt, indem er auf die Vorwürfe Schüssels einging, der seinerseits den Gegenattacken des Freiheitlichen auswich und diese ins Leere laufen ließ. So gesehen können wir den zahlreichen Medienkommentaren[5], die Schüssel in dieser Diskussion als klaren Punktesieger sahen, zustimmen.

3.3. Das Auftrittsverhalten von Jörg Haider im Zeitvergleich

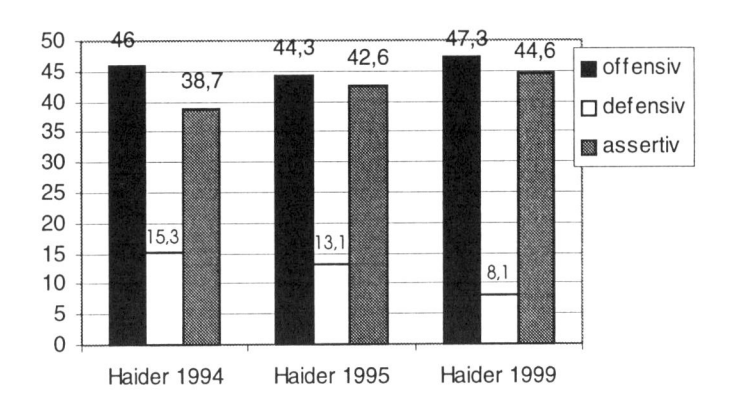

Schaubild 6: Das Auftrittsverhalten von Jörg Haider 1994, 1995 und 1999 im Vergleich

Quelle: Posselt/Rieglhofer: Qualitative Inhaltsanalyse der TV-Konfrontationen vor den Nationalratswahlen 1994, 1995 und 1999.

Jörg Haider agiert in seinen TV-Auftritten ausgesprochen offensiv. Zumeist bringt er in seinen Aussagen Kritik am politischen Gegner zum Ausdruck. Zumeist gelingt es ihm dadurch seine Kontrahenten in ihrer Selbstdarstellung einzuschränken, indem er sie in die Defensive drängt. Haider selbst nimmt diese Kategorie nur selten in Anspruch. Vor allem in den Konfrontationen 1999 codierten wir hier nur vereinzelte Aussagen des FP-Chefs. Wenngleich Haider dadurch auch genügend Raum für assertive Selbstdarstellung bleibt, codierten wir mit weniger als 50 Prozent den geringsten Anteil an inhaltlich-sachlichen Aussagen aller analysierten Kandidaten. Zumeist baut Jörg Haider seine Aussagen so auf, daß er seinen Gesprächspartnern – so es notwendig ist – sehr kurz widerspricht und seinerseits seine eigenen Vorstellungen und Argumente entgegenstellt, bevor er zum Abschluß seiner Wortmeldung versucht, diesen mit einem Vorwurf in die Defensive zu drängen.

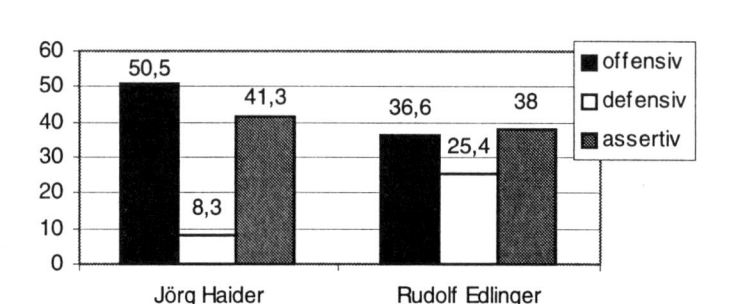

Schaubild 7: Das Auftrittsverhalten von Jörg Haider und Rudolf Edlinger in der TV-Konfrontation 1999

```
Jörg Haider:     offensiv 50,5   defensiv 8,3    assertiv 41,3
Rudolf Edlinger: offensiv 36,6   defensiv 25,4   assertiv 38
```

Quelle: Posselt/Rieglhofer: Qualitative Inhaltsanalyse der TV-Konfrontationen vor der Nationalratswahl 1999.

In der Konfrontation mit dem SPÖ-Finanzminister agierte der FPÖ-Chef ausgesprochen offensiv. Mehr als die Hälfte aller Aussagen codierten wir in diesen Kategorien. Dadurch gelang es Haider immer wieder, Edlinger in die Defensive zu drängen und diesen in seiner Selbstdarstellung entsprechend einzuschränken. Immerhin ein Viertel seiner Aussagen mußte der Finanzminister dafür aufbringen, Haiders Angriffen zu widersprechen, ihnen auszuweichen oder auf andere Weise darauf einzugehen. Dadurch gelang es Edlinger beispielsweise nicht, in entsprechendem Umfang eigene Stand- und Programmpunkte darzulegen und seine eigene Persönlichkeit zu präsentieren. Mit 38,0 Prozent assertiven Wortmeldungen fällt Edlinger in diesem Bereich sogar hinter Jörg Haider zurück.

Obgleich Jörg Haider bei seinen TV-Auftritten eine sehr gute Performance bescheinigt werden kann, bestritt der FPÖ-Chef 1999 neben der 5er-Runde der Parteiobleute nur eine 2er-Konfrontation. Die anderen Auftritte absolvierte der freiheitliche Spitzenkandidat Thomas Prinzhorn.

Im Vergleich mit Jörg Haider agierte Thomas Prinzhorn ähnlich offensiv. Allerdings gelang es ihm nicht in jenem Ausmaß, seine Gegenüber bleibend in der Defensive festzunageln. Umgekehrt war Prinzhorn selbst immer wieder gezwungen, selbst aus der Defensive heraus zu agieren. Sein Anteil von über 20 Prozent an defensiven Wortmeldungen ist einer der höchsten im Untersuchungszeitraum. Nur 1994 agierten Franz Vranitzky und Erhard Busek noch defensiver. Lediglich den grünen Bundessprecher Alexander Van der Bellen konnte Prinzhorn in der Konfrontation 1999 einige Male in die Defensive bringen (siehe *Schaubild 13*). In Verbindung mit seiner offensiven Selbstdarstellung blieb Prinzhorn kaum Zeit, sich auch entsprechend assertiv darzustellen.

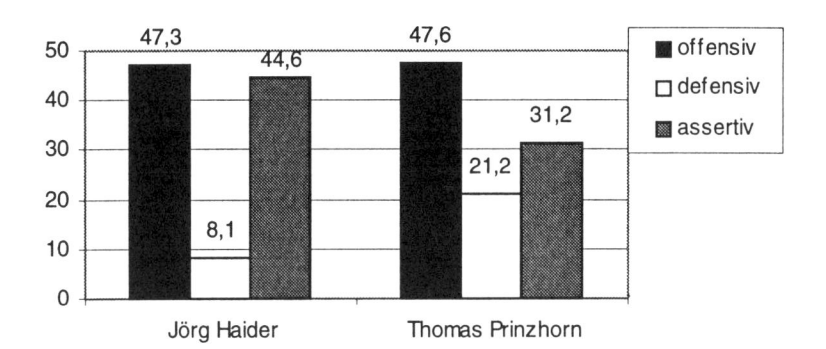

Impression-Management: Kandidatendiskussionen im TV 1994, 1995 und 1999   217

Schaubild 8: Das Auftrittsverhalten von Jörg Haider und Thomas Prinzhorn 1999 im Vergleich

	offensiv	defensiv	assertiv
Jörg Haider	47,3	8,1	44,6
Thomas Prinzhorn	47,6	21,2	31,2

Quelle: Posselt/Rieglhofer: Qualitative Inhaltsanalyse der TV-Konfrontationen vor der Nationalratswahl 1999.

3.4. Das Auftrittsverhalten von Madeleine Petrovic und Alexander Van der Bellen im Vergleich

Schaubild 9: Das Auftrittsverhalten von Madeleine Petrovic und Alexander Van der Bellen im Vergleich

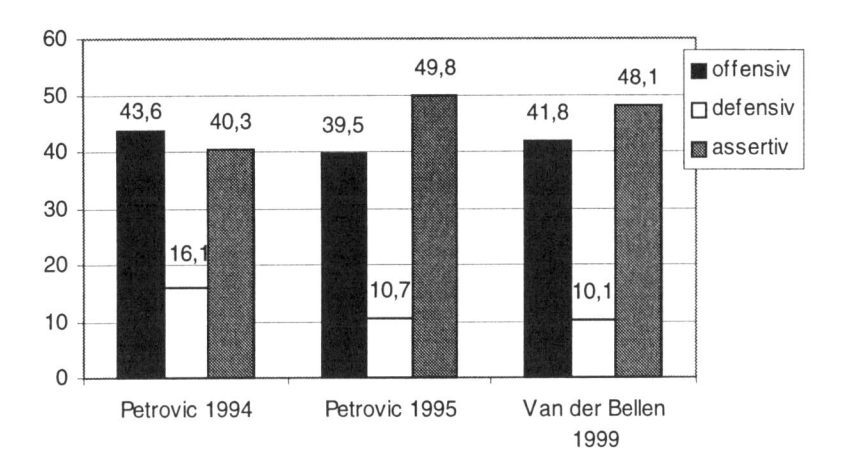

	offensiv	defensiv	assertiv
Petrovic 1994	43,6	16,1	40,3
Petrovic 1995	39,5	10,7	49,8
Van der Bellen 1999	41,8	10,1	48,1

Quelle: Posselt/Rieglhofer: Qualitative Inhaltsanalyse der TV-Konfrontationen vor den Nationalratswahlen 1994, 1995 und 1999.

Wenngleich das Auftrittsverhalten von Madeleine Petrovic und Alexander Van der Bellen zunächst sehr unterschiedlich erscheinen mag, so ergibt unsere Analyse ein sehr ähnliches Bild. Sowohl Madeleine Petrovic als auch Alexander Van der Bellen agierten in ihren TV-Konfrontationen offensiv-assertiv. Lediglich bei ihren ersten Auftritten 1994 war Madeleine Petrovic noch einige Male gezwungen, sich zu verteidigen. Neben Angriffen und Kritik gegenüber der Regierung und der FPÖ sind die beiden Grünpolitiker vor allem darauf bedacht, grüne Programmpunkte und Lösungsvorschläge zu präsentieren.

Mit seiner ruhigen, inhaltlich aber nichtsdestoweniger harten Kritik gelang es Alexander Van der Bellen immer wieder, seine Diskussionspartner in die Defensive zu drängen. So fügte der grüne Bundessprecher sowohl Heide Schmidt als auch Thomas Prinzhorn Schrammen in ihrer Selbstdarstellung zu. Beide mußten mit rund einem Fünftel ihrer Wortmeldungen einen relativ hohen Anteil ihrer Aussagen dafür verwenden, die grünen Angriffe zu kontern. Umgekehrt trafen Van der Bellen aber auch einige der freiheitlichen Angriffe deutlich. So mußte er in der Diskussion mit Thomas Prinzhorn so oft wie in keiner anderen Diskussion defensiv agieren.

Schaubild 10: Das Auftrittsverhalten von Alexander Van der Bellen und Thomas Prinzhorn in der TV-Konfrontation 1999

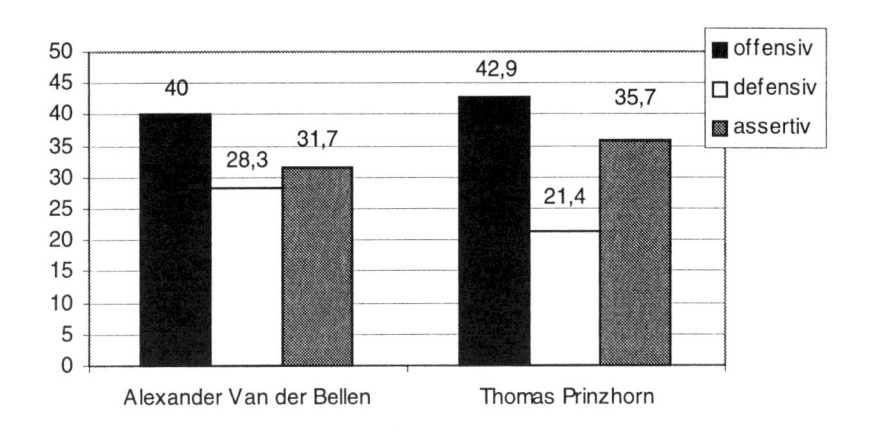

	offensiv	defensiv	assertiv
Alexander Van der Bellen	40	28,3	31,7
Thomas Prinzhorn	42,9	21,4	35,7

Quelle: Posselt/Rieglhofer: Qualitative Inhaltsanalyse der TV-Konfrontationen vor der Nationalratswahl 1999.

3.5. Das Auftrittsverhalten von Heide Schmidt 1994, 1995 und 1999 im Vergleich

Bei Heide Schmidt weist unsere Analyse einen einheitlichen Präsentationsstil in allen drei Wahlgängen aus. Auch die kontinuierliche Abnahme von defensiven Wortmeldungen liegt im allgemein festgestellten Trend. Durch die etwas geringer ausgeprägte Offensive wie in den Jahren davor konnte Schmidt mehr Zeit dafür verwenden, ihre Person im Zusammenhang mit liberalem Gedankengut darzustellen. Was bei der Analyse der Gesprächskultur der liberalen Frontfrau besonders auffällt, sind die zahlreichen Einwürfe und Zwischenbemerkungen, mit denen sie die Aussagen ihrer Gesprächspartner kommentiert oder diese unterbricht und das Wort an sich zieht. Rund 70 solcher Einwürfe und Zwischenbemerkungen – mehr als bei allen anderen Kandidaten – codierten wir bei Heide Schmidt 1999.

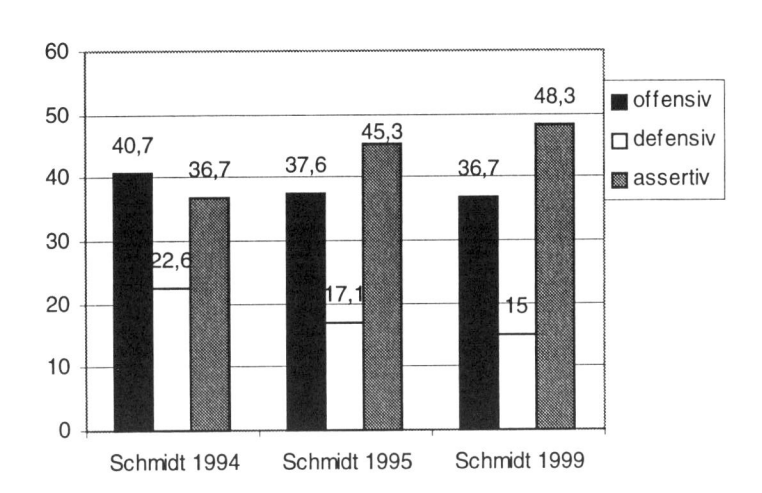

Schaubild 11: Das Auftrittsverhalten von Heide Schmidt 1994, 1995 und 1999 im Vergleich

Quelle: Posselt/Rieglhofer: Qualitative Inhaltsanalyse der TV-Konfrontationen vor den Nationalratswahlen 1994, 1995 und 1999.

Ein interessantes Zwiegespräch ergab sich in der Diskussion zwischen dem Grünen und der liberalen Bundessprecherin. Trotz des freundschaftlichen „Du" und eines gemäßigten Umgangstons brachten die harten Vorwürfe Van der Bellens Heide Schmidt einige Male in die Defensive. Umgekehrt gelang Schmidt dies nicht und so konnte Van der Bellen sich und seine Partei in dieser Diskussion weitgehend unbeeinflußt und umfangreich präsentieren.

Schaubild 12: Das Auftrittsverhalten von Heide Schmidt und Alexander Van der Bellen in der TV-Konfrontation 1999

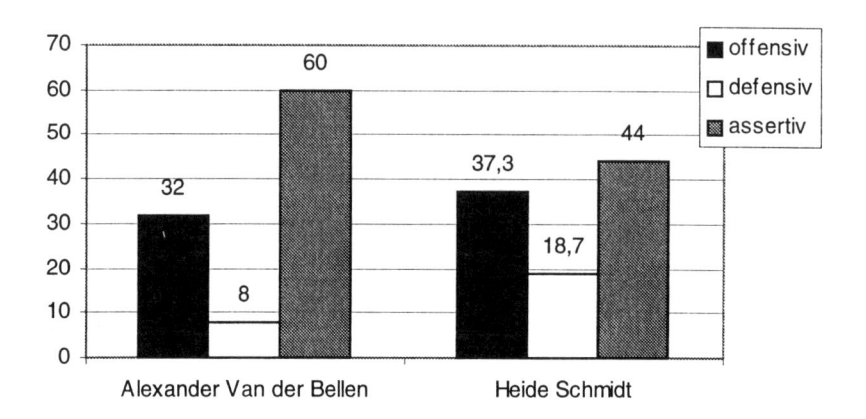

[Balkendiagramm:
Alexander Van der Bellen: offensiv 32, defensiv 8, assertiv 60
Heide Schmidt: offensiv 37,3, defensiv 18,7, assertiv 44]

Quelle: Posselt/Rieglhofer: Qualitative Inhaltsanalyse der TV-Konfrontationen vor der Nationalratswahl 1999.

3.6. Das Auftrittsverhalten der Spitzenkandidaten 1999 im Vergleich

Schaubild 13: Das Auftrittsverhalten der Spitzenkandidaten 1999 im Vergleich

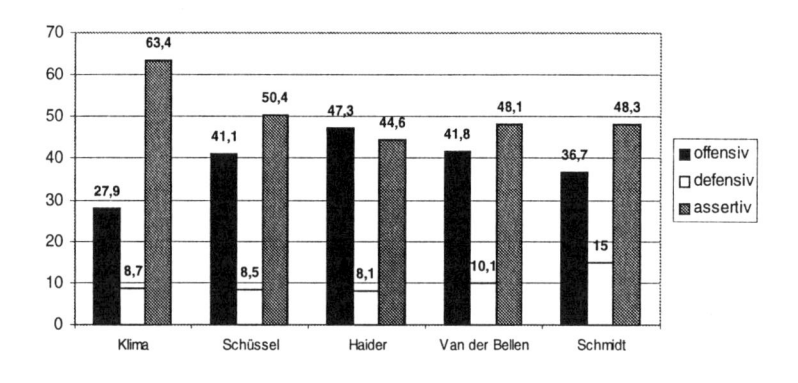

[Balkendiagramm:
Klima: offensiv 27,9, defensiv 8,7, assertiv 63,4
Schüssel: offensiv 41,1, defensiv 8,5, assertiv 50,4
Haider: offensiv 47,3, defensiv 8,1, assertiv 44,6
Van der Bellen: offensiv 41,8, defensiv 10,1, assertiv 48,1
Schmidt: offensiv 36,7, defensiv 15, assertiv 48,3]

Quelle: Posselt/Rieglhofer: Qualitative Inhaltsanalyse der TV-Konfrontationen vor der Nationalratswahl 1999.

Auffallend ist, daß 1999 mit Ausnahme Jörg Haiders alle Kandidaten überwiegend sachlich-assertiv agierten. Interessant auch, daß mit Heide Schmidt und Alexander Van der Bellen zwei Oppositionspolitiker öfter in der Defensive agierten als die Regierungspartner Viktor Klima und Wolfgang Schüssel. Augenscheinlich auch der ausgesprochen hohe Anteil an assertiver Selbstdarstellung des Bundeskanzlers. Insgesamt läßt sich jedoch eine Angleichung des Auftrittsverhaltens feststellen.

4. Resümee

Zunächst läßt sich festhalten, daß die TV-Konfrontationen, die bei ihrer Einführung 1994 und 1995 teilweise noch ein Quotenbringer für den ORF waren, 1999 deutlich an Attraktivität eingebüßt haben. Lediglich die zu wahlentscheidenden Auseinandersetzungen hochstilisierten Aufeinandertreffen – beispielsweise von Wolfgang Schüssel und Thomas Prinzhorn oder von Rudolf Edlinger und Jörg Haider –, von denen sich die Zuseher zusätzliche Brisanz erwarteten, fanden auch entsprechenden Anklang beim Publikum. So gesehen scheinen die Konfrontationen zwar wiederum an Bedeutung für den Wahlkampf zu verlieren, andererseits läßt sich auf diese Weise ein neues Spannungsmoment aufbauen, welches den Wahlkampagnen eine entscheidende Wendung geben kann.[6]

Aus der Sicht unserer Analyse können wir belegen, daß sich das Auftrittsverhalten der Politiker über den Zeitraum 1994 bis 1999 weitgehend angeglichen hat. Während wir 1994 noch eindeutig ein typisches Präsentationsmuster seitens der Regierungspolitiker (überwiegend assertiv und gezwungenermaßen defensiv) und einen Oppositionsstil (überwiegend offensiv, kaum defensiv und weniger assertiv) ausmachen konnten, war dieses Muster 1995 schon nicht mehr so ausgeprägt und geht 1999 völlig verloren. Im Gegenteil konnten wir 1999 bei einigen Oppositionspolitikern mehr Defensivkategorien zuordnen als bei den Regierungsvertretern. Vor allem Wolfgang Schüssel agierte – nicht nur gegen Thomas Prinzhorn, sondern auch gegen Bundeskanzler Viktor Klima – ausgesprochen offensiv.

Insgesamt sind die Konfrontationen zwar nicht weniger offensiv geführt worden als in den Jahren zuvor, doch durch die Strategie der Parteien, nicht mehr ausschließlich auf den Spitzenkandidaten zu setzen, sondern auch Stellvertreter zu entsenden, gerieten die Konfrontationen zu weniger persönlichen Auseinandersetzungen der Kontrahenten. Vielmehr wurden nun vermehrt gegenseitige Programmpunkte gegenübergestellt und fand eine inhaltliche Auseinandersetzung statt. Demgegenüber lässt die immer öfter praktizierte Taktik, auf Kritik des Gegenübers nur kurz einzugehen oder diese im Raum stehen zu lassen, und seine eigenen Standpunkte zu präsentieren, die Diskussion oft sachlich erscheinen, ohne daß es allerdings für den Zuseher zu befriedigenden Antworten kommt. Im Endeffekt kommen die Konfrontationen nicht über das Niveau oberflächlicher Scheingefechte hinaus, in denen viele Fragen offen bleiben. Nichtsdestotrotz kommt ihnen in Verbindung mit der rund um die Auftritte stattfindende Sekundärberichterstattung im Wahlkampf sowohl zur Mobilisierung als auch als Instrument zur Kampagnisierung eine wesentliche Bedeutung zu.

Anmerkungen

1 So beispielsweise in den Salzburger Nachrichten, die die TV-Konfrontationen zu einem Fußballmatch umfunktionierten und den Ausgang nach Toren bewerteten.

2 Aus Gründen der leichteren Lesbarkeit verwenden wir den Begriff Kandidat für beiderlei Geschlechter. Selbstverständlich sind damit sowohl die männlichen als auch die weiblichen Politiker (hier ebenso) gemeint.

3 Zur Entwicklung des Kategorienschemas siehe auch: Astrid Schütz. *Selbstdarstellung von Politikern. Analyse von Wahlkampfauftritten*, Weinheim 1992.

4 So beispielsweise in der 5er-Diskussion, in der er gleich mehrmals die Wortzuteilung von Moderatorin Gisela Hopfmüller ablehnte, um den anderen Diskussionsteilnehmern die Möglichkeit zu einem Statement zu geben.

5 Siehe: Auszüge aus der österreichischen Tagespresse vom 23. September 1999. Hingewiesen sei allerdings darauf, daß diese Einschätzungen subjektiv sind und keinerlei Aussagekraft hinsichtlich der Wirkung der Kontrahenten auf die Fernsehzuseher haben. Allerdings darf man den Einfluß dieser Sekundärberichterstattung auf die Bevölkerung nicht unterschätzen.

6 So ein Wendepunkt könnte etwa die Entscheidung Wolfgang Schüssels gewesen sein, doch in das Duell gegen den FPÖ-Spitzenkandidaten Thomas Prinzhorn zu steigen.

Literatur

Donsbach, Wolfgang (1993). Inhalte, Nutzung und Wirkung politischer Kommunikation, *Österreichische Zeitschrift für Politikwissenschaft* 4, 389-407

Graber, Doris (1986). Creating Candidate Imagery. An Audio-visual Analysis, *Campaigns and Elections* 7

Holly, Werner (1993). Zur Inszenierung von Konfrontation in politischen Fernsehintervies, in: Adi Grewenig (Hg.). *Inszenierte Information. Politik und strategische Kommunikation in Medien*, Opladen

Holtz-Bacha, Christina und Lynda Lee Kaid (1993). *Die Massenmedien im Wahlkampf*, Opladen

Holtz-Bacha, Christina (1993). *Wie das Fernsehen Wahlen beeinflußt. Theoretische Modelle und empirische Studien*, München

Kaid, Lynda Lee und Dorothy K. Davidson (1990). Elements of videostyle, candidate presentation through television advertising, in: Lynda Lee Kaid, Dan Nimmo und Keith R. Sanders (eds.). *New perspectives on political advertising*, Carbondale/Edwardsville, 184-209

Jarren, Ottfried (1994). *Politische Kommunikation in Hörfunk und Fernsehen. Elektronische Medien in der Bundesrepublik Deutschland*, Opladen

Kepplinger, Hans-Mathias (1991). The impact of presentation techniques, theoretical aspects and empirical findings, in: Frank Biocca (ed.). *Television and political advertising* (Psychological Processes Volume 1/1991), Hillsdale, 176-196

Kepplinger, Hans Mathias, Hans-Bernd Brosius und Stefan Dahlem (1993). Helmut Kohl und Oskar Lafontaine im Fernsehen. Quellen der Wahrnehmung ihres Charakters und ihrer Kompetenz, in:

Christina Holtz-Bacha und Lynda Lee Kaid (Hg.). *Die Massenmedien im Wahlkampf. Untersuchungen aus dem Wahljahr 1990*, Opladen, 144-184

Kepplinger, Hans Mathias, Hans-Bernd Brosius und Stefan Dahlem (1994). *Wie das Fernsehen Wahlen beeinflußt. Theoretische Modelle und empirische Analysen*, München

Kindelmann, Klaus (1994). *Kanzlerkandidaten in den Medien. Eine Analyse des Wahljahres 1990*, Opladen

Merten, Klaus (1991). Django versus Jesus. Verbal-nonverbales Verhalten der Kanzlerkandidaten Kohl und Rau im Bundestagswahlkampf 1987, in: Manfred Opp de Hipt und Erich Latniak (Hg.). *Sprache statt Politik? Politikwissenschaftliche Semantik- und Rhetorikforschung*, Opladen, 188-210

Müller, Wolfgang C., Fritz Plasser und Peter A. Ulram (Hg.) (1995). *Wählerverhalten und Parteienwettbewerb. Analysen zur Nationalratswahl 1994*, Wien

Pfetsch, Barbara und Rüdiger Schmitt-Beck (1994). Amerikanisierung von Wahlkämpfen? Kommunikationsstrategien in Massenmedien im politischen Mobilisierungsprozeß, in: Michael Jäckel und Peter Winterhoff-Spurk (Hg.). *Politik und Medien*, Berlin, 231-252

Plasser, Fritz (1993). Die populistische Arena: Massenmedien als Verstärker, in: Wolfgang R. Langenbucher (Hg.). *Politische Kommunikation. Grundlagen, Strukturen, Prozesse*, Wien, 186-207

Plasser, Fritz (1993a). Tele-Politik, Tele-Image und die Transformation demokratischer Führung, *Österreichische Zeitschrift für Politikwissenschaft* 22 (4), 409-425

Plasser, Fritz, Christian Scheucher und Franz Sommer (1995) Massenmedien und Wahlkampf in Österreich. Personalisierung, Dethematisierung und Videopolitik, in: Wolfgang C. Müller, Fritz Plasser und Peter A. Ulram (Hg.). *Wählerverhalten und Parteienwettbewerb. Analysen zur Nationalratswahl 1994*, Wien,

Posselt, Michael und Manfred Rieglhofer (1996). Wahlkampfarena „TV-Konfrontationen." Das TV-Auftrittsverhalten österreichischer Spitzenpolitiker im Nationalratswahlkampf 1995, in: Andreas Kohl, Günther Ofner und Alfred Stirnemann (Hg.). *Österreichisches Jahrbuch für Politik 1995*, München, 115-144

Rieglhofer, Manfred und Michael Posselt (1996). *Wahlkampfarena Fernsehen. Videostil und Tele-Image österreichischer Spitzenpolitiker*, Wien

Sarcinelli, Ulrich (1994). Fernsehdemokratie. Symbolische Politik als konstruktives und destruktives Element politischer Willensbildung, in: Wolfgang Wunden (Hg.). *Öffentlichkeit und Kommunikationskultur*, Stuttgart, 31-41

Schütz, Astrid (1992). *Selbstdarstellung von Politikern. Analyse von Wahlkampfauftritten*, Weinheim

Rechtspopulistische Resonanzen:
Die Wählerschaft der FPÖ

Fritz Plasser / Peter A. Ulram

Der Wahlerfolg der FPÖ bei der Nationalratswahl 1999, bei der die FPÖ mit 26,9 Prozent knapp zur zweitstärksten Partei aufstieg, und ihr Eintritt in eine Koalitionsregierung mit der ÖVP im Februar 2000 haben in der internationalen Öffentlichkeit große Besorgnis und Kritik ausgelöst. Nicht nur die Regierungen der 14 EU-Mitgliedsstaaten haben gegen die neue österreichische Regierung einschneidende diplomatische Sanktionen beschlossen, auch die USA haben mit deutlichen Worten ihre Kritik und Mißbilligung über die aktuelle Entwicklung in Österreich ausgedrückt. Israel hat seinen Botschafter aus Wien abgezogen, und in den internationalen Massenmedien überwiegt eine negative *coverage*, die dem internationalen Ansehen der Republik Österreich schweren Schaden zufügt. Im vorliegenden Beitrag wird versucht, die Hintergründe des Aufstieges der FPÖ differenzierter darzustellen. Wer sind die Wähler und Wählerinnen der FPÖ, und warum haben sie diese Partei gewählt? Das sind Fragen, die nicht nur die internationale Öffentlichkeit beschäftigen, sondern auch in Österreich für kontroverse Diskussionen sorgen. Der vorliegende Beitrag versucht diese Fragen auf Basis empirischer Daten zu beantworten und ein Profil der mit Abstand erfolgreichsten rechtspopulistischen Partei in Westeuropa (Betz 1994; Betz und Immerfall 1998) zu zeichnen, das sich auf die Ergebnisse der einschlägigen Forschungen zu diesem Typus einer protestorientierten *Anti-Political-Establishment Party* abstützt (Mudde 1996; Schedler 1996; Riedlsperger 1998; Ignazi 1996; Poguntke und Scarrow 1995; Plasser und Ulram 2000).

1. Rahmenbedingungen und Strategien des Rechtspopulismus in Österreich

Das österreichische Parteiensystem galt jahrzehntelang als eines der stabilsten in Westeuropa. Diese Stabilität war nicht zuletzt die Folge einer festen Verankerung der Traditionsparteien SPÖ (Sozialdemokratie) und ÖVP (Volkspartei, Christdemokraten) in gesellschaftlichen Subkulturen („Lager") und einer großflächigen Personalpolitik wie parteipolitischen Steuerung weiter Teile der öffentlichen Verwaltung, des öffentlichen Wirtschaftssektors und der Massenmedien. Seit den späten siebziger Jahren sieht sich dieses einst „hyperstabile" Parteiensystem mit einer fortschreitenden Erosion der traditionellen politischen Subkulturen, einer Abnahme der (affektiven wie organisatorischen) Parteibindungen und einer zunehmenden wahlpolitischen Mobilität konfrontiert (Plasser und Ulram 1995a). Parallel dazu kam es zu einer Veränderung politisch-kultureller Orientierungen: stilistische und moralische Parteien- und Politikerkritik nahmen zu und erreichten beinahe „italienische Dimensionen" (Plasser und Ulram 1992a); die substantielle Leistungsfähigkeit von Parteien und Sozialverwaltung wurde in Frage gestellt (Ulram 1997a); Protesthaltungen erfuhren einen Aufschwung, die aus Unzufriedenheit im Bereich hochemotionalisierter Themen- und Politikbereiche resultierten (Ausländerfrage, Folgen wirtschaftlicher Internationalisierung und kultureller Öffnung etc.). Die verschiedenen Unzufriedenheits- und Protestmotive gingen dabei oft ein explosives Mischungsverhältnis ein, das von den in Österreich weitverbreiteten Sonderformen der Boulevardpresse medial orchestriert wurde (Plasser und Ulram 2000).

Für den Parteienwettbewerb von zentraler Bedeutung war die 1987 erfolgte Neuauflage der „großen" SPÖ-ÖVP-Koalition, die für Oppositionsparteien unterschiedlicher Couleur einen reichen Nährboden bildete, wodurch der „normale" Vorgang des Regierungswechsels de facto verunmöglicht wurde. Eine parlamentarische Mehrheit für SPÖ und Grüne war und ist seit 1986 nicht vorhanden; die FPÖ galt lange Zeit auf Bundesebene als nicht koalitionsfähig – sie war und ist allerdings in mehreren Landesregierungen mit Landesräten vertreten und stellt den Landeshauptmann im Bundesland Kärnten.

Die FPÖ hat auf die veränderte politische Situation in zweifacher Weise reagiert: zuerst durch eine Anpassung an die Situation eines offenen Wählermarktes und die Suche nach politischen „Marktnischen" (Neuformulierung des personellen, symbolischen und inhaltlichen Angebotes); in der Folge zunehmend aber auch durch eine Strategie der „aktiven Marktbeeinflussung" (Kreierung bzw. Verstärken von politischen Themen, Beeinflussung von Angebot und Strategie der politischen Mitkonkurrenten). Diesem Wandel der Strategie entspricht auch eine Verschiebung des Bildes der FPÖ (wie ihres Obmannes) in der Öffentlichkeit und ein Wandel der freiheitlichen Wählerschaft (Plasser und Ulram 1995b).[1]

In der *ersten* Phase – zeitlich etwa von der Übernahme der Parteiführung durch Haider 1986 bis zum Ende der achtziger Jahre eingrenzbar – präsentierte sich die FPÖ vor allem als neue, innovative, verändernde Kraft, die ihre „jugendliche Dynamik" gegen die „Unbeweglichkeit der Altparteien" ausspielte. Im öffentlichen Erscheinungsbild dominierten die Person Haiders und ein aggressiv-pointierter politischer Stil. Das thematische Profil beschränkte sich fast ausschließlich auf den Komplex „Parteienverdrossenheit",

„politische Moral" und „Verschwendung bzw. Fehleinsatz von Steuergeldern": Andere sachpolitische Argumente, aber auch der Appell an spezifische Gruppen(interessen) kamen kaum zum Tragen. Ideologische Auseinandersetzungen spielten in der Selbstdarstellung eine nachrangige Rolle: Sie dienten eher der Bestärkung der freiheitlichen Stammklientel (Bekenntnis zur deutschen Nation, „Verteidigung der Kriegsgeneration" etc.) oder wurden bewußt als öffentlichkeitswirksamer „Tabubruch" („Der Jörg, der traut sich was") eingesetzt. Für das Gros der österreichischen Wähler stellte sich die FPÖ so primär als Möglichkeit dar, den traditionellen Parteien einen „politischen Denkzettel" (Plasser und Ulram 1989) bzw. Anstöße zur Veränderung zu erteilen. Die FPÖ appellierte vor allem an jüngere, politisch mobile und erneuerungswillige Wähler bzw. an verärgerte Wähler unterschiedlichster Provenienz (Schließung einer losen Protestwählerkoalition).

In der *zweiten* Phase – deren Beginn etwa 1990/1991 angesetzt werden kann – wurde die Politik der FPÖ inhaltlich-thematisch stärker konturiert, der Erneuerungs- und Innovationsanspruch verblaßte bzw. wurde tendenziell in Richtung einer radikalen Systemkritik und Alternative transformiert; es dominierte die Politik der Ressentiments und der Appelle an diffuse Ängste insbesondere sozial schwächerer Bevölkerungsgruppen. Im öffentlichen Erscheinungsbild wirkte die FPÖ „härter" und polarisierender. Das thematische Profil der FPÖ war zwar nach wie vor begrenzt und zentrierte sich auf die Bereiche Korruptions- und Privilegienbekämpfung, Ausländerproblem und die Verhinderung der Verschwendung öffentlicher Mittel, wo die Freiheitlichen als mit Abstand kompetenteste Kraft unter allen Parteien galten. Allerdings hat die FPÖ in diesen Kernbereichen deutlich an Profil gewonnen wie ihr auch im Zeitverlauf zunehmende Kompetenz bei den Themen Kriminalitätsbekämpfung, Steuersenkung und einzelnen sozialpolitischen Issues zugeschrieben wird. Die FPÖ betrieb hier auch ein „aktives Themen-Management" – im Sinne eines Agenda-Setting, aber auch als Schwerpunktverlagerung innerhalb der einzelnen Themenblöcke (Wechsel der populistischen Attacke von den „Politikern der Altparteien" zu den „Bürokraten in Brüssel"; von den „Privilegienrittern in den Interessenvertretungen" wieder zu den „Politikern der Altparteien" usw.) – und begann – teilweise im Gleichklang (und damit in gegenseitiger Verstärkung) mit der Boulevardpresse –, die politische Diskussionslandschaft (neu) zu strukturieren.

Seit Mitte der neunziger Jahre zeichnete sich zudem ein weiterer *Versuch einer politischen Neupositionierung* ab. Die FPÖ war offensichtlich bemüht, sich von ihrer deutschnationalen Vergangenheit abzugrenzen – sowohl in programmatischer Hinsicht als auch durch eine Auswechslung alter Funktionskader – und an Kompetenz im sozialpolitischen Bereich wie bei der Arbeitsplatzsicherung zu gewinnen („Vertretung österreichischer Interessen gegenüber der EU", Eintreten für „die kleinen Leute"). Früher vorhandene wirtschaftsliberale Vorstellungen wurden zugunsten von Schutzversprechungen für Gruppen, die von Budgetsanierungsmaßnahmen negativ betroffen sind, zurückgestellt. Bei den Nationalratswahlen 1999 stand das Wechselthema (it's time for a change) im Vordergrund und wurde von Teilen der Wählerschaft, die mit dem Erscheinungsbild und der *performance* der Großen Koalition unzufrieden waren, auch honoriert.

2. Wahlmotive für die Haider-FPÖ

Bei den Nationalratswahlen 1986 – dem ersten bundesweiten Wahlgang der FPÖ unter ihrem neu gewählten Obmann Haider – waren vor allem die Person Haiders bzw. sein medial vermitteltes Image und der Wunsch nach „frischem Wind", also das Aufbrechen traditioneller Strukturen des Parteienwettbewerbs, jene Punkte, die den Ausschlag zur Wahl der FPÖ gaben. In der Wahltagsbefragung (*exit poll*) 1986 begründete spontan jeder zweite FPÖ-Wähler seine Entscheidung mit der Person Haiders; unter den Wechslern von anderen Parteien zur FPÖ galt dies sogar für zwei Drittel; in der gestützten Frageversion treten Protest- und Denkzettelmotive, insbesondere bei den Parteiwechslern (54 Prozent), stärker in den Vordergrund. Ideologische Motive bzw. deutschnationale Tendenzen spielten hingegen kaum eine Rolle.

Bei den Nationalratswahlen 1990 erwies sich der Einsatz gegen Skandale und Privilegien bereits als das stärkste Wahlmotiv zugunsten der FPÖ, gefolgt vom Wunsch, den Großparteien einen Denkzettel zu erteilen, und der Persönlichkeit Haiders. Auch die Linie der FPÖ in der Ausländerfrage spielte eine beträchtliche Rolle, in der Bundeshauptstadt Wien war sie das zweitstärkste Motiv der FPÖ-Wähler. Die spontanen *reasons* zeigten ein ähnliches Bild – Verdrossenheits-, Protest- und Denkzettelargumente rangierten vor der Person des freiheitlichen Spitzenkandidaten und dem „Erneuerungsimage" der Partei. Bei den Wiener Landtags- und Gemeinderatswahlen vom November 1991, wo die FPÖ mit 22,5 Prozent der abgegebenen Stimmen zur zweitstärksten Partei aufstieg, rangierte die Haltung der FPÖ in der Ausländerfrage bereits an zweiter Stelle der Pro-FPÖ-Motive (nach dem „Denkzettel" für die SPÖ und ÖVP); Parteiwechsler zur FPÖ begründeten ihre Entscheidung, ihre frühere Partei diesmal nicht mehr zu wählen, vor allem mit dem Ausländerthema sowie mit unterschiedlichen Kritik- und Verdrossenheitspunkten (leere Versprechungen, Unzufriedenheit mit der Politik der Parteien, Privilegien- und Parteibuchwirtschaft; Plasser und Ulram 1992b).

Die neuerliche massenmediale Thematisierung des Skandal- und Privilegienthemas im Zuge des Wahlkampfes für die Arbeiterkammerwahlen unmittelbar vor den Nationalratswahlen prägte auch das FPÖ-Votum von 1994.[2] Zwei Drittel der FPÖ-Wähler begründeten ihre Entscheidung mit dem Kampf der FPÖ gegen Skandale und Privilegien. Etwa jede(r) Zweite verwies auf die Haltung der Freiheitlichen in der Ausländerfrage bzw. das Eintreten gegen die Macht der Parteien. Jeweils vier von zehn FPÖ-Wählern nannten als wichtigstes Motiv den Wunsch, den Großparteien einen Denkzettel zu geben. Alles in allem konnte die Entscheidung für die FPÖ als besonders emotional aufgeladenes Anti-Votum charakterisiert werden. Die Pro-FPÖ-Wahlmotive bei den Nationalratswahlen 1995 ähneln jenen von 1994. Spontan verwiesen die FPÖ-Wähler vor allem auf Skandale/Privilegien/Korruption und die Person Haiders, gefolgt von der Hoffnung auf Veränderung und dem Ausländerthema. Bei den Nationalratswahlen 1999 waren der Wunsch nach frischem Wind, Veränderung und die Ablehnung der großen Koalition die eindeutig dominanten Motive. Es folgten Ausländerpolitik, die Person Haiders und diverse Konzepte und *policy proposals* der FPÖ. Ideologische Begründungen für die Wahl der FPÖ wurden nur von einem geringen Prozentsatz der FPÖ-Wähler vorgebracht.

Tabelle 1: Wahlmotive pro FPÖ (1986-1999)

FPÖ-Wähler	1986
Person/Image/Auftreten/Ideen von Jörg Haider	54
Hoffnung auf Veränderung, frischer Wind	10
Einsatz gegen Skandale, Privilegien etc.	9
Parteiprogramm, Ideologie	8
Protest, Unzufriedenheit	7
Schwächung der Großparteien	6
Stärkung der Opposition	6
Stammwähler, Tradition, Parteimitglied	6
Interessenvertretung	4
andere FPÖ-Politiker	2
alle anderen Nennungen	2

FPÖ-Wähler	1990
Skandale, Mißstände, Privilegien bzw. deren Aufdeckung und Bekämpfung durch die FPÖ	27
Person/Image/Auftreten/Ideen von Jörg Haider	23
Denkzettel an die Großparteien	11
Parteiprogramm, Ideologie	9
Ausländerfrage	7
Stärkung der Opposition, Kontrolle, Chance geben	7
Hoffnung auf Veränderung, frischer Wind	6
bessere, einzig wählbare Partei	5
bessere, jüngere Politiker	4
Interessenvertretung, Stammwähler, Tradition	4
Sympathie	3
alle anderen Nennungen	8

FPÖ-Wähler	1994
Skandale, Mißstände, Privilegien bzw. deren Aufdeckung und Bekämpfung durch die FPÖ	22
Person/Image/Auftreten/Ideen von Jörg Haider	17
Ausländerfrage	12
Opposition, Kontrolle	11
Denkzettel, Ablehnung, Kritik an Großparteien	10
bessere, einzig wählbare Partei	6
Parteiprogramm, Ideologie	5
Ehrlichkeit/Offenheit der FPÖ	5
Interessenvertretung, Stammwähler, Tradition	5
bessere Politik der FPÖ allgemein	4
Eintreten für kleine Leute	3
alle anderen Nennungen	13

FPÖ-Wähler	1995
Skandale, Mißstände, Privilegien bzw. deren Aufdeckung und Bekämpfung durch die FPÖ	20
Person/Image/Auftreten/Ideen von Jörg Haider	19
Hoffnung auf Veränderung, frischer Wind	12
Ausländerfrage	12
Parteiprogramm, Ideologie	8
Denkzettel, Unzufriedenheit mit Regierung	7
Opposition, Kontrolle	4
Interessenvertretung, Stammwähler, Tradition	4
Eintreten für kleine Leute	3
Machtwechsel, FPÖ an die Regierung	3
alle anderen Nennungen	17

FPÖ-Wähler	1999
frischer Wind, Veränderung, Ablehnung große Koalition	22
Ausländerfrage	14
Person, Image, Auftreten, Ideen von Jörg Haider	12
Konzepte, Vorstellungen Politik	11
Denkzettel, Protest, Unzufriedenheit, Kritik an anderen Parteien	7
Stammwähler, Tradition, Interessenvertretung	6
Familienpolitik, Kinderscheck	5
Skandale, Mißstände	4
FPÖ an die Regierung	4
Opposition, Kontrolle	3
gute Arbeit, Politik, Einsatz	3
alle anderen Nennungen	25

Quelle: Fessel-GfK: Exit Polls zu den Nationalratswahlen 1986, 1990, 1994, 1995 und 1999. Vercodung spontaner, ungestützter Nennungen in % der FPÖ-Wähler.

3. Soziale Komposition der FPÖ-Wählerschaft

Traditionell repräsentierte die Freiheitliche Partei Österreichs Personen mit deutschnationalen und antiklerikal-wirtschaftsliberalen Orientierungen mit einem Schwerpunkt auf Angehörige des alten, selbständigen Mittelstandes. Eben diese Merkmale fanden sich auch in der freiheitlichen Wählerschaft Ende der siebziger Jahre: Die FPÖ-Wählerschaft wies einen starken Überhang an mittleren und älteren Jahrgängen sowie an Selbständigen und Freiberuflern auf. Mit der Übernahme der Parteiführung durch Jörg Haider und der damit eingeleiteten Wende änderte sich dieses Profil markant: Es wurde „männlicher", die Wählerschaft verjüngte sich, der Anteil an höher Gebildeten und *white collars* (größtenteils Angestellte) stieg deutlich an; umgekehrt sank der Prozentsatz an älteren

Menschen, der unteren Bildungsschichten und des alten Mittelstandes. Die Protestwählerkoalition des (Nationalratswahl-)Jahres 1986 wurde von jungen Männern aus den städtischen angestellten Mittelschichten dominiert. In den folgenden Wahljahren, die im wesentlichen in die rechtspopulistische Periode der Partei fallen, sank der Anteil der oberen Bildungsschichten und der Angestellten wieder ab, jener der Arbeiter nahm zu. 1990 und 1994 war auch eine markante Zunahme an älteren Wählern, insbesondere männlicher Pensionisten zu verzeichnen – ein Trend, der nur 1995 eine vorläufige Unterbrechung erfuhr: Dies ist durch den spezifischen Kontext des Wahlkampfs 1995 erklärbar, als die Sozialdemokratie die Pensionssicherung zu einem Schwerpunkt ihrer Kampagne machte (Plasser und Ulram 1996) und so einen Teil ihrer Verluste an die FPÖ von 1994 in diesem Wählersegment wettmachen konnte. Unverändert bleibt der Männerüberhang in der FPÖ-Wählerschaft; bei den weiblichen FPÖ-Wählern ist eine Verlagerung weg von Hausfrauen und hin zu (speziell jüngeren) berufstätigen Frauen in den unteren Bildungs- und Sozialschichten feststellbar. 1999 gelang der FPÖ wieder eine Verbreiterung ihrer Wählerkoalition, die nun verstärkt *white collar*-Berufe, Hausfrauen und Selbständige Unternehmer einschließt.

Tabelle 2: Strukturprofil der FPÖ-Wählerschaft (1978–1999)

In Prozent der FPÖ-Wähler	1978	1986 NRW	1990 NRW	1994 NRW	1995 NRW	1999 NRW
Männer	54	61	60	60	62	62
Frauen	46	39	40	40	38	38
Geschlecht	100%	100%	100%	100%	100%	100%
Unter 30 Jahre	18	31	27	25	31	27
30-44 Jahre	28	32	24	27	31	34
45-59 Jahre	26	15	22	23	20	22
60 Jahre und älter	28	22	26	26	19	16
Alter	100%	100%	100%	100%	100%	100%
Pflichtschule	34	17	27	22	20	16
Fachschule/Berufsschule	48	55	53	54	58	55
Matura/Universität	18	27	20	24	22	30
Bildung	100%	100%	100%	100%	100%	100%
Landwirte/Selbständige/Freie Berufe	21	9	8	9	9	10
Angestellte/Beamte	24	32	25	24	27	33
Arbeiter	19	22	29	28	35	27
Hausfrauen	13	12	9	8	6	8
Pensionisten	23	19	27	28	19	18
in Ausbildung/arbeitslos	1	4	2	4	4	4
Berufstätigkeit	100%	100%	100%	100%	100%	100%

Quelle: 1978: Fessel-GfK, Kumulierte Jahreszählung der Parteipräferenzen 1978; 1986–1999: Fessel-GfK, Exit Polls (repräsentative Wahltagsbefragungen) zu den NRW (Nationalratswahlen) 1986, 1990, 1994, 1995 und 1999 (ca. 2.200 Wähler nach Verlassen der Wahllokale); Differenz auf 100 %: Rundungsfehler.

Wie schon aus der Komposition der freiheitlichen Wählerschaft ersichtlich, ist die FPÖ nicht für alle Wählergruppen in gleicher Weise attraktiv. Zwischen 1986 und 1999 konnte die FPÖ ihren Stimmenanteil an der Gesamtwählerschaft verdreifachen. Die vergleichsweise schwächsten Zugewinne wurden bei Landwirten, qualifizierten Angestellten, Beamten und in den höchsten Bildungsschichten erzielt. Besonders erfolgreich war die FPÖ in der jüngsten Wählergeneration, speziell bei jungen Berufstätigen. In diesem Wählersegment liegt die FPÖ ebenso wie in der Gruppe der berufstätigen Männer und in der Arbeiterschaft nunmehr an der ersten Stelle, bei Selbständigen und Freiberuflern nimmt sie mit 33 Prozent die zweite Position ein.

Tabelle 3: Stimmenanteile der FPÖ nach soziodemographischen Gruppen (1986–1999)

In Prozent haben bei den NRW (Nationalratswahlen) gewählt	FPÖ 1986	FPÖ 1990	FPÖ 1994	FPÖ 1995	FPÖ 1999
Männer	12	20	28	27	32
berufstätige Männer	13	20	28	30	33
Pensionisten	11	22	29	23	28
Frauen	7	12	17	16	21
berufstätige Frauen	7	13	17	20	22
Hausfrauen	8	11	17	14	25
Pensionistinnen	5	12	19	10	19
Unter 30 Jahre	12	18	25	29	35
30-44 Jahre	11	15	22	24	29
45-59 Jahre	6	15	22	10	21
60 Jahre und älter	8	16	22	15	23
Landwirte	5	9	15	18	10
Selbständige/Freie Berufe	15	21	30	28	33
Beamte, öffentlicher Dienst	9	14	14	17	20
Angestellte	13	16	22	22	22
Arbeiter	10	21	29	34	47
Pensionisten	8	16	24	16	24
in Ausbildung	9	8	18	15	23
Pflichtschulbildung	6	14	21	18	25
Fachschule/Berufsschule	11	19	26	27	31
Matura/Universität	11	13	19	16	22

Quelle: Fessel-GfK, Exit Polls (repräsentative Wahltagsbefragungen) zu den Nationalratswahlen 1986–1999.

Obwohl die FPÖ unter Haider in fast allen Bevölkerungsgruppen nennenswerte Stimmenanteile an sich ziehen konnte, lassen sich doch *Strukturmuster im Wählerverhalten* feststellen. Zum einen fungieren die *Restbestände traditioneller politischer Milieus und weltanschaulich-organisatorischer Bindungen* als *Barrieren gegen eine Wahl der FPÖ*: starke religiöse Bindungen (hier operationalisiert als regelmäßige Kirchgänger) und Gewerkschaftsmitgliedschaft von Arbeitnehmern korrelieren mit unterdurchschnittlichen FPÖ-Werten. In bezug auf die Kirchenbindung sind dabei im Zeitverlauf kaum Veränderungen zu sehen, unter Gewerkschaftsmitgliedern hat die FPÖ seit 1990 ihren Stimmenanteil auf 21 Prozent praktisch verdoppelt. Freilich sind beide *alignments* im längerfristigen Zeitverlauf rückläufig: Etwas weniger als ein Viertel der Österreicher besucht sonntags den Gottesdienst; der Anteil an gewerkschaftlich organisierten Arbeitnehmern hat sich in der letzten Dekade von ca. 50 Prozent auf ca. 40 Prozent verringert. *Angehörige der obersten Bildungsschichten* und *Frauen*, insbesondere aber höher gebildete Frauen, stehen der *FPÖ deutlich distanzierter gegenüber* als die unteren und mittleren Bildungsgruppen und Männer (speziell Arbeiter). Unübersehbar ist auch eine *größere Be-*

Tabelle 4: Cleavages im österreichischen Wählerverhalten (Nationalratswahlen 1999)

In Prozent haben gewählt (waagrechte Prozentuierung)	SPÖ	ÖVP	FPÖ	Grüne	LIF
Religionszugehörigkeit*					
regelmäßige Kirchgänger (Katholiken)	20	59	13	4	1
Kirchenferne (passive Katholiken)	34	22	30	7	3
PPD	+14	-37	+17	+3	+2
Gewerkschaftsmitgliedschaft					
Gewerkschaftsmitglieder	49	19	21	6	2
kein Gewerkschaftsmitglied	24	30	30	8	4
PPD	-25	+11	+9	+2	+2
Geschlecht					
Männer	33	26	32	7	3
Frauen	35	27	21	9	4
PPD	+2	+1	-11	+2	+1
Bildung					
Pflichtschule, Berufsschule, Fachschule	37	24	29	3	2
Matura/Universität	27	30	22	13	7
PPD	-10	+6	-7	+10	+5
Geschlecht und Bildung)**					
jüngere, berufstätige Männer mit höherer Ausbildung	29	30	21	9	10
jüngere, berufstätige Frauen mit höherer Ausbildung	35	29	8	13	14
PPD	+6	-1	-13	+4	+4
öffentlich vs. privat					
Beschäftigte in der Privatwirtschaft	36	19	31	7	4
Beschäftigte im öffentlichen Sektor	36	29	21	9	3
PPD	+/-0	+10	-10	+2	-1

Quelle: Fessel-GfK, Exit Poll zur NRW 1999; PPD = Prozentpunktdifferenz.
*) Über 90 Prozent der Österreicher mit Glaubensbekenntnis sind Katholiken.
**) Daten für 1995 (Fessel-GfK, Exit Poll zur NRW 1995).

reitschaft zur FPÖ-Wahl bei *Jungwählern*; wobei allerdings einschränkend zu bemerken ist, daß das Wahlverhalten der älteren Generation erkennbaren Schwankungen unterliegt. In der Arbeiterschaft hat die FPÖ ihren Stimmenanteil seit den fünfziger Jahren von 3 Prozent auf 47 Prozent gesteigert (SPÖ 1999 nur noch 35 Prozent). Auch bei den Unter-30jährigen ist die FPÖ mit 35 Prozent mittlerweile die stimmenstärkste Partei.

Zunehmendes wahlpolitisches Gewicht erhalten auch die Spannungen zwischen Beschäftigten im *„geschützten"* (öffentlichen) und im *„ungeschützten"* (privatwirtschaftlich-wettbewerbsorientierten) Sektor (Dunleavy und Husbands 1985; Dunleavy 1991; Betz 1994; Kitschelt 1995), wobei die FPÖ inzwischen zur zweitstärksten Kraft unter Beschäftigten im privatwirtschaftlichen Bereich aufgestiegen ist. Die Brisanz dieser Konfliktlinie wird umso deutlicher, als nicht nur der gewerkschaftliche Organisationsgrad, sondern auch die Wirksamkeit traditioneller sozialpartnerschaftlicher Politikformulierung im Wettbewerbssektor der Wirtschaft rückläufig ist; gleichzeitig eignet sich der öffentliche Sektor aufgrund seiner parteipolitischen Beeinflussung und Kolonisierung durch Klientelinteressen in besonderem Ausmaß als Zielscheibe für populistische Attacken.

4. Die FPÖ-Wählerschaft im politisch-ideologischen Raum

Sowohl die politischen Strategiewechsel als auch deren Resonanz in der Wählerschaft verweisen darauf, daß die wahlpolitische Attraktivität der FPÖ nicht eindimensional – etwa als Folge eines allgemeinen politischen Rechtsruckes oder fremdenfeindlichen Reflexes – erklärt werden kann. Dies wird noch deutlicher, wenn man den ideologischen bzw. gesellschaftspolitischen Raum der österreichischen Parteienkonkurrenz einer näheren Analyse unterzieht. Einen ersten Indikator für die ideologische „Landkarte" Öster-

Tabelle 5: Selbsteinschätzung auf dem links-rechts-Kontinuum: Österreich (1973–1998)

in Prozent	1973	76	80	83	85	88	89	92	93	94	95	96	98
sehr links		3		2	1	1	2	2	1	2	2	1	1
eher links	16	16		12	10	12	10	12	10	11	14	16	15
(links)	16	19	13	14	11	13	12	14	11	13	16	17	16
Mitte	44	40	52	51	49	47	44	50	55	60	65	59	63
(rechts)	23	26	18	19	20	14	15	15	13	11	12	11	12
eher rechts	23	21	18	16	17	13	14	13	12	10	11	10	11
sehr rechts		5		3	3	1	1	2	1	1	1	1	1
keine Angabe	17	15	17	16	21	26	28	22	21	16	8	12	9
Mittelwert (x 1–5)*)		3,09		3,07	3,13	3,01	3,03	3,01	3,02	2,97	2,94	2,93	2,97

*) 5-stufige Skala von 1,00 (= sehr links) bis 5,00 (= sehr rechts).
Quelle: FESSEL-GfK, Politische Indikatoren (1973–1998).

reichs stellt die Positionierung der Wählerinnen und Wähler auf dem links-rechts-Kontinuum bzw. die Perzeption der Parteienpositionen dar. Mit Blick auf die Ego-Positionierung der österreichischen Wählerschaft kann von einem akzentuierten ideologischen Rechtsruck keine Rede sein: in längerfristiger Perspektive hat sich der Anteil der Wählerinnen und Wähler, die sich als mehr oder eher rechts einstufen, mehr als halbiert – von etwa einem Viertel der Wähler in den siebziger Jahren auf 11 Prozent in der zweiten Hälfte der neunziger Jahre; im gleichen Zeitraum ist die Selbstverortung in der Mitte des politischen Spektrums von 42 Prozent auf beinahe zwei Drittel angestiegen.

Die FPÖ-Wählerschaft sieht ihre ideologische Position überwiegend in der politischen Mitte; im Regelfall etwas rechts vom Bevölkerungsdurchschnitt. „Sehr rechte" Orientierungen sind in nennenswertem Umfang nur in den siebziger und frühen achtziger Jahren nachweisbar: 1998 verorten sich 6 Prozent der FPÖ-Wähler links, 68 Prozent im Zentrum und 21 Prozent rechts. Eine markante ideologische Rechtsdrift ist somit auch in der Selbsteinstufung der FPÖ-Anhänger nicht nachweisbar.

Tabelle 6: Selbsteinschätzung der FPÖ-Präferenten auf der links-rechts-Achse (1976–1998)

Skalenwerte auf einer 5-stufigen Skala von 1,00 (= sehr links) bis 5,00 (= sehr rechts)	1976	83	85	88	89	92	93	94	95	96	98
sehr oder eher links (in %)	5	14	4	6	10	3	3	8	2	5	6
Mitte (in %)	56	59	43	55	60	61	62	59	73	51	68
eher rechts (in %)	28	14	24	24	14	21	23	21	18	35	19
sehr rechts (in %)	5	6	8	2	-	1	1	2	1	4	2
Mittelwert (x 1-5)	3,34	3,10	3,44	3,31	3,05	3,21	3,24	3,13	3,12	3,39	3,19

Quelle: FESSEL-GfK, Politische Indikatoren (1973–1998).

Anders verhält es sich bei der Perzeption der FPÖ-Position im ideologischen Spektrum durch die Österreicher: Die FPÖ wurde ursprünglich in der Mitte des politischen Spektrums stehend wahrgenommen – und damit bis 1985 „links" von der christlich-konservativen ÖVP. Nach der Übernahme der Parteiführung unter Haider tritt eine zunehmende Rechtsverschiebung des FPÖ-Fremdbildes ein, die ihren vorläufigen Höhepunkt 1996 erreichte, als 35 Prozent der FPÖ eine sehr rechte und weitere 27 Prozent eine eher rechte Position zuordneten. 1998 schwächte sich diese Tendenz wieder etwas ab – möglicherweise eine Folge der Neupositionierungsversuche der FPÖ. In jedem Fall nimmt die Freiheitliche Partei in der Sichtweise der Österreicher nunmehr die rechte Flügelposition im Parteienspektrum ein. Auch aus der Sicht der FPÖ-Anhänger wanderte die FPÖ im Zeitverlauf nach rechts – schwächer allerdings als in der Gesamtbevölkerung.

Tabelle 7: Perzipierte Position der FPÖ auf der links-rechts-Achse (1976–1998)

Skalenwerte auf einer 5-stufigen Skala von 1,00 (= sehr links) bis 5,00 (= sehr rechts)	1976	83	85	89	92	93	94	95	96	98
sehr links	2	2	2	3	4	4	3	5	3	4
eher links	9	10	14	8	6	7	9	8	7	7
(links)	11	13	16	11	10	11	12	13	10	11
Mitte	39	32	19	14	11	9	14	12	10	13
(rechts)	23	33	30	35	43	50	52	62	62	60
eher rechts	16	21	18	17	22	21	26	28	27	31
sehr rechts	7	11	12	18	21	29	26	34	35	29
Mittelwert (x 1-5)	3,22	3,36	3,37	3,63	3,80	3,92	3,82	3,92	4,02	3,88
keine Angaben/ weiß nicht	27	23	35	40	36	30	23	14	17	16

Quelle: FESSEL-GfK, Politische Indikatoren (1973–1998).

Nun stellt das links-rechts-Schema einen den Wählern vertrauten (Klingemann 1995), nichtsdestoweniger aber vergleichsweise groben Raster dar. Für eine tiefergehende Analyse bieten sich gesellschaftspolitische Orientierungen an, die zu Orientierungstypen – also Cluster oder Gruppen von Personen, die ähnliche Einstellungsmuster aufweisen – verdichtet werden können. Die Zusammensetzung der FPÖ-Wählerschaft nach Orientierungstypen läßt sich wie folgt beschreiben:

- Knapp die Hälfte rekrutiert sich aus den Typen „Systemverdrossene Rechte" (27 Prozent) und „Wohlfahrtsstaatliche Chauvinisten" (21 Prozent) – deutlich mehr als in der Gesamtbevölkerung. Gemeinsam ist beiden Orientierungstypen ein hohes Ausmaß an Ethnozentrismus und Rigidität (Law-and-Order-Gesinnung), was dem traditionell „rechten" Stereotyp in soziokultureller Hinsicht entspricht. Autoritäre Orientierungen sind demgegenüber weit schwächer verbreitet (14% der FPÖ-Anhänger). In sozioökonomischer Hinsicht zeigt die Systemverdrossene Rechte gleichfalls ein „rechtes" Profil (Ablehnung von staatlicher Intervention und egalitären Bestrebungen, Sozialstaatskritik, während die Wohlfahrtsstaatlichen Chauvinisten mit ihrer sozialgarantistischen Grundhaltung und der Befürwortung von protektionistischen Interventionen im Wirtschaftsleben hier „links" profiliert sind).
- Die andere Hälfte des FPÖ-Elektorats verteilt sich auf die übrigen fünf gesellschaftspolitischen Typen, die zwar (mit Ausnahme der Sozialstaatlichen Traditionalisten) nur unterdurchschnittlich vertreten sind, aber doch relevante Wähleranteile stellen. Die Unterschiede zwischen den Angehörigen dieser Typen sind teilweise noch weit größer als im Falle der beiden Schwerpunktgruppen, sodaß sich insgesamt das Bild erheblicher Heterogenität bis hin zu potentiellen Spannungslinien ergibt.
- Am widersprüchlichsten sind dabei die Einstellungen auf der sozioökonomischen Dimension, was sich im übrigen auch in den konkreten Politikangeboten der FPÖ etwa bei Wahlkämpfen niederschlägt – diese reichen von rechtspopulistischen wirt-

schaftlichen Vorschlägen („flat tax", generelle Steuersenkung) bis zu protektionistischen sozialpolitischen Vorschlägen („Kindergeld", verfassungsmäßige Verankerung von Subventions- und Pensionsregelungen etc.).

Tabelle 8: Gesellschaftspolitische Typologie

	Senkrechte Prozentuierung Anteile der Typen aus der ...		Waagrechte Prozentuierung Selbstverortung der Typen als ...						
	FPÖ-Wählerschaft	gesamte Wählerschaft	sehr links	eher links	Mitte	eher rechts	sehr rechts	keine Angabe	Summe
Systemverdrossene Rechte	27	10	1	7	65	21	1	6	100%
Wohlfahrtsstaatliche Chauvinisten	21	14	1	11	68	8	2	10	100%
Defensive Konservative	16	19	-	8	65	9	2	16	100%
Sozialstaatliche Traditionalisten	12	13	0	15	67	9	1	8	100%
Integrierte Wertkonservative	8	14	0	17	61	13	1	8	100%
Marktliberale Individualisten	8	12	0	16	63	13	-	7	100%
Libertäre Neue Linke	8	13	3	30	55	4	1	6	100%
	100%	100%							

Quelle: FESSEL-GfK, Politische Positionierungsstudie (1998).

Inwieweit die Spannweite gesellschaftspolitischer Orientierungen in der FPÖ-Wählerschaft mit der neuen Rolle der FPÖ als Partner einer Regierungskoalition verträglich bleibt, muß zum gegenwärtigen Zeitpunkt offen bleiben wie die Antwort auf die Frage nach den Reaktionen einzelner FPÖ-Wählergruppen auf zentrale – im Kern unpopuläre – Reformmaßnahmen des gemeinsamen Regierungsprogramms der FPÖ-ÖVP-Koalition. Statt Protesthaltungen zu verstärken, wird die FPÖ nunmehr als Regierungspartei mit der Herausforderung konfrontiert werden, Protest zu entschärfen. Wie die FPÖ mit dieser neuen Situation umgehen wird, dürfte auch die Handlungsfähigkeit der Koalitionsregierung maßgeblich bestimmen wie insgesamt die Funktions- und politische Lebensdauer der Mitte-Rechts-Regierung.

5. Zusammenfassung und Ausblick

Die FPÖ ist die bislang mit Abstand wahlpolitisch erfolgreichste rechtspopulistische Partei in Westeuropa. Mit einer Anhängerschaft von einem Viertel der Wahlberechtigten und 26,9 Prozent der abgegebenen gültigen Stimmen hat sie bei den Nationalratswahlen 1999 die Größenordnung der beiden österreichischen Traditionsparteien erreicht. Für diese Entwicklung zeichnet eine Reihe von Faktoren verantwortlich:

- Die *politische Gelegenheitsstruktur*: Dazu zählen insbesondere die Erosion traditioneller politischer Subkulturen und Parteibindungen wie eine ausgeprägte Wählerprotestkultur, die in der hypertrophen parteipolitischen Penetration von Teilbereichen der österreichischen Gesellschaft und des Verwaltungsapparates einen reichen politischen Nährboden findet. Dazu kommt die Regierungskonstellation einer – an zunehmender politischer Inkohärenz und Handlungsschwäche laborierenden – Großen Koalition, die oppositionellen Bewegungen allgemein einen breiten Spielraum einräumt.

- Veränderungen in den gesellschaftlichen *cleavages*, sowohl im Hinblick auf sozioökonomische Interessenlagen (Sektorenkonflikte) wie auf sozio-kulturelle Orientierungen. Auf der Ebene der Politikfeldkultur *(policy culture)* finden diese Spannungslinien ihren Niederschlag in hochemotionalisierten „neuen" politischen Themen und Problemlagen, die von den Traditionsparteien nur unzureichend politisch verarbeitet werden (können).

- Eine außergewöhnliche strategische *Adaptionsfähigkeit* der FPÖ – sei es in Form der Reaktion auf politische Problemlagen und der Kreierung von *Issues*, sei es in der Bildung von Wählerkoalitionen. Die FPÖ hat in der letzten Dekade mehrfach ihre politisch-strategische Ausrichtung gewechselt[3] und die Zusammensetzung ihrer Wählerschaft, aber auch ihrer Funktionärskader geändert.

- Die außergewöhnliche *Medienzentrierung* der Partei und die Existenz einer charismatischen Führungspersönlichkeit: Nicht zuletzt aufgrund ihrer defizitären Organisationsstruktur und ihrer Abhängigkeit von mobilisierenden Stimmungen und Emotionen benötigt die FPÖ eine überdurchschnittliche massenmediale Resonanz. Diese erfährt sie sowohl von der populistisch agierenden Boulevard-Presse wie von seiten der „gegnerischen" linksliberalen Qualitätspresse und des Fernsehens (Plasser und Ulram 2000). Die FPÖ präsentiert sich als symbolische Mobilisierungsagentur, die latente Protesthaltungen, Ressentiments aber eben auch gesellschaftliche Konflikte gezielt in Gestalt einer medien- und kameragerechten Führungspersönlichkeit bündelt.

Eben diese Erfolgsfaktoren bedeuten aber auch potentielle Schwächen der österreichischen Freiheitlichen. Der Erfolg der FPÖ war bislang untrennbar mit der politischen Kommunikationsleistung, der populistischen Selbstinszenierung und der permanenten politischen Mobilisierung durch ihren Spitzenakteur Haider verbunden. Dieser hat sich aber Ende Februar 2000 aus der Funktion des FPÖ-Parteiobmanns zurückgezogen. Die Konsequenzen dieses Schrittes für die wahlpolitische Mobilisierungsfähigkeit der FPÖ sind aus heutiger Sicht noch nicht abschätzbar. Die FPÖ-Wählerschaft ist weit loser gebunden und fluktuierender als jene der traditionellen Parteien und wird zu einem Gutteil durch den „oppositionellen Reflex" auf das traditionelle Parteien- und Verbändesystem wie die große Koalition zusammengehalten. Der überwiegende Protest- und „Anti"-Charakter des FPÖ-Votums stellt eine schwerwiegende Hypothek für die Regierungsbeteiligung der FPÖ dar.

Mit dem Eintritt in die Bundesregierung (Koalition ÖVP-FPÖ unter einem ÖVP-Bundeskanzler) steht die FPÖ somit vor einer neuen Situation. Ihr populistischer Appell mag zwar kurzfristig – nicht zuletzt als emotionale Reaktion auf die internationale Kritik an der neuen österreichischen Regierung – noch mobilisierend wirken, erscheint aber auf Dauer mit einer Regierungsbeteiligung nur in Grenzen vereinbar. Maßnahmen wie Budgetkonsolidierung (FPÖ-Finanzminister), Einschnitte ins Pensionssystem und einzelne Sozialleistungen (FPÖ-Sozialministerin) werden zwangsläufig auch zu Einbußen in freiheitlichen Wählerklientelen führen bzw. diese Wählerschaft mit dem Unterschied zwischen oppositionellen Wahlversprechen und konkreter Regierungspolitik konfrontieren. Dies bedeutet für die FPÖ die Notwendigkeit einer neuerlichen strategischen Positionierung und einer Neuausrichtung ihres politischen Erscheinungsbildes. Die Bewältigung oder eine Nichtbewältigung dieser Aufgabe wird – unabhängig vom künftigen wahlpolitischen Abschneiden der FPÖ – von weitreichender Bedeutung für die Zukunft des österreichischen Regierungs- und Parteiensystems sein.

Anmerkungen

1 Die im folgenden zitierten empirischen Befunde stammen aus bundesweiten Repräsentativumfragen des Fessel-GfK-Instituts (Stichprobengröße: 1.000 bis 1.500 Befragte) bzw. aus repräsentativen Wahltagsbefragungen (*exit polls*) des Fessel-GfK-Instituts zu den Nationalratswahlen 1986, 1990, 1994, 1995 und 1999 (Stichprobengröße: jeweils rund 2.200 Wähler nach Verlassen der Wahllokale).

2 Gestützte Fragestellung (Fessel-GfK: Exit Poll 1994). Für die spontan geäußerten Nennungen siehe *Tabelle 1*.

3 Auch dies spricht gegen die Klassifizierung der FPÖ als „rechtsradikale" Partei. Ein zentrales Charakteristikum der FPÖ ist ihre weitgehende praktische „Ideologielosigkeit" bzw. der rasche Positionswechsel in politischen Fragen. Gleichermaßen kann der Partei auch keine wirtschaftsliberale Orientierung zugeschrieben werden. Entsprechende programmatische Aussagen entstammen noch ihrer früheren Phase als liberale Honoratiorenpartei und sind für das öffentliche Erscheinungsbild wie für die Wahlmotivation entweder irrelevant oder bloß das Resultat einer situationsspezifischen Selbstdarstellung.

Literatur

Betz, Hans-Georg (1994). *Radical Right-Wing Populism in Western Europe*, New York
Betz, Hans-Georg und Stefan Immerfall (eds.) (1998). *The New Politics of the Right. Neo-Populist Parties and Movements in Established Democracies*, Basingstoke
Dunleavy, Patrick (1991). *Democracy, Bureaucracy and Public Choice. Economic Explanations in Political Science*, Hampstead
Dunleavy, Patrick und C. Husbands (1985). *British Democracy at the Crossroads*, London
Evans, Geoffrey (ed.) (1999). *The End of Class Politics? Class Voting in Comparative Context*, Oxford
Hofinger, Christoph und Günther Ogris (1996). Achtung, *gender gap!* Geschlecht und Wahlverhalten 1979–1995, in: Fritz Plasser, Peter A. Ulram und Günther Ogris (Hg.). *Wahlkampf und Wählerentscheidung. Analysen zur Nationalratswahl 1995*, Wien, 211-232

Ignazi, Piero (1996). The Crisis of Parties and the Rise of New Political Parties, *Party Politics* 2 (4), 549-566

Kitschelt, Herbert (1995). *The Radical Right in Western Europe. A Comparative Analysis*, Ann Arbor

Klingemann, Hans-Dieter (1995). Party Positions and Voter Orientations, in: Hans-Dieter Klingemann und Dieter Fuchs (eds.). *Citizens and the State. Beliefs in Government* Vol. 1, Oxford, 182-205

Luther, Kurt Richard und Wolfgang C. Müller (eds.) (1992). *Politics in Austria. Still a Case of Consociationalism?*, London

Mudde, Cas (1996). The Paradox of the Anti-Party Party, *Party Politics* 2 (2), 265-276

Norris, Pippa (ed.) (1999). *Critical Citizens. Global Support for Democratic Governance*, Oxford

Pelinka, Anton (1998). *Austria. Out of the Shadow of the Past*, Boulder

Pelinka, Anton und Fritz Plasser (eds.) (1989). *The Austrian Party System*, Boulder

Plasser, Fritz (2000). *The Rise of the Freedom Party of Austria*. Paper presented at the International Conference on „Far Right Parties in Europe", Meridian International Conference Center, January 28, Washington DC

Plasser, Fritz und Peter A. Ulram (1989). Wahltag ist Zahltag. Populistischer Appell und Wählerprotest in den achtziger Jahren, *Österreichische Zeitschrift für Politikwissenschaft* 2, 151-164

Plasser, Fritz und Peter A. Ulram (1992a). Überdehnung, Erosion und rechtspopulistische Reaktion. Wandlungsfaktoren des österreichischen Parteiensystems im internationalen Vergleich, *Österreichische Zeitschrift für Politikwissenschaft* 2, 147-164

Plasser, Fritz und Peter A. Ulram (1992b). Analyse der Wiener Gemeinderatswahlen 1991, in: *Österreichisches Jahrbuch für Politik 1991*, Wien, 97-120

Plasser, Fritz und Peter A. Ulram (1995a). Konstanz und Wandel im österreichischen Wählerverhalten, in: Wolfgang C. Müller, Fritz Plasser und Peter A. Ulram (Hg.). *Wählerverhalten und Parteienwettbewerb. Analysen zur Nationalratswahl 1994*, Wien, 341-406

Plasser, Fritz und Peter A. Ulram (1995b). Wandel der politischen Konfliktdynamik: Radikaler Rechtspopulismus in Österreich, in: Wolfgang C. Müller, Fritz Plasser und Peter A. Ulram (Hg.). *Wählerverhalten und Parteienwettbewerb. Analysen zur Nationalratswahl 1994*, Wien, 471-503

Plasser, Fritz und Peter A. Ulram (1996). Kampagnedynamik: Strategischer und thematischer Kontext der Wählerentscheidung, in: Fritz Plasser, Peter A. Ulram und Günther Ogris (Hg.). *Wahlkampf und Wählerentscheidung. Analysen zur Nationalratswahl 1995*, Wien, 13-46

Plasser, Fritz und Peter A. Ulram (1999a). Trends and Ruptures: Stability and Change in Austrian Voting Behavior 1986-1996, in: Günther Bischof, Anton Pelinka und Ferdinand Karlhofer (eds.). *The Vranitzky Era in Austria* (Contemporary Austrian Studies Volume 7), New Brunswick, 31-55

Plasser, Fritz und Peter A. Ulram (1999b). Voting Behavior of Austrian Youth as Newcomers to the European Union, in: *European Yearbook on Youth Policy and Research* Volume 2, 51-60

Plasser, Fritz und Peter A. Ulram (2000). Striking a Responsive Chord: Mass Media and Right Wing Populism in Austria, in: Gianpietro Mazzoleni, Bruce Morsfield und Julianne Stewart (eds.). *The Media and Neo-Populist Movements. Processes of Media Construction of Political Reality*, New York (forthcoming)

Plasser, Fritz, Peter A. Ulram und Alfred Grausgruber (1992). The Decline of „Lager Mentality" and the New Model of Electoral Competition in Austria, in: Kurt Richard Luther und Wolfgang C. Müller (eds.). *Politics in Austria: Still a Case of Consociationalism?*, London, 16-44

Plasser, Fritz, Peter A. Ulram und Gilg Seeber (1996). (Dis-)Kontinuitäten und neue Spannungslinien im Wählerverhalten: Trendanalysen 1986-1995, in: Fritz Plasser, Peter A. Ulram und Günther Ogris (Hg.). *Wahlkampf und Wählerentscheidung. Analysen zur Nationalratswahl 1995*, Wien, 155-209

Plasser, Fritz, Peter A. Ulram und Franz Sommer (1997). Analyse der ersten Wahlen zum Europäischen Parlament in Österreich, in: *Österreichisches Jahrbuch für Politik 1996*, München/Wien, 55-83

Poguntke, Thomas und Susan E. Scarrow (eds.) (1995). *The Politics of Anti-Party Sentiment.* Special Issue of *European Journal of Political Research* (= Volume 29, No. 3)

Riedlsperger, Max (1998). The Freedom Party of Austria: From Protest to Radical Right Populism, in: Hans-Georg Betz und Stefan Immerfall (eds.). *The New Politics of the Right*, Basingstoke, 27-44

Schedler, Andreas (1996). Anti-Political-Establishment Parties, *Party Politics* 2, (3), 211-312

Thränhardt, Dietrich (1995). The Political Uses of Xenophobia in England, France and Germany, *Party Politics* 1 (3), 323-346

Ulram, Peter A. (1997a). Politische Kultur der Bevölkerung, in: Herbert Dachs, Peter Gerlich et al. (Hg.). *Handbuch des politischen Systems Österreichs. Die Zweite Republik*, 3. Auflage, Wien, 514-525

Ulram, Peter A. (1997b). *Sozialstruktur und Wahlmotive der FPÖ-Wähler*. Paper presented at the Fifth Bielefeld-Conference October 8-10, Bielefeld

Issue-Voting: Themen und thematische Positionen als Determinanten der Wahlentscheidung

Imma Palme

Die sinkenden Parteiloyalitäten und das Schrumpfen der Kernwählerschichten führten zu einer Neuorientierung der Parteien in ihren allgemeinen Kommunikationsbemühungen. Gerade das Agieren im Rahmen eines Wahlkampfes erfuhr in den letzten Jahren eine signifikante Änderung. Früher genügte es, an die eigenen Anhängerschaften zu appellieren und einen Wahltag quasi in Erinnerung zu rufen, um damit bereits auch den Stimmen mobilisierenden Akt gesetzt zu haben. Heute ist es keineswegs gewiß, daß es a) gelingt, die SympathisantInnen der eigenen Partei zur Stimmabgabe zu bewegen; und b) daß jene, die wählen gehen, dann das Kreuzchen bei „ihrer" Partei machen.

Mobile Wählerschichten entscheiden bei jedem Wahlgang aufs neue, welche Partei sie unterstützen. Und diese Wahlentscheidung für bzw. gegen eine Partei fällt bei Nationalratswahlen bei etwa einem Fünftel der WählerInnen erst in den letzten zwei Wochen vor der Wahl. In etwa ein Drittel der Wählerschaft überlegt bewußt zwischen zwei oder mehreren Parteien, ehe letztlich eine Partei präferiert wird. Unter diesen Rahmenbedingungen ist es für eine politische Partei zentrale Notwendigkeit, durch ihre inhaltliche Positionierung und die personelle Expression dieser Inhalte Alleinstellungsmerkmale im parteipolitischen, massenmedial vermittelten Wettbewerb zu erlangen und somit Profil zu zeigen.

Dem war nicht immer so: Bis hinein in die 80er Jahre widerspiegelten die Wahlkampfstrategien der politischen Parteien Österreichs noch nicht die sich rasch wechselnden Rahmenbedingungen: die demografische Entwicklung und damit einhergehend die Neusegmentierung der Wählerschaften auf der einen Seite, die rasanten Änderungen auf globaler Ebene – Stichworte: Vormarsch der Informationstechnologien, politischer Umbruch in Osteuropa, massiver Wertewandel, Individualisierung, Umweltkatastrophen, existentielle Verunsicherungen, etc. – auf der anderen.

Die beiden damaligen Großparteien SPÖ und ÖVP begnügten sich damit, in generalisierender Form Sachkompetenzen auszustrahlen. Während die Sozialdemokratie für soziale Sicherheit, Aufrechterhaltung eines hohen Beschäftigungsniveaus und allgemein für die Verteidigung der Anliegen der „kleinen Leute" stand, war das Bild der ÖVP geprägt von Wirtschaftskompetenz, Wertkonservativismus und der Verfechtung der Anliegen von Bauern und Beamten. Beide Parteien verfügten über ein hohes Stammwählerreservoir, die Freiheitlichen als dritte Parlamentspartei stellten die Hegemonie in keiner Weise in Frage. Gemeinsam war SPÖ und ÖVP das Einverständnis über die Art und Weise, wie der Staat zu regieren sei: Ja zur Sozialpartnerschaft, zum Föderalismus, zu den Kammern und schließlich auch zum Proporz.

Bis zu den Nationalratswahlen 1990 wurden von den Regierungsparteien Themen in allgemeiner Form präsentiert. Im wesentlichen beschränkte sich die Wahlkommunikation auf den Versuch, eine generell positive Anmutung der Partei zu erzielen. Exemplarisch sind Wahlplakate, die den Spitzenkandidaten vor einem Stück grüner Natur präsentierten mit Bylines des Typs „Qualität des Handelns", „Qualität des Denkens" (beide SPÖ) bzw. „Mehr privat, weniger Staat" sowie „Mehr Zukunft, weniger Sozialismus" (ÖVP). Im Rahmen der Wirkungsforschung des Wahlkampfes auf das Wahlverhalten wurden zwar Themenlisten eruiert, die zu parteipolitischen Flows geführt hatten. Aber dies bedeutete nicht, daß eine Orientierung auf einzelne Issues Hauptcharakteristikum des Wahlkampfes geworden wäre.

Für die Wahlkampfbemühungen ab Mitte der 90er Jahre – beginnend mit der Kampagne für die Nationalratswahl 1994 über die beiden EU-Wahlen bis hin zur Nationalratswahl 1999 mit dem Sonderfall Nationalratswahl 1995 – stellte diese schwammige Kompetenzzuschreibung ein Problem dar. Mobile WählerInnen hatten und haben schon qua ihrer Interessenlage differenziertere Zugänge an das parteipolitische Spektrum. Ein Grund für die geänderte Herangehensweise ist im demografischen Strukturwandel – und damit einhergehend auch in einem Wertewandel – zu sehen.

Seit 1960 hat sich der Anteil der MaturantInnen in Österreich verdreifacht. 1996 hat ein Fünftel Matura und/oder Hochschulabschluß, 1970 waren es erst 8 Prozent. Frauen stellen jetzt etwa 58 Prozent der Erstinskribierenden an den Unis und 48 Prozent aller Inskribierten. 1980 gab es in Wien 7 Prozent Frauen mit Matura und 10 Prozent männliche Arbeiter. 1997 waren es bereits 16 Prozent Frauen mit Matura, aber nur mehr 7 Prozent männliche Arbeiter! 1966 gab es in Österreich noch 60 Prozent Arbeiter, 1996 nur mehr 42 Prozent. 1966 gab es 40 Prozent Angestellte und Beamte, 1996 bereits 58 Prozent. 1978 waren 23 Prozent der Bevölkerung abhängig vom Sozialstaat (Pensionisten, in Ausbildung, Arbeitslose). 1998 sind es bereits 32 Prozent! Erstmals in der Menschheitsgeschichte gibt es weltweit mehr alte als junge Menschen – dies ist eine demografische Zeitenwende: In Österreich sind es über 50 Prozent mehr PensionistInnen (1,653 Mio.) als ArbeiterInnen (1,096 Mio.). Es gibt fast ebenso viele Angestellte (1,558 Mio.) wie PensionistInnen. Und es gibt etwa ebenso viele öffentlich Bedienstete (519.000) wie Personen in Ausbildung (519.000). 1978 gab es 10 Prozent Pensionisten, 1998 21 Prozent. 1978 gab es 7 Prozent Bauern, 1998 lediglich 3 Prozent.

Für die Parteistrategen bedeutete dieser gesellschaftliche Wandel – zumal er in einen globalen Wandel eingebettet ist, der sämtliche Lebensbereiche umfaßt – eine große Herausforderung, denn Österreichs konsensuale Demokratie eines Zwei-Parteien-Systems unter Einschluß einer Kleinopposition wandelte sich damit hin zu einer Konkurrenzdemokratie: Loyale Kernschichten zerbröckelten, generelle Kompetenzzuschreibungen hatten sich abgenutzt, zumindest aber stellten sie nicht wirklich einen für Wahlen mobilisierenden Faktor dar. Politische Leistungen, sofern sie wahrgenommen wurden, bedeuteten nicht automatisch, dafür am Wahltag mit der Stimme der WählerInnen belohnt zu werden. SPÖ wie ÖVP konnten sich nicht mehr auf die Parteitreue ihrer Wählerschaft verlassen, es wurde zunehmend zur Notwendigkeit, sich auch über inhaltliche und thematische Positionen – vermittelt über die Spitzenkandidaten – abzugrenzen.

Zielgruppenadäquate Kommunikationsformen benötigen qualitative und quantitative Analyse-Tools, die es erst ermöglichen, sowohl die Targets zu evaluieren als auch deren Message Cravings zu eruieren. Die Befragung repräsentativer Stichproben der wahlberechtigten Population werden dafür ergänzt, teilweise sogar ersetzt durch Focusgruppen, die im Rahmen offener Diskussionsstrukturen zu vorgegebenen Themen anhand eines lockeren Gesprächsfadens tieferliegende Motivstrukturen, innere Einstellungen und subjektive Perzeptionen ans Licht fördern.

Das Schlüsselelement des Issue-Voting sind einerseits die Identifikation der Strategie, andererseits die Identifikation der Message. Die strategischen Zielvorstellungen bestimmen sich nach folgenden Fragestellungen: Was wird angestrebt? Wie lautet der eigene Plan? Welche Meinung vertreten die WählerInnen? Wer sind die Gegner? Wie sieht das eigene Parteiprofil aus? Worum geht es? Und vor allem: Was ist die Botschaft?

Der Rahmen für diese Festlegungen ist die Einsicht, daß kommunikative Kompetenz letzten Endes das Schlüsselelement ist, um bei den Wählerinnen und Wählern mit der eigenen Botschaft durchzukommen. Politik ohne Kommunikation ihrer Absichten, Ziele und Erfolge, ihrer Vorhaben und vor allem des Agierens ihrer Hauptprotagonisten kann nicht erfolgreich sein. Was niemand weiß, das existiert in einer massenmedialen Gesellschaft nicht. Noch 1983 haben 9 Prozent der SPÖ-AnhängerInnen und 7 Prozent der ÖVP-AnhängerInnen während des Wahlkampfes direkten Kontakt mit einem Funktionär der jeweiligen Partei gehabt. Die Wahlwerbung als solche nahmen zu diesem Zeitpunkt rund zwei Drittel der Bevölkerung überhaupt nicht wahr – ein Verhältnis, das sich Ende der 90er Jahre umgekehrt hat.

Eine hohe Penetration der Bevölkerung mit der eigenen Message, mit den eigenen Issues setzt voraus, die Kernpunkte der Kommunikationsregeln zu akzeptieren: Kommunikation bedeutet, dieselbe Message auf sehr verschiedene Weise immer wieder aufs neue zu präsentieren. Es geht darum, die Herzen und Hirne der WählerInnen zu erreichen, bei ihnen Gehör zu finden. Und es geht vor allem darum, jeden einzelnen Wähler, jede einzelne Wählerin in ihrem alltäglichen Leben anzusprechen; und zwar mit Issues, die vom Adressaten als fürs eigene Leben bedeutsam anerkannt werden können. Dazu muß allerdings die eigene Botschaft glaubwürdig sein, den Menschen als relevant erscheinen sowie konzise und klar formuliert die Alleinstellungsmerkmale der jeweiligen Partei betonen.

Die Nationalratswahl 1986 – mit Vranitzky an der Spitze der SPÖ und Mock an jener der ÖVP und Jörg Haider als neuem FPÖ-Spitzenmann – zeigte erstmals auf signifikante Weise den Struktur- und Wertewandel und dadurch mitbedingt das Fluktuieren der Wähler. Zusehends orientierte sich die Wahlentscheidung anhand massenmedial vermittelter Brainskripts: Issueorientiertes Wählen trat als neues Phänomen in breiterem Maßstab auf. Doch noch begnügten sich die Parteien mit einer relativ allgemein gehaltenen Präsentation ihrer programmatischen Absichten, verbunden mit der optimalen Darstellung ihrer Spitzenkandidaten.

Ein Überblick der Kompetenzanmutung der drei Parteien SPÖ, ÖVP und FPÖ im Verlauf von 14 Jahren zeigt, daß es in den relevanten Dimensionen zwar keine signifikanten Verschiebungen zwischen SPÖ und ÖVP gegeben hat, aber doch deutliche Akzentuierungen. Zugleich wird die allmählich steigende sachpolitische Identifikation der FPÖ erkennbar, wobei für diese Partei der größte Zugewinn an Kompetenz auf dem Gebiet der Privilegienbekämpfung liegt.

Tabelle 1: Kompetenzbereiche der Parteien 1986–1999

In Prozent halten die jeweilige Partei am ehesten geeignet, eine Lösung für das Problem zu finden (Rest auf 100 = andere Parteien + weiß nicht)

	SPÖ	ÖVP	FPÖ	keine
Sicherung der Arbeitsplätze 1986	27	21	1	28
Sicherung der Arbeitsplätze 1998/99	46	15	14	25
moderne Wirtschaftspolitik 1986	21	29	1	18
moderne Wirtschaftspolitik 1998/99	35	27	11	26
Sicherung des sozialen Netzes 1986	40	15	*	17
Sicherung des sozialen Netzes 1998/99	53	13	9	25
bürgernahe Verwaltung 1986	18	20	1	25
Schutz vor Kriminalität 1986	19	19	1	29
Sicherung der Pensionen 1986	32	20	*	20
Sicherung der Pensionen 1998/99	44	16	1	18
Politikerprivilegien abschaffen 1986	12	14	1	33
Politikerprivilegien abschaffen 1998/99	17	10	45	28

* unter 1/2 %.
Quelle: Ifes-Umfragen. 1986 = Mehrthemenumfrage, Face-to-face-Interviews Oktober 1986, n = 1.814. 1998/99 = Telefoninterviews Dezember 1998/Jänner 1999, n = 1.000.

Tabelle 2: Wirkung von öffentlich diskutierten Themen auf das Wahlverhalten von Unentschlossenen (Nationalratswahl 1990)

Diskussionsthema	Prozent	Effekt auf die Parteien*			
		SPÖ	ÖVP	FPÖ	Nichtwählen
Rechberger	36	8	6		
Ausländerkriminalität	27	10			
Sinowatz-Prozeß	19	15			
AK-Pflichtmitgliedschaft	10	-16	-13		
Abtreibungsdiskussion	10		19		
Pensionistenverband	9	-28	-9		45
Neutralitätsdebatte	9		14	-7	
Volkshilfe	8	21	11		-35
Gorbach-Affäre	6				13
Konflikt bei Wiener ÖVP	3	-10	-10	-9	26
Visapflicht für Polen	3	15			12
Bundesheer an der Grenze	2	-12	44	-9	-8

* Effektparameter: Beta-Koeffizienten einer multiplen Regression.
Quelle: Ifes, Telefoninterviews, September 1990, Basis: eine Woche vor der Wahl Unentschlossene, n = 300.

Die Themen des Wahlkampfes 1990 – auf SPÖ-Seite das Versprechen, den österreichischen Weg des Sozialstaates mit Franz Vranitzky erfolgreich weiter zu gehen, auf ÖVP-Seite das Konzept der ökosozialen Marktwirtschaft präsentiert vom Spitzenkandidaten Josef Riegler – hatten nicht denselben Medieneffekt wie die Skandalisierungsissues, die die FPÖ stark begünstigten. Noch versuchten die Parteien nicht, ihre Globalanliegen herunterzubrechen auf zielgruppenadäquate, präzise Forderungen und Formulierungen, die von authentischen PolitikerInnen vorgetragen wurden.

Während diese Linie der verallgemeinernden Darstellung in Österreich vorherrschte, hatte in den angelsächsischen Ländern eine Re-Orientierung der Kommunikationsbemühungen in den Wahlkampagnen bereits Platz gegriffen: Mit qualitativen Analyse-Tools wurden detaillierte Wählerschaftssegmentierungen vorgenommen, key target groups definiert und dann im einzelnen überprüft, welche Issues auf welche Weise dargeboten werden müssen, um in der jeweiligen Zielgruppe Akzeptanz zu finden. Wesentlich dafür ist die Rolle des Politikers (seltener der Politikerin), der quasi als Moderator der Politik medienwirksame Präsenz garantieren soll.

In Österreich ermöglichten die beiden Nationalratswahlen 1994 und 1995 durch die kurze zeitliche Distanz eine exzellente Beobachtungsmöglichkeit, um die wesentlichen Elemente des sich abzeichnenden Wandels in der Wahlkampfführung zu identifizieren. Das Hauptereignis der Nationalratswahl 1994 war mit Sicherheit die mediale Intervention des ORF, der durch die Plattform der „Runden Tische" in bis dahin ungeschauter Form direkt in den Wahlkampf eingriff und zu seinem Motor wurde, insbesondere durch die printmediale Nachbereitung der Diskussionsrunden der SpitzenpolitikerInnen von erstmals fünf Parteien.

Dieser Wahlkampf von 1994 zeigt auch in exemplarischer Form, daß es keineswegs genügt, wenn eine Partei ein richtiges Thema für sich wählt, um damit auch real die potentiellen WählerInnen kommunikativ mit dem gewünschten Effekt zu adressieren. Die SPÖ als Kanzlerpartei hatte für sich als relevante Zielgruppe berufstätige Frauen definiert, von denen größere Teile bereits abgedriftet waren – insbesondere wurde dies bei der EU-Abstimmung 1994 sichtbar – bzw. sehr stark geschwankt sind in ihrer Wahlentscheidung. Die realen Probleme dieser demografischen Gruppe – Mehrfachbelastung durch außerhäusliche Berufstätigkeit, überwiegend die alleinige Verantwortung für die Familienarbeit im Haushalt und bei der Kindererziehung, mangelnde Infrastruktur für die Kinderbetreuung, dazu schlechtere Einkommenssituation, geringere Aufstiegschancen, fehlende Teilzeitmöglichkeiten – waren ein wesentlicher Ansatzpunkt für die Wahlkampagne der SPÖ. Kleinigkeiten genügten, um dieses Konzept völlig aus dem Lot zu bringen und das beabsichtigte Agenda Setting der SPÖ zu überrollen. Es waren zwei Ereignisse, die diese Thematik abgeblockt haben: zum einen die Wortmeldung von Christine Vranitzky, Ehefrau des amtierenden Bundeskanzlers, die sich in einem Interview kritisch zur Berufstätigkeit junger Mütter ausgesprochen hatte; und zum anderen der geglückte Versuch der FPÖ, mit ihren Themen – Skandalisierungen rund um Politiker- und AK-Funktionärseinkommen und Privilegienwirtschaft – die gesamte Stoßrichtung des Wahlkampfes zu verändern.

Tabelle 3: Nationalratswahl 1994 – Relevante Themen und politische Kompetenzzuschreibungen (ex post hierarchisiert; Rest auf 100 = keine Partei + weiß nicht)

Angaben in Prozent	persönlich wichtig	Parteikompetenz				
		SPÖ	ÖVP	FPÖ	Grüne	LIF
Sicherung der Arbeitsplätze	64	51	12	5	1	*
eine Politik der Sparsamkeit mit Steuergeldern	60	8	16	25	3	2
wirksamer Umweltschutz	51	8	7	3	54	1
Maßnahmen gegen die Kriminalität	48	19	11	31	1	1
dafür sorgen, daß Österreich in der EU gut vertreten ist	43	23	45	3	1	*
Abbau der Staatsverschuldung	39	11	15	17	2	1
den Sozialstaat wie bisher erhalten	38	58	9	5	1	*
Schutz vor illegalen Einwanderern	32	22	9	33	2	*
weniger Bürokratie und Bevormundung	26	7	10	23	5	5
verhindern, daß Haider an die Macht kommt	24	53	7	1	2	3
Wirtschaftswachstum	22	29	30	4	*	*
Rückbesinnung auf traditionelle Werte wie Anstand, Ordnung und Fleiß	21	11	25	11	3	2
menschlichere Ausländerpolitik	13	18	17	5	4	11

* Angaben uner 1/2 %.
Quelle: Ifes-Kompass, August 1994, face-to-face Interviews, n = 1.000.

Die Auffächerung der Themen, die starke Differenzierung der Wählergruppen mit ihren unterschiedlichen Lifestyle- und Kulturmustern drückten sich in einem spürbar geänderten Wahlverhalten aus, aber dies färbte noch nicht allzu sehr auf die Wahlkampagnen ab. Es wurde zwar konstatiert, daß das Wahlverhalten signifikant unterschiedlich war zwischen Frauen und Männern, zwischen jungen und älteren WählerInnen, zwischen gut Gebildeten und gering Gebildeten. Aber dennoch begnügten sich die Kampagnen der Parteien im wesentlichen damit, großformatige Themen zu lancieren, ohne sie auf die Anspruchshaltungen exakt definierter Zielgruppen umzusetzen.

Auch bei den Nationalratswahlen 1995 war die thematische Positionierung der Parteien noch nicht wirklich auf target groups runtergebrochen, wiewohl die SPÖ mit ihrer Kampagne „Wir werden nicht zulassen, daß ... Pensionen gekürzt, Frauenrechte mißachtet etc. ... werden" direkt bestimmte Zielgruppen anzusprechen versuchte. Allerdings stand der Wahlkampf 1995 in den ersten Wochen zur Gänze unter den Auspizien der Fragen Budgetsanierung und Sparsamkeit bei den Staatsausgaben. In dieser Zeit – bis etwa 10 Tage vor der Wahl – gelang es der ÖVP, Themenkompetenz in wahlrelevanten Politikbereichen auszustrahlen. Während aber die SPÖ in sämtlichen Dimensionen an Anmutung dazugewann – insbesondere durch ihre Focussierung auf zwei Topics: Verhindern einer Koalition von ÖVP und FPÖ auf der einen Seite, konsequentes und konzises Formulieren der sozialen Frage auf der anderen Seite –, stagnierte die ÖVP eher bzw. verlor sogar leicht gegenüber dem Ausgangszeitpunkt. Der gesamte Wahlkampf lief an den Stärkefeldern der Freiheitlichen vorbei: Einzig der Politikbereich „Mißbrauch von Sozialleistungen" sowie die Frage der Kriminalitätsbekämpfung kam in nennenswertem Maße zum Tragen.

Issue-Voting ist weit mehr, als das richtige Thema an den Mann und an die Frau zu bringen. Es ist ein Konzept, bei dem thematische Positionen zu wahlrelevanten Bereichen auf sehr engmaschig definierte Zielgruppen heruntergebrochen werden. Die Analysen vor der Nationalratswahl 1995 begnügten sich noch mit relativ unscharfen Rastern, die im wesentlichen an demografischen Kriterien orientiert waren. Anders die Ausgangslage bei der Nationalratswahl 1999: Insbesondere die SPÖ stand schon seit mehr als einem Jahrzehnt vor dem Problem des massiven Diffundierens ihrer potenziellen Wählerschaft. SPÖ-Präferenz verbunden mit FPÖ- bzw. Grün/LIF-Affinität führte zu teilweise dramatischen Einbrüchen in wichtigen Bevölkerungssegmenten. Die ÖVP als zweite Regierungspartei war von diesem Abbröckelungsprozeß ihrer Wählerschaft nur abgestuft betroffen; ihre ideologische Klammer des Wertkonservativismus und der Orientierung auf privatwirtschaftliche Modelle dient als Kohäsionskraft. Parteien, die einen Regierungsanspruch stellen oder verteidigen, müssen ihre Programmatik sehr genau mit den Bedarfslagen und Erwartungshaltungen potentieller WählerInnen abstimmen.

Die modernen empirischen Erhebungstools ermöglichen es, Lifestyles, Values und demografische Kriterien wie soziale Lage, Bildungsniveau in Wählertypologien und Wählersegmentierungen zu transpondieren. Die flexibel gewordene Wählerschaft ist dabei nicht als starre, einmal zu kategorisierende Größe zu verstehen; vielmehr handelt es sich dabei um Personen, die selbst konfligierende Interessenlagen in sich vereinen, die durchaus auch antagonistische Interessenlagen favorisieren und die auch bei Wahlen wählerisch sind. Einem Wahlkampf kommt dabei eminente Bedeutung zu. Nur jene

Tabelle 4: Nationalratswahl 1995: Karriere von thematischen Positionen und Kompetenzzuschreibungen während der Wahlauseinandersetzung (Rest auf 100 = keine Partei + keine Angabe)

Die beste Partei für ...	SPÖ	ÖVP	FPÖ	Grüne	LIF
Sanierung des Budgets					
8 Wochen vor der Wahl	21	28	9	1	1
1 Woche vor der Wahl	26	30	15	3	2
Schaffen von mehr sozialer Gerechtigkeit					
8 Wochen vor der Wahl	39	16	10	4	2
1 Woche vor der Wahl	45	18	16	5	2
Sicherung der Arbeitsplätze					
8 Wochen vor der Wahl	36	20	8	1	1
1 Woche vor der Wahl	52	17	9	1	1
Sicherung des Pensionssystems					
8 Wochen vor der Wahl	42	20	6	*	1
1 Woche vor der Wahl	50	23	8	1	1
mehr Gleichberechtigung für die Frauen					
8 Wochen vor der Wahl	25	10	5	18	9
1 Woche vor der Wahl	35	10	4	26	9
Schaffen neuer Arbeitsplätze					
8 Wochen vor der Wahl	27	24	9	1	1
1 Woche vor der Wahl	34	29	12	3	1
Vertreten der österreichischen Anliegen in der EU					
8 Wochen vor der Wahl	24	32	5	1	1
1 Woche vor der Wahl	27	29	4	3	2
Reform des Gesundheitswesens					
8 Wochen vor der Wahl	31	19	7	4	1
1 Woche vor der Wahl	33	23	7	3	2
Bekämpfung der Kriminalität					
8 Wochen vor der Wahl	25	15	22	2	1
1 Woche vor der Wahl	26	16	31	*	1

* unter 1/2 Prozent.
Quelle: Ifes-Panelerhebung, Telefoninterviews, 8 Wochen vor der Wahl: 25. bis 28. Oktober 1995, n = 1.200, 1 Woche vor der Wahl: 8. bis 10. Dezember 1995, n = 624.

Parteien, die in ihrer sachpolitischen Kompetenzanmutung wie der personellen Besetzung überzeugend wirken, können nachhaltig erfolgreich sein. Symbolische Politikaktionen können Aufmerksamkeit erwecken und als mediale Transmissionsriemen Initialzünder sein. Die politische Öffentlichkeit als komplexes, interdependentes System informierter Akteure und Beobachter im massenmedialen Raum kann Issues und Themen verbreitern oder verschweigen. Parteien müssen sich darauf einrichten, wollen sie mit ihren Ideen und Erfolgen Wirkung beim Publikum – der Wählerschaft – erzeugen.

Die Relevanz von gesellschaftlichen Werthaltungen und Lebensbereichen, das Auto-Image und politische Grundhaltungen ermöglichen im Rahmen von Lifestylestudien – die hierzulande bekanntesten sind die deutsche Sinusstudie oder die Eurostyles von Fessel-GfK – die Bildung von Clustern der Wahlbevölkerung, denen relativ eindeutige Beschreibungen zuordenbar sind. Zugleich ermöglichen Wählersegmentierungen, die die Affinitäts- bzw. Distanzkurven je Partei messen, ein plastisches Bild von der Struktur der WählerInnen. Handlungsrelevant werden all diese Analysen aber erst gekoppelt mit einer Issueliste, die prüft, wie das Hauptgebäude der Message zu errichten ist, um unter diesem Dach die einzelnen Themen optimal transportieren zu können.

Das Ifes entwickelte eine *Clusteranalyse*, die drei größere und drei kleinere gesellschaftliche Gruppen beschreibt:

Die aufgeklärten Opinion-leader	23 Prozent
Die hedonistischen IndividualistInnen	22 Prozent
Die autoritären ChauvinistInnen	21 Prozent
Die religiösen Harmoniebedürftigen	14 Prozent
Die „kleinen Leute"	10 Prozent
Die ehrlichen ArbeiterInnen	10 Prozent

Die größeren Gruppen stehen eher im Mittelpunkt der gesellschaftlichen und politischen Veränderungsdynamiken, während die drei kleineren eher marginale Lebensformen im wertkonservativen Bereich darstellen. Insgesamt ergibt sich damit das Bild einer Zwei-Drittel-Gesellschaft mit einem Zentrum von drei gesellschaftlich aktiven Einstellungs- und Lebensstilgruppen, die sich wiederum nach dem Grad ihrer politischen und kulturellen Aufgeschlossenheit unterscheiden lassen. Diese ist in erster Linie vom Bildungsniveau abhängig. Daneben existiert eine Peripherie von ModernisierungsverliererInnen, deren Selbstwahrnehmung und Position im öffentlichen Diskurs eher defensiv erscheint.

Die *aufgeklärten Opinon-leader* bilden die intellektuellen, gebildeten Vorreiter der Gesellschaft. Ihre Themenpräferenzen sind klar progressiv ausgerichtet: gegen Beamtenabbau, für die Förderung berufstätiger Frauen, für die Entrümpelung der Gewerbeordnung, gegen Zuwanderungsstop, für die EU-Osterweiterung, aber am geringsten pro Neutralität.

Die *hedonistischen IndividualistInnen* sind stark gefühlsbetont und schwanken zwischen Offenheit und Ressentiments, prototypisch für sie ist die coole Fun-Generation. Ihre thematische Ausrichtung ist einem konservativen Bild verhaftet: pro Familienförderung, für einen Stop der Zuwanderung und für die Aufrechterhaltung der österreichischen Neutralität.

Dagegen bilden die *autoritären ChauvinistInnen* die Gruppe mit den stärksten Abwehrreaktionen gegen eine offene Gesellschaft. Bei ihrer Themenpräferenz sprechen sie sich seltener als die anderen Cluster für eine Beschränkung des Waffenbesitzes aus, sind aber für einen Beamtenabbau sowie für einen Zuwanderungsstop und unbedingt gegen die EU-Osterweiterung. Diese Gruppe hat die größte FPÖ-Affinität.

Die *religiös Harmoniebedürftigen* gruppieren sich um eine aufgeschlossene Strömung in der Kirche, wie sie etwa vom Kirchenvolksbegehren getragen wird. Sie haben ein hohes Harmonie- und Gerechtigkeitsbedürfnis. Sie sind vor allem gegen eine Steuerreform.

Auch die *„kleinen Leute"* gehören einer im historischen Kontext abnehmenden gesellschaftlichen Schicht an: Sie verkörpern das alte, absteigende Kleinbürgertum. In ihren Issue-Präferenzen sind sie eher konservativ orientiert: gegen Beamtenabbau, deutlich weniger für Umweltschutz als alle anderen, außerdem sind sie für die Familienförderung in Form von Karenzgeld für alle Mütter. Gleichzeitig sind sie sowohl gegen die Entrümpelung der Gewerbeordnung als auch gegen eine große Steuerreform.

Die *ehrlichen ArbeiterInnen* sind das Relikt der alten, traditionsbewußten Arbeiterklasse. Sie treten vor allem ein für eine Beschränkung des Waffenbesitzes, für die Förderung berufstätiger Frauen und auch für Karenzgeld für alle, für einen Zuwanderungsstop, für Österreichs Neutralität, für eine große Steuerreform, aber gegen Kulturförderung.

Vor dem Beginn der Wahlkampagnen 1999 – immerhin vier Landtagswahlen und eine EU-Wahl lagen vor der Nationalratswahl – zeigte sich folgende Ausgangslage: Die zwei politischen Kernthemen in Österreich sind die Beschäftigungschancen sowie die Ausbildung der Jugend. Der Komplex Umweltschutz liegt stabil an dritter Stelle der Prioritätenliste. Die Sicherung des sozialen Netzes und die Förderung der Familien gehören ebenfalls zu den Top Five.

Die Parteien weisen unterschiedliche Stärkefelder auf, wobei die SPÖ in jeder Hinsicht die führende politische Kraft ist: Bei 9 von 15 abgetesteten Themen liegt sie in der Umsetzungserwartung voran, und zwar bei den wichtigsten Issues – abgesehen vom Umweltschutz, der alleinige Kompetenz und Hauptlegitimation der Grünen ist. Allerdings: In vielen Bereichen zeigen die Parteien in den Augen der Bevölkerung enorme Defizite. Ein Drittel und mehr traut keiner Partei zu, etwas weiterzubringen, insbesondere bei relevanten Themen wie der Frage der Beschäftigung oder auch der Aufrechterhaltung der österreichischen Neutralität.

Frauen und Männer haben im großen und ganzen dieselben Einstellungen, unterscheiden sich aber zum Beispiel beim Issue „Waffen weg": Für Frauen liegt dieses Thema an sechster Stelle, für Männer nur an 12. Stelle ihrer Prioritätenliste. Und natürlich wird die Förderung der Karrierechancen für berufstätige Frauen ebenfalls unterschiedlich wichtig gesehen. Übrigens: Praktisch drei Viertel der AnhängerInnen von Grünen und Liberalen halten dies für ein persönlich wichtiges Thema!

Wie sehr sich der Bildungsgrad auf die gesellschaftspolitische Haltung des einzelnen auswirkt, zeigt am trennschärfsten der Themenkreis „Lösung des Ausländerproblems durch Stop der Zuwanderung". Jung und Alt sind in gleicher Weise dafür bzw. dagegen – die Unterschiede liegen bei den Angehörigen der Bildungsschicht, d.h. jenen Personen, die zumindest Maturaniveau haben, und den anderen.

Im einzelnen verteilen sich die *thematischen Schlüsselkompetenzen* der Parteien folgendermaßen:

Stärkefelder der SPÖ
- Sicherung des sozialen Netzes

- Schaffung von Ausbildungsplätzen für die Jugend
- Bewahrung der österreichischen Neutralität
- Förderung von berufstätigen Frauen bei Karrierewünschen
- Schaffung neuer Beschäftigungsmöglichkeiten

Stärkefelder der ÖVP
- Entrümpelung der Gewerbeordnung
- Sicherung österreichischer Interessen gegenüber der Nato
- Förderung der Familien
- mehr Engagement für die Kultur
- Auszahlung von Karenzgeld für alle Mütter

Stärkefelder der FPÖ
- „Lösung" des Ausländerproblems durch Stop der Zuwanderung
- Reduktion der Anzahl der Beamten

Stärkefeld der Grünen
- Umweltschutz

Stärkefeld der Liberalen
- Förderung von berufstätigen Frauen bei Karrierewünschen

Generelle Defizite – keine Partei wird etwas ausrichten:
- Beschränkung des Waffenbesitzes
- Durchführung einer großen Steuerreform
- mehr Engagement für die Kultur
- nachhaltige Sicherung der Pensionen
- Reduktion der Anzahl der Beamten

Die Besonderheit der Nationalratswahl 1999 war es, daß das Agenda Setting von Partei zu Partei wechselte und alle drei größeren Parteien – SPÖ, FPÖ und ÖVP – phasenweise das Wahlkampfgeschehen dominierten. Trotz dieser Dramatisierungen und des sich abzeichnenden knappen Ergebnisses konnten nur 76 Prozent der Wahlberechtigten zur Stimmabgabe mobilisiert werden.

Die erste Wahlkampfphase war geprägt von sachpolitischen Konfrontationen zwischen SPÖ und ÖVP. Die Sozialdemokraten setzten ihre Schwerpunktsetzung auf die Themenkreise Beschäftigung, Neutralität, Frauen von der EU-Wahl fort und versuchten, mit der Sloganlinie „Der richtige Weg – der falsche Weg" inhaltliche Abgrenzungen zu ihrem Koalitionspartner ÖVP vorzunehmen. Die ÖVP konzentrierte sich auf ihre Kernissues Familie, Sicherheit, Wirtschaft, während die FPÖ als traditionelle und bewußte Spätstarterin noch abstinent war.

Die thematische Positionierung der SPÖ entsprach ihrem Kompetenzprofil als jene politische Kraft, der man am ehesten zutraut, ein hohes Beschäftigungsniveau nachhaltig zu sichern. Das allgemeine Klima in Österreich war im Sommer 1999 relativ optimistisch, dennoch nannten große Mehrheiten als ihre Hauptsorge die Arbeitsplatzfrage.

Die Angst um Jobs ging aber nicht Hand in Hand mit einer Angst vor der allgemeinen wirtschaftlichen Entwicklung, die sogar als ziemlich positiv betrachtet wurde. Aber: Viele BürgerInnen bezweifelten, ob selbst eine blühende Wirtschaft ausreichend neue Jobs generieren würde. Die zweite Hauptsorge galt der Umwelt, einem Issue, das in den letzten 10 Jahren in sämtlichen Umfragen unter den Top Five figuriert. Dahinter reihte sich ein Bündel an unterschiedlichen Issues.

Tabelle 5: Karriere von Themenfeldern und Parteikompetenzen 1998-1999 (Rest auf 100 = andere Partei + keine Angabe)

Dieser Bereich ist mir persönlich wichtig/diese Partei wird am ehesten in dieser Frage etwas weiterbringen						
	wichtig	SPÖ	ÖVP	FPÖ		keine Partei
neue Beschäftigungsmöglichkeiten in Österreich schaffen						
1998	98	39	13	11		34
1999	98	45	12	16		24
Ausbildungsplätze für Jugendliche schaffen						
1998	97	43	15	9		29
1999	96	47	18	10		22
Umweltschutz						
1998	95	18	8	9	Grüne: 41	26
1999	95	15	7	6	Grüne: 50	21
gute Gesundheitsversorgung für alle						
1999	95	49	14	6		26
das soziale Netz sichern						
1998	91	48	11	7		28
1999	90	51	11	10		24
Förderung der Familien						
1998	88	37	21	8		28
1999	87	37	26	11		20
Aufrechterhaltung der österreichischen Neutralität						
1998	74	39	11	11		32
1999	81	49	13	9		23
den Waffenbesitz beschränken						
1998	73	34	11	12		35
1999	70	39	15	8		29
eine große Steuerreform durchführen						
1998	68	36	12	15		34
1999	58	35	13	13		34
Lösung des Ausländerproblems durch Stop der Zuwanderung						
1998	67	21	9	42		26
1999	59	18	5	49		27

Auszahlung eines Karenzgeldes an alle Mütter					
1998	65	37	20	8	27
1999	58	31	26	10	26
Entrümpelung der Gewerbeordnung					
1998	63	24	26	14	30
1999	58	21	23	15	35
Österreichs Interessen gegenüber der Nato sichern					
1998	60	34	24	8	29
1999	62	32	26	8	31
die Anzahl der Beamten verringern					
1998	56	23	15	24	33
1999	54	22	13	32	29
Förderung von berufstätigen Frauen, die Karriere machen wollen					
1998	54	39	13	7	27
1999	59	35	17	8	26
mehr für die verschiedenen Bereiche der Kultur tun					
1998	43	27	21	6	34
1999	41	24	21	5	34
für die Osterweiterung der EU eintreten					
1999	34	28	27	5	36

Quelle: Ifes-Tracking, Telefoninterviews, Dezember 1998 und April/Mai 1999, n = jeweils 1.000.

Tabelle 6: Themenbereiche, die große Sorgen bereiten (Angaben in Prozent)

Arbeitslosigkeit und Jobs	40
Umwelt	31
Kriminalität	23
Pensionen	21
Gesundheitssystem	19
Flüchtlinge und Ausländer	17
gesunde Nahrungsmittel	17
der moralische Verfall	11
Wirtschaft	10
Ausbildung	8

Quelle: Ifes-Tracking, Telefoninterviews, August 1999, n = 1.000.

Das Issue *Familie* mit allen Implikationen – in erster Linie aber der finanziellen Unterstützung junger Mütter – zeigt einige interessante Details, die auch die Problematik von Wahlwerbung und Kommunikationsstrategien verdeutlicht. So war die längste Zeit der Mehrheit der Bevölkerung unklar, welche familienpolitischen Vorschläge welcher Partei zuzuordnen waren. Auffallend das Nichtwissen vor allem bei den jüngeren Altersgruppen: Weniger als ein Viertel der unter 30-Jährigen wußte darüber Bescheid. Insofern mag es nicht besonders verwundern, wenn die Forderung nach einem Karenzgeld für alle Mütter in erster Linie der SPÖ zugeordnet wurde. Tatsächlich zeigen repräsentative Infes-Umfragen, daß aber für die Frauen selbst nicht so sehr die Finanzierung während der Karenz wichtig ist, sondern die Unterstützungen zum Wiedereintritt in das Berufsleben und eine bessere Infrastruktur für die Kinderbetreuung. Wie lange es dauert, bis ein Kompetenztransfer von einer Partei zur anderen erfolgt, und wie lange es dauert, bis eine fundierte Meinung, die unterschiedliche Nuancen einer Thematik wahrnimmt, entsteht, zeigen die folgenden Tabellen zu diesem Politikfeld.

Tabelle 7: Bewertung von familienpolitischen Issues, gereiht nach Zustimmung

(Angaben = Mittelwerte auf einer fünfteiligen Notenskala: 1 = sehr gut bis 5 = sehr schlecht)

Issue	Mittelwert
Hilfestellungen für Mütter, die wieder ins Berufsleben einsteigen wollen	1,38
Schaffung von Kinderbetreuungseinrichtungen	1,47
Recht auf Teilzeitarbeit für Mütter und Väter von Kindern unter 6 Jahren	1,75
Wiedereinführung des zweiten Karenzjahres für alleinerziehende Mütter	1,78
Ausweitung des Karenzgeldbezuges auf Bäuerinnen, Selbständige und Studentinnen	2,22
Erhöhung des Karenzgeldes auf 8.000 Schilling monatlich	2,59
Auszahlung eines Karenzgeldes an alle Frauen, also auch dann, wenn die Mutter nie erwerbstätig war und daher nicht in den Familienfonds eingezahlt hat	2,61

Quelle: Ifes-Tracking, Telefoninterviews Dezember 1998, n = 1.000.

Tabelle 8: Bewertung von Vorschlägen zur finanziellen Unterstützung von Müttern

(Rest auf 100 = Note 3 + keine Angabe) (Angaben in Prozent)

Dieser Vorschlag gefällt mir persönlich ...	sehr gut	gut	kaum	gar nicht
Einführung eines Karenzgeldes, das vom Einkommen der Mutter vor der Geburt ihres Kindes abhängig ist. Der Betrag soll je nach Einkommen zwischen 6.000 und 14.000 Schilling monatlich liegen.	18	26	15	10
Einführung eines Karenzgeldes für alle Mütter, unabhängig davon, ob sie vor der Geburt ihres Kindes berufstätig waren und daher Beiträge eingezahlt haben.	30	25	11	17
Einführung eines Kinderbetreuungsschecks für Kinder bis zum Alter von 6 Jahren, bei dem die Mutter monatlich 5.700 Schilling erhält.	24	22	16	12

Quelle: Ifes-Monitoring, Telefoninterviews Mai 1999, n = 500.

Nach einer halbjährigen intensiven Diskussionsphase zu diesem Themenbereich zeigt das Meinungsbild der Bevölkerung zu diesem Thema deutlichere Konturen. Die Einstellungen zu den unterschiedlichen finanziellen Unterstützungskonzepten junger Mütter präzisieren sich, zugleich aber wird dies keineswegs linear auf diejenigen Parteien übertragen, die für das eine oder das andere Konzept stehen.

Obwohl also die inhaltliche Ausrichtung des Issues „finanzielle Förderung von Müttern" von ÖVP und FPÖ höhere Zustimmung findet als der SPÖ-Vorschlag, bleibt die frauenpolitische Kompetenz der SPÖ unangefochten. Eine der Ursachen für diese Perzeption liegt darin begründet, daß im Rahmen frauenpolitischer Maßnahmen jene favorisiert werden, die den Frauen die bessere Vereinbarkeit von Beruf und Familie ermöglichen – ein politisches Aufgabenfeld, das signifikant hoch der SPÖ zugeordnet wird.

Tabelle 9: Bewertung verschiedener familienpolitischer Vorschläge auf einer fünfteiligen Notenskala

1 = Vorschlag gefällt sehr gut bis 5 = Vorschlag gefällt überhaupt nicht (Rest auf 100 = Note 3 + keine Angabe) (Angaben in Prozent)

Dieser Vorschlag gefällt mir persönlich ...	sehr gut	gut	kaum	gar nicht
Hilfestellungen für Mütter, die nach einer längeren Pause wieder ins Berufsleben einsteigen wollen.	55	29	3	2
Schaffung von guten Kinderbetreuungseinrichtungen, die rund ums Jahr und auch bis abends geöffnet sind.	53	24	5	4
Recht auf Teilzeitarbeit für Mütter und Väter bis zum Schuleintritt der Kinder.	46	27	6	4
Recht auf einen Betreuungsplatz bis zum 15. Lebensjahr des Kindes, also Kindergarten und Nachmittagsbetreuung während der Schulzeit.	25	28	12	8
Einführung einer längeren Behaltefrist für Mütter, die nach der Karenz wieder ins Berufsleben einsteigen.	35	32	6	4

Quelle: Ifes-Monitoring, Telefoninterviews Juni 1999, n = 500.

Obwohl der Themenkreis Unterstützung der Familien, frauenpolitische Maßnahmen in der Anfangsphase des Wahlkampfes – und schon in der vorangehenden monatelangen Diskussion dazu – pointiert von den VertreterInnen der Parteien konfrontativ formuliert wurde, war dies insgesamt nur für eine Minderheit von 4 Prozent ein ausschlaggebendes Topic bei der Wahlentscheidung.

Weitaus massiver war jener Effekt auf das Wahlverhalten, der einerseits in den vermuteten Zielvorstellungen der Regierungskoalition begründet lag, andererseits – und dies dominierte die zweite Wahlkampfphase schließlich völlig – die atmosphärische Emotion Stabilität versus spürbarer Veränderung bzw. Wunsch nach Fortführung der

Zusammenarbeit von SPÖ und ÖVP gegenüber dem Wunsch nach einem Wechsel, der die Freiheitlichen in der Regierung inkorporiert: in der Schlußphase wurde der Wahlkampf insbesondere seitens der SPÖ als Richtungsentscheidung zwischen Modernisierung und sozialer Gerechtigkeit gegenüber Sozialabbau und Polarisierung thematisiert.

Der Wahlkampf der FPÖ konzentrierte sich einerseits auf den Versuch, mit sachpolitischen Forderungen – Flat tax, Kinderscheck – als „regierungsfähig" zu gelten; andererseits wurden alle jene Issues breit kommuniziert, die mit der FPÖ traditionellerweise identifiziert werden und die sie als Oppositionspartei beständig gestärkt haben: Kampf gegen Postenschacher, Parteibuchwirtschaft und Privilegien – Themen, die von einer Mehrheit der Bevölkerung unterstützt werden. Dazu kam insbesondere in Wien ein aggressiver, ausländerfeindliche Ressentiments aktivierender Wahlkampf der FPÖ.

In der zweiten Wahlkampfphase spielten die thematischen Positionen und die konfrontative Auseinandersetzung um die Hauptissues keine Rolle mehr, wenn man von den Anti-Ausländer-Plakaten der FPÖ absieht. Soweit Sachthemen überhaupt noch präsentiert wurden, waren sie nur mehr eine Folie für die Diskussion um das Ausmaß gewünschter Veränderung, die Haltung zu diversen Koalitionsformen und letzten Endes die Frage, welche Partei zur zweitstärksten würde. Der Sieg der SPÖ schien ebenso klar zu sein wie das Faktum, daß Klima weiterhin Bundeskanzler bleibe.

Tabelle 10: Emotionale Befindlichkeit zu verschiedenen Koalitionsvarianten vor der Nationalratswahl 1999

In Prozent haben zu den folgenden Koalitions- und Kanzlervarianten positive (= glücklich, neugierig, erleichtert, aufgeregt, entspannt) bzw. negative (= enttäuscht, verärgert, besorgt, böse, verängstigt) Gefühle

	positive Gefühle	negative Gefühle	Saldo (pos-neg)
Koalition SPÖ-ÖVP, Klima als BK	57	31	+26
Koalition ÖVP-FPÖ, Haider als BK	41	58	-17
Koalition ÖVP-FPÖ, Schüssel als BK	45	56	-11
Ampelkoalition, Klima als BK	47	51	-4

Quelle: Ifes Policy Poll, Telefoninterviews September 1999, n = 1.200.

Angesichts der Dynamik und in der Endphase sogar Dramatik in der Wahlauseinandersetzung verwundert es nicht, daß über die Hälfte der WählerInnen aufgrund eines vagen Gefühls für eine Partei ihre Stimme abgegeben haben; und nur weniger als vier von zehn taten dies aufgrund sachpolitischer Themen. Issue-Voting war also, im Gegensatz zur EU-Wahl, bei der Nationalratswahl 1999 keine maßgebliche Determinante für den Wahlausgang. Die Anhängerschaften der Parteien zeigen signifikant unterschiedliche Wahlmotive: Während die SPÖ-Wählerschaft vom Wunsch nach Fortführung der Koalition SPÖ-ÖVP und der Persönlichkeit von Viktor Klima motiviert wurde, war es bei den FPÖ-WählerInnen mit ihrem grundlegenden Protest gegen die Arbeit der Bundesregierung vor allem der Wunsch nach einer härteren Politik gegenüber AusländerInnen und das massive Bedürfnis nach einem fundamentalen Wechsel im Land. Differenzierter die Wahlmotivation der ÖVP-WählerInnen: Die große Mehrheit der early deciders handelte vorrangig aus Tradition und Sicherheitsbedürfnis. Jene ÖVP-WählerInnen, die late oder gar last minute deciders (zusammen immerhin rund ein Fünftel) waren, wurden durch die Oppositionsdrohung Wolfgang Schüssels aufgeschreckt.

Der Wahlausgang ließ unterschiedliche Möglichkeiten der Regierungsbildung offen. Die Installierung einer überaus kontroversiellen Koalition von ÖVP und FPÖ vier Monate nach dem Wahltag ist mit Sicherheit eine politische Zäsur in der Zweiten Republik, die mit hoher Wahrscheinlichkeit nicht nur zukünftige Wahlkämpfe ungleich konfliktintensiver machen wird, sondern auch im österreichischen Wahlverhalten zu neuen und ausgeprägten Konfliktlinien und Polarisierungen führen wird.

Literatur

Aldenderfer, Mark S. und Roger K. Blashfield (1984). *Cluster Analysis*, Newbury Park CA
Bürklin, Wilhelm und Markus Klein (1998). *Wahlen und Wählerverhalten. Eine Einführung*, 2. Auflage, Opladen
Collins, Neil und Patrick Butler (1996). Positioning Political Parties. A Market Analysis, *The Harvard International Journal of Press/Politics* 1 (2), 63-77
Gabriel, Oscar W. (1997). Parteiidentifikation, Kandidaten und politische Sachfragen als Bestimmungsfaktoren des Parteienwettbewerbs, in: Oscar W. Gabriel, Oskar Niedermayer und Richard Stöss (Hg.). *Parteiendemokratie in Deutschland*, Opladen, 233-254
Mair, Peter, Wolfgang C. Müller und Fritz Plasser (Hg.) (1999). *Parteien auf komplexen Wählermärkten. Reaktionsstrategien politischer Parteien in Westeuropa*, Wien
Müller, Wolfgang C., Fritz Plasser und Peter A. Ulram (Hg.) (1995). *Wählerverhalten und Parteienwettbewerb. Analysen zur Nationalratswahl 1994*, Wien
Myers, James H. (1996). *Segmentation and Positioning for Strategic Marketing Decisions*, Chicago
Plasser, Fritz, Oscar W. Gabriel, Jürgen W. Falter und Peter A. Ulram (Hg.) (1999). *Wahlen und politische Einstellungen in Deutschland und Österreich*, Frankfurt/Berlin
Plasser, Fritz, Peter A. Ulram und Günther Ogris (Hg.) (1996). *Wahlkampf und Wählerentscheidung. Analysen zur Nationalratswahl 1995*, Wien
Roth, Dieter (1998). *Empirische Wahlforschung. Ursprung, Theorien, Instrumente und Methoden*, Opladen

Die Landtagswahlen im Jahr 1999 – zwischen regionalen Kalkülen und bundespolitisch geprägten Stimmungen

Herbert Dachs / Elisabeth Wolfgruber

1. Problemstellung

In gleich vier Bundesländern waren im Jahr 1999 neue Landtage zu küren: Am 7. März wählten Tirol, Salzburg und Kärnten, am 19. September folgte Vorarlberg. Diese regionalen Wahlgänge, bei denen rund 25 Prozent der in Österreich Wahlberechtigten zur Urne gerufen waren, sollen hier dokumentiert und analysiert werden, wobei folgendermaßen vorgegangen wird: Nach der Schilderung der Ausgangslagen und der bisherigen Mehrheitsentwicklungen werden ausführlich die einzelnen Wahlkampfdiskurse, d.h. deren Verlauf und thematische Gewichtungen, dargestellt und bewertet. Anschließend werden die Ergebnisse der Wahlgänge verglichen und kommentiert. Resümierende Schlußüberlegungen sollen die vergleichend angelegte Analyse abrunden.

Bevor wir allerdings zu den konkreten Entwicklungen in den angesprochenen Bundesländern kommen (vgl. zur Länderpolitik allgemein: Dachs, Fallend und Wolfgruber 1997), noch einige grundsätzliche Bemerkungen zu den Funktionen von Wahlen und Wahlkämpfen allgemein bzw. zu den spezifischen Rahmenbedingungen in den österreichischen Bundesländern. Versteht man nämlich unter „Wahl" nicht allein verkürzt die Abgabe der Stimmen am Wahltag, sondern bezieht auch die längerfristigen, davor liegenden Prozesse mit ein, so stößt man auf eine Reihe von wichtigen Funktionen, welche durch Wahlen in einer Demokratie erfüllt werden sollten. So kommt dem sogenannten „Wahlkampf" im engeren Sinne stets eine mehr oder weniger wichtige *Erinnerungsfunktion* zu, „die freilich häufig in keinem Verhältnis zu dem in Wahlkämpfen betriebenen Aufwand steht" (Kaltefleiter und Nißen 1980: 22). Trotzdem ist diese Phase vor der eigentlichen Wahl – aufgrund deren Ergebnisse jeweils die Macht neu verteilt und legitimiert wird – für den politischen Diskurs insgesamt von erheblicher Bedeutung. Könnten doch idealerweise dabei u.a. die folgenden Funktionen erfüllt werden, die unsere

Analyse der Wahlkämpfe in Kärnten, Tirol, Salzburg und Vorarlberg auch mitbestimmen werden: (1.) *Interessenartikulation* (d.h. die Intensivierung der politischen Kommunikation zwischen politischen Eliten und gesellschaftlichen Gruppen kann die Rückmeldung der in der Gesellschaft vorhandenen Wünsche erleichtern); (2.) *Konfliktaustragung* auf friedlichem Wege (u.a. durch pointiertes Hervorstreichen der eigenen Position und kritische Betrachtung der gegnerischen Pläne und Personen); (3.) *Innovation* (aus den wesentlich von Kritik und Wettbewerb geprägten Prozessen können sich neue personelle, programmatische und strategische Alternativen entwickeln) (Kaltefleiter und Nißen 1980: 22ff.).

Betrachtet man nun Wahlen und Wahlkämpfe in den Bundesländern (vgl. dazu allgemein Dachs 1992), ist auf einige wichtige Besonderheiten zu verweisen (vgl. dazu Dachs 1997: 878f.). So sind Bundesländer in aller Regel überschaubare Territorien, und die Kommunikationswege zwischen Zentrum und Peripherien sind daher entsprechend kurz, eine starke Präsenz der politischen RepräsentantInnen „vor Ort" ist die Regel und deren promptes Reagieren zumindest grundsätzlich möglich. Das im System der verfassungsmäßig vorgegebenen Proporzregierungen (bis vor kurzem galten diese Regeln noch in sieben Ländern) angelegte gemeinsame Erarbeiten von Problemlösungen und deren Vertretung nach außen bringt die politischen Eliten zwar einander näher, andererseits werden dadurch die Formulierung von glaubwürdigen Alternativen, grundsätzliches Opponieren und insbesondere das Kontrollieren erschwert. Weiters bereitet es zunehmend Schwierigkeiten, den WählerInnen die Ebene „Landespolitik" als relevante Politikarena zu vermitteln und als eindeutig identifizierbar darzustellen. Verantwortlich dafür sind die schwache und komplizierte Kompetenzlage, die sich daraus ergebenden geringen landespolitischen Gestaltungsspielräume sowie die Zentrallastigkeit der österreichischen Politik überhaupt und das daraus resultierende massive bundespolitische Übergewicht in der medialen Berichterstattung. Um diese, jegliche eigenständige Profilierung einengenden, Umstände zu umgehen, versuchten und versuchen Länderparteien immer wieder auf diverse Formen symbolischer Politik bzw. auf bundespolitische Themenfelder auszuweichen. Diese und andere Faktoren führen dazu, daß die zwischen Bundes- und Gemeindepolitik einzuordnende Mesoebene „Land" in ihrer politischen Originalität und Eigenart schwerer denn je vermittelbar erscheint und daher bundespolitisch geprägte Grundströmungen und Motivationen bei Wahlentscheidungen auf Länderebene zunehmendes Gewicht erhalten.

2. Die Ausgangslage

Bevor wir uns nun im nächsten Abschnitt mit den wahlpolitischen Auseinandersetzungen im Detail befassen, sei hier die Entwicklung des Wahlverhaltens seit Mitte der 80er Jahre kurz skizziert. Die Rückschau bis Mitte der 80er Jahre deshalb, weil seitdem das in vielen Bundesländern lange Jahrzehnte hindurch quasi als festgefroren geltende Wählerverhalten mit dem Erstarken von Grünparteien und insbesondere mit dem rasanten Aufstieg der nun rechtspopulistisch positionierten FPÖ ganz neue Dynamik erhielt.[1] Der Blick auf die *Tabelle 1*[2] zeigt, welch teilweise dramatischen Verschiebungen sich 1984–1994 auf dem Wählermarkt ergeben haben.

Tabelle 1: Landtagswahlen in Kärnten, Salzburg, Tirol und Vorarlberg 1984–1999: Stimmen in Prozent und Stimmendifferenz in Prozentpunkten

	Kärnten					
	Landtagswahlen			Differenz in Prozentpunkten		
	1984	1994	1999	84–94	94–99	84–99
SPÖ	51,6	37,4	32,9	–14,2	–4,5	–18,7
ÖVP	28,3	23,8	20,7	–4,5	–3,1	–7,6
FPÖ	16,0	33,3	42,1	+17,3	+8,8	+26,1
Grüne	1,1	0,3	-	–0,8	-	-
LIF	-	2,6	-	+2,6	-	-
Bündnis 99*)	-	-	3,9	-	+3,9	+3,9
	Salzburg					
	Landtagswahlen			Differenz in Prozentpunkten		
	1984	1994	1999	84–94	94–99	84–99
SPÖ	35,1	27,0	32,3	–8,1	+5,3	–2,8
ÖVP	50,2	38,6	38,8	–11,6	+0,2	–11,4
FPÖ	8,7	19,5	19,6	+10,8	+0,1	+10,9
Grüne	4,3	7,3	5,4	+3,0	–1,9	+1,1
LIF	-	5,8	3,7	+5,8	–2,1	+3,7
	Tirol					
	Landtagswahlen			Differenz in Prozentpunkten		
	1984	1994	1999	84–94	94–99	84–99
SPÖ	25,3	19,8	21,8	–5,5	+2,0	–3,5
ÖVP	64,6	47,3	47,2	–17,3	–0,8	–17,4
FPÖ	6,0	16,1	19,6	+10,1	+3,5	+13,6
Grüne	0,8	10,7	8,0	+9,9	–2,7	+7,2
LIF	-	3,4	3,2	+3,4	–0,2	+3,2
	Vorarlberg					
	Landtagswahlen			Differenz in Prozentpunkten		
	1984	1994	1999	84–94	94–99	84–99
SPÖ	24,0	16,3	13,0	–7,7	–3,3	–11,0
ÖVP	51,6	49,9	45,8	–1,7	–4,1	–5,8
FPÖ	10,5	18,4	27,4	+7,9	+9,0	+16,9
Grüne	13,0	7,7	6,0	–5,3	–1,7	–7,0
LIF	-	3,5	3,4	+3,5	–0,1	+3,4

*) Bündnis 99: Wahlbündnis aus Grünen, LIF, Enotna Liste/Einheitsliste, VGÖ
Quelle: Verbindungsstelle der österreichischen Bundesländer 1994; eigene Berechnungen.

Komfortable absolute Stimmenmehrheiten (VP in Tirol, Vorarlberg, Salzburg und SP in Kärnten) gingen wegen fast durchwegs massiver Einbußen der bisherigen Mehrheitsparteien deutlich verloren – allein in Vorarlberg mit 49,9 Prozent und in Tirol mit 47,3 Prozent konnten noch knappe absolute Mehrheiten an Mandaten gerettet werden. Insbesondere der Verlust der seit 1970 gehaltenen und als politisch quasi uneinnehmbar eingeschätzten absoluten SP-Mehrheitsbastion im Bundesland Kärnten sowie der dramatische Stimmenverlust der ÖVP in Tirol (von 64,6 Prozent 1984 auf 47,3 Prozent 1994) mußte die bisher auf die Führungsposition quasi pragmatisierten Großparteien zutiefst verunsichern (die SP verlor ja in Kärnten dann prompt auch die Landeshauptmannsposition). In Salzburg war die absolute Mehrheit der VP 1984–1989 nur ein seit 1949 noch nie da gewesenes Zwischenspiel, ihre Verluste 1984–1994 mit –11,6 Prozent aber doch erheblich. Außergewöhnlich gut hielt sich die ÖVP in Vorarlberg. Mit –1,7 Prozent konnten ihre Verluste als vergleichsweise minimal bezeichnet werden. Nicht nur die Mehrheitsparteien hatten aber zwischen 1984 und 1994 stark verloren, auch die ursprünglich im Land jeweils zweitstärksten Parteien (nämlich die SP in Vorarlberg, Tirol und Salzburg, bzw. die VP in Kärnten) mußten massive Stimmeinbußen hinnehmen (vgl. *Tabelle 1*). Die einzige Partei, die zwischen 1984 und 1994 in allen vier Ländern erheblich zulegen konnte, war die FPÖ (Vorarlberg: +7,9 Prozent, Salzburg: +10,8 Prozent, Tirol: +10,1 Prozent und Kärnten: +17,3 Prozent). Relativ erfolgreich auch die Grünen: Sie waren 1994 immerhin in drei der vier Landtage präsent, nämlich in Vorarlberg – hier schon seit 1984 nach einem fulminanten Einstieg mit 13 Prozent –, Tirol und Salzburg.

Im Rahmen dieser skizzierten „Ausgangslagen" seien schließlich noch kurz die Rolle der FPÖ in den Ländern und die ursächlich darauf zurückzuführenden Verfassungsänderungen in Salzburg und Tirol betont. Dem FPÖ-Bundesparteiobmann Jörg Haider war es im Laufe der Jahre gelungen, seine ParteienvertreterInnen komplementär zur Bundespolitik auch in den Ländern auf einen strikten Oppositionskurs festzulegen. Vieles sprach dafür, daß gerade darin ein wesentliches Geheimnis der zahlreichen und andauernden Wahlerfolge zu suchen wäre. Dieser – mit Abstrichen gilt das auch für Vorarlberg – forciert verfolgte Kurs mußte aber früher oder später mit dem Umstand kollidieren, daß die FPÖ gemäß Proporzverfassungen auch in den Landesregierungen vertreten war. Wer aber gehofft hatte, mit dieser exekutiven Einbindung den oppositionellen Elan neutralisieren zu können, sah sich bald enttäuscht. Den FP-VertreterInnen gelang es nämlich, sich als Regierung und Opposition gleichermaßen zu präsentieren, indem man einerseits die mit einem Regierungsamt verbundenen Ressourcen und Darstellungsmöglichkeiten nutzte und andererseits aber – und das offenbar für viele WählerInnen überzeugend – nachdrücklich signalisierte, daß man eigentlich insgesamt zu den bestehenden Verhältnissen in scharfer Opposition stünde. Diese Entwicklungen waren ursächlich wesentlich dafür verantwortlich, daß sich zunächst in Salzburg und dann auch in Tirol breite Landtagsmehrheiten darauf verständigten, den als überlebt angesehenen und per Landesverfassung jeweils vorgeschriebenen Regierungsproporz abzulösen und die Bildung von Regierungsmehrheiten künftig dem freien Spiel der politischen Kräfte zu überlassen.[3] Diese Reform – ursprünglich etwa in Salzburg von der FPÖ vehement eingemahnt – rief dann bei ihrer Realisierung inkonsequenterweise bei der FPÖ überwiegend erbitterten Widerstand hervor.

3. Die Wahlkämpfe in Kärnten, Salzburg, Tirol und Vorarlberg[4]

3.1. Der Landtagswahlkampf in Kärnten

Die Kärntner Sozialdemokratie

Kärnten als „die Mutter aller Wahlschlachten", als „Entscheidung für Jörg Haider (!?)", als „Probelauf für die Nationalratswahlen" versetzte – nicht zuletzt hochstilisiert durch die mediale Berichterstattung – insbesondere die Kärntner SPÖ in Hysterie. Das Ausgangsszenario bot auch allen Anlaß dazu: Seit 1984 verzeichnete die Kärntner SPÖ sowohl Stimmen- als auch Mandatsverluste, 1989 verlor sie die absolute Mehrheit und die Position des Landeshauptmanns, und in der auslaufenden Wahlperiode (1994–1999) trennte SPÖ und FPÖ nur mehr ein Mandat. Dem auf Haider zugeschnittenen Wahlkampf der FPÖ und der auf den Landeshauptmann-Bonus setzenden ÖVP versuchte die Kärntner SPÖ mit ihrem Spitzenkandidaten Michael Ausserwinkler – zumindest zu Beginn des Wahlkampfes Mitte Jänner 1999 – sachpolitisch zu begegnen (Der Standard 21.1.99). Als SPÖ-Wahlkampfthemen wurden Sicherheit („Kärnten muss sicher bleiben"), Kinderbetreuung („Wer Kinder hat, darf nicht arbeitslos werden"), Arbeitsplätze („Neue Arbeit durch neue Investitionen"), Olympia sowie das Bekenntnis der SPÖ zur Müllverbrennung in Arnoldstein fixiert. Ende Jänner 1999 wurde die SPÖ jedoch mit Umfragewerten konfrontiert, die sie hinter die FPÖ auf Platz zwei verwiesen: Gemäß einer Spectra-Umfrage käme die FPÖ auf 36 Prozent, gefolgt von der SPÖ mit 30 und der ÖVP mit 26 Prozent (Der Standard 1.2.99). Trotz Dementis war nicht zu übersehen, daß sich die Kärntner SPÖ angesichts dieser Umfragewerte und je näher die Wahlentscheidung rückte, in eine schwere interne Krise manövrierte (Der Standard 5.3.99). Ausserwinkler fand sich plötzlich in einer Diskussion um seine vorzeitige Ablöse wieder, einzelne SPÖ-Bürgermeister machten entgegen der bisherigen Wahlkampflinie den Kampf gegen Jörg Haider zum zentralen Wahlkampfthema – das Programm lautete nicht mehr „Sicherheit, Arbeitsplätze, Kinderbetreuung und Olympia", sondern „Meischberger und Rosenstingel" – und zum Wahlkampf-Ausklang wurde schließlich ein Informationsfolder mit dem Titel: „Das ist ein Skandal – Dossier über Versprechungen, Lügen und Skandale der ‚blauen Truppe'" unters Volk gebracht (Bittendorfer et al. 1999: 10). Fazit: Hatte man den Wahlkampf durchaus sachthemenorientiert begonnen, so reagierte die SPÖ auf ein prognostiziertes Wahldebakel parteiintern mit der Demontage des glücklosen Spitzenkandidaten Michael Ausserwinkler und nach außen mit einer offenen Kampfansage an den politischen Gegner Jörg Haider.

Die Kärntner Freiheitlichen

Der Jahresauftakt der FPÖ „zwischen Eisrevue und Kärntner Liedermarsch" war gleichzeitig der Start für den Landtagswahlkampf. In der vollen Eishalle in Klagenfurt wurde – nach dem krisengeschüttelten Jahr 1998 – ein um das andere Mal die Geschlossenheit der Partei betont; Haider selbst nutzte seine mehr als einstündige Rede, um insbesondere seine Regierungsfähigkeit zu betonen (Der Standard 11.1.99). Er stellte im Zuge des

Wahlkampfes unmißverständlich klar, daß im Falle eines Sieges nur er selbst – und niemand anderer aus den FPÖ-Reihen – den Landeshauptmann stellen würde. Aufgrund einer Vereinbarung mit der SPÖ, wonach die stärkste Partei den Landeshauptmann stellen sollte, gab sich Haider angesichts von Umfrageergebnissen, die umso positiver für die FPÖ ausfielen, je näher der Wahltermin rückte, zunehmend siegessicher. Tatsächlich befand sich die FPÖ in Oktober-Umfragen noch auf Platz zwei, während ihr in nachfolgenden Umfragen zuletzt bis zu 38 Prozent der Stimmen und somit klar Platz eins prognostiziert wurde (Kärntner Woche 29.10.98; TT 10.2.99; Kleine Zeitung 20.2.99; Der Standard 2.3.99). Inhaltlich konzentrierten sich die Freiheitlichen im Landtagswahlkampf vor allem auf den Kinderbetreuungsscheck – es gab eine Inflation von Bildern bzw. Plakaten, die Haider mit Kleinkindern zeigten; die FPÖ warb weiters für das freiheitliche Steuermodell (Flat tax), sie forderte eine Senkung der Mieten, ein Energie-Konzept für Kärnten und warnte vor einer ungebremsten EU-Osterweiterung, die insbesondere das Grenzland Kärnten negativ treffen würde. Auf der FPÖ-Homepage konnten sich Interessierte außerdem ein 100-Tage-Sanierungsprogramm für Kärnten herunterladen, das eine breite Palette von Vorhaben enthielt (Bittendorfer et al. 1999: 24ff.). Davon abgesehen propagierten die Freiheitlichen einen erneuten Anlauf gegen „Privilegien", wobei u.a. der Verlust des Wahlrechts für rechtskräftig verurteilte PolitikerInnen gefordert wurde (was – dies sei nur am Rande bemerkt – mittlerweile auch etliche rechtskräftig verurteilte FPÖ-Politiker betreffen würde) (Der Standard 8.2.99). Das eigentliche – und sehr effektvolle – Programm hieß jedoch „Jörg Haider", der ad personam für eine neue Politik in Kärnten stand; er zwang seine politischen Gegner, sowohl inhaltlich als auch strategisch auf ihn zu reagieren, obwohl diese vorgaben, sich darauf nicht einlassen zu müssen (Bittendorfer et al. 1999: 17f.).

Die Kärntner Volkspartei

Bereits der Auftakt zum ÖVP-Landtagswahlkampf im neu eröffneten Villacher Kino-Center „Cineplexx" signalisierte, daß sich der Wahlkampf der Kärntner ÖVP auf den bisherigen Landeshauptmann und Spitzenkandidaten Christof Zernatto konzentrieren würde (Der Standard 11.1.99). Umfragen unterstützten die ÖVP in dieser Strategie: Demnach würden bei einer Landeshauptmann-Direktwahl 33 Prozent der Kärntner und Kärntnerinnen Zernatto die Stimme geben, wohingegen Haider auf nur 24 Prozent und Ausserwinkler auf 15 Prozent käme (TT 1.2.99). Obwohl – auch bezogen auf das angepeilte Wahlziel von 25 bis 28 Prozent der Stimmen – die ÖVP die Position der drittstärksten Kraft im Land nicht überwinden würde können, versuchte Zernatto zu vermitteln, daß die Landtagswahl auf einen Zweikampf zwischen ÖVP und FPÖ hinauslaufen würde; schließlich hätte sich die SPÖ aufgrund verheerender Umfragedaten selbst aus dem Rennen genommen (Der Standard 6.2.99). Ein Stimmenzuwachs für die ÖVP schien im Bereich des Möglichen und war für Zernatto auch Bedingung, den Anspruch auf den Landeshauptmann weiterhin anmelden zu können (Der Standard 5.3.99). Abgesehen von der Zentrierung auf die Person des Spitzenkandidaten, der „Stabilität, Kontinuität und wirtschaftliche(n) Aufbruch" versprach (Der Standard 11.1.99), fällt es schwer, den ÖVP-Wahlkampf inhaltlich näher zu bestimmen. Natürlich gab es im Wahlprogramm der ÖVP auch Schwerpunkte sachpolitischer Art: angefangen von wirtschaftspolitischen Offensiven mit dem Ziel der Schaffung neuer Arbeitsplätze über sicherheitspolitische Forderungen (Schutz der Außengrenzen) bis hin zur Forderung „Karenzgeld für alle – Kärntner FamilienCard" in Reaktion auf den FPÖ-Kinderbetreuungsscheck (Bittendorfer et al. 1999: 17f.). Aber nicht zuletzt aufgrund der schwierigen Ausgangssituation, als drittstärkste Kraft im Land den Landeshauptmannsessel behalten zu wollen, setzte die ÖVP nicht auf inhaltliche Themen, sondern auf das Image ihres Spitzenkandidaten und die damit signalisierte Kontinuität. Der gesamte Wahlkampf läßt sich daher auf jene zentrale Botschaft reduzieren, die Christof Zernatto noch in einem Interview zwei Tage vor der Wahl ausgab: „Wer Christof Zernatto als Landeshauptmann will, muß auch die ÖVP wählen" (in: Der Standard 5.3.99).

Das Bündnis für „Demokratie 99"

Das aus Grünen, Liberalen, slowenischer Einheitsliste (Enotna Lista, EL) und Vereinten Grünen Österreichs gebildete Bündnis startete am 30. Jänner 1999 offiziell in den Landtagswahlkampf, wobei die SpitzenkandidatInnen Michael Johann (Grüne), Tina Rabl (LIF), Andrej Wakounig (EL) und Andrea Wulz (VGÖ) anläßlich des Wahlkampfauftaktes Unterstützung von Heide Schmidt und Alexander Van der Bellen bekamen. Inhaltlich dokumentieren die Themen, mit denen das Bündnis „Demokratie 99" Wähler und Wählerinnen zu mobilisieren versuchte – „Schützen wir die Umwelt, erkämpfen wir uns die Rechte, überwinden wir die Grenzen, übernehmen wir soziale Verantwortung" –, den kleinsten gemeinsamen Nenner der im Bündnis vertretenen politischen Kräfte (Der Standard 22.1.99). In einer Spectra-Umfrage der letzten Jännerwoche 1999 wurden dem Wahlbündnis acht Prozent prognostiziert, was im Vergleich zu Oktober-Umfragen eine Steigerung um zwei Prozentpunkte bedeutete. Damit wäre dem „Bündnis 99" somit in anderen Bundesländern der Einzug in den Landtag sicher gewesen – nicht jedoch in Kärnten, wo die Grundmandatshürde de facto eine 10-Prozent-Klausel bedeutete (Der Standard 1.2.99). Heide Schmidt, Bundessprecherin des Liberalen Forums bis zur Nationalratswahlniederlage im Oktober 1999, erklärte in diesem Zusammenhang offen, daß die Gründung des Wahlbündnisses aus Liberalen, Grünen, slowenischer Einheitsliste und Vereinten Grünen „in erster Linie eines verfolgte: eine Klagslegitimation für den Verfassungsgerichtshof zu schaffen", nachdem es bereits in Salzburg gelungen war, den für einen Landtagseinzug notwendigen Stimmenanteil durch ein Höchstgerichtsurteil auf fünf Prozent zu drücken (Schmidt, in: TT 3.2.99). Demnach war der Einzug des Wahlbündnisses von vornherein ein schwieriges Unterfangen; daß die Wahlhürde in der nächsten Legislaturperiode tatsächlich auf fünf Prozent gesenkt werden soll, ist folglich nur ein schwacher Trost (Der Standard 2.3.99).

3.2. Der Landtagswahlkampf in Salzburg[5]

Die Salzburger Volkspartei

Mit 50,2 Prozent der Stimmen hatte die ÖVP 1984 ihr bestes Ergebnis seit 1945 errungen, zehn Jahre danach mit 38,6 Prozent ihr schlechtestes. In Umfragen im August 1998 kam die ÖVP nur auf 34 Prozent, in späteren Prognosen hingegen wurde ein Abschneiden zwischen 37 und 40 Prozent vorhergesagt.[6] ÖVP-Spitzenkandidat und Landeshauptmann Franz Schausberger, der sich als Nachfolger Katschthalers erstmals einer Wahl zu stellen hatte, formulierte daher „38 plus x" Prozent der Stimmen und „ein zusätzliches Mandat" als eher vorsichtiges Wahlziel. Knappe fünf Wochen vor der Landtagswahl fand der offizielle Wahlkampfauftakt statt. Gemeinsam mit Bundesparteiobmann Wolfgang Schüssel wurden rund 700 Parteifunktionäre und -funktionärinnen auf eine „Abwehrschlacht gegen Rot-Blau" eingeschworen (Der Standard 30./31.1.99). Im tatsächlichen Wahlkampfverlauf war die ÖVP dann hauptsächlich damit beschäftigt, die – zum Teil sehr untergriffigen und aggressiven – Attacken der FPÖ abzuwehren. Davon abgesehen hatte sie sich mit einer zwar frechen, aber politisch großteils harmlosen, ebenfalls auf Schausberger abzielenden Kampagne der Jungen Roten auseinander zu setzen, und schließlich sorgte die Unterstützung durch ein „erweitertes überparteiliches Personenkomitee für Landeshauptmann Franz Schausberger" für Aufregung, weil die Unterstützungsliste die Namen prominenter Geistlicher enthielt und so die Kirche ungewollt in den Wahlkampf involviert wurde.[7] Inhaltlich war die Wahlkampftaktik der ÖVP zumindest dreigeteilt: In einer ersten Phase wurden in einer Art „Leistungsbilanz" die Erfolge der bisherigen Regierungsarbeit hervorgekehrt. In einer zweiten Phase wurde darauf aufbauend Schausberger – die „Nr. 1" für das „Nr. 1-Land" – als Garant für die Fortschreibung der Salzburger Erfolgsstory präsentiert. Inhaltlich standen die Familie, die Ausbildung und Zukunftschancen der Jugend, die Honorierung der Ehrenämter, Arbeitsplätze in Verbindung mit einer offensiven Standort- und Wirtschaftspolitik sowie eine klare Abgrenzung gegenüber zentralistischen Tendenzen aus Brüssel und Wien im Vordergrund. In einer dritten Phase fand in den Inseraten und Plakaten eine immer stärkere Zuspitzung auf Schausberger selbst statt. Davon abgesehen bemühte sich Schausberger darum, die weibliche Wählerklientel anzusprechen, indem er insgesamt fünf Frauen auf „sicheren" Listenplätzen positionierte und mit der 48jährigen Frauenärztin Maria Haidinger eine Frau als Mitglied des künftigen ÖVP-Regierungsteams präsentierte.

Die Salzburger Sozialdemokratie

Seit 1979 hatte die Landes-SPÖ eine Niederlage nach der anderen eingesteckt: Ihr Stimmenanteil war von 39,1 (1979) auf 27,1 Prozent (1994) gesunken, der Spitzenkandidat und Landeshauptmannstellvertreter Gerhard Buchleitner galt lange propagandistisch „als unverkäuflich" (Profil 9.3.99: 47). Und trotzdem ging die SPÖ mit einem Elan in den Landtagswahlkampf 1999 wie keine andere ihrer Mitbewerberinnen. Bereits im Mai 1998, und damit deutlich früher als alle anderen Parteien, hatte die SPÖ eine Kampagne gestartet, die insbesondere Frauen ansprach. Eine Fahrt im „knallroten Autobus" durch die Landeshauptstadt signalisierte Anfang Juni 1998 den eigentlichen Wahlkampfauftakt der Salzburger SPÖ. Dem folgte ein als „Kandidaten-Konvent" bezeichneter Parteitag im Juni 1998, der in Anlehnung an den SPD-Erfolg bei der deutschen Bundestagswahl unter dem Motto „Gerhard, laß es schrödern" stand (Der Standard 5.6.98). In der Folge traten die Spitzenkandidaten und -kandidatinnen – darunter Landesrat Othmar Raus, Landtagspräsident Walter Thaler und Klubobfrau Gabi Burgstaller – verstärkt als bewährtes Team auf, angeführt von Gerhard Buchleitner. Traditionelle SPÖ-Themen wie

Arbeit, Jugend, Frauen und Soziales wurden griffig und unkonventionell präsentiert: So ließ auf Plakaten unter dem Motto „weil sich Frauen nicht länger auf den Arm nehmen lassen" Buchleitner sich beispielsweise tatsächlich von Gabi Burgstaller auf den Arm nehmen, und unter dem Motto „sich lieber sauwohl fühlen als sauteuer wohnen!" zeigte sich Wohnbaulandesrat Othmar Raus in gemütlicher Pose gemeinsam mit einem Ferkel auf einem Sofa. Gegen Ende der Kampagne ging es vor allem um die Geldbörsen der Salzburger Bevölkerung, als etwa medienwirksam eine Senkung der Benzinkosten gefordert wurde oder die viel zu hohen Lebenshaltungskosten in Salzburg angeprangert wurden.

Die Salzburger Freiheitlichen

Die Salzburger FPÖ befand sich – gemessen am Wählerzuspruch – auf deutlichem Erfolgskurs, als die sogenannte „Datenklau-Affäre" bzw. die daraus resultierenden Konsequenzen eine massive parteiinterne Krise zur Folge hatten. Konkret hatte sich ein Mitarbeiter von FPÖ-Landesrat Karl Schnell 1997 Zugang zu Daten aus dem Büro von SPÖ-Landeshauptmannstellvertreter Buchleitner verschafft, die Listen über erwünschte Postenaufteilungen zwischen ÖVP und SPÖ enthielten. Karl Schnell wollte dies als „Postenschacher" vermarkten, erreichte jedoch nur, daß er per Mißtrauensantrag abgesetzt wurde und sich ÖVP und SPÖ endgültig zur Abschaffung des Proporzsystems durchrangen (SN 19.3.99). FP-interne Auseinandersetzungen und Putschversuche führten dazu, daß u.a. kurzfristig sämtliche 700 Salzburger FPÖ-Funktionäre und -funktionärinnen von der Bundespartei ihrer Ämter enthoben wurden (Profil 1.2.99: 33). Doch selbst nach einem von Jörg Haider mühsam verordneten Frieden, wonach Karl Schnell erneut an der Spitze der Landespartei stehen sollte, war dieser im Vorfeld des bevorstehenden Landesparteitags mit Vorwürfen seiner hartnäckigsten internen Kritiker – dem FP-Landesrat Robert Thaller und dem dritten Landtagspräsident Wolfgang Haider – konfrontiert. Letzterer drohte sogar, bei den kommenden Märzwahlen mit einer eigenen Liste anzutreten (SN 6.10.98). Im Vorfeld der Wahlkampfauseinandersetzung kündigte Karl Schnell an, daß seine Partei „die üblichen Wahlkampfregeln brechen" werde; und tatsächlich praktizierte die FPÖ, ähnlich wie 1994, einen ungemein aggressiven Wahlkampf: Ausländer, Kriminalität, Sozialschmarotzertum und massive Kritik an ÖVP und SPÖ wurden als Wahlkampfthemen gepusht (Der Standard 5.3.99). Zudem zielten die Freiheitlichen in ihrer Kampagne vor allem auf ÖVP-Landeshauptmann Franz Schausberger: Jeweils eingeleitet von der Headline „Können wir uns das wirklich leisten, Hr. Landeshauptmann?" ging es auf Plakaten und in Inseraten, die im Boulevard-Zeitungsstil gehalten waren, z.B. um EU-bedingte Arbeitslosigkeit und Bauernsterben, um zu Unrecht bezogene Sozialhilfe, um den Ausverkauf heimischer Unternehmen und Banken oder um angeblichen Machtmißbrauch, Freunderlwirtschaft und Postenschacher. Angesichts des wahrscheinlichen Szenarios einer ÖVP-SPÖ-Koalition wurde außerdem der Slogan „Macht braucht Kontrolle" verwendet, der bereits aus der Wahlkampagne von 1994 bekannt war. Schnell präsentierte sich als einzig ernstzunehmende Opposition, als „ungeliebter Aufdecker", der „nicht käuflich" und – so die Plakatwerbungen – „deshalb wählbar" wäre.

Die Grünen in Salzburg

Die bisherigen Landtagsabgeordneten der Bürgerliste (BL) – Christian Burtscher und Matthias Meisl – kündigten Anfang Juli 1998 an, erneut als Spitzenkandidaten für die kommende Landtagswahl antreten zu wollen; die Landesversammlung bestätigte zwar Burtscher als Spitzenkandidaten, nicht jedoch Meisl an wählbarer Stelle. Mitte Oktober 1998 kam es zu einem überraschenden Rücktritt Burtschers. Er löste damit prompt Konkurrenzkämpfe um seine Nachfolge aus, welche zu einem Bruch zwischen der grünen Gemeindefraktion der Stadt Salzburg, GrünvertreterInnen mehrerer Landgemeinden und der Landtagsfraktion führten. Gemeinsam mit zehn Landgemeinden arbeitete die Stadtpartei bereits an einer eigenen Landesliste (Bündnis 99 – Grünes Salzburg); Krisensitzungen in Wien und von Bundessprecher Alexander Van der Bellen betriebene Einigungsversuche brachten vorerst nichts (Der Standard 17.11.98; SN 17.11.98; 18.11.98; 26.11.98). Die drohende Gefahr, daß es aufgrund der Spaltung und der Kandidatur von zwei grünen Listen mit zum Teil eher unbekannten Namen in naher Zukunft keine Grünen mehr im Salzburger Landtag geben könnte, veranlaßte schließlich die Landtagsabgeordneten Burtscher, Hochreiter und Meisl zu einem letzten Einigungsversuch. Sie präsentierten Schwaighofer, gefolgt von Reiter, Meisl und Moser als Kompromißvorschlag, welcher zuerst auf Ablehnung stieß, dann aber doch akzeptiert wurde. Waren im November 1998 Grün-Inserate mit „Nachdenkpause" geschaltet worden, so versuchten die Grünen im Jänner 1999 mit dem Inserat „Geschafft! Der Weg ist frei für eine starke, grüne Vertretung im Salzburger Landtag" zu signalisieren, daß die monatelangen Konflikte, die Ende 1998 eskaliert waren, nun endlich beigelegt seien. Mit gezielten Veranstaltungen wurde fieberhaft versucht, den Blick der Wähler und Wählerinnen nunmehr auf grüne Themen und Inhalte zu lenken – ein schwieriges Unterfangen angesichts der Tatsache, daß sich die Medien mangels sonstiger politischer Inhalte beinahe exzessiv auf die grüne Krise gestürzt hatten. Es gab Veranstaltungen zum Thema Arbeit, eine Podiumsdiskussion mit Alexander Van der Bellen zum Thema „Wirtschaftsboom und Ökoparadies?", eine Diskussion mit Madeleine Petrovic zum Thema „Frauenpolitik? Frauen in die Politik" und eine Lesung mit Mercedes Echerer, Schauspielerin und Kandidatin der Grünen für das EU-Parlament. Für die zum Teil eher unbekannten Kandidaten und Kandidatinnen der Grünen gab es somit massive Rückendeckung aus Wien. Ob diese geballte Ladung an inhaltlichen Veranstaltungen binnen einer Woche wettmachen konnte, was aufgrund der monatelangen Krise an politischem Schaden angerichtet worden war, muß aufgrund des erreichten Wahlergebnisses verneint werden.

Das Liberale Forum in Salzburg

Das Liberale Forum (LIF) peilte mindestens fünf Prozent der Stimmen an (Der Standard 1.2.1999). Der Wahlkampfauftakt der Salzburger Liberalen startete Ende Jänner 1999 als Feier zum sechsten Geburtstag der Partei mit Bundessprecherin Heide Schmidt und Bundesgeschäftsführer Gerhard Kratky. Mit dem „Selbstverständnis einer tabubrechenden Reformpartei" sollten das Verhältnis zwischen Kirche und Staat in Frage gestellt, die Probleme von Minderheiten zur Sprache gebracht, die Steuerreform diskutiert und gegen den von der ÖVP geplanten Kinderbetreuungsscheck eingetreten werden. ÖVP-Landeshauptmann Schausberger würde – so Schmidt – à la CSU wirtschaftspolitisch einen Kurs zwischen „Laptop und Lederhose" anbieten, von dem nach dem 7. März „nur mehr die Lederhose" übrigbleiben würde (SN 1.2.99). Klangen die liberalen Stimmen anläßlich des Wahlkampfauftakts noch aufrührerisch frech, so war die Kandidatur angesichts fehlender notariell beglaubigter Begleitschreiben zu den vorhandenen 100 Unterstützungserklärungen pro politischem Bezirk, die wahlwerbende Parteien ohne Landtagssitz nachweisen müssen, ein paar Tage später plötzlich ernsthaft in Frage gestellt. Mit Hilfe der eigens angereisten Heide Schmidt wurden daher innerhalb von einer Woche die notwendigen 600 Unterschriften nochmals gesammelt. Neben dem Heide-Schmidt-Effekt bemühten sich die Liberalen zwar durchaus um landes- bzw. stadtpolitische Akzentsetzungen. Große mediale Aufmerksamkeit erfuhren einzelne Versuche, Themen inhaltlich zu besetzen, jedoch nicht.

3.3. Der Landtagswahlkampf in Tirol

Die Tiroler Volkspartei

Für die Tiroler Volkspartei, die sich selbst als „Wir-Tiroler-Partei" bezeichnet, ging es in erster Linie um die Verteidigung der absoluten Mandatsmehrheit im Landtag, stimmenmäßig war diese in Tirol bereits bei den Wahlen 1989 verloren gegangen. Umfragedaten jedenfalls zeigten, daß sich die Tiroler Volkspartei damit sehr viel vorgenommen hatte, lagen die Hochrechnungen für die ÖVP doch kontinuierlich bei rund 44 Prozent (TT 1.3.99). Im Dezember 1998 wurde die Bilanz der letzten Regierungsperiode und Ende Jänner 1999 in Alpbach das Programm der Tiroler Volkspartei zur Landtagswahl 1999 präsentiert. Abgesehen von Plakaten, mit denen die ÖVP auf die umstrittenen FPÖ-Plakate in ähnlichem Ton konterte, führte die Volkspartei einen Positiv-Wahlkampf. In einer ersten Kampagne versuchte die ÖVP inhaltlich zu punkten. Die zentralen Botschaften – „Wer etwas für Arbeitsplätze tun will, muß etwas von Wirtschaft verstehen", „Das Wichtigste im Leben sind die Familie und die Gesundheit" und „Die Frage ist nicht, wer mehr von Chancen und Zukunft redet. Die Frage ist, wer mehr dafür leistet" – wurden in unzähligen Plakaten, Info-Foldern und Extra-Blättern unters Volk gebracht. Die zweite Kampagne stellte mit den Slogans „Tirol braucht einen starken Landeshauptmann", „ein starker Landeshauptmann für Tirol" und „Mit Wendelin Weingartner für Tirol" die Person des Spitzenkandidaten in den Vordergrund. In weiteren Aussendungen trat die ÖVP vor dem Hintergrund des gerade abgeschafften Proporzes „für klare politische Verhältnisse und Verantwortlichkeiten" und „gegen faule Kompromisse und Unregierbarkeit" ein; und daß außerdem jegliche Unterstützung durch die Bundespartei vehement abgelehnt wurde, brachte nicht nur der Slogan „Für die Eigenständigkeit des Landes Tirol im Interesse seiner Menschen. Gegen einen vorauseilenden Gehorsam gegenüber Wien und Brüssel" zum Ausdruck, sondern auch die Tatsache, daß Bundesparteiobmann Schüssel im Zillertal zwar als Wintergast, nicht jedoch als Wahlkampfunterstützer begrüßt wurde (Der Standard 4.2.99). In der Interviewserie der TT mit den einzelnen SpitzenkandidatInnen für die Landtagswahl ging es im Gespräch mit Weingartner (in: TT 20.2.99) zwar durchaus auch um „heiße Eisen" wie um den Transitvertrag, der – so Weingartner –

„nichts taugt"; um die Liftverbauung Tirols, wo Weingartner Neuerschließungen ausschloß; um die revidierte Nein-Position der ÖVP zur Müllverbrennung oder um die Einkommen der Tiroler und vor allem Tirolerinnen – Weingartner brachte hier den Kinderbetreuungsscheck für Mütter ins Spiel, was ihm bereits vor Wochen den Vorwurf der FPÖ eingebracht hatte, deren Ideen zu kopieren (TT 4.2.99). Von den politischen Gegnern wurde Weingartner allerdings trotzdem mehrfach vorgeworfen, sich inhaltlichen Diskussionen zu verweigern und Tirol als „Insel der Seligen" darzustellen. Nach der Lawinenkatastrophe von Galtür und Valzur – auf die weiter unten eingegangen wird – wurde ihm die dabei zu Teil gewordene Medienpräsenz vorgehalten. Und kurz vor dem Wahlsonntag mußte die ÖVP dann außerdem auf Vorwürfe reagieren, wonach es in einzelnen Gemeinden in Informationsbriefen zur bevorstehenden Landtagswahl zu Wahlempfehlungen durch ÖVP-Bürgermeister gekommen war (TT 6.3.99; Der Standard 6.3.99).

Sozialdemokratische Partei Österreichs-Tirol

Seit Ende der 70er Jahre fährt die SPÖ-Tirol stetig Verluste ein und landete zuletzt bei 19,8 Prozent der Wählerstimmen (1994). SPÖ-Spitzenkandidat Herbert Prock steckte das Wahlziel für seine Partei hoch: Um in einer zukünftigen Regierung des Landes vertreten zu sein, so Prock, müßte einerseits die Absolute der ÖVP gebrochen werden, andererseits müßte es deutliche Zugewinne für die SPÖ geben. In Zahlen ausgedrückt strebte Prock „25 Prozent plus X" und eine Steigerung von sieben auf zehn Mandaten an. Hochrechnungen des Market-Instituts Ende Februar, wonach die SPÖ mit 22 Prozent rechnen dürfte (TT 1.3.99), schienen die SP-Erwartungen kaum zu trüben. Inhaltlich ging es der SPÖ vor allem darum, das niedrige Einkommen der Tiroler ArbeitnehmerInnen vor dem Hintergrund der hohen Lebenshaltungskosten zu thematisieren, verknüpft mit der Forderung nach einer deutlichen Senkung der Wohnungskosten; als weiteres Kernthema forderte die SPÖ die Verbesserung der Kinderbetreuungseinrichtungen, um bestehenden Benachteiligungen von Frauen im Erwerbsleben entgegenzuwirken und langfristig die Frauenerwerbsquote zu erhöhen (Der Standard 5.3.99); und schließlich kam auch die SPÖ-Tirol nicht an der Transitfrage vorbei. Prock meinte dazu, daß eine in Tirol zu erarbeitende Lösung in Wien zu deponieren wäre, um sie dann gemeinsam in Brüssel mit Wiener Unterstützung zu vertreten: Mittlerweile, so Prock, „müßte auch der Dümmste im Lande begriffen haben, daß die Lösung dieses Problems nicht allein in Tirol möglich ist" (in: TT 19.2.99).

Die Freiheitliche Partei in Tirol

Wie in anderen Bundesländern konnte auch die FPÖ-Tirol vom Aufstieg der Freiheitlichen unter Jörg Haider profitieren: 1989 war es der Tiroler FPÖ gelungen, um 9,5 Prozentpunkte auf 15,6 Prozent der Stimmen zuzulegen, bei den Landtagswahlen 1994 erreichten sie 16,1 Prozent, und allen Prognosen zufolge sollte es dabei bleiben (TT 1.3.99). Die FPÖ selbst strebte sowohl Stimmen- als auch Mandatszuwächse an (Der Standard 2.3.99). Als Spitzenkandidat wurde der bisherige EU-Parlamentarier der FPÖ, Franz Linser, präsentiert[8], gefolgt von FPÖ-Bundesparteiobmannstellvertreterin Susanne

Riess-Passer auf Platz zwei der KandidatInnenliste[9]. Die Listenzusammenstellung – Linser als Noch-EU-Parlamentarier und Riess-Passer als Bundespolitikerin – wurde damit argumentiert, daß eine „gute und glaubwürdige" Landespolitik zukünftig davon abhängen würde, auf die Bundes- und EU-Ebene kompetent einwirken zu können (TT 18.2.99). Wie den anderen Parteien ging es den Freiheitlichen in erster Linie darum, die absolute Mehrheit der ÖVP zu brechen. Auf – zum Teil sehr umstrittenen – FPÖ-Plakaten, die Weingartner und Prock gemeinsam zeigten, stellten die Freiheitlichen die bisherige Politik von ÖVP und SPÖ überhaupt sowie die Seriosität bzw. Glaubwürdigkeit dieser Spitzenkandidaten in Frage; unter dem Motto „Kontrolle ist besser!" präsentierte sich die FPÖ wie eh und je trotz ihres Regierungsstatus als einzig glaubwürdige Oppositionskraft. Als zukünftigen Regierungspartner sah sich die FPÖ aufgrund dezidierter Aussagen Wendelin Weingartners nicht, obwohl sie während des Wahlkampfes mehrfach andeutete, einer Koalition mit der ÖVP nicht abgeneigt zu sein. Als inhaltliche Themen wurden – ähnlich wie in Kärnten – der Kinderbetreuungsscheck, die Schaffung und Sicherung der Arbeitsplätze, eine Senkung der Steuer- und Gebührenbelastung sowie bezogen auf Tirol die Reduktion der Transitbelastung genannt (TT 18.2.99).

Die Grünen – Grüne Alternative Tirol

Das grüne Wählerpotential in Tirol wird allgemein als hoch eingeschätzt. Bei den Landtagswahlen 1984 waren die Grünen mit 8,3 Prozent der Stimmen in den Landtag eingezogen, 1984 konnten sie diesen Anteil auf 10,7 Prozent ausbauen und stellten damals – erstmalig in Österreich – aufgrund des Proporzsystems mit Umweltlandesrätin Eva Lichtenberger ein Regierungsmitglied. Obwohl Lichtenberger diesmal nicht mehr für den Landtag kandidierte, warben die Grünen – mit dem Argument, sie stünde für bisherige Erfolge grüner Politik – mit ihrem Konterfei. Spitzenkandidat für die Landtagswahl 99 war Georg Willi, der sich selbst als „bürgerlichen Grünen" bezeichnete. Er erhoffte sich insbesondere aus dem Lager enttäuschter ÖVP-Wähler und -Wählerinnen Stimmenzuwächse (TT 17.2.99). Im Februar 1999 wurde den Grünen noch prognostiziert, daß sie zufrieden sein müßten, ihre Stimmen zu halten; die Umfragewerte stiegen jedoch zugunsten der Grünen, und zuletzt stuften Meinungsforscher die Partei bei 13 Prozent ein (TT 8.3.99). Die Grünen rechneten sich vor diesem Hintergrund hervorragende Wahlchancen aus; als Wahlziel wurde das Erreichen eines fünften Mandats und das Brechen der absoluten VP-Mehrheit im Landtag formuliert. Sowohl eine Regierungsbeteiligung als auch die Oppositionsrolle kam für die Grünen in Frage (TT 8.2.99). Der Wahlkampfauftakt am 5. Februar 1999 stand unter dem Motto „Grüne Ideen setzen sich durch!", und die Slogans „gestalten", „kontrollieren" und „Widerstand leisten" markierten die zentralen Säulen grüner Politik der nächsten fünf Jahre. Bei ihrer Abschlußpressekonferenz wurden sie außerdem vom gebürtigen Tiroler und grünen Bundessprecher Van der Bellen unterstützt (TT 6.3.99). Das Programm der Grünen Tirols bezeichnete der Spitzenkandidat als „ein riesiges Wirtschaftsprogramm: vom Holz als Baustoff und Energielieferant über Wärmedämmung und Solaranlage bis hin zum Ausbau des Nahverkehrs"; als Programm „für die Natur" – ihr Widerstand galt hier insbesondere neuen Golfplätzen und Liftanlagen; als Programm „für Frauen" und „gegen Armut" sowie als Programm gegen den Transit, hier „braucht es Obergrenzen, Kostenwahrheit und den Zwang zur

Schiene" (Willi in: TT 23.2.99; Der Standard 5.3.99) Als einzige Partei Tirols sprachen sich die Grünen klar für die Unterinntalmaut für LKWs aus und vertraten damit das, was in der Landesregierung im Februar 1998 zwar einstimmig beschlossen worden war, wovon sich die anderen Parteien aus taktischen Gründen jedoch wieder distanziert hatten (TT 8.2.99; 17.2.99).

Das Liberale Forum in Tirol

Nachdem das Liberale Forum bei den Landtagswahlen 1994 mit 3,3 Prozent der Stimmen klar an der 5-Prozent-Hürde gescheitert war, ging es 1999 wieder um die bange Frage, ob der Sprung in den Tiroler Landtag endlich gelingen würde. Spitzenkandidatin war diesmal die ehemalige Bildungssprecherin im Nationalrat, Maria Schaffenrath (TT 23.2.99). Die inhaltlichen Themen versuchte das Liberale Forum in Form mehrerer Plakatserien zu vermitteln. Die erste Serie mit dem Slogan „Weniger ist mehr" bzw. „Weniger Weingartner und mehr Schaffenrath" sowie „Schwarze Wolken über Tirol" bezog sich auf das zentrale Wahlziel der Liberalen, und zwar die absolute Mehrheit der Tiroler Volkspartei zu brechen. In einer zweiten Plakatserie ging es vor allem um die Rolle der (benachteiligten) Tiroler Frauen; und in einer dritten Serie stellten die Liberalen unter dem Stichwort „Weniger Pragmatisierung und mehr Wettbewerb" den Bürokratieabbau im Landesdienst in den Vordergrund ihrer Kampagne (TT 16.2.99). Obwohl sich sowohl die Spitzenkandidatin Schaffenrath als auch Heide Schmidt in Interviews in der Tiroler Tageszeitung optimistisch gaben – Schaffenrath brachte das LIF sogar als möglichen Koalitionspartner ins Spiel und formulierte die Einrichtung eines Landesrechnungshofs als Bedingung für eine Koalitionsbeteiligung des LIF –, prognostizierten Hochrechnungen bereits Ende Jänner 1999, daß das Liberale Forum erneut an der 5-Prozent-Klausel scheitern könnte (TT 1.2.99). Das Liberale Forum verwahrte sich vehement gegen solche Voraussagen, die Bürger und Bürgerinnen davon abhalten könnten, dem Liberalen Forum die Stimme zu geben, und setzte in den letzten Tagen vor der Wahl noch einmal auf einen Tirol-Auftritt von Bundessprecherin Heide Schmidt (Der Standard 3.3.99).

Die Lawinenkatastrophen von Galtür und Valzur

Die Wahlkampfaktivitäten der Landesparteien befanden sich in der „heißesten Phase", als mehrere Lawinenabgänge in Tirol insgesamt 38 Todesopfer forderten. Einen Tag nach der Katastrophe in Galtür und somit 14 Tage vor der Wahl sprach sich daher Landeshauptmann Weingartner für eine Unterbrechung des Landtagswahlkampfes aus. Mit Ausnahme des Liberalen Forums folgten alle Parteien diesem Vorschlag. Der Wahltermin selbst blieb – trotz Weingartners anfänglichen Vorschlag, diesen zu verschieben – aufgrund von Rechtsbedenken bestehen (TT 24.2.999; 25.2.99). Nach dem Trauergottesdienst für die Opfer des Paznaun-Unglücks wurde das Wahlkampffinale in der ersten Märzwoche wieder aufgenommen, verlief allerdings gemäßigt. Öffentliche Veranstaltungen waren weitgehend abgesagt worden, Wahlplakate wurden eingezogen, auf Kino- und Radiospots verzichtet, Wahlwerbung vielfach nur noch per Post zugeschickt (TT 3.3.99). Dennoch versuchte jede Partei auf ihre Weise, sich nach dem Lawinenunglück wieder in Erinnerung zu rufen und WählerInnen zu mobilisieren. ÖVP-Spitzenkandidat

Weingartner genoß aufgrund seiner Einsatzleitung im Paznaun als Landeshauptmann auch während der Wahlkampfunterbrechung ohnehin höchste Medienpräsenz[10] – was ihm die Kritik seiner politischen Gegner einbrachte (Der Standard 5.3.99); die Freiheitlichen und Grünen forderten drei Tage vor der Wahl die lückenlose Klärung aller offenen Fragen rund um die Ereignisse im Paznauntal, während die Liberalen verkündeten, anstatt einer Abschlußfeier einen Scheck an die Lawinenopfer zu überweisen (TT 3.3.99; 4.3.99).

3.4. Der Landtagswahlkampf in Vorarlberg

Die „Ländle-Partei": ÖVP-Vorarlberg

Für die Vorarlberger Volkspartei ging es – ähnlich wie für die Tiroler Volkspartei im März 1999 – um die Verteidigung der absoluten Mandatsmehrheit; ähnlich wie Schausberger in Salzburg war Landeshauptmann Herbert Sausgruber erst zwei Jahre zuvor in die Fußstapfen seines Vorgängers getreten und stellte sich an der Spitze seines Teams erstmals einer Landtagswahl. Ende August lud die ÖVP zu einem „Vorarlberg-Fest" im Schloß Hohenems, das den Intensivwahlkampf der ÖVP eröffnete. Bereits zwei Wochen davor war eine Kampagne gestartet worden mit „S ist okay"-Strohpuppen, -Transparenten auf Hausdächern und -Abziehbildern sowie einer „S ist okay"-Verteileraktion in ganz Vorarlberg. Beim Wahlkampfauftakt wurde klar, daß dahinter „Sausgruber ist okay" stand und diese Kampagne die klassische Wahlwerbung bis zur Landtagswahl am 19. September 1999 begleiten würde. ÖVP-Spitzenkandidat Landeshauptmann Herbert Sausgruber stand im Mittelpunkt des – relativ kurzen – Intensivwahlkampfes, und er trat mit dem Slogan „Ehrlich. Menschlich. Kompetent." an, die absolute Mehrheit im Landtag zu verteidigen bzw. „einen klaren Regierungsauftrag" zu erhalten. Obwohl Umfragen Anfang September einen Einbruch um vier Prozentpunkte voraussagten – damit würde die ÖVP auf 46 Prozent der Stimmen kommen –, schätzte Sausgruber die Chancen, die absolute Mehrheit zu halten, bis zum Schluß als „intakt" ein (VN 4.9.99; 17.9.99): Vorarlberg wurde als „Aufsteigerregion mit menschlichem Gesicht" und die ÖVP als jene politische Kraft präsentiert, die das Land „sicher ins 21. Jahrhundert" führen würde. Die Partei verwies im Wahlkampf auf ihre bisherigen Erfolge – so beispielsweise auf die vorbildhafte Finanzpolitik – und warb damit, daß es mit Sausgruber als Landeshauptmann auch nach den Wahlen keine Experimente geben würde; daß Kinder Vorrang hätten und damit Familien gefördert werden müßten; daß die ehrenamtliche Arbeit einen zentralen Stellenwert hätte und daß Investitionen in die Bildung Impulse für Wirtschaft und Arbeit brächten. Die Partei gab sich als christdemokratische politische Kraft, die Bodenständigkeit mit Modernität vereine, Umweltbewußtsein über die hochgehaltenen Prinzipien der ökosozialen Marktwirtschaft signalisiere und als „Vorarlbergpartei" auf die Eigenständigkeit des Landes poche – und nicht zuletzt aus diesem Grund Zwischenrufe aus Wien ablehnen würde. Daß ÖVP-Bundesparteiobmann Wolfgang Schüssel anläßlich der Dornbirner Herbstmesse trotzdem in Vorarlberg anzutreffen war, hatte weniger mit den Landtagswahlen als vielmehr mit den bevorstehenden Nationalratswahlen zu tun (VN 8.9.99).

Unter dem Motto „Stark. Schwarz. Weiblich." stellte die ÖVP schließlich ihre Kandidatinnen für die Landtagswahl 99 vor. Obwohl es im Vorfeld der Listenerstellung durchaus Kämpfe um wählbare Listenplätze gegeben hat, setzte hier Sausgruber mit insgesamt acht Frauen an wählbarer Stelle ein deutliches Signal, Frauen in ihren zum Teil sehr unterschiedlichen Lebenslagen und -interessen auf politischer Ebene vertreten wissen zu wollen. Möglicherweise sollte dies dazu beitragen, der ständigen Kritik rund um ÖVP-Landesrätin Waibel den Boden zu entziehen. Sowohl Frauenministerin Prammer als auch Vorarlberger Fraueninstitutionen bzw. -projektgruppen hatten Waibel mehrfach vorgeworfen, eine Frauenpolitik zu betreiben, die Strukturen zu ungunsten von Frauen eher konserviere als diese aufweiche (VN 3.9.99; 4.9.99; 7.9.99).

Die FPÖ-Vorarlberg

Die Vorarlberger FPÖ – seit mehr als 25 Jahren Koalitionspartner der ÖVP – hatte sich wie die Freiheitlichen der anderen Bundesländer mehrere Wahlgänge hindurch im Abwärtstrend befunden. Im Sog des Aufstiegs der Bundespartei unter Jörg Haider gelang allerdings die Trendwende. 1994 hielt die FPÖ bei 18,4 Prozent der Stimmen (vgl. *Tabelle 1*). Angesichts sehr positiver Umfragen schien das Wahlziel – die 20-Prozenthürde zu schaffen – durchaus in greifbarer Nähe (VN 4.9.99). Der FPÖ-Wahlkampf begann sehr früh – bereits im Juni 1999 stellte sich FPÖ-Spitzenkandidat Landesrat Hubert Gorbach in Feldkirch und in Bregenz „den Fragen der Jugend". Aufgrund von europaweiten Demonstrationen anläßlich der Verhaftung von Kurdenführer Öcalan folgte als Gorbach-Initiative unter dem Motto „Versammlungsfreiheit hat Grenzen!" eine Unterschriften-Sammelaktion „gegen Demonstrationen zur Unterstützung von Kriegsverbrechern und Terroristen auf Kosten der Steuerzahler". Ansonsten stand FPÖ-Spitzenkandidat Hubert Gorbach als „heimatbewußter Politiker" im Zentrum des Landtagswahlkampfes, war auf Plakaten mit seiner Ehegattin oder seiner gesamten Familie zu sehen und zeigte sich – bei der Dornbirner Herbstmesse – in Begleitung von Jörg Haider und dem damaligen FPÖ-Spitzenkandidaten für die Nationalratswahl, Thomas Prinzhorn. Inhaltlich waren die FPÖ-Themen wie Flat tax und Kinderbetreuungsscheck genauso ein Thema wie der Kampf gegen Drogen(dealer) und die zu liberale Ausländerpolitik der Regierung.

Die Regierungspartner ÖVP und FPÖ im Wahlkampffinale

Schien der Wahlkampf bis zum Schluß ohne thematische Zuspitzungen zu verlaufen, so wurden die Wahlkampftöne in den letzten Tagen vor der Landtagswahl doch um einiges schärfer. Hielt die ÖVP ihrem bisherigen Koalitionspartner FPÖ und insbesondere Gorbach zuerst vor, sich ausschließlich über bundespolitische Themen profilieren zu wollen, so ging es in der Folge konkreter um die Unfinanzierbarkeit des von der FPÖ propagierten Kinderbetreuungsschecks und des Steuermodells Flat tax. Während Sausgruber der FPÖ immer vehementer „Schuldenpolitik" vorwarf, reagierte die FPÖ eher gelassen und ortete – angesichts der für die FPÖ positiven Umfragen – Nervosität beim Regierungspartner (VN 11.9.99; 13.9.99; 14.9.99). Im Zuge der immer heftiger werdenden Auseinandersetzungen rund um die FPÖ-Wahlkampfforderungen, welche die Vorarlberger Politik, Netto-Neuverschuldungen unter allen Umständen zu vermeiden, unterlaufen würden, sah sich Gorbach schließlich doch gezwungen, die FPÖ-Vorhaben zu relativieren: Die FPÖ stünde zum Grundsatz „keine Nettoneuverschuldung" und würde in naher Zukunft weder die Einführung des freiheitlichen Steuermodells noch die Realisierung des Kinderbetreuungsschecks anstreben, wenn auch an den Forderungen grundsätzlich festgehalten würde (VN 16.9.99; 17.9.99). In einem letzten TV-Duell zwischen dem ÖVP- und FPÖ-Spitzenkandidaten versuchte Sausgruber, abgesehen von der Finanzpolitik, einen letzten Trumpf ins Spiel zu bringen: Nur ein klarer Regierungsauftrag an die ÖVP würde sicherstellen, daß die Landespolitik weiterhin „frei von Zurufen und möglichen Eingriffen von außen" bleibe; eine Stärkung der FPÖ hingegen ließe erwarten, daß Vorarlberg von Kärnten bzw. Wien aus gelenkt werde (VN 18.9.99).

Die SPÖ-Vorarlberg

Seit 1979 als Oppositionspartei mit Stimmen- und Mandatsverlusten konfrontiert, war die SPÖ zuletzt bei 16,2 Prozent der Stimmen bzw. sechs von 36 Mandaten gelandet. Schwere parteiinterne Krisen und nicht zuletzt eine sehr starke grüne Bewegung hatten die Partei nachhaltig geschwächt. Als Spitzenkandidat präsentierte SPÖ-Landesparteivorsitzender Elmar Mayer bereits im Juli 1999 eine Bilanz sozialdemokratischer Oppositionspolitik der letzten vier Jahre; er machte sehr früh unmißverständlich klar, daß sich die SPÖ auch weiterhin als Oppositionskraft verstünde und eine Regierungsbeteiligung damit ausgeschlossen wäre. Mit insgesamt vier Sommerfesten startete die SPÖ Ende August in den eigentlichen Wahlkampf; Elmar Mayer wurde dabei jeweils begleitet von Innenminister Karl Schlögl, anläßlich der Dornbirner Herbstmesse war an der Seite Elmar Mayers außerdem Bundeskanzler Viktor Klima anzutreffen. Das neue Leitbild der SPÖ-Vorarlberg fixierte die Wahlkampflinie der Partei: Unter dem Motto „Opposition heißt: Konsequentes Kontrollieren!" wurde u.a. der Ausbau der Kontrollrechte im Landtag gefordert – so beispielsweise die Verankerung des Untersuchungsrechts als Minderheitenrecht –, aber auch die Vertiefung der Bürgerrechte und die Stärkung dezentraler Strukturen; mit dem Slogan „Opposition heißt: Arbeit. Arbeit. Arbeit!" sollte Vollbeschäftigung als Ziel anvisiert, Arbeit als Grundrecht definiert, dem Neoliberalismus eine Absage erteilt und Globalisierung als Chance vermarktet werden; das Motto „Opposition heißt: Job & Familie. Machbar!" stand für die Vereinbarkeit von Familie und Beruf sowie für die Notwendigkeit der wirtschaftlichen Eigenständigkeit von Frauen; und unter dem Slogan „Opposition heißt: Faire Mieten. Punkt!" wurden eine weitere Mietsenkung, sozial gerecht gestaltete Förderungsrichtlinien und erschwingliche Wohnbaufinanzierungskonzepte für Familien gefordert (VN 11.8.99; 18.8.99; 24.8.99). Im Zuge des Wahlkampfes konzentrierte sich die SPÖ-Vorarlberg, abgesehen von den angesprochenen Themen, vor allem auf die Unverzichtbarkeit einer starken SPÖ-Opposition für den politischen Prozeß im Land[11]: „Der Landeshauptmann", so Elmar Mayer bei der Abschlußpressekonferenz, „wird auch nach dem 19. September Herbert Sausgruber heißen, denn es wird in Vorarlberg weiterhin eine ÖVP/FPÖ-Landesregierung geben"; daher käme es darauf an, ob die Opposition in Zukunft stark genug wäre, ihre Kontrollaufgabe wirksam wahrzunehmen. Davon abgesehen versuchte die SPÖ, sich mit konkreten Themen – z.B. „BH-Skanal Bregenz" – medienwirksam als Oppositionskraft zu präsentieren; diese Bemühungen schienen jedoch wenig zu fruchten: Sehr früh sah sich die Partei mit Hochrechnungen konfrontiert, wonach es der SPÖ kaum gelingen sollte, stimmen- oder gar mandatsmäßig zuzulegen (VN 4.9.99; 15.9.99; 16.9.99).

Die Vorarlberger Grünen

Die Grünen Vorarlbergs entgingen knapp einer Spaltung, als Grabenkämpfe innerhalb der Grünen in einer Kampfabstimmung um den Spitzenplatz zwischen Vorstandssprecher Johannes Rauch und Klubobmann Christian Hörl gipfelten. Letzterem war seitens der „Hardliner" immer wieder ÖVP-freundliches Verhalten vorgeworfen worden. Die Abstimmung ging zwar zugunsten von Christian Hörl aus, und die Situation ließ sich befrieden, allerdings hatte der parteiinterne Konflikt sowohl zu Rück- als auch Austritten geführt (TT 12.2.99).

In der letzten Augustwoche wurde der grüne Wahlkampf offiziell gestartet. Spitzenkandidat Hörl legte dabei im Beisein von Bundessprecher Van der Bellen mit „zehn Prozent plus X" an Stimmen und folglich einem vierten Mandat die Latte für die kommenden Landtagswahlen sehr hoch. Und obwohl – so Hörl – die Koalition zwischen ÖVP und FPÖ bereits feststünde und daher als Ziel die Dreiviertelmehrheit der ÖVP/FPÖ-Regierung zu brechen wäre, schloß der grüne Spitzenkandidat eine Regierungsbeteiligung nicht dezidiert aus (VN 27.8.99). Inhaltlich konzentrierten sich die Grünen auf verkehrs-, energie-, umwelt- und frauenpolitische Themen – mit einem Jojo als Wahlgeschenk und dem Slogan „Gestaltung statt Verwaltung" signalisierten die Grünen, daß sie Bewegung in die Vorarlberger Landespolitik bringen würden (VN 27.8.99). Im Wahlkampfgeschehen konzentrierten sich die Grünen verstärkt auf Themen wie die Einführung eines „Vorarlberg-Tickets", das dazu motivieren sollte, auf öffentliche Verkehrsmittel umzusteigen (VN 6.9.99); ansonsten fanden Versuche einer inhaltlichen Positionierung eher geringe mediale Resonanz.

Das Liberale Forum in Vorarlberg

Brigitte Bitschnau-Canal wollte mit dem Liberalen Forum erstmals den Einzug in den Vorarlberger Landtag schaffen. Als ehemalige Landesfrauenreferentin, die einen Konflikt mit der ihr vorgesetzten ÖVP-Landesrätin Waibel vor Gericht ausgetragen hatte und dann in die Agrarabteilung strafversetzt wurde, hatte Heide Schmidt mit Bitschnau-Canal eine „Galionsfigur der unzufriedenen Frauen im Land" für das Liberale Forum gewonnen. Zum Wahlkampfauftakt war Heide Schmidt angereist und gemeinsam mit der LIF-Spitzenkandidatin Bitschnau-Canal bemühten sie sich – konfrontiert mit den Wahlniederlagen in Kärnten, Salzburg und Tirol im März 1999 sowie auf EU-Ebene im Juni 1999 – demonstrativ um Optimismus: Drei Mandate und somit Klubstärke hieß das Wahlziel, auch wenn Umfragen den Liberalen nicht mehr als drei bis vier Prozent einräumten (VN 26.8.99; 4.9.99). Insbesondere die Politikverdrossenen sollten angesprochen werden und symbolhaft für jene, die allein in der Landeshauptstadt den letzten Landtagswahlen fern geblieben waren, ließen die Liberalen 3.368 rote, blaue, grüne und schwarze Ballons in den Bregenzer Himmel steigen (VN 21.8.99; 24.8.99). Bezogen auf die Inhalte des LIF-Wahlkampfes sah sich die LIF-Spitzenkandidatin Bitschnau-Canal als „Anwältin aller Frauen im Landtag", Hans Widerich auf Platz zwei der Landesliste wollte insbesondere für mehr Demokratie und Mitbestimmung eintreten, während Verena Chlumetzy-Schmid auf Platz drei eine Offensive bei der Integration behinderter Kinder an den Schulen Vorarlbergs forderte (VN 17.8.99; 21.8.99; 24.8.99). Es gelang den Liberalen jedoch unzureichend, Themen tatsächlich zu besetzen. Viel zu sehr stand in den Medien die Frage im Vordergrund, ob das Liberale Forum – angesichts eher demotivierender Umfragedaten – den Einzug in den Landtag überhaupt schaffen würde.

4. Die Ergebnisse der Landtagswahlen im Vergleich

4.1. Kärnten

Hatten die Medien und vor allem die ÖVP selbst den Kärntner Wahlkampf anfänglich als schwarz-blaues Duell – Haider gegen Landeshauptmann Zernatto – präsentiert, so schlug nicht zuletzt im Sog diverser Hochrechnungen die Stimmung langsam um. Der Wahlkampf wurde immer mehr zu einem Duell „Haider gegen Ausserwinkler": Während SPÖ und FPÖ um den Wahlsieg und um den damit verbundenen Anspruch auf den Landeshauptmann ritterten, führte die ÖVP zunehmend ein Schattendasein jenseits der „entscheidenden Schlacht um Kärnten" (Bittendorfer et al. 1999: 32f.). Listen wie das Wahlbündnis „Demokratie 99" gingen völlig unter.

Das Kärntner Wahlresultat sollte die zeitgleich in Salzburg und Tirol stattfindenden Wahlen dann tatsächlich in den Schatten stellen: Die seit 1991 den Landeshauptmann stellende ÖVP mußte einen Verlust von 3,1 Prozentpunkten hinnehmen und kam auf insgesamt 20,7 Prozent der Stimmen; die SPÖ als bisher stärkste Partei Kärntens mobilisierte bei der 99er Wahl nur mehr 32,9 Prozent der Wähler und Wählerinnen – sie verlor damit 4,5 Prozentpunkte im Vergleich zur 94er Wahl; das Bündnis „Demokratie 99" verpaßte den Einzug in den Landtag deutlich: nur 3,9 Prozent der Kärntner und Kärntnerinnen sprachen sich für das Wahlbündnis aus. Den Verlierern dieser Wahl stand ein strahlender Sieger gegenüber: die FPÖ unter Jörg Haider, der mit einem Plus von 8,8 Prozentpunkten auf 42,1 Prozent der Stimmen zulegen konnte. Der Erfolg Haiders und die Tatsache, daß erstmals in der Zweiten Republik die FPÖ zur „Nummer 1" in einem Bundesland geworden war, mobilisierte in- wie ausländische Stellungnahmen (Der Standard 9.3.99). Führende SPÖ-Politiker wie Bundeskanzler Klima, SPÖ-Klubobmann Kostelka oder Bundesgeschäftsführer Rudas bemühten sich umgehend auszuschließen, daß es mit Hilfe der Kärntner SPÖ einen FPÖ-Landeshauptmann Haider geben würde (Der Standard 8.3.99); andere Landeshauptleute glaubten dazu Stellung nehmen zu müssen, ob das Wählervotum derart eindeutig wäre, daß ein Landeshauptmann Haider nunmehr gewählt werden müßte oder nicht. Letztlich nominierte die SPÖ zwar einen eigenen Landeshauptmann-Kandidaten, die ÖVP hingegen ermöglichte durch ihre Anwesenheit und die Abgabe weißer Stimmzettel allen Zwischenrufen aus dem In- wie Ausland zum Trotz die Wahl Haiders zum Landeshauptmann. Davon abgesehen zogen die Verlierer der Landtagswahl 99 ihre persönlichen Konsequenzen: Michael Ausserwinkler, SPÖ-Spitzenkandidat, legte noch am Sonntagnachmittag – als die ersten Hochrechnungen das Wahldesaster ankündigten – alle Funktionen zurück (Der Standard 8.3.99); Christof

Zernatto gab postwendend den Anspruch auf den Landeshauptmann auf und folgte im Juli 1999 dem Beispiel Ausserwinklers, nachdem er die Übergabe seiner Funktionen und Ämter parteiintern geregelt hatte (Der Standard 22.7.99). Obwohl Kärnten zu jenen Bundesländern gehört, die verfassungsrechtlich Proporzregierungen festschreiben, kündigte Zernatto an, daß die ÖVP zwar nicht auf den ihr zustehenden Landesrat verzichten würde, die Partei sich allerdings in Zukunft als konstruktive Opposition betätigen würde (Der Standard 9.3.99).

Tabelle 2: Ergebnisse der Kärntner Landtagswahlen (LTW) 1999 und 1994

	Ergebnisse in % der Stimmen			Ergebnisse in Mandaten		
	LTW 1999	LTW 1994	+/-	LTW 1999	LTW 1994	+/-
ÖVP	20,7	23,8	-3,1	8	9	-1
SPÖ	32,9	37,4	-4,5	12	14	-2
FPÖ	42,1	33,3	+8,8	16	13	+3
Bündnis99	3,9	-	+3,9	-	-	-

4.2. Salzburg

Die Salzburger Volkspartei erzielte 38,8 Prozent der Stimmen und steigerte sich – aufgrund komplizierter Wahlarithmetik – von 14 auf 15 Mandate. Die Salzburger SPÖ konnte bei den Landtagswahlen 32,3 Prozent der Wähler und Wählerinnen für sich mobilisieren, 1994 waren es 27,0 Prozent gewesen. Die als Wahlziel gesetzte 30-Prozent-Marke wurde damit deutlich übersprungen. Die Salzburger FPÖ erzielte 19,6 Prozent der Stimmen (+0,1 Prozent), verlor jedoch ein Mandat an die ÖVP. Die Grünen waren neben den Liberalen die eindeutigen Wahlverlierer: Sie kamen diesmal auf nur 5,4 Prozent der Stimmen, was im Vergleich zur letzten Wahl ein Minus von 1,9 Prozentpunkten bedeutete. Den Liberalen hingegen blieb mit nur 3,7 Prozent der Stimmen der Einzug in den Salzburger Landtag zum zweiten Mal verwehrt. Hatten sie 1994 den Einzug in den Landtag aufgrund eines Wahlrechts versäumt, das kleinere Parteien unverhältnismäßig diskriminierte, so versagte ihnen 1999 schlichtweg das Wahlvolk die nötige Unterstützung.

Tabelle 3: Ergebnisse der Salzburger Landtagswahlen (LTW) 1999 und 1994

	Ergebnisse in % der Stimmen			Ergebnisse in Mandaten		
	LTW 1999	LTW 1994	+/-	LTW 1999	LTW 1994	+/-
ÖVP	38,8	38,6	+0,2	15	14	+1
SPÖ	32,3	27,0	+5,3	12	11	+1
FPÖ	19,6	19,5	+0,1	7	8	-1
BL/Grüne	5,4	7,3	-1,9	2	3	-1
LIF	3,7	5,8	-2,1	0	0	-

Obwohl die ÖVP ihr selbst gestecktes Wahlziel „38 Prozent plus x" erreicht hatte, war es ihr nicht gelungen, den historischen Tiefstand von 1994 deutlich hinter sich zu lassen. Die Wahlkampfstrategie, die sich fast gänzlich auf die positiven Wirtschaftsdaten (Salzburg als „Musterland") und auf die Person des Landeshauptmannes gestützt hatte, war zu wenig überzeugend, um einen Teil der ab Mitte der achtziger Jahre abgewanderten WählerInnen zurückzuholen. Da überzeugte der vor allem auf die Stamm- und KernwählerInnen abzielende SPÖ-Wahlkampf, der gekonnt sowohl das SPÖ-Team rund um den Spitzenkandidaten Buchleitner als auch die Wahlkampfthemen vermarktete, umso mehr. Das eher mäßige Abschneiden der Salzburger FPÖ und der Absturz der Grünen ist zentral auf die vorangegangenen parteiinternen Krisen zurückzuführen. Sowohl FPÖ als auch Grüne unterstützten damit den Wahlerfolg der SPÖ und das akzeptable Abschneiden der ÖVP (SN 18.1.99).

4.3. Tirol

Daß die Lawinenkatastrophe von Galtür und Valzur die Wahlentscheidung der Tiroler und Tirolerinnen zugunsten der ÖVP beeinflussen würde, wurde von ExpertInnen diskutiert und in Umfragen erhoben (TT-Umfrage in: TT 4.3.99); und tatsächlich sah es am Wahlabend des 7. März danach aus, daß es VP-Landeshauptmann Weingartner gelungen wäre, das 19. von 36 Mandaten und somit die Absolute in Tirol zu halten: Mit 47,2 Prozent der Stimmen sollte die ÖVP ihr 19. Mandat verteidigen, während die SPÖ gemäß dem Wahlergebnis am 7. März 1999 auf 21,8 Prozent (+1 Mandat), die FPÖ auf 19,6 Prozent (+1 Mandat) und die Grünen auf 8 Prozent (-2 Mandate) kamen; mit nur 3,2 Prozent der Stimmen hatten die Liberalen den Einzug in den Tiroler Landtag deutlich verfehlt und zählten gemeinsam mit den Grünen zu den großen Verlierern dieser Wahl (TT 8.3.99; Der Standard 8.3.99). Hieß es wenig später, daß die ÖVP die Absolute mit einem Stimmenüberhang von nur rund 200 Stimmen abgesichert hätte, so schrumpfte dieser Vorsprung nach dem Auszählen der Wahlkarten auf nur mehr 19 Stimmen (Der Standard 8.3.99; 10.3.99). Dies veranlaßte SPÖ und FPÖ sowie insbesondere die Grünen, die aufgrund dieser 19 Reststimmen das dritte Mandat verfehlt hatten, eine Wahlüberprüfung zu erwägen, um – vielleicht in einem zweiten Anlauf – die absolute Mehrheit der ÖVP zu brechen (TT 10.3.99). Vor dem Hintergrund sehr komplizierter Stimmzettel und Uneinigkeiten beim Auszählungsverfahren häuften sich in den Parteizentralen sofort Anrufe hinsichtlich beobachteter Unregelmäßigkeiten. Die Stadt Innsbruck nahm vorsichtshalber eine stichprobenmäßige Überprüfung der Auswertungsergebnisse vor – und nachdem bei 20 von 25 Innsbrucker Sprengeln Fehler zutage gefördert wurden, traten immer mehr PolitikerInnen für eine Neuauszählung der Stimmen ein. Da hierfür allerdings die Rechtsgrundlage fehlte, einigte man sich auf eine „Fehlersuche" anhand der Wahlprotokolle (TT 11.3.99; 15.3.99; 16.3.99; 17.3.99). Elf Tage nach der Wahl stand schließlich fest, daß das 19. Mandat von der ÖVP zu den Grünen wandern würde, diesmal mit einem denkbar knappen Überhang von 22 Stimmen zugunsten der Grünen. Das löste auf der einen Seite Jubel bei den Grünen aus, auf der anderen Seite bedeutete es für die ÖVP, in „echte" Koalitionsverhandlungen – mit wem auch immer – eintreten zu müssen (TT 18.3.99; Der Standard 19.3.99). Dem Wahlergebnis zufolge erreichten die ÖVP bei den Landtagswahlen 99 schließlich nur mehr 18 (–1), die SPÖ acht (+1), die FPÖ sieben (+1) und die Grünen drei Mandate (–1).

Tabelle 4: Ergebnisse der Tiroler Landtagswahlen (LTW) 1999 und 1994

	Ergebnisse in % der Stimmen			Ergebnisse in Mandaten		
	LTW 1999	LTW 1994	+/–	LTW 1999	LTW 1994	+/–
ÖVP	47,2	47,3	–0,1	18	19	–1
SPÖ	21,8	19,8	+2,0	8	7	+1
FPÖ	19,6	16,1	+3,5	7	6	+1
Grüne	8,0	10,7	–2,7	3	4	–1
LIF	3,2	3,4	–0,2	0	0	

Hatten sich angesichts der zuerst verkündeten ÖVP-Absoluten sowohl SPÖ als auch FPÖ geziert, mit der ÖVP Koalitionsverhandlungen zu führen, änderte sich dies, nachdem eine Revision des Wahlergebnisses immer wahrscheinlicher wurde (TT 9.3.99). Obwohl Weingartner im Februar vor den Wahlen dezidiert ausgeschlossen hatte, mit der FPÖ zu verhandeln, solange Haider in der FPÖ eine maßgebliche Rolle spielen würde (in: TT 20.2.99), hinderte ihn dies nicht daran, im Zuge einer Abschlußdiskussion aller SpitzenkandidatInnen zwei Tage vor der Wahl Koalitionsbereitschaft in alle Richtungen hin zu signalisieren (TT 5.3.99). Nach den Wahlen wurden dann tatsächlich Verhandlungen sowohl mit der SPÖ als auch mit der FPÖ geführt, aus denen zwar schlußendlich die SPÖ als Koalitionspartner der ÖVP hervorging; allerdings erst nachdem eine bereits feststehende ÖVP-FPÖ-Koalitionsvereinbarung in letzter Minute gescheitert war (TT 25.3.99). Warum der ÖVP-FPÖ-Pakt nicht hielt, wurde seitens der ÖVP mit einer überraschenden FP-Personalrochade zugunsten von Riess-Passer als zweiter FP-Landesrätin anstatt des zuerst vorgeschlagenen FP-Landesrates Lugger begründet, hatte wohl aber viel mehr mit VP-interner Kritik auf Landes- wie auf Bundesebene und angedrohten VP-internen Rückzügen aus der Politik zu tun als mit der Person von Riess-Passer (TT 27.3.99). In der Folge kündigte ausgerechnet die Tiroler FPÖ eine Anfechtung des Tiroler Landtagswahlergebnisses beim Verfassungsgerichtshof an (TT 29.3.99). Tatsächlich angefochten wurden die Landtagswahlen schließlich von ÖVP, FPÖ und LIF; eine erste Erkenntnis des Verfassungsgerichtshofes intensivierte die Streitigkeiten zwischen den Parteien und führte zu einer zweiten Anfechtung durch ÖVP, FPÖ und Grüne. Ende Februar 2000 ist das Verfahren nach wie vor offen.

4.4. Vorarlberg

Die Wahl am 19. September 1999 kannte einen großen Gewinner – die FPÖ, die von 18,4 Prozent (1994) auf 27,4 Prozent (1999) zulegen konnte. Die restlichen Parteien verfehlten ihr Wahlziel deutlich: ÖVP-Landeshauptmann Sausgruber mußte den Verlust der Absoluten und ein Minus von 4,1 Prozentpunkten akzeptieren; die SPÖ unter Elmar

Mayer sank auf 13 Prozent der Wählerstimmen, was ein Minus von 3,3 Prozentpunkten bedeutete; die Grünen büßten mit 6 erreichten Prozent an Stimmen ein Mandat und damit die Klubstärke ein; das Liberale Forum war mit 3,4 Prozent an Stimmen somit auch in Vorarlberg weit davon entfernt, den Einzug in den Landtag zu schaffen.

Tabelle 5: Ergebnisse der Vorarlberger Landtagswahlen (LTW) 1999 und 1994

	Ergebnisse in % der Stimmen			Ergebnisse in Mandaten		
	LTW 1999	LTW 1994	+/-	LTW 1999	LTW 1994	+/-
ÖVP	45,8	49,9	−4,1	18	20	−2
SPÖ	13,0	16,3	−3,3	5	6	−1
FPÖ	27,4	18,4	+9,0	11	7	+4
Grüne	6,0	7,7	−1,7	2	3	−1
LIF	3,4	3,5	−0,1	0	0	

Mehr noch als den Landtagswahlen im März 99 wurde der Vorarlberger Landtagswahl im September 99 „Testcharakter" für die bevorstehenden Nationalratswahlen eingeräumt. Daß Vorarlberg als politischer Stimmungsbarometer galt, zeigte allein der Umstand, daß rund 100 MedienvertreterInnen aus dem In- wie Ausland vorhatten, über die Landtagswahl zu berichten (VN 18.9.99). Die Vermischung mit dem Nationalratswahlkampf war – je näher der Termin der Landtagswahl rückte – immer deutlicher zu beobachten. Die starke Präsenz von BundespolitikerInnen im Zuge des Ländle-Wahlkampfes kam allen gelegen – ausgenommen der Vorarlberger Volkspartei, die sich bis zuletzt um deutliche Abgrenzung zur Bundespartei bemühte. Dementsprechend wurde das Ergebnis insbesondere seitens der SPÖ, der Grünen und der Liberalen mit großer Besorgnis entgegen genommen, während FPÖ-Bundesparteiobmann Haider in Gorbachs Erfolg einen „Turbo für die Nationalratswahlen" sah und ÖVP-Bundesparteiobmann Schüssel sich – trotz der Verluste – zufrieden gab, die ÖVP in Vorarlberg als stärkste Kraft bestätigt zu wissen (VN 20.9.99). Die Konsequenzen des Wahlergebnisses für die Vorarlberger Landespolitik waren auf den ersten Blick folgende: Die ÖVP in Vorarlberg mußte ähnlich wie in Tirol erstmals seit 1945 in „echte" Koalitionsverhandlungen eintreten; die bisherige ÖVP-FPÖ-Koalition, die seit 1974 trotz absoluter VP-Mehrheit auf freiwilliger Vereinbarung zwischen ÖVP und FPÖ beruhte, war damit zu Ende. Die Ausübung der parlamentarischen Kontrollfunktion obliegt weiterhin den Parteien SPÖ und GAL. Allerdings wurden beide Parteien empfindlich geschwächt und können bestimmte Minderheitenrechte – so z.B. Gebarungsprüfungsaufträge an den Rechnungshof – nicht einmal, wie bisher, in einem gemeinsamen Agreement ausüben.

5. Resümee

Jedes der hier behandelten vier Bundesländer stellt – trotz aller institutioneller Ähnlichkeiten – ein politisches System für sich dar, mit mehr oder weniger unterschiedlichen politischen Gewichtungen und diversen Spezifika. Verallgemeinernde Urteile und Einschätzungen müssen daher jeweils mit Vorsicht formuliert werden.

Wahlentscheidung und politische Kräfteverschiebungen

Bezüglich der Wählerbewegung bei den oben besprochenen Landtagswahlen ist resümierend folgendes festzuhalten: (1.) Die *FPÖ* konnte in drei Ländern teilweise massive Zuwächse an Stimmen für sich verbuchen (K: +8,8 Prozent; V: +9 Prozent; T: +3,5 Prozent), allein in Salzburg gab es ein Stagnieren, wobei das Halten des guten Ergebnisses von 1994 nach der fundamentalen Selbstbeschädigung dieser Landesgruppe durch interne Streitereien, vorübergehende Auflösung usw. auch als eine Art von Erfolg gewertet werden kann. (2.) Die *ÖVP* kann sich gegenüber 1994 in zwei Ländern zumindest stimmenmäßig relativ behaupten (Salzburg +0,2 und Tirol -0,8) und verliert in Vorarlberg (-4,1 Prozent) sowie in Kärnten (-3,1 Prozent) deutlich. (3.) Die *SPÖ* gewinnt zweimal (Salzburg +5,3 und Tirol +1,97 Prozent) und verliert ebenso oft (Vorarlberg -2,2 und Kärnten -4,5 Prozent). Insgesamt zeigen sich also sowohl für die VP (vor allem wegen des empfindlichen Verlustes zweier absoluter Mandatsmehrheiten) als auch für die SP deutlich negative Gesamtsaldos. (4.) Die *Grünen* verlieren durchwegs deutlich und gehen damit in Vorarlberg und Salzburg des Klubstatus verlustig. (5.) Den *Liberalen* mißlingt der Sprung in die Landtage erneut.

Verfassungsreform in Salzburg und Tirol

Die tiefreichenden Verfassungsreformen in Salzburg und Tirol (Abwendung vom Regierungsproporz hin zu Mehrheitsregierungen, drastische Ausweitung der Kontrollmöglichkeiten) sind in der Bevölkerung zuvor nie breit diskutiert worden.[12] Der diesbezügliche Diskurs wurde überwiegend von Politikern, Politologen, Juristen und Medienvertretern getragen. Die relativ komplexen Zusammenhänge und Argumente dafür und dagegen konnten nur schwer kommuniziert werden, und die schließlich auf die Aufwertung der Regierungen, verschärfte Konflikte und vermehrten Wettbewerb hinauslaufenden Entscheidungen dürften einem Großteil der an jahrzehntelange Konsenspraktiken gewöhnten Bevölkerung gefühlsmäßig eher zuwiderlaufen (d.h. Kontrolle wird zwar grundsätzlich bejaht und Proporz wird kritisiert, während aber andererseits Konsens, Konfliktarmut und Ausverhandeln nach wie vor hoch geschätzt sind). Für die Wahlausgänge in Salzburg und Tirol dürften diese Verfassungsreformen nur in begrenztem Maße mitverantwortlich gemacht werden, obzwar natürlich Überlegungen und Kalküle über mögliche Regierungskonstellationen in den Werbebotschaften des Wahlkampfes aufgegriffen worden sind. Insbesondere bekam vor dem Hintergrund der erwartbaren VP-SP-Koalitionen der FP-Slogan von der Macht, die Kontrolle brauche, zusätzliches Gewicht.

Veränderung der Kräfteverhältnisse zugunsten der FPÖ

Eine Analyse, welche die oben beschriebenen Stimmenverschiebungen bzw. insbesondere die langfristigen FP-Gewinne zu erklären versucht, wird folgende Elemente zu berücksichtigen haben:
- Die kontinuierliche und unaufhaltsame Zunahme der FPÖ-Anteile kann nur zu geringsten Teilen daraus erklärt werden, daß diese Partei bzw. ihre Exponenten landes- und sachpolitisch gestaltend eine derart hervorragende Figur gemacht hätten. Der FPÖ ist es vielmehr gelungen, sich in den Augen vieler WählerInnen auch in den Ländern ein fast unangefochtenes Protestmonopol zu sichern. Dieses Image ist auf einen schillernden Mix zurückzuführen, der einen dreifachen Winner-Bonus zur Konsequenz hat: (1.) bis 1999 waren FP-VertreterInnen in allen Landesregierungen präsent. Die damit gegebenen Zugänge zu Informationen und Ressourcen sowie die Möglichkeiten der öffentlichen Profilierung und Selbstdarstellung wurden nach Kräften genutzt. (2.) Aus den Regierungen heraus wurde – mit Einschränkungen gilt das für Vorarlberg – gleichzeitig und permanent Quasi-Opposition gemacht. Damit versuchte man sich als einzige echt kontrollierende Kraft zu profilieren. Landespolitischer Oppositions- und Regierungs-Bonus konnten so gleichzeitig lukriert werden. (3.) Darüber hinaus forcierte man – wie auch für 1999 eben gezeigt – vor allem in Wahlkämpfen das Spiel auf der Klaviatur der Emotionen, Vorurteile und Ängste mit weit über landespolitische Gestaltungsmöglichkeiten hinausreichenden und überwiegend in die Bundespolitik ressortierenden Dauerthemen wie Sozialmißbrauch, AusländerInnen, Überfremdung, Drogen, Osterweiterung, Entwicklung der Europäischen Union usw. Garniert wurde das mit allgemeiner Kritik an der Bundes-Koalition und mit Anspielungen in Richtung eines anzustrebenden generellen politischen Wechsels bzw. der Ablöse von SP und VP.
- Die Freiheitlichen verfolgten also in Wahlkämpfen vor allem mit Bundes- und Europathemen und erst in zweiter Linie mit landespolitischen Fragen (hier müßte sie ja kritischer Fragen nach eventueller Mitverantwortlichkeit gewärtig sein) einen stetigen und teilweise aggressiven *Kontroll- und Protestkurs*. Einzig in Kärnten, wo man – ausgehend von zuletzt 33,3 Prozent der Stimmen – an die Spitze zu kommen hoffte, war der Wahlkampf insgesamt moderater und selbstbewußter angelegt. Hier gelang es von Anfang an, das Gesetz des Handelns zu erringen und offensiv mit der Persönlichkeit Jörg Haider zu werben bzw. mit Innovationen wie Kindercheck, Senkung der Stromkosten usw., auch wenn deren Finanzierung vorläufig unklar blieb.
- Die Möglichkeiten der Grünen, sich neben der FPÖ und im Kontrast zu dieser weiterhin als Protest- und Kontrollalternative zu offerieren und zu profilieren, haben sich nach den Landtagswahlen des Jahres 1999 drastisch verschlechtert. Einzig in Tirol gelang es, die Klubstärke zu erhalten (damit verbunden Antragsrechte, Ausschußpräsenzen, öffentlich finanzierte Infrastruktur), während in Vorarlberg und Salzburg diese Hürde nicht geschafft wurde. In Kärnten ist der Sprung in das Landesparlament zum wiederholten Male mißlungen.
- Vor allem die in den vier Ländern den Posten des Landeshauptmannes besetzende ÖVP, abgeschwächt auch die SPÖ hingegen versuchten überwiegend und nachdrücklich durch ihre Argumente und Werbelinien die landespolitischen Arenen zu separie-

ren und diese als eigentlich zur Diskussion und zur Beurteilung anstehend hervorzuheben und sich gegen bundespolitische Kalküle und Trends abzugrenzen. Als Indizien für derartiges, auf *Erinnern* angelegtes und letztlich aber nur von begrenztem Erfolg gekröntes Bemühen seien genannt: das Hervorstreichen von landespolitischen Erfolgen; Betonung von Qualitäten wie Berechenbarkeit, Zuverläßigkeit und Aussicht auf maßvollen Wandel; massives Herausstellen der jeweiligen Spitzenkandidaten, insbesondere der bisherigen Amtsinhaber; kaum Einladung von Bundespolitikern im Wahlkampf; Hinweise auf die Wünschbarkeit von eigener landespolitischer Entscheidungsautonomie (dies im Kontrast zu den als politisch „ferngesteuert" bezeichnete FP-VertreterInnen) und deutliche Anspielungen auf relative Distanziertheit gegenüber der eigenen Bundespartei. ÖVP und SPÖ wurden und werden aber in den Ländern (zu relativieren wäre das für Vorarlberg) seit langem schon und weiterhin als Verteidiger und Lobredner des Bestehenden erlebt, und sie werden daher wohl auch von vielen pauschal für kritikwürdige Entwicklungen – im Bund, in Europa – verantwortlich gemacht.

- Der Protest- und Kontrollanwird der FPÖ also trotz Präsenz und Mitverantwortung in den Landesregierungen und trotz diverser innerparteilicher Ungereimtheiten bisher am ehesten „geglaubt" – und das mit einigem Recht. Haben doch ihre quantitativ erheblichen Mandats-Zuwächse in den Landtagen und teilweise auch in den Vertretungskörperschaften der Kammern bis jetzt noch nicht zu entsprechenden Zuwächsen an tatsächlicher Macht und Zugriffs- und Gestaltungsmöglichkeiten, insbesondere im Vorfeld der parlamentarischen Politikarenen, geführt. In diesen wenig transparenten und insbesondere in Proporzdemokratien bedeutsamen informellen Bereichen dominieren nach wie vor überwiegend ÖVP und SPÖ und die ihnen nahestehenden Interessengruppen und Verbände. So gesehen ist die FPÖ – mit gewissen Relativierungen für Kärnten – trotz aller Wahlerfolge machtpolitisch noch immer krasse Außenseiterin, sie erscheint machtpolitisch als noch unverbraucht. Die seit vielen Jahrzehnten regierenden Parteien ÖVP und SPÖ können hingegen in den meisten Ländern mit Recht für die Proporzsystemen eigentümlichen Qualitäten wie Überregulierung, Überkontrollierung und Interessenverfilzung vieler von der Bevölkerung als closed shops erlebter Einflußbereiche verantwortlich gemacht und als bevorzugte Nutznießer dieses Systems kritisiert werden.

Die vier Landtagswahlen im Jahr 1999 bestätigen eindrucksvoll, daß der Wählermarkt seit den ausgehenden 80er Jahren auch in den Bundesländern insgesamt erheblich in Bewegung geraten ist. Satte absolute Mehrheiten – früher überwiegend die Regel – gehören endgültig der Vergangenheit an. Der politische Wettbewerb wird schärfer und das gilt auch für die Bundesländer mit verfassungsmäßig vorgeschriebenen Proporzregierungen. Das rauhere Wettbewerbsklima findet eine Entsprechung bzw. wird vielfach ursächlich gefördert durch verschärften Wettbewerb vor allem im Printmedienbereich. Wählerverluste, vermehrte Konkurrenz, geänderte Politikstile, drastisch verringerte Patronagemöglichkeiten und das zunehmende Ausgeliefertsein an bundesweite politische Grundtrends führen bei ÖVP und vor allem SPÖ zu landespolitischer Desorientierung und internem Streß und zum Aufbrechen von innerparteilichen Interessengegensätzen (Eigengewicht der Bezirke, Spannungslinie zwischen Reformern/Modernisierern und stammwählerorientierten ÖGB- bzw. AK-Exponenten u.ä.). Stärker denn je erscheint das Wahlverhalten auf Länderebene von bundespolitischen Kalkülen und Grundstimmungen mitbestimmt. Insbesondere die durchgehende Aufwärtsentwicklung der Freiheitlichen bei Landtagswahlen ist ohne massiven bundespolitischen „Rückenwind" nicht denk- und erklärbar. Die Begründung und Abgrenzung genuin landespolitischer Politikarenen (mit spezifisch zu beurteilendem Personal, Themen und Regeln) gegenüber den WählerInnen wird zunehmend schwieriger. Der Wähler bzw. die Wählerin ist mobil geworden, die politischen Entwicklungen und Strukturen sind auch in den Ländern stärker denn je in Bewegung geraten. Ein Ende dieser Verschiebungen ist nicht abzusehen.

Anmerkungen

1 Vgl. über die Entwicklungen bis 1991 in Kärnten: Schaller 1992; Salzburg: Dachs 1992a; Tirol: Cortolezis-Csoklich 1992; Vorarlberg: Dachs 1992b.

2 Für die Erstellung der Tabelle haben wir Frau Dagmar Aigner zu danken.

3 Vgl. zur Problematik allgemein Dachs 1995 und zur Entwicklung in Salzburg speziell Dachs 1999.

4 Die zur Analyse der Landtagswahlkämpfe herangezogenen Zeitungen werden wie folgt abgekürzt: „SN" steht für „Salzburger Nachrichten"; „TT" für „Tiroler Tageszeitung", „VN" für „Vorarlberger Nachrichten"; des weiteren standen vielfach die Originalmaterialien der einzelnen wahlwerbenden Landesparteien zur Verfügung, die mit ausgewertet wurden – und zwar angefangen von Prospekten, Plakaten, Extra-Blättern und Programm-Foldern bis hin zu Wahlwerbegeschenken und Presseaussendungen der einzelnen Parteien.

5 Vgl. dazu ausführlich Wolfgruber 1999.

6 Vgl. SN, Lokalausgabe, 12.8.1998; SN, Lokalausgabe, 8.10.1998; 9.12.1998; 4.3.1999; SN, 1.2.1999; Der Standard, 22.2.1999.

7 Konkret hatten sich Abt N. Wagner und Generalvikar H. Paarhammer als Freunde von Schausberger deklariert und waren auf Anfrage einer Mitarbeiterin des Personenkomitees auf die Unterstützungsliste gekommen; vgl. SN, Lokalausgabe, 12.1.1999.

8 Bei den EU-Wahlen 1996 war die FPÖ in Tirol stimmenstärkste Partei gewesen.

9 Obwohl zweitgereiht, beendete Riess-Passer ihren „Ausflug" in die Tiroler Landespolitik relativ rasch, nachdem sie als Landesrätin seitens der ÖVP nicht akzeptiert wurde und so die Koalitionsverhandlungen zwischen ÖVP und FPÖ scheiterten.

10 So berichtete der Standard am 1.3.99, daß – bedingt durch die Naturkatastrophe – mit Landeshauptmann Wendelin Weingartner erstmals ein Tiroler Landespolitiker an der Spitze des Politikerrankings steht. Er beherrschte klar die Berichterstattung in den kleinen „ZIBs" und war bei den „ZIB"-Spezialsendungen gar einzig präsenter Spitzenpolitiker.

11 In diesem Zusammenhang präsentierte die SPÖ eine Woche vor der Wahl ein Kontrollpaket, das u.a. folgende Punkte beinhaltete: die Klärung der Vorgänge rund um die Veruntreuung von Sozialhilfegeldern bei der BH Bregenz durch eine Untersuchungskommission; die Einrichtung von Untersuchungskommissionen auf Verlangen von ¼ der Abgeordneten; das Recht auf Sonderprüfungsaufträge an den Landes-Rechnungshof als Fraktionsrecht, das Recht auf Akteneinsicht u.v.m.

12 Zur Entwicklung in Salzburg vgl. Schausberger 1999.

Literatur

Bittendorfer, Dominik, Renate Hochwieser und Otto F. Pogreth (1999). Der „Haider-Effekt". Eine Analyse des Kärntner Landtagswahlkampfes 1999, in: *Schriftenreihe des Salzburger Instituts für Politikwissenschaft*, Heft 3, 2–49

Cortelezis-Csoklich, Veronika (1992). Parteien und Wahlen in Tirol, in: Herbert Dachs (Hg.). *Parteien und Wahlen in Österreichs Bundesländern 1945 – 1991*, Wien/München, 439–492

Dachs, Herbert (Hg.) (1992). *Parteien und Wahlen in Österreichs Bundesländern 1945 – 1991*, Wien/München

Dachs, Herbert (1992a). Parteien und Wahlen in Salzburg, in: Herbert Dachs (Hg.). *Parteien und Wahlen in Österreichs Bundesländern 1945 – 1991*, Wien/München, 289–344

Dachs, Herbert (1992b). Parteien und Wahlen in Vorarlberg, in: Herbert Dachs (Hg.). *Parteien und Wahlen in Österreichs Bundesländern 1945 – 1991*, Wien/München, 493–532

Dachs, Herbert (1995). Der Regierungsproporz in Österreichs Bundesländern – ein Anachronismus?, in: Andreas Khol, Günther Ofner und Alfred Stirnemann (Hg.). *Österreichisches Jahrbuch für Politik 1994*, Wien, 623–637

Dachs, Herbert, Franz Fallend und Elisabeth Wolfgruber (1997). *Länderpolitik. Politische Strukturen und Entscheidungsprozesse in den österreichischen Bundesländern*, Wien

Dachs, Herbert (1997). Parteiensysteme in den Bundesländern, in: Herbert Dachs, Peter Gerlich, Herbert Gottweis, Franz Horner, Helmut Kramer, Volkmar Lauber, Wolfgang C. Müller und Emmerich Tálos (Hg.). *Handbuch des politischen Systems Österreichs. Die Zweite Republik*, Wien, 877–894

Dachs, Herbert (1999). Reflexionen über politische Innovationsbereitschaft am Beispiel der Reformdebatten um den Regierungsproporz im Bundesland Salzburg. Ein Essay, in: Franz Schausberger (Hg.). *Vom Regierungsproporz zur Konkurrenz. Die Reform der Salzburger Landesverfassung 1998. Analysen – Wege – Strategien*, Wien, 177–195

Kaltefleiter, Werner und Peter Nißen (1980). *Empirische Wahlforschung. Eine Einführung in Theorie und Technik*, Paderborn/München

Schaller, Christian (1992). Parteien und Wahlen in Kärnten, in: Herbert Dachs (Hg.). *Parteien und Wahlen in Österreichs Bundesländern 1945 – 1991*, Wien/München, 83–159

Schausberger, Franz (Hg.) (1999). *Vom Regierungsproporz zur Konkurrenz. Die Reform der Salzburger Landesverfassung 1998. Analysen – Wege – Strategien*, Wien

Verbindungsstelle der österreichischen Bundesländer (1994). *Wahlstatistik*. 8. Auflage, Wien

Wolfgruber, Elisabeth (1999). „Im Westen nichts Neues?" Gemeinderats- und Landtagswahlen in Salzburg im Superwahljahr 1999, in: Herbert Dachs und Roland Floimair (Hg.). *Salzburger Jahrbuch für Politik*, Salzburg, 30–56

Regionales Wahlverhalten:
Analyse der Tiroler Landtagswahl 1999

Ferdinand Karlhofer / Gilg Seeber

Die Tiroler Landtagswahl vom 7. März 1999 ist für die Wahlforschung aus mehreren Gründen von besonderem Interesse:
* Es war die erste Wahl in diesem Bundesland nach der Verfassungsänderung vom Oktober 1998, mit der der Regierungsproporz zugunsten eines Majorzsystems abgeschafft worden war.
* Die Wahl selbst war überschattet von der Katastrophe im Schiort Galtür, wo am 23. Februar eine Lawine zahlreiche Todesopfer gefordert hatte.
* Schwere Fehler bei der Stimmenauszählung machten Unzulänglichkeiten im 1993 reformierten Stimmgebungsverfahren sichtbar.

Tirol zählt (neben Wien und Vorarlberg) zu den wenigen Bundesländern, in denen die Landespolitik auch noch in den neunziger Jahren durch Parteien mit Wähleranteilen von ± 50 Prozent bestimmt wurde. Bei der Landtagswahl 1994 hatte die ÖVP mit 47,3 Prozent die absolute Mehrheit an Stimmen, nicht aber an Mandaten (19 von 36) verloren; in der Landesregierung hielt sie fünf von acht Sitzen. Abgesehen von der allseits erwarteten Belebung der politischen Auseinandersetzung erwartete sich gerade die ÖVP von der Abkehr vom Proporzsystem mehr Spielraum bei der Regierungsbildung, insbesondere auch für den Fall eines Verlusts der absoluten Mandatsmehrheit.

Tirol folgte mit der Verfassungsänderung dem Beispiel von Salzburg, wo die Reform im März 1998 verabschiedet worden war. Dennoch war die Ausgangssituation für die in beiden Ländern zeitgleich stattfindende Landtagswahl am 7. März 1999 unterschiedlich: In Salzburg war in jedem Fall eine Koalition zu erwarten, da die ÖVP bei der Wahl 1994 nur 38,6 Prozent der Stimmen erzielt hatte. Klar war auch, daß der Koalitionspartner nicht FPÖ heißen würde, hatte doch die sogenannte Datenklau-Affäre des FPÖ-Landesrates Schnell den Entschluß zur Verfassungsreform wesentlich beschleunigt (ausführlich dazu Schausberger 1999). In Tirol dagegen war, abgesehen von wahltaktisch begründeten Ankündigungen, keine Koalitionsvariante von vornherein ausgeschlossen. Und tatsächlich nahm die ÖVP nach der Wahl zunächst mit der SPÖ Verhandlungen auf, wechselte kurzfristig zur FPÖ, um am Ende doch mit der SPÖ einen Koalitionspakt abzuschließen.

Die Lawinenkatastrophe von Galtür überschattete nicht nur die Landtags*wahl*, sondern auch, mehr noch sogar, den Landtags*wahlkampf*. Auf ein Ereignis wie dieses waren die Parteistrategen nicht vorbereitet, konnten es nicht sein. Aus Gründen der Pietät mußte auf eine Vielzahl der üblichen Aktivitäten und Events verzichtet werden. Die Zäsur im Wahlkampf machte zum einen die strategischen Ablaufpläne aller Parteien hinfällig, wirkte sich gleichzeitig aber für die einzelnen Parteien sehr unterschiedlich aus. Während die Partei des Landeshauptmanns, obzwar wie auch die anderen vom Ereignis überrascht, mit ihrem Spitzenkandidaten unverzüglich in das Katastrophenmanagement eingebunden war (am Ende auch über das *stop-and-go* des Wahlkampffinales bestimmte), waren die übrigen Parteien in ihren Handlungsmöglichkeiten extrem eingeschränkt und medial für mehr als eine Woche praktisch nicht präsent. Die Ratlosigkeit der Akteure und die hektische Suche nach einer Werbelinie, die nicht riskiert, als pietätlos eingestuft zu werden, wird von Ringler (1999) anschaulich nachgezeichnet. Was die Parteien in den wenigen Tagen bis zum Wahltermin noch an Werbemitteln einsetzten, konnte notgedrungen nur ansatzweise den vorbereiteten Konzepten folgen, die mehr improvisiert als strategisch geplant „an den Mann" gebracht werden mußten.[1] Jene Parteien, die ihren Wahlkampf schon sehr früh begonnen hatten (etwa die ÖVP), waren in dieser Situation im Vorteil, jene dagegen, die auf einen kurzen Intensivwahlkampf gesetzt hatten (etwa die Grünen), klar im Nachteil.

Das weit über Tirol hinaus wahrgenommene Debakel um die Stimmenauszählung in der Landeshauptstadt ist insoweit auch für die Wahlanalyse von Bedeutung, als sich hierin nicht nur Schwierigkeiten bei der Zuordnung von Stimmzetteln, sondern auch Mängel im *Stimmgebungsverfahren* dokumentieren. Zum Eklat war es gekommen, weil in Innsbruck zeitgleich mit der Landtagswahl eine Volksbefragung über die Direktwahl des Bürgermeisters durchgeführt wurde, was zu einer Beeinträchtigung des Wahlvorgangs führte. Nachdem in einigen Wahlsprengeln Unregelmäßigkeiten beeinsprucht worden waren, wurde in Innsbruck neu ausgezählt und das Wahlergebnis korrigiert, mit der Folge, daß sich die Wahlzahl änderte; die ÖVP verlor dadurch ein Mandat und damit die absolute Mehrheit im Landtag. Im Zuge der Auseinandersetzung wurde Kritik an der Wahlrechtsreform von 1993 laut. Schon bei der Landtagswahl 1994 war der Anteil der ungültigen Stimmen mit landesweit 7,8 Prozent (in Innsbruck 8,2) wesentlich höher gewesen, als das erfahrungsgemäß bei Wahlen der Fall ist; bei der LTW 1999 betrug dieser Anteil wieder 8,0 Prozent (in Innsbruck 11,5).[2] Bei den – nur im Tiroler Wahlsystem vorgesehenen – Direktstimmen[3] war dieser Anteil mit 16,5 Prozent (1994) bzw. 22,0 Prozent (1999) noch wesentlich höher. Die nach der Wahl gebildete Koalition aus ÖVP und SPÖ zog die Konsequenz daraus und kündigte eine Änderung der Wahlordnung an.

1. Ausgangslage und Ergebnis

Parteien

Bis zur Wahl 1999 waren Tirol und Vorarlberg die letzten Bundesländer mit prädominanten Parteien. Zwar war die ÖVP auch hier bereits 1994 unter die Fünfzig-Prozentmarke gefallen, die Wahlarithmetik hatte aber in beiden Fällen die absolute Mehrheit an Mandaten gesichert. Anders als in Vorarlberg aber, wo die Verluste der ÖVP in den vorangegangenen Wahlen eher gering gewesen waren (1984: 51,6%, 1989: 51,0%, 1994: 49,9%), hatte die Tiroler ÖVP 1989 mit einem Rückgang von fast 16 Prozentpunkten ein schweres Debakel hinzunehmen; der steile Abwärtstrend wurde erst 1994 durch einen vergleichsweise geringen Stimmenverlust gebremst (1984: 64,6%, 1989: 48,7%, 1994: 47,3%).

Die Tiroler ÖVP war bereits 1994 mit einem neuen Erscheinungsbild nach außen gegangen. Die Partei wurde konsequent als *Tiroler Volkspartei* beziehungsweise, unter Vermeidung des Parteinamens, als *Wir Tiroler* beworben. Das unter dem neuen Parteiobmann und Landeshauptmann Wendelin Weingartner gewandelte professionell-technokratische Erscheinungsbild zielte auf eine Verknüpfung von Landesidentität und Modernität ab (vgl. Sprenger 1995). Mit medienwirksamen „offenen Vorwahlen" wurden neue Wege der innerparteilichen Willensbildung bei der Kandidatennominierung eingeschlagen (1999 wurde davon wieder Abstand genommen). Mit 19 von 36 Mandaten hielt die ÖVP die Mehrheit, dennoch nahmen die innerparteilichen Konflikte, zumeist verbunden mit Kritik am Führungsstil des Parteiobmanns, in den folgenden fünf Jahren zu. Im Vorfeld der LTW 1999 zeichnete sich im öffentlichen Meinungsbild ein neuerlicher Verlust und damit ein Ende der absoluten Mandatsmehrheit ab.

Die Tiroler SPÖ hatte bereits seit Mitte der siebziger Jahre von Wahl zu Wahl jeweils drei bis vier Prozentpunkte an Stimmen und ein Mandat eingebüßt; 1994 verlor sie sogar zwei Mandate und mußte gleichzeitig auch einen von bis dahin zwei Landesräten abgeben. Die SPÖ Tirol ist als jene Partei anzusehen, die vom sozialen Wandel besonders betroffen war und die gleichzeitig mit ihren verschiedenen Bemühungen um ein ansprechenderes Erscheinungsbild kaum oder keinen Erfolg hatte. So wurde beispielsweise registriert, daß die ÖVP mit dem „Wir-Tiroler"-Profil einen erfolgversprechenden Kurs eingeschlagen hatte, die dagegen gehaltene Wahlkampflinie, den SPÖ-Spitzenkandidaten als Auch-Tiroler („Der Tiroler Hans Tanzer") zu affichieren, wirkte allerdings eher hilflos. Unter dem neuen Vorsitzenden Herbert Prock wurde in den folgenden fünf Jahren konsequent an einem neuen, stark personalisierten Parteiprofil gearbeitet, mit dem vor allem jüngere urbane Wählerschichten angesprochen werden sollten.

Die Tiroler FPÖ hielt 1984 einen Stimmenanteil von 6,0%, konnte diesen 1989 auf 15,6% anheben, 1994 dann nur geringfügig auf 16,1%. Der starke Zugewinn 1989 weist darauf hin, daß die FPÖ am ehesten als Alternative für ehemalige ÖVP-Wähler bereitsteht. Gleichzeitig sticht die FPÖ wenig durch landespolitische Exponenten oder ein besonderes Eigenprofil hervor. Der Umstand, daß überraschend die geschäftsführende Bundesparteiobfrau Susanne Riess-Passer – an deren ultimativem Anspruch auf einen

Regierungssitz später die Koalitionsverhandlungen zwischen ÖVP und FPÖ scheiterten – auf die Kandidatenliste der Partei gesetzt wurde, verstärkt dieses Bild.

Die Tiroler Grünen, als jüngste im Landtag vertretene Partei, erreichten 1989 8,3% der Stimmen; 1994 steigerten sie sich weiter auf 10,7% und erlangten damit – als erste grüne Landespartei (ohne Wien) – auch den Anspruch auf einen Sitz in der Landesregierung. Als in Umwelt- und Transitfragen besonders betroffenes Bundesland bildet Tirol einen für eine grüne Partei besonders günstigen Boden. Mit der Landesvorsitzenden Eva Lichtenberger gelang es, dieses Kompetenzprofil auch durch hohe Bekanntheits- und Sympathiewerte für die Parteiexponentin zu ergänzen. Das Wählerpotential der Tiroler Grünen muß als heterogen bezeichnet werden, mit einem Spektrum von stark wertkonservativen bis hin zu deutlich links orientierten Wählern.

Das Liberale Forum hatte beim erstmaligen Antreten bei der Landtagswahl 1994 einen Stimmenanteil von 3,3% erzielt und damit den Einzug in den Landtag verfehlt. Die Wählerschaft der Partei verfügt über ein überdurchschnittlich hohes Bildungsniveau und konzentriert sich auf den Großraum Innsbruck. Das zentrale Problem des LIF, das Fehlen einer flächendeckenden Parteistruktur, konnte bis zur Wahl 1999 nicht ausgeglichen werden.

Wahlkampfstrategien

Von der LTW 1999 wurde allgemein eine Zäsur in der Tiroler Landespolitik erwartet, da der Verlust der absoluten Mandatsmehrheit der ÖVP sehr wahrscheinlich war und damit auch die Regierungsbildung nach der erstmals anzuwendenden Majorzregel ein besonderes Spannungselement in sich trug. Es war daher anzunehmen, daß die Auseinandersetzungen härter als bei früheren Wahlen sein würden. Da einiges in Richtung einer Koalition zwischen ÖVP und SPÖ deutete, stellten sich FPÖ, Grüne und LIF auf einen scharfen Oppositionskurs ein.

In ihrer strategischen Ausrichtung der Wahlwerbung wurden die einzelnen Parteien unterschiedlich stark von der Zäsur im Wahlkampf berührt. ÖVP und SPÖ hatten dem eigentlichen Beginn des Wahlkampfes eine jeweils bereits weit im Vorjahr gestartete Imagekampagne vorangestellt; FPÖ, Grüne und LIF dagegen hatten bewußt auf einen forcierten Intensivwahlkampf gesetzt und konnten daher ihre strategischen Ablaufpläne nur ansatzweise realisieren. Auch der offizielle Auftakt erfolgte bei ÖVP und SPÖ früher als bei den anderen Parteien[4], ein mit Blick auf den ab dem 23. Februar stark eingeschränkten Handlungsspielraum nicht unbeachtlicher Vorsprung. Überdies hatten erstere ihren Wahlkampf auf Positivwerbung angelegt, während die anderen deutlich auf *negative campaigning* gesetzt hatten. Namentlich die FPÖ hatte mit einem Ende Jänner affichierten Plakat, auf dem gezielt unvorteilhafte Aufnahmen der beiden Spitzenkandidaten von ÖVP und SPÖ mit verächtlich-machenden Bildunterschriften versehen waren, ein bis dahin nicht gekanntes Stilmittel in die Wahlauseinandersetzung eingebracht. Auch hier erwies sich am Ende die Werbelinie von ÖVP und SPÖ als vorteilhaft, da ihre – trotz Wahlkampfstop nicht entfernten – Wahlplakate die Trauerstimmung im Land am wenigsten störten.

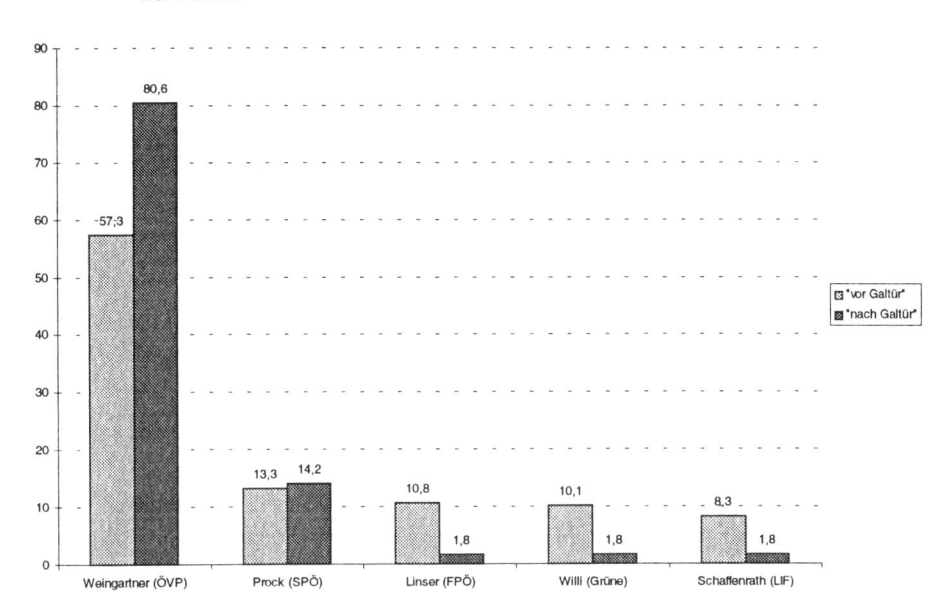

Schaubild 1: TV-Präsenz der Spitzenkandidaten vor und nach dem Lawinenunglück vom 23. Februar*

*Anteil der Präsenz in Tirol heute – 01.12.98-22.02.99 – 23.02.99-04.03.99
Quelle: Forschungsgruppe mediAwatch, Untersuchungszeitraum 23.02.-04.03.1999, zit. n. Ringler (1999: 183).

In den beiden Wochen zwischen der Katastrophe und der Wahl war die den Landeshauptmann stellende Partei klar im Vorteil, und zwar sowohl in der Selbsteinschätzung als auch in der Einschätzung durch die konkurrierenden Parteien (Ringler 1999: 93-144). Die mediale Aufmerksamkeit richtete sich fast exklusiv auf den Landeshauptmann, eine geringfügig steigende Präsenz konnte auch der Spitzenkandidat der SPÖ, zu diesem Zeitpunkt Landesrat für Soziales, erzielen, die übrigen Parteien verschwanden im Leitmedium Fernsehen fast zur Gänze (s. *Schaubild 1*).

Wahlergebnis

Markantestes Ergebnis der Wahl vom 7. März ist das Abschneiden der ÖVP, die mit 47,2 Prozent der Stimmen nur geringfügig weniger als 1994 erzielte, damit aber dennoch die absolute Mandatsmehrheit verlor und zur Regierungsbildung auf einen Koalitionspartner angewiesen war. Die SPÖ gewann nach ihrem Tiefstand 1994 zwei Prozentpunkte und ein Mandat hinzu, die FPÖ gewann fast vier Prozentpunkte und ebenfalls ein zusätzliches Mandat. Die Grünen verloren 3,7 Prozentpunkte und ein Mandat, das Liberale Forum verfehlte auch diesmal mit 3,2 Prozent klar den Einzug in den Landtag.

Tabelle 1:   Tiroler Landtagswahlen 1989–1999 – Stimmen, Mandate, Regierungssitze

	Stimmen				Mandate				Regierungssitze			
	ÖVP	SPÖ	FPÖ	Grüne	ÖVP	SPÖ	FPÖ	Grüne	ÖVP	SPÖ	FPÖ	Grüne
1989	48,7	22,8	15,6	8,3	19	9	5	3	5	2	1	0
1994	47,3	19,8	16,1	10,7	19	7	6	4	5	1	1	1
1999	47,2	21,8	20,0	8,0	18	8	7	3	5	2	0	0

Quelle: Amtliche Verlautbarungen.

Das Wahlergebnis läßt sich mit dem Hintergrund der Lawinenkatastrophe nur schwer in Bezug zum Verhalten der Parteien in der Endphase des Wahlkampfs bringen. Ein negativer Zusammenhang zwischen Verhalten im Wahlkampf und (mangelndem) Wahlerfolg ist beim Liberalen Forum anzunehmen; als einzige Partei hatte es sich geweigert, nach der Katastrophe den Wahlkampf im Gleichklang mit den anderen Parteien einzustellen, und sich damit unmittelbar vor der Wahl in eine sehr unvorteilhafte Position gebracht.

Daß die ÖVP deutlich besser abschnitt als erwartet, läßt auf einen – schwer quantifizierbaren – positiven Effekt der Dauerpräsenz des Landeshauptmannes im Rahmen des Krisenmanagements schließen. Weiters kam der ÖVP, wie auch der SPÖ, der frühe Start der Wahlkampagne zugute. Umgekehrt hatte der späte Beginn bei den Grünen und dem LIF unvermeidlich negative Auswirkungen. Bei der FPÖ, die ebenfalls spät mit dem Wahlkampf begonnen hatte, war der Zeitpunkt vergleichsweise irrelevant, da die Medienaufmerksamkeit durch die zeitgleich stattfindenden Landtagswahlen in Salzburg und in Kärnten und die damit verbundene starke Präsenz des Bundesparteiobmanns zumindest indirekt gesichert war.

2. Ergebnisse der Wahltagsbefragung

Die nachstehenden Befunde stützen sich auf die Auswertung einer von der Tiroler Tageszeitung finanzierten Wahltagsbefragung, die unter unserer Leitung an den Instituten für Politikwissenschaft und für Statistik an der Universität Innsbruck durchgeführt wurde.[5] Befragt wurden 742 Personen an insgesamt 27 repräsentativ ausgewählten Einsatzorten in Tirol; die Kontaktaufnahme erfolgte unter Zugrundelegung eines Quotenplans (Altersgruppe, Geschlecht).

Exit polls sind teuer und werden bei Landtagswahlen selten durchgeführt. In bezug auf Tirol liegen uns keine, jedenfalls keine öffentlich zugänglichen Datensätze zu früheren Wahlgängen vor. Diachrone Vergleiche sind daher – sieht man von den Recall-Fragen in unserem eigenen Fragebogen ab, die Vergleichswerte zur Landtagswahl 1994 liefern – nicht möglich.

Wählerwanderung

Die Zusammensetzung der Stimmenanteile 1999 mit Bezug zum Wahlverhalten bei der Landtagswahl 1994 läßt einen umfangreichen Wähleraustausch bei den einzelnen Parteien erkennen (*Tabelle 2*):

Tabelle 2: Wählerwanderung 1994–1999

	gewählte Partei 1999*			
	ÖVP	SPÖ	FPÖ	Grüne
ÖVP-Wähler 1994	83,6	9,0	8,9	13,9
SPÖ-Wähler 1994	0,4	53,9	11,1	5,6
FPÖ-Wähler 1994	3,5	2,2	64,4	8,3
Grün-Wähler 1994	2,7	15,7	1,1	58,3
LIF-Wähler 1994	0,9	5,6	1,1	2,8
nicht wahlberechtigt 1994	8,8	13,5	13,3	11,1
	100,0	100,0	100,0	100,0

* Wegen der geringen Fallzahl ist das LIF für 1999 nicht ausgewiesen.
Quelle: Karlhofer und Seeber, Exit Poll zur LTW 1999.

Während die ÖVP von den anderen Parteien nur geringe Zugewinne verbuchte, zog die SPÖ sehr stark Stimmen von den Grünen (15,7%) und auch von der ÖVP (9,0%) ab. Die FPÖ gewann 11,1% Stimmen von der SPÖ und 8,9% von der ÖVP, bei den Grünen hatten 13,9% der Wähler 1994 ÖVP und immerhin 8,3% FPÖ gewählt. Das Liberale Forum verlor besonders stark an die SPÖ und die Grünen.

Der Anteil der Stammwähler ist mit deutlichem Abstand am größten bei der ÖVP (83,6%), gefolgt von der FPÖ (64,4%) und den Grünen (58,3%). Die Wählerschaft der SPÖ von 1999 deckt sich nur etwa zur Hälfte mit der von 1994 (53,9%). Auffallend ist weiters, daß die kleineren Parteien, namentlich SPÖ und FPÖ, in einem deutlich höheren Maße die Gruppe der Erstwähler ansprachen als die ÖVP.

Zeitpunkt der Wahlentscheidung

Unter Berücksichtigung der scharfen Zäsur im Wahlkampf durch die Lawinenkatastrophe wäre die Frage, welchen Effekt dieses Ereignis auf das Wahlergebnis hatte, von besonderer Relevanz, sie läßt sich aber nicht schlüssig beantworten. Zwar wurde die Frage, ob die Stimmung im Land nach dem 23. Februar einen Einfluß auf die Wahl gehabt habe, von 6% der Befragten mit Ja beantwortet, jedoch ohne kausale Korrelation mit dem Stimmverhalten. Eine Analyse des Zeitpunkts, an dem die definitive Wahlentscheidung getroffen wurde, bestätigt dieses Bild (*Tabelle 3*):

Tabelle 3: Zeitpunkt der Wahlentscheidung und Stimmverhalten

	sehr kurz vor der Wahl (bis 1 Woche davor)	1 bis 2 Wochen vor der Wahl	länger als 2 Wochen vor der Wahl	
Insgesamt	15,7	6,9	77,4	100,0
ÖVP-Wähler	12,0	6,2	81,8	100,0
SPÖ-Wählern	25,2	7,2	67,6	100,0
FPÖ-Wähler	12,7	4,9	82,4	100,0
Grün-Wähler	14,6	7,3	78,0	100,0
Wechselwähler	36,1	14,5	49,4	100,0
Abwanderer von der ÖVP	34,8	14,1	51,0	100,0
Abwanderer von den Grünen	36,9	10,0	53,1	100,0
Zuwanderer zur SPÖ	39,1	9,8	51,1	100,0
Zuwanderer zur FPÖ	26,1	12,8	61,1	100,0

Quelle: Karlhofer und Seeber, Exit Poll zur LTW 1999.

Die ÖVP, die als in den letzten beiden Wochen begünstigte Partei einen eher hohen Anteil an *last minute deciders* (weniger als 1 Woche vor der Wahl) bzw. *late deciders* (1 bis 2 Wochen vor der Wahl) erwarten ließe, liegt mit beiden Werten keineswegs vor den anderen Parteien, bei den *late deciders* mit 12,0% sogar am niedrigsten. Den höchsten Wert erzielte vielmehr die SPÖ mit 25,2%, die gleichzeitig auch den deutlich niedrigsten Anteil an Frühentschlossenen (67,6%) aufweist. Über eine in sehr hohem Maße konsolidierte Klientel (siehe auch den Anteil der Stammwähler, *Tabelle 2*) verfügt die FPÖ mit einem Anteil von 82,4% *early deciders*.

Bei der Gruppe der Wechselwähler, also jener Wähler, die 1999 eine andere Partei als 1994 wählten, ist der Anteil der *last minute deciders* erwartungsgemäß hoch (36,1%). Bei den Abwanderern von ihrer ursprünglich präferierten Partei sticht besonders bei den Grünen der hohe Anteil von Wählern, die sich sehr kurz vor der Wahl am Ende doch für eine andere Partei entschlossen (36,9%), ins Auge.

Wechselwähler

Das Wahlverhalten der Wechselwähler ergibt nach Geschlecht, Alter und Bildungsniveau differenziert das folgende Bild:

Tabelle 4: Demographisches Profil der Wechselwähler

	Wähler (gesamt)	Wechselwähler
Männer	51,3	50,5
Frauen	48,7	49,5
	100,0	100,0
unter 30-Jährige*	13,1	38,0
30–44-Jährige	28,6	21,1
45–59-Jährige	29,7	26,1
60–69-Jährige	14,4	19,4
70-Jährige und älter	14,2	22,7
	100,0	100,0
Pflichtschulbildung	31,6	23,8
Fachschulbildung	34,8	29,5
Maturanten/Akademiker	33,5	46,7
	100,0	100,0

* ohne Erstwähler.
Quelle: Karlhofer und Seeber, Exit Poll zur LTW 1999.

Männer und Frauen weisen einen fast identischen Anteil an Wechselwählern im Verhältnis zu ihrem Wähleranteil auf. Deutliche Unterschiede gibt es hingegen bei den Altersgruppen: insbesondere bei der Gruppe der unter 30-Jährigen (ohne Erstwähler!) ist der Anteil an den Wechselwählern wesentlich höher als an den Wählern insgesamt (38,0% gegenüber 13,1%) – ein Indikator dafür, daß feste Parteibindungen für diese Gruppe kaum mehr in Frage kommen.

Unter dem Aspekt des Bildungsniveaus zeigt die Aufschlüsselung einen deutlich überproportionalen Anteil an Wechselwählern bei der Bildungsschicht der Maturanten und Akademiker (46,7% gegenüber 33,5%).

Wahlmotive

Die für die Stimmabgabe zugunsten einer Partei ausschlaggebenden Beweggründe wurden mit zwei Fragen erhoben: zunächst durch eine (ungestützte) Frage nach dem wichtigsten Motiv, im weiteren dann durch eine (gestützte) Frage mit der Möglichkeit von Mehrfachnennungen. Die Liste der Items für die gestützte Frage wurde auf Grundlage der wichtigsten inhaltlichen Positionen der Parteien sowie auch unter Beachtung struktureller oder personeller Besonderheiten erstellt (beispielsweise wurde bei der FPÖ auch die Rolle des Bundesparteiobmanns abgefragt).

ÖVP

Die ÖVP ist jene der vier im Landtag vertretenen Parteien, bei der das Wahlmotiv „weil sie meine Interessen am ehesten vertritt" bzw. „aus Tradition" mit deutlichem Abstand am häufigsten genannt wird (75,5%, ungestützt 26,8%); zweit- und drittgenannt werden die Items „weil Tirol stabile Verhältnisse braucht" (63,1%) und „weil Tirol eine starke Regierungspartei braucht" (55,8%). Inhaltlich begründete Motive (Familienpolitik, Wirtschaftskompetenz) sind demgegenüber nachrangig, und auch der Spitzenkandidat – immerhin Landeshauptmann und in dieser Funktion im Rahmen des Katastrophenmanagements außergewöhnlich stark präsent – wird nur von 38,6% (ungestützt sogar nur 5,2%) genannt. Ausschlaggebend, bei dieser Landtagswahl der ÖVP die Stimme zu geben, war also einerseits die immer noch starke Identifikation mit der Partei (Traditionswähler) und zugleich auch der Wunsch nach einer stabilen Regierung.

Tabelle 5: Motive für die Wahl der ÖVP (gestützte Fragestellung)

Mehrfachnennungen in Prozent	Männer	Frauen	gesamt
- weil sie meine Interessen am ehesten vertritt bzw. aus Tradition	72,6	78,5	75,7
- weil Tirol stabile Verhältnisse braucht	65,0	61,5	63,1
- weil Tirol eine starke Regierungspartei braucht	56,1	55,5	55,8
- weil sie etwas für die Familien tut	42,0	49,7	46,0
- weil sie mehr von der Wirtschaft versteht	49,5	40,4	44,7
- wegen der Persönlichkeit Wendelin Weingartner	36,5	40,5	38,6
- weil die ÖVP das kleinere Übel ist	36,6	33,7	35,1

Quelle: Karlhofer und Seeber, Exit Poll zur LTW 1999.

SPÖ

Sachthemen waren für die Entscheidung, SPÖ zu wählen, wesentlich stärker ausschlaggebend, als das bei der ÖVP der Fall war. Ihr beschäftigungspolitisches Engagement wird von fast zwei Drittel der SPÖ-Wähler (65,9%, gestützte Fragestellung) als Grund für die Wahl der SPÖ angegeben, das Wahlmotiv Interessenvertretung bzw. Tradition rückt demgegenüber in den Hintergrund. Auch bei SPÖ-Wählern ist der Spitzenkandidat – auch hier trotz eines extrem personalisierten Wahlkampfes – nur in bescheidenem Umfang für die Stimmabgabe maßgeblich (43,0%, bei ungestützter Fragestellung 8,2%).

Tabelle 6: Motive für die Wahl der SPÖ (gestützte Fragestellung)

Mehrfachnennungen in Prozent	Männer	Frauen	gesamt
- weil die SPÖ sich für die Arbeitsplätze einsetzt	70,7	62,4	65,9
- weil sie meine Interessen am ehesten vertritt bzw. aus Tradition	63,6	57,7	60,2
- weil sie für eine fortschrittliche Familienpolitik steht	47,2	55,4	51,9
- wegen der Persönlichkeit Herbert Prock	44,1	42,2	43,0
- weil die SPÖ für die Zusammenarbeit der Parteien ist	30,1	42,5	37,2
- weil sie ein modernes Erscheinungsbild hat	29,9	24,5	26,8
- weil die SPÖ das kleinere Übel ist	26,8	24,3	25,4

Quelle: Karlhofer und Seeber, Exit Poll zur LTW 1999.

FPÖ

Die als ausschlaggebend für die Wahl der FPÖ angeführten Gründe sind im wesentlichen deckungsgleich mit dem Themenhaushalt der Bundespartei: „gegen die Mächtigen ankämpfen" (61,4%), „gegen die Zuwanderung von Ausländern" (55,1%) und „entschlossene Haltung gegenüber der EU" (65,2%). Das Persönlichkeitselement als Wahlmotiv kommt durchaus zum Tragen, in deutlich geringerem Maße aber zugunsten des Spitzenkandidaten im Bundesland (27,0%) als zugunsten des Bundesobmanns (41,0%). Die FPÖ war damit jene Partei, bei der sich, ähnlich wie beim Liberalen Forum (siehe unten), die Anziehungskraft für ihre Wähler in hohem Maße auf nicht landesbezogene Zusammenhänge gründete.

Tabelle 7: Motive für die Wahl der FPÖ (gestützte Fragestellung)

Mehrfachnennungen in Prozent	Männer	Frauen	gesamt
- weil sie gegen die Mächtigen ankämpft	62,2	60,0	61,4
- weil sie gegen die Zuwanderung von Ausländern auftritt	56,3	53,1	55,1
- weil sie eine entschlossene Haltung gegenüber der EU einnimmt	56,8	55,2	56,2
- weil sie meine Interessen am ehesten vertritt bzw. aus Tradition	59,6	50,9	56,2
- weil sie Partei von Jörg Haider ist	43,1	37,7	41,0
- weil die FPÖ das kleinere Übel ist	26,1	35,1	29,6
- wegen der Persönlichkeit Franz Linser	25,5	29,5	27,0

Quelle: Karlhofer und Seeber, Exit Poll zur LTW 1999.

Grüne

Ausschlaggebend dafür, den Grünen die Stimme zu geben, war für die überwältigende Mehrheit der Wähler dieser Partei die grüne Kernkompetenz Umwelt- bzw. Transitpolitik (95,1%, ungestützt 24,7%) und in erstaunlich hohem Maße die Sozial- bzw. Minderheitenpolitik (70,4%). Die Position der Grünen in EU-Fragen ist – anders als das noch vor dem EU-Referendum 1994 der Fall war, als die Grünen auf Landesebene die Meinungsführerschaft im Lager der EU-Gegner gehabt hatten (Karlhofer und Seeber 1995:

209–212) – als Wahlmotiv nur mehr von geringer Bedeutung (29,2%). So wie bei der FPÖ wurde auch bei den Grünen die Attraktivität einer nicht zur Wahl stehenden Persönlichkeit abgefragt, und zwar die scheidende Landesrätin der Grünen – sie wurde deutlich häufiger (34,4%) als entscheidend für die Stimmabgabe genannt als der Spitzenkandidat Georg Willi (29,8%).

Tabelle 8: Motive für die Wahl der Grünen (gestützte Fragestellung)

Mehrfachnennungen in Prozent	Männer	Frauen	gesamt
– weil sie gegen Umweltzerstörung und Transitbelastung ankämpfen	96,4	93,8	95,1
– weil sie für sozial Schwächere und für Minderheiten eintreten	68,0	72,9	70,4
– weil sie meine Interessen am ehesten vertreten bzw. aus Tradition	37,7	39,4	38,6
– weil Eva Lichtenberger eine gute Landesrätin war	20,3	48,3	34,4
– wegen der Persönlichkeit Georg Willi	28,7	31,0	29,8
– weil die Grünen das kleinere Übel sind	27,0	32,5	29,8
– weil sie eine entschlossene Haltung gegenüber der EU einnehmen	27,8	30,6	29,2

Quelle: Karlhofer und Seeber, Exit Poll zur LTW 1999.

LIF

Das Liberale Forum wurde vor allem wegen seiner prononcierten Haltung in kontrovers diskutierten Fragen gewählt – für zwei Drittel seiner Wähler (66,4%) war ausschlaggebend, daß das LIF „auch unbequeme Themen anpricht", für deutlich weniger Wähler war die wirtschaftsliberale Position „weniger Staat" (48,0%) ausschlaggebend. Die Erwartung einer gewissen Automatik, wonach mit dem Einzug des LIF die ÖVP ihre absolute Mehrheit verlieren würde, floß bei 44,0% der LIF-Wähler in die Wahlentscheidung ein. In personeller Hinsicht war beim LIF, ähnlich wie bei der FPÖ, die Strahlkraft der Exponentin auf Bundesebene (30,1%) größer als der auf Landesebene (18,8%).

Tabelle 9: Motive für die Wahl des LIF (gestützte Fragestellung)

Mehrfachnennungen in Prozent	Männer	Frauen	gesamt
– weil das Liberale Forum auch unbequeme Themen anspricht	69,1	64,6	66,4
– weil es meine Interessen am ehesten vertritt bzw. aus Tradition	29,6	72,0	55,2
– weil es für mehr Selbstbestimmung und weniger Staat eintritt	55,7	43,0	48,0
– weil dadurch die ÖVP die absolute Mehrheit verliert	42,2	45,2	44,0
– weil das Liberale Forum das kleinere Übel ist	41,0	23,4	30,4
– weil das Liberale Forum die Partei von Heide Schmidt ist	10,9	42,7	30,1
– wegen der Persönlichkeit Maria Schaffenrath	19,8	18,1	18,8

Quelle: Karlhofer und Seeber, Exit Poll zur LTW 1999.

Regierungspräferenzen

Mit dem Hintergrund der Verfassungsänderung und der sehr wahrscheinlichen Perspektive einer Koalitionsbildung der ÖVP mit einer anderen Partei ergab die Frage nach der bevorzugten Zusammensetzung der Regierung eine deutliche Präferenz für die Variante ÖVP-SPÖ (35,8%); eine Koalition aus ÖVP und FPÖ wäre von nur 15,1% der Wähler befürwortet worden.

Schaubild 2: Bevorzugte Zusammensetzung der Regierung

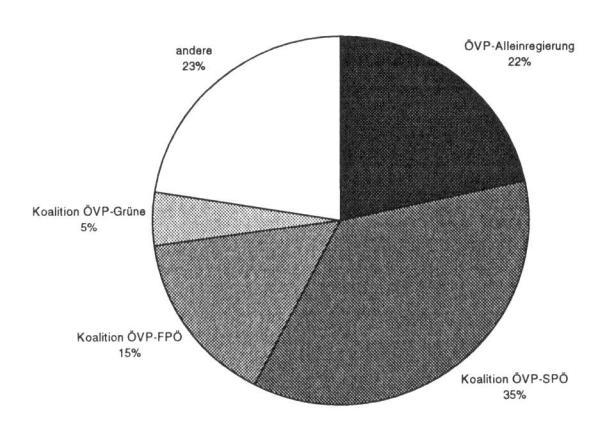

andere 23%
ÖVP-Alleinregierung 22%
Koalition ÖVP-Grüne 5%
Koalition ÖVP-FPÖ 15%
Koalition ÖVP-SPÖ 35%

Quelle: Karlhofer und Seeber, Exit Poll zur LTW 1999.

3. Zusammenfassung

So wie in den anderen Bundesländern ist auch in Tirol die Wählerlandschaft in Bewegung gekommen. Die verschiedenen Wahlgänge in den neunziger Jahren haben zu erheblichen Verschiebungen im Kräfteverhältnis der Parteien geführt, besonders markant die EU-Wahl 1996, aber genauso auch die Nationalratswahlen zwischen 1990 und 1999. Bei den Landtagswahlen hat die ÖVP, als mit Abstand größte Partei, ihre absolute Mehrheit (an Mandaten) vergleichsweise lange halten können; gemessen am Stimmenanteil ist sie seit 1999 die stärkste Partei in einem Bundesland.

Diese prägende Kraft spiegelt sich in den Motiven der Wählerschaft wider: während die Wähler der anderen Parteien sich bei ihrer Entscheidung primär an deren themenspezifischer Profilierung orientierten, stand für die Wähler der ÖVP der Wunsch nach Stabilität und Regierbarkeit im Vordergrund.

Durchgängig ist erkennbar, daß die Wahlentscheidung für eine Partei sich an Themen bzw. ihr zugeschriebenen Attributen und sehr viel weniger an Personen orientierte. Eine Erklärung dafür könnte sein, daß keine der Parteien über charismatische Spitzenkandidaten mit besonderer persönlicher Ausstrahlung verfügte.

Für die Wähler von FPÖ und LIF hatte überdies, obwohl es sich um eine Landtagswahl handelte, die Attraktivität der Parteivorsitzenden auf Bundesebene einen größeren Einfluß auf die Wahlentscheidung als die der regionalen Spitzenkandidaten. Die (nicht nur auf Tirol anzuwendende) These, wonach regionale Wahlen vermehrt durch überregionale Faktoren beeinflußt werden (ZAP 1994: 22), wird dadurch bestätigt.

Markante Unterschiede weisen die Parteien hinsichtlich ihres Anteils an Stammwählern auf. Der Bogen spannt sich hier von knapp über fünfzig Prozent (SPÖ) bis weit über achtzig Prozent. Den zweitgrößten Anteil weist die FPÖ auf, die überdies sogar den höchsten Anteil an Frühentschlossenen zu verzeichnen hat.

Eine Unterscheidung nach dem Geschlecht läßt keine signifikanten Unterschiede im Wahlverhalten erkennen. Frauen wählten in etwa gleich wie Männer, auch der Anteil der Wechselwähler ist bei beiden Gruppen annähernd gleich. Die einzige Auffälligkeit ist bei den Wahlmotiven für die Grünen und das Liberale Forum zu registrieren: die beiden (nicht zur Wahl stehenden) Personen Lichtenberger und Schmidt wurden wesentlich häufiger von Frauen als von Männern genannt.

Ein krasser Unterschied tritt bei der – oben nicht in einer Tabelle ausgewiesenen – Gegenüberstellung der Repräsentativerhebung mit dem tatsächlichen Wahlergebnis zutage, und zwar nicht bei den Stimmenanteilen der Parteien (wo die Abweichung marginal ist), sondern beim Anteil der ungültigen Stimmen: die Exit poll ergibt einen Wert von 2,5%, das tatsächliche Ergebnis einen Anteil von 8,0%. Daraus kann der Schluß gezogen werden, daß ein nicht geringer Teil der Wähler den Stimmzettel im Glauben ausfüllte, gültig zu wählen, ungewollt aber einen Fehler machte. Die Kontroverse um die Stimmenauszählung im Gefolge der Wahl läßt diese Vermutung plausibel erscheinen.

Anmerkungen

1 Vor allem die „Materialschlacht" erreichte ihren Höhepunkt nicht – abzulesen daran, daß beispielsweise die Grünen die übriggebliebenen Werbegeschenke bei der EU-Wahl drei Monate später verteilten.

2 Zum Vergleich: bei den am selben Tag abgehaltenen Landtagswahlen betrug der Anteil ungültiger Stimmen in Salzburg 3,4 Prozent, in Kärnten 1,8 Prozent.

3 Zusätzlich zum Parteilisten-Stimmzettel (mit der Möglichkeit, Vorzugsstimmen zu vergeben) erhält der Wähler einen Stimmzettel zur Wahl eines Direktkandidaten im Bezirk. Das Modell ist angelehnt an das deutsche Stimmen-Splitting, sieht aber im Gegensatz zu diesem keine Überhangmandate vor, sodaß es für die Zusammensetzung des Landtags keine Bedeutung hat. Die Praxis der Stimmenauszählung mit dem hohen Anteil an ungültigen Stimmen zeigte, daß die schwer zu unterscheidenden Begriffe Vorzugsstimme und Direktstimme nicht nur bei den Wählern (hier vermutlich vor allem bei älteren und weniger gebildeten), sondern auch bei Wahlbeisitzern Verwirrung stifteten.

4 ÖVP 8. Jänner, SPÖ 15. Jänner, FPÖ 22. Jänner, Grüne 5. Februar, LIF 27. Jänner.

5   Ausgewählte Ergebnisse der *exit poll* wurden am 9. März 1999 in der Tiroler Tageszeitung veröffentlicht.

Literatur

Sprenger, Michael (1995). Eine Analyse der Tiroler Landtagswahl, in: *Österreichisches Jahrbuch für Politik 1994*, Wien, 219-226

Karlhofer, Ferdinand und Gilg Seeber (1995). Die Paneluntersuchung in der repräsentativen Meinungsforschung am Beispiel des EU-Referendums in Tirol, *SWS-Rundschau* 35 (2), 201-214

Nick, Rainer und Christian Traweger (1996). Gegen den Trend. Wahlverhalten in Westösterreich, in: Fritz Plasser, Peter A. Ulram und Günther Ogris (Hg.). *Wahlkampf und Wählerentscheidung. Analysen zur Nationalratswahl 1995*, Wien, 291-313

Ringler, Verena (1999). *Der Tiroler Landtagswahlkampf 1999 im Zeichen der Lawinenkatastrophe von Galtür unter besonderer Berücksichtigung der Sicht der Parteien*, politikwissenschaftliche Diplomarbeit, Innsbruck

Schausberger, Franz (1999). Die Abschaffung des Proporzsystems in den Bundesländern Salzburg und Tirol, in: *Österreichisches Jahrbuch für Politik 1998*, Wien, 257-270

ZAP (1994). *Analyse der Landtagswahlen Tirol, Salzburg und Kärnten vom 13. März 1994*, Forschungsbericht des Zentrums für Angewandte Politikforschung, Wien

Parteien- und Wahlkampffinanzierung in den 90er Jahren

Hubert Sickinger

1. Vorbemerkungen

1999 war wie zuvor 1994 durch eine besonders ausgeprägte Häufung bundesweit relevanter Wahlen gekennzeichnet. Wie schon 1994 berichteten Journalisten und Beobachter aus der Werbebranche von neuen Rekorden bei den Wahlkampfausgaben der Parteien. Aber anders als in der ersten Hälfte der 1990er Jahre wurde nur mehr selten darüber spekuliert, wer die großzügigen privaten Geldgeber der Parteien seien, die ihnen eine derartige Materialschlacht ermöglichen würden. 1999 war weitgehend klar, daß der überwiegende Teil letztlich vom Steuerzahler beglichen würde.

Eine Beschreibung der österreichischen *Wahlkampffinanzierung* ist immer zugleich eine Beschreibung des *gesamten Systems der Parteienfinanzierung*. Erstens wird nämlich der Großteil der Wahlkampfausgaben nach wie vor von den *Parteien* (und nicht einzelnen Kandidaten) ausgegeben; zumindest bei SPÖ und ÖVP (sowie den Grünen) umfassen die Wahlkampfausgaben auch nur einen vergleichsweise geringen Teil der Gesamtausgaben der jeweiligen Partei. Die Frage, wie die Parteien ihre Wahlkampfausgaben aufbringen, ist daher nicht von der Frage trennbar, woher sie ganz allgemein ihre finanziellen Ressourcen beziehen. Sofern *Kandidaten* nennenswerte Mittel für ihre eigenen Wahlkämpfe (neben der allgemeinen Parteikampagne) einsetzen können, ist dies selten von ihrer *Verankerung in Partei-Teilorganisationen oder in Verbänden* zu trennen (und damit letztlich wieder ein Reflex der auch im System der Parteienfinanzierung sichtbaren Grundstrukturen der Parteien) – oder aber es ist ein Reflex dessen, daß sie als *Amtsinhaber* Zugang zu spezifischen öffentlichen Ressourcen haben.

Der Verfasser hat zur Jahreswende 1996/1997 eine umfangreiche Darstellung der österreichischen Politikfinanzierung publiziert,[1] deren Zahlenreihen und Angaben in diesem Aufsatz aktualisiert und punktuell auch vertieft werden. Den Untersuchungszeitraum bilden die Entwicklungen seit den späten 1980er Jahren. Basis der Untersuchung bilden die öffentliche Parteienförderung auf Bundes- und Landesebene, die Rechenschaftsberichte der Bundesparteien, Presseberichterstattung und zahlreiche Hinweise von Journalisten und Politikern. Zunächst wird in Abschnitt 2 die Einnahmenstruktur der Parteien behandelt. Dabei wird anhand dreier Nichtwahljahre – 1988 als letztes typisches Jahr vor dem rapiden Aufstieg der FPÖ, 1993 und 1998 als repräsentative Jahre für die Situation der frühen bzw. späten 1990er Jahre – versucht, Gesamtbilanzen unter Einschluß der Landes- und Bezirksorganisationen sowie bei der ÖVP auch der Bünde zu berechnen. Weiters wird darauf eingegangen, wie sich die Relationen in Wahljahren ändern. Abschnitt 3 behandelt anschließend die Grundzüge der Ausgabenstruktur der Parteien, wobei auch die Wahlkampfausgaben berücksichtigt werden. Abschnitt 4 behandelt kurz die zentralen Gründe, warum die beiden ehemaligen Großparteien in der zweiten Hälfte der 1990er Jahre trotz immer noch deutlich höheren Finanzvolumens mit fast ebenso teuren Wahlkämpfen der FPÖ konfrontiert sind.

2. Grundzüge der Einnahmenstrukturen der österreichischen Parteien

Die österreichischen Parteien finanzieren sich im wesentlichen aus folgenden Quellen:

A) Beiträge und kleine Massenspenden

Mitgliedsbeiträge und kleine Massenspenden bilden gewissermaßen die *Grass-roots-Finanzierung* der Parteien. Sie spielen nur für die beiden Parteien mit Massenmitgliedschaft, SPÖ und ÖVP, eine vergleichsweise wichtige Rolle:[2]
- Bei der SPÖ fallen aufgrund ihres bundeseinheitlichen straffen Inkassosystems v.a. Mitgliedsbeiträge an, Kleinspenden kommen nur in Wahljahren aufgrund zusätzlicher systematischer Spendensammlungen für die jeweiligen Wahlfonds hinzu (die de facto aber oft von kleinen Funktionären stammen, die damit das von oben auferlegte Spenden-Plansoll erfüllen). Aufgrund der starken Abnahme der Mitgliederzahlen sind die Einnahmen aus Mitgliedsbeiträgen seit den späten 1980er Jahren trotz deutlicher Erhöhungen der Beiträge leicht gesunken.
- Bei der ÖVP werden die Beiträge im wesentlichen von den *Bünden* auf Landesebene erhoben. Die in den Rechenschaftsberichten der Bundespartei ausgewiesenen „Mitgliedsbeiträge" sind in Wirklichkeit jedes Jahr neu verhandelte (wenngleich offiziell an den Mitgliederzahlen und Erträgen aus Mitgliedsbeiträgen orientierte) Transfers der Landesparteien an die Bundespartei. Der durchschnittliche Beitrag ist zwar v.a. im Wirtschaftsbund höher als bei der SPÖ, die Beitragsmoral aber geringer; auch die ÖVP hatte seit ca. 1987/88 deutliche Einbrüche ihrer Mitgliederzahlen zu verzeichnen. Dasselbe gilt vermutlich auch für ihre Erträge aus kleineren Massenspenden.
- Die FPÖ hat ihre Mitgliederbasis in den letzten 10 Jahren nur geringfügig (von ca. 40.000 auf nunmehr knapp 50.000) erhöhen können, deren Beitragsmoral ist zudem nicht sehr hoch. Grüne und LIF haben überhaupt nur Einnahmen von wenigen Mil-

lionen Schilling pro Jahr zu verzeichnen, allerdings ihr Potential an möglichen Mitgliedern und Spendern auch nie systematisch auszuschöpfen versucht.

B) Verbandsspenden und Unternehmerspenden

Der Bereich, wo die Rhetorik mancher Parteifunktionäre von „gläsernen Parteikassen" besonders realitätsfern erscheint, betrifft die Großspenden. Wichtige Grundstrukturen können dennoch beschrieben werden (vgl. im folgenden ausführlicher Sickinger 1997: 45ff.) – wobei darauf hinzuweisen ist, daß für diesen Bereich auch weiterhin Forschungsbedarf besteht.

Privatspenden und Unternehmerspenden

Da Parteispenden (wie auch Mitgliedsbeiträge) in Österreich nicht von der Einkommenssteuer absetzbar sind, werden Spenden von Unternehme(r)n überwiegend auf indirekten Wegen geleistet: Aufträge an Parteiunternehmen – am gebräuchlichsten sind Inserate in Parteipublikationen – können nämlich als Betriebsausgaben geltend gemacht werden, ebenso (zumindest de facto) auch verschiedene sonstige Formen von Kostenübernahmen (Sickinger 1997: 54ff.). Letzteres mag auch dadurch erleichtert werden, daß die Parteien normalerweise nicht von den Finanzämtern überprüft werden.[3] Dieser Bereich indirekter Parteispenden ist sowohl für ÖVP und SPÖ als auch für die FPÖ als wichtig einzuschätzen, zahlenmäßig aber kaum seriös quantifizierbar. Aufgrund einer stichprobenartigen Durchsicht von Parteipublikationen und sonstigen Informationen über die Insertionspraxis vieler (besonders dem öffentlichen Sektor angehörender) Unternehmen und Banken kann aber davon ausgegangen werden, daß dieser Betrag bei SPÖ und ÖVP pro Jahr wohl die 100-Millionen-Marke überschreitet, aber auch die FPÖ jährlich mindestens zweistellige Millionenbeträge an indirekter Finanzhilfe verbuchen kann. In den Rechenschaftsberichten der Parteien tauchen derartige Zuwendungen so gut wie nie auf, obwohl für Spenden eine explizit auch die Landes-, Bezirks- und Lokalorganisationen umfassende Bilanzierungspflicht gilt: Die Funktion der Einrichtung eigener Unternehmen (Verlage, Werbefirmen, auch EDV-Unternehmen), die u.a. derartige Parteipublikationen herausgeben, besteht neben steuertechnischen Vorteilen auch darin, derartige Einnahmen (und mit derartigen Parteiaktivitäten verbundene laufende Ausgaben) von den Parteibilanzen fernzuhalten.

Einen Sonderfall bilden Zuwendungen von Mandataren an ihre Parteien. Wenn man die statutarisch vorgesehenen Parteisteuern, darüber hinausgehende Zuwendungen, Wahlkampfbeiträge und eigene Wahlkampfausgaben dieses Personenkreises zusammenzählt, stellen diese mit Abstand die größten „Spender" ihrer Parteien dar (siehe den nächsten Unterabschnitt).

Direktspenden an Politiker gewinnen mit der zunehmenden Tendenz, aufgrund von Vorwahlen und des verstärkten Vorzugsstimmensystems bei Bundes- und Landtagswahlen zusätzliche eigene Wahlkampfausgaben tätigen zu müssen, an Bedeutung. Sofern in bar geleistet, stammen derartige Direktspenden wohl nicht selten aus Schwarzgeld. Unter Gesichtspunkten einer unzulässigen „politischen Landschaftspflege" dürften sie vor allem auf *kommunaler* Ebene problematisch sein (da in Bundes- und Landesparlamenten einzelne Abgeordnete aufgrund der strikten Fraktionsdisziplin eher wenig bewirken können).

Verbandsspenden

Im hoch organisierten und mit den beiden traditionellen Großparteien eng verflochtenen österreichischen Verbändesystem sind auch finanzielle Transfers der *Interessenverbände* zu den Parteien wichtig. Als Verbandsspenden im eigentlichen Sinne sind v.a. Spenden der *Industriellenvereinigung* (VÖI) zu nennen. Diese wurden seit den frühen 1980er Jahren halboffiziell mit ca. 10 Mio. pro Jahr angegeben; der Verfasser hat aufgrund eigener Berechnungen deren Höhe zumindest für die zweite Hälfte der 1980er Jahre weitaus höher mit zumindest 40-50 Mio. S pro Jahr beziffert (Sickinger 1997: 56-62). Die VÖI dürfte ihre direkten Parteispenden seit den frühen 1980er Jahren zunehmend ebenfalls durch *indirekte* Finanzhilfen ersetzt haben (Übernahme der Kosten gemeinsamer Veranstaltungen mit einer Partei, lebende Subventionen, beispielsweise auch Bezahlung der Kosten von Mitarbeitern von Politikern, wie dies beispielsweise bei mehreren Europaparlamentariern der Fall war. Auch an der Kampagne für die Wiederwahl Thomas Klestils als Bundespräsident 1998 hat sich laut Medienberichten die VÖI finanziell beteiligt).

Die offiziellen Angaben der Parteien über Spenden über 100.000 S geben aufgrund der meist gewählten Umwege sicherlich ein nur unvollständiges Bild. *Tabelle 1* gibt darüber einen Überblick: Sie erfaßt zwar grundsätzlich alle Parteiebenen, allerdings *bei der ÖVP nicht die Bünde* (die aber die zentralen Adressaten derartiger Zuwendungen darstellen dürften). Auch Spenden an einzelne Politiker oder an Vorfeldorganisationen sind mit Sicherheit nicht erfaßt. Die Tabelle ist auch insofern zu relativieren, als die SPÖ zwar die höchsten Werte ausweist, unter diesem Punkt aber fast ausschließlich Zuwendungen des Parlamentsklubs und sonstiger „Sozialdemokratischer Organisationen" ausgewiesen hat.

Tabelle 1: Spenden über 100.000 S an die österreichischen Parteien

	SPÖ	ÖVP	FPÖ	LIF	Grüne
1990	16.304.098	25.232.730	7.222.454	–	0
1991	4.110.000	19.886.438	10.735.044	–	0
1992	9.500.000	10.969.565	1.072.914	–	0
1993	5.200.000	5.400.000	114.280	?	0
1994	22.722.000	14.000.000	0	3.750.000	0
1995	41.960.000	16.500.000	0	2.070.000	0
1996	15.800.000	3.200.000	0	3.420.000	0
1997	6.300.000	4.010.000	6.058.696	*1.200.000	0
1998	0	100.000	0	**5.056.000	0

Quelle: Rechenschaftsberichte der Bundesparteien im Amtsblatt zur Wiener Zeitung. Mit zwei Ausnahmen handelt es sich ausschließlich um Spenden von Verbänden gemäß § 4 Abs. 7 Z. 4 PartG:
* LIF 1997: darunter eine Spende von 150.000 S von einer Privatperson;
** LIF 1998: darunter Spenden von Unternehme(r)n im Ausmaß von 4.300.000 S.

Fraktionsfinanzierung der Interessenverbände

Wichtiger als direkte Parteispenden von Verbänden ist die *Fraktionsfinanzierung* der *Wirtschaftskammern* und (mit insgesamt deutlich niedrigeren Beträgen) der *Arbeiterkammern* und des *ÖGB*. Diese Verbände finanzieren die Tätigkeit der in ihren Organen vertretenen parteipolitischen Fraktionen (Wirtschaftsbund und ÖAAB/FCG seitens der ÖVP, Fraktion Sozialdemokratischer Gewerkschafter und Freier Wirtschaftsverband bei der SPÖ, Ring Freiheitlicher Wirtschaftstreibender und Freiheitliche Arbeitnehmer bei der FPÖ) entsprechend ihrer Stärke im jeweiligen Verband. Die Mittel im Bereich des ÖGB werden formell für Schulungszwecke, in der AK als Unterstützung der wahlwerbenden Gruppen, im Bereich der Wirtschaftskammern meist für Pressearbeit der Fraktionen deklariert. Die Kammern zahlen in Kammerwahljahren meist höhere Beträge als in sonstigen Jahren aus. Die Fraktionszuwendungen der Kammern sind bis in die frühen 1990er Jahre stark angestiegen und seither in etwa auf diesem Niveau verblieben.

Obwohl die Parteizentralen auf die Fraktionsmittel natürlich keinen Durchgriff haben, dienen diese den genannten Teil- bzw. Vorfeldorganisationen als wesentliche finanzielle Ressource, die – neben der Finanzierung interner Schulungen und von Wahlkämpfen für die Kammerwahlen – natürlich auch für parteiinterne Transfers oder die Unterstützung der Wahlkämpfe einzelner Kandidaten für Nationalrats-, Landtags- und Gemeindewahlen Verwendung finden kann. Beispielsweise dürfte besonders für den Wirtschaftsbund der ÖVP diese regelmäßige Zuwendung (neben Beiträgen und Spenden seiner Mitglieder) de facto eine der Haupteinnahmequellen sein. Weiters ist zu beachten, daß die Fraktionen auch ihre Funktionäre in den Kammern und in Positionen in der Selbstverwaltung der Sozialversicherungsträger einer ähnlichen „Besteuerung" unterwerfen, wie dies die Parteien für ihre Mandatare tun.

Aus dem Bereich der agrarischen Interessenvertretungen sind Fraktionsfinanzierungen der Landwirtschaftskammern nur in marginalen Beträgen bekannt geworden. Eine solche dürfte aus mehreren Gründen nicht notwendig sein: Der den Bereich der agrarischen Interessenvertretungen dominierende Bauernbund verfügt über den höchsten Organisationsgrad einer freiwilligen Interessenvertretung und damit auch über ausreichend Mitgliedsbeiträge – was sicherlich auch daran liegt, daß die von ihm kontrollierten Landwirtschaftskammern eine Schlüsselrolle in der Beratung der Bauern hinsichtlich der Agrarförderungen sowie deren Verteilung einnehmen. Bauernbundfunktionäre sind meist personenident auch Landwirtschaftskammerfunktionäre. Zugleich ist der Bauernbund personell auch eng mit dem finanziell potenten Raiffeisensektor verflochten, der situativ zweifellos auch die Rolle eines Unterstützers von Eigenwahlkämpfen von ÖVP-Kandidaten aus dem Bauernbund einnimmt. Insofern bringt der Agrarverbandssektor die für das großkoalitionäre Nachkriegssystem so bezeichnende Verflechtung von Parteiunterorganisation, Interessenverband und ökonomischer Macht geradezu idealtypisch zum Ausdruck – die es aber auch z.B. zwischen AK/ÖGB/Sozialdemokratischen Gewerkschaftern und Sozialversicherungsträgern (früher auch Konsumgenossenschaften) gibt.

C) Die staatliche Bezahlung von Politikern – und deren Transfers an die Parteien

Die älteste Variante einer öffentlichen Finanzierung der Parteipolitik ist die staatliche Bezahlung von Mandataren: Erst die Bezahlung von Abgeordneten, Ministern, Bürgermeistern u.ä. hat die Ausübung von Politik als Hauptberuf ermöglicht. Relevant sind unter diesem Gesichtspunkt vor allem Abgeordnetenfunktionen (da nur sie die Zeit haben, sich *überwiegend* als Parteifunktionäre zu betätigen). In der Praxis haben die meisten maßgeblichen Parteifunktionäre ein öffentliches Mandat inne, was den Parteien die adäquate Bezahlung dieser Personen abnimmt oder zumindest erleichtert.

Es ist heute breit bekannt, daß die Parteien von diesen Mandataren *„Parteisteuern"* einheben, die daher bereits de facto in die Höhe der Bezüge „eingearbeitet" sind. Diese innerparteilichen Mandatsabgaben liegen normalerweise zwischen 10% und 25% des jeweiligen Bruttobezugs – bei hohen Politikern wie z.B. Nationalratsabgeordneten und Ministern liegen sie höher als z.B. bei Kommunalpolitikern, da hier „Abgaben" für verschiedene Parteibereiche (etwa: Parlamentsklub, Landesorganisation, teilweise auch Bezirkspartei, bei der ÖVP auch bündische Teilorganisation) zu leisten sind. Die Höhe schwankt bei SPÖ und ÖVP auch je nach dem finanziellen Reichtum der jeweiligen Landespartei (die typischerweise den Großteil der Parteisteuer einhebt). Gerade in Wahlkampfzeiten haben die Mandatare noch beträchtliche eigene Wahlkampfkosten (Faustregel: mindestens ein Monatsbezug der Funktion, um die kandidiert wird) für die Wahlkampagne ihrer Partei beizusteuern. Es werden aber durchaus auch z.B. Landtagsabgeordnete zur Mitfinanzierung des Nationalratswahlkampfes der Landespartei und vice versa herangezogen. Die tatsächlichen Parteizuwendungen und Ausgaben für parteipolitische Zwecke sind insofern im Schnitt einer Funktionsperiode typischerweise deutlich höher als die formellen „Parteisteuern".

Im Zuge der Neuregelung der Politikerbezüge wurde 1996/97 häufig die Abschaffung der Parteisteuern gefordert, weil diese eine problematische Form der indirekten staatlichen Parteienfinanzierung und eine Verzerrung der realen Politikerbezüge darstellen würden (so auch Sickinger 1997: 125-127). Die Bezügereformkommission unter dem Vorsitz des Rechnungshofpräsidenten (die mit der Erstattung eines Vorschlags zur Neuregelung der Bezügehöhe der Politiker bzw. einer „Bezügepyramide" für die unterschiedlichen Gebietskörperschaften betraut war) schlug in ihrem Bericht Ende 1996 eine Beseitigung der *steuerlichen Absetzbarkeit* dieser Parteiabgaben vor – in der Erwartung, daß diese dann mittelfristig abgeschafft würden (Rechnungshof 1996: 92f.). Derartige Vorschläge konnten allerdings nicht durchgesetzt werden. Vermutlich ist die Parteisteuer für die meisten Mandatare in Wirklichkeit auch eher ein Schutz denn eine Belastung: Gerade an der Parteibasis bis hinauf zu den Bezirksparteien (wo regional verankerte Abgeordnete meist ihre eigentliche Hausmacht haben) sind die SPÖ und etwas schwächer auch die ÖVP ausgesprochene „Kleine-Leute-Parteien". Gerade gegenüber den kleinen Funktionären können Bruttobezüge im Ausmaß um die 100.000 S (für Nationalratsabgeordnete) aber viel leichter gerechtfertigt werden, wenn der Partei daraus augenscheinlich ein Nutzen erwächst – und sich der Nettobezug (vor Einreichung des Jahresausgleichs) ebenso augenscheinlich viel geringer als der hohe Bruttobezug darstellt.

Einige Landesparteien gingen in den letzten Jahren dazu über, formell keine „Parteisteuern" mehr einzuheben; als Ausgleich werden den Mandataren freilich die Leistungen, die sie von der Partei erhalten (Nutzung von Infrastruktur, Beteiligung an Kosten der Öffentlichkeitsarbeit), direkt verrechnet. Diese Variante ändert aber nichts an der Grundproblematik, die Politikerbezüge als Umleitungskonten für die Parteienfinanzierung zu verwenden – schließlich gibt es ja ausgesprochen hohe direkte Partei- und Klubsubventionen für die Finanzierung der Wahlkämpfe und der notwendigen Infrastruktur. Auch die „neue" Begründung derartiger „Kostenbeteiligungen" ist daher *nicht* nachvollziehbar.

D) Staatliche Parteien- und Klubfinanzierung

Die öffentliche Parteienfinanzierung existiert auf allen Ebenen des politischen Systems – freilich mit einem Schwerpunkt auf Landesebene. Vor allem in den frühen 1990er Jahren war als Reaktion auf die Wahlniederlagen von ÖVP und SPÖ ein starker Ausbau der öffentlichen Parteienförderung auf Bundes- und Landesebene zu verzeichnen: Die beiden Großparteien konnten oder wollten sich nämlich (aufgrund angesammelter Schulden oder auch wegen steigender Wahlkampfkosten) nicht mit abnehmenden öffentlichen Subventionen abfinden. Unerwünschter Nebeneffekt war aus Sicht der Großparteien allerdings, daß die FPÖ durch ihre Wahlerfolge insofern sogar doppelt profitierte. Die weiter unten präsentierten Gesamtbilanzen für 1988 und 1993 bringen diesen „Bumerang"-Effekt sehr klar zum Ausdruck.

Sowohl auf Bundes- wie auf Landesebene ist zwischen der direkten Parteienfinanzierung und der Finanzierung der (Nationalrats- bzw. Landtags-)Klubs zu unterscheiden. Der Großteil der Parteienfinanzierung geht dabei durchwegs an die Parteiorganisationen selbst. Diese *direkte Parteienfinanzierung* ist formell meist für Zwecke der Öffentlichkeitsarbeit (so auf Bundesebene nach § 2 PartG), für die Abdeckung von Wahlwerbekosten (so die §§ 2a und 2b PartG für Nationalrats- und Europawahlen) oder für Schulungstätigkeiten (am wichtigsten ist hier die Finanzierung der Parteiakademien durch den Bund) zweckgebunden. Insgesamt können bei Einhaltung der Zweckbindungen mehr als 80% der direkten Parteisubventionen von Ländern und Bund für Wahlkampfzwecke („Öffentlichkeitsarbeit") verwendet werden. Die Aufteilung auf die einzelnen Parteien erfolgt heute weitgehend nach ihrem Wahlerfolg, meist kombiniert mit nur geringen (für alle im Nationalrat/Landtag vertretenen Parteien gleich hohen) Sockelbeträgen, die normalerweise insgesamt maximal 10% des Gesamtbetrags ausmachen, meist aber darunter liegen. Die bis Mitte der 1980er Jahre übliche Regel, kleine Parteien (damals nur die FPÖ) durch hohe Sockelbeträge überproportional zu fördern, wurde seit 1987 zumindest bei der direkten (für Zwecke der Öffentlichkeitsarbeit verwendbaren) Parteienfinanzierung weitgehend aufgegeben. Nur in wenigen Bereichen – wie den Parteiakademien sowie der Klubfinanzierung (siehe sogleich) auf Bundesebene und vergleichbaren Posten in einigen Ländern – sind Sockelbeträge nach wie vor von größerer Bedeutung. In den einzelnen Parteien- und Klubfinanzierungsgesetzen ist typischerweise eine Wertsicherung (durch Bindung an den VPI, Tariflohnindizes oder durch Formulierung der Zuwendungen in Beamtenbezügen) implementiert. Auf Bundesebene wurde die Parteienfinanzierung (und Klubfinanzierung) allerdings zwischen 1996 und 1999 weit-

Parteienfinanzierung (und Klubfinanzierung) allerdings zwischen 1996 und 1999 weitgehend eingefroren – durch die Häufung an Wahlen wurden in einigen Jahren (v.a. 1999) aufgrund der zusätzlichen Wahlkampfkostenerstattungen aber dennoch neue Rekordwerte erreicht. Auf Landesebene wurde – nicht selten mit kuriosen Begründungen und Versteckmanövern – der überproportionale Anstieg in einigen großen Bundesländern hingegen fortgesetzt.

Tabelle 2: Parteienförderungsgesetze in Bund und Ländern

Bund	Bundesgesetz vom 2. Juli 1975 über die Aufgaben, Finanzierung und Wahlwerbung politischer Parteien, BGBl. 1975/404; idF. BGBl. 1979/569, 1982/356, 1982/643 (geändert durch 1983/667), 1984/538, 1987/133, 1989/666, 1991/10, 1991/238, 1996/117 (Art. IV), 1996/201 (Art. 18) und BGBl. I 1997/130.
	BG, mit dem die Tätigkeit der Klubs der wahlwerbenden Parteien im Nationalrat und im Bundesrat erleichtert wird, BGBl. 1985/156 (Wiederverlautbarung), idF. 1986/214, 1987/134, 1990/742, 1996/117 (Art. V Europawahlordnung) und BGBl. I 1997/130.
Burgenland	LG vom 27. 01. 1994 über die Förderung der politischen Parteien und der parlamentarischen Tätigkeit im Burgenland (Bgld. Parteienförderungsgesetz), LGBl. 1994/23, idF. 1996/27 und 1998/21.
Kärnten	LG vom 25. 04. 1991 über die Förderung der Parteien in Kärnten (Kärntner Parteienförderungsgesetz), LGBl. 1991/83.
	Gesetz über einen Beitrag zum Personal- und Sachaufwand der Landtagsklubs, LGBl. 1991/82.
Niederösterreich	NÖ ParteienförderungsG (Stammfassung 1977; Novellierungen 1981, 1986, 1988, 1989, 1993, 1996 und 1998) = LGBl. 0301-0 bis 8.
	Gesetz über die Förderung der Tätigkeit der Landtagsklubs (Stammfassung 1975, Novellierungen 1981, 1988, 1996 und 1998) = LGBl. 0011-0 bis 4.
Oberösterreich	LG vom 31. 01. 1992 über die Parteienfinanzierung in Oberösterreich (O.ö. Parteienfinanzierungsgesetz), LGBl. 1992/25, idF. LGBl. 2000/4.
	LG vom 31. 01. 1992 über einen Beitrag zum Personal- und Sachaufwand der Landtagsklubs (O.ö. Landtagsklub-Finanzierungsgesetz), LGBl. 1992/26, idF. LGBl. 2000/5.
Salzburg	LG vom 8. 07. 1981 über die Förderung der politischen Parteien im Lande Salzburg (Salzburger Parteienförderungsgesetz), LGBl. 1981/79, idF. 1985/72, 1991/29, 1994/91 und 1999/85.
Steiermark	LG vom 3. 12. 1991 über die Förderung der politischen Parteien im Land Steiermark (Steiermärkisches Parteienförderungsgesetz), LGBl. 1992/17, idF. 1994/65, 1997/72 und 1999/55.
Tirol	G vom 24. 11. 1994 über die Förderung der politischen Parteien in Tirol (Tiroler Parteienförderungsgesetz) LGBl. 1995/13.

Quellen: Dachs 1993; Sickinger 1997: 200; Durchsicht der Landesgesetzblätter und des Rechtsinformationssystems des Bundes (RIS).

Die zusätzlich dazu durchwegs implementierte *Finanzierung der parlamentarischen Fraktionen (alias Klubfinanzierung)* dient zwar grundsätzlich zur Erfüllung der Aufgaben der jeweiligen Parlamentsfraktionen, wobei es allerdings in der Praxis möglich ist, einen Teil dieser Gelder an die außerparlamentarische Parteiorganisation weiterzuleiten. Beispielsweise können die Mittel aus der Klubfinanzierung des Bundes zu 39,1 % für die „Öffentlichkeitsarbeit des Klubs" verwendet werden, die in der Praxis offenbar auch bei der Mutterpartei oder direkt bei Werbeagenturen in Auftrag gegeben werden kann. Auch in einigen Ländern ist es nicht unüblich, daß sich Klubs an der Finanzierung der Wahlkämpfe ihrer Parteien beteiligen. Für beide Punkte wurde 1998 jeweils eine Affäre publik:

- Für das Nationalratswahljahr 1995 wurde eine Überweisung des SPÖ-Nationalratsklubs an die Bundes-SPÖ von 33 Mio. S bekannt (NEWS 16/1998: 32f.) – eine Summe, die sich (zuzüglich eigener Einnahmen des Klubs aus Klubsteuern der Abgeordneten) offenbar gerade noch innerhalb der Grenze des juristisch Argumentierbaren (Öffentlichkeitsarbeit ...) bewegt hatte. Auch der FPÖ-Nationalratsklub soll 1994 und 1995 je 10 Mio. S als Wahlkampfbeitrag unter der Signatur „Öffentlichkeitsarbeit" an die Partei weitergeleitet haben (NEWS 11/1999: 34-36, 37).
- Eine Facette des sogenannten „Rosenstingl-Skandals" der niederösterreichischen FPÖ bestand darin, daß der FPÖ-Landtagsklub den Landtagswahlkampf 1998 der Landes-FPÖ – ca. 18 Mio. S – finanzieren sollte. Der Großteil des Geldes, insgesamt 16 Mio. S, wurde im Juli und August 1997 als Kredit aufgenommen und über das Landesparteivorstandsmitglied Peter Rosenstingl hochverzinst veranlagt. Da sich Rosenstingl nachträglich als Defraudant erwies, ging der Großteil dieser Summe letztlich verloren. Es war klar, daß der Klub die Wahlkampfmittel (Zwischenfinanzierung über Kredit hin oder her) nur aus der Landes-Klubförderung hätte bezahlen können.

Neben diesen direkten Partei- und Klubsubventionen sind auch diverse kostensparende Sachleistungen zu erwähnen. Am wichtigsten sind – gerade auch unter dem Aspekt der Wahlkampfgestaltung – die *Belangsendungen im öffentlichrechtlichen Rundfunk*, die der ORF aufgrund des Rundfunkgesetzes einräumen muß. Während die Regelung für die Sendezeiten im Radio im vergangenen Jahrzehnt fast unverändert geblieben ist (die Sendetermine summieren sich auf jeweils knapp über 23 Stunden in Ö2 und Ö1), wurden die Sendetermine im Fernsehen deutlich kürzer: Die Belangsendungen wurden auf 3 Minuten (gegenüber 5 Minuten in der ersten Hälfte der 1990er Jahre) gekürzt, die Spots vor Wahlen sogar auf 90 Sekunden (die aber näher an die ZIB 1 gerückt wurden), was durchaus den dramaturgischen Bedürfnissen der Parteien zugute kam.[4] Diese Belangsendungen sind auch ein Ausgleich dafür, daß die Werberichtlinien des ORF politische Werbung nicht erlauben; von sich aus würden die Parteien ansonsten besonders vor Wahlen mit Sicherheit eine größere Zahl kürzerer (30-Sekunden-)Spots im Fernseh-Hauptabendprogramm sowie über den Tag verstreut in Ö3 und den ORF-Regionalradios buchen.

Tabelle 3: Belangsendungen politischer Parteien im ORF (1998-2000)

	Fernsehen	Radio
1998	SPÖ 16, ÖVP 11, FPÖ 9 LIF 2, Grüne 2 Montag, ca. 18.50, ORF 2 Sendelänge 3 Minuten	SPÖ 179, ÖVP 131, FPÖ 106, LIF 23, Grüne 23 Österreich 1: Mo-Fr 5.52-5.55 bzw. 5.56-5.59 ORF-Regionalradios: Mo-Fr 19.56-19.59
1999	Allg.: SPÖ 13, ÖVP 10, LIF 1*, Grüne 1 Montag, ca. 18.50, ORF 2 Sendelänge 3 Minuten (nicht während Zeiten vor der EW und NRW, s. unten) Europawahl: SPÖ 8, ÖVP 6, FPÖ 4, LIF 1, Grüne 1, 5.5.-4.6., ca. 19.20, ORF 2, 90 Sekunden Nationalratswahl: SPÖ 8, ÖVP 6, FPÖ 4, LIF 1, Grüne 1, 30.8.-4.9., ca. 19.20, ORF 2, 90 Sekunden	SPÖ 179, ÖVP 131, FPÖ 106, LIF 23, Grüne 23 Österreich 1: Mo-Fr 5.56-5.59 ORF-Regionalradios: Mo-Fr 19.52-19.55 bzw. 19.56-19.59
2000	SPÖ 14, ÖVP 11, FPÖ 11, Grüne 3 Montag, ca. 18.50, ORF 2 Sendelänge 3 Minuten	SPÖ 164, ÖVP 131, FPÖ 131, Grüne 35 Österreich 1: Mo-Fr 5.52-5.55 bzw. 5.56-5.59 ORF-Regionalradios: Mo-Fr 19.56-19.59

* LIF 1999: ursprünglich vorgesehen: 2, 1 Termin entfiel wegen des Abschneidens bei der Nationalratswahl. Quelle: ORF.

Auch die *Öffentlichkeitsarbeit der Regierung* kann als indirekte Unterstützung für die Regierungsparteien angesehen werden: Berechnungen auf Basis der Antworten auf eine FPÖ-Anfragenserie im Nationalrat zufolge gab die Bundesregierung 1998 ca. 155 Mio. S für die Werbemittel Inserate (v.a. Tages- und Wochenzeitungen) und Werbespots (Fernsehen und Hörfunk) aus[5] – bei einem vermutlich ca. dreimal so großen Gesamtvolumen an Mitteln, die insgesamt für Öffentlichkeitsarbeit verwendet wurden. Auch die *Subventionen für die verbliebene Parteipresse* (vgl. Fidler und Merkle 1999: 253-266) sind hier zu erwähnen, auch wenn diese aufgrund der Einstellung fast sämtlicher Parteizeitungen seit den frühen 1990er Jahre nur mehr eine geringe Rolle spielt.

Tabelle 4: Parteien- und Klubfinanzierung auf Bundes- und Landesebene, in Mio. S

	Bund	Bgld	Ktn	NÖ	OÖ	Sbg	Stmk	Tir	Vlbg	Wien	Länder
1979	125,5	4,6	12,9	33,0	75,3	13,2	55,4	18,3	4,6	81,8	299,0
1980	141,5	5,1	14,3	32,7	97,9	17,0	55,9	15,1	5,2	81,9	325,1
1981	147,3	5,6	23,7	49,9	97,9	32,2	93,2	19,1	8,6	87,1	417,3
1982	157,4	5,7	27,0	65,1	78,3	34,1	99,6	19,4	9,7	109,6	448,6
1983	160,4	5,6	26,8	67,0	78,3	36,1	106,6	19,4	10,2	109,8	459,8
1984	170,7	5,4	27,4	72,3	78,3	38,4	111,0	21,5	11,7	119,1	485,1
1985	221,2	7,9	26,9	74,7	78,3	36,9	116,2	23,0	14,1	138,2	516,2
1986	237,5	8,9	40,3	101,1	86,3	38,0	122,6	26,1	16,3	157,3	596,9
1987	238,6	9,0	41,1	101,3	86,3	38,2	118,4	31,5	18,1	157,3	601,1
1988	240,5	14,7	39,6	113,0	86,3	38,4	117,6	33,5	18,6	156,5	618,2
1989	247,1	14,7	60,8	124,5	86,3	40,5	118,5	34,3	20,3	158,3	658,2
1990	378,5	16,8	32,8	125,0	86,3	46,1	119,0	35,5	21,2	193,7	676,3
1991	414,2	21,5	45,0	131,3	86,3	46,2	120,2	40,3	22,7	195,5	709,0
1992	430,1	21,7	49,8	137,2	153,7	47,4	212,0	51,5	28,3	207,6	909,2
1993	457,4	28,9	54,6	135,6	163,6	49,7	162,3	66,8	30,5	249,7	941,8
1994	607,2	29,0	53,1	149,3	171,1	51,4	159,7	95,1	33,1	261,1	1003,0
1995	619,9	27,1	53,9	153,6	178,8	59,8	164,6	74,4	36,7	271,6	1020,6
1996	620,0	27,7	54,6	153,6	183,5	67,4	168,2	76,2	37,6	281,1	1050,0
1997	524,0	28,2	54,4	179,1	188,6	47,4	194,8	77,6	37,6	319,2	1126,8
1998	496,1	29,9	55,2	219,2	188,6	47,8	197,3	78,8	37,6	335,2	1189,6
1999	768,3	31,3	56,9	263,9	218,6	54,0	199,1	79,6	37,7	338,7	1279,9
2000	485,8	31,5	57,0	264,9	223,7	56,3	200,2	108,2	35,6	341,2	1318,5

Quellen: Dachs 1986, 1993; Sickinger 1997; eigene Erhebungen und Berechnungen. Die Tabelle unterschätzt (auf Bundesebene und in einigen Bundesländern) das Ausmaß der Klubförderung, da neben den in den Budgets/Klubförderungsgesetzen ausgewiesenen Beträgen den Klubs zusätzlich Personal des jeweiligen Amts der Landesregierung (Stadtmagistrats) bzw. der Parlamentsdirektion zur Verfügung gestellt wird. Für die Wiener Klubförderung (die grundsätzlich in der Bereitstellung von Personal des Stadtmagistrats besteht – den Klubs steht es alternativ aber auch frei, sich den entsprechenden Betrag auszahlen zu lassen) sind dem Verfasser nur die Zahlen bis 1985 (5,1 Mio. S) sowie für die Jahre 1988 (5,37 Mio. S), 1996 (19,7 Mio. S), 1997 (52 Mio. S) und 1998 (63 Mio. S) bekannt – für die fehlenden Jahre 1986/87 und 1989–1995 wurde fingiert, daß hier ein linearer Anstieg stattgefunden hat.

Tabelle 5: Parteien- und Klubfinanzierung auf Bundes- und Landesebene in Schilling pro Wahlberechtigtem

	Bund	Bgld	Ktn	NÖ	OÖ	Sbg	Stmk	Tir	Vlbg	Wien	Durchschnitt Länder	Gewichteter Länderdurchschnitt	Ö gesamt
1979	24,2	24,5	35,1	32,1	90,1	46,4	69,5	49,1	26,5	69,7	49,2	57,6	81,8
1980	27,3	27,3	39,0	31,9	117,1	60,1	70,2	40,6	29,6	69,8	54,0	62,7	90,0
1981	28,4	29,9	64,7	48,5	117,1	113,6	112,8	51,3	49,1	74,3	73,5	80,5	108,8
1982	30,4	29,0	73,6	63,4	93,7	120,6	120,5	52,2	55,6	93,4	78,0	86,5	116,8
1983	30,2	28,3	73,1	58,6	93,7	127,4	128,9	52,2	58,3	96,2	79,6	86,5	116,6
1984	32,1	27,3	71,0	63,3	93,7	126,4	134,3	53,2	60,9	104,3	81,6	91,3	123,4
1985	41,6	39,9	69,8	65,3	87,2	121,5	140,6	56,9	73,6	121,0	86,2	97,1	138,7
1986	43,5	44,9	104,6	88,5	96,1	124,8	142,8	64,6	85,0	137,7	98,8	109,3	152,8
1987	43,7	44,3	106,5	88,6	96,1	125,5	137,8	78,1	94,2	139,1	101,1	110,1	153,8
1988	44,0	72,4	102,8	93,1	96,1	126,3	137,0	82,9	96,9	138,4	105,1	113,2	157,2
1989	45,2	72,4	151,4	102,5	96,1	123,9	138,0	79,0	97,6	140,0	111,2	120,5	165,8
1990	67,2	82,6	81,8	103,0	96,1	140,9	138,6	81,7	101,9	171,3	110,9	120,2	187,4
1991	73,6	103,2	112,0	108,2	91,0	141,3	133,1	92,8	109,5	173,8	118,3	126,0	199,5
1992	76,4	104,3	124,0	113,0	162,1	145,0	234,6	118,5	136,4	184,5	146,9	161,5	237,9
1993	81,3	139,0	135,9	106,8	172,5	151,9	179,7	153,8	147,0	221,9	156,5	167,3	248,6
1994	105,2	139,3	127,2	117,6	180,5	148,3	176,8	210,6	151,1	232,0	164,8	173,7	278,9
1995	107,5	130,2	129,1	121,0	188,6	172,6	184,0	164,7	167,8	241,4	166,6	176,9	284,4
1996	107,5	130,5	130,8	121,0	193,5	194,6	188,1	168,8	171,6	255,7	172,7	182,0	289,5
1997	90,8	132,9	130,2	141,1	193,7	136,8	217,8	171,8	171,1	290,4	176,2	195,4	286,2
1998	86,0	140,7	132,1	169,8	193,7	138,0	220,6	174,5	171,7	304,9	182,9	206,2	292,2
1999	131,6	147,4	134,3	204,4	224,5	152,0	222,6	171,2	164,2	308,2	192,1	219,2	350,8
2000	83,2	148,3	134,6	205,2	229,7	158,3	223,9	232,6	154,6	310,4	199,7	225,8	309,0

Quellen: Siehe *Tabelle 4*. „Wahlberechtigte" bezieht sich jeweils auf die letzte Nationalrats- bzw. Landtagswahl. Durchschnitt Länder ist der lineare Durchschnitt der 9 Länder, „gewichtet" berücksichtigt die unterschiedliche Bevölkerungsgröße der einzelnen Länder.

Tabelle 6: Parteien- und Klubfinanzierung auf Bundes- und Landesebene, in Mio. S

	Bund		Länder		Gesamt		Gesamt
	Parteiorg.	Klubs	Parteiorg.	Klubs	Parteiorg.	Klubs	Parteiorg. +Klubs
1979	99,51	26,03	251,86	45,61	351,37	71,64	423,00
1980	114,00	27,52	273,23	50,41	387,23	77,93	465,16
1981	114,00	33,30	358,05	57,72	472,05	91,02	563,07
1982	121,00	36,42	377,61	65,51	498,61	101,93	600,54
1983	121,00	39,37	386,16	68,26	507,16	107,63	614,79
1984	130,10	40,57	408,56	71,76	538,66	112,33	650,99
1985	178,73	42,48	435,94	75,45	614,66	117,93	732,59
1986	191,37	46,17	512,07	79,80	703,45	125,98	829,42
1987	176,34	62,28	516,03	80,54	692,36	142,82	835,19
1988	177,99	62,54	530,18	85,06	708,17	147,60	855,77
1989	182,54	64,56	562,75	92,41	745,29	156,98	902,26
1990	311,59	66,87	568,35	105,00	879,94	171,86	1051,80
1991	301,12	113,10	594,00	112,61	895,13	225,71	1120,83
1992	312,14	117,97	767,47	139,35	1079,61	257,32	1336,93
1993	324,70	132,69	793,16	148,65	1117,85	281,33	1399,18
1994	471,15	136,04	850,72	152,24	1321,87	288,28	1610,14
1995	462,29	157,60	852,44	168,12	1314,73	325,71	1640,45
1996	451,64	168,32	876,59	173,37	1328,23	341,69	1669,92
1997	355,66	168,32	931,09	216,45	1286,75	384,78	1671,52
1998	325,49	170,61	980,11	230,40	1305,59	401,01	1706,60
1999	599,46	168,83	1061,07	239,83	1660,53	408,66	2069,19
2000	319,68	166,11	1099,24	240,38	1418,92	406,49	1825,41

Quellen: Siehe *Tabelle 4*.

E) Kreditaufnahme

Eine wichtige Einnahmequelle stellt auch die Aufnahme von Krediten dar, obwohl sich Medienberichte über eine angeblich dramatische Verschuldung bestimmter Parteien meist als voreilig und übertrieben herausgestellt haben. Grundsätzlich sind Kredite insofern keine „echte" Einnahmequelle, als es sich um Gelder handelt, die in der Folge aus den anderen Einnahmequellen wieder zurückgezahlt werden müssen. Insofern handelt es sich hauptsächlich um die Behebung vorübergehender Liquiditätsengpässe. Allerdings haben alle 1999 im Nationalrat vertretenen Parteien Phasen erheblicher Verschuldung durchgemacht (Sickinger 1997: 83ff.):
- Die FPÖ finanzierte in den ersten Jahren nach Haiders Übernahme der Obmannschaft (d.h. ab der zweiten Jahreshälfte 1986) ihre Wahlkämpfe zu wesentlichen Teilen durch Kredite, sodaß 1988 der Schuldenstand der Gesamtpartei auf weit über 30 Mio. S geschätzt wurde; erst die starken Wahlerfolge 1989/90 brachten (über die

damit verbundenen erhöhten staatlichen Subventionen) eine Entspannung dieser prekären Situation. In der zweiten Hälfte der 1990er Jahre waren die staatlichen Subventionen derart angewachsen, daß die Partei sogar das Mißgeschick der verspätet beantragten Wahlkampfkostenerstattung und damit Nichtauszahlung von 30 Mio. S nach der Nationalratswahl 1995 wegstecken konnte (ein Betrag, den sie 1997 aufgrund eines VfGH-Urteils nachträglich doch noch erhielt). Und während 1998, verursacht durch eine Mischung aus wirtschaftlicher Inkompetenz und betrügerischem Verhalten der führenden Parteifunktionäre, die niederösterreichische FPÖ-Landesorganisation am finanziellen Abgrund stand, konnte die Wiener Landesorganisation nach (glaubwürdigen) Medienberichten in diesem Jahr über 35 Mio. S ansparen und hatte zu diesem Zeitpunkt bereits Rücklagen von 100 Mio. S.

- Die ÖVP verschuldete sich anläßlich der Nationalratswahl 1990 und als Folge der dabei erlittenen Stimmenverluste in (gemessen am Umsatz der Bundesparteiorganisation) dramatisch anmutendem Ausmaß – noch Anfang 1992 wurden zwischen 130 und 180 Mio. S kolportiert (trend 4/1992: 32f.). Diese Schulden konnten durch starke Personaleinsparungen, die ab 1991/92 generell sehr stark erhöhten Parteisubventionen und v.a. durch die Ablöse der Mietrechte der Partei am traditionellen Hauptquartier in der Kärntnerstraße (um 89 Mio. S 1993) weitgehend abgebaut werden. Die ÖVP schaffte daraufhin das erstaunliche Kunststück, sogar in den Wahljahren 1994 und 1995 ihren Schuldenstand weiter abzubauen.

- Bei der SPÖ zog v.a. die finanzielle Bewältigung des Verkaufs und der dennoch nicht zu verhindernden Einstellung ihrer Tageszeitung, der Neuen AZ (und ihrer regionalen Mutationen in einigen Bundesländern) einen Schuldenstand der Bundespartei in ebenfalls dreistelliger Millionenhöhe nach sich. Nach den Superwahljahren 1994 und 1995 dürfte der Schuldenstand der Bundespartei Anfang 1996 ca. eine Viertelmilliarde S betragen haben. Anders als die ÖVP konnte die Bundes-SPÖ trotz Auflösung erheblicher stiller Reserven 1996/97 (Verkauf der Progress-Werbeagentur sowie der Anteile an der Nationalbank; profil 9/1996: 30; NEWS 16/1997: 111) ihre Schulden *nicht nachhaltig* abbauen. 1999 stieg der Schuldenstand erneut dramatisch an: Für den Jahreswechsel 1999/2000 (nach Abrechnung der Wahlkampfkostenerstattungen) wird ein Schuldenstand von nicht unter einer Viertelmilliarde S, vermutlich aber sogar über 300 Mio. S kolportiert (profil 9/2000: 28-30; FORMAT 9/2000: 37). Dies ist deutlich mehr als ein Jahresbudget der Bundespartei und wird (neben etwaigen „Einmaleffekten" wie Verkäufen noch verbliebener Immobilien und Unternehmen) bis zur nächsten regulären Nationalratswahl zweifellos nur durch signifikante Reduktionen des laufenden Personal- und Sachaufwandes (so bezahlt die Bundespartei neben ihrem eigenen Personal immer noch zur Hälfte auch die Kosten der Bezirks- und Landesparteisekretäre) abgebaut werden können.

- Die Grünen begannen offenkundig gerade ab 1991/92, als ihre Erträge aus den Parteisubventionen des Bundes deutlich anwuchsen, allzu sorglos in ihren Parteiapparat und Wahlkampfausgaben zu investieren; der Schuldenstand stieg daher sukzessive von 8,12 Mio. S zu Jahresende 1992 auf 13,57 Mio. S zu Jahresende 1996 (was immerhin fast ein Drittel mehr als das damalige Budget der Bundesparteiorganisation ausmachte). Diese Entwicklung war v.a. auf die Kosten der unerwarteten Nationalratswahl 1995 samt darauffolgender Verluste an staatlichen Subventionen zurück-

Tabelle 7: Indikatoren für den Verschuldensstand der Bundesparteien

SPÖ	Gesamtvolumen	Kredite	Einnahmen-Saldo	Kreditkosten	Saldo Ausgaben
1990	419.477.403	63.270.901	19.388.242	20.473.891	
1991	244.358.516	10.566.998	902.422	22.481.408	
1992	364.836.557		86.676.323	62.851.198	
1993	263.153.699		26.008.720	17.780.746	
1994	377.138.796	31.472.992		20.202.075	9.657.367
1995	350.025.083	9.032.215		22.431.682	4.684.200
1996	278.752.623		38.061.772	18.767.476	
1997	323.819.534		34.752.514	115.581.236	
1998	257.965.684	65.552.717		10.463.791	6.133.127
ÖVP	Gesamtvolumen	Kredite	Einnahmen-Saldo	Kreditkosten	Saldo Ausgaben
990	228.298.271	69.128.725	5.135.834	4.274.499	
1991	142.103.566	9.547.055		10.954.136	3.626.899
1992	168.175.601	6.225.583		9.617.486	
1993	190.038.661			63.105.456	
1994	183.763.309			20.825.972	4.456.976
1995	141.567.744			25.793.561	
1996	175.034.504			14.889.198	
1997	97.763.900			8.656.931	
1998	90.884.375			6.227.675	
FPÖ	Gesamtvolumen	Kredite			
1990	38.496.299	17.213.393		907.749	
1991	46.302.519			6.526.446	
1992	55.177.973	11.906.651		1.487.591	
1993	52.924.635			9.932.061	
1994	150.942.220	48.231.586		2.404.088	
1995	70.026.251			14.225.359	
1996	94.140.472			8.286.353	
1997	85.855.995			31.177.495	
1998	104.052.311	44.405.404		43.800.904	
Grüne	Gesamtvolumen	Kredite		Kreditkosten	Änderungen Finanzfonds
1990	29.444.628	2.883.107		1.740.686	3.135
1991	22.658.058	4.754.209		1.234.016	642.918
1992	30.055.639	713.798		1.037.964	6.426.932
1993	21.986.101	2.516.725		648.468	1.744.911
1994	37.543.001	6.070.748		938.604	56.698
1995	28.499.286	5.834.029		817.221	21.700
1996	40.877.152	6.746.846		797.679	3.781.866
1997	21.587.870	4.075.366		792.929	1.313.053
1998	17.211.547	1.269.305		235.498	5.998.424
LIF	Gesamtvolumen	Kredite		Kreditkosten	
1994	31.196.229	17.109.188		580.051	
1995	38.360.925	15.628.745		10.934.357	
1996	57.898.683	4.886.002		923.046	
1997	53.979.935			6.402.261	
1998	58.421.505	4.854.446		3.875.848	

Quelle: Rechenschaftsberichte der Bundesparteiorganisationen im Amtsblatt zur Wiener Zeitung. Ein Saldo auf der Einnahmenseite bedeutet, daß mehr ausgegeben als eingenommen wurde und der Fehlbetrag in das Folgejahr übertragen wurde – er ist damit zumindest ein Hinweis auf Liquiditätsprobleme (auf der Ausgabenseite bedeutet ein Saldo hingegen einen Überschuß). Unter „Kredite" sind auf der Einnahmenseite nur Neuaufnahmen verbucht. „Kreditkosten" umfaßt in dieser Tabelle auch Kreditrückzahlungen.

zuführen. Erst die Erfolge bei den Landtagswahlen in Niederösterreich und Oberösterreich und bei der Nationalratswahl 1999 lösten dieses Problem.
- Für das Liberale Forum brachten die Mißerfolge bei sämtlichen Wahlen ab 1997, insbesondere aber die verlorene Nationalratswahl 1999 die Gesamtpartei mit mehr als 30 Mio. S Schulden an den Rand der Zahlungsunfähigkeit. Um diese abzuwenden, mußte für 2000/2001 der Großteil der Subventionen der Wiener Landesparteiorganisation an die Gläubigerbanken abgetreten werden.

Über den tatsächlichen Schuldenstand geben die Rechenschaftsberichte der Bundesparteien nur kryptische Hinweise. Zur besseren Einschätzung der Größenordnungen wird in *Tabelle 7* auch das gesamte Ausgabenvolumen der jeweiligen Partei angeführt.

F) Die Einnahmenprofile der Parteien 1988, 1993 und 1998

Die folgenden Tabellen versuchen, einen Gesamtüberblick über die finanziellen Gesamtstrukturen der zum jeweiligen Zeitpunkt etablierten (aufgrund vorangegangener Wahlen im Nationalrat vertretenen) Parteien zu geben. Alle Beträge sind auf ganze Millionenzahlen gerundet, was in den Gesamtbeträgen in Einzelfällen Rundungsfehler bis zu einigen Mio. S ergeben kann.

Tabelle 8:   Die Finanzierung der Parteien 1988 (in Millionen Schilling)

	SPÖ	ÖVP	FPÖ	Grüne	Gesamt
Mitgliedsbeiträge und Kleinspenden	240	200	10-20	1	ca. 460
Großspenden		VÖI:30-40	VÖI: 2-3,5	-	VÖI: 40
Indirekte Spenden	erheblich (monetärer Wert übersteigt 100 Millionen)	erheblich (monetärer Wert übersteigt 100 Millionen)	erheblich (monetärer Wert im zweistelligen Millionenbereich)	?	vermutlich einige 100 Millionen (>250)
Fraktionsfinanzierung: AK und ÖGB	40-45	20	2	1 (GE)	AK: ca. 45 ÖGB ca. 20
Fraktionsfinanzierung: Wirtschaftskammern	HK: 10 (FWV)	HK: 100 (ÖWB)	HK: 10 (RFW)		HK: 120
Staat: direkte Parteienfinanzierung:					
Bund (PartG, PolBFG)	70	68	24	16	177
Länder	240	244	47	3	533
Gemeinden	70?	70?	10?	1?	150?
Staat: Klubfinanzierung					
Bund	22	23	10	8	63
Länder	35	43	5	1	85
Parteisteuern und Parteispenden von Mandatsträgern	130	110	7	2-3	250
Gesamt	ca. 860	ca. 910	ca. 130	ca. 33	ca. 1.930

Quellen: Neuberechnung von Sickinger und Nick 1989: 130f. (Tabelle für 1989; die dort zitierten Daten stimmen eher für das Jahr 1988).

Tabelle 9: Die Finanzierung der Parteien 1993 (in Millionen Schilling)

	SPÖ	ÖVP	FPÖ	Grüne	Gesamt
Mitgliedsbeiträge und Kleinspenden	250	180	20	1	350
Großspenden	–	? (VÖI)	?	–	?
Indirekte Spenden	erheblich (monetärer Wert: dreistelliger Mio.Betrag)	erheblich (monetärer Wert: dreistelliger Mio.Betrag)	erheblich (monetärer Wert: zweistelliger Mio.Betrag)	gering	vermutlich einige 100 Millionen (>250)
Fraktionsfinanzierung: AK und ÖGB	54	22	5	1	80–85
Fraktionsfinanzierung: Wirtschaftskammern	12	100	12	–	125
Staat: direkte Parteienfinanzierung					
PartG	89	67	36	12	205
Parteiakademien	44	37	24	15	119
Länder	305	295	155	37	793
Gemeinden	90–110?	90–110?	15–25?	2–5?	250?
Staat: Parlamentsklubs Bund	45	38	25	13	121 (ohne LF)
Länder	48	60	23	3	134
(Parlamentsmitarbeiter NR)	26	20	9	3	60
Parteisteuern und Parteispenden von Mandatsträgern	110	110	35	3	ca. 250
Summe (ohne Großspenden und indirekte Spenden)	ca. 1.080	ca. 1.030	ca. 365	ca. 90–95	

Quelle: Berechnungen in Sickinger 1997.

Bei Einrechnung etwaiger Großspenden dürften SPÖ und ÖVP 1993 im wesentlichen gleichauf gelegen sein; einschließlich indirekter Spenden dürfte der Gesamtumsatz jeder Großpartei bei etwas über 1,2 Mrd. S gelegen sein, die FPÖ bei deutlich über 400 Mio. S.

Tabelle 10: Die Finanzierung der Parteien 1998, in Millionen Schilling

	SPÖ	ÖVP	FPÖ	Grüne	LIF	Gesamt
Mitgliedsbeiträge und Kleinspenden	210	140	20	2	1	ca. 375
Großspenden	-	? (VÖI)	?	-	5	?
Indirekte Spenden/Inserate etc.	erheblich (monetärer Wert: dreistelliger Mio.Betrag)	erheblich (monetärer Wert: dreistelliger Mio.Betrag)	erheblich (monetärer Wert: zweistelliger Mio.Betrag)	gering	gering	
Fraktionsfinanzierung: ÖGB und AK	55	22	6	2	-	85
Fraktionsfinanzierung: Wirtschaftskammern	15	104	34	-	-	153
Staat: direkte Parteienfinanzierung						
Bund: PartG	75	57	45	12	13	202
Bund: Parteiakademien	39	31	27	14	14	124
Länder	327	343	215	65	30	980
Gemeinden ohne Wien	100?	100?	40?	10?	2?	ca. 250?
Staat: Parlamentsklubs						
Bund	52	45	40	17	17	171
Länder	85	80	50	12	5	230
Parlamentsmitarbeiter	27	20	16	3	3	71
Parteisteuern und Parteispenden von Mandatsträgern	ca. 90	ca. 90	ca. 40	ca. 3	ca. 3	ca. 225
Gesamt (ohne Großspenden und indirekte Spenden)	ca. 1.070	ca. 1.030	ca. 530	ca. 140	94	ca. 2.870

Quelle: eigene Berechnungen. Fraktionsfinanzierung der Wirtschaftskammern: FORMAT 43/1995: 72.

1998 sind die Zahlen für die beiden Großparteien im wesentlichen konstant geblieben. Dies ist hauptsächlich auf das überproportionale Wachstum der staatlichen Parteienfinanzierung in einigen Ländern zurückzuführen, durch das die Verluste bei Wahlen einigermaßen kompensiert werden konnten. Die FPÖ hat ihren Anteil weiter deutlich ausbauen können, die Grünen sind de facto seit ca. 1998 durch den Einzug in wichtige Landtage (Ober- und Niederösterreich) stabilisiert, allerdings erst seit den Wahlerfolgen 1999 auch auf Bundesebene auf eine einigermaßen bequeme finanzielle Basis gestellt.

G) Zusätzliche Einnahmen in Wahljahren im Vergleich zu Normaljahren

Die oben präsentierten Zahlen legen den Schluß nahe, daß die in den Printmedien zitierten Zahlen für die Wahlkampfausgaben der Parteien, die oft im dreistelligen Millionenbereich liegen, durchaus aus den regulären Budgets abgedeckt werden können. Zu beachten ist für die Finanzierung von bundesweiten Wahlen, daß bereits 1990 für Nationalratswahlen eine zusätzliche staatliche Förderung von 20 S pro Wahlberechtigtem eingeführt wurde, die (nur in Wahljahren) auf die nachher im Nationalrat vertretenen Parteien entsprechend ihrer Stimmenstärke verteilt wird (§ 2a PartG). Dieser Betrag von 20 S wurde zudem an den Verbraucherpreisindex gekoppelt, d.h. wertgesichert (und beträgt daher heute ca. 25 S). 1996 wurde dieselbe Regelung auch für Europawahlen eingeführt (mit einer Kürzung um 10% gegenüber Nationalratswahlen; § 2b PartG). Insofern kann eine etablierte Partei von vornherein einen Betrag von ca. 30 S pro Stimme bei Nationalratswahlen aus diesem zusätzlichen Budgetposten einkalkulieren und ihre Wahlwerbeausgaben entsprechend anpassen.

Hinzu kommen Sammlungen für Wahlfonds; direct mailings an die Mitglieder werden ebenfalls oft Spenden-Erlagscheine bzw. Spendenaufrufe mit Kontonummer beigefügt. Auch die *Wahlwerber* selber werden, wie erwähnt, zu beträchtlichen Finanzierungsbeiträgen herangezogen bzw. tätigen auch darüber hinaus nicht selten beträchtliche Eigenausgaben – nämlich aus ihrem politischen Bezug, aber auch aufgrund entsprechender Direktspenden von Unternehmern sowie Zuwendungen ihrer Partei-Suborganisation (bei der ÖVP v.a. der Bünde). Nicht zuletzt gibt es zweifellos auch Fälle, in denen Unternehmen gewisse Kosten der Parteien übernehmen (etwa indem Kandidaten Autos unentgeltlich zur Verfügung gestellt werden, bestimmte Rechnungen für Wahlkampfausgaben übernommen werden, etc.).

3. Grundzüge der Ausgabenstrukturen der österreichischen Parteien

Bereits aus den bisherigen Ausführungen und Tabellen wurde deutlich, daß die einzelnen Parteien und deren Suborganisationen offenkundig über eine sehr unterschiedliche finanzielle Ausstattung verfügen. Dafür, wie die Parteien ihre Mittel ausgeben, gibt es sogar noch weniger gesicherte Zahlen als über ihre Einnahmen. Die Rechenschaftsberichte der Bundesparteien gemäß § 4 PartG umfassen jeweils nur einen Bruchteil der Gesamtbudgets der jeweiligen Partei. Deren Angaben über die Verwendung der Mittel sind durchaus uneinheitlich (siehe *Tabelle 11*).

Immerhin läßt *Tabelle 11* bereits erkennen, daß von allen Parteien die FPÖ die geringsten Belastungen durch Personal- und Sachaufwand aufweist und zugleich, relativ betrachtet, am meisten für Werbung („Sachaufwand für Öffentlichkeitsarbeit") ausgeben kann – ein Muster, das auch für die Landesparteiorganisationen zutreffen dürfte. Auf Landesebene dürfte besonders bei der ÖVP der Anteil an fix gebundenem Personal- und Sachaufwand weitaus höher als auf Bundesebene sein, da hier der Großteil des Parteiapparats angesiedelt ist, während auf Bundesebene der Parteiapparat seit 1990 deutlich reduziert wurde. Zu beachten ist, daß neben den jeweiligen Parteiorganisationen auch die Parlamentsklubs und Parteiakademien vergleichsweise deutlich höhere Personal- und Sachkosten aufweisen. Insgesamt dürften sowohl SPÖ als auch ÖVP deutlich mehr als die Hälfte ihrer Mittel für Personal sowie internen Sachaufwand (Verwaltungskosten, Mieten usw.) ausgeben.

Tabelle 11: Die Ausgabenstrukturen der Bundesparteiorganisationen

	SPÖ		ÖVP		FPÖ		Grüne		LIF
	1990-94	1995-98	1990-94	1995-98	1990-94	1995-98	1990-94	1995-98	1995-98
Personalaufwand	37%	37%	22%	30%	15%	9%	25%	31%	19%
Büroaufwand, sonst. admin. Sachaufwand	12%	14%	11%	17%	7%	6%	12%	11%	15%
Sachaufwand für Öffentlichkeitsarbeit	33%	28%	44%	32%	60%	43%	34%	28%	47%
Sonstiges	10%	7%	11%	10%	11%	14%	19%	17%	8%
Kreditkosten und -rückzahlungen	8%	14%	12%	11%	6%	28%	10%	13%	11%

Quelle: Rechenschaftsberichte der Bundesparteiorganisationen (die beim LIF ab 1996 die Gesamtpartei erfaßt haben).

Ein weiterer Aspekt wird bei Betrachtung der *Tabellen 8 bis 10* und *12* sehr deutlich: Es werden zwar in den Medien oft ausgesprochen hoch erscheinende Zahlen für die Wahlkampfkosten der Parteien genannt. Gemessen am Gesamtumsatz der jeweiligen Partei – und unter Berücksichtigung der Tatsache, daß eben nicht jedes Jahr Nationalratswahl (oder für Landesorganisationen: Landtags- und/oder Gemeinderatswahl) ist, werden diese Werte aber stark relativiert. In diesem Zusammenhang ist auch zu beachten, daß ein nicht unbeträchtlicher Teil der Ausgaben z.B. für Nationalratswahlen nicht von der jeweiligen Bundespartei getragen wird: Von dieser werden im Regelfall v.a. die Kosten der Großplakate, der Inserate in den überregional verbreiteten Tages- und Wochenzeitungen, die Kosten einer etwaigen Wahlkampftour der Spitzenkandidaten, die Kosten für entsprechende Marktforschung und für die Herstellung von Belangsendungen (gegebenenfalls auch Kinowerbung und spots in den Programmfenstern der deutschen Privatsender) übernommen. Die v.a. in Wien in Wahlkampfzeiten das Straßenbild prägenden Dreiecksständer gehören hingegen den Landesparteien, die Affichierung der entsprechenden 1- und 2-Bogen-Plakate wird zumeist wohl ebenfalls von der jeweiligen Landespartei getragen. Auch regional gestreute Inserate (für Kandidaten in den Regionalwahlkreisen) in diversen Bezirkszeitungen und z.T. auch nur in einem Bundesland verbreiteten Tageszeitungen werden oft von den Kandidaten oder den regionalen Parteiorganisationen in Auftrag gegeben. Bei direct mailings kommt es darauf an, ob es sich um eine bundeseinheitliche Aktion (Pensionistenbriefe u.ä.) oder nur um eine regional gesteuerte Aktion handelt. Direct mailings von Kandidaten werden meist von diesen selbst getragen.

Tabelle 12 gibt einige typische Schätzungen für die Wahlkampfausgaben der Nationalratswahl 1999 wieder und macht zugleich die unterschiedlichen möglichen Bandbreiten deutlich:

Tabelle 12: Schätzungen der Wahlkampfkosten der Parteien für die Nationalratswahl

	Parteiinterne Angaben vor der Wahl	Schätzung der anderen Parteien vor der Wahl	Schätzung der Zeitschrift nach der Wahl
SPÖ	50–70	220	180
ÖVP	60	160	130
FPÖ	50	210	k.A.
Grüne	12	33	k.A.
LIF	15–20	26	k.A.
Gesamt	187–212	649	„eine halbe Milliarde"

Quelle: Format 39/1999, 52: Die teuerste Schlacht aller Zeiten, und 42/1999, 31: Zurück an den Start.

Eine weitaus weniger dramatische Berechnung als diese journalistischen Recherchen stammt vom Marktforschungsinstitut FOCUS: Demnach hatten die Parteien von Jänner bis September 1999 (also inklusive der vier Landtagswahlen und der Europawahl!) für Plakate und Inserate (gerechnet nach Listenpreis) insgesamt 252 Mio. S ausgegeben. Die SPÖ hatte zu diesem Zeitpunkt 59 Mio. S, die ÖVP 43, die FPÖ 27, die Grünen knapp 5 und das LIF 4 Mio. S für *Inserate* ausgegeben. Für Wahlwerbung auf Plakaten berechnete Focus einen Bruttowerbewert von 107 Mio. S. Für das ganze Jahr 1999 rechnete Focus mit insgesamt 300 Mio. S an Werbekosten.[6] Von diesen Kosten sind einerseits Agenturrabatte (15%) und etwaige weitere Großkundenrabatte abzuziehen, die Kosten der Werbeagenturen (meist 15% des Etats) jedoch hinzuzuzählen. Nicht erfaßt sind die Kosten für Dreieckständer, Werbefolder, City-Light-Plakate, Direct Mailings und Spots in den Privatradios und Sendefenstern deutscher Privatsender (die derzeit aber finanziell noch kaum relevant sind). Auch zusätzliche Logistikkosten (Wahlkampftouren der Kandidaten etc.) fallen zusätzlich zu den normalen Apparatekosten an. Trotzdem scheinen die oben zitierten ca. 500 Mio. S für alle Wahlkampfausgaben nur dann realistisch, wenn davon sowohl die Kampagnen für die (relativ billige) Europa- wie die (weitaus teurere) Nationalratswahl erfaßt sind – die de facto ja eine Einheit gebildet haben. Sicherlich mag es darüber hinaus noch weitere monetär bewertbare Wahlkampfaktivitäten der Parteiapparate auf regionaler Ebene gegeben haben, die aber eher als Reflex der Tatsache zu werten sind, daß Parteiapparate in Wahlkampfzeiten naturgemäß vor allem wahlkämpfen und keine sonstigen Aktivitäten (die auch Geld kosten würden) setzen.

Obwohl die Wahlkampfausgaben tendenziell zunehmen, machen sie insgesamt dennoch zumindest bei SPÖ, ÖVP und Grünen nur einen eher bescheidenen Anteil der gesamten Parteiausgaben aus (vgl. Sickinger 1997: 257, 260). Eine einfache Überschlagsrechnung für eine Legislaturperiode – hier für den Zeitraum 1996–1999 (der auf Bundesebene, in nahezu jedem Bundesland und den meisten Gemeinden je eine Wahl, auf Bundesebene zusätzlich eine Bundespräsidenten- und zwei Europawahlen enthielt) – mag dies verdeutlichen: Grundsätzlich sind Kampagnen für Landtagswahlen und ebenso für Gemeinderatswahlen, gemessen an den Wahlberechtigten, mindestens doppelt so teuer wie Nationalratswahlkampagnen. Europawahlen und Bundespräsidentschaftswahlen sind hingegen weniger als halb so kostspielig wie Nationalratswahlkampagnen (wobei die Bundespräsidentschaftswahl 1998 zwischen SPÖ, ÖVP und FPÖ im konkreten Fall auch nicht kompetitiv und daher vergleichsweise sehr billig war). Diese (zur tatsächlichen Bedeutung eigentlich fast umgekehrt proportionale) „Hierarchie der Kosten" ergibt sich v.a. aus der unterschiedlich hohen Zahl an Mandatswerbern – die auf den weiter unten angesiedelten Ebenen des politischen Systems eben viel höher ist.

Für die Überschlagsrechnung soll für SPÖ und ÖVP jeweils ein Betrag von ca. 700 Mio. S, für die FPÖ von ca. 550 Mio. S und für Grüne und LIF ca. 100 Mio. S an (gemessen an den laufenden Apparatekosten: zusätzlichen) Wahlkampfausgaben angenommen werden.[7] Vergleicht man diese Schätzung mit den Zahlen für die konsolidierten Parteibudgets aller Ebenen (*aber ohne Klubs,* Kammerfraktionen und Vorfeldorganisationen), so kommt man bei einem 4-Jahres-Durchschnittsverfahren (kumuliert für alle Parteiebenen) auf einen Anteil von ca. *15–20% bei der SPÖ, auf 16–22% bei der ÖVP,* auf *ca. ein Viertel bis ca. 36% bei der FPÖ,* einen *ebenso hohen Anteil beim LIF* sowie bei den *Grünen nur auf 18–22%* – die Schwankungsbreiten beziehen sich darauf, ob die in den *Tabellen 7 bis 9* auch angeführten *Verbandssubventionen und* die *Klubmittel* eingerechnet werden (= niedrigerer Wert) oder nicht. Sie *umfassen in keinem Fall die indirekten Spenden,* obwohl diese den Parteien in Wirklichkeit gerade bei Wahlkämpfen wohl in besonders hohem Ausmaß Geld sparen helfen. Zu dieser Rechnung ist anzumerken, daß mit weitaus höheren Wahlkampfkosten gerechnet wurde, als von den Parteien üblicherweise angesichts der einzelnen Wahlen offiziell angegeben werden; würden die parteioffiziellen Angaben verwendet, wäre deren Anteil an den Gesamtausgaben weitaus niedriger – er würde bei SPÖ und ÖVP sogar an bzw. unter der 10%-Marke liegen. Nur bei der *FPÖ* könnte diese Rechnung die Wahlkampfausgaben insofern unterschätzen, als diese Partei (stärker als die Mitbewerberinnen) eigentlich eine *permanente Werbekampagne* (mit mehreren Plakatwellen pro Jahr auch unabhängig von Wahlzeiten) betreibt – in diesem weiteren Sinne dürften die *Sachkosten für Öffentlichkeitsarbeit bei der FPÖ* tatsächlich *deutlich über 50% des Gesamtbudgets* betragen.

Der Vollständigkeit halber sei darauf verwiesen, daß 1998/99 noch ein weiterer spektakulärer Fall einer politischen Neubewerbung zu verzeichnen war – die Kandidaturen Richard Lugners als Präsidentschaftskandidat 1998 und (mit seiner Partei „Die Unabhängigen") zur Nationalratswahl 1999. Die beiden Wahlkämpfe sollen Lugner insgesamt mindestens 45 Mio. S (15 Mio. S für die Präsidentschaftswahl, 25 für die Nationalratswahl, zuzüglich einiger Millionen an direkter Hilfen seiner Unternehmen) gekostet haben; seine Gegner bezifferten Lugners Ausgaben für die Nationalratswahl sogar mit über 50 Mio. S (NEWS 39/1999: 39 und 40/1999: 50). Bei der Bundespräsidentschaftswahl ergab dies immerhin einen Achtungserfolg (9,91% der gültigen Stimmen), bei der Nationalratswahl hingegen mit 1,02% eine schwere Niederlage. Die Kosten mußte der Bauunternehmer und Eigentümer eines Einkaufszentrums letztlich aus seiner Privatkasse begleichen – Versuche, diese Ausgaben als Werbungskosten geltend zu machen, blieben erfolglos (und aus der staatlichen Parteienförderung erhielt er aufgrund des Ergebnisses der Nationalratswahl lediglich ca. 2 Mio. S gemäß §2 PartG an Kosten für Öffentlichkeitsarbeit).

4. Das Dilemma der ehemaligen Großparteien

A) Der extrem hohe Mitteleinsatz in der österreichischen Parteipolitik – ein Vergleich mit Deutschland

Der finanzielle Mitteleinsatz in der österreichischen Parteipolitik ist im internationalen Vergleich extrem hoch: Umgerechnet auf die einzelnen Wahlberechtigten (und auch unter Berücksichtigung des unterschiedlichen „Reichtums" der jeweiligen Staaten, d.h. eines unterschiedlichen BIP pro Kopf der Bevölkerung) nehmen die österreichischen Parteien ein Mehrfaches bis Vielfaches dessen ein, was in den anderen OECD-Staaten der Fall ist (vgl. Sickinger 1997: 270-272). Genauer betrachtet, hat dieser Befund zwei Aspekte: die *öffentliche Parteienförderung* einerseits und die *Zahl an* (staatlich alimentierten) *Vollzeitpolitikern* andererseits. Dies soll anhand eines Vergleichs mit dem *deutschen* System kurz gezeigt werden, das in seiner Höhe (und von der Staatsstruktur wie vom Parteiaufbau her) noch am ehesten mit Österreich verglichen werden kann:[8]

Deutschland verfügt über ein im internationalen Vergleich ebenfalls weit überdurchschnittlich ausgebautes direktes und indirektes staatliches Förderungsniveau: Nach der (seit Anfang 1994 gültigen) Fassung des deutschen Parteiengesetzes erhalten die deutschen Parteien für jede bei einer Bundestags-, Europa- oder Landtagswahl erlangten Stimme pro Jahr grundsätzlich 1 DM, für die ersten 5 Millionen Stimmen jedoch 1,30 DM. Zusätzlich erhalten die Parteien für jede eingeworbene DM aus Mitgliedsbeiträgen und Spenden 0,5 DM aus dem Bundeshaushalt. Insgesamt waren diese staatlichen Parteizuwendungen allerdings ab 1994 zunächst auf 230 Mio. DM pro Jahr, 1999/2000 auf 245 Mio. DM als „absolute Obergrenze" beschränkt. Da die deutschen Parteien sehr emsig kleine bis mittlere Beiträge (die auch steuerlich begünstigt sind) einwerben – was auch eine Voraussetzung für den vollen Bezug der staatlichen Mittel ist, da die direkten Zuwendungen aufgrund der Wahlergebnisse maximal 50% der Gesamteinnahmen betragen dürfen –, wird diese absolute Obergrenze rechnerisch regelmäßig überschritten, weshalb die Parteisubventionen für die Stimmenanzahl regelmäßig anteilig gekürzt werden müssen.

Daneben erhielten die – aus formalen Gründen nicht zur Parteienfinanzierung gezählten und in internationalen Vergleichen im Regelfall auch nicht berücksichtigten – Bundestagsfraktionen 1994 insgesamt 98,9 Mio. DM (1996: 107,3 Mio. DM), die Landtagsfraktionen 135,8 Mio. DM (v. Arnim 1996: 142). Normalerweise ebenfalls aus internationalen Vergleichen ausgeblendet sind die Mittel der bundesdeutschen Parteistiftungen; deren staatliche Subventionierung aus Bundes- und Länderhaushalten betrug 1994 insgesamt 619,9 Mio. DM, von denen allerdings ca. 85% für Entwicklungshilfeaktivitäten einschließlich der Finanzierung demokratiepolitischen Bildungsarbeit in Entwicklungsländern zweckgebunden waren und nur 195,7 Mio. DM als Globalzuschüsse „zur gesellschaftspolitischen und demokratischen Bildungsarbeit" ausbezahlt wurden (v. Arnim 1996: 167f.). Rechnet man die genannten Beträge (Parteienfinanzierung nach dem dt.PartG, Fraktionen auf Bundes- und Landesebene, gesellschaftspolitische Bildungsarbeit der Stiftungen) zusammen, kommt man für 1994 auf einen Betrag von 660,4 Mio. DM (4.623 Mio. S); bei 60,45 Millionen Wahlberechtigten (Bundestagswahl 1994) ergab dies einen Betrag von knapp 76,5 S pro Wahlberechtigtem. Zum Vergleich ergibt die Rechnung in Österreich für die Parteien-, Parteiakademie- und Klubfinanzierung auf Bundes- und Landesebene für 1994 einen Betrag von ca. 279 S pro Wahlberechtigtem. Das östereichische Niveau war somit – nach dieser aus deutscher Sicht sehr „ungünstigen", das deutsche Förderniveau sehr hoch ansetzenden Berechnung – etwa um das Vierfache höher.

In einem föderalistisch aufgebauten Staat steigt gegenüber Einheitsstaaten sowohl die Zahl an Politikern als auch (sofern eine solche implementiert ist) die Höhe der öffentlichen Parteienfinanzierung – dies trifft für Deutschland wie für Österreich zu. Die österreichische Variante ist unter *beiden* Gesichtspunkten (also nicht nur, wie erwähnt, in Hinblick auf die Parteienfinanzierung, bei der der Schwerpunkt auf Landesebene liegt) besonders teuer: Österreich hat mit seinen ca. 8 Millionen Einwohnern nur ungefähr ein Zehntel der Einwohner Deutschlands und ist weniger als halb so klein wie das größte deutsche Bundesland Nordrhein-Westfalen, ist aber dennoch in neun Länder und 2350 Gemeinden untergliedert. Zu den 15 Ministern und mehreren Staatssekretären der Bundesregierung (Stand 1999), 183 Nationalratsabgeordneten und 64 Bundesräten kommen dadurch noch weitere 448 Landtagsabgeordnete und 78 Mitglieder von Landesregierungen hinzu. Dies ergibt insgesamt 828 gutbezahlte hauptberufliche Politiker, zu denen noch einige hundert entsprechende Posten in den größeren Gemeinden kommen – und zehntausende Funktionen, die nur relativ kleine Aufwandsentschädigungen einbringen, die Parteibudgets in der einen oder anderen Form aber ebenfalls begünstigen können. *Österreich weist dadurch – relativ zu seiner Bevölkerungszahl – eine größere Zahl an staatlich alimentierten Vollzeitpolitikern als die meisten anderen Staaten auf.* Beispielsweise verfügt das deutsche Bundesland Bayern, das ca. ein Drittel größer als alle österreichischen Länder zusammen ist, nur über 204 Landtagsabgeordnete und 11 Mitglieder der Landesregierung, und mit 86 Abgeordneten zum deutschen Bundestag (1990) ist ihm auch eine weitaus kleinere Zahl an Abgeordneten zum nationalen Parlament zuzuordnen als allen österreichischen Ländern Abgeordnete zum österreichischen Nationalrat.

B) Die Ursache: Überorganisierung des österreichischen Parteiensystems

Das zentrale Charakteristikum des österreichischen Parteiensystem besteht in seiner Überorganisierung: In der Literatur über das österreichische Parteiensystem ist gut dokumentiert, daß die Organisationsdichte der österreichischen Parteien im internationalen Vergleich außerordentlich hoch ist – was fast ausschließlich auf die beiden traditionellen (ehemaligen) Großparteien SPÖ und ÖVP zurückzuführen ist. In den frühen 1980er Jahren war ca. ein Viertel der Wahlberechtigten Mitglied einer dieser beiden Parteien, Ende der 1990er Jahre dürfte dies immer noch auf fast 15% zutreffen. Dieser Organisationsgrad beträgt ein Mehrfaches bis ein Vielfaches der anderen europäischen Parteiendemokratien. Um noch einmal den Vergleich mit Deutschland zu wählen: Die österreichischen Parlamentsparteien hatten 1994 insgesamt ca. 946.000 Mitglieder (Sickinger 1997: 31), in Deutschland summierten sich im selben Jahr die Mitgliederzahlen von CDU/CSU, SPD, FDP und Grünen auf ca. 1.950.000. Relativ betrachtet hatten die österreichischen Parteien (aufgrund des zehnmal so großen deutschen Elektorats) damit rund fünfmal so hohe Mitgliederzahlen.

Genau deshalb sind im übrigen die *Anteile der staatlichen Subventionen an den österreichischen Parteibudgets nicht atypisch hoch*, wenn man für ausländische Parteien ebenso umfassende Gesamtbilanzen (einschließlich aller Parteiebenen, inklusive staatlicher Mittel für Schulungseinrichtungen und Parlamentsfraktionen) berechnen würde: Atypisch hoch ist nur der gesamte Mitteleinsatz als solcher. Auch die Einnahmen aus kleinen Massenbeiträgen der Mitglieder und Sympathisanten von SPÖ und ÖVP sind nämlich relativ hoch (während keine sonstige Partei über nennenswerte „Eigenmittel" verfügt). Realistisch betrachtet, stellen die hohen Mitgliederzahlen von SPÖ und ÖVP allerdings trotzdem kein finanzielles Atout dieser Parteien dar: Die hunderttausenden Mitglieder bringen zwar zweifellos relativ hohe Beträge, ihre Betreuung erfordert allerdings einen sehr aufwendigen Apparat. Netto kostet die Mitgliederbetreuung vermutlich mehr, als die Mitglieder an Beiträgen und Kleinspenden bringen.

C) SPÖ und ÖVP in der Falle: die staatsfinanzierten Mitbewerber

Die aufklaffende Lücke wird seit den späten 1960er Jahren zunehmend mit Hilfe der öffentlichen Parteienförderung geschlossen. Dies war für beide Großparteien solange kein Problem, als sie weitgehend unter sich blieben und die FPÖ die Rolle einer bewußt überproportional geförderten Kleinpartei einnahm, die zwar die Rolle einer möglichen Mehrheitsbeschafferin, nicht aber einer ernsthaften Konkurrenz am Wählermarkt einnehmen konnte. Der rasche Aufstieg der FPÖ ab 1986 machte diese allerdings zur Hauptprofiteurin des staatlichen Parteienförderungssystems: Da diese Partei über keinen teuren Apparat verfügt (und ihn auch nach 1989/90 bewußt nicht ausbaute) und auch keine große Mitgliederzahl zu betreuen hat, kann sie den Großteil ihrer Mittel in die Kommunikation nach außen stecken. Spätestens ab ca. 1994/95 konnte sie daher trotz deutlich niedrigeren finanziellen Gesamtvolumens ähnlich teure Wahlkämpfe wie SPÖ und ÖVP führen.

Betrachtet man die oben skizzierten Einnahmen- und Ausgabenstrukturen der österreichischen Parteien, so läßt sich unschwer ein tiefes Dilemma der beiden ehemaligen Großparteien SPÖ und ÖVP feststellen, die historisch betrachtet die eigentlichen Entscheidungsträger bei der Etablierung des heutigen Systems der öffentlichen Parteienfinanzierung waren. Beide geben den größeren Teil ihrer Mittel für weitgehend nach innen gerichtete Betreuungstätigkeiten aus. Der damalige Werbeleiter der SPÖ, Heinz Lederer, brachte das Dilemma der beiden großen Mitgliederparteien pars pro toto für die SPÖ folgendermaßen auf den Punkt: „Wenn 75 Prozent der politischen Arbeit nach innen gerichtet sind und nur 25 Prozent nach außen und sich das auch in der finanziellen Mittelbindung niederschlägt, kann man sich die perspektivische Wettbewerbsfähigkeit als nicht mehr gegeben ausrechnen." (Werkstattblätter 4/1996). Einen Ausweg aus dem Dilemma, daß jede (meist durch Schulden und teure Wahlkampagnen erzwungene) Erhöhung der Parteisubventionen die FPÖ noch mehr stärkt, haben beide ehemaligen Großparteien jedenfalls bisher nicht gefunden.

Anmerkungen

1 Sickinger 1997; veraltet ist mittlerweile Sickinger und Nick 1990. Vgl. auch den Überblicksartikel zur Parteien- und Wahlkampffinanzierung (Sickinger 1995) im Sammelband zur Nationalratswahl 1994 (Müller, Plasser und Ulram 1995).

2 Ausführliche Belege bei Sickinger 1997: 29ff.

3 Die einzige Überprüfung der Parteien durch die Finanzverwaltung fand 1989/90 als Reaktion auf das Bekanntwerden systematischer Hinterziehungen von Lohnsteuern und Sozialabgaben durch „schwarze" Gehaltsbestandteile von Parteiangestellten in einigen Landesorganisationen der SPÖ statt; Sickinger 1997: 187f.

4 *Niederösterreich* erhöhte nach der Landtagswahl 1998 die Parteienfinanzierung um ca. 80 Mio. S pro Jahr – wobei diese Erhöhung aber 1997 anteilsmäßig nur für die zweite Jahreshälfte wirksam wurde und in der Öffentlichkeit dadurch erfolgreich der Eindruck vermittelt wurde, die Erhöhung habe „nur" 40 Mio. S betragen. Das Land *Oberösterreich* erhöhte im Spätherbst 1999, bereits rückwirkend für dieses Jahr, die Parteienförderung um 25 Mio. S mit dem Argument, dies sei ein Ausgleich für die Parteisteuer – ohne im Gesetz selbst aber irgendeine Auflage hinzuzufügen, daß die Parteien von ihren Mandataren nun auch wirklich keine derartigen Abgaben mehr verlangen dürfen.

5 profil: Nr. 31, 2. 8. 1999, 31. In diesem Artikel wird wohl nicht zu Unrecht vermutet, daß für die Streuung der Werbemittel auch das Zielgruppenkalkül der Regierungsparteien (besonders aber der SPÖ, deren Ministerien bzw. das von ihr gehaltene Bundeskanzleramt über den weitaus größeren Teil der Mittel verfügen konnten) für die nächste Europa- und Nationalratswahl ausschlaggebend war.

6 Wiener Zeitung, 27. 9. 1999, 2: 300 Millionen für Wahlwerbung. Die entsprechenden Kosten für frühere Jahre: 175,1 Mio. S 1995; 203,6 Mio. S 1996; 139,1 Mio. S 1997; 162,1 Mio. S 1998.

7 SPÖ und ÖVP: je 120 Mio. S für Nationalratswahlen, je eine Viertelmilliarde für Landtags- und Gemeinderatswahlen (in Wirklichkeit dürfte der Betrag etwas höher sein, allerdings finden auf Landesebene üblicherweise nur alle 5 Jahren Wahlen statt), je 40 Mio. S für Europawahlen (zwei in diesem Zeitraum). FPÖ: ca. 100 Mio. S für die Nationalratswahl, insgesamt 400 Mio. S für Landtags- und Gemeinderatswahlen (die FPÖ kandidiert in weniger Gemeinden und setzt ihre Mittel stärker auf Landesebene ein), je 30 Mio. S für beide Europawahlen. Die folgende Rechnung ergibt im übrigen z.T. deutlich höhere Werte als die Berechnung des Verfassers in Sickinger 1997: 260.

8 Vgl. zur deutschen Parteienfinanzierung u.a. v. Arnim 1996; Ebbighausen et al. 1996; Drysch 1998. Zur Hypothese des Verfassers, daß die deutsche Parteienförderung (nach der hier angewandten breiten Berechnungsbasis!) im internationalen Vergleich besonders hoch ist, vgl. etwa die freilich oft nur bruchstückhaften Daten in Gunlicks 1993; Katz und Mair 1992.

Literatur

v. Arnim, Hans Herbert (1996). *Die Partei, der Abgeordnete und das Geld. Parteienfinanzierung in Deutschland*, München

Dachs, Herbert (1986). Öffentliche Parteienfinanzierung in den österreichischen Bundesländern, in: Andreas Khol und Alfred Stirnemann (Hg.): *Österreichisches Jahrbuch für Politik 1985*, Wien, München, 439-454

Dachs, Herbert (1993). Vom öffentlichen Parteigeld in Österreichs Bundesländern, in: Andreas Khol, Günther Ofner und Alfred Stirnemann (Hg.): *Österreichisches Jahrbuch für Politik 1992*, Wien, München, 695-723

Drysch, Thomas (1998). *Parteienfinanzierung. Österreich, Schweiz, Bundesrepublik Deutschland*, Opladen

Ebbighausen, Rolf, Christian Düpjohann, Dieter Prokein, Joachim Raupach, Marcus Renner, Rolf Schotes und Sebastian Schröter (1996). *Die Kosten der Parteiendemokratie. Studien und Materialien zu einer Bilanz staatlicher Parteienfinanzierung in der Bundesrepublik Deutschland*, Opladen

Fidler, Harald und Andreas Merkle (1999). *Sendepause. Medien und Medienpolitik in Österreich*, Oberwart

Gunlicks, Arthur B. (ed.) (1993). *Campaign and Party Finance in North America and Western Europe*, Boulder, San Francisco, Oxford

Katz, Richard S. und Peter Mair (eds.) (1992). *Party Organizations: A Data Handbook on Party Organization in Western Democracies, 1960-90*, London

Müller, Wolfgang C., Fritz Plasser und Peter A. Ulram (Hg.) (1995). *Wählerverhalten und Parteienwettbewerb. Analysen zur Nationalratswahl 1994*, Wien

Rechnungshof (Hg.) (1996). Bericht der Kommission zur Erstattung eines Vorschlages für die Erstellung einer „Einkommenspyramide" für Politiker in Bund, Ländern, Gemeinden und Selbstverwaltungskörpern gemäß der Entschließung des Nationalrates vom 9. Juli 1996 (E 15 NR/XX. GP), Wien, Dezember 1996

Sickinger, Hubert (1995). Partei- und Wahlkampffinanzierung in Österreich – ein Überblick, in: Wolfgang C. Müller, Fritz Plasser und Peter A. Ulram (Hg.): *Wählerverhalten und Parteienwettbewerb. Analysen zur Nationalratswahl 1994*, Wien, 265-294

Sickinger, Hubert (1997). *Politikfinanzierung in Österreich. Ein Handbuch*, Thaur, Wien und München

Sickinger, Hubert und Rainer Nick (1990). *Politisches Geld. Parteienfinanzierung in Österreich*, Thaur

„It's Time for a Change" – Bestimmungsfaktoren des
Wählerverhaltens bei der Bundestagswahl 1998[1]

Oscar W. Gabriel

1. Ein Versuch, einen Erdrutsch zu erklären

Die Bundestagswahl 1998 brachte eine in der Geschichte der Bundesrepublik bisher einmalige Kräfteverschiebung zwischen den beiden großen demokratischen Parteien. Mit dem schlechtesten Wahlergebnis seit 1949 verwiesen die Wählerinnen und Wähler die CDU/CSU auf die Oppositionsbänke. Erstmals seit 1972 avancierte die SPD wieder zur stärksten Fraktion im Deutschen Bundestag. Zur allgemeinen Überraschung erzielte sie einen so großen Vorsprung vor den Unionsparteien, daß die von nur wenigen Beobachtern für wahrscheinlich gehaltene Bildung einer rot-grünen Koalition möglich wurde. Niemals zuvor hatten die Unionsparteien im Vergleich mit der vorherigen Bundestagswahl derart hohe Stimmenverluste hinnehmen müssen, und niemals zuvor waren sie von den Sozialdemokraten so deutlich auf den zweiten Platz in der Wählergunst verwiesen worden wie 1998.

Welche Faktoren waren für den politischen Erdrutsch verantwortlich? Kommentatoren attestierten der SPD den besseren Wahlkampf und den aus der Sicht der Wählerschaft attraktiveren Kanzlerkandidaten. Zur Erklärung der starken Kräfteverschiebung zwischen den beiden großen Parteien dürften diese beiden Faktoren aber kaum ausreichen, denn bei mehreren seit 1983 durchgeführten Wahlen war über matte Wahlkämpfe und schlechte Popularitätswerte für Bundeskanzler Kohl berichtet worden, zuletzt noch bei der Bundestagswahl 1994. Gegen eine Reduzierung des Wahlausganges auf ein Votum gegen Kohl sprechen nicht zuletzt Umfrageergebnisse aus dem August und September 1998, nach denen die Mehrheit der Wählerinnen und Wähler dem SPD-Kandidaten Schröder nicht allein den Vorzug vor Bundeskanzler Kohl, sondern auch vor dem bayrischen Ministerpräsidenten Stoiber und dem Vorsitzenden der CDU/CSU-Bundestagsfraktion Schäuble gab. Zudem war die Union nicht allein mit einem Kandidatenproblem konfrontiert, sie rangierte auch hinsichtlich der Problemlösungskompetenz auf den meisten Politikfeldern hinter der SPD. Schließlich ist die gewachsene Attraktivität der SPD für die ominöse „Neue Mitte" weniger als Erklärung des Wahlausganges denn als ein ihrerseits erklärungsbedürftiger Sachverhalt zu verstehen.

Auch wenn Wahlresultate – wie andere politische Ereignisse – stets aus einem Zusammenspiel mehrerer Bedingungen resultieren, signalisierten sämtliche 1998 durchgeführten Umfragen einen geradezu überwältigenden Wunsch nach einem Regierungswechsel. Zwar hatten sich bereits 1994 zahlreiche Wählerinnen und Wähler ebenfalls für einen Regierungswechsel ausgesprochen, aber zugleich mit einem Wahlerfolg der Union gerechnet. Vier Jahre später wünschte die Mehrheit der Wähler nicht nur einen Regierungswechsel, sondern hielt ihn – im Gegensatz zu 1994 – auch für wahrscheinlich.

Wenn die von vielen Wahl- und Parteienforschern vertretene Einschätzung zutrifft, die Wähler hätten sich zu flatterhaften Wesen entwickelt und die Bundesrepublik befände sich – gemeinsam mit anderen Demokratien – auf dem Wege zu einer Stimmungsdemokratie, dann reicht vermutlich schon ein diffuser Wunsch nach neuen Köpfen aus, um eine politische Kräfteverschiebung herbeizuführen, wie sie bei der Bundestagswahl 1998 eintrat. Vor dem Hintergrund der bisherigen Erkenntnisse der empirischen Wahlforschung erscheint eine solche Sicht allerdings zu simpel. Der Wunsch nach einem Wechsel ist kein unabhängiges Ereignis, sondern hängt seinerseits von der Bewertung der Leistungen sowie des personellen und programmatischen Angebots der Parteien ab und dürfte seine politische Durchschlagskraft vor allem dann entwickeln, wenn ein großer Teil der Wählerschaft keine langfristig stabilen Parteibindungen mehr aufweist. Die Komplexität möglicher Einflußfaktoren macht es notwendig, die scheinbar so naheliegenden und plausiblen Interpretationen des Ausgangs der Bundestagswahl 1998 kritisch zu hinterfragen. In diesem Sinne verfolgt dieser Beitrag das Ziel, herauszufinden, welche Rolle die von der Wahlforschung angebotenen Erklärungen für das Wählerverhalten bei der Bundestagswahl 1998 spielten. Im einzelnen werden die folgenden Fragen behandelt:

1. Wie läßt sich das Wahlresultat von 1998 in die langfristige Entwicklung des Wählerverhaltens in der Bundesrepublik Deutschland einordnen?
2. Welche regionalen Muster weist das Wahlergebnis auf? Gibt es typische Ost-West-Differenzen?
3. Welches Ausmaß hatten die Wählerwanderungen im Zeitraum 1994–1998?
4. Läßt sich zwischen 1994 und 1998 eine weiterhin fortschreitende Auflösung der traditionellen Bindungen bestimmter sozialer Gruppen an bestimmte politische Parteien konstatieren?
5. Welche Rolle spielten die Parteiidentifikation, die Problemlösungskompetenz der Parteien und die Bewertung der Spitzenkandidaten der Union und der SPD für das Wahlergebnis? Läßt sich im Vergleich mit früheren Wahlen eine stärkere Personalisierung des Wahlentscheides feststellen?

Für die Analyse der langfristigen Entwicklungstrends und der regionalen Muster des Wählerverhaltens stehen die Daten der amtlichen Wahlstatistik zur Verfügung. Diese Aggregatdaten resultieren aus individuellen Entscheidungen und sollten insofern durch Analysen individueller Bestimmungsfaktoren des Wählerverhaltens fundiert werden. Als

Grundlage dieses umfangreicheren und wichtigeren Teiles der folgenden Untersuchung dienen die Daten repräsentativer Querschnittsbefragungen in den Jahren 1994 und 1998 sowie eine in denselben Jahren durchgeführte Panelbefragung. Im Jahre 1998 wurden im Rahmen der Querschnittsstudie 2230 Personen in den alten und 1107 in den neuen Bundesländern befragt. Vier Jahre zuvor hatte die Stichprobe in Westdeutschland 2033 und in Ostdeutschland 2081 Personen umfaßt. Zur Kontrolle von Vor- und Nachwahleffekten wurde in beiden Jahren jeweils die Hälfte der Interviews vor und nach der Bundestagswahl durchgeführt[2]. Die Panelbefragung für den Zeitraum 1994 bis 1998 umfaßte 2117 Personen, die sich ebenfalls etwa hälftig auf die Vor- und die Nachwahlstudie verteilten. Der Zugang zu Paneldaten eröffnet die Möglichkeit, die auf der Aggregatebene durchgeführten Trenduntersuchungen mikroanalytisch zu fundieren und auf diese Weise genauere Erkenntnisse über die Stabilität und den Wandel des Wählerverhaltens in der Bundesrepublik Deutschland zu gewinnen.

2. Die Bundestagswahl 1998 im Kontext der langfristigen Entwicklung des deutschen Parteiensystems

Die volle Tragweite des mit der Bundestagswahl 1998 vollzogenen politischen Wandels zeigt sich erst bei einer Einordnung des Wahlresultats in die langfristige Entwicklung des deutschen Parteiensystems. Für die Unionsparteien bedeutete die Wahlniederlage nicht allein den Verlust der Regierungsverantwortung, sondern das größte Debakel derer Geschichte. Abgesehen von der ersten Bundestagswahl im Jahr 1949 hatte der Stimmenanteil der CDU/CSU niemals unter der 40-Prozent-Marke gelegen (*Tabelle 1*). Auch die Stimmenverluste waren niemals zuvor so hoch ausgefallen wie zwischen 1994 und 1998. Besonders deutlich zeigt sich das Ausmaß der Wahlniederlage bei einem Rückblick auf die Jahre seit der Übernahme der Kanzlerschaft durch Helmut Kohl. Knapp ein halbes Jahr nach dem Regierungswechsel, bei der vorzeitigen Neuwahl des Deutschen Bundestages im März 1983, erreichte die CDU/CSU mit 48,8 Prozent ihr zweitbestes Ergebnis seit der Gründung der Bundesrepublik Deutschland und verfehlte nur knapp die absolute Mehrheit der Parlamentssitze. Seither mußte die Partei bei nahezu jeder Wahl einen Rückgang ihres Stimmenanteils hinnehmen. Sie verlor in den alten Bundesländern elf und – seit 1990 – in Gesamtdeutschland dreizehn Prozentpunkte.

Tabelle 1a: Die langfristige Entwicklung des Stimmenanteils der Parteien bei den Bundestagswahlen 1949-1998 (Angaben in Prozent)

	CDU/CSU	SPD	FDP	GRUENE	PDS	Andere
1949	31,0	29,2	11,9			27,9
1953	45,2	28,8	9,5			16,5
1957	50,2	31,8	7,7			10,3
1961	45,3	36,2	12,8			5,7
1965	47,6	39,3	9,5			3,6
1969	46,1	42,7	5,8			5,4
1972	44,9	45,8	8,4			0,9
1976	48,6	42,6	7,9			0,9
1980	44,5	42,9	10,6	1,5		0,5
1983	48,8	38,2	7,0	5,6		0,5
1987	44,3	37,0	9,1	8,3		1,3
1990	43,8	33,5	11,0	5,0	2,4	4,2
1994	41,5	36,4	6,9	7,3	4,4	3,5
1998	35,1	40,9	6,2	6,7	5,1	6,0

Quelle: Statistisches Bundesamt Deutschland, Ergebnisse der Bundestagswahlen.

Tabelle 1b: Die langfristige Entwicklung der Stimmengewinne und -verluste von CDU/CSU, SPD und sonstigen Parteien bei den Bundestagswahlen 1949-1998 (Angaben in Prozent)

	CDU/CSU	SPD	FDP	GRUENE	PDS	Andere
1949-53	+14,2	+0,4	-2,4			-11,4
1953-57	+5,0	+3,0	-1,8			-6,2
1957-61	-4,9	+4,4	+5,1			-4,6
1961-65	+2,3	+3,1	+3,3			-2,1
1965-69	-1,5	+3,4	-3,7			+1,8
1969-72	-1,2	+3,1	+2,6			-4,5
1972-76	+3,7	-3,2	-0,5			±0,0
1976-80	-4,1	+0,3	+2,7			-0,4
1980-83	+4,3	-4,7	-3,6	+4,1		±0,0
1983-87	-4,5	-1,2	+2,1	+2,7		+0,8
1987-90	-0,5	-3,5	+1,9	-3,3		+2,9
1990-94	-2,3	+2,9	-4,1	+2,3	+2,0	-0,7
1994-98	-6,4	+4,5	-0,7	-0,6	+0,7	+2,5

Quelle: Statistisches Bundesamt Deutschland, Ergebnisse der Bundestagswahlen.

Obgleich die SPD 1998 zum ersten Mal seit 1972 wieder zur stärksten Fraktion im Deutschen Bundestag avancierte, fiel ihr Stimmenanteil mit 40,9 Prozent eher durchschnittlich als brillant aus und lag etwas unterhalb des Niveaus, auf dem die für die 80er Jahre typische Talfahrt der Partei begonnen hatte. Zwischen 1980 und der ersten gesamtdeutschen Wahl 1990 sank ihr Stimmenanteil von 42,9 auf 33,5 Prozent. 1994 wurde der stetige Abwärtstrend gebrochen. In der darauffolgenden Wahlperiode gelang es der SPD schließlich, die Union mit einem in seinem Ausmaß keineswegs sensationellen Zugewinn von knapp fünf Prozentpunkten in der Wählergunst vom ersten Platz zu verdrängen. Für die Kräfteverteilung zwischen den beiden großen Parteien läßt sich im Rückblick auf die Jahre 1980 bis 1998 das folgende Fazit ziehen: Wie die Dominanz der Unionsparteien im Zeitraum 1983 bis 1994 weniger aus ihrer eigenen Stärke als aus der Schwäche der SPD resultierte, stellt sich der scheinbar triumphale Wahlerfolg der SPD bei der Bundestagswahl 1998 genau genommen als Produkt des Debakels der Unionsparteien dar. Die seit der Bundestagswahl 1998 durchgeführten Landtagswahlen unterstreichen diese Sicht der Dinge.

Im Gegensatz zu der spektakulären Kräfteverschiebung zwischen den beiden großen Volksparteien blieb der Stimmenanteil der FDP und der Bündnis/GRÜNEN gegenüber der vier Jahre zuvor abgehaltenen Wahl relativ stabil. Beide Parteien verzeichneten leichte Verluste und lagen 1998, wie bereits vier Jahre zuvor, in der Wählergunst dicht beieinander. Allerdings kommt diesen Ergebnissen für beide Parteien eine unterschiedliche Bedeutung zu. Die FDP hatte nur bei den Bundestagswahlen 1969 und 1983 noch schlechter abgeschnitten als 1998. 1969 hatte sie den Wahlkampf aus der ungewohnten Oppositionsrolle heraus zu bestreiten, 1983 war der Wahl ein in der Öffentlichkeit höchst umstrittener Koalitionswechsel der Partei vorausgegangen. Vor diesem Hintergrund verdienen die seit der ersten gesamtdeutschen Wahl anhaltenden, in ihrem Ausmaß beachtlichen, Stimmenverluste der FDP besondere Beachtung. Im Vergleich mit 1990 ist der Stimmenanteil der Liberalen nahezu auf die Hälfte geschrumpft. Dabei näherte sich die Partei immer stärker der kritischen Fünfprozentmarke. Dieser Eindruck verstärkt sich bei einem Blick auf die Resultate der seit 1998 durchgeführten Landtagswahlen. Sie vermitteln die Botschaft, daß die Partei derzeit die schwerste Krise seit ihrer Gründung durchläuft. Obwohl auch Bündnis90/Die GRÜNEN geringfügige Verluste hinnehmen mußten, erzielten sie ein leicht überdurchschnittliches Ergebnis und konnten mit einem knappen Vorsprung vor der FDP ihre Position als drittstärkste politische Kraft in der Bundesrepublik behaupten. Ihr Stimmenanteil lag über dem der ersten gesamtdeutschen Wahl und läßt – anders als bei der FDP – keinen generellen Abwärtstrend erkennen. Allerdings häufen sich die Wahlschlappen seit dem Eintritt der Partei in die Bundesregierung. Neben der SPD gehört die PDS zu den Gewinnern der Bundestagswahl 1998. Zur Überraschung vieler Beobachter überwand sie erstmals die Fünf-Prozent-Hürde und konsolidierte fürs Erste ihre Position im deutschen Parteiensystem. Damit erzielte sie das beste Ergebnis seit der Vereinigung und wurde in ihrer parlamentarischen Existenz unabhängig vom Gewinn von Direktmandaten.

Die Wahl- und Parteienforschung interessiert sich nicht allein für die Veränderung des Stimmenanteils einzelner Parteien, sondern auch für den Strukturwandel des Parteiensystems insgesamt. Aus dieser Perspektive betrachtet, setzten sich bei der Bundestagswahl 1998 die meisten mittel- oder langfristig beobachtbaren Entwicklungstrends fort. Die einzige Ausnahme bildete die Wahlbeteiligung. Sie war seit den Bundestagswahlen 1972 und 1976, bei denen sie über 90 Prozent lag und damit ein im internationalen Vergleich außerordentlich hohes Niveau erreichte, kontinuierlich gesunken und erreichte 1994 mit 79 Prozent ihren tiefsten Stand seit 1949. Zwischen 1994 und 1998 stieg sie erstmals seit 1972 wieder an, blieb aber mit 82,3 Prozent immer noch unter dem langfristigen Durchschnittswert. Bei allen anderen Strukturmerkmalen des deutschen Parteiensystems ist zwischen 1994 und 1998 keine Trendwende, sondern eine Verstärkung langfristiger Tendenzen zu erkennen. Wie Niedermayer (1999: 20ff.) zeigt, nahm die Volatilität des Wählerverhaltens im Zeitraum 1994 bis 1998 weiter zu. Das gleiche gilt für die Fragmentierung des Parteiensystems und den Stimmenanteil systemoppositioneller Parteien. Ebenso setzte sich die seit der Vereinigung zu konstatierende Kräfteverschiebung zwischen „Rechts" und „Links" fort. Erstmals in der Geschichte der Bundesrepublik kam bei der Bundestagswahl 1998 eine klare Mehrheit linker Parteien zustande.

Zusammenfassend läßt sich der Ausgang der Bundestagswahl 1998 wie folgt charakterisieren: Während zwischen den beiden großen Parteien ein in seinem Ausmaß bislang einmaliger Austausch von Stimmen stattfand, blieb der Anteil der beiden kleinen demokratischen Parteien bei leichten Stimmenverlusten relativ stabil. Neben der SPD war die PDS die einzige Wahlsiegerin. Dabei vollzog sich eine deutliche Kräfteverschiebung von der Rechten zur Linken. Parteien rechts von der Union fanden allerdings keine Unterstützung durch die Wählerschaft. Die seit langem anhaltenden Trends zur Fraktionalisierung des Parteiensystems und zur Wechselwahl setzten sich in den letzten vier Jahren weiter fort. Wenn man alle diese Ergebnisse zu einem Gesamtbild zusammenfügt, nahm die Stabilität des Parteiensystems zwischen 1994 und 1998 weiter ab.

3. Das Wahlergebnis im Ost-West-Vergleich

Acht Jahre nach der Vereinigung Deutschlands ist diesseits und jenseits der ehemaligen Grenze noch kein einheitliches Parteiensystem entstanden, eher haben sich die Unterschiede zwischen Ost und West seit der Vereinigung vertieft. Zwar waren regional unterschiedliche Wahlergebnisse seit der Gründung der Bundesrepublik immer wieder zu registrieren, jedoch betrafen sie, abgesehen von der Konsolidierungsphase des Parteiensystems (Niedermayer 1999), stets die Verteilung der Stimmen auf die CDU/CSU, die SPD, die FDP und – seit dem Beginn der 80er Jahre – die GRÜNEN. Neben diesen Gruppierungen gelang es keiner weiteren Partei, sich auf Dauer im politischen System zu etablieren.

Auf Grund der divergierenden politischen Ausgangsbedingungen in der Bundesrepublik und der ehemaligen DDR ergibt sich seit der Vereinigung in Deutschland ein völlig neuartiges Bild. Bereits bei der ersten demokratischen Volkskammerwahl im März 1990 fand die PDS in der Wählerschaft eine breite Resonanz. Bei allen folgenden Wahlen konsolidierte sie ihre Stellung als dritte Kraft im Parteiensystem der neuen Länder. 1990 hatten ihr die Übergangsregelungen im Bundeswahlgesetz[3] den Einzug in den Deutschen Bundestag erleichtert. 1994 konnte sie erstmals die hierfür erforderliche Zahl von Direktmandaten gewinnen. 1998 gelang es ihr schließlich, in Gesamtdeutschland die Fünf-Prozent-Hürde zu überwinden. Welche wahlrechtlichen Regelungen auch immer galten, seit der Wende sicherte sich die PDS einen festen Platz im Parteiensystem Ostdeutschlands. Seit der Bundestagswahl 1994 ist sie neben der CDU und der SPD die einzige politische Kraft mit einer breiten Unterstützung durch die ostdeutsche Wählerschaft.

Infolge dieser Entwicklung weist die Bundesrepublik ein gespaltenes Parteiensystem auf. Im Westen entwickelte sich – mit einer Unterbrechung zwischen 1990 und 1994 – seit 1983 ein bipolares Parteiensystem, dessen linke Seite durch die SPD sowie Bündnis90/Die GRÜNEN besetzt ist, während die CDU/CSU und die FDP Positionen in der rechten Mitte einnehmen. In Ostdeutschland finden wir dagegen im linken Spektrum die SPD und die PDS, im rechten ausschließlich die CDU. Bündnis90/Die GRÜNEN und FDP spielen seit 1994 keine Rolle mehr, und zwar in der Bundes- wie in der Landespolitik (*Tabelle 2*).

Tabelle 2: Die Ergebnisse der Bundestagswahlen 1990 bis 1998 in den alten und neuen Bundesländern (Angaben in Prozent)

	1990		1994		1998		Differenz 1998-1990	
	ABL	NBL	ABL	NBL	ABL	NBL	ABL	NBL
Wahlbeteiligung	78,6	74,5	80,5	72,6	82,8	80,1	+4,2	+6,6
CDU/CSU	44,3	41,8	42,1	38,5	37,0	27,3	-7,3	-14,5
SPD	35,7	24,3	37,5	31,5	42,3	35,1	+6,6	+10,8
FDP	10,6	12,9	7,7	3,5	7,0	3,3	-3,6	-9,6
GRUENE	4,8	6,2	7,9	4,3	7,3	4,1	+2,5	-2,1
PDS	0,3	11,1	1,0	19,8	1,2	21,6	+0,9	+10,5
Andere	4,3	3,7	3,8	2,4	5,2	8,6	+1,1	+4,9

Quelle: Statistisches Bundesamt Deutschland, Endgültige Ergebnisse der Bundestagswahlen 1990, 1994 und 1998 nach neue und alte Bundesländer gegliedert.

Ungeachtet der regionalen Unterschiede weist die Entwicklung des Wählerverhaltens in den alten und neuen Bundesländern zwischen 1994 und 1998 eine große Gleichförmigkeit auf. Wenn man das Ausmaß der Veränderungen sowie die zwischen 1990 und 1994 zu verzeichnenden Stimmengewinne von Bündnis90/Die GRÜNEN in den alten Bundesländern außer acht läßt, gilt diese Aussage für den gesamten Zeitraum 1990 bis 1998.

Die Union ist seit 1990 in den alten wie in den neuen Bundesländern einer starken Erosion ihrer Wählerschaft ausgesetzt: Im westlichen Landesteil ging ihr Stimmenanteil zwischen 1990 und 1998 um 7,3 Prozentpunkte zurück, im Osten fiel der Verlust mit 14,5 Prozentpunkten sogar doppelt so hoch aus. Eine negative Entwicklung hatte auch die FDP zu verzeichnen, vor allem in den neuen Bundesländern. Hier sank ihr Stimmenanteil im Vergleich mit der ersten gesamtdeutschen Wahl fast um zehn Prozentpunkte, im Westen lagen die Einbußen mit 3,6 Prozentpunkten deutlich niedriger. Gemeinsam verloren die beiden Regierungsparteien zwischen 1990 und 1998 demnach im Westen elf und im Osten 25 Prozentpunkte.

Auf der Gewinnerseite befinden sich die SPD und PDS. Im Vergleich mit 1990 lag der Stimmenanteil der SPD im Westen um 6,6 und im Osten um 10,8 Prozentpunkte höher. Einen Zuwachs in beiden Landesteilen konnte auch die PDS, deren Stimmenanteil sich in Ostdeutschland nahezu verdoppelte, verzeichnen (alte Bundesländer 0,9, neue Bundesländer 10,5 Prozentpunkte). Der Anteil von Bündnis 90/Die GRÜNEN entwickelte sich in den alten und neuen Ländern unterschiedlich. Im Osten nahm er seit der ersten gesamtdeutschen Wahl kontinuierlich ab, im Westen konnte die Partei zwischen 1990 und 1994 deutlich an Unterstützung durch die Wählerschaft gewinnen und das erreichte Niveau in den folgenden vier Jahren weitgehend stabilisieren.

Tabelle 3: Gewinn- und Verlustbilanz der Parteien in West- und Ostdeutschland in absoluten Zahlen, 1990 bis 1998 (Angaben in Tsd. Stimmen)

	Differenz 1998-1990			Differenz 1998-1994		
	West[1]	Ost[2]	Gesamt	West[1]	Ost[2]	Gesamt
CDU/CSU	-1.853,7	-1.175,0	-3.028,7	-1.483,7	-704,1	-2.187,8
SPD	+3.486,9	+1.149,0	+4.635,9	+2.403,6	+637,3	+3.040,9
FDP	-1.185,6	-856,6	-2.042,3	-185,7	+8,3	-177,5
GRUENE[3]	+1.118,1	-163,9	+954,2	-143,0	+20,3	-122,7
PDS	+334,7	+1.051,1	+1.385,9	+91,7	+357,6	+449,3
Sonstige	+448,7	+486,3	+947,7	+588,1	+612,9	+1.201,1

Anmerkungen: [1] mit Berlin-West; [2] mit Berlin-Ost; [3] bei der BTW 1990 wurden die Stimmen, die auf Bündnis 90/Die GRÜNEN und GRÜNE entfielen, addiert.
Quelle: Statistisches Bundesamt Deutschland, Endgültige Ergebnisse der Bundestagswahlen 1990, 1994 und 1998 nach neue und alte Bundesländer gegliedert.

Schon die Veränderung der Prozentanteile verdeutlicht die große Mobilität der Wählerschaft, insbesondere im östlichen Teil Deutschlands. Dieser Eindruck tritt noch klarer zu Tage, wenn man die Gewinn- und Verlustbilanz der Parteien in absoluten Zahlen betrachtet (*Tabelle 3*). Im gesamten Wahlgebiet verlor die Union zwischen 1990 und 1998 mehr als drei Millionen Wählerstimmen, während die SPD im gleichen Zeitraum ca. 4,6 Millionen Stimmen hinzugewann. 1998 konnte die Union nur noch etwa 85 Prozent ihrer Wähler aus dem Jahr 1990 an sich binden, dagegen steigerte die SPD ihren Anteil fast um ein Drittel. Die FDP büßte gegenüber 1990 ca. 40 Prozent ihrer Wählerschaft ein und verlor im Untersuchungszeitraum mehr als zwei Millionen Stimmen. Die GRÜNEN verbuchten einen Zuwachs von ca. 950.000 Stimmen, was einer Zunahme um 40 Prozent entsprach. Bei der Interpretation dieser Daten muß man allerdings das unerwartet schlechte Abschneiden der Bündnisgrünen bei der ersten gesamtdeutschen Bundestagswahl berücksichtigen. Prozentual am stärksten nahm die Wählerschaft der PDS zu, die sich von etwa 1,1 Millionen (1990) auf 2,4 Millionen (1998) vergrößerte, also mehr als verdoppelte.

Zwischen 1990 und 1998 setzte sich in Gesamtdeutschland ein Prozeß fort, der in den alten Bundesländern bereits viel früher eingesetzt hatte und der bei Landtagswahlen wesentlich deutlicher sichtbar wurde als bei Bundestagswahlen. Wie in anderen westlichen Demokratien zeichnet sich die deutsche Wählerschaft – vor allem die in den neuen Ländern – durch eine große Wechselbereitschaft aus (ausführlich: Stöss 1997; Zelle 1994; 1995).

Mit der Bundestagswahl 1998 stabilisierten sich die seit den Landtags- und Kommunalwahlen in der ersten Hälfte der 90er Jahre entstandenen qualitativen Unterschiede im Wählerverhalten der Ost- und Westdeutschen. Hieraus resultieren in den beiden Landesteilen unterschiedliche Parteiensysteme (vgl. auch: Niedermayer 1999). Im Westen bestätigte die vergangene Bundestagswahl die seit 1983 bestehende „quadrille bipolaire" aus den beiden großen Volksparteien, mit jeweils einer ideologisch benachbarten Kleinpartei als potentiellem Koalitionspartner. Innerhalb der grundsätzlich gleichgebliebenen Struktur verschob sich die parteipolitische Kräfteverteilung zu Gunsten der linken Parteien. Während die Union und die FDP 1983 noch 55,6 Prozent der abgegebenen gültigen Stimmen auf sich vereinigt hatten, lag ihr Anteil 1998 nur bei 42,1 Prozent. Demgegenüber stieg der Anteil von SPD und Bündnis90/Die GRÜNEN von 43,8 auf 49,6 Prozent. Auch diese Gegenüberstellung zeigt ein Charakteristikum der Bundestagswahl: Sie bildete den Höhepunkt einer seit langer Zeit stattfindenden Erosion der Wählerunterstützung der Parteien der rechten Mitte und ist nur bedingt als Triumph der demokratischen Linken zu interpretieren.

In den neuen Bundesländern spielen Bündnis90/Die GRÜNEN und die FDP keine Rolle. Statt dessen verfügt die PDS über einen großen Wählerstamm, der zumindest auf mittlere Sicht ihre Position als ostdeutsche Regionalpartei absichern dürfte. Diese besondere Konstellation des ostdeutschen Parteiensystems ist bei Landtagswahlen noch stärker ausgeprägt als bei Bundestagswahlen. Auch bei der Bundestagswahl 1998 war diese Besonderheit des ostdeutschen Wahlergebnisses klar zu erkennen. Vor allem in Folge der starken Gewinne der PDS verschob sich die parteipolitische Kräfteverteilung im Osten noch stärker zu Gunsten der Linksparteien als im Westen. Die linken Gruppierungen steigerten ihren Stimmenanteil gegenüber der ersten gesamtdeutschen Wahl von 41,1 auf 60,8 Prozent, während die gemäßigt rechten von 54,7 auf 30,8 zurückfielen. Die ostdeutschen Wähler zeichnen sich nicht allein durch eine erheblich größere Volatilität aus als die westdeutschen, darüber hinaus war dieser Prozeß mit einer Kräfteverschiebung zwischen den ideologischen Lagern verbunden. Gerade wegen der großen Wechselbereitschaft der ostdeutschen Wählerschaft dürfte diese Tendenz keineswegs irreversibel sein.

4. Analyse der Wählerwanderungen

Die aus den Stimmenanteilen der Parteien berechneten Veränderungen der parteipolitischen Kräfteverteilung erfassen nicht das volle Ausmaß der Wählerwanderungen, weil sich die Gewinne und Verluste einzelner Parteien bis zu einem gewissen Grade ausgleichen. Zum Zweck einer exakteren Bestimmung der tatsächlichen Wählermobilität wurden in der empirischen Wahlforschung mehrere Verfahren entwickelt, u.a. die Modellierung von Wanderungsprozessen auf der Basis von Stimmbezirksergebnissen und die Verwendung von Rückerinnerungsfragen als Annäherung an die Wahlentscheidung bei der vorangegangenen Bundestagswahl (vgl. die Hinweise bei Bürklin und Klein 1998; Gehring 1994; Küchler 1983). Alle diese Verfahren erfassen das Ausmaß der Wählerfluktuation aber nur unvollständig und sind mit mehr oder minder großen systematischen Fehlern sowie einem Stichprobenfehler behaftet. Die folgende Untersuchung kann erstmals seit längerer Zeit auf ein Langzeitpanel zurückgreifen und auf diese Weise das Ausmaß der Änderung der Wahlabsicht auf der Individualebene bestimmen. Auch diese Daten sind durch Meßfehler verzerrt, jedoch bieten sie im Gegensatz zu allen konkurrierenden Verfahren die Möglichkeit, Motive des Wechsels von Parteipräferenzen zu bestimmen und dabei Veränderungen auf der Seite der abhängigen und der unabhängigen Variablen gleichermaßen zu berücksichtigen. Diese Paneldaten stehen nur für den Zeitraum 1994 bis 1998 zur Verfügung, die zusätzlich für 1990 gestellte Rückerinnerungsfrage bleibt in der folgenden Darstellung unberücksichtigt.

Wie bereits die Analyse der Daten der amtlichen Wahlstatistik zeigte, wechselten zwischen 1994 und 1998 mehr Wahlberechtigte ihre Parteipräferenzen als bei den meisten zuvor durchgeführten Wahlen. Die Auswertung der Panelumfrage läßt die enorme Fluktuation der Wählerschaft noch klarer hervortreten (*Tabelle 4*). Von den im Panel befragten Personen gab lediglich die Hälfte an, 1998 dieselbe Partei gewählt zu haben wie 1994. Läßt man die Verweigerungen und fehlenden Angaben unberücksichtigt, dann sinkt der Anteil der Wechsler auf 38 Prozent, bleibt aber dennoch sehr hoch. Der Prozentsatz der Befragten mit stabilen politischen Präferenzen lag in den alten und den neuen Bundesländern etwa auf dem gleichen Niveau (48 bzw. 46% aller Befragten).

Tabelle 4: Stabilität und Wechsel der Parteipräferenzen zwischen der Bundestagswahl 1994 und 1998 (Angaben: Prozentanteile, bezogen auf das Wahlergebnis von 1994)

1994 ⇒ 1998 ⇓	CDU/CSU	SPD	FDP	GRUENE	REP	PDS	Andere	Nichtwahl	Nicht wber.	WN/KA	N 1998
CDU/CSU	58	9	22	9	30	4	21	23	43	24	585
SPD	18	64	37	27	0	24	42	26	21	32	778
FDP	4	2	20	4	0	3	0	2	29	4	84
GRUENE	2	8	3	42	7	4	11	3	0	3	167
REP	1	1	1	0	22	5	0	0	0	2	27
PDS	1	3	4	2	0	46	0	3	0	2	76
Andere	1	1	0	2	4	3	16	0	0	1	27
Nichtwahl	1	3	0	1	0	1	0	27	0	4	59
Nicht wber.	0	0	0	0	0	0	0	3	0	0	2
WN/KA	14	9	14	13	37	11	11	14	7	29	310
N 1994	637	681	74	187	27	79	19	66	28	317	2115

Abkürzungen: Nicht wber. = nicht wahlberechtigt; WN = weiß nicht; KA = keine Angabe.
Anmerkungen: Daten für Gesamtdeutschland gewichtet; spaltenprozentuiert.
Quelle: DFG-Panelstudie.

Die nachweislich starken Bewegungen der Wählerschaft reflektieren unterschiedliche Prozesse. Neben einer großen Bereitschaft zum Wechsel der Parteipräferenz war im untersuchten Zeitraum eine beachtliche Mobilisierung ehemaliger Nichtwähler zu konstatieren. Nach eigenen Angaben blieb etwa jeder dritte Nichtwähler des Jahres 1994 auch 1998 der Wahl fern. In Westdeutschland belief sich dieser Anteil auf 40, im Osten – bei einer im Vergleich mit dem Westen 1994 erheblich geringeren Wahlbeteiligung – auf 17 Prozent (auf tabellarische Nachweise wird verzichtet). Von der Mobilisierung ehemaliger Nichtwähler profitierten die SPD und die Union mit 31 bzw. 27 Prozent ungefähr in gleichem Maße. Daneben fanden lediglich Bündnis90/Die GRÜNEN und die PDS eine gewisse Resonanz bei früheren Nichtwählern (je 4 Prozent). Nur ein verschwindend kleiner Teil der Befragten wanderte zwischen 1994 und 1998 von der Wahl in die Nichtwahl ab. Unter den Nichtwählern bildeten im Zeitraum 1994/1998 die konjunkturellen Nichtwähler, die von Wahl zu Wahl erneut über ihre Stimmabgabe entscheiden, die weitaus größte Gruppe (zur Beschreibung: Hoffmann-Jaberg und Roth 1994: 138). Bei dieser Feststellung ist allerdings zu berücksichtigen, daß die in der Bundesrepublik verbreitete Interpretation der Wahlbeteiligung als Kernelement staatsbürgerlicher Pflichten eine notorische Unterschätzung des Nichtwähleranteils bedingt. Infolgedessen dürfte vor allem der Anteil konstanter Nichtwähler mit nur zwei (Alte Bundesländer) bzw. drei Prozent (Neue Bundesländer) der Befragten unter dem tatsächlichen Ausmaß stabiler Stimmabstinenz liegen.

In Anbetracht der hohen Wahlbeteiligung machen die Wählerwanderungen zwischen den Parteien den weitaus größten Teil der Fluktuation des Wählerverhaltens aus. Erwartungsgemäß verfügen die beiden großen Volksparteien über eine stabilere Wählerschaft als die kleinen Parteien. Mit 64 Prozent verzeichnete die SPD die höchste Haltequote, bei der Union lag dieser Wert um sechs Prozentpunkte niedriger. Bündnis90/Die GRÜNEN und die PDS erzielten Wiederwahlquoten von 42 bzw. 46 Prozent, bei der FDP betrug sie lediglich 18 Prozent (tabellarisch nicht ausgewiesen). Detaillierte Angaben über die Wanderungen zwischen den Parteien finden sich in *Tabelle 5*.

Wegen der unterschiedlichen Ausgangslage in den alten und den neuen Bundesländern ist es sinnvoll, den Wechsel der Parteipräferenz getrennt für beide Landesteile zu untersuchen. Für ein solches Vorgehen spricht vor allem die Annahme, daß sich in Ostdeutschland in den knapp zehn Jahren seit der Vereinigung noch keine stabilen Bindungen der Wähler an die politischen Parteien entwickelt haben (Gehring und Winkler 1997: 477ff.). Zwar ist auch in den alten Ländern infolge einer Lockerung traditioneller Parteiloyalitäten mit einer gestiegenen Neigung zur Wechselwahl zu rechnen, dennoch müßte das Wahlverhalten auf Grund der dauerhaften und stärkeren Parteibindungen im westlichen Teil der Bundesrepublik stabiler ausfallen als im Osten.

Die Daten in *Tabelle 5* bestätigen diese Annahme. Zwar lag der Anteil der konstanten Wähler in den alten Bundesländern um fast zehn Prozentpunkte höher als in den neuen (54 bzw. 46%), doch fällt der Unterschied zwischen West- und Ostdeutschland geringer aus als erwartet. Der weitaus größte Teil stabiler Wähler entfiel auf die SPD (22% in den alten und 16% in den neuen Bundesländern) und die CDU/CSU (19 bzw. 13%). Von den übrigen Parteien wiesen Bündnis90/Die GRÜNEN (4% in den alten Bundesländern) und die PDS (9% in den neuen Bundesländern) einen erkennbaren Anteil von Wählern auf, die der favorisierten Partei bei zwei aufeinanderfolgenden Urnengängen die Stimme gaben.

Tabelle 5: Anteil konstanter und wechselnder Wähler zwischen der Bundestagswahl 1994 und 1998 (Angaben in Prozent)

	Stabile Wähler			Abwanderer			Zuwanderer			Saldo		
	BRD	ABL	NBL	BRD	ABL	NBL	BRD	ABL	NBL	BRD	ABL	NBL
CDU/CSU	18	19	13	13	12	15	10	10	7	-3	-2	-8
SPD	21	22	16	12	11	13	16	15	18	4	4	5
FDP	1	1	na	3	3	na	3	3	na	0	0	na
GRUENE	4	4	na	5	5	na	4	4	na	-1	-1	na
PDS	2	na	9	2	na	7	2	na	7	0	na	0
Andere	1	1	3	2	2	5	2	2	8	0	0	3
Nichtwahl[1]	6	7	5	12	11	14	11	10	14	-1	-1	0
insgesamt	53	54	46	49	44	54	48	44	54			

Abkürzungen: na = nicht ausgewiesen.
Anmerkungen: [1] Um der Unterschätzung des Nichtwähleranteils entgegenzuwirken, wurden bei der Analyse Personen, die „weiß nicht" antworteten oder keine Angabe machten, zu den Nichtwählern gezählt. Die Prozentanteile beziehen sich auf alle Befragten mit gültigen Angaben. BRD: N=2111; ABL: 873; NBL: 1226; Daten für Gesamtdeutschland gewichtet.
Quelle: DFG-Panelstudie.

Nicht allein der relativ niedrige Anteil konstanter Wähler, sondern auch die Zu- und Abwanderungsbilanzen der Parteien verdeutlichen die enorme Mobilität der deutschen Wählerschaft. Die Union verzeichnete in den alten, vor allem aber in den neuen Bundesländern mehr Verluste als Gewinne. In Ostdeutschland standen die Ab- und Zuwanderungen im Verhältnis 2:1. Dagegen konnte die SPD im Osten wie im Westen mehr neue Wähler an sich binden als sie alte abgab. Da die in *Tabelle 6* enthaltenen Daten auf voneinander unabhängigen Angaben in den zwei getrennten, in einem Abstand von vier Jahren durchgeführten Erhebungen basieren, werden die bei der Verwendung von Recall-Fragen üblichen Verzerrungen durch das für viele Befragte typische Bemühen um Konsistenz vermieden. Bei einem Vergleich der Resultate der Panelanalyse mit dem üblichen Vergleich von Wahlabsicht und Recall-Frage bzw. kurz- und langfristiger Rückerinnerung zeigt sich, daß letztere die Veränderung des Wählerverhaltens zwischen zwei aufeinander folgenden Wahlgängen deutlich unterschätzen (tabellarisch nicht ausgewiesen).

Neben der Relation von Stabilität und Wandel des Wählerverhaltens verdient die Richtung der Wählerwanderungen zwischen den politisch relevanten Parteien Aufmerksamkeit. Die einzigen in Ost- und Westdeutschland im Sinne einer hinreichenden Wählerunterstützung relevanten politischen Kräfte sind die Union und die SPD. In den alten Bundesländern kommen die FDP und Bündnis90/Die GRÜNEN, in den neuen die PDS hinzu. Der Einfachheit halber bleiben die Antwortverweigerer und die Nichtwähler in der folgenden Darstellung unberücksichtigt.

CDU/CSU: Die schweren Verluste der CDU/CSU, vor allem in den neuen Ländern, werden in den Panelanalysen noch deutlicher als in den Veränderungen auf der Aggregatebene. Lediglich 58 Prozent der Wähler, die sich 1994 für die CDU/CSU entschieden hatten, gaben der Partei vier Jahre später erneut ihre Stimme (*Tabelle 4*). In Westdeutschland lag die Haltequote mit 61 Prozent erheblich höher als in den neuen Ländern (46%, tabellarisch nicht ausgewiesen). Das starke West-Ost-Gefälle in der Wahlstabilität reflektiert mit hoher Wahrscheinlichkeit die immer noch relativ labilen Parteibindungen der ostdeutschen Bevölkerung. Wenn man die Verteilung der Parteipräferenzen in der gesamten Wählerschaft betrachtet, dann belief sich der Anteil konstanter CDU/CSU-Wähler im Westen nur auf 27 und im Osten auf noch niedrigere 19 Prozent. Die große Bereitschaft zum Parteiwechsel mündete für die CDU/CSU in eine stark negative Wanderungsbilanz. Dies traf vor allem für die neuen Länder zu, wo die Verluste an andere Parteien mit 16 Prozent um ganze zehn Prozentpunkte über den Gewinnen von den politischen Gegnern lagen. Zwar fiel die Bilanz im Westen nicht ganz so negativ aus wie im Osten, gleichwohl verlor die Union mehr Wähler an andere Parteien als sie von diesen gewann.

Wie eine Analyse der Wanderungsströme zwischen den Parteien zeigt, profitierte vornehmlich die SPD vom Einbruch der Union. Ihr Wanderungsüberschuß gegenüber der Union betrug im Westen drei, im Osten sogar sieben Prozentpunkte. Im Unterschied dazu gestaltete sich der Austausch zwischen der Union und den anderen Parteien weitgehend neutral. Dieser Sachverhalt verdient im Hinblick auf die immer wieder geführte Diskussion über das Ausmaß von Leihstimmen der Union an die FDP Aufmerksamkeit. Ausweislich der hier präsentierten Daten fand 1998 keine koalitionspolitisch motivierte Wählerwanderung von der CDU/CSU zur FDP statt, was möglicherweise die von den Wählern antizipierte Niederlage der Regierungskoalition widerspiegelte. Für den Wahlausgang war demnach der negative Wanderungssaldo zwischen der Union und der SPD, vor allem in den neuen Bundesländern, ausschlaggebend.

SPD: Im Vergleich mit der Union erzielte die SPD mit 66 Prozent im Westen und 70 Prozent im Osten eine erheblich höhere Haltequote (tabellarisch nicht ausgewiesen). In Gesamtdeutschland lag sie bei 64 Prozent, im Vergleich mit 58 Prozent im Unionslager. Nach eigenen Angaben hatten 31 Prozent der westdeutschen und 23 Prozent der ostdeutschen Wähler sowohl 1994 als auch 1998 für die SPD votiert. Die Sozialdemokraten verdankten ihr gutes Abschneiden bei der Wahl nicht allein ihrer hohen Wiederwahlquote, sondern auch ihrer außerordentlich positiven Wanderungsbilanz. Während es im Austausch mit der FDP und Bündnis90/Den GRÜNEN keine Gewinner und Verlierer gab, gelang der SPD ein tiefer Einbruch in die Wählerschaft der Union. Dies trifft insbesondere für die neuen Bundesländer zu. Dort zog die SPD zudem relativ viele PDS-Wähler an sich, gab aber nur wenige an diese Partei ab. Nach *Tabelle 6b* erzielte die SPD eine wesentlich positivere Wanderungsbilanz als alle anderen Parteien.

FDP: Der Anteil stabiler FDP-Wähler an der westdeutschen Wählerschaft fällt so niedrig aus, daß er dem Rundungsfehler zum Opfer fällt. Die mit 40 Prozent extrem niedrige Haltequote unterstreicht die schwache Position der FDP auf dem Wählermarkt. Dagegen gestaltete sich die Gewinn- und Verlustbilanz im Austausch mit den anderen Parteien weitgehend neutral. Das weitgehende Fehlen einer Stammwählerschaft macht FDP-Erfolge stark von ihrer Relevanz als Funktionspartei abhängig, was in Zeiten der Opposition keine günstige Zukunftsperspektive eröffnet.

Bündnis90/Die GRÜNEN teilen mit der FDP das Schicksal, nur in den alten Bundesländern eine zahlenmäßig relevante Wählerschaft an sich zu binden. Zumindest bei der

Bundestagswahl 1998 verzeichneten sie aber beim Wiedergewinn ihrer Wähler aus dem Jahr 1994 einen erheblich größeren Erfolg als die FDP. Mit einer Wiederwahlquote von 42 Prozent gaben sechs Prozent aller befragten Wähler an, sowohl 1994 als auch 1998 für die Partei votiert zu haben. Im Hinblick auf den Anteil stabiler Wähler sind ihre Chancen, die Fünf-Prozent-Hürde zu überwinden, deutlich besser als die der Liberalen. Bei der Interpretation dieses Ergebnisses ist allerdings zu berücksichtigen, daß die meisten Umfragen den Anteil der GRÜNEN-Wähler überschätzen, so daß sich die Perspektiven dieser Partei etwas ungünstiger darstellen als die Umfragedaten suggerieren. Wie die FDP verzeichneten Bündnis90/Die GRÜNEN eine ausgeglichene Wanderungsbilanz.

Tabelle 6a: Übereinstimmung und Divergenz der Wahlentscheidung in den alten und neuen Bundesländern bei den Bundestagswahlen 1994 und 1998 (Angaben in Prozent)

1998⇒ 1994 ⇓	CDU/CSU		SPD		FDP		GRUENE		PDS		Andere		Alle		N	
	ABL	NBL	ABL	NBL	ABL	NBL	ABL	NBL	ABL	NBL	ABL	NBL	ABL	NBL	ABL	NBL
CDU/CSU	27	19	4	3	1	na	1	na	na	1	0	2	35	25	215	208
SPD	7	10	31	23	2	na	4	na	na	5	1	3	45	40	283	330
FDP	2	na	1	na	0	na	0	na	na	na	0	na	5	na	29	na
GRUENE	0	na	4	na	0	na	6	na	na	na	0	na	12	na	73	na
PDS	na	2	na	5	na	na	na	na	na	14	na	1	na	21	na	174
Andere	1	4	1	4	0	na	0	na	na	1	0	4	4	13	23	107
Alle	37	35	42	35	5	na	12	na	na	21	4	9	na	na	na	na
N	233	263	283	287	29	na	75	na	na	172	23	77	100	100	623	819

Abkürzungen: na = nicht ausgewiesen.
Anmerkungen: Die Prozentanteile beziehen sich auf alle Befragten mit gültigen Angaben. Im Unterschied zu Tabelle 4 wurden in Tabelle 6a die Nichtwähler nicht in die Analyse mitaufgenommen.
Quelle: DFG-Panelstudie.

Tabelle 6b: Gewinn-Verlust-Bilanz der Parteien in den alten und neuen Bundesländern bei den Bundestagswahlen 1994 und 1998 (Angaben in Prozent)

	ABL		NBL	
	Gewinn	Verlust	Gewinn	Verlust
CDU/CSU	6	10	6	16
SPD	12	10	18	12
FDP	3	3	na	na
GRUENE	4	5	na	na
PDS	na	na	8	7
Andere	1	1	8	6

Lesebeispiel: Die Gewinne der CDU/CSU in den alten Bundesländern ergeben sich durch Addition der Zeilenwerte. Die Verluste der CDU/CSU in den alten Bundesländern ergeben sich durch Addition der Spaltenwerte.
Abkürzungen: na = nicht ausgewiesen.
Quelle: DFG-Panelstudie.

PDS: Die PDS konnte ihre starke Position in Ostdeutschland auch bei der Bundestagswahl 1998 behaupten. Immerhin 14 Prozent der Wähler in den neuen Bundesländern bekannten sich dazu, 1994 und 1998 für die PDS gestimmt zu haben. Dies entspricht gegenüber 1994 einer Haltequote von 40 Prozent, womit ungefähr das Niveau der CDU in den neuen Ländern erreicht wird. Der Austausch von Wählern mit der SPD verlief ausgeglichen, gegenüber der CDU erzielte die PDS einen leichten Vorteil.

Bei einer Zusammenfassung aller zuvor beschriebenen Entwicklungen entsteht ein klares Bild der Bedingungen des Ausgangs der Bundestagswahl 1998. Als die für das Wahlergebnis entscheidenden Entwicklungen erweisen sich die großen Verluste der Union an die SPD, vor allem in den neuen Bundesländern. Im Vergleich mit der CDU/CSU war die SPD in ihrem Bemühen erfolgreicher, die 1994 gewonnenen Wählerstimmen zu halten. Diese Feststellung wäre ohne Berücksichtigung der langfristigen Entwicklung des Wählerverhaltens trivial. Aus dieser Perspektive betrachtet, hatte die SPD 1994 bereits die Talsohle durchschritten und setzte in der darauffolgenden Bundestagswahl ihren Konsolidierungsprozeß fort. Im Gegensatz dazu bildet die Wahl des Jahres 1998 für die CDU/CSU den bisherigen Höhepunkt der seit 1983 andauernden Erosion der Wählerbasis.

Neben den Stimmenverschiebungen zwischen der CDU/CSU und der SPD gehört die generell hohe Mobilität der Wählerschaft zu dem hervorstechenden Merkmal der Bundestagswahl 1998. Wenn lediglich die Hälfte der Wahlberechtigten der vier Jahre zuvor gewählten Partei die Treue hält, werden Wahlergebnisse schwer vorhersehbar. Solange sich diese Veränderungen überwiegend zwischen den demokratischen Parteien abspielen, wie es in Westdeutschland der Fall ist, stärkt die wachsende Volatilität der Wählerschaft die Vitalität der Demokratie. Da in den neuen Bundesländern neben der PDS die rechtsextremen Parteien in nennenswertem Umfang an diesen Austauschprozessen partizipieren, ergibt sich in diesem Landesteil ein ambivalentes Bild.

5. Was löste den Erdrutsch aus: Der Wunsch nach neuen Köpfen oder nach einer neuen Politik?

Die großen Wählerbewegungen zwischen den Bundestagswahlen 1994 und 1998 werfen die Frage nach den für diese Entwicklung maßgeblichen Faktoren auf. Die empirische Wahlforschung führt den Ausgang von Wahlen auf ein Zusammenspiel langfristiger und kurzfristiger, sozialstruktureller und sozialpsychologischer Faktoren zurück (vgl. den knappen Überblick bei Bürklin und Klein 1998; Falter, Schumann und Winkler 1990; Kaase und Klingemann 1994a). Zu diesen in den klassischen Erklärungsmodellen des Wählerverhaltens enthaltenen Größen dürften weitere, für einzelne Wahlen spezifische Ereignisse hinzukommen, die aus hier nicht zu erörternden Gründen in der Wahlforschung eine periphere Rolle spielen, z.B. die Bewertung des Wahlkampfes der Parteien, der allgemeine Wunsch nach einem Regierungswechsel oder die Wahrnehmung und Bewertung spezifischer, im Verlaufe des Wahlkampfes auftretender Ereignisse.

Da sich sozialstrukturelle Faktoren zwischen zwei aufeinanderfolgenden Wahlen nur unwesentlich verändern und da sie nicht unmittelbar, sondern über gruppenspezifische

Interessen, Wertvorstellungen, Verhaltensnormen und Parteiloyalitäten auf die Wahlentscheidung wirken, erscheint es sinnvoll, bei der Interpretation des Ausganges der Bundestagswahl 1998 die im sozialpsychologischen Modell enthaltenen Erklärungsfaktoren „Parteiidentifikation, Themen- und Kandidatenorientierungen" in den Vordergrund zu stellen (zusammenfassend: Gabriel 1997; Gehring und Winkler 1997). Diese Kernvariablen des Michigan-Modells werden zunächst im Kontext anderer Faktoren dargestellt, denen aus der Sicht der Wählerschaft eine Bedeutung für den Ausgang der Bundestagswahl 1998 zukam. Darüber hinaus wird untersucht, ob die Motive der Wahlentscheidung nach Parteiwählerschaften differieren. Daran schließt sich die „klassische" Analyse der Struktur, Entwicklung und Verhaltensrelevanz von Parteiidentifikation, Themen- und Kandidatenorientierungen an.

5.1. Die Motive der Wahlentscheidung bei der Bundestagswahl 1998 im Überblick

Auch wenn die meisten Beobachter und viele Wähler wohl nicht mit einer so klaren Wahlniederlage der Regierung gerechnet haben dürften, wie sie in Folge des Wählervotums eintrat, zeichnete sich der bevorstehende Regierungswechsel schon lange vor dem Wahltag in den Umfragen sämtlicher Institute ab: Wie Brunner und Walz (2000: 46ff.) auf der Basis von EMNID-Umfragen zeigten, waren im Zeitraum November 1997 bis September 1998 zwischen 68 und 81 Prozent der Wähler mit den Leistungen der Bundesregierung unzufrieden, zwischen 58 und 70 Prozent wünschten einen Regierungswechsel. Auch sämtliche andere Indikatoren deuteten auf eine für die amtierende Bundesregierung extrem ungünstige Stimmungslage hin, die allerdings keineswegs mit einer euphorischen Einschätzung der Oppositionsparteien einherging. Dennoch befand sich die Opposition in der Bewertung ihres personellen und sachlichen Angebotes durch die Wählerschaft in einer erheblich günstigeren Position als die Regierung und profitierte zudem von dem überwältigenden Wunsch nach einem Regierungswechsel. Anders als 1994 wollten die Wähler den Wechsel nicht nur, sie hielten ihn auch für wahrscheinlich.

Nun ergibt sich aus einer Addition einzelner Informationen nicht unbedingt ein schlüssiges Bild der Faktoren, die schließlich den überraschend deutlichen Wahlausgang herbeiführten. Um die für die Wahlentscheidung maßgeblichen Motive möglichst differenziert zu erfassen, wurde in die Vor- und Nachwahlumfragen zur Bundestagswahl 1998 eine offene Frage aufgenommen, in der die Befragten gebeten wurden, die wichtigsten Gründe für ihre bevorstehende bzw. erfolgte Wahlentscheidung anzugeben.

Die zahlreichen Antworten auf diese Frage lassen sich zu mehreren Gruppen von Entscheidungsmotiven zusammenfassen. Wie aus *Tabelle 7* hervorgeht, geben die Befragten in Ost- und Westdeutschland weitgehend ähnliche Gründe für ihren Wahlentscheid an. An erster Stelle rangierten in beiden Landesteilen die Einstellungen zu einzelnen politischen Sachfragen, wobei das issuebezogene Wählen in den neuen Ländern eine noch etwas größere Rolle spielte als in den alten (25 bzw. 29%). Unter den Sachthemen dominierten wirtschafts- und sozialpolitische Fragen (einschließlich Arbeitsmarktpolitik), im Osten hatte die Ost-West-Problematik einen gleich hohen Rang. Von allen übrigen politischen Themen entfielen lediglich auf die Umweltpolitik einige Nennungen, und dies auch nur im Westen.

Tabelle 7: Motive der Wahlentscheidung in West- und Ostdeutschland, 1998

	Alte Länder		Neue Länder	
	N	%	N	%
Einzelne Sachfragen	546	24,5	316	28,5
• Arbeitsmarktpolitik	63	2,8	40	3,6
• Wirtschafts- und Finanzpolitik	149	6,7	50	4,5
• Sozialpolitik	156	7,0	99	8,9
• Innenpolitik	49	2,2	19	1,7
• Umweltpolitik	86	3,9	9	0,8
• Ost-West-Verhältnis	17	0,8	95	8,6
• Sonstige Policies	26	1,2	4	0,4
Allgemeine Parteibindung	534	23,9	222	20,1
• Gewohnheit	96	4,3	11	1,0
• Tradition	56	2,5	14	1,3
• Verbundenheit	29	1,3	20	1,8
• Sympathie	35	1,6	23	2,1
• Überzeugung	224	10,0	92	8,3
• Vertrauen	67	3,0	51	4,6
• Stammwähler	27	1,2	11	1,0
Systembezug	505	22,6	208	18,8
• Für Regierungswechsel	348	15,6	128	11,6
• Gegen Regierungswechsel	65	2,9	18	1,6
• Sonstige systembezogene Argumente	92	4,1	62	5,6
Leistungsbezug	362	16,2	227	10,2
• Gute Leistungen	253	11,3	125	11,3
• Schlechte Leistungen anderer	109	4,9	102	9,2
Personenbezug	270	12,1	82	7,4
• Pro Kanzlerkandidat	99	4,4	37	3,3
• Gegen Kanzlerkandidat	82	3,7	18	1,6
• Einstellung zu anderen Politikern	89	4,0	27	2,4
Programmbezug	261	11,7	94	8,5
• Gutes Programm	210	9,4	81	7,3
• Gegen Programm anderer	51	2,3	13	1,2
Gruppenbezug	178	8,0	85	7,7
Wahlkampf	6	0,3	6	0,5
Sonstiges	30	1,3	13	1,2
Zahl der Argumente	2692		1257	
N	2230		1107	
Zahl der Argumente je Vpn	1,21		1,11	

Abkürzungen: Vpn = Versuchsperson.
Quelle: DFG-Repräsentativstudie.

Den Sachfragenorientierungen folgten die generalisierten Bindungen an die politischen Parteien sowie systembezogene Argumente (Wunsch nach einem Regierungswechsel oder Votum dagegen, koalitionspolitische Überlegungen). Im Westen spielten sie fast eine so große Rolle wie die Einstellung zu politischen Sachfragen, im Osten traten sie – ungeachtet ihrer Bedeutung – deutlich hinter die Issueorientierungen zurück. In Übereinstimmung mit den aus dem Wahljahr vorliegenden Trendstudien war der Wunsch nach einem Regierungswechsel für zahlreiche Wähler ein wichtiges, in den alten Bundesländern sogar das wichtigste, Motiv der Stimmabgabe. Im Vergleich mit den bisher genannten Faktoren waren andere Einstellungen (z.B. Kandidatenorientierungen, Bewertung der allgemeinen Leistungen und der Parteiprogramme) nicht irrelevant, aber doch von untergeordneter Bedeutung. Wenn diese Faktoren ins Entscheidungskalkül der Wähler eingehen, dann geschieht dies eher in positiver als in negativer Form. Zwar gaben etliche Befragte an, für ihre Entscheidung sei eine negative Einstellung zu den Kanzlerkandidaten der Parteien, Unzufriedenheit mit den Leistungen der Parteien oder eine Ablehnung ihrer programmatischen Aussagen maßgeblich gewesen, doch waren solche Aussagen seltener als positive Bewertungen dieser Aspekte. Besonders aufschlußreich ist in diesem Kontext die Beobachtung, daß weniger als ein Prozent der Befragten dem Wahlkampf eine Bedeutung für ihre Entscheidung bei der Bundestagswahl einräumten.

Als Zwischenergebnis läßt sich festhalten, daß die Wähler die im sozialpsychologischen Modell zur Erklärung des Wählerverhaltens angegebenen Größen selbst als wichtig einstufen. Damit ist allerdings noch keine Aussage über die Gewichtung der einzelnen Bestimmungsfaktoren des Wahlentscheides gemacht. Eine Möglichkeit, der Klärung dieser Frage näher zu kommen, ergibt sich aus einer in der Nachwahlstudie enthaltenen geschlossenen Frage nach der Bedeutung einzelner Faktoren für die Stimmabgabe bei der Bundestagswahl 1998 (*Tabelle 8*). In Übereinstimmung mit den bereits vorgetragenen Ergebnissen betrachteten die Befragten den Wunsch nach einem Regierungswechsel und die Sachaussagen der Parteien als die wichtigsten Bestimmungsfaktoren ihrer Entscheidung für eine bestimmte Partei. Daneben spielte das personelle Angebot der Parteien in Gestalt der Kanzlerkandidaten eine gewisse Rolle für den Wahlausgang. Die langfristigen Parteibindungen waren – im Osten noch stärker als im Westen – von untergeordneter Bedeutung. Wie schon bei den Antworten auf die offene Frage nach den Gründen der Wahlentscheidung schrieb fast keiner der Befragten dem Wahlkampf irgendeine Relevanz für das eigene Votum zu. In Übereinstimmung mit der Auswertung der offenen Frage liegen in den alten und neuen Bundesländern ähnliche Motivstrukturen vor. Zudem decken sich die mittels unterschiedlicher Erhebungsverfahren ermittelten Ergebnisse weitgehend, wenn auch nicht vollständig.

Bei der Untersuchung der Motive der Wahlentscheidung muß man die verschiedenartigen Motivkonstellationen in der Wählerschaft einzelner Parteien in Rechnung stellen. Anhänger der Regierungsparteien dürften einem Regierungswechsel ziemlich ablehnend gegenüberstehen, während der Wunsch nach einem Regierungswechsel für Anhänger der Oppositionsparteien und bei parteipolitisch ungebundenen Wählern ein starker Beweggrund der Stimmabgabe sein dürfte. Auch die Relevanz der Kandidatenorientierungen dürfte in Abhängigkeit von der Parteiaffinität variieren. Da die kleinen Parteien in Deutschland traditionsgemäß keine Kanzlerkandidaten nominieren, ist nicht damit zu rechnen, daß die Kandidatenorientierungen die Entscheidung ihrer Wählerschaft stark beeinflussen. Umgekehrt wurde den Wählern kleinerer Parteien gelegentlich eine überdurchschnittlich starke Orientierung an Sachfragen unterstellt.

Tabelle 8: Bestimmungsfaktoren der Stimmabgabe bei der Bundestagswahl 1998 (Angaben in Prozent)

	Erste Stelle			Zweite Stelle		
	ABL	NBL	Ges.	ABL	NBL	Ges.
Wunsch nach Regierungswechsel	32	36	33	17	22	18
Sachaussagen	31	33	31	27	36	28
Kanzlerkandidaten	20	18	20	24	19	23
Parteibindung	15	9	14	21	13	19
Wahlkampf	2	3	2	9	7	8
N	899	454	1357	899	454	1357

Cramer´s V   Erste Stelle Zweite Stelle
ABL und NBL   .11*   .14**

Anmerkungen: ** auf dem 99,9%-Niveau signifikant, * auf dem 99,0-Niveau signifikant; Daten für Gesamtdeutschland gewichtet.
Quelle: DFG-Repräsentativstudie, Nachwahlstudie

Die in *Tabelle 9* enthaltenen Daten deuten auf unterschiedliche Motivkonstellationen in der Wählerschaft der politischen Parteien und auf ein mit der Parteipräferenz variierendes Gewicht der genannten Bestimmungsfaktoren der Wahlentscheidung hin. Erwartungsgemäß treten die größten Unterschiede beim Wunsch nach einem Regierungswechsel auf. Während dieser Faktor bei den Unionswählern überhaupt keine Rolle spielt und bei denen der FDP relativ unbedeutend ist, steht er bei den Wählern aller drei Oppositionsparteien an der Spitze. Die Bedeutung der Parteibindung als Entscheidungsmotiv fällt bei einzelnen Wählergruppen ebenfalls sehr unterschiedlich aus. Die große Rolle dieses Motivs für die Wahl der CDU/CSU und der FDP deutet auf die große Schwierigkeit hin, vor der beide Parteien bei ihrem Werben um parteipolitisch ungebundene Wähler standen. Im Gegensatz dazu zeigt die nachrangige Bedeutung traditioneller Parteibindungen für eine Entscheidung zu Gunsten der SPD und Bündnis90/Den GRÜNEN, wie gut es diesen Parteien 1998 gelungen war, einen großen Teil der parteipolitisch ungebundenen Wähler von der Notwendigkeit eines Regierungswechsels zu überzeugen. Wie erwartet, spielten die Einstellungen zu den Kanzlerkandidaten nur in der Wählerschaft der CDU/CSU und der SPD eine hervorgehobene Rolle, die Themenorientierungen waren in allen Wählergruppen wichtig für den Wahlentscheid, der Wahlkampf wurde generell als unwichtig eingeschätzt.

Die bisher vorgetragenen Befunde machen es möglich, die bei der Bundestagswahl 1998 für die Wähler einzelner Parteien typischen Motivkonstellationen relativ genau zu bestimmen. Abgesehen von den Sachaussagen, die für die Wahl aller Parteien wichtig waren, bei der Entscheidung für die SPD und die Rechtsextremen aber die geringste

Rolle spielten, gab es bei der Wahl jeder Partei ein Bündel verhaltensrelevanter Einflußfaktoren: Bei der CDU/CSU waren diese die Einstellungen zu den Kanzlerkandidaten und die dauerhaften Parteibindungen, bei der SPD, der PDS, Bündnis 90/Den GRÜNEN und den Rechtsextremen der Wunsch nach einem Regierungswechsel und bei der FDP die Parteibindung.

Tabelle 9: Bestimmungsfaktoren der Stimmabgabe bei den Wählern verschiedener Parteien, 1998 (Angaben: Mittelwerte)

	CDU/CSU	SPD	FDP	B90/GRU	PDS	Rechts-extr.	Alle	Eta²
Kanzlerkandidaten	.87	.60	.38	.28	.17	.35	.62	.08**
Sachaussagen	1.02	.77	1.26	.97	1.01	.71	.91	.03**
Wahlkampf	.16	.10	.25	.01	.13	.31	.13	.01*
Wunsch nach Regierungswechsel	.00	1.27	.32	1.36	1.29	1.09	.83	.43**
Parteibindung	.84	.23	.68	.23	.35	.52	.46	.16**
N	440	610	61	131	71	27	1341	

Anmerkungen: ** auf dem 99,9%-Niveau signifikant; * auf dem 99,0%-Niveau signifikant; Daten für Gesamtdeutschland gewichtet.
Quelle: DFG-Repräsentativstudie.

Da diese Erklärungsgrößen miteinander zusammenhängen, ist es zweckmäßig, ihr Zusammenwirken bei der Erklärung der Parteipräferenz zu untersuchen. Dabei sind drei Aspekte darzustellen: erstens die Ermittlung der Trenngrößen, die sich bei einer simultanen Berücksichtigung aller möglichen Einflußgrößen als relevant erweisen, zweitens die Positionierung der Parteiwählerschaften in dem durch die genannten Größen bestimmten Eigenschaftsraum und drittens der Beitrag aller genannten Größen zur Schätzung der Parteipräferenz. Diese Fragen lassen sich mit Hilfe einer Diskriminanzanalyse beantworten, in der die Parteibindung als abhängige Variable fungiert und in der die Wahlmotive den Status unabhängiger Variablen einnehmen.

In diesem Schätzmodell erwiesen sich alle fünf Faktoren als statistisch signifikante Bestimmungsfaktoren der Parteipräferenz und wurden in die Analyse einbezogen. Die Ergebnisse der multivariaten Analyse bestätigen ohne Einschränkung die zuvor beschriebenen Motivkonstellationen. Die fünf Variablen gruppieren sich zu zwei Diskriminanten, von denen die erste vornehmlich durch den Wunsch nach einem Regierungswechsel und durch die Parteibindungen (negativ) bestimmt wird. Die Wähler, die sich in der Absicht, einen Regierungswechsel herbeizuführen, für eine bestimmte Partei entschieden, ließen sich nur schwach von langfristigen parteipolitischen Loyalitäten leiten und vice versa. Die Kandidaten- und Sachfragenorientierungen (negativ) konstituieren die zweite Diskriminante. Die Bewertung des Wahlkampfes der Parteien trägt nur wenig zur Schätzung der Parteipräferenz bei.

Dementsprechend trennt der erste Faktor vornehmlich die Wähler der Regierungs- und Oppositionsparteien voneinander, der zweite die Wähler der beiden großen Volksparteien von denen der kleinen Parteien (*Abbildung 1*). Die Wechselorientierung ist bei Wählern der CDU/CSU und der FDP kaum entscheidungsrelevant, vor allem für die PDS- und GRÜNEN-Wähler bildet sie ein starkes Motiv. Auf der zweiten Diskriminanten nehmen die CDU/CSU und die SPD keine sehr exponierte Stellung ein. Dies deutet darauf hin, daß sowohl Themen- als auch Kandidatenorientierungen die Entscheidung für diese Parteien beeinflussen. Für die Wahl der kleinen Parteien spielen die Einstellungen zu Sachfragen dagegen eine wichtigere Rolle als die Bewertung der Kanzlerkandidaten.

Abbildung 1: Motive der Stimmabgabe bei den Wählern verschiedener Parteien, 1998
(Angaben: Mittelwerte)

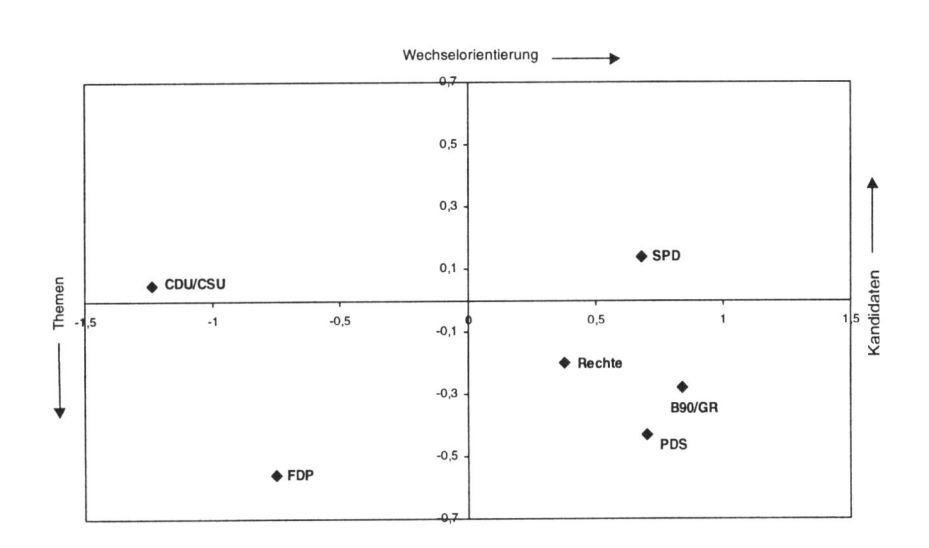

Quelle: DFG-Repräsentativstudie.

Mit einem Anteil von 42 Prozent korrekten Schätzungen (gegenüber einer Zufallsquote von 17 Prozent) erweist sich das Diskriminanzmodell insgesamt als zufriedenstellend. Diese Aussage läßt sich aber nur bedingt für die Schätzung der Präferenz für einzelne Parteien aufrechterhalten. Wenn man die Leistungsfähigkeit des Modells an der Übereinstimmung der geschätzten mit der tatsächlichen Parteipräferenz festmacht, ergibt sich nur für die CDU/CSU ein sehr gutes Ergebnis (*Tabelle 10*). Der Anteil von 69 Prozent korrekten Gruppenzuordnungen ist insofern zufriedenstellend, als die Kenntnis der Wahlmotive für mehr als zwei Drittel der CDU/CSU-Wähler eine korrekte Vorhersage der

Parteipräferenz erlaubt. Die Einstellungen zum Regierungswechsel, die langfristig stabilen Parteibindungen, die Kandidaten- und die Themenorientierungen trennen Wähler der Union eindeutig von den übrigen Wählergruppen. Im Vergleich mit dem Zufallswert liefert das Modell auch für die FDP (48%) und Bündnis90/Die GRÜNEN (41%) akzeptable Ergebnisse. Selbst wenn es etwas weniger als die Hälfte der Wähler dieser beiden Parteien korrekt identifiziert, liegt der Wert deutlich über einem Zufallsergebnis. Noch unter einem weiteren Gesichtspunkt ist das für die FDP und Bündnisgrünen erzielte Ergebnis brauchbar, denn die Fehlklassifikationen begünstigen überwiegend die Bündnispartner dieser beiden Parteien.

Als völlig unbrauchbar erweist sich das Modell für die Lokalisierung der Wähler rechtsextremer Parteien im politischen Raum. Diese Feststellung gilt nicht allein unter formal-statistischen, sondern auch unter substantiellen Gesichtspunkten. Das Modell ordnet 61 Prozent der Wähler rechtsextremer Parteien der PDS sowie Bündnis90/Den GRÜNEN zu – denjenigen Parteien, die sich im Vergleich mit den Rechtsextremen am entgegengesetzten Ende des Links-Rechts-Kontinuums befinden. Für die SPD und die PDS fällt die auf den Wahlmotiven basierende Vorhersage der Parteipräferenz nur unwesentlich besser aus als eine Zufallsschätzung. Analog zu den rechtsextremen Parteien krankt die Schätzung daran, daß sie die Wähler der SPD und der PDS mehrheitlich den GRÜNEN zuordnet. Für dieses Ergebnis dürfte der im Lager der GRÜNEN besonders starke Wunsch nach einem Regierungswechsel maßgeblich sein. Da dieses Wahlmotiv bei den Anhängern aller Oppositionsparteien eine exponierte Rolle spielte, ist es nicht verwunderlich, daß eine Schätzung der Präferenz für einzelne oppositionelle Gruppierungen nur unbefriedigend ausfällt.

Tabelle 10: Die Schätzung der Parteipräferenz auf der Basis der Wahlmotive, 1998 (Angaben: Prozentanteile der geschätzten an den empirisch ermittelten Parteipräferenzen)

Wählergruppe	CDU/CSU	SPD	FDP	B90/GRUE	PDS	Rechts-extreme	Alle
CDU/CSU	69	0	28	2	1	0	100
SPD	18	28	8	32	16	0	100
FDP	34	6	48	8	2	0	100
B90/GRUENE	8	15	11	41	24	0	100
PDS	7	6	17	44	26	0	100
Rechtsextreme	26	0	13	47	14	0	100

Anmerkungen: Daten für Gesamtdeutschland gewichtet.
Quelle: DFG-Repräsentativstudie.

Leider besteht auf Grund fehlender Daten keine Möglichkeit, die Frage zu prüfen, in welchem Maße die im vorigen Abschnitt ermittelten Motivkonstellationen einem allgemeinen Muster oder den Besonderheiten der Bundestagswahl 1998 entsprechen. Aussagen hierzu müssen insofern spekulativer Art bleiben. Dennoch läßt sich aus anderen Untersuchungen der politischen Rahmenbedingungen die Folgerung ableiten, daß der weit verbreitete, über das Lager der Oppositionsparteien hinaus reichende, Wunsch nach einem Regierungswechsel zu den Besonderheiten der Bundestagswahl 1998 gehörte. Wie unsere Untersuchung belegt, war das Gefühl, nach einer sechzehn Jahre dauernden Amtszeit der christlich-liberalen Koalition unter Bundeskanzler Kohl sei es Zeit für einen Wechsel, einer der dominierenden Bestimmungsfaktoren des Wahlergebnisses.

5.2. Parteiidentifikation, Themen- und Kandidatenorientierungen bei der Bundestagswahl 1998

Auch wenn man mögliche Besonderheiten der Bundestagswahl 1998 in Rechnung stellt, bedeutet dies keineswegs, daß die üblichen Bestimmungsgründe der Wahlentscheidung unwesentlich gewesen wären. Nach den Annahmen des sozialpsychologischen Modells des Wählerverhaltens entscheidet das Zusammenwirken dreier Größen über den Ausgang einer Wahl. Es handelt sich dabei um die Parteiidentifikation, die Themen- und die Kandidatenorientierungen (Campbell u.a. 1960). Die Parteiidentifikation bildet die stabile, langfristig wirksame und aus gruppenspezifischen Interessenlagen und Wertorientierungen resultierende Bestimmungsgröße des Wählerverhaltens. Im Normalfall wirkt sie direkt und vermittelt über konsonante Themen- und Kandidatenorientierungen auf den Wahlentscheid. Die Einstellungen zur Wichtigkeit politischer Sachfragen in Verbindung mit der Zuweisung von Problemlösungskompetenz an die politischen Parteien sowie die Einstellung zu den Kanzlerkandidaten der beiden Parteien bilden das Bündel kurzfristig wirksamer und von Wahl zu Wahl veränderlicher Bestimmungsfaktoren der Parteipräferenz (Gabriel 1997; Gehring und Winkler 1997; Jagodzinski und Kühnel 1990; Rattinger 1994).

In welcher Beziehung können diese drei Faktoren zueinander stehen und was bedeuten die bestehenden Konstellationen für die Entscheidung der Wähler und den Ausgang einer Wahl. Unter den logisch möglichen Kombinationen von Parteiidentifikation, Themen- und Kandidatenorientierungen dürften die folgenden empirisch von besonderer Relevanz sein:

1. Parteiidentifikation, Themen- und Kandidatenorientierungen befinden sich in Übereinstimmung, so daß alle für die Wahlentscheidung maßgeblichen Faktoren in dieselbe Richtung wirken. Personen mit diesem Einstellungsmuster bilden die Stammwählerschaft einer Partei.
2. Die langfristig stabile Parteiidentifikation konfligiert mit den Einstellungen zu Problemlösungskompetenz oder zu den Spitzenkandidaten der betreffenden Partei. Eine Inkonsistenz dieser Art kann kurzfristig zur Stimmenthaltung oder zu einer von der Parteiidentifikation abweichenden Stimmabgabe führen. Auf lange Sicht ist in dieser Konstellation die Möglichkeit eines Wechsels der Parteiidentifikation angelegt.
3. Es liegt keine Parteiidentifikation vor, so daß kurzfristig veränderliche Faktoren den Ausschlag für die Stimmabgabe geben. Sofern Themen- und Kandidatenorientierungen konsonant sind, ist die Wahl der durch die Kurzfristfaktoren begünstigten Partei wahrscheinlich. Im Falle dissonanter Orientierungen ist eine Aussage über das zu erwartende Wahlverhalten nur möglich, wenn einer der beiden Kurzfristfaktoren ein größeres Gewicht hat als der andere. Wähler mit inkongruenten, aber gleichermaßen bedeutsamen Themen- und Kandidatenorientierungen werden sich entweder der

Stimme enthalten oder bei der Entscheidungsbildung auf situationsspezifische Überlegungen rekurrieren.
4. Mit einer Stimmenthaltung ist vor allem dann zu rechnen, wenn keine Parteiidentifikation vorliegt und die betreffenden Personen weder vom personellen noch vom programmatischen Angebot der konkurrierenden Parteien überzeugt sind. Auch in diesem Falle besteht jedoch Raum für die Wirkung situationsspezifischer Faktoren.

In Kommentaren über den Ausgang der Bundestagswahl 1998 wurde neben dem Wechselmotiv besonders häufig auf den Popularitätswert von Bundeskanzler Kohl verwiesen. Dies wird durch die vorliegenden Umfragen über die Entwicklung der Kanzlerpräferenz, der Zufriedenheit mit den Spitzenkandidaten der Parteien und deren Eigenschaftsprofile gestützt (u.a.: Brunner und Walz 2000: 42ff.). Dennoch kann es nur empirisch geklärt werden, ob der Kandidatenfaktor allein den Ausschlag für die Wahlniederlage der Union gab oder ob er zumindest eine dominante Rolle für den Wahlausgang spielte. Eine Antwort auf diese Frage ist nur möglich, wenn man die Kandidatenorientierungen nicht isoliert betrachtet, sondern ihre Relevanz im Kontext der Parteiidentifikation und der Issueorientierungen prüft. Auf der Grundlage dieser Überlegungen richten sich die folgenden Untersuchungen darauf, die Bedeutung der drei im Michigan-Modell enthaltenen Variablen für die Entscheidung der Wählerschaft bei der Bundestagswahl 1998 zu klären und die in diesem Jahr vorliegende Konstellation mit jener des Jahres 1994 zu vergleichen. Zunächst werden diese drei Einflußgrößen getrennt behandelt und in einem zweiten Schritt in ein gemeinsames Modell zur Erklärung des Wählerverhaltens integriert. Diese Untersuchungen basieren auf den folgenden Prämissen.

In den letzten dreißig Jahren ist der Anteil von Wählern mit festen Parteibindungen in Deutschland wie in anderen westlichen Demokratien zurückgegangen. Für diese Entwicklung waren vielfältige Ursachen maßgeblich, unter anderem der sozio-ökonomische und der kulturelle Wandel der westlichen Gesellschaften (Dalton 1996; Dalton, Flanagan und Beck 1984; Dalton und Rohrschneider 1990; Klingemann und Wattenberg 1990). Der für die gesamte westliche Welt typische Prozeß eines Dealignment erhielt in Deutschland durch die Wiedervereinigung zusätzlichen Auftrieb, da im ostdeutschen Elektorat auf Grund fehlender Erfahrungen mit demokratischen Wahlen langfristig stabile Parteibindungen erst im Aufbau begriffen sind (Falter und Rattinger 1997; Gehring und Winkler 1997; Kaase und Klingemann 1994b). In Folge der empirisch nachweisbaren Lockerung der Parteibindungen der Wählerschaft müßte die Bedeutung kurzfristig wirksamer Faktoren, d.h. der Themen- und Kandidatenorientierungen, für den Wahlentscheid gewachsen sein. Auf der Basis des Michigan-Modells lassen sich die folgenden Annahmen über den Ausgang der Bundestagswahl 1998 formulieren:
1. Der langfristige Rückgang der Parteiidentifikation in Deutschland bietet größeren Raum für die Wirkung von Sachfragen- und Kandidatenorientierungen als Bestimmungsfaktoren der Wahlentscheidung. Da zwischen 1994 und 1998 nicht mit einem dramatischen Rückgang der Parteiidentifikation zu rechnen ist, läßt sich der in diesem Zeitraum eingetretene parteipolitische Erdrutsch entweder auf eine Inkonsistenz von Parteiidentifikation, Themen- und Kandidatenorientierungen oder auf die Themen- und Kandidatenorientierungen der parteipolitisch ungebundenen Wähler zurückführen.

2. In Ostdeutschland ist die Parteiidentifikation schwächer ausgeprägt als im Westen, so daß hier bessere Ansatzpunkte für die Wirkung von Kurzzeiteinflüssen vorliegen.
3. Selbst im Falle einer unveränderten oder nur marginal veränderten Parteiidentifikation begünstigten 1998 die Themen- und Kandidatenorientierungen die beiden Oppositionsparteien, die SPD sowie Bündnis90/Die GRÜNEN. Im Osten profitierte neben der SPD die PDS von der negativen Bewertung der personellen und programmatischen Angebote der Regierungsparteien.

5.2.1. Die Parteiidentifikation

Nach den Annahmen des sozialpsychologischen Modells zur Erklärung des Wählerverhaltens kommt der Parteiidentifikation eine besonders wichtige Rolle für die Bildung von Parteipräferenzen zu. Im Normalfall tendieren Wähler mit einer langfristigen Bindung an eine bestimmte Partei dazu, dieser Partei bei Wahlen ihre Stimme zu geben. Die Wahrscheinlichkeit hierfür steigt mit der Intensität und Dauerhaftigkeit der Parteibindung (Campbell 1960; Converse 1969; mit Bezug auf die Bundesrepublik u.a.: Berger 1977; Falter 1977; Gluchowski 1978; 1983).

Nach den unter anderem von Falter und Rattinger (1997: 496ff.) vorgelegten Befunden war in Westdeutschland zwischen 1977 und 1994 per Saldo eine Abnahme der Parteiidentifikation zu verzeichnen, in Ostdeutschland war die betreffende Einstellung seit 1990 erwartungsgemäß äußerst instabil. Wie *Tabelle 11* zeigt, setzte sich der langfristig konstatierte Rückgang der Parteiidentifikation in dem untersuchten Zeitraum auf der Aggregatebene nicht fort. Abgesehen von einer leichten Abnahme der Bindung an die CDU in den neuen Bundesländern stabilisierten sich die Parteibindungen auf dem 1994 erreichten Niveau. Im Westen gaben 1994 wie 1998 etwa drei Viertel der Befragten an, sich mit einer politischen Partei zu identifizieren, im Osten lag der Anteil immerhin über 60 Prozent. Ebenso wie die Richtung veränderte sich zwischen 1994 und 1998 auch die Intensität der Parteibindungen nur graduell. In den neuen Bundesländern wurde in den beiden Jahren ein nahezu gleich großer Anteil an Befragten mit starken bzw. sehr starken Parteiidentifizierern ermittelt (25 bzw. 24%), in den alten Ländern wuchs diese Gruppe auf Kosten der Nichtidentifizierer (26 bzw. 31%). Diese Entwicklung legt die Schlußfolgerung nahe, daß die bei der Bundestagswahl 1998 eingetretene starke Veränderung der parteipolitischen Kräfteverhältnisse nicht durch eine Abschwächung langfristiger Parteibindungen bedingt war, sondern aus kurzfristig wirksamen Faktoren resultierte.

Eine Auswertung der Paneldaten bestätigt die Vermutung, daß sich die Bindung an die beiden großen Parteien zwischen 1994 und 1998 nicht dramatisch abschwächte. Auch wenn sich lediglich 37 Prozent der westdeutschen und 20 Prozent der ostdeutschen Befragten in den beiden Jahren als Anhänger der CDU/CSU bzw. der SPD zu erkennen gaben, lassen auch die Paneldaten keine Abschwächung der langfristigen Parteibindungen erkennen. Es ist also zu vermuten, daß die Bundestagswahl 1998 in der Gruppe der Befragten ohne langfristige Parteibindung entschieden wurde, die in dem hier untersuchten Zeitraum mehr als die Hälfte der befragten Bundesbürger umfaßte.

Tabelle 11: Die Entwicklung der Parteiidentifikation in Deutschland 1994 – 1998

a) Querschnitte: Richtung der Parteiidentifikation (Angaben in Prozent)

	ABL		NBL		Gesamt	
	1994	1998	1994	1998	1994	1998
CDU/CSU	27	28	22	19	26	27
SPD	27	28	20	21	25	27
FDP	2	2	1	2	2	2
GRUENE	9	8	4	3	8	7
PDS	0	1	11	12	3	3
Andere	2	2	1	4	2	2
Keine	24	25	35	35	26	27
N	2033	2230	2081	1107	4114	3337

Anmerkungen: fehlende Prozent auf 100, weiß nicht/keine Angabe; Daten für Gesamtdeutschland gewichtet.
Quelle: DFG-Repräsentativstudie.

b) Querschnitte: Stärke der Parteiidentifikation (Angaben in Prozent)

	ABL		NBL		Gesamt	
	1994	1998	1994	1998	1994	1998
Keine/keine Angabe	33	32	41	41	35	33
Sehr schwach	1	1	0	1	1	1
Schwach	6	5	4	3	5	5
Mittelmäßig	35	32	31	32	34	32
Stark	22	25	20	19	22	24
Sehr stark	4	6	5	5	4	6
Mittelwert	1,80	1,75	1,52	1,54	1,74	1,71
N	2033	2230	2081	1107	4114	3337

Anmerkungen: Daten für Gesamtdeutschland gewichtet.
Quelle: DFG-Repräsentativstudie.

c) Panel: Stabilität und Wandel der Identifikation mit der CDU/CSU und der SPD zwischen 1994 und 1998 (Angaben in Prozent)

	ABL		NBL	
	CDU/CSU	SPD	CDU/CSU	SPD
Stabile Parteiidentifikation	19	18	10	10
1994 Identifikation, 1998 keine Identifikation	11	11	11	11
1994 keine Identifikation, 1998 Identifikation	11	16	8	15
1994 und 1998 keine Identifikation mit einer Partei	60	55	70	64
N	878	878	1239	1239

Quelle: DFG-Panelstudie.

Bevor die Annahme, ein Wandel der Parteiidentifikation sei maßgeblich für den politischen Erdrutsch bei der Bundestagswahl 1998 gewesen, zurückgewiesen werden kann, ist noch eine letzte im Rahmen der Dealignment-Debatte relevante Frage zu klären. Sie betrifft das Verhältnis zwischen der Parteiidentifikation und der Wahlabsicht. Die Bedeutung der Parteiidentifikation für den Wahlentscheid wurde mitunter durch einen Rückgriff auf die Bezugsgruppentheorie begründet (Gluchowski 1978: 277ff.). Demnach hilft die Parteiidentifikation den Individuen, Ordnung in eine als komplex empfundene Welt zu bringen und Entscheidungen zwischen alternativen Handlungsmöglichkeiten zu treffen. Bezüglich der Wahlentscheidung erfüllt die Parteiidentifikation diese Ordnungs- und Strukturierungsleistung, indem sie gruppenspezifische Wahlnormen vermittelt. Dies bedeutet nicht notwendigerweise, daß alle Identifizierer der bevorzugten Partei bei Wahlen tatsächlich ihre Stimme geben, jedoch weicht die Stimmabgabe im Regelfalle nicht von der Parteiidentifikation ab. Überlegungen dieser Art lagen dem Konzept der Normalwahl bzw. der kritischen Wahlen zu Grunde, die sich durch eine unterschiedliche Beziehung zwischen Parteiidentifikation und Stimmabgabe voneinander abgrenzen lassen (Key 1955; Falter 1977; Gluchowski 1978; Falter und Rattinger 1983; 1986). Für Abweichungen der Wahlentscheidung von der langfristigen Parteibindung können Inkonsistenzen der verhaltensrelevanten Orientierungen maßgeblich sein, es ist aber auch vorstellbar, daß mit dem zunehmenden Bildungsniveau und der Ausbreitung individualistischer Wertvorstellungen die Verbindlichkeit gruppenspezifischer Verhaltensnormen abnimmt. Auch wenn man sich der Auffassung anschließt, die kognitive Mobilisierung sei mit einer funktionalen Abwertung der Parteiidentifikation verbunden (z.B. Dalton 1984), kann die Zunahme des politischen Interesses und der politischen Urteilsfähigkeit selbst dann zu einer Abschwächung des Einflusses der Parteiidentifikation auf den Wahlentscheid führen, wenn die langfristige Bindung an eine bestimmte Partei erhalten bleibt. Auf Grund ihrer Parteiidentifikation müßten die betreffenden Personen zwar eine starke Disposition zur Stimmabgabe für die favorisierte Partei aufweisen, auf Grund ihrer überdurchschnittlichen politischen Urteilsfähigkeit könnten sie jedoch gleichzeitig dazu tendieren, sich ein von der Parteiloyalität unabhängiges Urteil zu bilden. Sofern sich derartige Veränderungen im individuellen Orientierungssystem nachweisen ließen, bestünde die Möglichkeit, daß die Parteiidentifikation nicht mehr die gleiche Prägekraft für die Stimmabgabe besitzt wie in früheren Jahren. Für die Erklärung des Ausgangs der Bundestagswahl 1998 könnte dies insofern bedeutsam sein, als situative Faktoren die Parteiidentifizierer stärker als vier Jahre zuvor dazu veranlaßt haben, abweichend von ihren langfristigen Parteibindungen zu votieren.

Im allgemeinen ist eine derartige Tendenz nicht festzustellen, denn der weitaus größte Teil der Parteiidentifizierer gab bei den Bundestagswahlen 1994 und 1998 ihrer Stammpartei die Stimme (*Tabelle 12*). Wie üblich, lag dieser Anteil bei den beiden großen Volksparteien und der PDS höher als bei der FDP und Bündnis90/Den GRÜNEN. Die einzige Abweichung von diesem allgemeinen Muster stützt allerdings die Annahme, daß Dealignment-Prozesse zur Wahlniederlage der Union beigetragen haben könnten. 1998 konnte die Union in den alten Bundesländern ihre Anhänger wesentlich schlechter zur Stimmabgabe mobilisieren als vier Jahre zuvor: In ihrer Kernwählerschaft erzielte die Union 1994 noch einen Stimmenanteil von 95 Prozent, vier Jahre später lag dieser Anteil um sieben Prozentpunkte niedriger. Die Abweichung der Wahlabsicht von der langfristigen Parteibindung begünstigte primär die SPD und erst in zweiter Linie den Koalitionspartner, die FDP. Im Vergleich mit den Unionsanhängern votierten die Wähler der SPD 1998 stärker entsprechend ihren langfristigen politischen Überzeugungen. Die zwischen der Stimmabgabe und der Parteiidentifikation auftretenden Diskrepanzen deuten auf ein taktisches Wahlverhalten hin, da sie überwiegend dem präsumptiven Koalitionspartner, Bündnis90/Den GRÜNEN, zu Gute kamen.

Wegen der kleinen Fallzahlen sind die Angaben zur Identifikation mit der FDP und den Bündnisgrünen nur mit großer Vorsicht zu interpretieren. In beiden Fällen wich die Wahlabsicht stärker von der Parteiidentifikation ab als bei den großen Parteien und der PDS, jedoch weisen diese Diskrepanzen auf eine leicht verstärkte Tendenz zum Koalitionswählen hin. Der Umstand, daß dies nur für die alten, nicht aber für die neuen Bundesländer galt, hat mit den unterschiedlichen parteipolitischen Konfigurationen in Ost- und Westdeutschland zu tun. Bei den PDS-Identifizierern in den neuen Ländern liegt die gleiche Kohärenz von Parteiidentifikation und Stimmabgabe vor wie bei den beiden großen Volksparteien. Eine von der langfristigen Parteiidentifikation abweichende Stimmabgabe begünstigte fast ausschließlich die SPD.

Tabelle 12: Parteiidentifikation und Wahlabsicht in Deutschland, 1994 und 1998 (Angaben in Prozent)

		CDU/CSU		SPD		FDP		GRUENE		PDS		Keine	
		1994	1998	1994	1998	1994	1998	1994	1998	1994	1998	1994	1998
ABL	CDU/CSU	95	88	3	1	12	14	4	1			37	36
	SPD	3	7	93	91	10	7	12	15			37	47
	FDP	1	4	1	2	76	75	1	1			10	5
	GRUENE	1	1	4	6	2	5	83	83			16	10
	N	492	556	499	560	41	44	167	152			231	301
NBL	CDU/CSU	96	94	3	2					1	0	40	20
	SPD	3	5	93	91					5	10	45	61
	PDS	1	1	4	7					94	91	16	19
	N	427	176	341	193					217	116	395	201
Gesamt	CDU/CSU	95	88	3	1	12	13	4	2	1	0	37	22
	SPD	3	6	93	90	8	6	13	14	5	9	38	60
	FDP	1	4	1	2	78	78	1	1	0	0	7	4
	GRUENE	1	1	3	5	3	3	81	81	0	3	12	8
	PDS	0	0	1	1	0	0	1	4	94	89	6	6
	N	964	779	942	798	76	63	297	205	107	78	554	492

Cramer's V

	ABL	NBL	Gesamt
1994	.74** (1430)	.78** (1380)	.75** (2940)
1998	.69** (1613)	.77** (686)	.70** (2415)

Anmerkungen: Daten für Gesamtdeutschland gewichtet.
Quelle: DFG-Repräsentativstudie.

Die Analyse des Zusammenhanges zwischen dem Wandel der Parteiidentifikation und der Veränderung der Wahlabsicht läßt ebenfalls Vorteile der SPD gegenüber der CDU/CSU erkennen (*Tabelle 13*). Erwartungsgemäß führt eine über beide Wahlen hinweg stabile Bindung an eine der beiden großen Parteien zu der Tendenz, dieser Partei bei beiden Wahlen die Stimme zu geben. Allerdings gelang es der SPD etwas besser als der Union, stabile Anhängerschaft in eine konsistente Stimmabgabe umzusetzen. 1994 und 1998 votierten 78 Prozent der stabilen SPD-Anhänger, aber nur 74 Prozent der stabilen CDU/CSU-Anhänger für ihre Partei. Noch erfolgreicher war die SPD bei der Abkoppelung der Wahlabsicht von einem Wandel der Parteiidentifikation. 28 Prozent der Befragten, die sich 1994, aber nicht 1998 als Anhänger der Partei deklarierten, gaben der SPD bei beiden Wahlen die Stimme, nur jeder zweite wanderte zu einer anderen Partei oder ins Lager der Nichtwähler ab. Bei der Union lagen die betreffenden Anteile mit 16 bzw. 66 Prozent wesentlich höher. Schließlich schnitt die SPD auch bei den stabilen Nichtidentifizierern besser ab als die Union. In dieser Gruppe konnte die Union lediglich sechs Prozent der Wähler an sich binden, die SPD erzielte dagegen einen doppelt so hohen Anteil. Nur in einer einzigen Gruppe, bei den neu hinzukommenden SPD- und CDU/CSU-Identifizierern, gestaltete sich die Stimmabgabe für diese beiden Parteien weitgehend ähnlich.

Tabelle 13: Die Veränderung der Parteiidentifikation und ihre Bedeutung für den Wandel des Wählerverhaltens in den alten und neuen Bundesländern, 1994-1998 (Angaben in Prozent)

Wahl		Parteiidentifikation			
		1994 ja 1998 ja	1994 ja 1998 nein	1994 nein 1998 ja	1994 nein 1998 nein
CDU /CSU	1994 ja 1998 ja	74	16	21	2
	1994 ja 1998 nein	14	66	5	4
	1994 nein 1998 ja	9	3	56	4
	1994 nein 1998 nein	3	15	18	91
	N	361	225	229	1180
SPD	1994 ja 1998 ja	78	28	18	4
	1994 ja 1998 nein	11	52	5	6
	1994 nein 1998 ja	9	7	59	8
	1994 nein 1998 nein	3	14	18	83
	N	350	232	331	1204

	Lambda	Cramer's V
CDU/CSU	.54**	.63**
SPD	.48**	.57**

Anmerkungen: Daten für Gesamtdeutschland gewichtet.
Quelle: DFG-Panelstudie.

Aus den bisher präsentierten Untersuchungen lassen sich einige Folgerungen bezüglich der Relevanz der Parteiidentifikation für den Ausgang der Bundestagswahl 1998 ableiten:
1. Der langfristig beobachtbare Rückgang der Parteiidentifikation setzte sich zwischen 1994 und 1998 nicht fort. Lediglich in den neuen Bundesländern schwächte sich die Bindung der Wähler an die CDU ab.
2. Parteiidentifizierer, insbesondere die Befragten, die sich der CDU/CSU, der SPD und der PDS (nur in den neuen Ländern) verbunden fühlen, votieren fast ausnahmslos für diese Partei. Bei den beiden kleinen Parteien ist die Konsistenz von Parteiloyalität und Stimmabgabe etwas schwächer. Mit einer Ausnahme blieb die Beziehung zwischen Parteiidentifikation und Wahlabsicht zwischen 1994 und 1998 weitgehend stabil. Nur die CDU/CSU mußte in Westdeutschland unter ihren treuesten Anhängern relativ starke Einbußen hinnehmen, die zur Wahlniederlage der Partei beigetragen haben dürften.
3. Zwischen 1994 und 1998 eingetretene Veränderungen der Parteiidentifikation setzten sich unterschiedlich in einen Wandel der Parteipräferenzen um. Der SPD gelang es nicht nur besser als der Union, die stabilen Parteiidentifizierer zur konsistenten Stimmabgabe zu mobilisieren. Sie war auch bei dem Bemühen, Nichtidentifizierer an sich zu binden, wesentlich erfolgreicher als die CDU/CSU.

Auch wenn die Parteiidentifikation und ihr Wandel vermutlich nur einen bescheidenen Beitrag zur Erklärung des Ausgangs der Bundestagswahl leistete, kamen die in diesem Bereich auftretenden Veränderungen fast ausnahmslos der SPD zu Gute.

5.2.2. Einstellung zu politischen Sachfragen und Wahlabsicht

Die normative Demokratietheorie widmet der Einstellung der Wählerschaft zu politischen Sachfragen besondere Aufmerksamkeit und interpretiert rationales Wahlverhalten als Entscheidung auf der Grundlage eines Vergleichs der Sachziele der Wählerschaft mit den Handlungen und Versprechungen der politischen Parteien bei der Bewältigung wichtiger politischer Aufgaben (Downs 1957). Auch wenn die empirische Wahlforschung die Parteiidentifikation als die im Vergleich mit den Issueorientierungen wichtigere Bestimmungsgröße des Wählerverhaltens ansieht, darf deren Relevanz nicht unterschätzt werden. Insbesondere in Zeiten einer rückläufigen Parteiidentifikation dürfte die Bedeutung kurz- und mittelfristig sich verändernder Einstellungen zu den politischen Parteien wachsen. Wie *Tabelle 11* zeigte, weist etwa jeder vierte Wähler in Westdeutschland und mehr als jeder dritte im Osten keine Parteiidentifikation auf. Nach der Logik des sozialpsychologischen Ansatzes müßte diese Gruppe ihre Wahlentscheidung von ihren Themen- und Kandidatenpräferenzen abhängig machen (z.B. Dalton und Wattenberg 1993; Roller 1998).

So plausibel die These vom Bedeutungsgewinn des Issuewählens auf den ersten Blick auch klingen mag, so erschweren doch mehrere Umstände Aussagen über die Bedeutsamkeit von Issueorientierungen für den Wahlentscheid. Wie Roller (1998) in einer Analyse der Bedeutung politischer Sachfragen für das Wählerverhalten bei der Bundestagswahl 1994 zeigte, wird das Konzept des Issuewählens in der Forschung unterschiedlich verwendet. Es kann sich sowohl auf die Übereinstimmung des Wählers mit den Zielen einer Partei und den von ihr angebotenen Problemlösungen (Policies) als auch auf die Bewertung der Leistungen der miteinander im Wettbewerb stehenden Parteien (Performanz) beziehen. Ferner kann es die generellen Leistungen bzw. Programmangebote oder einzelne politische Themen betreffen. Auch der Zeithorizont der Issueorientierungen kann insoweit variieren, als entweder die Politik in der Vergangenheit oder die in der Zukunft erwartete Politik für die Issueorientierungen relevant ist. Wenn man alle diese Aspekte berücksichtigt, wird das Issuewählen zu einer ziemlich komplizierten Angelegenheit.

Noch unter einem weiteren Gesichtspunkt erweist sich das Issuewählen als ein voraussetzungsreiches Verhalten. Damit ein Wähler seine Entscheidung für eine bestimmte Partei auf die Bewertung von Sachfragen stützen kann, muß er mehr oder minder klare politische Präferenzen haben, er muß die Positionen der Parteien in den betreffenden Fragen kennen und Unterschiede zwischen ihnen perzipieren, entweder im Hinblick auf Ziele und Problemlösungsstrategien oder im Hinblick auf erwartete oder vollbrachte Leistungen (so schon Campbell u.a. 1960; Klingemann 1973). Schließlich tritt bei der Bewertung der Bedeutsamkeit der Issueorientierungen für den Wahlentscheid die Notwendigkeit auf, diesen Effekt von dem der Parteiidentifikation und der Kandidatenorientierungen zu trennen. Dies mag zwar analytisch einfach erscheinen, methodisch ist es aber schwierig, weil alle drei Komponenten des Michigan-Modells eng miteinander zusammenhängen.

Ungeachtet der erwähnten Probleme verdient der Zusammenhang zwischen Issueorientierungen und der Parteiidentifikation bei der Bundestagswahl 1998 Aufmerksamkeit. Wie Walz und Brunner (2000: 46f.) zeigten, deutete sich die Niederlage der Union bereits während des gesamten Wahljahres in einer sehr negativen Bewertung der Regierungsleistungen an, jedoch war das Vertrauen in die Problemlösungskompetenz der Opposition keineswegs überwältigend. Noch im Monat vor der Wahl bewerteten die Wähler die CDU/CSU und die SPD relativ kritisch. Die Opposition verfügte in dieser Hinsicht zwar über einen gewissen Vorteil gegenüber der Regierung, bemerkenswert hoch war jedoch der Anteil der Befragten, die weder von der Regierung noch von der Opposition eine Bewältigung der wichtigsten politischen Probleme, vor denen die Bundesrepublik stand, erwartete (Walz und Brunner 2000: 40ff.).

Nicht allein im Hinblick auf die kritische Einschätzung der Problemlösungskompetenz der beiden großen Parteien, sondern auch auf den Vergleich zwischen den ost- und westdeutschen Wählern ist es wichtig, die Bedeutung der Issueorientierungen für den Wahlentscheid zu untersuchen. Wie gezeigt wurde, fühlen sich die ostdeutschen Wähler aus naheliegenden Gründen nicht in gleichem Maße den politischen Parteien der alten Bundesrepublik verbunden wie es bei den westdeutschen Wählern der Fall ist. Insofern spricht einiges für die Vermutung, daß die Issueorientierungen im Osten für das Wahlverhalten bedeutsamer sein könnten als im Westen (vgl. auch: Roller 1998).

Die Untersuchung des Issue-Wählens bei der Bundestagswahl 1998 beschäftigt sich mit den folgenden Problemen:
1. Die Struktur der politischen Agenda und die Veränderung des Themenhaushalts zwischen 1994 und 1998,

2. die Einschätzung der Problemlösungskompetenz der deutschen Parteien durch die Wählerinnen und Wähler und
3. die Beziehung zwischen der den Parteien zugeschriebenen Problemlösungskompetenz und der Wahlabsicht.

5.2.2.1. Die wichtigsten Sachfragen

Viele Untersuchungen des Wahlverhaltens sozialer Gruppen basieren auf der Annahme gruppenspezifischer Interessen und Wertvorstellungen, auf Grund derer bestimmte Bevölkerungsgruppen politische Parteien als Repräsentanten oder Gegner betrachten (Weßels 1994a; 1994b). Der sozialpsychologische Ansatz bezieht die aus Interessen und Wertvorstellungen resultierenden politischen Prioritäten unmittelbar in die Untersuchung ein. Hierfür sind zwei Überlegungen maßgeblich: Zunächst ist es wichtig zu wissen, in welchem Themenkontext eine Bundestagswahl stattfindet und ob die Wählerinnen und Wähler in einer konkreten Entscheidungssituation mit einem Thema von überragender politischer Bedeutung konfrontiert sind oder ob eine Vielzahl politischer Streitfragen auf der Tagesordnung steht. Bei einer Betrachtung der Wahlkampfagenda ist zudem die Natur der politischen Streitfragen in Rechnung zu stellen. Ein Wahlkampf, in dem sich der Parteienwettbewerb gleichermaßen auf Ziele und Lösungswege bezieht, dürfte mit einer wesentlich stärkeren Polarisierung verbunden sein als eine vom Parteienkonsens über die wichtigsten politischen Herausforderungen bestimmte Kampagne, in der sich die Auseinandersetzung vornehmlich oder gar ausschließlich auf die richtigen Wege zu dem einvernehmlich angestrebten Ziel sowie auf die Performanz von Regierung und Opposition bezieht.

Wie in den meisten vorangegangenen Wahlkämpfen fehlte 1994 und 1998 ein zündendes Thema, an dem sich die Vorstellungen der politischen Parteien grundsätzlich geschieden hätten. Auf der anderen Seite gab es mit der Arbeitsmarktpolitik ein beherrschendes Problem, das alle anderen Sachfragen in den Hintergrund drängte, und zwar im Osten noch stärker als im Westen und 1998 noch deutlicher als vier Jahre zuvor. Wie aus *Tabelle 14* ersichtlich wird, gaben 1994 45 Prozent der Befragten in einer offenen Frage den Komplex „Arbeitsmarkt/Vollbeschäftigung" als das wichtigste politische Problem in der Bundesrepublik an, 1998 belief sich dieser Anteil sogar auf 71 Prozent. Auf den nächsten Plätzen folgten mit den Themenbereiche Sozial-, Gesundheits- und Gesellschaftspolitik sowie Wirtschafts-, Steuer- und Finanzpolitik ebenfalls klassische sozioökonomische Fragen (vgl. auch: Walz und Brunner 2000: 33ff.). In den alten Bundesländern stieg der Anteil der Nennungen des Themas Arbeitsmarkt zwischen 1994 und 1998 von 45 auf 69 Prozent, in den neuen Ländern von 65 auf 81 Prozent. Auch bei der Frage nach dem zweitwichtigsten Problem nahm die Arbeitsmarktpolitik den zweiten Rang ein. Demnach räumten alle Befragten in Ostdeutschland und nahezu alle Befragten im Westen diesem Thema einen der beiden Spitzenplätze auf der politischen Agenda ein. Der im Vergleich mit dem Westen noch höhere Stellenwert der Beschäftigungspolitik in Ostdeutschland reflektiert die unterschiedliche Arbeitsmarktlage in den beiden Teilen Deutschlands.

Sofern Sachfragen den Wahlkampfausgang beeinflußten, handelte es sich um Themen der „Alten Politik". Das in den Wahlkämpfen der 70er und 80er Jahre noch relativ starke Engagement der Wählerschaft für Themen der „Neuen Politik" (Baker, Dalton und Hildebrandt 1981: 136ff.) war 1994 und 1998 allenfalls in Spurenelementen erkennbar – und dies auch nur im Westen. Dies betrifft z.B. den Umweltschutz, der in einigen in den 80er Jahren durchgeführten Umfragen noch als bedeutsam eingestuft worden war. Ein zweites Problem im Spannungsfeld von Alter und Neuer Politik, die Frage des Umgangs mit Ausländern, spielte sowohl 1994 als auch 1998 eine gewisse Rolle, jedoch geben die vorliegenden Angaben keinen Aufschluß darüber, unter welchen Gesichtspunkten die Ausländerfrage thematisiert wurde. Die meisten Themen, die auf der politischen Agenda der Wählerschaft vordere Ränge einnahmen, hatten nicht den Charakter kontroverser politischer Ziele. Es handelt sich vielmehr um öffentliche Aufgaben, über deren Notwendigkeit in der Bevölkerung Konsens besteht und bei denen die politischen Parteien vornehmlich unter Performanzgesichtspunkten beurteilt werden.

Tabelle 14: Die Entwicklung der politischen Prioritäten in Deutschland, 1994 – 1998 (Angaben in Prozent)

	Wichtigstes Problem						Zweitwichtigstes Problem					
	ABL		NBL		Gesamt		ABL		NBL		Gesamt	
	1994	1998	1994	1998	1994	1998	1994	1998	1994	1998	1994	1998
Arbeitsmarkt	45	69	65	81	45	71	21	19	18	22	16	18
Sozialpolitik	17	12	16	8	15	11	29	29	38	31	24	27
Wirtschaft	12	7	9	7	10	7	15	19	16	18	12	17
Ausländer	9	5	1	1	7	4	11	12	4	8	8	11
Umwelt/Energie	8	3	1	1	6	2	11	6	3	2	7	5
Innenpolitik	7	3	7	1	6	3	11	12	19	18	10	12
N	1882	2195	1876	1095	3739	3288	1599	2054	1624	1030	3232	3080

Anmerkungen: Daten für Gesamtdeutschland gewichtet.
Quelle: DFG-Repräsentativstudie.

Bei der Suche nach den hervorstechenden Merkmalen der politischen Agenda der Bundesrepublik in den Jahren 1994 und 1998 fallen zwei Merkmale ins Auge. Erstens war die Rangordnung der als wichtig eingestuften politischen Themen außerordentlich stabil. Zwar veränderte sich die Wertigkeit einzelner Themen, jedoch waren die Prioritätenverschiebungen nur gradueller Natur und hatten kein dramatisches Ausmaß. Im Westen nahm die Bedeutung wirtschafts- und finanzpolitischer Themen leicht zu, die der Umweltpolitik ging deutlich zurück. Im Osten stieg der Stellenwert der Ausländerpolitik, während sozialpolitische Belange im Vergleich mit 1994 an Bedeutung verloren. Noch wichtiger jedoch war die beherrschende Stellung des Themas Arbeitslosigkeit bzw. Arbeitsmarktpolitik, die zwischen 1994 und 1998 noch markanter wurde. Bereits in der ersten Hälfte der neunziger Jahre hatte sich dieses Thema in den Vordergrund geschoben und bei der Bundestagswahl 1994 eine dominierende Rolle gespielt (Gehring und Winkler 1997: 491ff.). Nur selten jedoch hatte ein Thema so stark die politische Agenda beherrscht wie die Arbeitslosigkeit im Jahr 1998.

In Anbetracht der überragenden Bedeutung klassischer sozial- und wirtschaftspolitischer Fragen, zu denen auch die Arbeitsmarktpolitik gehört, ist es höchst wahrscheinlich, daß die auf diesem Politikfeld perzipierte Problemlösungskompetenz der Parteien eine maßgebliche Rolle für das Wahlverhalten der deutschen Bevölkerung spielte. Dies gilt natürlich unter der Voraussetzung, daß Issueorientierungen überhaupt zur Erklärung des Wahlverhaltens beitragen.

Neben den offenen Fragen nach den wichtigsten politischen Problemen wurden in der Wahlstudie 1998 die Einstellungen der Befragten zu einzelnen politischen Streitfragen ermittelt, denen der Charakter von Positionsissues zugeschrieben werden kann. Bei diesen Themen handelte es sich um die Abschaltung der Kernkraftwerke bzw. den weiteren Ausbau der Kernenergie, die Forcierung der Integration Europas und die Ausländerintegration bzw. die Begrenzung des Zuzugs der Ausländer. Die auf diesen Gebieten anzustrebenden Ziele sind in der öffentlichen Diskussion und zwischen den politischen Parteien seit längerer Zeit umstritten. Insofern ist damit zu rechnen, daß die Wähler in diesen Fragen nicht allein die Performanz, sondern auch die Policy-Positionen der Parteien bewerten (Roller 1998; Schmitt 1998). Wie *Tabelle 15* zeigt, erreichte keines dieser Themen in der offenen Frage nach den wichtigsten politischen Problemen eine hohe Anzahl von Nennungen, lediglich die Ausländerpolitik tauchte unter den als wichtig eingestuften Themen auf. In Übereinstimmung damit wiesen die Bundesbürger der Ausländerfrage die größte Bedeutung unter den drei untersuchten politischen Themen zu, gefolgt vom Umgang mit der Kernenergie und der Vertiefung der Europäischen Einigung. In der Rangfolge dieser Ziele gab es keinen Unterschied zwischen West- und Ostdeutschen, allerdings räumten die Wählerinnen und Wähler in den alten Bundesländern der Lösung aller dieser Probleme einen höheren Stellenwert ein als ihre Landsleute im Osten. Abgesehen von der Einstellung zur Integration Europas betreffen die hier untersuchten Themen den Gegensatz zwischen der „Alten" und der „Neuen Politik" (vgl. auch Roller 1998).

Tabelle 15: Die Wichtigkeit ausgewählter politischer Streitfragen in Deutschland, 1998

	sehr wichtig (in %)			wichtig (in %)			Mittelwerte[1]		
	ABL	NBL	Ges.	ABL	NBL	Ges.	ABL	NBL	Ges.
Ausländerzuzug	40	30	38	37	37	37	1,11	0,86	1,06
Kernenergie	31	18	28	40	37	40	0,96	0,58	0,89
Europ. Integration	23	16	22	38	31	37	0,73	0,35	0,66

Anmerkungen: [1] Je höher der Mittelwert, desto wichtiger das jeweilige Positionsissue; fehlende Prozent zu 100: teils/teils, nicht so wichtig, völlig unwichtig, weiß nicht, Antwort verweigert; Daten für Gesamtdeutschland gewichtet.
Quelle: DFG-Repräsentativstudie.

5.2.2.2. Die Problemlösungskompetenz der Parteien

Während die Einschätzung der Wichtigkeit bestimmter politischer Themen die Wahlkampfagenda strukturiert, fungiert die den Parteien zugewiesene Problemlösungskompetenz als Bestimmungsfaktor der Parteipräferenz (Klingemann 1973; Roller 1998: 187f.). Sie wird zwar von der Parteiidentifikation beeinflußt, jedoch besteht zwischen diesen beiden Orientierungen kein deterministischer Zusammenhang, sondern eine empirisch zu klärende Beziehung. Eine besondere Bedeutung dürfte der perzipierten Problemlösungskompetenz der Parteien bei den Wählern ohne langfristige Parteibindungen zukommen. Im folgenden Teil der Untersuchung wird die Issuekompetenz der Parteien zunächst unabhängig vom Inhalt der politischen Streitfragen untersucht. Es geht also um die Klärung der Frage, welcher politischen Partei die Wähler die Bewältigung des wichtigsten und des zweitwichtigsten politischen Problems zutrauen. In einem zweiten Schritt richtet sich das Interesse auf das wahlbeherrschende Thema, die Beschäftigungs- und Arbeitsmarktpolitik, im dritten Abschnitt wird die Bedeutung der Policy-Distanzen zwischen Wählern und Parteien für den Wahlentscheid geprüft.

Die Zuweisung von Problemlösungskompetenz an die politischen Parteien läßt sowohl Stabilität als auch Wandel erkennen. Bereits bei der Bundestagswahl 1994 schätzten die Wähler die Fähigkeit der SPD, mit den anstehenden politischen Aufgaben fertig zu werden, positiver ein als die Kompetenz der CDU/CSU. Dies galt für die Wählerschaft in den alten und neuen Bundesländern und signalisierte Verschleißerscheinungen der christlich-liberalen Koalitionsregierung. Der Vorsprung der SPD vor der Union vergrößerte sich zwischen 1994 und 1998, im Osten verfiel die der Union zugewiesene Problemlösungskompetenz noch deutlicher als im Westen (*Tabelle 16a*). Im Gegensatz zur Union und allen anderen Parteien konnte sich die SPD in beiden Teilen der Bundesrepublik zwischen 1994 und 1998 als die fachlich kompetentere Partei profilieren. 1998 waren 57 Prozent der westdeutschen und sogar 66 der ostdeutschen Wähler der Auffassung, die Union könne weder das wichtigste noch das zweitwichtigste politische Problem der Bundesrepublik bewältigen. Mit Anteilen von 43 bzw. 48 Prozent fiel das Urteil über die SPD erheblich positiver aus. Da auch die Problemlösungsfähigkeit der FDP erheblich kritischer bewertet wurde als die von Bündnis90/Den GRÜNEN, verfügten die damaligen Oppositionsparteien hinsichtlich der Performanzbewertung über einen klaren Vorteil vor dem Regierungslager.

Lassen schon die Querschnittsanalysen einen zwischen 1994 und 1998 wachsenden Kompetenzverfall der Union erkennen, so zeigt sich dieser Prozeß in den Resultaten der Panelanalysen noch deutlicher (*Tabelle 16b*). Ein zahlenmäßig beträchtlicher Teil der Wähler äußerte sowohl 1994 als auch 1998 Zweifel an der Problemlösungskompetenz der Union. Im Westen lag dieser Anteil bei 61, im Osten sogar bei 69 Prozent der Befragten. Auch hier ergab sich für die SPD kein rosiges, aber doch ein weniger ungünstiges Bild: Jeweils 47 Prozent der Befragten in den alten und neuen Ländern bewerteten die fachliche Kompetenz der SPD in beiden Panelwellen negativ. Stabil positive Einschätzungen der SPD gaben 14 (alte Bundesländer) bzw. 13 Prozent der Befragten (neue Bundesländer) an, während die Union lediglich auf 11 bzw. 7 Prozent gekommen war. Noch größere Unterschiede zwischen den beiden Parteien zeigen sich beim Gewinn an Problemlösungskompetenz. Nahezu jeder vierte Befragte sah 1998, aber nicht 1994, in der SPD die Partei, von der die Lösung der wichtigsten Probleme zu erwarten sei. Im Vergleich damit konnte die Union einen wesentlich bescheideneren Kompetenzzuwachs (alte Länder: 13%, neue Länder: 10%) verbuchen. Da die CDU/CSU und die SPD etwa gleich große Verluste an Kompetenzzuweisungen verzeichneten, ergibt sich in der Summe aller Einzelentwicklungen ein klarer Vorteil für die Sozialdemokraten.

Tabelle 16: Die Problemlösungskompetenz der Parteien in Deutschland und ihre Bedeutung für die Wahlabsicht, 1994 – 1998 (Angaben in Prozent)

a) Querschnitte

		kein Problem		eines der wichtigsten Probleme		beide wichtigen Probleme	
		1994	1998	1994	1998	1994	1998
ABL	CDU/CSU	50	57	13	8	18	18
	SPD	45	43	18	14	18	26
	FDP	79	81	2	2	1	1
	GRUENE	67	75	10	6	3	2
NBL	CDU/CSU	54	66	9	7	17	12
	SPD	50	48	12	15	19	22
	PDS	71	74	5	6	5	5
Gesamt	CDU/CSU	51	58	12	8	18	17
	SPD	46	44	17	14	18	26
	FDP	79	81	1	2	1	1
	GRUENE	70	76	8	6	3	2
	PDS	78	81	1	2	1	1

Anmerkungen: Daten für Gesamtdeutschland gewichtet.
Quelle: DFG-Repräsentativstudie.

b) Panel (wichtigstes Problem)

	ABL		NBL	
	CDU/CSU	SPD	CDU/CSU	SPD
stabile Kompetenzzuweisung	11	14	7	13
Verlust der Kompetenz	16	14	14	17
Gewinn an Kompetenz	13	24	10	23
keine Kompetenzzuweisung	61	47	69	47
N	878	878	1239	1239

Anmerkungen: Daten für Gesamtdeutschland gewichtet.
Quelle: DFG-Panelstudie.

Besonders deutlich zeigte sich der Wandel der Issueorientierungen auf dem wahlstrategisch vermutlich hochgradig bedeutsamen Feld der Beschäftigungspolitik (*Tabelle 17*). Zwar trauten die Wählerinnen und Wähler der SPD schon 1994 mehr zu als der

CDU/CSU, jedoch gelang es der SPD zwischen 1994 und 1998, ihren Vorsprung vor der Union beträchtlich auszubauen. 1994 hielten 38 Prozent der Befragten die SPD für die kompetentere Partei, 1998 lag der betreffende Anteil sechs Prozentpunkte höher. Vertrauen in die Problemlösungsfähigkeit der Union bekundeten dagegen nur 24 Prozent der Befragten gegenüber 32 Prozent vier Jahre zuvor. Damit hielten fast doppelt so viele Wähler die SPD im Vergleich mit der Union für die bei der Lösung der wichtigsten politischen Frage leistungsfähigere Partei. Sowohl im Westen als auch im Osten verfügte die SPD auf den Politikfeldern, denen die Wähler einen hohen Stellenwert einräumten, über einen außergewöhnlich großen Vorsprung vor der CDU/CSU. Auf dem Gebiet der Sozial-, Gesellschafts- und Gesundheitspolitik, das auf der Prioritätenliste der Wählerschaft den zweiten Platz einnahm, ergab sich die gleiche Konstellation. Hier hatte die SPD ihren bereits 1994 relativ deutlichen Kompetenzvorsprung vor der Union in den folgenden vier Jahren nochmals ausbauen können (tabellarisch nicht ausgewiesen). Auf beiden Politikfeldern fällt die Leistungsbilanz der beiden großen Volksparteien im Osten und Westen der Bundesrepublik weitgehend ähnlich aus. Der generelle Kompetenzverfall der Union zwischen 1994 und 1998 dürfte einen maßgeblichen Einfluß auf die Wahlniederlage ausgeübt haben.

Tabelle 17: Die Problemlösungskompetenz der Parteien auf dem Gebiet der Beschäftigungspolitik, 1994 – 1998 (Angaben in Prozent)

	ABL		NBL		Gesamt	
	1994	1998	1994	1998	1994	1998
CDU/CSU	33	26	28	18	32	24
SPD	40	46	33	39	38	44
FDP	1	2			1	1
GRUENE	3	2			3	2
PDS			8	8	2	2
Alle gleich	9	5	8	9	8	6
Keine	13	19	24	25	16	20
N	1030	1694	1340	970	2221	2629

Anmerkungen: Daten für Gesamtdeutschland gewichtet.
Quelle: DFG-Repräsentativstudie.

Veränderte Kompetenzzuweisungen an die Parteien setzen sich nicht zwangsläufig in Wählerstimmen um, weil die Parteiidentifikation die Beziehung zwischen Wählern und Parteien stabilisiert und weil gegenläufige Einflüsse von Themen- und Kandidatenorientierungen auftreten können. Diese komplexen Zusammenhänge müssen im Rahmen multivariater Analysen geklärt werden. Dennoch vermittelt auch eine isolierte Betrachtung des Zusammenhangs zwischen der Kompetenzzuweisung und der Wahlabsicht eine erste Erklärung des Wahlresultats von 1998. Wie bereits bei der Untersuchung des Zusammenhanges zwischen der Parteiidentifikation und der Wahlabsicht beobachtet wurde, stimmte die Parteipräferenz beim weitaus größten Teil der Wählerinnen und Wähler mit der wahrgenommenen Problemlösungskompetenz überein. Zwischen 1994 und 1998 änderte sich dieser Zusammenhang nur graduell. Bemerkenswert ist allerdings in beiden Jahren der Umstand, daß im Regierungslager ein relativ großer Teil der Wähler, die in der FDP die kompetenteste Partei sahen, nach eigenen Angaben für die Union votiert hatten. Ein gegenläufiger Austauschprozeß zwischen der CDU/CSU und der FDP fand dagegen nur in bescheidenem Umfange statt. Die Tendenz, trotz der Zuweisung von Problemlösungskompetenz an die FDP dieser Partei nicht die Stimme zu geben, nahm zwischen 1994 und 1998 deutlich zu.

Wesentlich stärker war die von der Kompetenzzuweisung abweichende Parteipräferenz im rot-grünen Lager: 1994 wie 1998 gab etwa jeder zehnte Befragte, der die SPD für die kompetenteste Partei hielt, Bündnis90/Den GRÜNEN die Stimme. Bei diesen war die Diskrepanz zwischen der Wahlabsicht und der Zuweisung von Problemlösungskompetenz 1994 noch stärker (19%), 1998 bewegte sie sich auf einem mit der SPD vergleichbaren Niveau (13%). Unter den Wählern der GRÜNEN wuchs somit im untersuchten Zeitraum die Tendenz, Kompetenzzuweisung und Wahlverhalten in Einklang zu bringen. In Ostdeutschland konnte die SPD mehr als zehn Prozent der Wähler für sich gewinnen, die in der PDS die Partei mit der größten Problemlösungsfähigkeit sahen. Analog zur Parteiidentifikation fällt der Zusammenhang zwischen Wahlabsicht und Issuekompetenz im Osten enger aus als im Westen (*Tabelle 18*).

Tabelle 18: Issuekompetenz und Wahlabsicht in Deutschland, 1994 und 1998 (Angaben in Prozent)

		CDU/CSU		SPD		FDP		GRUENE		PDS	
		1994	1998	1994	1998	1994	1998	1994	1998	1994	1998
ABL	CDU/CSU	88	87	5	5	12	14	6	0		
	SPD	6	6	84	82	0	7	19	13		
	FDP	5	5	2	2	86	73	1	1		
	GRUENE	2	2	10	12	0	4	75	86		
	N	491	467	503	725	21	30	128	78		
NBL	CDU/CSU	93	94	5	4					3	3
	SPD	4	3	83	82					10	15
	PDS	3	3	12	14					87	82
	N	452	146	437	284					129	73
Gesamt	CDU/CSU	88	87	5	5	14	15	6	0	3	2
	SPD	5	6	82	80	0	5	19	12	12	12
	FDP	4	5	2	2	86	78	1	1	0	0
	GRUENE	2	1	8	11	0	3	74	85	4	5
	PDS	1	1	3	3	0	0	1	2	81	81
	N	980	658	999	1058	36	40	212	101	74	58

Cramer's V	ABL	NBL	Gesamt
1994	.69** (1143)	.78** (1018)	.68** (2301)
1998	.65** (1300)	.81** (503)	.71** (1915)

Anmerkungen: Daten für Gesamtdeutschland gewichtet.
Quelle: DFG-Repräsentativstudie.

Wie die Analyse der Paneldaten zeigt, war die Bereitschaft, der CDU/CSU sowohl 1994 als auch 1998 die Stimme zu geben, wesentlich stärker von einer stabilen bzw. sich verbessernden Kompetenzbewertung abhängig als im Falle der SPD (*Tabelle 19*). Die Werte beliefen sich auf 72 (CDU/CSU) bzw. 63 Prozent (SPD) bei stabiler und 32 (CDU/CSU) bzw. 24 Prozent (SPD) bei sich verbessernder Bewertung der Problemlösungsfähigkeit der beiden Parteien. Auf der anderen Seite erhielt die SPD im Vergleich mit der Union mehr Stimmen von solchen Wählern, die ihrer Problemlösungskapazität mit dauerhafter und wachsender Skepsis begegneten (16 bzw. 10%)[4]. Wie schon bei der Parteiidentifikation setzte sich der Wandel der Einstellungen zur CDU/CSU wesentlich stärker in die Wahlabsicht um, als es für die SPD galt. Ihr gelang es somit wesentlich besser als der Union, über den Kreis ihrer Anhängerschaft hinaus Zustimmung zu finden. Noch ein zweites Ergebnis der Panelanalyse verdient Erwähnung: Im Vergleich mit dem Wandel der Parteiidentifikation war eine veränderte Kompetenzzuweisung weniger folgenreich für den Wechsel der Parteipräferenz.

Tabelle 19: Die Veränderung der Kompetenzzuweisung und ihre Bedeutung für den Wandel des Wählerverhaltens in den alten und neuen Bundesländern, 1994–1998 (Angaben in Prozent)

Wahl		Kompetenzzuweisung			
		1994 ja 1998 ja	1994 ja 1998 nein	1994 nein 1998 ja	1994 nein 1998 nein
CDU /CSU	1994 ja 1998 ja	72	21	32	4
	1994 ja 1998 nein	10	43	6	7
	1994 nein 1998 ja	8	8	36	6
	1994 nein 1998 nein	9	28	26	83
	N	202	299	236	1223
SPD	1994 ja 1998 ja	63	25	24	5
	1994 ja 1998 nein	13	30	7	7
	1994 nein 1998 ja	14	7	35	11
	1994 nein 1998 nein	10	39	34	76
	N	274	293	467	925

	Lambda	Cramer's V
CDU/CSU	.25**	.46**
SPD	.16**	.38**

Anmerkungen: Daten für Gesamtdeutschland gewichtet.
Quelle: DFG-Panelstudie.

5.2.2.3. Policy-Distanzen zwischen Parteien und Wählern und ihre Bedeutung für die Wahlabsicht

Wie bereits erwähnt wurde, gehörte der Bundestagswahlkampf 1998 zu den Kampagnen, denen die großen parteipolitischen Gegensätze fehlten. Unabhängig davon wurden in der Öffentlichkeit in den letzten zwanzig Jahren aber immer wieder Themen diskutiert, bei denen nicht allein die Lösungswege, sondern auch die Ziele kontrovers waren. Das Entstehen der GRÜNEN am Ende der 70er Jahre hatte nicht zuletzt mit den Konflikten über den Ausbau oder weiteren Betrieb der Kernkraftwerke zu tun, die rechtsextremen Parteien verdankten ihre vorübergehenden Erfolge bei Landtagswahlen den Kampagnen zur Begrenzung der Zuwanderung von Ausländern. In der zweiten Hälfte der 90er Jahre kam es zu Auseinandersetzungen über das Tempo und die Kosten einer Vertiefung der europäischen Integration, bei denen die Konfliktfronten aber eher innerhalb als zwischen den Parteien verliefen. Auf Grund der Dominanz des Themas Arbeitslosigkeit spielten diese drei Positionsissues im Wahlkampf 1998 keine hervorgehobene Rolle. Andererseits schätzte die Bevölkerung sie auch nicht als völlig belanglos ein. In Folge der zumindest latenten Bedeutung dieser drei Streitfragen ist es interessant, zu untersuchen, welche Position die Wählerschaft bezüglich dieser Themen einnahm, welche sie den politischen Parteien zuwies und in welcher Beziehung die Parteipositionen zur Position der Wählermehrheit standen. In Übereinstimmung mit den bisher präsentierten Analysen beschränkt sich auch die folgende Darstellung auf die Untersuchung der Positionen der im Bundestag vertretenen Parteien. Die Splitterparteien – einschließlich derer im rechtsextremen Spektrum – bleiben im Hinblick auf die kleinen Fallzahlen unberücksichtigt.

In der Frage der Kernenergie markieren die Optionen „weiterer Ausbau" und „sofortige Abschaltung der Kernkraftwerke" die Extrempole in der öffentlichen Diskussion. Wie aus *Tabelle 20* hervorgeht, überwiegen in der deutschen Öffentlichkeit kritische Einstellungen zur Kernenergie, jedoch nimmt die Mehrheit der Wählerinnen und Wähler in dieser Frage eine moderate oder unentschiedene Position ein und befindet sich nahe an der Mitte der Einstellungsskala. Die Perzeption der Parteipositionen durch die Wählerschaft entspricht weitgehend den Erwartungen. In der Union und der FDP sehen die Wähler mehrheitlich Befürworter eines weiteren Ausbaus der Kernenergie, SPD, PDS und Bündnis90/Die GRÜNEN werden auf der entgegengesetzten Seite des Kontinuums verortet. Entsprechend dem Richtungsmodell der Issue-Forschung (Rabinowitz und MacDonald 1989) befinden sich die SPD, die GRÜNEN und die PDS in Übereinstimmung mit der Position der Wählermehrheit, die CDU/CSU und die FDP dagegen nehmen eine von der Mehrheit abweichende Position ein.

Anders stellt sich die Sachlage in der Ausländerfrage dar, in der sich die meisten Wähler für eine Begrenzung des weiteren Zuzugs aussprechen und der CDU/CSU, der FDP und der PDS eine mit den eigenen Vorstellungen kongruente Position zuordnen. Abweichend von den Vorstellungen der Wählermehrheit werden die SPD und Bündnis90/Die GRÜNEN dagegen als Befürworter einer liberalen Ausländerpolitik (Erleichterung des Zuzugs) perzipiert. In dieser Frage besteht ein Unterschied zwischen Ost- und Westdeutschland, weil die ostdeutschen Wähler die PDS auf derselben Seite des Issuefeldes einordnen wie die SPD und Bündnis90/Die GRÜNEN, also einen Gegensatz zwischen der eigenen Position und derjenigen der PDS wahrnehmen.

In der dritten Frage, der Vertiefung der Europäischen Integration bzw. der Verlangsamung des Tempos der Einigung Europas, nehmen Ost- und Westdeutsche gegensätzliche Positionen ein. Die westdeutsche Bevölkerung ist mehrheitlich proeuropäisch eingestellt und weist – mit Ausnahme der PDS – allen politischen Parteien die gleiche Position zu. In den alten Bundesländern unterstellt die Bevölkerung einen Parteienkonsens in Sachen Europäische Integration, dem sich lediglich die PDS entzieht. Unterschiede zwischen den Parteien betreffen lediglich die Intensität der proeuropäischen Vorstellungen. Im Hinblick auf die Parteiposition herrscht in den neuen Bundesländern ein ähnliches Wahrnehmungsmuster vor, jedoch ist die PDS auf Grund der in der Bevölkerung vorherrschenden Europaskepsis die einzige Partei, deren Position mit jener der Wählermehrheit übereinstimmt.

Wenn man von den Annahmen des Richtungsmodells ausgeht, dann verschafft die Struktur des Issueraumes weder der Regierung noch der Opposition einen entscheidenden strategischen Vorteil. In der Frage der Ausländerpolitik vertreten die Union und die FDP Positionen, die jenen der Wählermehrheit am besten entsprechen. Dagegen steht die Opposition der Mehrheit der Wähler in der Frage der Kernenergie näher, insbesondere trifft dies für die Bündnisgrünen zu. Die europapolitischen Positionen der Parteien stimmen miteinander und mit der Position der Wählermehrheit überein. Sieht man diese Resultate im Zusammenspiel mit der mäßigen Relevanz der drei untersuchten Streitfragen, dann liefert die Verteilung der Issueposition keine Erklärung für das gute Abschneiden der SPD und die Niederlage der Union bei der Bundestagswahl 1998. Dennoch ergibt sich in einer Diskriminanzanalyse eine einigermaßen akzeptable Schätzung der Parteipräferenz durch die Kongruenz bzw. Inkongruenz der Policypositionen von Wählern und Parteien. Dabei erweisen sich Parteipositionen in der Kernenergie und der Ausländerfrage als besonders erklärungskräftig. Mit Hilfe dieses Modells wurden 45 Prozent der Wähler in den alten Bundesländern korrekt ihren jeweiligen Parteien zugeordnet. Mit 71 Prozent korrekten Klassifikationen wurde für Bündnis90/Die GRÜNEN das beste Ergebnis ermittelt. Dies ist plausibel, weil die Partei sowohl in der Frage der Kernenergie als auch in der Ausländerpolitik klare postmaterialistische Positionen vertritt. Die Ergebnisse für die SPD (45%) und die FDP (49%) fallen etwas schlechter aus, aber besser als das für die CDU/CSU geschätzte Resultat (36%). Der größte Teil der Fehlklassifikationen tritt innerhalb des Regierungs- bzw. Oppositionslagers auf. So werden 27 Prozent der CDU/CSU-Wähler der FDP und 21 Prozent der FDP-Wähler der CDU/CSU

Tabelle 20: Die Einstellungen der Wähler und der Parteien zu ausgewählten politischen Streitfragen, 1998

a) Positionen der Wähler und der Parteien (Angaben: Mittelwerte)

	Kernenergie			Ausländer			Europ. Integrat.		
	ABL	NBL	Ges.	ABL	NBL	Ges.	ABL	NBL	Ges.
Wähler	4.61	4.30	4.55	4.99	5.16	5.02	3.72	4.38	3.84
CDU/CSU	2.63	2.56	2.62	4.91	4.72	4.87	2.29	2.04	2.24
SPD	4.66	4.32	4.60	3.67	3.74	3.66	3.03	3.07	3.04
FDP	3.06	3.01	3.05	4.44	4.50	4.45	2.77	2.72	2.76
GRUENE	6.51	6.54	6.52	2.53	2.98	2.61	3.49	3.77	3.54
PDS	4.76	4.70	4.74	4.56	3.48	4.32	4.85	4.03	4.66

b) Kongruenz der Positionen von Wählern und Parteien (Angaben in Prozent)

	Kernergie			Ausländer			Europ. Integrat.		
	ABL	NBL	Ges.	ABL	NBL	Ges.	ABL	NBL	Ges.
CDU/CSU	28	27	28	45	43	44	46	31	41
SPD	39	34	37	31	27	30	45	34	42
FDP	23	23	23	36	34	35	42	30	38
GRUENE	44	35	41	22	21	22	34	29	33
PDS	17	28	21	28	22	26	20	25	21

Anmerkungen: Daten für Gesamtdeutschland gewichtet.
Quelle: DFG-Repräsentativstudie.

zugeordnet, 20 Prozent der SPD-Wähler finden sich auf Grund der Schätzung bei den GRÜNEN und 22-Prozent der GRÜNEN-Wähler bei der SPD. In den neuen Ländern ist der Modellfit mit 41 Prozent etwas schlechter, jedoch gelingt es relativ gut, die Wähler der CDU (48%) sowie der PDS (50%) zu klassifizieren. Lediglich für die SPD fällt das Ergebnis schlecht aus (31%; die Ergebnisse werden tabellarisch nicht ausgewiesen).

Das klassische, von Davis, Hinich und Ordeshook (1970) entwickelte Distanzmodell zielt nicht auf die grundsätzliche Übereinstimmung von Partei- und Wählerpositionen, sondern auf die Größe der von den Wählern perzipierten Distanz zwischen der eigenen Position und derjenigen der politischen Parteien ab. Es läßt zudem Aussagen darüber zu, in welche Richtung Wähler- und Parteienpositionen voneinander abweichen, d.h. ob sich die Wähler in den betreffenden Fragen links oder rechts von den perzipierten Parteipositionen einstufen. Wie schon die Ausführungen auf der Grundlage des Richtungsmodells erkennen lassen, stellen sich die Verhältnisse bei den drei hier untersuchten Themenfeldern unterschiedlich dar. Die Mehrheit der Wähler schreibt der CDU/CSU und der FDP eine positivere Einstellung zum Ausbau der Kernenergie zu, als sie in der Bevölkerung vorherrscht (*Tabelle 21*). Bündnis90/Den GRÜNEN, der PDS und der SPD wird dagegen im Vergleich mit der Wählermehrheit eine größere Bereitschaft zur Stillegung der Kernkraftwerke unterstellt. Allerdings werden die Distanzen zwischen Parteien und Wählern als unterschiedlich groß perzipiert. Die CDU/CSU und die GRÜNEN befinden sich an unterschiedlichen Positionen des Einstellungsraumes, jedoch in einer nahezu gleich großen Distanz zur Wählermehrheit. Die der SPD zugeschriebenen Position unterscheidet sich dagegen kaum von jener der Mehrheit der Wähler.

Anders als bei der Kernenergie, bei der sich die Wählermehrheit zwischen den konkurrierenden parteipolitischen Lagern einordnet, schätzte die Mehrheit der Befragten die Ausländerpolitik aller Parteien im Vergleich mit den Einstellungen der Bevölkerung als zu liberal ein, nur in den alten Bundesländern halten die Wähler die Position der CDU/CSU im Vergleich mit jener der Wählermehrheit für geringfügig konservativer. Erneut sehen die Wähler zwischen der eigenen Position und derjenigen der GRÜNEN die größte Distanz, während die Position der CDU/CSU, insbesondere in Westdeutschland, relativ dicht bei der von der Bevölkerungsmehrheit vertretenen Einstellung liegt.

Eine ähnliche Situation ergibt sich in der Europapolitik, in der den Parteien mit Ausnahme der PDS europafreundlichere Positionen zugeschrieben werden, als sie die Wählermehrheit vertritt. Am stärksten gilt dies für die Union und am wenigsten für Bündnis90/Die GRÜNEN. In Anbetracht dieser von Themenfeld zu Themenfeld gegensätzlichen Konstellation macht es wenig Sinn, eine Gesamtdistanz zwischen Wählermehrheit und politischen Parteien zu ermitteln. Denn wie schon beim Richtungsmodell zeigt sich, daß die Positionen der Parteien in den drei untersuchten Streitfragen sich unterschiedlich zu den Einstellungen der Wählermehrheit verhalten.

Tabelle 21: Distanz zwischen Wählern und Parteien bei ausgewählten politischen Streitfragen, 1998 (Angaben: Mittelwerte)

	Kernergie			Ausländer			Europ. Integrat.		
	ABL	NBL	Ges.	ABL	NBL	Ges.	ABL	NBL	Ges.
CDU/CSU	1.97	1.73	1.93	-0.06	0.46	0.13	1.39	2.30	1.56
SPD	-0.05	-0.06	-0.06	1.33	1.42	1.34	0.63	1.25	0.74
FDP	1.55	1.22	1.49	0.50	0.59	0.51	0.88	1.59	1.01
GRUENE	-1.90	-2.24	-1.97	2.43	2.15	2.37	0.10	0.51	0.18
PDS	-0.17	-0.42	-0.23	0.33	1.63	0.62	-1.21	0.35	-0.86

Anmerkungen: Daten für Gesamtdeutschland gewichtet.
Quelle: DFG-Repräsentativstudie.

Wie im Richtungsmodell kommt auch im Distanzmodell der Einstellung zur Nutzung der Kernenergie, gefolgt von der Ausländerpolitik, die größte Bedeutung zu, wobei in Westdeutschland die CDU/CSU und die GRÜNEN die Extrempositionen auf dieser Dimension einnehmen. Die Güte des Schätzmodells liegt mit 46 Prozent praktisch in derselben Größenordnung wie beim Richtungsmodell. Auch die für die einzelnen Parteien ermittelten Werte weichen kaum von jenen beim Richtungsmodell ab (CDU/CSU: 37%, SPD: 45%, FDP: 54%; B90/GRÜNE: 72%). In den neuen Ländern weist der Issueraum eine ähnliche Struktur auf, jedoch liefert das Distanzmodell eine bessere Zuordnung der Befragten zu den Parteien als das Richtungsmodell. Der Modellfit beträgt 49 Prozent, was vor allem aus einer erheblich besseren Schätzung der Präferenz für die SPD (50%) resultiert (tabellarisch nicht ausgewiesen).

5.2.2.4. Zusammenfassung und Folgerungen

In sämtlichen im Wahljahr 1998 durchgeführten Umfragen äußerte die Mehrheit der Befragten die Überzeugung, eine von der SPD geführte Bundesregierung sei eher dazu in der Lage, die wichtigsten Probleme der deutschen Politik zu lösen, als die amtierende Bundesregierung. Diese Einstellung herrschte auch in den Monaten unmittelbar vor und nach der Bundestagswahl vor. Zwischen 1994 und 1998 verschlechterte sich das Vertrauen in die Kompetenz und Problemlösungsfähigkeit der Union. Hiervon profitierte die SPD, die zwar in den Umfragen keine überragenden Werte erzielte, jedoch im Vergleich mit der Union als die leistungsfähigere Partei wahrgenommen wurde. Diese Einschätzung der Wählerschaft brachte die vorherrschende Grundstimmung zum Ausdruck, daß sich die CDU/CSU in einer sechzehn Jahre dauernden Regierungsarbeit verschlissen hatte und daß die Zeit für einen Regierungswechsel gekommen war. Besonders auf den wichtigen Feldern der Beschäftigungspolitik, der Gesellschafts- und Sozialpolitik und sogar in der klassischen Unionsdomäne, der Wirtschafts- und Finanzpolitik, konnte die SPD zwischen 1994 und 1998 einen Kompetenzgewinn verbuchen. Folglich verfügte sie 1998 bei praktisch allen bedeutsamen Sachfragen über einen Kompetenzvorsprung vor der Union. Da die Parteiidentifikation im untersuchten Zeitraum weitgehend stabil blieb und da sich die SPD auch bei der Bewertung der Spitzenkandidaten erheblich verbesserte, scheint der Regierungswechsel eine logische Folge des Stimmungswandels der Bevölkerung gewesen zu sein.

5.2.3. Kandidatenorientierungen und Wahlabsicht

Wenn die Annahme zutrifft, daß die Wählerschaft im Bundestagswahlkampf 1998 keine gravierende Unterschiede im programmatischen Angebot der Parteien perzipierte, dann müßte dem zweiten Komplex kurzfristig wirksamer Bestimmungsfaktoren der Wahlentscheidung, den Kandidatenorientierungen, eine relativ große Bedeutung in der politischen Auseinandersetzung des Wahljahres zugekommen sein. Kandidatenorientierungen sind in Deutschland für das Gros der Wähler gleichbedeutend mit Einstellungen zu den Kanzlerkandidaten. Obwohl es aus formal-institutioneller Perspektive bei Bundestagswahlen um eine Entscheidung zwischen den Wahlkreiskandidaten und Landeslisten der politischen Parteien geht, steht faktisch die Entscheidung zwischen den Kanzlerkandidaten der beiden großen Volksparteien im Vordergrund. Die Wählerschaft perzipiert diese Wahlentscheide zu einem beträchtlichen Teil als Personalplebiszite zwischen den Kanzlerkandidaten der beiden großen Volksparteien (Gabriel und Vetter 1998).

Die Rolle der Kandidatenorientierungen als Bestimmungsfaktoren des Wählerverhaltens in der Bundesrepublik gehört zu den empirisch am wenigsten untersuchten Themen der deutschen Wahlforschung. Dieser Sachverhalt kontrastiert mit der These, in den vergangenen Jahren sei in Deutschland eine zunehmende Personalisierung der Politik im allgemeinen und der Wahlkämpfe im besonderen zu beobachten. Bevor diese These empirisch geprüft werden kann, ist es erforderlich, das Konzept der „Personalisierung" zu präzisieren. Aus der Sicht von Parteistrategen bedeutet Personalisierung die Ausrichtung des Wahlkampfes auf die Kandidaten, insbesondere den Spitzenkandidaten der Partei. Aus der Sicht der Massenmedien ist unter Personalisierung die Fokussierung der Berichterstattung auf Personen bzw. Kandidaten (im Gegensatz zu Sachfragen) zu sehen. Aus der Perspektive der Wähler, die hier im Vordergrund steht, bedeutet Personalisierung zweierlei: erstens eine wachsende Bedeutung des Kandidatenfaktors für den Wahlentscheid und zweitens den Bedeutungsgewinn persönlichkeitsbezogener Standards bei der Auseinandersetzung mit den Kandidaten. Zu allen diesen Aspekten der Personalisierung liegen empirische Studien vor (z.B. Gabriel und Vetter 1998; Kaase 1994; Kepplinger, Brosius und Dahlem 1994; Kindelmann 1994; Lass 1995; Schmitt-Beck 1998; Schulz und Kindelmann 1993; Vetter und Gabriel 1998), die jedoch uneinheitliche Ergebnisse hervorbrachten. Was die in unserem Kontext zentrale Frage angeht, die Aufwertung der Kandidatenorientierung als Bestimmungsfaktor des Wahlverhaltens, läßt sich zwischen 1972 und 1994 keine zunehmende Personalisierung nachweisen (Vetter und Gabriel 1998).

Im Hinblick auf die Spitzenkandidaten befanden sich die beiden großen Volksparteien und ihre präsumptiven Koalitionspartner 1998 in einer gänzlich verschiedenartigen Situation. Die CDU/CSU war seit ihrer Regierungsübernahme im Herbst 1982 ohne Ausnahme mit Bundeskanzler Kohl als Spitzenkandidat angetreten. Hieraus ergab sich für den Wahlkampf der Partei zugleich ein Vorteil und ein Manko. Der Vorteil bestand ohne Frage im hohen Bekanntheitsgrad Kohls und in dessen langjähriger Erfahrung im Amt. Das Manko war darin zu sehen, daß die Ergebnisse der Umfragen einen Überdruß vieler Wählerinnen und Wähler am ewigen Bundeskanzler und ein unübersehbares Bedürfnis nach einem Wechsel erkennen ließen. Die SPD hatte den Wählern dagegen bei jeder seit dem Verlust der Regierungsmacht (1982) durchgeführten Bundestagswahl einen anderen Spitzenkandidaten präsentiert. Alle hatten eine Wahlniederlage gegen den amtierenden Kanzler hinnehmen müssen, wenn auch deren Ausmaß variierte. Vor diesem Hintergrund gehört es zu den großen Paradoxien der deutschen Wahlgeschichte, daß Helmut Kohl als der bisher am längsten amtierende Bundeskanzler seit seinem Eintritt in die Bundespolitik in der Regel nur mäßige Popularitätswerte erzielte. Abgesehen von der Ausnahmewahl 1990 lag er bei der Frage nach dem präferierten Bundeskanzler zumeist hinter seinen wechselnden Herausforderern (Gabriel und Vetter 1998). In der Umfrage 1994 verfügte Kohl im unmittelbaren zeitlichen Umfeld der Wahl zwar über einen Vorsprung vor dem SPD-Spitzenkandidaten Rudolf Scharping. Der Abstand zu Scharping fiel allerdings denkbar knapp aus (*Tabelle 22*) und war auch erst wenige Monate vor dem Wahltermin erreicht worden.

Im Wahljahr 1998 bestand eine gänzlich andere Konstellation als in den Jahren zuvor. Die SPD hatte die Entscheidung über den Kanzlerkandidaten lange Zeit offen gehalten und erst nach Gerhard Schröders Sieg bei der niedersächsischen Landtagswahl entschieden. Anders als bei den vorangegangenen Bundestagswahlen löste die Nominierung Schröders einen demoskopischen Aufwind für die SPD aus, der hinreichend stark war, um dem Spitzenkandidaten der Opposition bis zum Wahltag einen klaren Vorsprung vor dem amtierenden Regierungschef zu sichern (Brunner und Walz 2000: 42ff.; Gabriel und Brettschneider 1998: 22ff.). Zusätzliche Pluspunkte versuchte die Partei durch die Installierung einer sogenannten Doppelspitze zu verbuchen, in der dem Parteivorsitzenden Lafontaine eine hervorgehobene Position zukam. Der Zweck dieser Doppelspitze bestand darin, der SPD durch Schröder Wechselwähler aus der „Neuen Mitte" zuzuführen und durch Lafontaine die sozialdemokratische Traditionswählerschaft zu mobilisieren (von Alemann 1999: 414). Diese Rechnung scheint weitgehend aufgegangen zu sein. Denn nicht allein Schröder lag in sämtlichen 1998 durchgeführten Umfragen vor Bundeskanzler Kohl, auch zu Lafontaine schloß der Bundeskanzler erst unmittelbar vor der Wahl auf. Auch in den unmittelbar vor und nach der Wahl durchgeführten Umfragen gab eine klare Mehrheit der Wähler Schröder den Vorzug vor Kohl. Sein Vorsprung betrug in den alten und neuen Bundesländern zwanzig Prozentpunkte.

Tabelle 22: Der präferierte Bundeskanzler, 1994 und 1998

a) Querschnitt (Angaben in Prozent)

	ABL		NBL		Ges.	
	1994	1998	1994	1998	1994	1998
Kohl	36	28	38	25	37	28
Scharping/Schröder	32	48	33	46	33	48
keiner von beiden	22	17	21	23	22	18
Keine Angabe	10	7	7	7	9	7
N	2033	2230	2081	1107	4114	3337

Anmerkungen: Daten für Gesamtdeutschland gewichtet.
Quelle: DFG-Repräsentativstudie.

b) Paneldaten (Angaben in Prozent)

	ABL		NBL	
	CDU/CSU	SPD	CDU	SPD
stabile Kandidatenpräferenz	19	27	16	24
Verlust an Unterstützung	18	9	21	12
Gewinn an Unterstützung	8	25	7	28
keine Unterstützung	55	39	56	37
N	878	878	1239	1239

Anmerkungen: Daten für Gesamtdeutschland gewichtet.
Quelle: DFG-Panelstudie.

Nicht allein der große Vorsprung des Herausforderers vor dem amtierenden Regierungschef verdient Beachtung, sondern ebenso das Ausmaß der zwischen 1994 und 1998 eingetretenen Veränderungen. Während Bundeskanzler Kohl bei der Frage nach dem bevorzugten Kanzlerkandidaten fast zehn Prozentpunkte verlor, konnte sich Schröder gegenüber den vier Jahre zuvor für Scharping ermittelten Werten um 15 Punkte verbessern. Die Paneldaten lassen die negative Entwicklung der Einstellungen zu Kohl und die Terraingewinne der SPD-Kandidaten noch deutlicher erkennen. Nicht einmal die Hälfte der befragten Wähler wies eine im Zeitraum 1994 bis 1998 stabile Kandidatenpräferenz auf. Bemerkenswert ist es allerdings, daß die Präferenz für den SPD-Kandidaten trotz des erfolgten Wechsels stabiler blieb als die Präferenz für Bundeskanzler Kohl. Obgleich dieser bei beiden Wahlen antrat und zudem das Amt des Regierungschefs bekleidete, fand er dennoch bei weniger als 20 Prozent der Befragten eine stabile Unterstützung. Darüber hinaus konnte die Union den Verlust an Zustimmung zu ihrem Kanzlerkandidaten nicht einmal annähernd durch Gewinne in anderen Gruppen kompensieren. Im Westen verlor Kohl doppelt so viel Unterstützung wie er gewann, im Osten war die Abwendung vom Kanzler sogar dreimal so groß wie der Gewinn neuer Anhänger. Dagegen waren die Einstellungen zum SPD-Spitzenkandidaten nicht allein stabiler als die zum amtierenden Kanzler, er verzeichnete auch eine außerordentlich positive Bilanz aus Zu-

und Abwanderungen. Nur neun (alte Länder) bzw. zwölf Prozent (neue Länder) der Befragten, die sich 1994 für Scharping ausgesprochen hatten, votierten vier Jahre später nicht für Schröder. Dagegen konnte er 25 bzw. 28 Prozent bei den Wählern gewinnen, die 1994 Kohl den Vorzug gaben oder unentschieden waren. Ein beträchtlicher Teil der Wählerinnen und Wähler, die 1994 Kohl den Vorzug vor Scharping gegeben hatten, liefen direkt zu Schröder über. Hinzu kamen viele ehemalige Kohlanhänger (20%, 8% der Gesamtstichprobe), die 1998 mit keinem der beiden Kanzlerkandidaten zufrieden bzw. unentschieden waren (tabellarisch nicht ausgewiesen).

Die Hypothek, welche die abermalige Kandidatur Kohls für die Union bedeutete, zeigt sich schließlich auch bei der Bewertung einzelner Kandidateneigenschaften: Sowohl im Hinblick auf seine Führungskraft und fachliche Kompetenz auf dem Gebiet der Wirtschaftspolitik als auch unter dem Gesichtspunkt der Vertrauenswürdigkeit bzw. der Sympathie schnitt Schröder im Urteil der Wähler deutlich besser ab als Kohl. Dessen Imageverbesserung im Laufe des Wahljahres reichte nicht aus, um den großen Vorsprung Schröders auf allen Bewertungsdimensionen wett zu machen (Brettschneider 2000: 119ff.; Brunner und Walz 2000: 45; Gabriel und Brettschneider 1998: 26f.).

Da die Parteiidentifikation und die Kandidatenpräferenz eng miteinander zusammenhängen, ist es nicht erstaunlich, daß Befürworter Kohls bei den Bundestagswahlen 1994 und 1998 überdurchschnittlich stark dazu tendierten, der CDU/CSU oder der FDP ihre Stimme zu geben, während die Anhänger Scharpings bzw. Schröders die SPD oder Bündnis90/Die GRÜNEN favorisierten. Viel interessanter ist in diesem Kontext allerdings die Parteipräferenz der Befragten, die keinen der beiden Spitzenkandidaten goutierten. Die Angaben dieser Gruppe geben nämlich gewisse Hinweise auf die Akzeptanz der Spitzenkandidaten in den parteipolitischen Lagern. 1994 erzielte die SPD den weitaus größten Anteil von Nennungen in der Befragtengruppe ohne Kandidatenpräferenz, 1998 dagegen die CDU/CSU. Ein noch eindrucksvolleres Bild hiervon liefert allerdings die zwischen 1994 und 1998 eingetretene Entwicklung der Parteianteile bei den Befragten ohne Kandidatenpräferenz. Der Anteil der Befragten ohne Parteipräferenz, die sich für die Union aussprachen, verdreifachte sich, dagegen nahm der betreffende Wert bei der SPD um die Hälfte ab (*Tabelle 23*). Die in der Tendenz ähnlichen Ergebnisse bei der FDP und Bündnis90/Den GRÜNEN deuten darauf hin, daß im Regierungslager deutliche Reserven gegen eine erneute Kandidatur Kohls vorhanden waren, während Schröder unter den Anhängern von Rot-Grün nicht auf vergleichbare Vorbehalte traf. Neben der Problemlösungskompetenz wirkte sich somit auch der zweite kurz- und mittelfristig wirksame Bestimmungsfaktor des Wählerverhaltens, die Kandidatenbewertung, zu Ungunsten der Regierung und zu Gunsten der Opposition aus.

Die Untersuchung der Rolle sich verändernder Kandidatenorientierungen für den Wandel der Parteipräferenz zeigt teilweise das bereits von den Issueorientierungen bekannte Bild (*Tabelle 24*). Erneut war das Votum für die CDU/CSU viel stärker an positive Einstellungen zum Kanzlerkandidaten gebunden als bei der SPD. Allerdings besteht ein Unterschied zwischen den politischen Implikationen veränderter Themen- und Kandidatenorientierungen. In der Befragtengruppe, die 1994 – anders als 1998 – Kohl den Vorzug vor dem SPD-Kandidaten gegeben hatte, schnitt die CDU/CSU mit 24 Prozent der erzielten Stimmen doppelt so gut ab wie die SPD in der Vergleichsgruppe (12%). Im Vergleich mit der SPD votierte also ein größerer Teil der CDU/CSU-Wähler relativ un-

Tabelle 23: Kandidatenpräferenz und Wahlabsicht, 1994 und 1998 (Angaben in Prozent)

		Kohl		Scharping/Schröder		keiner	
		1994	1998	1994	1998	1994	1998
Parteipräferenz ABL	CDU/CSU	87	86	3	4	10	43
	SPD	5	5	78	78	48	21
	FDP	6	7	2	2	7	14
	GRUENE	2	2	18	16	35	22
	N	618	535	554	895	249	183
Parteipräferenz NBL	CDU	89	90	2	3	10	18
	SPD	7	7	74	73	35	22
	PDS	4	4	24	24	56	80
	N	615	199	544	390	238	101
Parteipräferenz Gesamt	CDU/CSU	86	85	3	3	10	35
	SPD	5	5	75	76	43	20
	FDP	5	7	1	2	6	11
	GRUENE	2	2	15	14	28	19
	PDS	1	1	6	5	13	15
	N	1265	776	1135	1339	519	305

Anmerkungen: Daten für Gesamtdeutschland gewichtet.
Quelle: DFG-Panelstudie.

Tabelle 24: Die Veränderung der Kandidatenpräferenz und ihre Bedeutung für den Wandel des Wählerverhaltens in den alten und neuen Bundesländern, 1994-1998 (Angaben in Prozent)

	Wahl	Kandidatenpräferenz			
		1994 ja 1998 ja	1994 ja 1998 nein	1994 nein 1998 ja	1994 nein 1998 nein
CDU /CSU	1994 ja 1998 ja	66	24	7	1
	1994 ja 1998 nein	13	45	1	4
	1994 nein 1998 ja	13	4	63	3
	1994 nein 1998 nein	9	27	29	92
	N	392	299	164	1223
SPD	1994 ja 1998 ja	57	7	16	3
	1994 ja 1998 nein	12	51	8	4
	1994 nein 1998 ja	15	5	41	3
	1994 nein 1998 nein	17	36	35	90
	N	557	293	536	816

	Lambda	Cramer's V
CDU/CSU	.41**	.58**
SPD	.28**	.49**

Anmerkungen: Daten für Gesamtdeutschland gewichtet.
Quelle: DFG-Panelstudie.

abhängig von der Veränderung der Kanzlerpräferenz. Bei den Issueorientierungen war stets das Gegenteil der Fall gewesen. Gemessen an der Stärke der Beziehungsmaße kommt dem Wandel der Kandidatenorientierung eine etwas geringere Bedeutung für eine Veränderung der Wahlentscheidung zu als einem Wandel der Parteiidentifikation, sie ist aber wichtiger als eine veränderte Kompetenzzuweisung.

5.3. Das Zusammenwirken von Parteiidentifikation, Themen- und Kandidatenorientierungen

Aus einer isolierten Betrachtung der Bedeutung von Parteiidentifikation, Themen- und Kandidatenorientierungen für den Ausgang der Bundestagswahl 1998 ergibt sich ein erster Eindruck von den für den Regierungswechsel maßgeblichen Faktoren und Prozessen. Sämtliche Größen, die nach den Annahmen des sozialpsychologischen Modells eine Rolle für die Parteipräferenz und deren Wandel spielen, wirkten 1998 zu Gunsten der SPD und zu Ungunsten der Union. Nach den bisherigen Untersuchungsergebnissen wäre es verfehlt, die Wahlniederlage der Union ausschließlich auf die Unzufriedenheit mit dem Kanzlerkandidaten zurückzuführen. Sicherlich war die Wahlentscheidung für viele Wähler ein Plebiszit gegen Kohl, jedoch trug auch der Verlust an Problemlösungskompetenz zum Einbruch der CDU/CSU bei. Der Umstand, daß bei der Interpretation die veränderte Einstellung zur CDU/CSU im Vordergrund steht, kommt nicht von ungefähr. Wie die Panelanalysen deutlich belegen, war die veränderte Bewertung des personellen und programmatischen Angebots der SPD für deren Abschneiden unwichtiger als für das der CDU/CSU. Vor diesem Hintergrund läßt sich der Ausgang der Bundestagswahl 1998 eher als Niederlage der Union denn als Sieg der SPD interpretieren.

Eine isolierte Betrachtung des Einflusses der Parteiidentifikation sowie der Themen- und Kandidatenorientierungen auf die Parteipräferenz kann insofern in die Irre führen, als diese Größen nicht unabhängig voneinander sind. Aus diesem Grund ist es notwendig, den simultanen Einfluß sämtlicher relevanter Erklärungsfaktoren auf die Parteipräferenz mittels multivariater Analysen zu prüfen (vgl. auch: Gabriel 1997; Jagodzinski und Kühnel 1990; Klingemann und Taylor 1977; Falter und Rattinger 1983; 1986). Dieses Vorgehen wird auch für die folgende Untersuchung der Bestimmungsfaktoren der Entscheidung für die CDU/CSU und die SPD gewählt. Für dieses Vorgehen sind methodische und substantielle Überlegungen maßgeblich. Unter substantiellen Gesichtspunkten ist zu bedenken, daß lediglich die CDU/CSU und die SPD Kanzlerkandidaten präsentieren und Kandidateneffekte demnach primär in der Wählerschaft dieser Parteien und bei den Nichtidentifizierern wirksam werden dürften. Für die Wähler der FDP und der GRÜNEN wäre das Konzept der Kandidatenorientierungen zwar aus theoretischen und empirischen Gründen näherungsweise anwendbar, für die Wahl der PDS dürfte es allerdings kaum relevant sein. Ein methodisches Problem bei der Anwendung des sozialpsychologischen Modells auf die Analyse der Wahl kleinerer Parteien kommt hinzu. Die für die Analyse relevanten Merkmale sind in der Stichprobe derart schief verteilt, daß verläßliche Aussagen über Determinanten der Wahlentscheidung praktisch unmöglich werden.

Auch die Untersuchung der Hintergründe der Wahlentscheidung für die CDU/CSU und die SPD ist nicht unproblematisch. Nicht zuletzt die relativ engen Zusammenhänge zwischen den drei Komponenten des sozialpsychologischen Erklärungsmodells können in multivariaten Analysen zu methodischen Schwierigkeiten verschiedener Art führen. Ein weiteres Problem ergibt sich aus den metrischen Eigenschaften der Daten, derentwegen die Standardverfahren der multivariaten Statistik nicht anwendbar sind. Die Resultate der folgenden Untersuchung sind in Teilen nur als Annäherung an die Strukturen des Wählerverhaltens zu betrachten und dementsprechend vorsichtig zu interpretieren.

Die in *Tabelle 25* enthaltenen Daten geben einen Überblick über die simultanen Effekte von Parteiidentifikation, Themen- und Kandidatenorientierungen für die Wahl der CDU/CSU und der SPD in den Jahren 1994 und 1998. Wie die Determinationskoeffizienten zeigen, läßt sich die Entscheidung zu Gunsten der CDU/CSU mit Hilfe des sozialpsychologischen Modells besser erklären als die Wahl der SPD. Darüber hinaus liefert das Modell für 1994 etwas bessere Resultate als für 1998. Diese Muster hatten sich bereits in den bivariaten Analysen angedeutet.

Ungeachtet der beschriebenen Unterschiede beruht der Wahlentscheid für die CDU/CSU sowie für die SPD 1994 und 1998 auf einem weitgehend gleichförmigen Muster. Bei einer Kontrolle aller relevanten Faktoren übt die Parteiidentifikation den stärksten Einfluß auf die Parteipräferenz aus, gefolgt von den Kandidaten- und den Themenorientierungen. Erwartungsgemäß schneiden die CDU/CSU und die SPD dann besonders gut ab, wenn die Parteiidentifikation, die Themen- und die Kandidatenorientierung in die gleiche Richtung wirken. In diesem Falle beträgt die Wahlwahrscheinlichkeit für beide Parteien etwa 90 Prozent. Neun von zehn Wählern mit einer langfristigen Bindung an die CDU bzw. SPD, die zugleich den Kandidaten dieser Partei favorisieren und ihr die Kompetenz zur Lösung der wichtigsten politischen Probleme zuweisen, votierten 1994 und 1998 für die betreffende Partei. Den Gegenpol zu dieser Gruppe bilden Befragte ohne Parteiidentifikation, die weder Kohl noch den SPD-Kandidaten als Bundeskanzler bevorzugen und keiner der beiden Parteien die Lösung der wichtigsten politischen Probleme zutrauen. In dieser Gruppe kamen die CDU/CSU und die SPD nicht einmal auf fünf Prozent der Stimmen. Die Einzeleffekte der Parteiidentifikation, der Themen- und Kandidatenorientierungen lassen sich somit zwischen diesen beiden Extrempositionen verorten.

Wie *Tabelle 25* zeigt, leistet jede Komponente des sozialpsychologischen Modells 1994 und 1998 einen eigenständigen Beitrag zur Erklärung der Entscheidung zur Wahl der CDU/CSU und der SPD. Dies sei an einigen ausgewählten Beispielen illustriert. Im Falle einer fehlenden Parteibindung und Kompetenzzuweisung erhöht eine positive Bewertung der Spitzenkandidaten die Wahrscheinlichkeit zur Wahl der CDU/CSU um 21 Prozentpunkte (1994 und 1998), bei der SPD um 16 (1994) und 25 Prozent (1998). Bei Befragten ohne Parteiidentifikation, die weder den Kandidaten der Union noch den der SPD favorisieren, erhöht eine Zuweisung von Problemlösungskompetenz an diese Parteien die Wahlwahrscheinlichkeit um 56 bzw. 57 (CDU/CSU) sowie 40 bzw. 49 Prozentpunkte (SPD). Beim Fehlen positiver Kompetenz- und Kandidatenbewertungen macht die Parteiidentifikation bei der CDU/CSU einen Effekt von 31 bzw. 42 Punkten aus und bei der SPD von 57 und 21 Punkten.

Tabelle 25a: Sozialpsychologische Bestimmungsfaktoren des Wählerverhaltens bei den Bundestagswahlen 1994 und 1998 (Angaben in Prozent)

			1994		1998	
PI	Kompetenz	Kandidat	CDU/CSU	SPD	CDU/CSU	SPD
nein	negativ	negativ	2	4	1	3
		positiv	23	20	22	28
nein	positiv	negativ	6	17	16	18
		positiv	58	44	58	52
ja	negativ	negativ	33	61	43	24
		positiv	82	80	76	64
ja	positiv	negativ	69	79	67	74
		positiv	92	89	85	87
R^2			.66	.54	.62	.50

Tabelle 25b: Gewinn- und Verlustanteile der sozialpsychologische Bestimmungsfaktoren des Wählerverhaltens bei den Bundestagswahlen, 1994 und 1998 (Angaben in Prozent)

	weder Kompetenzzuweisung noch Kandidatenorientierung		zusätzl. Anteil bei pos. Kompetenzzuweisung		zusätzl. Anteil bei pos. Kandidatenorientierung		zusätzl. Anteil bei pos. Kompetenzzuweisung u. Kandidatenorientierung	
	1994	1998	1994	1998	1994	1998	1994	1998
Anteil der CDU-Wähler mit CDU-PI	33	43	36	24	49	33	59	42
Anteil der CDU-Wähler ohne CUD-PI	2	1	4	15	21	21	56	57
Effekt der PI	+31	+42	+32	+9	+28	+12	+3	-15
Anteil der SPD-Wähler mit SPD-PI	61	24	18	50	19	40	28	63
Anteil der SPD-Wähler ohne SPD-PI	4	3	13	15	16	25	40	49
Effekt der PI	+57	+21	+5	+35	+3	+15	-12	+14

	CSU/CSU				SPD			
	1994		1998		1994		1998	
	Eta	beta	Eta	beta	Eta	beta	Eta	beta
PI	.75	.43	.73	.43	.69	.51	.60	.34
Kandidat	.72	.34	.68	.27	.53	.19	.59	.29
Issues	.63	.16	.64	.19	.53	.17	.57	.23

Anmerkungen: Daten für Gesamtdeutschland gewichtet.
Quelle: DFG-Panelstudie.

Selbst bei den Parteiidentifizierern, die auf Grund ihrer langfristigen politischen Grundüberzeugungen überdurchschnittlich stark zur Wahl einer bestimmten Partei tendieren, ergaben sich in Folge positiver Themen- und Kandidatenorientierungen 1994 und 1998 noch Zuwächse in der Wahlwahrscheinlichkeit: Positive Einstellungen zu den Spitzenkandidaten bei fehlender Kompetenzzuweisung führten 1994 im Lager der CDU/CSU zu einem Anstieg der Wahlwahrscheinlichkeit um 36 Prozentpunkte, 1998 um 24 Prozentpunkte. Die Wahrscheinlichkeit einer SPD-Wahl stieg unter den gleichen Bedingungen um 28 bzw. 50 Punkte. Auch die Themenorientierungen machten bei beiden Parteien und in beiden Wahljahren ungeachtet der Kompetenzzuweisung noch einen beträchtlichen Effekt aus.

Eine Überprüfung der bisher vorgelegten Befunde mittels einer multiplen Regressionsanalyse, in der die Parteiidentifikation und die Themenorientierungen etwas differenzierter erfaßt wurden als zuvor, vermittelt keine grundlegend neuen Erkenntnisse (*Tabelle 26*). Die Parteiidentifikation behält 1994 wie 1998 ihre dominante Position als Bestimmungsfaktor der Parteipräferenz. Wähler der CDU/CSU lassen sich stärker von der Kandidatenbewertung leiten als von der Problemlösungskompetenz der Union, bei der SPD liegt die umgekehrte Konstellation vor. Dies dürfte nicht allein auf divergierende Parteitraditionen, sondern auch auf die Rolle der beiden Parteien als Regierungs- bzw. Oppositionspartei zurückzuführen sein. Im Vergleich mit den zuvor dargestellten Ergebnissen der Varianzanalyse erhöht sich die Erklärungsleistung des Modells, und zwar in Folge der differenzierteren Messung der Parteiidentifikation und der Issueorientierungen.

Tabelle 26: Sozialpsychologische Bestimmungsfaktoren des Wählerverhaltens bei den Bundestagswahlen, 1994 und 1998

	CDU				SPD			
	1994		1998		1994		1998	
	B	Beta	B	Beta	B	Beta	B	Beta
PI	.14	.38**	.14	.53**	.17	.49**	.13	.48**
Kompetenz	.13	.23**	.09	.16**	.14	.24**	.13	.24**
Kandidat	.33	.34**	.19	.19**	.18	.18**	.16	.16**
Konstante	.04		.13		.18		.09	
R^2	.72		.66		.61		.62	
N	2512		2094		2513		2095	

Anmerkungen: ** auf dem 99,9%-Niveau signifikant.
Quelle: DFG-Repräsentativstudie.

Die Bestimmungsfaktoren des Wählerverhaltens haben sich zwischen 1994 und 1998 bei der SPD nur geringfügig verändert. Alle drei Determinanten der Parteipräferenz haben etwas an Bedeutung verloren, ohne die Struktur der Wahlentscheidung aber grundsätzlich zu verändern. Die Entscheidung zu Gunsten der SPD war 1998 im wesentlichen von den gleichen Faktoren geprägt wie 1994. Demnach resultierte der Wahlerfolg nicht aus einem Bedeutungsgewinn der Themen- oder Kandidatenorientierung, sondern aus einem Stimmungswandel der Wählerschaft zu Gunsten der SPD: Ihr Kandidat wurde 1998 erheblich positiver bewertet als 1994, darüber hinaus wuchs das Vertrauen der Wählerschaft in die Problemlösungskompetenz der Partei. Das Wahlergebnis der SPD im Jahr 1998 reflektiert Niveaueffekte, aber keine Struktureffekte.

Anders stellt sich die Sachlage bei der CDU/CSU dar. Während die Parteiidentifikation 1994 und 1998 den gleichen Einfluß auf die Wahlentscheidung ausübte und sich auch deren Niveau nicht wesentlich änderte, nahm die Bedeutung der Themenorientierung und vor allem der Kandidatenpräferenz für die Entscheidung zu Gunsten der CDU/CSU zwischen 1994 und 1998 deutlich ab. Der Wählerschwund im Unionslager hatte demnach zwei einander verstärkende Ursachen: Einerseits verlor der Spitzenkandidat der Partei gegenüber der vorangegangenen Wahl deutlich an Zustimmung, und zugleich schätzten die Wähler die Problemlösungskompetenz der Partei negativer ein als zuvor. Auf der anderen Seite setzte sich die Bewertung des personellen und programmatischen Angebotes der Union 1998 weniger klar in Wählerstimmen um als vier Jahre zuvor. Dadurch wurde ein noch schlechteres Abschneiden bei der Wahl verhindert. Hätten Themen- und Kandidatenbewertungen 1998 einen gleich großen Effekt gehabt wie 1994, dann wäre die Wahlniederlage der Union noch höher ausgefallen. Die These von einer zunehmenden Personalisierung der Wahlentscheidung findet in diesen Analysen keinen Rückhalt, denn die Wahl der beiden großen Volksparteien, vor allem die der CDU/CSU, stand 1998 weniger stark unter dem Einfluß der Unterstützung des Spitzenkandidaten dieser Parteien als vier Jahre zuvor.

Die Veränderungen im Bedingungsgefüge der Wahlentscheidung lassen bereits einige Ursachen der zwischen 1994 und 1998 eingetretenen Stimmenverschiebungen zwischen den großen Parteien erkennen. Genauere Aufschlüsse hierüber liefern allerdings die Resultate der Panelanalyse. Sie erlauben es, Veränderungen der abhängigen (Parteipräferenz) und der unabhängigen Variablen (Parteiidentifikation, Kandidaten- und Themenorientierungen) direkt zueinander in Beziehung zu setzen und diese Muster mit jenen stabilen Wählerverhaltens zu vergleichen. Dies ist deshalb von großem Interesse, weil die Struktur und die Entwicklung des Wahlverhaltens voneinander zu unterscheiden sind. Es ist eine empirisch zu klärende Frage, ob das Abschneiden einer Partei bei einer bestimmten Wahl von den gleichen Faktoren beeinflußt wird wie ein Wandel der Parteipräferenz. Wegen des Fehlens neuerer Paneldaten konnten die Unterschiede in der Struktur und in der Dynamik des Wählerverhaltens bisher nicht empirisch geklärt werden.

Die Untersuchung des Zusammenhanges zwischen der Entwicklung von Parteiidentifikation, Themen- und Kandidatenorientierungen einerseits und der Stabilität und dem Wandel der Parteipräferenz auf der anderen Seite wirft einige methodische Probleme auf. Zunächst stehen die Eigenschaften der Variablen der Anwendung der Standardverfahren der multivariaten Statistik im Wege. Außerdem lassen die Fallzahlen bzw. Verteilungen nur für die Union und die SPD einigermaßen verläßliche Analysen zu, die zudem nur für Gesamtdeutschland durchgeführt werden können. Wie in den vorangegangenen Panelanalysen wird in den folgenden Abschnitten zwischen jeweils drei Gruppen von Wählern der CDU/CSU und der SPD unterschieden: solche, die diese Parteien 1994 und 1998 wählten (konstante Wähler), solche die ihr 1998, aber nicht 1994 die

Stimme gaben (Zuwanderer) und diejenigen Wähler von 1994, die 1998 für eine andere Partei votierten oder sich der Stimme enthielten (Abwanderer). Analog dazu wird zwischen einer Konstanz und einem Wandel der sozialpsychologischen Determinanten der Parteipräferenz unterschieden. In jedes der drei Erklärungsmodelle wurden ausschließlich strukturgleiche Variablen einbezogen. Eine konstante Parteipräferenz wird demnach gegen die Konstanz der drei sozialpsychologischen Variablen getestet, Zuwanderungen gegen positive Veränderungen der Erklärungsgrößen und Abwanderungen gegen negative Entwicklungen.

Wie *Tabelle 27* zeigt, gleichen die Struktur und die Entwicklung des Wahlverhaltens einander, auch wenn in jedem dieser beiden Bereiche gewisse Eigentümlichkeiten auftreten. Analog zu den Resultaten der Strukturanalysen lassen sich die Konstanz und der Wandel der Wahl der CDU/CSU besser durch das sozialpsychologische Modell des Wählerverhaltens erklären als die Entscheidung für die SPD. Von einer Ausnahme abgesehen erweist sich auch in der dynamischen Analyse die Parteiidentifikation als der bedeutsamste Bestimmungsfaktor des Wählerverhaltens, gefolgt von den Kandidatenorientierungen. Gegenüber diesen beiden Faktoren treten die Issueorientierungen in den Hintergrund, und zwar bei der Wahl der CDU/CSU und der SPD.

Tabelle 27: Die Entwicklung der sozialpsychologischen Bestimmungsfaktoren des Wählerverhaltens und der Wechsel der Parteipräferenz, 1994 – 1998

	Konstante				Zuwanderer				Abwanderer			
	CDU/CSU		SPD		CDU/CSU		SPD		CDU/CSU		SPD	
	B	Beta	B	Beta	B	Beta	B	Beta	B	Beta	B	Beta
PI	.43	.43**	.49	.45**	.32	.33**	.40	.39**	.41	.38**	.36	.35**
Kompetenz	.19	.16**	.16	.14**	.10	.11**	.07	.08**	.15	.16**	.08	.09**
Kandidat	.28	.28**	.25	.28**	.40	.35**	.22	.25**	.23	.27**	.31	.28**
Konstante	.03		.09		.02		.03		.02		.03	
R^2	.53		.49		.40		.32		.40		.29	
N	1959		1959		1959		1959		1959		1959	

Anmerkungen: Daten für Gesamtdeutschland gewichtet.
Quelle: DFG-Panelstudie.

Vergleicht man das Verhalten der konstanten Wähler mit dem der Wechselwähler, dann erweist sich das sozialpsychologische Modell des Wählerverhaltens bei der Erklärung der konstanten Wahl als brauchbarer. Es bindet etwa die Hälfte der Varianz der CDU/CSU- und der SPD-Wahl. Eine stabile Parteiidentifikation ist der wichtigste Bestimmungsfaktor konstanten Wählens, jedoch spielen auch stabile Kandidaten- und Themenorientierungen eine wichtige Rolle für die Stabilität der Parteipräferenz.

Für die Zuwanderung zur CDU/CSU und zur SPD spielte die Parteiidentifikation, die Themen- und die Kandidatenorientierungen ungefähr die gleiche Rolle wie für die Abwanderung von diesen Parteien. Dabei gleicht das Bedingungsgefüge in der Regel dem bei der konstanten Wahl: Die Veränderung der Parteiidentifikation hat den größten

Einfluß auf den Wechsel der Parteipräferenz, gefolgt von den Kandidatenorientierungen und der veränderten Kompetenzzuweisung. Deren Bedeutung bleibt aber hinter derjenigen der Parteiidentifikation und der Kandidatenorientierungen zurück. Erwähnung verdient die einzige Abweichung von diesem generellen Muster des Wählerverhaltens: Zuwanderungen zur CDU/CSU waren etwas stärker von einem Ansehensgewinn des Spitzenkandidaten abhängig als von einer Veränderung der Parteiidentifikation. Dabei ist allerdings zu berücksichtigen, daß nur wenige Befragte zwischen 1994 und 1998 ihre Kanzlerpräferenz zu Gunsten von Bundeskanzler Kohl änderten und daß sich die Zuwanderungen zur Union ebenfalls in Grenzen hielten. Alles in allem ergibt sich somit eine große Übereinstimmung zwischen den Resultaten der Struktur- und der Prozeßanalyse.

6. Schluß

Im Kontext der jüngsten Wahlen in anderen Mitgliedsstaaten der EU sahen sich einige Beobachter dazu veranlaßt, das Wahlresultat von 1998 als Anzeichen eines Aufbruchs in ein neues sozialdemokratisches Zeitalter zu würdigen. Wie unhaltbar diese Interpretation trotz des überraschend großen Erfolges der SPD war, zeigte sich bereits bei den ersten im Jahr 1999 abgehaltenen Wahlen. Die in diesem Beitrag vorgelegten Daten belegen ebenfalls, daß von einer langfristigen Verschiebung der parteipolitischen Kräfteverteilung in der Bundesrepublik nicht die Rede sein kann. Das ungewöhnlich schlechte Abschneiden der CDU/CSU resultierte teilweise aus einem seit 1983 anhaltenden Erosionsprozeß, von dem die SPD allerdings nicht weniger stark betroffen war. Mindestens so wichtig waren aber die durch kurzfristige Entwicklungen bedingten beispiellos hohen Stimmenverluste der Union zwischen 1994 und 1998. In Anbetracht der relativ schwachen Parteibindungen eines großen Teils der Wähler können sich Stimmenverschiebungen, wie sie zwischen 1994 und 1998 auftraten, jederzeit und in jeder Richtung wiederholen.

Die Untersuchung der sozialpsychologischen Bestimmungsfaktoren des Wählerverhaltens bei den Bundestagswahlen 1994 und 1998 liefert Hinweise auf die Faktoren, die nach einer 16jährigen Kanzlerschaft Helmut Kohls den Regierungswechsel herbeiführten. Anders als in den vergangenen 30 Jahren, die durch einen stetigen Rückgang der Parteiidentifikation charakterisiert waren, nahmen zwischen 1994 und 1998 die langfristigen Bindungen der Wähler an die politischen Parteien nicht mehr ab. Selbst in den neuen Bundesländern, in denen stabile Bindungen der Wähler an die Parteien wegen des kurzen Zeitraumes seit der Installierung eines demokratischen Parteiensystems eher die Ausnahme als die Regel darstellen, veränderte sich die Parteiidentifikation im hier untersuchten Zeitraum nicht gravierend. Nicht allein das Niveau der Parteiidentifikation, sondern auch deren Beziehung zur Wahlentscheidung blieb weitgehend stabil. Die starken Wählerwanderungen zwischen der Union und der SPD waren demnach kein Ausdruck einer langfristigen Veränderung der Beziehungen der Wähler zu den Parteien. Sie resultierten vielmehr aus einer spezifischen Konstellation kurz- und mittelfristig wirksamer Einflußfaktoren. Diese wurden allerdings erst dadurch möglich, daß sich auf Grund eines langfristigen Rückganges der Parteiidentifikation nur knapp sechzig Prozent der westdeutschen Wähler einer der im Bundestag vertretenen Parteien verbunden fühlen. Im Osten liegt dieser Anteil auf Grund der historischen Umstände noch um zwanzig Prozentpunkte niedriger. Da etwa die Hälfte der Parteiidentifizierer eine mäßige oder schwache Parteiidentifikation aufweist stehen die politischen Parteien vor der Notwendigkeit, die für die Regierungsübernahme bzw. -beteiligung erforderlichen Wählerstimmen durch Problemlösungskompetenz und Zustimmung zum Kanzlerkandidaten zu mobilisieren. Das Bemühen um die große Gruppe mobiler Wähler ist für die politischen Parteien zur Daueraufgabe geworden. Für die Union und die SPD geht es in diesem Wettbewerb um die Position der führenden politischen Kraft, für die kleinen Parteien um das politische Überleben.

Im Hinblick auf das für den Wahlerfolg der Parteien entscheidende Themen- und Kandidatenangebot ergaben sich zwischen 1994 und 1998 wichtige Veränderungen, die den Wahlerfolg der SPD und die Wahlniederlage der CDU/CSU herbeiführten. Erste Interpretationen, nach denen das unterschiedliche Ansehen der Spitzenkandidaten der beiden großen Parteien den Ausschlag für den Wahlausgang gab, gehen nicht an der Wirklichkeit vorbei, werden ihr aber auch nicht in vollem Umfange gerecht. Der Zerfall des Ansehens von Bundeskanzler Kohl ist ebenso wenig zu bestreiten wie das bessere Abschneiden Schröders gegenüber seinem Vorgänger Scharping. Eindeutig ist es nach den Ergebnissen unserer Untersuchung auch, daß die Kandidatenorientierungen (und deren Veränderung) im Vergleich mit den Issueorientierungen die größere Rolle für das Wählerverhalten spielten. Allerdings wirkten bei der Bundestagswahl 1998 die Themen- und die Kandidatenorientierungen in die gleiche Richtung. Es gelang der Union nicht, die fehlende Attraktivität ihres Spitzenkandidaten durch Sachkompetenz zu kompensieren (bzw. vice versa), dagegen verzeichnete die SPD in beiden Bereichen Vorteile gegenüber der Union. In den Augen der Wähler war die CDU/CSU nach 16 Jahren an der Regierung verbraucht, ihr Personal erschien nicht mehr attraktiv. Selbst wenn die SPD in personeller und programmatischer Hinsicht ebenfalls keine Euphorie in der Wählerschaft auslöste, war der Wunsch nach neuen Köpfen und einer neuen Politik so überwältigend, daß er einen politischen Erdrutsch auslöste. Schon in den Landtagswahlen 1999 demonstrierten die Wähler der SPD und den Bündnisgrünen allerdings, daß sie ihnen im Herbst 1998 keinen Blankoscheck ausgestellt hatten.

Anmerkungen

1 Der Verfasser dankt Katja Neller, Isabell Thsidigsmann und Kerstin Völkl für ihre Unterstützung bei der Auffertigung dieses Aufsatzes.

2 Dieser Aspekt bleibt in der folgenden Untersuchung unberücksichtigt, die Stichproben umfassen somit die Befragten aus den Vor- und Nachwahlerhebungen.

3 Danach mußte eine Partei entweder im Wahlgebiet Ost oder im Wahlgebiet West mindestens 5% gültige Stimmen erzielen, um in den Bundestag einziehen zu können.

4 Diese Werte sind aus den Reihen eins und drei der vierten Spalte von Tabelle 19 berechnet.

Literatur

von Alemann, Ulrich (1999). Der Wahlsieg der SPD von 1998. Politische Achsenverschiebung oder glücklicher Ausreißer, in: Oskar Niedermayer (Hg.). *Die Parteien nach der Bundestagswahl 1998*, Opladen, 37-62

Baker, Kendall L., Russell J. Dalton und Kai Hildebrandt (1981). *Germany Transformed: Political Culture and the New Politics*, Cambridge, Mass.

Berger, Manfred, 1977: Stabilität und Intensität von Parteineigungen, in: Max Kaase (Hg.). *Wahlsoziologie heute. Analysen aus Anlaß der Bundestagswahl 1976*, Opladen (Bd. 18 der PVS), 501-509

Brettschneider, Frank (2000). Kohls Niederlage? Schröders Sieg! Die Bedeutung der Spitzenkandidaten bei der Bundestagswahl 1998, in: Gert Pickel, Dieter Walz und Wolfram Brunner (Hg.), *Deutschland nach den Wahlen. Befunde zur Bundestagswahl 1998 und zur Zukunft des deutschen Parteiensystems*, Opladen, 109-140

Brunner, Wolfram und Dieter Walz (2000). Die politische Stimmungslage im Vorfeld der Bundestagswahl 1998, in: Gert Pickel, Dieter Walz und Wolfram Brunner (Hg.), *Deutschland nach den Wahlen. Befunde zur Bundestagswahl 1998 und zur Zukunft des deutschen Parteiensystems*, Opladen, 31-56

Bürklin, Wilhelm P. und Markus Klein (1998). *Wahlen und Wählerverhalten. Eine Einführung*, 2. Auflage, Opladen

Campbell, Angus u. a. (1960). *The American Voter*. New York.

Campbell, Angus u.a. (1954). *The Voter Decides*. Evanston, Ill.

Converse, Philip E. (1969). Of Time and Partisan Stability, in: *Comparative Political Studies* 2, 139-171.

Dalton, Russell J. (1984). Cognitive Mobilization and Partisan Dealignment in Advanced Industrial Democracies, in: *Journal of Politics* 46, 264-284

Dalton, Russell J. (1996). *Citizen Politics in Western Democracies. Public Opinion and Political Parties in the United States, Great Britain, West Germany, and France*, 2. Auflage, Chatham, N.J.

Dalton, Russell J. und Robert Rohrschneider (1990). Wählerwanderungen und die Abschwächung der Parteineigungen von 1972 bis 1987, in: Max Kaase und Hans-Dieter Klingemann (Hg.). *Wahlen und Wähler. Analysen aus Anlaß der Bundestagswahl 1987*, Opladen, 297-324.

Dalton, Russell J., Scott C. Flanagan und Paul Allen Beck, Hg. (1984). *Electoral Change in Advanced Industrial Democracies: Realignment or Dealignment?*, Princeton, N.J.

Dalton, Russell J. und Martin Wattenberg (1993). The Not So Simple Act of Voting, in: Ada W. Finifter (Hg.). *Political Science. The State of the Discipline II*, Washington, D.C., 193-218.

Davis, Otto A., Melvin J. Hinich und Peter C. Ordeshook (1970). An Expository Development of a Mathematical Model of the Electoral Process, *American Political Science Review* 64 (2), 426-448.

Downs, Anthony (1957). *An Economic Theory of Democracy*, New York

Falter, Jürgen W. (1977). Einmal mehr: Läßt sich das Konzept der Parteidentifikation auf deutsche Verhältnisse übertragen? in: Max Kaase (Hg.): *Wahlsoziologie heute. Analysen aus Anlaß der Bundestagswahl 1976*, Opladen: (Bd. 18 der Politischen Vierteljahresschrift), 476-500

Falter, Jürgen W. und Hans Rattinger (1983). Parteien, Kandidaten und politische Streitfragen bei der Bundestagswahl 1980: Möglichkeiten und Grenzen der Normalwahlanalyse, in: Max Kaase und Hans-Dieter Klingemann (Hg.): *Wahlen und politisches System. Analysen aus Anlaß der Bundestagswahl 1980*, Opladen, 320-421

Falter, Jürgen W. und Hans Rattinger (1986). Die Bundestagswahl 1983: Eine Normalwahlanalyse, in: Hans-Dieter Klingemann und Max Kaase (Hg.): *Wahlen und politischer Prozeß. Analysen aus Anlaß der Bundestagswahl 1983*, Opladen, 298-337

Falter, Jürgen W. und Hans Rattinger (1997). Die deutschen Parteien im Urteil der Öffentlichen Meinung, in: Oscar W. Gabriel, Oskar Niedermayer und Richard Stöss (Hg.): *Parteiendemokratie in Deutschland*, Opladen, 495-513

Falter, Jürgen W., Siegfried Schumann und Jürgen R. Winkler (1990). Erklärungsmodelle von Wählerverhalten, *Aus Politik und Zeitgeschichte. Beilage zur Wochenzeitung 'Das Parlament'*, B37-38, 14. September 1990, 3-13

Gabriel, Oscar W. (1997). Parteiidentifikation, Kandidaten und politische Sachfragen als Bestimmungsfaktoren des Parteienwettbewerbs, in: Oscar W. Gabriel, Oskar Niedermayer und Richard Stöss (Hg.): *Parteiendemokratie in Deutschland*, Opladen, 233-254

Gabriel, Oscar W. und Frank Brettschneider (1998). Die Bundestagswahl 1998: Ein Plebiszit gegen Kanzler Kohl? *Aus Politik und Zeitgeschichte. Beilage zur Wochenzeitung 'Das Parlament'* B52/98, 18. Dezember 1998, 20-32

Gabriel, Oscar W. und Angelika Vetter (1998). Bundestagswahlen als Kanzlerwahlen? Kandidatenorientierungen und Wahlentscheidungen im parteienstaatlichen Parlamentarismus, in: Max Kaase und Hans-Dieter Klingemann (Hg.). *Wahlen und Wähler. Analysen aus Anlaß der Bundestagswahl 1994*, Opladen, 505-536

Gehring, Uwe W. (1994). Wählerwanderungsanalysen der Bundestagswahl 1990: Eine Überprüfung des infas-Konzepts mit Daten der Forschungsgruppe Wahlen, in: Hans Rattinger, Oscar W. Gabriel und Wolfgang Jagodzinski (Hg.). *Wahlen und politische Einstellungen im vereinigten Deutschland*, Frankfurt a.M., 93-112

Gehring, Uwe W. und Jürgen R. Winkler (1997). Parteiidentifikation, Kandidaten- und Issueorientierungen als Determinanten des Wahlverhaltens in Ost- und Westdeutschland, in: Oscar W. Gabriel (Hg.). *Politische Orientierungen und Verhaltensweisen im vereinigten Deutschland*, Opladen, 473-506

Gluchowski, Peter (1978). Parteiidentifikation im politischen System der Bundesrepublik Deutschland. Zum Problem der empirischen Überprüfung eines Konzepts unter variierten Systembedingungen, in: Dieter Oberndörfer (Hg.). *Wählerverhalten in der Bundesrepublik Deutschland*, Berlin, 265-323

Gluchowski, Peter (1983) Wahlerfahrung und Parteiidentifikation. Zur Einbindung von Wählern in das Parteiensystem der Bundesrepublik, in: Max Kaase und Hans-Dieter Klingemann (Hg.). Wahlen und politisches System. Analysen aus Anlaß der Bundestagswahl 1980, Opladen, 442-477

Hoffmann-Jaberg, Birgit und Dieter Roth (1994). Die Nichtwähler. Politische Normalität oder wachsende Distanz zu den Parteien, in: Wilhelm Bürklin und Dieter Roth (Hg.). *Das Superwahljahr. Deutschland vor unkalkulierbaren Regierungsmehrheiten*, Köln, 132-159.

Jagodzinski, Wolfgang und Steffen Kühnel (1990). Zur Schätzung der relativen Effekte von Issueorientierungen, Kanzlerpräferenz und langfristiger Parteibindung auf die Wahlabsicht, in: Karl-Schmitt (Hg.) *Wahlen, Parteieliten, politische Einstellungen*, Frankfurt u.a., 5-64

Kaase, Max (1994). Is There Perzonalization In Politics? Candidates and Voting Behavior in Germany, in: *International Political Science Review* 15, 211-230

Kaase, Max und Hans-Dieter Klingemann (1994a). Electoral Research in the Federal Republic of Germany, in: *European Journal of Political Research* 25 (3), 343-366

Kaase, Max und Hans-Dieter Klingemann (1994b). Der mühsame Weg zur Entwicklung von Parteiorientierungen in einer neuen Demokratie: Das Beispiel der früheren DDR, in: Hans-Dieter Klingemann und Max Kaase (Hg.). *Wahlen und Wähler. Analysen aus Anlaß der Bundestagswahl 1990*, Opladen, 365-396

Kepplinger, Hans-Mathias, Hans-Bernd Brosius und Stefan Dahlem (1994). Charakter oder Sachkompetenz von Politikern: Woran orientieren sich die Wähler, in: Hans-Dieter Klingemann und Max Kaase (Hg.). *Wahlen und Wähler. Analysen aus Anlaß der Bundestagswahl 1990*, Opladen, 472-505

Key, Vladimir O. (1955): A Theory of Critical Elections, in: *Journal of Politics* 17, 3-18

Kindelmann, Klaus (1994). *Kanzlerkandidaten in den Medien. Eine Analyse des Wahljahres 1990*, Opladen

Klingemann, Hans-Dieter (1973). Issue-Kompetenz und Wahlentscheidung. Die Einstellung zu wertbezogenen politischen Problemen im Zeitvergleich, in: *Politische Vierteljahresschrift* 14, 227-256

Klingemann, Hans-Dieter und Charles Lewis Taylor (1977). Affektive Parteiorientierung, Kanzlerkandidaten und Issues, in: Max Kaase (Hg.). *Wahlsoziologie heute. Analysen aus Anlaß der Bundestagswahl 1976*, Opladen (Bd. 18 der PVS), 301-347.

Klingemann, Hans-Dieter und Martin P. Wattenberg (1990). Zerfall und Entwicklung von Parteiensystemen: Ein Vergleich der Vorstellungsbilder von den politischen Parteien in den Vereinigten Staaten von Amerika und der Bundesrepublik Deutschland, in: Max Kaase und Hans-Dieter Klingemann (Hg.). *Wahlen und Wähler. Analysen aus Anlaß der Bundestagswahl 1987*, Opladen, 325-344

Küchler, Manfred (1983). Die Schätzung von Wählerwanderungen, in: Max Kaase und Hans-Dieter Klingemann (Hg.). *Wahlen und politisches System. Analysen aus Anlaß der Bundestagswahl 1980*, Opladen, 632-651

Lass, Jürgen (1995). *Vorstellungsbilder über Kanzlerkandidaten. Zur Diskussion um die Personalisierung von Politik*, Wiesbaden

Niedermayer, Oskar (1999). Die Bundestagswahl 1998: Ausnahmewahl oder Ausdruck langfristiger Entwicklungen der Parteien und des Parteiensystems, in: Oskar Niedermayer (Hg.). *Die Parteien nach der Bundestagswahl 1998*, Opladen, 9-35

Rabinowitz, George und Stuart Elaine Macdonald (1989). A Directional Theory of Issue Voting, in: *American Political Science Review* 89 (1), 93-121

Rattinger, Hans (1994). Parteineigungen, Sachfragen und Kandidatenorientierungen in Ost- und Westdeutschland 1990 bis 1992, in: Hans Rattinger, Oscar W. Gabriel und Wolfgang Jagodzinski (Hg.). *Wahlen und politische Einstellungen im vereinigten Deutschland*, Frankfurt u.a., 267-315

Roller, Edeltraud (1998). Positions- und performanzbasierte Sachfragenorientierung und Wahlentscheidung. Eine theoretische und empirische Analyse aus Anlaß der Bundestagswahl 1994, in: Max Kaase und Hans-Dieter Klingemann (Hg.). *Wahlen und Wähler. Analysen aus Anlaß der Bundestagswahl 1994*, Opladen, 173-219

Schmitt, Hermann (1998). Issue-Kompetenz oder Policy-Distanz? Zwei Modelle des Einflusses politischer Streitfragen auf das Wahlverhalten und die empirische Evidenz aus drei Nachwahlumfragen zur Bundestagswahl 1994, in: Max Kaase und Hans-Dieter Klingemann (Hg.). *Wahlen und Wähler. Analysen aus Anlaß der Bundestagswahl 1994*, Opladen, 145-172

Schmitt-Beck, Rüdiger (1998). Medieneinflüsse auf Kandidatenbewertungen. Eine vergleichende Analyse deutscher und spanischer Wähler, in: Max Kaase und Hans-Dieter Klingemann (Hg.). *Wahlen und Wähler. Analysen aus Anlaß der Bundestagswahl 1994*, Opladen, 599-622

Schulz, Winfried und Klaus Kindelmann (1993). Die Entwicklung der Images von Kohl und Lafontaine im Wahljahr 1990. Ein Vergleich der Wählerurteile mit den Urteilen ausgewählter Leitmedien, in: Christina Holtz-Bacha, Lynda Lee Kaid (Hg.). *Die Massenmedien im Wahlkampf: Untersuchungen aus dem Wahljahr 1990*, Opladen, 10-45

Stöss, Richard (1997). *Stabilität im Umbruch. Wahlbeständigkeit und Parteienwettbewerb im „Superwahljahr" 1994*, Opladen

Vetter, Angelika und Oscar W. Gabriel (1998). Candidate Evaluations and Party Choice in Germany, 1972-94: Do Candidates Matter? in: Christopher J. Anderson und Carsten Zelle (Hg.). *Stability and Change in German Elections. How Electorates Merge, Converge, or Collide*, Westport/London, 71-98

Weßels, Bernhard (1994a). Mobilisieren Interessengegnerschaften? Die Hostility-Hypothese, Wahlbeteiligung und Wahlentscheidung bei der Bundestagswahl 1990, in: Hans Rattinger, Oscar W. Gabriel und Wolfgang Jagodzinski (Hg.). *Wahlen und politische Einstellungen im vereinigten Deutschland*, Frankfurt u.a., 113-151

Weßels, Bernhard (1994b). Gruppenbindungen und rationale Faktoren als Determinanten der Wahlentscheidung in Ost- und Westdeutschland, in: Hans-Dieter Klingemann und Max Kaase (Hg.). *Wahlen und Wähler. Analysen aus Anlaß der Bundestagswahl 1990*, Opladen, 123-157

Zelle, Carsten (1994). Steigt die Zahl der Wechselwähler? Trends des Wahlverhaltens und der Parteiidentifikation, in: Hans Rattinger, Oscar W. Gabriel und Wolfgang Jagodzinski (Hg.). *Wahlen und politische Einstellungen im vereinigten Deutschland*, Frankfurt a.M., 47-91

Zelle, Carsten (1995*). Der Wechselwähler. Politische und soziale Erklärungsansätze des Wählerwandels in Deutschland und den USA*, Opladen

Die nationalkonservative Revolte in der Gestalt der SVP. Eine Analyse der Nationalratswahlen 1999 in der Schweiz

Claude Longchamp

1. Einleitung: nationale Parlamentswahlen im Zeitalter der Globalisierung

Wer im Ausland von der Schweiz spricht, riskiert unterzugehen. Dies trifft einmal für Ausführungen zu, die nicht auf Klischees wie der feinen Schokolade, dem trutzigen Armeemesser und der Leistungsfähigkeit des Bankenplatzes aufbauen. Es gilt auch für die Personen, die sich negativen Wertungen über das eigene Land im Ausland enthalten und nicht beabsichtigen, einfach jenen zu gefallen, die nachteilig über die Schweiz denken. In dieser Hinsicht besonders riskant ist es, im Ausland über schweizerische Wahlen schreiben zu wollen. Hinlänglich ist auch ausserhalb der Schweiz bekannt, dass sich nur gut 40 Prozent der Wahlberechtigten beteiligen, wenn es um die Erneuerung der Bundesversammlung – des schweizerischen Parlamentes – geht. Allgemein wird erwartet, dass Stabilität das Wahlverhalten der Teilnehmenden prägt, und dieses, sofern es einmal Ausschläge zeigt, kaum Wirkung auf die Regierungsbildung hat. Schliesslich gelten schweizerische Wahlkämpfe in programmatischer oder rhetorischer Hinsicht nicht als besonders attraktiv, weil letztlich das gütliche Einvernehmen regiert und spezifische Sachentscheidungen über die Vielzahl von Referenden gegen Parlamentsbeschlüsse oder verbindlichen Volksinitiativen mit Aufträgen ans Parlament geregelt werden.

Ohne Zweifel ist das Interesse an den jüngsten Parlamentswahlen in der Schweiz seitens der publizistischen und wissenschaftlichen Oeffentlichkeit im Ausland grösser als üblich. Den Ausgangspunkt bildeten die Reaktionen der EuropäerInnen auf die Globalisierung[1], die sich seit Mitte der 90er Jahre in einer Verstärkung sozialdemokratischer Parteien in den Parlamenten und Regierungen äusserte, sei es nun so, wie es Tony Blair in Grossbritannien mit seinen Angeboten an die Neue Mitte erreichte, oder aber, wie es Lionel Jospin in Frankreich mit der Stärkung des Nationalstaates gegen die Wirtschaftsmacht empfiehlt. Gegen diese Entwicklung zeichnet sich seit Ende der 90er Jahre eine Gegenreaktion ab, die vor allem im Alpenraum sichtbar anhand eines erwachenden Nationalismus wird.[2]

Den Hintergrund hierfür bilden die realen oder erwarteten Migrationsbewegungen aus den ehemaligen Staaten des Ostblocks, jüngst am besten sichtbar geworden anhand der Flüchtlingsbewegungen aus Ex-Jugoslawien. Der entstehende neue Nationalismus mit seinen Parolen wie „Schweizer resp. Oesterreicher zuerst" oder „Stopp der Kriminalität aus dem Kosovo" trägt indessen nicht die Kennzeichen des republikanischen Nationalismus, der Basis für Staatsgründungen war, sondern hat ein teilweise reaktionäres, teilweise rechtspopulistisches Gepräge. Es zeigt sich in einem übersteigerten Wertgefühl, das in Abgrenzung zu anderen Staaten oder Nationen die eigenen Eigenschaften überhöht bzw. sie anderen gegenüber als höherrangig proklamiert. Die Forderung nach Uebereinstimmung von ethnischen, sprachlichen und politischen Grenzen korreliert dabei mit der Ausgrenzung anderer Ethnien oder Bevölkerungsgruppen resp. der radikalen Ablehnung von „Fremdherrschaft", wie sie am ehesten durch die Europäische Union symbolisiert wird.[3]

Besondere Bedeutung bekommt der neue Nationalismus, weil er zusehends zu einer wirkungsvollen Konfliktlinie wird, die das Wahlverhalten prägt, massgeblich die Stärke von Parteien bestimmt, die ihrerseits ihre Aufnahme in die Regierungen fordern resp. erhalten. Die Wahlen ins österreichische resp. schweizerische Parlament, die beide im Oktober 1999 stattfanden, waren denn auch geprägt durch diese nationalistische Welle. Wahlsieger war in Oesterreich die Freiheitliche Partei Oesterreichs (FPOe), in der Schweiz die Schweizerische Volkspartei (SVP). In Oesterreich lösten die jüngsten Wahlen die bisherige rot-schwarze Regierungskoalition zwischen SPOe und OeVP ab, während in der Schweiz die Konkordanzregierung[4], bestehend aus der Sozialdemokratischen Partei (SPS), der Freisinnig-demokratischen Partei (FDP), der Christlichdemokratischen Volkspartei (CVP) und der SVP, parteipolitisch und personell unverändert weiterexistiert.[5]

Der nachfolgende Beitrag unternimmt eine Analyse der jüngsten schweizerischen Parlamentswahlen, insbesondere jener für den Nationalrat, vor dem skizzierten Hintergrund. Er ist, aufbauend auf die Einleitung mit der Fragestellung, in vier Kapitel und eine Synthese gegliedert. Die Hauptteile gehen den Fragen nach,
- welche Charakteristiken das schweizerische Parteiensystem heute kennzeichnen,
- welche Konfliktlinien traditioneller und neuer Art sich dahinter verbergen,
- wie die WählerInnen-Soziologie der Parteien in der Schweiz heute aussieht, und
- welche Eigenheiten die Wahlen und der Wahlkampf 1999 hatten, die erklären, weshalb es zum erdrutschartigen Sieg der SVP kam.

Die Synthese ihrerseits versucht, die einzelnen Befunde zu bündeln und ein vorläufiges Bild der aktuellen nationalkonservativen Revolte in der Schweiz zu geben. Die Analyse stützt sich dabei in erster Linie auf ein umfangreiches Monitoring zur Meinungsbildung bei den Wahlen 1999, welches das GfS-Forschungsinstitut für die elektronischen Medien der SRG SSR Idée suisse aufbaute und das im Jahr vor den Nationalratswahlen sechs Mal im Voraus und ein Mal im Nachhinein bei insgesamt 13'000 Wahlberechtigten Orientierungsweisen am und Involvierungen ins schweizerische Parteiensystem bestimmte.[6] Ergänzt wird diese bisher grösste Datenquelle zu politischen Verhaltensabsichten und -weisen in der Schweiz durch verschiedene weitere Befragungen des GfS-Forschungsinstituts.[7] Eingebettet werden die Resultate zudem in die Ergebnisse der Wahlforschung in der Schweiz, die seit 1971, den internationalen Gepflogenheiten folgend, nationale Parlamentswahlen zum Anlass nimmt, das Verhältnis von BürgerInnen, Parteien und System jeweils neu zu bestimmen.[8]

2. Ausprägungen des schweizerischen Parteiensystems: pluralistisch mit wachsender Polarisierung

Was kennzeichnet die schweizerischen Parlamentswahlen vom 24. Oktober 1999? 43 Prozent der Wahlberechtigten beteiligten sich an der ordentlichen Erneuerungswahl der Volksvertretung, dem Nationalrat, resp. an der in den meisten Wahlkreisen gleichzeitig stattfindenden Neubestellung des Ständerates als zweiter, gleichberechtigter Kammer des schweizerischen Parlamentes. Die stärkste Fraktion in der Bundesversammlung stellt seither die Freisinnig-demokratische Partei FDP, gefolgt von der Sozialdemokratischen Partei, SPS, der Schweizerischen Volkspartei, SVP, und der Christlich-demokratischen Volkspartei, CVP. Zusammen stellen sie 218 der 246 Abgeordneten in der vereinigten Bundesversammlung.[9]

Ungleich grosse Wahlkreise und Eigenheiten des Wahlrechts in der Schweiz führten allerdings dazu, dass sich die WählerInnen-Stärke der Parteien, wie sie sich bei den nach dem Proporzwahlrecht durchgeführten Nationalratswahlen ergab, nur bedingt auf die Sitzzahlen im Parlament insgesamt, aber auch in der Volksvertretung niederschlug. Am meisten Stimmen konnte am 24. Oktober 1999 nämlich die Schweizerische Volkspartei für sich verbuchen, gefolgt von der SPS, der FDP und der CVP. Zusammen repräsentieren sie über 80,8 Prozent der Wählenden. WählerInnen-stärkste Partei ist demnach erstmals in der Wahlgeschichte der Schweiz die rechtskonservative SVP. Sie löst damit die FDP und die SPS ab, die in der Regel diese Position einnahmen. Das Ergebnis ist umso bemerkenswerter, als die SVP bis jetzt stets nur den vierten Platz eingenommen hat, das heisst hinter der SPS, der FDP und der CVP rangierte.[10]

Die Uebersicht über das aktuelle Wahlergebnis macht neben den genannten Parteistärken auch einige Eigenheiten des schweizerischen Parteiensystems sichtbar, gilt es doch in der Terminologie Giovanni Sartoris für die international vergleichende Parteienforschung als „pluralistisch"[11]. Kennzeichnend für den gemässigten Pluralismus ist die Existenz von drei bis fünf relevanten Parteien, von denen keine eine absolute Mehrheit hat, weshalb alle darauf angewiesen sind, mit anderen zu kooperieren. Idealtypisch wird aber erwartet, dass es bei der Regierungsbildung via Koalitionsvertrag zu zwei Lagern kommt, die zueinander in Konkurrenz stehen, weshalb der relevante Wettbewerb meist in der politischen Mitte stattfindet.

Tabelle 1: WählerInnen-Stärke der Parteien (Nationalrat) und Sitzverteilung in der Vereinigten Bundesversammlung nach den Wahlen 1999

Partei	WählerInnen-Anteil 1999 (NRW) (in %)	Sitze NRW (Veränderungen gegenüber 1995)	Sitze StR (Veränderungen gegenüber 1995)	Sitze Bundesversammlung (Veränderungen gegenüber 1995)
SVP	22.5	44 (+15)	7 (+2)	51 (+17)
SPS	22.5	51 (-3)	6 (+1)	57 (-2)
FDP	19.9	43 (-2)	18 (+1)	61 (-1)
CVP	15.9	35 (+1)	15 (-2)	50 (-1)
Grüne	5.0	9 (+1)	0	9 (+1)
LPS	2.3	6 (-1)	0 (-2)	6 (-3)
SD	1.8	1	0	1
EVP	1.8	3 (+1)	0	3
PdA/Solidarité	1.5	3	0	3
EDU	1.3	1 (--)	0	1
Lega	0.9	2 (+1)	0	2
FPS	0.9	0 (-7)	0	0
LdU	0.7	1 (-2)	0	1
CSP	0.4	1 (--)	0	1
Diverse	2.6	0 (4)	0	0
Total	100.0	200	46	246

Quelle: Bundesamt für Statistik 1999.

Entstanden ist der auch im europäischen Vergleich entwickelte Parteienpluralismus[12] der Schweiz aus dem ursprünglichen Zweiparteiensystem mit den parteipolitischen Vorfahren der heutigen FDP und CVP. Der entscheidende Wechsel geschah 1919, als für die Bestellung des Nationalrates das Proporzwahlrecht eingeführt wurde. Damit sind die vier heute mittelgrossen Parteien, die das Parteiensystem prägen, direkt oder indirekt entstanden. Seit 80 Jahren erreichen sie Stärken von maximal 25 Prozent und kennen eine minimale untere Limite von 10 Prozent. Demgegenüber kommen die anderen Parteien, meist Aussenseiterparteien genannt, nur ausnahmsweise über 5 Prozent, verharren meist sogar im Bereich von unter 2 Prozent. Deshalb werden sie in die Regierungsbildung nicht – oder höchstens phasenweise – integriert. Bis 1959 bildeten deshalb die drei grösseren bürgerlichen Parteien mit nur kurzen Zwischenspielen alleine die Regierung, seither regiert eine Vier-Parteien-Regierung im Verbund bürgerlicher Parteien und der Sozialdemokratie. Das so begründete konkordante Regierungsprogramm basiert allerdings nicht auf einem Koalitionsvertrag zwischen den regierenden Parteien. Es wird ansatzweise durch die Legislaturziele der Landesregierung gesteuert. Gebremst oder beschleunigt werden die Willensbildungsprozesse hierzu allerdings durch die Interventionen, welche die direkte Demokratie ermöglicht, wobei sich fallweise die Aussenseiter wie auch die Regierungsparteien bestimmter Instrumente bedienen, um die Verfassung zu ändern (Volksinitiative) oder Parlamentsbeschlüsse nachträglich zu blockieren (Gesetzesreferendum).

Die Grundzüge des Regierungssystems der Schweiz mit drei teilautonomen Ebenen, der Regierung, dem Parlament und der direktdemokratischen Entscheidungen begründen die Schwierigkeiten, die sich ergeben, politisch-strategisch zu handeln. Für die Parteien hat die Rollenvielfalt als Regierungspartei und fallweise Opposition den Vorteil, sich länger stabil halten zu können. Schliessen sie sich zu stark zusammen, werden sie in der Regel durch erstarkende Aussenseitergruppierungen herausgefordert, was meist zu Korrekturen führt. Die partielle Opposition hat den Vorteil, dass sich die Parteien auch während einer längeren Zeit der Regierungsbeteiligung bedingt erneuern können, indem sie neue gesellschaftliche Strömungen aufgreifen und in ihren Reihen integrieren.

Der von Sartori als „gemässigt" bezeichnete Pluralismus ist demnach in der Schweiz nicht idealtypisch vorhanden. Vor allem fehlt die Herausforderung der Parteien, sich in einem auf Regierung und Opposition ausgerichteten System positionieren zu müssen. Deshalb ist auch das Interesse an den Mitte-WählerInnen schwankend. Zwar stellen sie aufgrund der politisch-weltanschaulichen Situierung der schweizerischen Bürgerschaft eine wichtige Referenzgrösse dar, doch verstärken sich Parteien nicht unbedingt, indem sie in die Mitte rücken.

Grafik 1: Uebersicht über die WählerInnen-Stärken der Parteien 1959-1999

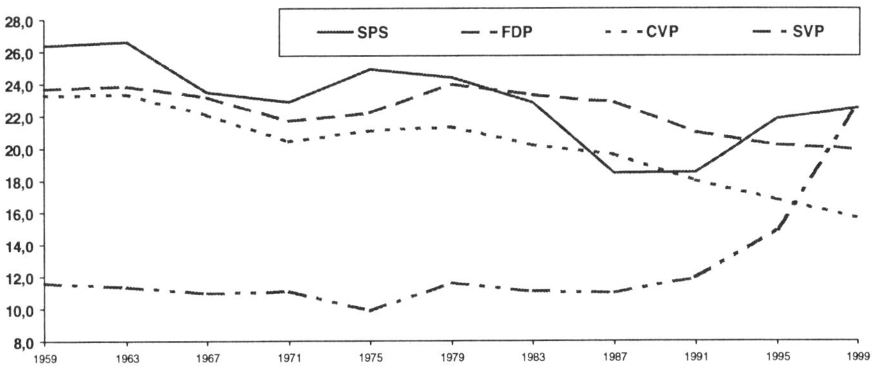

Jahr	SPS	FDP	CVP	SVP
1959	26,4	23,7	23,3	11,6
1963	26,6	23,9	23,4	11,4
1967	23,5	23,2	22,1	11,0
1971	22,9	21,7	20,4	11,1
1975	24,9	22,2	21,1	9,9
1979	24,4	24,0	21,3	11,6
1983	22,8	23,3	20,2	11,1
1987	18,4	22,9	19,6	11,0
1991	18,5	21,0	18,0	11,9
1995	21,8	20,2	16,8	14,9
1999	22,5	19,9	15,7	22,6

Quelle: BfS 1999.

Unübersehbar ist, dass der gemässigte Pluralismus seit den 70er Jahren zusätzliche Akzentsetzungen erhalten hat, die eher jenem des polarisierten Pluralismus entsprechen. Kennzeichen hierfür sind eine anwachsende Zahl von Parteien, vor allem einer rechten und/oder linken Opposition, die teilweise auch Antisystem-Charakter hat. Gegen die so erzeugte weltanschauliche Aufladung des Parteienwettbewerbs braucht es eine oder mehrere starke Zentrumsparteien, welche die Geschicke des Landes steuern können.

Die erste Opposition gegen die Vier-Parteien-Regierung entstand in den 60er Jahren in Form des aufstrebenden „Landesrings der Unabhängigen" (LdU), dann aber in den 70er Jahren mit den neuen Parteien zur Linken oder zur Rechten, die gezielt gegen verwandte, in die Regierung eingebundene Parteien antraten. 1983 etablierten sich zusätzlich die „Grünen" als basisdemokratisch ausgerichtete, nationale Partei, sie erhielten 1987 in Form der damaligen „Autopartei", die sich später „Freiheitspartei" (FPS) nannte, rechtspopulistische Konkurrenz.

In den 90er Jahren veränderte sich diese Polarisierung, indem es den Regierungsparteien gelang, einen Teil des neuen und oppositionellen Potenziales einzubinden. Nicht mehr die Aussenseiterparteien erstarken, sondern die SPS und die SVP. Die neue Attraktivität, die von ihnen ausgeht, schwächt dabei teilweise die Parteien im Zentrum, die CVP und die FDP erlebten 1999 je ein historisches Tief in ihrer Wählerstärke. Für dieses neue Muster des Partei- resp. Wahlverhaltens spricht auch, dass es 1999 überhaupt keiner der Aussenseiterparteien gelungen ist, an WählerInnen-Stärke zuzulegen. Vielmehr verschwand mit der FPS eine Partei ganz auf der nationalen Ebene und löste sich mit dem im Zentrum angesiedelten LdU eine zweite Partei als Folge des ernüchternden Wahlresultates gesamtschweizerisch auf.[13]

Vorboten von Strömungen der genannten Art zeigen sich meist bei Volksabstimmungen. Zwar ist die Bilanz der Vier-Parteien-Regierung insgesamt weiterhin vorteilhaft, doch entsteht ein Teil dieses Eindruckes auch durch eine Reihe eher belangloser Entscheidungen zu unbestrittenen Verfassungsänderungen, über die obligatorisch in Volksabstimmungen entschieden werden muss. Seit den 70er Jahren weitgehend gelernt haben Regierung und Parlament, auf die Herausforderungen der Volksinitiativen mit politischen und kommunikativen Mitteln zu reagieren, so dass diese nur selten zum direkten Erfolg führen und heute häufig nur noch 30 Prozent Unterstützung erhalten. Kritischere Befunde ergeben sich dagegen bei der Bilanz zu den Gesetzesreferenden oder Staatsverträgen. Exemplarischer Ausgangspunkt hierfür war die Abwehr der Oeffnungstendenzen der Schweiz. Zwar befürwortete die Landesregierung die UNO-Vollmitgliedschaft (1986) wie auch den EWR-Beitritt (1992)[14], doch scheiterte beides in der Volksabstimmung. Aus dieser thematischen Opposition formierten sich neue Bewegungen, denen erhebliche Bremsfunktion zukommt und die sich auch parteinah verhalten können. Die Aktion für eine neutrale und unabhängige Schweiz (AUNS)[15], die heute von der politischen Führungsfigur der SVP, Nationalrat Christoph Blocher[16], geleitet wird, kann als typisches Beispiel hierfür gelten.

Grafik 2: Unterstützung von Regierung und Parlament nach Legislaturperioden

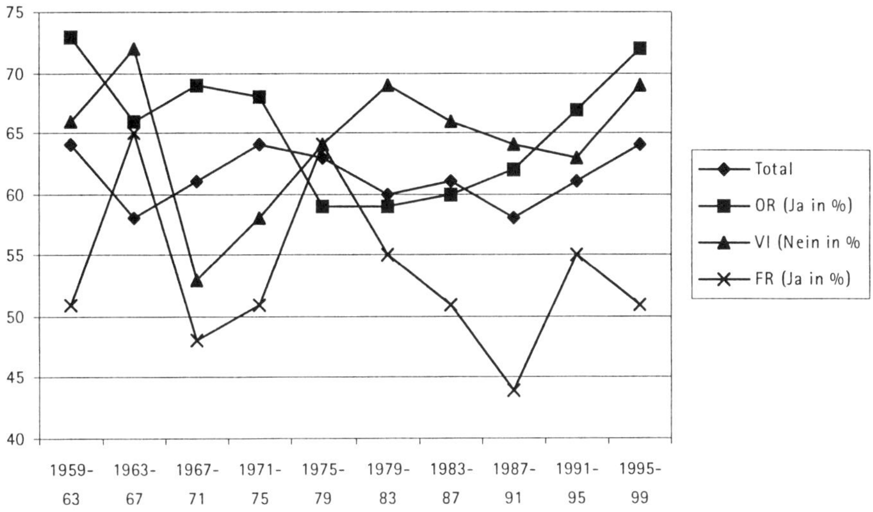

Jahr	Volksabstimmungen insgesamt	Obligatorische Referenden	Volksinitiativen	Fakultative Referenden
1959-63	64	73	66	51
1963-67	58	66	72	65
1967-71	61	69	53	48
1971-75	64	68	58	51
1975-79	63	59	64	64
1979-83	60	59	69	55
1983-87	61	60	66	51
1987-91	58	62	64	44
1991-95	61	67	63	55
1995-99	64	72	69	51

Quelle: GfS-Forschungsinstitut.

In der ausgelaufenen Legislaturperiode widersprochen wurde zudem mittels direktdemokratischen Entscheidungen mehreren Liberalisierungsmassnahmen im Bereich der Arbeitsmarktpolitik durch eine Allianz linker und konservativer Kräfte, während namentlich die Einführung einer Mutterschaftsversicherung am Widerstand des rechts-bürgerlichen Lagers scheiterte. Schliesslich verhinderte die rechtspopulistische Opposition auch gewisse Versuche der Modernisierung des schweizerischen Regierungssystems. Angenommen werden kann, dass es nebst dem isolationistischen Nationalkonservatismus auch latente Strömungen sozialkonservativer resp. rechtsbürgerlicher Natur gibt.[17]

Polarisierung kann denn auch als zweites Kennzeichen des schweizerischen Parteiensystems gelten. Polarisierungen finden seit längerem statt, eigentlich seit es die Konkordanz gibt. Die Eigenheit der jetzigen Situation besteht darin, dass es eine Polarisierung zwischen rechts und links gibt, die aber nicht (mehr) zum Erstarken neuer oder kleiner Parteien, sondern der grösseren in der Regierung verankerten Parteien führt.

3. Die Aufweichung traditioneller Konfliktlinien und neue Wertmuster als Basis der heutigen Parteibindungen

Lange konnte das Parteiensystem der Schweiz in Anlehnung an den Cleavage-Ansatz von Lipset/Rokkan erläutert werden.[18] Parteibildend wirkten drei sozio-strukturelle oder sozio-kulturelle Konfliktlinien des späten 19. resp. frühen 20. Jahrhunderts, nämlich
- die konfessionelle Auseinandersetzung,
- die soziale und
- die regionale.[19]

Erstere baute auf dem Gegensatz zwischen Protestanten und Katholiken auf, wobei im katholischen Bevölkerungsteil die „Katholisch-konservative Partei" entstand, die 1971 in die Christlich-demokratische Volkspartei überging. Für die protestantische Bevölkerung lässt sich eine solche hegemoniale Stellung einer Partei nicht nachweisen, wirkten sich hier doch die beiden anderen Konfliktlinien verstärkt aus: die soziale trennte historisch gesehen das Bürgertum und die Arbeiterschaft, vertreten durch die Sozialdemokratie, die regionale insbesondere das Bürgertum und die Bauersleute, die sich mehrheitlich auf die FDP und die SVP (resp. ihre Vorläuferorganisationen) verteilten. Erwähnt sei zudem, dass aufgrund der spezifischen Situation in der Schweiz mit drei Sprachregionen erhebliche Unterschiede im Parteiensystem der deutschsprachigen resp. der französischsprachigen Schweiz bestehen. So war das protestantische Bürgertum in der Romandie stets in zwei Parteien aufgeteilt, nämlich den eher in der Mitte politisierenden Freisinnigen und den klar rechtsgerichteten Liberalen. Dafür kennt die SVP in der lateinischen Schweiz keine so starke Bedeutung, wie sie ihr im deutschsprechenden Landesteil zukommt.

Nach dem Zweiten Weltkrieg hat die hier geschilderte Prägung des schweizerischen Parteiensystems eine dauerhafte Abschwächung erfahren. In verschiedenen Stufen etablierte sich der konkordante Regierungsstil, der jetzt nicht nur die Antipoden Bürger- und Bauerntum zusammenbrachte, sondern auch das bürgerliche Lager und die politische Repräsentanz der Arbeiterbewegung. Gemässigt hat sich so der Stil der politischen Auseinandersetzung, wie er nicht zuletzt an der Entideologisierung der Parteiprogramme abgelesen werden kann.[20] Der so teilweise befriedete, parteipolitische Konflikt führte allerdings zu einer Mobilisierungsschwäche der bestehenden Parteien, ohne aber dass eine neue Partei dauerhaft hätte davon profitieren können. In der aktiven Wahlbürgerschaft weitgehend verschwunden ist dabei aber die bildungsmässige Unterschicht.

Nicht so eindeutig betroffen sind die anderen Gesellschaftsschichten, wenn ihnen auch eigen geworden ist, dass sie sich heute mehr selektiv denn regelmässig politisch beteiligen.[21] Geblieben ist dabei ein Kern hochaktiver BürgerInnen, die bei Abstimmungen maximal 30 Prozent der Stimmberechtigten ausmachen, bei Wahlen knapp 35 Prozent; sie bestimmen das politische Geschehen in der halbdirekten Demokratie der Schweiz weitgehend. Bei Wahlen kommen noch 5-15 Prozent der Wahlberechtigten hinzu, die gelegentlich teilnehmen, während gut 50 Prozent schon seit längerem konstant fernbleiben. Bei Abstimmungen ist die selektive Beteiligung wichtiger, schwankt sie doch zwischen 0 und 50 Prozent der Stimmberechtigten.

Generell gilt, dass der Anteil BürgerInnen, die den Parteien distanziert gegenüber stehen, sich aber beteiligen, mit steigender Beteiligungsquote überproportional zunimmt.[22] Bei Abstimmungen kann er durchaus mehr als einen Drittel der Teilnehmenden ausmachen, während bei Wahlen rund 10 Prozent der Wählenden eindeutig parteiunabhängig KandidatInnen wählen und weitere 50 bis 60 Prozent parteiübergreifend Personen verschiedener Parteien unterstützen, auch wenn sie mehrheitlich für eine Partei wählen. Eindeutige Parteizuordnungen kennen bei Wahlen noch rund 30 bis 40 Prozent der Wählenden oder 10 bis 15 Prozent der Wahlberechtigten.[23]

Tabelle 2: Ausgewählte Indikatoren zur Parteibindung in der Schweiz

Beteiligung an Wahlen	
34 % der Wahlberechtigten	sicheres Potenzial bei eidg. Wahlen
weitere 15 %	zusätzlich denkbares Potenzial der Beteiligung
43 %	effektive Wahlbeteiligung 1999
Verhalten	
Zirka 10 % der Wählenden	gänzlich parteiunabhängiges Wählen (ohne Listenbezeichnung)
Weitere 50-60 % der Wählenden	partielle Parteiunabhängigkeit durch die Wahl von KandidatInnen auch anderer Parteien
Wechslerverhalten	
Zirka 10 % der Wählenden	NeuwählerInnen gegenüber der letzten Wahl
Zirka 25 % der Wählenden	effektiver Wechsel der hauptsächlich gewählten Partei

Quelle: SRG-Wahlbarometer, erstellt durch das GfS-Forschungsinstitut.

Diese wie auch andere Indikatoren bestätigen das „dealignment", welches die Wahlforscher Dalton/Flanagan/Beck für die Typisierung des Verhältnisses zwischen BürgerInnen, Parteien und Regierungssystem vorgeschlagen haben. „Dealignment" entsteht dann, wenn Parteien die klassischen Konfliktlinien, aus denen sie entstanden sind, repräsentieren, ohne dass sie noch eine hinreichende Relevanz hätten. Mit diesem Trend geht ein Funktionsverlust der Parteien einher, wobei andere Akteure wie Bewegungen, Interessengruppen oder Medien Rollen der Parteien einnehmen, die sie in der Vermittlung innerhalb des politischen Systems haben. In der direkten Demokratie stellt sich das Problem umso deutlicher, weil Parteien nie die gleiche Funktion haben können wie in parlamentarischen Systemen.[24]

Wenn dennoch lange Stabilität das Wahlverhalten der BürgerInnen geprägt hat, kann dies mitunter auf eine Eigenheit des Wahlverhaltens in der Schweiz zurückgeführt werden, die man als „habituelle" Stimmabgabe bezeichnen könnte. Sie orientiert sich stark an den früheren Parteientscheidungen, die ihrerseits durch familiäre oder herkunftsmässige Charakteristiken bestimmt waren.[25] Politische Ueberzeugung steckt nur bedingt hinter solchen Wahlentscheidungen, was die potenzielle Instabilität begründet. Bis in die 70er Jahre hinein wirkte sich diese denkbare Volatilität nicht stark auf die Parteistärken aus, weil Enttäuschungen von BürgerInnen mit nur noch schwacher Orientierung meist zu Abstinenz führte. Seither kommt es jedoch vermehrt zu Wechselwähler-Verhalten, das meist themen-, personen- oder stilbestimmt ist. Dabei gibt es zwei Formen des Wechselverhaltens: einerseits die erstmalige oder erneuerte Beteiligung, was bei der/den vorherigen Wahlen individuell nicht der Fall war, anderseits der effektive Wechsel der (hauptsächlich) gewählten Partei, der in der Tendenz zunehmend ist.[26]

Wachsend ist in der Phase der neuen Instabilität im schweizerischen Wahlverhalten[27] die Bedeutung von Wahlkämpfen. Deren Aufgabe ist es nicht mehr nur, Stabilität zu garantieren, das heisst Kommunikation innerhalb von Parteien und ihren Anhängschaften zu betreiben, sondern in der Kombination moderner Kommunikationstechniken einerseits, der Integration volatiler politischer Potenziale anderseits Kommunikation nach „aussen" zu betreiben.[28]

Angesprochen werden müssen so Tendenzen des Wertwandels, die sich häufig nicht in Brüchen zeigen, welche ganze Gesellschaften erfassen, sondern in Trends, die politische Strömungen bisweilen nur kurzfristig, bisweilen aber auch über einige Jahre hinweg prägen.[29] Die entstehen meist rund um verdrängte oder nur schwer lösbare Probleme, die sich in umstrittenen Issues zeigen, neue Aengste oder Hoffnungen mobilisieren und so wenigstens zeitweise neue Konfliktlinien begründen, über die wir nicht einen eigentlichen Wertewandel, sondern eher neue Wertmuster entstehen sehen.

Der letzte, so definierte relevante Einschnitt ergab sich in der Schweiz aus den ab 1996 sichtbar gewordenen Konsequenzen der Globalisierung auf Wirtschaft, Kommunikation und Politik. Oekonomisch fiel dabei die rasante Restrukturierung der Wirtschaft mit einer rezessiven Phase zusammen. Verändert haben sich dabei die Sorgen der SchweizerInnen, wobei die typisch postmateriellen Themen[30] wie die Oekologie, der Konflikt um die Kernenergie und die Gleichstellung der Geschlechter an Prioritäten verloren und ökonomische Themen neu von Bedeutung wurden. Vier der zentralen Aengste, die in der Schweiz ab 1996 massiv zunahmen, kreisen denn auch um die steigende Abhängigkeit der schweizerischen Wirtschaft vom Ausland, den Egoismus der (anderen) MitbürgerInnen, Migrationsbewegungen und erwarteten politischen Veränderungen. Sie alle wirken seither individuell bedrohlicher als etwa biografische Schicksale wie Krebs, aber auch als Umweltkatastrophen oder auch als die Unsicherheit im öffentlichen Raum.

Systematisiert werden können die so entstehenden Strömungen anhand einer Typologie von vier aktuellen Wertmustern, die einerseits zwischen einer Dimension mit Modernismus vs. Konservatismus, anderseits zwischen einer sozialen resp. kulturellen Polarität unterscheidet.

Tabelle 3: Übersicht über die Dimensionierung der vier aktuellen Wertmuster in der Schweiz

Konfliktdimensionen	Soziale Frage	Kulturelle Frage
Modernismus	Sozialer Modernismus	Bürgerlicher Modernismus
Konservatismus	Sozialer Konservatismus	Nationalkonservatismus

Quelle: GfS-Forschungsinstitut, Wertewandel in der Schweiz unter dem Eindruck der Globalisierung, Bern 2000.

In der Tat lässt sich diese Typologie nicht nur theoretisch postulieren, sondern auch empirisch nachweisen.[31] Der soziale Modernismus erscheint dabei als Synthese der postmateriellen Anforderungen an die Oekonomie und eher klassisch linken Positionen, denen eigen ist, dass sie in erster Linie über den Nationalstaat oder internationale Organisationen eingelöst werden sollen. Der bürgerliche Modernismus unterscheidet sich hiervon durch seine Absage an die Vorherrschaft des Staates, der reformiert und reduziert werden soll. Er ist aber auch gekennzeichnet durch die Betonung notwendiger Differenzierungen in der Gesellschaft als generellem Leistungsantrieb. Klar andere Prioritäten setzt demgegenüber der soziale Konservatismus, der namentlich die Vollbeschäftigung ins Zentrum rückt, wie der soziale Modernismus den Schutz im Staate sieht, gesellschaftspolitisch aber im Gegensatz zum sozialen Modernismus nicht eher libertären, sondern eher autoritären Vorstellungen verhaftet bleibt. Schliesslich erwähnen wir auch den Nationalkonservatismus, der sich am deutlichsten vom sozialen Modernismus unterscheidet, aber auch vom bürgerlichen Modernismus und dem sozialen Konservatismus unterscheidet. Er setzt akzentuiert auf die Ausrichtung an der Tradition, den aussenpolitischen Isolationismus und betont mehr als alle anderen die Vorrechte der SchweizerInnen.[32]

Tests mit dieser Gliederung von aktuellen Wertmustern zeigen, dass sich die hier geschilderten Wertmuster effektiv ab 1996 auszubilden begannen und seither eine wachsende Kohärenz annehmen. Insgesamt ergeben sich mittlerweile nur geringfügige Veränderungen in den Stärkenverhältnissen:
- 30 Prozent der Wahlberechtigten insgesamt können heute dem bürgerlichen Modernismus zugerechnet werden,
- 27 Prozent dem sozialen Konservatismus,
- 23 Prozent dem nationalen Konservatismus und
- 20 Prozent dem sozialen Modernismus.

Deutliche Unterschiede ergeben sich allerdings hinsichtlich der Mobilisierbarkeit, wobei der Sozialkonservatismus die geringste politische Involvierung in die bestehenden Organisationen kennt und damit auch der Teil an Personen deutlich tiefer ist, der auf dieser Basis, etwa bei Parteien, mitentscheidet.

Tabelle 4: Links/Rechts-Orientierungen in der Schweiz nach aktuellen Wertmustern (Angaben in Zeilenprozent)

Wertmuster	Ganz rechts	Rechts	Mitte	Links	Ganz links	Keine Bedeutung
Nationalkonservatismus	3	32	42	9	1	14
Bürgerlicher Modernismus	3	18	43	17	3	16
Sozialer Konservatismus	1	20	42	23	2	13
Sozialer Modernismus	0	7	32	39	6	16

Quelle: GfS-Forschungsinstitut, VOX-Datenbank, Spezialanalyse Werthaltungen 1996-1999.

Die vier hier skizzierten Wertmuster sind nicht unabhängig von der Links/Rechts-Orientierung der BürgerInnen. Am klarsten positioniert werden können der soziale Modernismus und der nationale Konservatismus, die den linken resp. rechten Pol bilden, während sich die beiden anderen Strömungen eher in der Mitte mit gewissen Auslegern nach links wie nach rechts befinden. Mit Blick auf Wahlen ist zudem relevant, dass die vier Wertmuster zu unterschiedlich starken und unterschiedlich gerichteten Parteiorientierungen führen. Nimmt man die aktuelle Verteilung als Massstab, kennen SozialmodernistInnen am stärksten eine Parteibindung, und sie neigen am deutlichsten zur Sozialdemokratie. Demgegenüber orientieren sich die Nationalkonservativen heute deutlich verstärkt an der SVP oder verbleiben weiterhin stark parteiungebunden; sie kennen aber nurmehr schwache Bindungen an andere Parteien. Weniger eindeutig verteilen sich die beiden anderen Wertströmungen, finden sich doch die bürgerlichen ModernistInnen erwartungsgemäss am stärksten bei der FDP, aber in beträchtlichem Masse auch bei der SPS, während der Sozialkonservatismus, sofern er parteibildend wirkt, Nähen zur CVP resp. zur SPS begründet.

Tabelle 5: Gegenwärtige Parteiorientierungen in der Schweiz nach aktuellen Wertmustern (Angaben in Zeilenprozent)

Wertmuster	SVP	FDP	CVP	SPS	Übrige Parteien	Keine Partei
Nationalkonservatismus	26	6	7	5	6	50
Bürgerlicher Modernismus	6	16	6	13	13	46
Sozialer Konservatismus	8	7	12	11	9	53
Sozialer Modernismus	5	6	11	28	11	39

Bemerkung: Die Angaben beziehen sich nicht auf Wahlabsichten, sondern auf Personen, die sich unabhängig vom Wählen mit einer Partei identifizieren.
Quelle: GfS-Forschungsinstitut, VOX-Datenbank, Spezialanalyse Werthaltungen 1996-1999.

Oder mit den Worten der Parteienforscher Dalton/Flanagan/Beck: In den 90er Jahren findet in der Schweiz in einem erheblichen Masse auch „realignment" (Neueinbindung) als Gegentendenz zu „dealignment" (Erosion) statt. „Realignment" meint, dass es zu Neueinbindungen der Bürgerschaft in Parteien kommt. Zwar nimmt die Zahl politisch einigermassen regelmässig engagierter BürgerInnen nicht erheblich zu, doch verstärken sich Bindungen der aktivierten BürgerInnen dort, wo neue Konflikte wertmässig, politisch und kommunikativ in Uebereinstimmung verarbeitet werden. Wo dies nicht geschieht oder nicht möglich ist, verbleiben die Probleme, die sich aus der Erosion von Bindungen ergeben.

4. Zum soziologischen Profil der Parteien heute

Welches soziologische Profil haben die Parteien heute noch oder wieder? Sicher stimmen die einfachen Zuschreibungen nicht mehr, die sich aus den klassisch definierten Cleavages ergeben. Unklar ist aber, ob sie überwunden sind oder in veränderter Form weiter gelten.

Die Wahlnachbefragung[33] zeigt, dass die Schweiz weiterhin eine konfessionelle Affinität kennt, die beispielsweise am deutlichen Ueberhang der SVP in der protestantischen Wählerschaft sichtbar wird. Gleiches gilt unvermindert für selbständig Erwerbende, namentlich Gewerbetreibende, die auch heute über dem Mittel SVP wählen; es trifft auch für Personen mit einer Berufsausbildung zu, das heisst Personen mit guten, aber nicht universitären Schulabschlüssen. Zudem besteht eine Tendenz zur Uebervertretung bei Schichten mit einem überdurchschnittlichen Einkommen genauso wie bei Personen mit einem ganz tiefen Lohn. Letzteres darf allerdings nicht direkt mit „Unterschichten" gleichgesetzt werden, finden sich doch auch Personen in dieser Gruppe, die wenig verdienen, aber von ihrem Vermögen leben. Relative Schwächen kennt die SVP von heute insbesondere bei Personen mit einer weiterführenden Ausbildung, bei Staatsangestellten, bei KatholikInnen und tendenziell auch bei Frauen.

Das regionale Profil zeigt, dass die SVP vor allem ein Phänomen der deutschsprachigen Schweiz, tendenziell auch eher der Landgegenden ist. Sie hat allerdings nicht mehr die klassischen Hochburgen wie jene in Bern, sondern ist heute namentlich in der Nord-Ostschweiz und der Grossregion Zürich sehr stark. Ihre regionale Schwäche bleibt die lateinische Schweiz, wo weder die traditionelle Klientel mit den Bauersleuten und Gewerbetreibenden noch die neue der Angestelltenschichten im gleichen Masse für die SVP stimmt.

Die SPS kennt heute ihre stärkste Vertretung bei Personen, die im öffentlichen Dienst berufstätig sind. Hier hat sie auch kräftig zugelegt, was als Zeichen gedeutet werden kann, dass die Partei von den Abbautendenzen im Service public profitiert hat. Generell übervertreten ist die ehemalige Arbeiterpartei in den oberen Mittelschichten und insbesondere in den Bildungseliten. Nur noch schwach repräsentiert ist sie dagegen bei den untersten Einkommensklassen. Ihre Stärke hat sie weiterhin in den grossen Städten und Agglomerationen, auch wenn sie in Genf exemplarisch verloren hat. Unterdurchschnittlich verankert bleibt sie bei selbständig erwerbenden Personen.

Eine ihrer traditionellen soziologischen Eigenheiten kennt die CVP auch heute noch. Verstärkt vertreten bleibt sie in der katholischen Bevölkerung, und praktisch nicht verankert ist sie bei ProtestantInnen. Darüber hinaus kennt sie verschiedene Gruppen, die noch etwas mehr als im Mittel für sie wählen. Genannt seien insbesondere Personen aus der Unterschicht, selbständig erwerbende WählerInnen und auch reiche Personen. Ihre

Tabelle 6: WählerInnen-Anteile der Parteien in der Schweiz nach Merkmalsgruppen nach den Nationalratswahlen 1999

Merkmalsgruppe	SVP	FDP	CVP	SPS
Schnitt	23 %	20 %	16 %	22 %
Konfession				
Protestantisch	32 %	21 %	6 %	22 %
Katholisch	14 %	23 %	30 %	19 %
Beruf				
Selbständige	29 %	21 %	19 %	15 %
Angestellte Privatwirtschaft	23 %	18 %	15 %	25 %
Angestellte Staat	17 %	11 %	13 %	42 %
Schulabschluss				
Hoch	14 %	21 %	15 %	29 %
Mittel	28 %	20 %	14 %	21 %
Tief	20 %	21 %	21 %	14 %
Haushaltseinkommen				
9000 CHF und mehr/mtl.	25 %	19 %	18 %	18 %
7-9000 CHF/mtl.	24 %	22 %	12 %	31 %
5-7000 CHF/mtl.	22 %	17 %	14 %	26 %
3-5000 CHF/mtl.	18 %	24 %	15 %	23 %
Unter 3000 CHF/mtl.	26 %	21 %	17 %	13 %
Siedlungsart				
Grossagglomeration	22 %	17 %	10 %	29 %
Klein/Mittelagglomerationen	19 %	24 %	19 %	18 %
Landgemeinden	30 %	22 %	17 %	19 %
Sprachregion				
Deutschsprachig	28 %	21 %	14 %	22 %
Französischsprachig	8 %	17 %	16 %	23 %
Italienischsprachig	5 %	28 %	25 %	19 %
Geschlecht				
Männer	25 %	21 %	15 %	21 %
Frauen	20 %	19 %	16 %	24 %
Alter				
18-39jährige	27 %	14 %	14 %	25 %
40-64jährige	22 %	16 %	16 %	24 %
65jährige und ältere	22 %	24 %	15 %	17 %

Quelle: SRG Wahlbarometer, Nachbefragung Nationalratswahlen 1999, erstellt durch das GfS-Forschungsinstitut.

offensichtlichste Schwäche hat die CVP in den urbanen Gebieten, tendenziell aber auch bei Personen im öffentlichen Dienst.

Ein gesellschaftlich ausgeglichenes Profil hat schliesslich die FDP. Anders als die meisten westeuropäischen liberalen Parteien ist sie nicht in erster Linie durch eine elitäre Wählerstruktur gekennzeichnet, allerdings durch eine erhebliche Ueberalterung ihrer Wählerschaft. Klare Schwächen ergeben sich bei den jüngeren Generationen. Regional ist sie vor allem in den mittleren und kleinen Zentren präsent, während sie in den Landgegenden wie auch in den grossen Agglomerationen keine besonders guten Wahlresultate erzielte.

Fragt man nach den wichtigsten soziologischen Unterscheidungsmerkmalen der Parteien heute, sei darauf verwiesen, dass sich die sozialen und konfessionellen Bestimmungsgründe weiterhin zeigen. Sie werden nur durch sprachregionale oder kantonale Eigenheiten in der Ausprägung des schweizerischen Parteiensystems übertroffen. Sie sind aber stärker als die Differenzierungen entlang der Siedlungsart bzw. dem Alter oder dem Geschlecht. Letzteres erklärt relativ wenig des Wahlverhaltens, selbst wenn es zutrifft, dass Frauen etwas linker, Männer etwas rechter wählen. Die Faktoren Siedlungsart und Geschlecht sind allerdings wichtig, wenn die Unterschiede zwischen einzelnen Parteien gekennzeichnet werden müssen. Vor allem in den grossen Agglomerationen ist die Polarisierung zwischen SVP und SPS stark fortgeschritten, während namentlich die CVP hier kaum mehr eine Chance hat. Umgekehrt unterscheiden sich die SVP und die FDP nirgends so stark wie bei ihrer Verankerung in den jüngeren Altersgruppen.

Der stärkste soziologisch definierte Gegensatz ist 1999 erstmals wieder sozialer Natur, auch wenn nicht mehr im klassischen Sinne von „oben" und „unten". Deutlich sichtbar wird dies am Wahlverhalten nach Einkommensklassen. Sowohl Personen mit sehr hohen wie auch sehr tiefen Einkommen wählen rechts, während die mittleren und etwas überdurchschnittlichen Einkommensklassen eine verstärkte Affinität nach links zeigen. Sichtbar wird es allerdings, wenn zwischen den Erwerbssektoren unterschieden wird. Als einzige der untersuchten Gruppe ist öffentlich Bediensteten eigen, dass sie mehr für die SPS gewählt haben als für alle bürgerlichen oder rechten Parteien zusammen. Demgegenüber sind die selbständig Erwerbenden, namentlich jene der alten Mittelschicht, das rechteste Teilelektorat, das es gegenwärtig in der Schweiz gibt.

Wichtiger noch als die generelle Profilierung der Parteiwählerschaft vor dem Hintergrund soziologischer Kriterien ist die Frage, wo die Partei zwischen den Wahlen 1995 und 1999 zugelegt hat. Dies sei exemplarisch anhand des Wahlsiegers, der SVP, vorgeführt: Der erste Befund lautet dabei, dass diese Partei in allen untersuchten und zeitlich vergleichbaren Merkmalsgruppen stärker geworden ist. Nirgends war ihr Anteil rückläufig. Das Wachstum unterscheidet sich allerdings je nach Bevölkerungsteil, den man vor Augen hat (siehe *Tabelle 7*).

Bemerkenswert ist vor allem der Umbruch bei den jüngeren Altersgruppen. Nirgends ist die Veränderung so stark wie bei den unter 40jährigen. Dies ist umso bemerkenswerter, als es bis 1995 weitgehend ein Plus der linken und grünen Parteien war, jüngere Wählergruppen anzusprechen. Der Aufschwung der SVP hat demnach auch damit zu tun, dass nachfolgende Generationen diesmal sprunghaft mehr die SVP wählten, als dies noch vor vier Jahren der Fall war.[34] Als zweites erwähnen wir, dass die Verstärkung der SVP 1999 vor allem ein Phänomen der protestantischen Wählerschaft ist. Ueberdurchschnittlich stark ausgefallen sind die Verschiebungen auch in den grossen Agglomerationen sowie auf dem Land. Am wenigsten zusätzliches gewonnen hat die Partei bei den RentnerInnen, selbständig Erwerbenden, Personen im öffentlichen Dienst und Leuten mit einer höheren Ausbildung. Nicht direkt geprüft werden können die Veränderungen nach Einkommensklassen, wenn auch eine Vermutung besteht, dass diese in den oberen Lohnkategorien verstärkt ausgefallen sind.

Tabelle 7: Wachstum SVP nach Merkmalsgruppen im Vergleich der Nationalratswahlen 1995 und 1999

Verstärkung	Zuwachs in Prozentpunkten
Stark überdurchschnittlich	
18-40jährige	16
Große Agglomerationen	16
Landgemeinden	12
ProtestantInnen	10
Leicht überdurchschnittliche Verstärkung	
Angestellte Privatwirtschaft	9
Deutschsprachige Schweiz	9
Männer	9
Berufsschulabschluss	9
Unterdurchschnittliche Verstärkung	
Frauen	6
40-65jährige	5
Lateinische Schweiz	5
Tiefer Schulabschluss	5
KatholikInnen	5
Hoher Schulabschluss	4
Angestellte Öffentlicher Dienst	4
Mittlere und kleine Agglomerationen	3
Selbständig Erwerbstätige	3
65jährige und ältere	2

Quelle: SRG Wahlbarometer, Nachbefragung Nationalratswahlen 1999, erstellt durch das GfS-Forschungsinstitut resp. Wahlnachbefragungen 1995.

Greift man unsere obige These zur Bedeutung der Kommunikation bei Wahl auf, kann man festhalten, dass verschiedenartige, volatile Potenziale der schweizerischen Wählerschaft verstärkt den Aufschwung der SVP ausmachen. Eigentlich kann keine spezifische Gesellschaftsgruppe genannt werden, sondern das Zusammenspiel von Unzufriedenheit oder Protestverhalten in den jüngeren Generationen, auf dem Land wie auch in den grossen Agglomerationen und insbesondere in der protestantischen Wählerschaft. Präzisiert werden können diese Beobachtungen anhand der Uebersicht zum WechselwählerInnen-Verhalten: Bei keiner Partei hat sich die Wählerschaft innert 4 Jahren so stark erneuert wie bei der SVP. Maximal zwei Drittel der heutigen Wählerschaft können als konstante WählerInnen angesehen werden; ein Viertel ergibt sich aus dem Wechsel von einer anderen Partei zur SVP, und rund ein Zehntel entsteht aus der Rekrutierung von Neuwählenden. Was den Parteiwechsel betrifft, legt die Nachbefragung nahe, dass es vor allem ehemalige FDP-WählerInnen waren, gefolgt von der CVP-Wählerschaft. Erst an dritter Stelle folgen die WechslerInnen von bisherigen Nicht-Regierungsparteien.

Tabelle 8: Quantifizierungen und Typisierung der WählerInnenbewegungen nach aktuellen Parteiwählerschaften

Partei	Neu-wählerInnen	Stamm-wählerInnen	Wechsel-wählerInnen	Positive Wechsel-bilanzen	Negative Wechsel-bilanzen
SVP	9 %	66 %	25 %	FDP, CVP, andere	---
SPS	12 %	84 %	4 %	Partei-ungebundene	CVP, FDP
FDP	9 %	81 %	10 %	SPS	SVP, CVP
CVP	14 %	72 %	14 %	SPS, FDP	SVP

Quelle: SRG-SSR-Wahlnachbefragung, erstellt durch das GfS-Forschungsinstitut resp. Wahlbarometer 99.

5. Moderne politische Kommunikation als Mittel der Mobilisierung des nationalkonservativen Protestes

Vorerst kann bei den Ausführungen zum Wahlkampf festgehalten werden, dass die SVP als einzige Partei 1999 einen systematischen, national und lokal sichtbaren Wahlkampf zur Profilierung der Partei geführt hat. Dabei ergibt die Betrachtung von aussen, dass es sich um eine Mischung strategischer Ueberlegungen zur Bestimmung werthaltiger Themen, aber auch um Reaktionen auf wenig vorhersehbare Ereignisse gehandelt hat.

Zu Beginn des Wahljahres befand sich die SVP in der Defensive, in die sie durch ihre Opposition gegen die neue Verkehrspolitik des Bundes geraten war. Umgekehrt profilierte sich die FDP mit einem Reformprogramm, das Ziele für 8 Jahre politische Arbeit in der Schweiz formulierte, die stark an die neue Mitte erinnerten, die in anderen Ländern durch sozialliberale Strömungen besetzt ist. Die CVP befand sich ihrerseits in einem Hoch der Aufmerksamkeit, hatte sie doch im Frühling '99 einen Wechsel ihrer beiden Regierungsmitglieder vollzogen und so neue Kombinationen für Linke und Rechte sowie für Männer und Frauen angeboten. Umso überraschender war es, dass die SVP die letzten kantonalen Wahlen vor der gesamtschweizerischen Wahl deutlich gewann.

Für den eigentlichen Wahlkampf lohnt sich die Unterscheidung in drei Phasen:
- den Vorwahlkampf (April–Juli 1999),
- die Hauptphase (August–September 1999) resp.
- die Schlussphase (Oktober 1999),

wobei sich die Wählerstärken der Parteien nach Phasen unterschiedlich stark veränderten und Eigenheiten der verschiedenartigen Kampagnen offenlegen.

Grafik 3: Trends in den Wahlabsichten während des Wahljahres

„Wenn am nächsten Sonntag schon Nationalratswahlen wären, welcher Partei würden Sie heute Ihre Stimme hauptsächlich geben?"

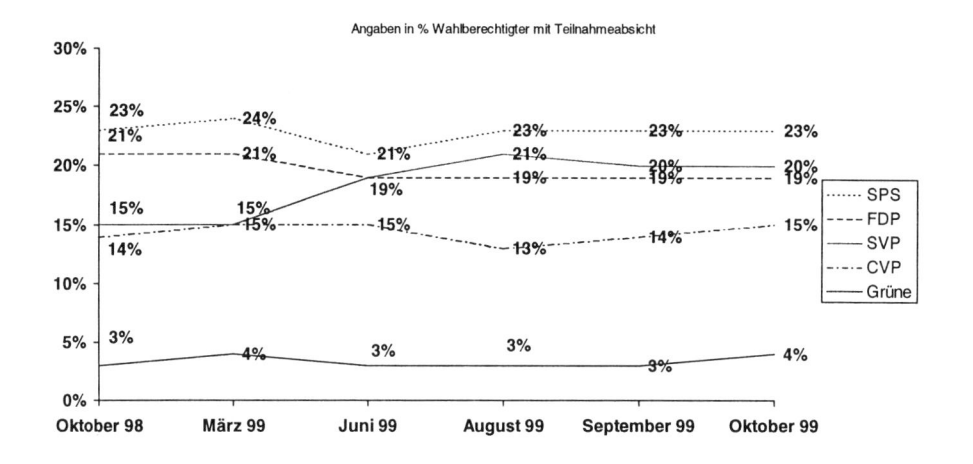

Angaben in % Wahlberechtigter mit Teilnahmeabsicht

	Oktober 98	März 99	Juni 99	August 99	September 99	Oktober 99
SPS	23%	24%	21%	23%	23%	23%
FDP	21%	21%	21%	21%	20%	20%
SVP	15%	15%	19%	19%	19%	19%
CVP	15%	15%	15%	13%	14%	15%
Grüne	3%	4%	3%	3%	3%	4%

Quelle: „SRG--SSR Wahlbarometer 99", erstellt durch das GfS-Forschungsinstitut, Stand anfangs Oktober 1999 (N = 1571 Teilnahmewillige).

Mit dem Ueberraschungscoup bei den Zürcher Kantonswahlen änderte sich schlagartig das öffentliche Klima gegenüber der SVP. Plötzlich war sie wieder die medial gefragteste Partei, bei der man allgemein von einem Wahlsieg auf nationaler Ebene ausging. Spannung konnte die SVP erzeugen, weil es bei einem beträchtlichen Wahlsieg möglich erschien, dass die Frage nach der Regierungszusammensetzung gestellt würde. Die SVP nutzte denn auch die Gunst der Stunde und bestimmte mit ihrem „campaigning" die Themenfelder der Kampagne: Kampf dem Asylmissbrauch, Ausbau der direkten Demokratie, neue Steuer- und Anlagepolitik für öffentliche Gelder sowie restriktive Sozialpolitik. Vor allem in der Asylpolitik konnte sie auf die Unterstützung der bürgerlichen Regierungsparteien zählen, mit denen sie im Vorfeld der Wahlen die Asylgesetzgebung verschärft hatte. Im Konflikt war sie dagegen mit der CVP bei der Sozial- wie auch der Steuerpolitik, während die FDP ihre Thesen gegen die Einführung einer gesamtschweizerischen Mutterschaftsversicherung teilte. Gegen alle etablierten Kräfte propagierte die SVP den Ausbau der direkten Demokratie unter Einschränkung der parlamentarischen Reaktionsmöglichkeiten.

Als taktisch vorteilhaft erwies sich die Wahlkampfführung vor allem angesichts des mitten im Vorwahlkampf ausgebrochenen „Kosovo-Krieges", der das öffentliche Klima europaweit und auch in der Schweiz nachhaltig prägte. In ersten Reaktionen begegnete die schweizerische Bevölkerung dem „Kosovo" mit einer breiten Sympathie- und Unterstützungswelle, was der Politik der SVP entgegenstand. Die Stimmung kippte allerdings, als die Flüchtlingsbewegungen Richtung Schweiz einsetzten, was die SVP sofort nutzte, um ihre restriktiven Positionen in der ganzen Migrationsfrage zu forcieren. Die Volksabstimmung brachte denn auch eine eindrückliche Zustimmung zur restriktiven Politik der Landesregierung und der bürgerlichen Parteien, und Nachanalysen zeigten, dass eine knappe Mehrheit der Stimmenden auch nach der Verschärfung weitere Einschränkungen verlangten. Was als ursprüngliche Profilierung des geschlossenen bürgerlichen Lagers gegen die Linke gedacht war, bot vor allem der am stärksten fordernden Partei, der SVP, eine Plattform, sich zu profilieren. Die Kampagne der SVP begann dabei offen an fremdenfeindliche Instinkte zu appellieren, etwa mit dem nationalen Plakataushang, der auf den Untergang der Schweiz durch Kriminelle aus Ex-Jugoslawien anspielte.

Grafik 4: Trends im politischen Problembewusstsein der Wahlberechtigten im Wahljahr

„Welches ist das dringendste Problem, das die schweizerische Politik heute lösen sollte, und welches steht an zweiter Stelle?"

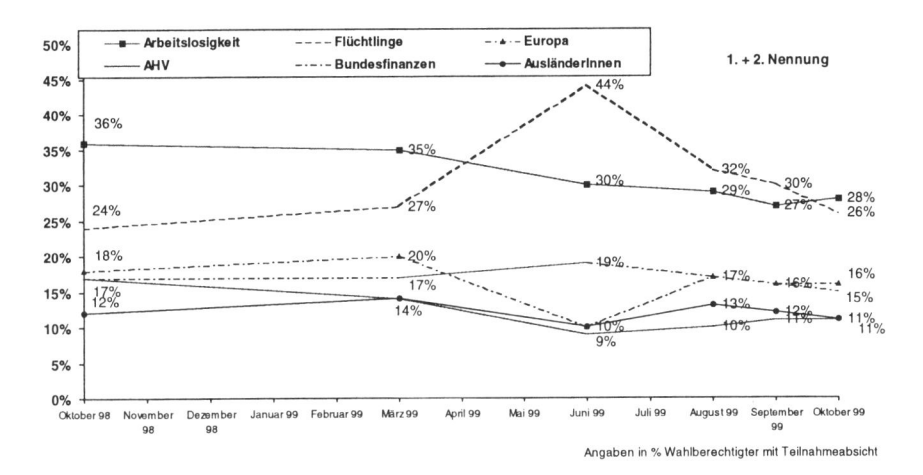

Quelle: „SRG-SSR Wahlbarometer 99, erstellt durch das GfS-Forschungsinstitut", Stand anfangs Oktober 1999 (N = 2146 Wahlberechtigte).

Die so entstandenen Erwartungen forderten die anderen Parteien verstärkt heraus. Sie begannen, den Stil des SVP-Wahlkampfes anzugreifen. Ein zentraler Gegenstand der Debatte war dabei, ob die SVP mit ihrer Forderung, eingereichte Volksinitiativen innert 6 Monaten der verbindlichen Volksabstimmung unterbreiten zu müssen, den Boden der demokratischen Parteien nicht verlassen würde, wäre doch die Reaktionsmöglichkeit des

Parlamentes auf Volksbegehren so praktisch ausgeschlossen. In dieser Phase gelang es den anderen Parteien denn auch, das Gewicht im Wahlkampf zu verlagern, vor allem auch die eigenen Themen zu favorisieren: Mit der parlamentarischen Billigung der Kooperationsverträge zwischen der Schweiz und der Europäischen Union hatten die FDP, die CVP und die SPS einen Höhepunkt in ihrer Kampagne und zwangen die SVP so, in der für sie heikelsten Frage Stellung nehmen zu müssen. Sie schloss sich denn auch ohne Begeisterung der Zustimmung als Partei an, während ihr wichtigster Exponent in der Europa-Frage, NR Christoph Blocher, gegen die Vorlage stimmte und so versuchte, das isolationistische Rechtslager, das begann, Referendumsunterschriften zu sammeln, zu besänftigen.

Die Provokation Christoph Blochers, der 1992 persönlich nach dem abgelehnten EWR-Vertrag die „Bilateralen" mit der EU gefordert hatte, löste die personalisierte Debatte der Schlussphase aus. Angeheizt wurde die Stimmung insbesondere durch die Publikation eines Briefes von Christoph Blocher, in dem er sich zustimmend zu einem Buch eines „Holocaust"-Leugners äusserte, was den schon länger schwelenden Eindruck einer mangelnden Abgrenzung der SVP nach rechts bestärkte. Die plakative Publikation des Briefes durch die Sonntagspresse bot der SVP auch die Möglichkeit, sich gegen die „Medienkampagne", die einen zwei Jahre alten Brief instrumentell verwendete, zur Wehr zu setzen und so in der inhaltlich themenarmen Schlussphase ihre Anhängerschaft zu mobilisieren.

Bilanziert man die Wirkungen der SVP-Kampagne, können wir festhalten, dass sie als erstes das Kampagneklima bestimmte und von diesem „climate setting" auch in der Vorwahlkampf-Phase profitierte.[35] Die entscheidende Rolle kam dabei der Flüchtlingsfrage zu, die sowohl in der Medien- wie auch in der Bevölkerungsagenda auf Platz 1 rangierte, ja phasenweise alles andere übertraf. Dies gilt namentlich für die deutschsprachige Schweiz, wo über die Flüchtlingsfrage die eigentliche nationalkonservative Revolte ausgelöst worden ist, welche den Boden für den kommenden Wahlsieg der SVP gerade in dieser Landesgegend bereitete. Ueber dieses Moment festigte die SVP rasch ihr Image als aktivste Partei, was ihr auch half, sich in Themen, die normalerweise nicht durch nationalistische Wellen bestimmt sind, als profilierter Akteur darzustellen. Immerhin schaffte es die SVP phasenweise, auch in Finanz- und Steuerfragen, die normalerweise stark von der FDP besetzt sind, als kompetent zu erscheinen.

Der Themenwandel in der Hauptphase und die stärkere Abgrenzung der anderen Parteien von der SVP blieben nicht ohne Wirkung. Nahegelegt wird durch die „Wahlbarometer"-Erhebungen, dass die SVP zwar ungebremst die Wählerschaft, die sich rechts der Mitte ansiedelt, ansprechen konnte. Demgegenüber besteht der Eindruck, dass sich Personen, die sich politisch in der Mitte ansiedeln, mit Einsetzen der Hauptphase des Wahlkampfes vermehrt von der SVP wieder abwandten. Die Wahlabsichten zur SPS blieben davon praktisch unberührt, jene zur FDP nur wenig, während es vor allem der CVP gelang, mit ihrer Schlussmobilisierung und einer stark via ihre neuen Regierungsmitglieder getragenen Werbung sich zu verbessern.

Die nationalkonservative Revolte in der Gestalt der SVP 413

Grafik 5: Trends in der Beurteilung der Parteien während des Wahlkampfes

„Reden wir jetzt vom Problem, das für Sie das dringendste ist, das Sie also zuerst genannt haben. Welche Partei trägt Ihrer Meinung nach am meisten bei, um dieses Problem zu lösen?"

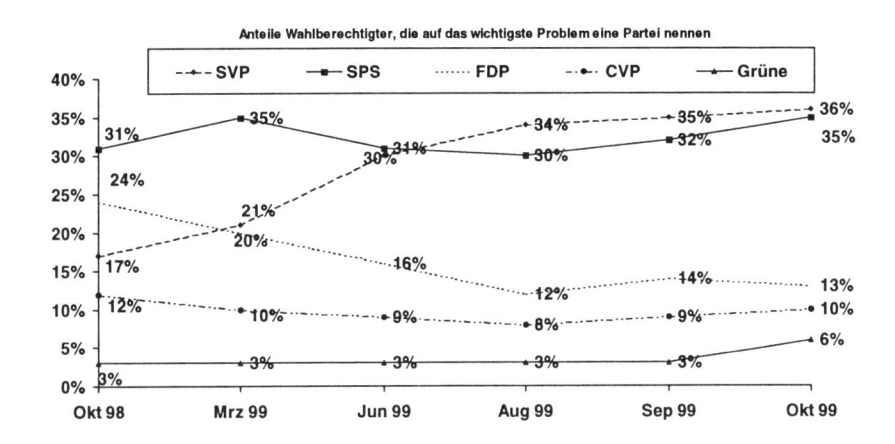

Quelle: „SRG--SSR Wahlbarometer 99", erstellt durch das GfS-Forschungsinstitut, August 1999 (N = jeweils rund 2000 Wahlberechtigte).

Grafik 6: Trends in den Wahlabsichten der SVP nach Links/Rechts-Orientierung

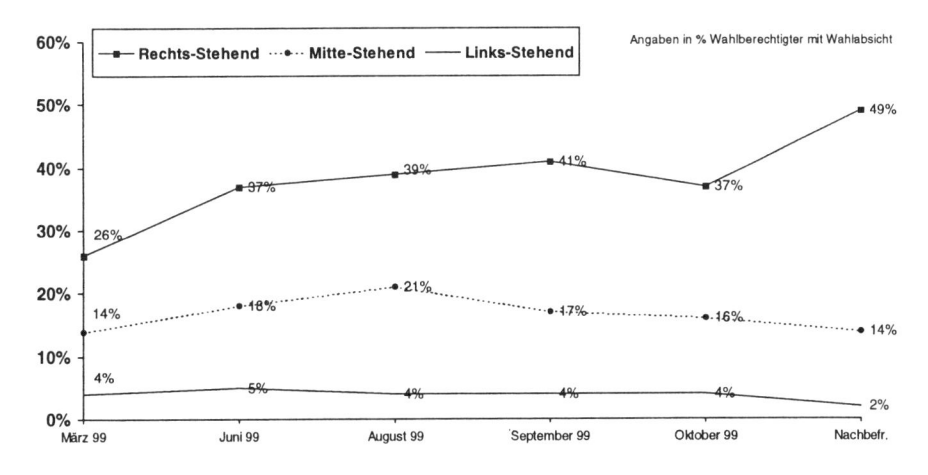

Quelle: „SRG--SSR Wahlbarometer 99, erstellt durch das GfS-Forschungsinstitut", Stand anfangs Oktober 1999 (N = 2135 Wahlberechtigte).

Kommunikativ bilanziert werden kann denn auch der Aufstieg der SVP im Wahljahr 1999 wie folgt: Als modern erwies sich die Kommunikationstechnik der SVP insofern, als sie die massenmediale Kommunikation einsetzte, um den Rahmen selber zu definieren oder den definierten Rahmen wendig zu ihren eigenen Gunsten zu nutzen, dass ihre Wahlkampfaktivitäten vor Ort auf einen fruchtbaren Boden fielen.[36] Von Vorteil war hier sicherlich, dass sie über das grösste Wahlkampf-Budget verfügte. Allein mit den finanziellen Mitteln den Wahlerfolg erklären zu wollen, scheint uns aber verfehlt, sind doch weitere Bestimmungsgründe von Belang, die wir für typisch für die heute effektive Kommunikation halten:[37]

- Wie keiner anderen Partei gelang es der SVP 1999, sich bei WählerInnen zu empfehlen, die sich bei Wahlen aufgrund vorherrschender Themen entscheiden. Damit gelang es ihr auch erstmals ein Privileg zu durchbrechen, das bisher der SPS gehörte, die erstmals nicht am meisten Issue-WählerInnen für sich gewinnen konnte.

- Zu den Eigenheiten der SVP-Kommunikation gehörte aber auch, dass sie die wichtigen Themen sichtbar mit Personen in Verbindung bringen konnte, die als Kommunikatoren die massenmediale Debatte führen und Profil zeigen konnten. Das Beispiel von Christoph Blocher, dem bekanntesten Parlamentarier und geschickten Kommunikator, ist sicherlich der beste Beleg dafür.

- Mehr noch als das sehen wir als entscheidend an, dass die SVP den von ihr favorisierten Themenschwerpunkten eine doppelte Signifikanz geben konnte: Moderne Kommunikation heisst nicht nur das „climate-" und „agenda-setting" zu beherrschen, sondern über den policy-Bezug hinaus Verbindung zur Machtfrage (politics-Dimension) wie auch zu übergreifenden Trends in den Wertmustern (polity-Dimension) zu schaffen.[38]

6. Synthese: Differenzierung im Parteiensystem der Schweiz verstärkt

Was also kennzeichnet die schweizerischen Wahlen von 1999? Vordergründig fällt selbstverständlich der Sieg der SVP auf. Sie hat sich von 14,9 auf 22,5 Prozent verstärkt. Ein Wachstum von 7,6 Prozent ist dabei für die Schweiz einmalig, seit der Nationalrat auf der Basis des Proporzwahlrechtes bestellt wird und die grösseren Parteien in die Konkordanz eingebunden sind.

Ist die Schweiz deshalb nach rechts gerückt? Diese Vermutung findet in unserer Analyse keine Bestätigung, vielmehr vertreten wir die These, dass es 1999 in der Schweiz vor dem Hintergrund einer nationalkonservativen Revolte zu einer Umgruppierung des rechten politischen Lagers gekommen ist, wobei sich das bürgerliche Lager zusehends in drei Parteien differenziert, die zwar weiterhin ihre historischen Bestimmungsgründe kennen, diese aber abstreifen und von kulturell determinierten, regional definierten Repräsentationsparteien zu politischen Richtungsparteien mutieren.

Ueberblickt man die Trends in der gesamten Partei- und WählerInnen-Landschaft, kann man vorerst eine verstärkte Polarisierung des pluralistischen Parteienwesens festhalten, das, ohne gleich zu einem bipolaren System umgekrempelt zu werden, seinen mässigenden Charakter verliert. Auf der einen Seite erstarkt die SVP und bildet sie im ehemaligen bürgerlichen Lager ein neues und starkes Gravitationszentrum, während auf der anderen Seite die SPS in den 90er Jahren an WählerInnen-Stärke zulegte, wenn auch diesmal nur noch marginal.

Aus der Perspektive der klassischen Parteien- und WählerInnen-Analyse zeigen sich weiterhin Spuren der historisch definierten Konfliktlinien, etwa jener konfessioneller, sozialer oder regionaler Natur. Generell halten wir aber einen Rückgang oder eine Transformation dieser cleavages als Bestimmungsgründe für das Wahlverhalten fest. Die so erodierenden WählerInnen-Bindungen eröffnen erhebliche Potenziale für Verschiebungen im schweizerischen Elektorat, die durch verstärkte Tendenzen des Parteiwechselns, aber auch der selektiven Nicht- resp. Wiederbeteiligung bestimmt sind.

Neue Konfliktlinien definieren sich dabei vor allem wertmässig. Wir können zwar keinen eigentlichen Wertebruch feststellen, wie ihn die Postmaterialismus-Analyse postulierte, doch lassen sich verschiedene Strömungen nachweisen, die Wertmuster definieren, welche wenigstens für einige Zeit als gültige Konfliktlinien gelten können. Aktuell bestimmt die Reaktionsweise der SchweizerInnen auf die Globalisierung. Diese realisierte sich im wesentlichen 1996 – genau zu jenem Zeitpunkt, als sich die neuen Wertmuster auszubilden begannen. Diese lassen sich generell in zwei Richtungen unterscheiden: auf der Dimension Modernismus oder Unterstützung von Veränderungen vs. Konservatismus oder Abwehr von Veränderungen. Der Modernismus hat dabei zwei Ausprägungen, eine eher bürgerliche und eine linke. Diese Unterteilung zeigt sich auf dem entgegengesetzten Pol, wobei wir zwischen dem sozialen und dem nationalen Konservatismus unterscheiden.

Eigenheiten des Nationalkonservatismus in der Schweiz sind, dass er sich nicht sozial-ökonomisch, sondern kulturell gegenüber der Modernisierung abgrenzt. Der so erwachte Nationalismus bekommt dabei ein reaktionäres Gepräge im eigentlichen Sinne. Umgekrempelt wird via den neuen Nationalkonservatismus das rechte politische Lager in der Schweiz, ohne dass man ihn gleich mit dem klassischen Rechtsextremismus gleichsetzen kann. Zwar zeigte gerade der Wahlkampf 1999, dass die wichtigsten RepräsentantInnen der neuen Wertmuster Mühe bekunden, sich gegenüber rechtsextremen Positionen abzugrenzen. Dennoch unterscheidet er sich von diesem inhaltlich: Ausdruck findet der gegenwärtige Nationalkonservatismus immer deutlicher in Parolen wie „Die Schweizer zuerst" – ein Slogan, der neuerdings von breiteren, schicht- und altersmässig unabhängig definierten Bevölkerungsteilen geteilt wird. Dem schweizerisch geprägten Nationalkonservatismus ist aber auch eigen, dass er die direkte Demokratie als Hort gegen die internationale Verflechtung und Vernetzung preist und so die populistische Stimmungslage zwischen „einfachem Volk" und „classe politique" einfängt. Populär ist diese Position vor allem in den ländlichen Gebieten, unter den Wählenden weniger typisch für die Unterschichten. Den schweizerischen Nationalkonservatismus zeichnet aber auch aus, dass er ein Gemisch von unterschiedlichsten Anspielungen zu eher protektionistischen Wirtschaftspolitiken resp. neoliberaler Gesellschafts- und Staatspolitik macht. Ersteres zeigt sich in der latenten Abgrenzung gegenüber der Globalisierung der Wirtschaft, etwa dort, wo sich Aussen- und Binnenwirtschaft entkoppeln, während letzteres speziell in Positionen der Sozialpolitik resp. Steuerfragen angesprochen wird. Dies macht die SVP für unterschiedliche Teile bürgerlicher WählerInnen attraktiv.

Uebers Ganze gesehen können wir nicht nachweisen, dass sich der Nationalkonservatismus in der Schweiz deutlich ausgebreitet hätte. Rund ein Viertel der stimm- und wahlberechtigten BürgerInnen können ihm zugeordnet werden. Die Eigenheit der gegenwärtigen Entwicklung kommt dagegen dort zum Ausdruck, wo der Nationalkonservatismus parteipolitisch aufgeladen werden kann, vermehrt zu Parteibindungen führt und diese gegenwärtig eindeutig bei der SVP kanalisiert werden. Insofern erweitert sich der klassische Ansatz der Analyse von Konfliktlinien, die das Parteiengefüge prägen. Gegen die Verortung des Nationalkonservatismus als rechtsextreme Bewegung spricht auch, dass er im sozialökonomischen Bereich Allianzen mit gewissen neoliberalen Tendenzen offenlässt, etwa in der Steuer- oder der Sozialpolitik.

Soziologisch führte die Neudefinition der SVP als d e r nationalkonservativen Partei in der Schweiz zu erheblichen Gewinnen von WählerInnen in der protestantischen Bevölkerung, vermindert auch in der katholischen. Starke Veränderungen zeichnen sich sowohl in den peripheren Landgebieten ab als auch in den grossen Agglomerationen. Den massivsten Zuwachs verzeichnet die SVP bei der jüngeren Altersgruppen, die in einem schon erheblichen Masse eine zwischen links und rechts bipolarisierte Parteiorientierung zeigen.

Für die Erklärung der massiven Gewinne der SVP bei den Nationalratswahlen 1999 kann man allerdings nicht nur die mittelfristigen Veränderungen der 90er Jahre einbeziehen. Der Wahlerfolg 1999 war deutlich stärker als die bisherigen und fiel auch wesentlich krasser aus, als es etwa die Verschiebungen auf der kantonalen Ebene seit 1995 nahelegten. Deshalb müssen die Veränderungen auch mit den spezifischen Umständen im Wahljahr erklärt werden. Unübersehbar kommt dabei der Situation im Asylwesen und dem politisch-medialen Umgang hierzu die höchste Bedeutung zu. Die Folgen des „Kosovo"-Krieges in der Schweiz sind denn auch der Ausgangspunkt der nationalkonservativen Revolte 1999. Sie haben der SVP aber auch die Möglichkeit eröffnet, sich im Wahljahr als Partei zu empfehlen, welche die wichtigen Herausforderungen, die auch die BürgerInnen sehen, in ihr Handeln aufnimmt. Einmal verfestigt, konnte dieses Image gewinnbringend als Basis für die Kampagne 99 dienen und teilweise auch auf andere Politikbereiche übertragen werden. Dadurch gelang es der SVP, sich als Partei zu empfehlen, die mehr als nur eine Personen-Partei ist. Vielmehr sprach sie wie nie zuvor rechte Issue-WählerInnen an, die, ausgehend von einigen Missständen in der schweizerischen Politik, eine eigentliche Wende anstreben.

Die Wende selber ist 1999 aber ausgeblieben. Die Regierungsformel wurde in den Neuwahlen für die Landesregierung nur eineinhalb Monate nach den Wahlen nicht geändert. Nationalrat Christoph Blocher, die treibende Kraft der Veränderungen im schweizerischen Parteiensystem der 90er Jahre und eigentlicher Wahlsieger 1999, erhielt eine deutliche Abfuhr. Mit ihm steckte auch die neue SVP eine Niederlage ein, bleibt sie doch als WählerInnen-stärkste Partei in der Landesregierung in der Position des Juniorpartners, dem gerade einer von sieben Sitzen zugestanden wird. Zudem musste sie akzeptieren, dass dieser gegenwärtig durch den bisherigen Repräsentanten der alten SVP eingenommen wird.

Grafik 7: Positionierung der Parteiwählerschaft im Links/Rechts-Spektrum 1987-1999

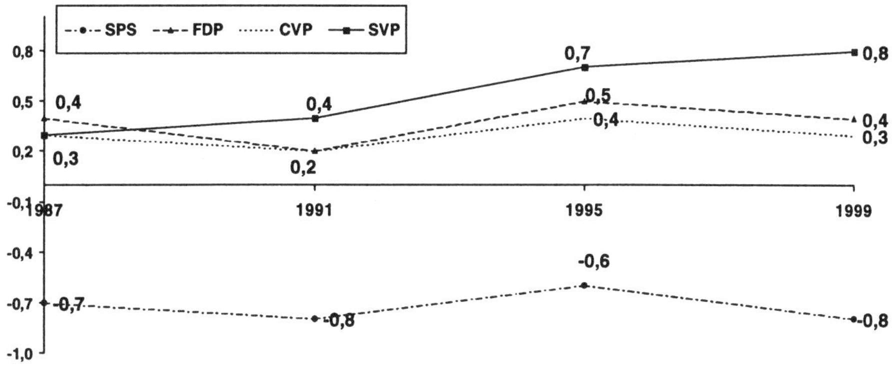

Erläuterung: Sehen sich alle WählerInnen einer Partei rechts, ergibt der Index +1, während er -1 ist, wenn sich alle WählerInnen links sehen.

Was aus all dem, was bisher geschah, wird, kann nicht nur aufgrund der WählerInnen-Bewegungen abgeleitet werden. Auch die MeinungsmacherInnen bestimmen hier mit. Bei den jüngsten Nationalratswahlen lehnten sie die von der SVP geforderte Umgestaltung der Regierungsweise von der Konkordanz in Richtung bürgerlicher Mitte/Rechts-Regierung ab. Verschiedene Gründe können hierfür angeführt werden: Kein Interesse am Modell, das die SVP propagiert, kann die SPS haben; ein beschränktes, vor allem wegen der Schadenminimierung, die CVP. Die FDP bleibt die der SVP verwandteste Partei, doch auch sie entschied sich, die kommenden Herausforderungen gemeinsam mit der Linken und der Rechten bewältigen zu wollen.

Mag sein, dass die Einsicht mitentschied, dass 1999 die Schweiz nicht als ganzes nach rechts gerückt ist. Vielmehr hat sich die Rechte selber umgruppiert. Dies hat sichtbar die Parteien rechtsaussen geschwächt, aber auch die CVP und die FDP. Verloren haben aber nicht die Zentrumskräfte, sondern die rechten Repräsentanten in der CVP und FDP, die ihre Wählerbasis vermehrt bei der SVP politisieren sehen. Insofern hat sich ein eher klares Parteiensystem mit vier zunehmend von ihren Positionen unterscheidbaren Parteien etabliert. Dies rät eher zu vermehrter Abgrenzung der Parteien unter sich, was in der koalitionsfreien Konkordanz auch weiterhin möglich sein wird. Zu erwarten ist, dass Mehrheiten fallweise und nicht durch Blockbildung gesucht werden. Mit dieser Zwischenbilanz in der Reaktion der Parteien auf den Nationalkonservatismus unterscheidet sich die Schweiz von jener, welche Oesterreich nach seinen Parlamentswahlen gezogen hat, auch wenn in den Ursachen für die gegenwärtigen WählerInnen-Verschiebungen Gemeinsamkeiten geortet werden können.

Anmerkungen

1 U. Beck: Was ist Globalisierung?, Frankfurt am Main 1997; für die neue Politik unter dem Eindruck der Globalisierung siehe A. Giddens: Jenseits von Links und Rechts. Die Zukunft radikaler Demokratie, Frankfurt am Main 1997.

2 Basiselemente für den polit-kulturellen Vergleich von Oesterreich und der Schweiz geben Plasser/Ulram (1991) resp. Armingeon/Freitag (1997). Die aktuellsten Uebersichten über die jeweiligen Systeme geben Dachs et al. (1997) für Oesterreich resp. Klöti et al. (1999) für die Schweiz.

3 Vgl. Nohlen (1992) zu den entsprechenden Stichworten und die dort zitierte Literatur.

4 Für die polit-kulturelle Begründung der Regierungsweise in der Schweiz siehe Steiner (1974).

5 Aktuelle Porträts der Parteien finden sich auf den Websites der Parteien. Eine Uebersicht mit Links zu sämtlichen Parteien auf der schweizerischen und auf der kantonalen Ebene gibt www.polittrends.ch/parteien.

6 Eine Projektbeschreibung findet sich unter URL: www.polittrends.ch/wahlbarometer. Die hauptsächlichen Ergebnisse liegen in zwei Forschungsberichten vor (Longchamp et al. 1999a (für die Vorbefragungen) resp. 1999b (für die Nachbefragung)). Das Projekt umfasste zudem eine Medieninhaltsanalyse zu den Kampagnen, die einer ausführlichen Sekundäranalyse unterzogen worden ist (Vgl. U. Bieri: Eventmanagement als Erklärung des Wahlverhaltens, Universität Bern, Bern 2000).

7 Erwähnt seien insbesondere die Projekte Sorgenbarometer (Longchamp/Leuenberger 1999), Angstbarometer (Raselli/Longchamp 1996 resp. Martinovits/Raymann 1998), über die jeweils aktuell auch unter URL: www.gfs.ch/publikationen berichtet wird, aber auch eine laufende Sekundäranalyse der Wertefragen in den VOX-Analysen, welche erste diesbezügliche Ueberlegungen der Studie Longchamp/Raymann/Kraut (1994) weiterführt.

8 Die Grundlage legten Sidjanski et al. (1975). Weitergeführt wurde diese Serie durch Sondernummern der VOX-Studien (Hertig (1980), Kerr (1987), Longchamp (1984), Longchamp (1988) und Longchamp/Hardmeier (1992)). Für 1995 lagen erstmals zwei Untersuchungen vor (Longchamp et al. (1995) sowie Kriesi et al. (1998) bzw. Schloeth (1998)).

9 Die Ergebnisse der Wahlen finden sich unter URL: http://www.parlament.ch/D/Wahlen/Wahlen99/Wahlen99_d.htm.

10 Vgl. Wernli (1998).

11 Vgl. Sartori (1976), der vier Typen von Parteisystemen unterscheidet, nämlich den polarisierten Pluralismus, den gemässigten Pluralismus, das Zwei-Parteiensystem und Parteiensysteme mit einer klar dominanten Partei.

12 Ladner (1999) kommt aufgrund eines Indexes der effektiven Zahlen von Parteien, wie ihn die vergleichende Parteienlehre entwickelt hat, auf durchschnittlich 5,9 relevante Parteien für den Zeitraum von 1948-1995; Höhepunkt war dabei das Jahr 1991. Nur in Belgien wäre demnach der Parteienpluralismus noch grösser als in der Schweiz.

13 Detaillierte Entwicklungen in den Kantonen dokumentiert das periodisch aufdatierte Parteienbarometer; vgl. C. Longchamp, U. Bieri, L. Bösch: Polarisierung im Regierungslager, aber kein bipolares Parteiensystem, Bern 20. 4. 1999 (URL: www.polittrends.ch/parteien).

14 Vgl. C. Longchamp (1994).

15 Vgl. www.auns.ch.

16 Direkte Informationen über NR Blocher finden sich auf seiner website www.blocher.ch. Der Umstrittenheit der Person entsprechend, gehört sie zu den bestbesuchten Websites der schweizerischen PolitikerInnen.

17 Vgl. VOX 1977 ff.

18 Vgl. Lipset/Rokkan (1967).

19 Vgl. Fagagnini (1988).

20 Vgl. Brändle 1997, der die ideologische Entwicklung der schweizerischen Parteien aufgrund ihrer Wahlprogramm für die ganze Nachkriegszeit nachzeichnet.

21 Linder, W.; Longchamp, C.; Stämpfli, R.: Politische Kultur im Wandel – am Beispiel des gelegentlichen Urnengangs, Basel 1991.

22 Vgl. Longchamp, C.: Erosion und Erneuerung der Parteien im Konkordanzsystem, in: NZZ, 21.10.1998, (URL: www.polittrends.ch/parteien).

23 In der Schweiz haben alle Wählenden gleich viele Stimmen, wie es Sitze im Wahlkreis zu verteilen gibt, was nichts anderes heisst, als dass man ausser in den 5 Einerwahlkreise effektiv mehrere Parteien wählen kann. Insofern sind selbst die Wahlergebnisse nur mit Vorsicht zu verwenden, denn sie berechnen künstliche WählerInnen, die sich aus den effektiven Einzelstimmen dividiert durch die Sitzzahlen ergibt. Es ist aber sicher, dass die SVP beispielsweise von mehr als 22,5 Prozent mindestens eine Teilstimme erhalten hat, das heisst (mit)gewählt worden ist. Für weitere Erläuterungen zum Wahlrecht siehe http://www.admin.ch/ch/d/pore/nrw99/index.html.

24 Dalton/Flanagan/Beck (1984).

25 Linder (1998).

26 Nabholz (1998).

27 Vgl. Longchamp, C: Die neue Instabilität bei schweizerischen Wahlen, in: Schweiz. Jahrbuch für Politische Wissenschaft, 27 (1987), 51-77.

28 Vgl. Longchamp, C.: Herausgeforderte demokratische Oeffentlichkeit. Zu den Möglichkeiten und Grenzen des politischen Marketings bei schweizerischen Wahlen, in: Schweiz. Jahrbuch für politische Wissenschaft, 31 (1991).

29 Vgl. etwas M. Horx, P. Wippermann: Was ist Trendforschung?, Düsseldorf 1996, resp. M. Horx: Das Wörterbuch der 90er Jahre. Ein Gesellschaftspanorama, Hamburg 1991.

30 Vgl. Inglehart (1997) resp. (1989), für die Anwendung auf die Schweiz Sacchi (1992).

31 Erstellt wird sie aufgrund eines Indikatorensets in Befragung, das Wertpräferenzen misst. Diese werden mit der Faktorenanalyse hinsichtlich der Dimensionen analysiert und beschrieben, und die Individuen werden mit einer Clusteranalyse den Mustern zugeordnet. Für die Zeit vor 1996 – dem Bewusstwerden der Globalisierungskonsequenzen – ergibt das gleiche Indikatorenset keine Lösungen mit vier, sondern nur mit drei Mustern, wobei diese eine liberal/konservative Bürgerlichkeit, einen linken Modernismus und den Postmaterialismus reflektieren, vgl. hierzu Kriesi (1993).

32 Eine detaillierte sozialwissenschaftliche Analyse des Nationalkonservatismus in der Schweiz steht noch aus. Der klassischen historisch-sozialwissenschaftlichen Analyse des Rechtsextremismus in der Schweiz verpflichtet ist Altermatt/Kriesi (1995), weshalb diese Grundlagenarbeit uns nicht weiter hilft. Mehr publizistischer Natur dagegen sind die materialreichen Dokumentationen von Hartmann/Horvath (1995) resp. der Diskussionsband von Hartmann/Gross (1995).

33 Vgl. Longchamp et al. (1999b).

34 Vgl. hierzu auch: C. Longchamp et al.: Die polarisierte Generation. Die ErstwählerInnen bei den Nationalratswahlen 1999, GfS-Forschungsinstitut, Bern 1999 (URL: www.polittrends.ch/wahlen).

35 Das Konzept des „climate settings" versteht sich als Erweiterung des „agenda settings", das sich einseitig auf die kognitiven Prozesse der Medienverarbeitung konzentriert. Climate setting versucht dagegen vor allem auch die emotionale Mobilisierung zu erfassen, die namentlich über das dominante Thema erfolgt. Vgl. hierzu: C. Longchamp: „Themenstrukturierung und Klimaerzeugung. Kommunikationswissenschaftliche Überlegungen für die Analyse und Gestaltung von politischen Kampagnen am Beispiel der schweizerischen Nationalratswahlen 1983-1995. Referat am Kongress "Wahlen und Politikvermittlung durch Massenmedien", Wien, 17./18. April 1998 (URL: www.polittrends.ch/wahlen).

36 Vgl. hierzu Jarren/Sarcinelli/Saxer (1998), die in verschiedenen Beiträgen die moderne Wahlkampfkommunikation abhandeln.

37 Vgl. generell hierzu: P. Glotz: Die beschleunigte Gesellschaft. Kulturkämpfe im digitalen Kapitalismus, München 1999.

38 Vgl. Dombrovski (1997).

Literatur

Altermatt, U.; Kriesi, H. (1995). *Rechtsextremismus in der Schweiz. Organisationen und Radikalisierung in den 1980er und 1990er Jahren*, Zürich

Armingeon, K.; Freitag, M. (Hg.) (1997). *Deutschland, Oesterreich und die Schweiz. Die politischen Systeme im Vergleich*, Opladen

Beck, U. (1997). *Was ist Globalisierung?*, Frankfurt am Main

Brändle, M. (1997). *Ideologien im Wandel? Eine Analyse der Wahlprogramme der Schweizer Parteien FDP, CVP, SVP und SPS 1947-1995*, Universität Bern, Bern

Dachs, H. et al. (1997). *Handbuch des politischen Systems Oesterreichs. Die Zweite Republik*, 3., erweiterte und völlig neu bearbeitete Auflage, Wien

Dalton, R.J.; Flanagan, S.C.; Beck, P.A. (1984). *Electoral Change in Advanced Industrial Democracies*, Princeton

Dombrovski, Ines (1997). *Politisches Marketing in Massenmedien*, Diss. Saarbrücken
Fagagnini, H.P. (1988). Die politischen Parteien im Struktur- und Wertewandel, *Schweizer Monatsheft* 68, 123-135
GfS-Forschungsinstitut (2000). *Wertewandel in der Schweiz unter dem Eindruck der Globalisierung* (erscheint demnächst)
Giddens, A. (1997). *Jenseits von Links und Rechts. Die Zukunft radikaler Demokratie*, Frankfurt am Main
Glotz, P. (1999). *Die beschleunigte Gesellschaft. Kulturkämpfe im digitalen Kapitalismus*, München
Hartmann, H.; Gross, A. (1995). *Heile Welt Schweiz. Die nationalkonservative Bewegung in der Diskussion*, Zürich
Hartmann, H.; Horvath, F. (1995). *Zivilgesellschaft von rechts. Die unheimliche Erfolgsstory der Zürcher SVP*, Zürich
Hertig, H. (1980). *Analyse der Nationalratswahlen 1979*. VOX-Sondernummer, Zürich
Horx, M. (1991). Das Wörterbuch der 90er Jahre. Ein Gesellschaftspanorama, Hamburg
Horx, M.; Wippermann, P. (1996). *Was ist Trendforschung?*, Düsseldorf
Inglehart, R. (1989). Kultureller Umbruch. Wertwandel in der westlichen Welt, Frankfurt/New York
Inglehart, R. (1997). *The Silent Revolution. Changing Values and Political Styles Among Western Publics*, Princeton
Jarren, O.; Sarcinelli, U.; Saxer, U. (Hg.) (1998). *Politische Kommunikation in der demokratischen Gesellschaft. Ein Handbuch mit Lexikonteil*, Opladen
Kerr, H. (1987). The Swiss Party System, in: H. Daalder (ed.). *Party Systems in Denmark, Austria, Switzerland, the Netherlands and Belgium*, London, 92-107
Kitschelt, H. (1995). *The Radical Right in Western Europe. A Comparative Analysis*, Ann Arbor
Klöti, U. et al. (1999). *Handbuch Politisches System der Schweiz. Manuel de la politique suisse*, Zürich
Kriesi, H. (1993). *Wertmuster der Schweizer Stimmbürger*, Diskussionspapier GfS-Forschungsinstitut, Bern
Kriesi, H. (1998). The Transformation of Cleavage Politics, *European Journal of Political Research* 33, 165-185
Kriesi, H.; Linder, W.; Kloeti, U. (Hg.) (1998). *Schweizer Wahlen 1995* (= selects vol. 2), Bern
Ladner, A. (1999). Das Schweizer Parteiensystem und seine Parteien, in: U. Klöti et al. (Hg.). *Handbuch Politisches System der Schweiz. Manuel de la politique suisse*, Zürich
Linder, W. (1998). Parteien-, Persönlichkeits-, Europa- oder Traditionswahl, in: H. Kriesi, W. Linder und U. Kloeti (Hg.). *Schweizer Wahlen 1995* (= selects vol. 2), Bern, 73-100
Linder, W.; Longchamp, C.; Stämpfli, R. (1991). *Politische Kultur im Wandel – am Beispiel des gelegentlichen Urnengangs*, Basel
Lipset, S.; Rokkan, S. (1967). Cleavages Structures, Party Systems and Voter Alignments: An Introduction, in: S. Lipset und S. Rokkan (eds.). *Party Systems and Voter Alignments*, New York, 1-64
Longchamp, C. (1984). *Analyse der Nationalratswahlen 1983*. VOX-Sondernummer, Zürich
Longchamp, C. (1987). Die neue Instabilität als Kennzeichen des heutigen Wahlverhaltens, *Schweiz. Jahrbuch für Politische Wissenschaft* 27, 51-72
Longchamp, C. (1988). *Analyse der Nationalratswahlen 1987*. VOX-Sondernummer, Zürich
Longchamp, C. (1991a). Politisch-kultureller Wandel in der Schweiz. Eine Uebersicht über die Veränderungen der Orientierungs- und Partizipationsweisen in den 80er Jahren, in: F. Plasser und P.A. Ulram (Hg.). *Staatsbürger oder Untertanen? Politische Kultur Deutschlands, Oesterreichs und der Schweiz im Vergleich*, Frankfurt, 49-101
Longchamp, C. (1991b). Herausgeforderte demokratische Oeffentlichkeit. Von den Möglichkeiten und Grenzen des politischen Marketings bei Schweizer Wahlen und Abstimmungen, *Schweiz. Jahrbuch für Politische Wissenschaft* 31, 51-77

Longchamp, C. (1994). *Den Pelz waschen, ohne ihn nass zu machen. Eine sozialwissenschaftliche Analyse des abgelehnten EWR-Beitritts in der Schweiz*, in: H. Rust (Hg.). *Europa-Kampagnen*, Wien, 9-57

Longchamp, C. (1998). Erosion und Erneuerung der Parteien im Konkordanzsystem, Neue Zürcher Zeitung, 21.10.1998 (URL: www.polittrends.ch/parteien)

Longchamp, C. (2000). Themenstrukturierung und Klimaerzeugung. Kommunikationswissenschaftliche Ueberlegungen für die Analyse und Gestaltung von politischen Kampagnen am Beispiel der schweizerischen Nationalratswahlen 1983-1995 (erscheint in: O. Jarren (Hg.). *Wahlen und Politikvermittlung in der historischen Perspektive*, Wien)

Longchamp, C.; Hardmeier, S. (1992). *Analyse der Nationalratswahlen 1991*. VOX-Sondernummer, Zürich

Longchamp, C.; Raymann, U.; Kraut, P. (1994). *Unterstützung von Bundesrat und Verwaltung. Wandlungen im Verhältnis von Bürgerschaft und Regierung in der Mitte der 90er Jahre als Herausforderung an eine offene Staatstätigkeit*, GfS-Forschungsinstitut, Bern

Longchamp, C.; Huth, P.; Rickenbacher, A., Kraut, P. (1995). *Auf dem Weg zur Tripolarität im Parteiensystem der Schweiz. Eine Erstanalyse der Nationalratswahlen 1995*, GfS-Forschungsinstitut und SRG, Bern

Longchamp, C.; Bieri, U.; Bösch, L. (1999a). *Polarisierung im Regierungslager, aber kein bipolares System. Das Parteienbarometer des GfS-Forschungsinstituts* (Stand 20. April 1999), Bern (URL: www.polittrends.ch/parteien)

Longchamp, C.; Golder, L.; Ratelband, S. (1999b). *Die polarisierte Generation. Die ErstwählerInnen bei den Nationalratswahlen 1999*, GfS-Forschungsinstitut, Bern (URL: www.polittrends.ch/wahlen)

Longchamp, C.; Bieri, U.; Bösch, L.; Rutsch, A.; Ratelband, S. (1999c). *Grösste Umgruppierung seit Bestehen der Konkordanz denkbar. Bericht zur 6. Welle des „SRG SSR Wahlbarometers 99, erstellt durch das GfS-Forschungsinstitut"*, Bern (URL: www.polittrends.ch/wahlen/wahlbarometer)

Longchamp, C.; Bieri, U.; Bösch, L.; Rutsch, A.; Ratelband, S. (1999d). *Analyse der WählerInnen-Bewegungen bei den Nationalratswahlen 1999. Bericht zur Nachbefragung des GfS-Forschungsinstituts, im Auftrag der SRG SSR Idée suisse*, Bern (URL: www.polittrends.ch/wahlen/nachanalyse)

Longchamp, C.; Leuenberger, P. (1999). *Wer nichts riskiert, gewinnt nichts. Schlussbericht zum Sorgenbarometer 1999*, GfS-Forschungsinstitut, Bern

Martinovits, A.; Raymann, U. (1998). *Aengste und Hoffnungen der Bevölkerung und der Jugendlichen. Schlussbericht zum Angst- und Hoffnungsbarometer 1998*, GfS-Forschungsinstitut, Zürich

Müller, W. C.; Plasser, F.; Ulram, P.A. (Hg.) (1995). *Wählerverhalten und Parteienwettbewerb. Analysen zur Nationalratswahl 1994*, Wien

Nabholz, R. (1998). Das Wählerverhalten in der Schweiz: Stabilität oder Wandel? Eine Trendanalyse von 1971-1999, in: H. Kriesi, W. Linder und U. Kloeti (Hg.). *Schweizer Wahlen 1995* (= selects vol. 2), Bern, 17-44

Nohlen, D. (1992). *Lexikon der Politik*, 7 Bände, München

Plasser, F. (1987). *Parteien unter Stress. Zur Dynamik der Parteiensysteme in Oesterreich, der Bundesrepublik Deutschland und den Vereinigten Staaten*, Wien

Raselli, G.; Longchamp, C. (1996). *Divergente Bedrohungssignale in den 90er Jahren. Angst-Barometer Bericht 1996*, GfS-Forschungsinstitut, Zürich

Sacchi, S. (1992). Postmaterialismus in der Schweiz von 1972 bis 1990, *Schweiz. Zeitschrift für Soziologie* 18, 87-117

Sartori, G. (1976). *Parties and Party Systems*, Cambridge

Schloeth, D. (1998). *Vor die Wahl gestellt. Die eidgenössischen Wahlen 1995 im Blickwinkel dreier konkurrierender Wahltheorien* (= selects vol. 3), Bern

Sidjanski, D.; Roig, C.; Kerr, H. jr.; Inglehart, R.; Nicola, J. (1975). *Les Suisses et la politique. Enquete sur les attitudes d'électeurs suisses*, Bern

Steiner, J. (1974). *Amicable Agreement Versus Majority Rule. Conflict Resolution in Switzerland*, Chapel Hill

VOX (1977ff.). *Analysen eidg. Volksabstimmungen*, hgg. vom GfS-Forschungsinstitut und den politikwissenschaftlichen Instituten der Universität Bern, Genf und Zürich, Zürich/Bern

Wernli, B. (1998). Les élections fédérales helvétiques, in: U. Klöti et al. (Hg.). Handbuch Politisches System der Schweiz. Manuel de la politique suisse, Zürich, 511-555

Anhang A: Ergebnisse von Wahlen und Abstimmungen 1945–1999

Tabelle A1	Nationalratswahlen 1945–1999 (in absoluten Stimmen, Prozenten und Mandaten)
Tabelle A2	Europawahlen 1996 und 1999
Tabelle A3	Nationalratswahlen im Burgenland
Tabelle A4	Nationalratswahlen in Kärnten
Tabelle A5	Nationalratswahlen in Niederösterreich
Tabelle A6	Nationalratswahlen in Oberösterreich
Tabelle A7	Nationalratswahlen in Salzburg
Tabelle A8	Nationalratswahlen in der Steiermark
Tabelle A9	Nationalratswahlen in Tirol
Tabelle A10	Nationalratswahlen in Vorarlberg
Tabelle A11	Nationalratswahlen in Wien
Tabelle A12	Bundespräsidentenwahlen in Österreich 1951–1998
Tabelle A13	Landtagswahlen im Burgenland 1953–1996
Tabelle A14	Landtagswahlen in Kärnten 1953–1999
Tabelle A15	Landtagswahlen in Niederösterreich 1954–1998
Tabelle A16	Landtagswahlen in Oberösterreich 1955–1997
Tabelle A17	Landtagswahlen in Salzburg 1954–1999
Tabelle A18	Landtagswahlen in der Steiermark 1953–1995
Tabelle A19	Landtagswahlen in Tirol 1953–1999

Tabelle A20   Landtagswahlen in Vorarlberg 1954–1999

Tabelle A21   Landtagswahlen in Wien 1954–1996

Tabelle A22   Volksabstimmung „Zwentendorf" 1978

Tabelle A23   Volksabstimmung „EU-Beitritt" 1994

Tabelle A24   Ergebnisse von Volksbegehren 1964–1997

Tabelle A1: Nationalratswahlen 1945–1999 (in absoluten Stimmen, Prozenten und Mandaten)

Jahr	Wahlbe-rechtigte	Abgegebene Stimmen insgesamt	ungültig	gültig	SPÖ	ÖVP	FPÖ	KPÖ	Abgegebene gültige Stimmen für		sonstige			
1945	3,449.605	3,253.329	35.975	3,217.354	1,434.898	1,602.227	–	174.257						5.972
1949	4,391.815	4,250.616	56.883	4,193.733	1,623.524	1,846.581	489.273	213.066						21.289
1953	4,586.870	4,395.519	76.831	4,318.688	1,818.517	1,781.777	472.866	228.159						17.369
1956	4,614.464	4,427.711	75.803	4,351.908	1,873.295	1,999.989	283.749	192.438						2.440
1959	4,696.603	4,424.658	61.802	4,362.856	1,953.935	1,928.034	336.110	142.578						2.190
1962	4,805.351	4,506.007	49.876	4,456.131	1,960.685	2,024.501	313.859	135.520						21.530
1966	4,886.716	4,583.970	52.085	4,531.885	1,928.985	2,191.109	242.570	18.636						148.528
1970	5,045.840	4,630.851	41.889	4,588.962	2,221.981	2,051.012	253.425	44.750						14.925
1971	4,984.448	4,607.616	50.626	4,556.990	2,280.168	1,964.713	248.473	61.762						1.874
1975	5,019.277	4,662.684	49.252	4,613.432	2,326.201	1,981.291	249.444	55.032						1.464
1979	5,186.735	4,784.173	54.922	4,729.251	2,413.226	1,981.739	286.743	45.280						2.261
1983	5,316.436	4,922.454	69.037	4,853.417	2,312.529	2,097.808	241.789	31.912	ALÖ 65.816	VGÖ 93.798	ÖP 5.851	AHB 3.914		
1986	5,461.414	4,940.298	88.110	4,852.188	2,092.024	2,003.663	472.205	35.104	GRÜNE 234.028	GAL	K.G.	MIR		
									GRALT	VGÖ 6.005	VDS 1.059	CWG 8.100		
1990	5,628.912	4,848.741	143.847	4,704.894	2,012.787	1,508.600	782.648	25.685	225.081	92.277 WGÖ 3.996 VGÖ	CDP 35.833 6.194 LIF	9.263 Fritz 2.530 NEIN		
1994	5,774.000	4,730.987	97.873	4,633.114	1,617.804	1,281.846	1,042.332	11.919	GRÜNE 338.538	5.776 BGÖ 2.504 ÖNP	276.580 ÖNP 4.209 LIF	41.492 DBP 581 DBP	CWG 9.051 Fritz 482 NEIN	
1995	5,768.099	4,959.539	115.291	4,844.248	1,843.679	1,370.497	1,060.175	13.939 LIF	GRÜNE 233.232	1.634 KPÖ	267.078 DU	830 CWG	53.184 NEIN	
1999	5,838.373	4,695.225	72.871	4,622.354	1,532.448	1,243.672	1,244.087	168.612	GRÜNE 342.260	22.016	46.943	3.030	19.286	

Fortsetzung Tabelle A1

Jahr	Wahlb.	SPÖ	ÖVP	FPÖ	KPÖ	Prozente			sonst.				gesamt	SPÖ	ÖVP	Mandate FPÖ	KPÖ	GRÜ	LIF
1945	94,3	44,6	49,8	-	5,4				0,2				165	76	85	-	4		
1949	96,8	38,7	44,0	11,7	5,1				0,5				165	67	77	16	5		
1953	95,8	42,1	41,3	10,9	5,3				0,4				165	73	74	14	4		
1956	96,0	43,0	46,0	6,5	4,4				0,1				165	74	82	6	3		
1959	94,2	44,8	44,2	7,7	3,3				0,0				165	78	79	8	-		
1962	93,8	44,0	45,4	7,1	3,0				0,5				165	76	81	8	-		
1966	93,8	42,6	48,3	5,4	0,4				3,3				165	74	85	6	-		
1970	91,8	48,4	44,7	5,5	0,9				0,3				165	81	78	6	-		
1971	92,4	50,0	43,1	5,5	1,4				0,04				165	93	80	10	-		
1975	92,9	50,4	43,0	5,4	1,2				0,03				183	93	80	10	-		
1979	92,2	51,0	41,9	6,1	1,0				0,05				183	95	77	11	-		
1983	92,6	47,7	43,2	4,98	0,7	ALÖ 1,4	VGÖ 1,9	ÖP 0,1	AHB 0,1				183	90	81	12	-		
1986	90,5	43,1	41,3	9,7	0,7	GRÜNE 4,8	GAL 0,1	K.G. 0,02	MIR 0,2				183	80	77	18	-	8	
1990	86,1	42,8	32,1	16,6	0,6	GRALT 4,8	VGÖ 2,0	VDS 0,8	CWG 0,2	WGÖ 0,1	CDP 0,1	GF 0,1	183	80	60	33	-	10	
1994	81,9	34,9	27,7	22,5	0,3	GRÜNE 7,3	VGÖ 0,1	LIF 6,0	NEIN 0,9	BGÖ 0,1	ÖNP 0,1 DBP 0,01	CWG 0,2 FRITZ 0,01	183	65	52	42	-	13	11
1995	86,0	38,1	28,3	21,9	0,3	GRÜNE 4,8	ÖNP 0,03	LIF 5,5	NEIN 1,1	-	DBP 0,01		183	71	53	40	-	9	10
1999	80,4	33,2	26,9	26,9	0,5	GRÜNE 7,4	LIF 3,7	DU 1,0	NEIN 0,4	CWG 0,1	-	-	183	65	52	52	-	14	-

Legende zu Tabelle A1

Kandidierende Parteien bei der Nationalratswahl 1999:

In allen 9 Bundesländern:

1. Sozialdemokratische Partei Österreichs – **SPÖ**
2. Österreichische Volkspartei – **ÖVP**
3. Freiheitliche Partei Österreichs – **FPÖ**
4. Liberales Forum – Heide Schmidt – **LIF**
5. Die Grünen – die grüne Alternative – **GRÜNE** (in Salzburg: Grüne Alternative Salzburg)
6. Kommunistische Partei Österreichs – **KPÖ**
7. Die Unabhängigen – Liste Lugner – **DU**

In 8 Bundesländern (ohne Burgenland)

Bürgerinitiative Neutrales Österreich – Nein zu NATO und EU – **NEIN**

Nur in Salzburg, Tirol und Vorarlberg:

Christliche Wählergemeinschaft – **CWG**

Tabelle A2: Europawahlen 1996 und 1999

	Wahl-berecht.	abgeg. Stimmen	Wahl-bet.	gültige Stimmen	SPÖ Stimmen	%	ÖVP Stimmen	%	FPÖ Stimmen	%	LIF Stimmen	%	GRÜNE Stimmen	%	Stimmen	%	Stimmen	%	KPÖ Stimmen	%
Burgenland																				
1996	213.250	164.116	77,0	158.010	60.190	38,1	52.361	33,1	34.398	21,8	3.926	2,5	4.816	3,1	N 937	0,6	For. 995	0,6	387	0,2
1999	214.798	143.508	66,8	138.244	57.504	41,6	47.201	34,1	24.381	17,6	1.801	1,3	5.619	4,1	CSA 1.275	0,9	-		463	0,3
Kärnten																				
1996	422.109	280.059	66,4	272.104	93.624	34,4	53.215	19,6	101.162	37,2	6.878	2,5	10.586	3,9	N 2.160	0,8	For. 3.541	1,3	938	0,3
1999	424.647	187.296	44,1	183.259	66.052	36,0	38.635	21,1	62.741	34,2	2.664	1,5	9.921	5,4	CSA 2.425	1,3	-		821	0,5
N.Ö.																				
1996	1,123.075	836.010	74,4	796.544	233.350	29,3	284.092	35,7	183.851	23,1	33.172	4,2	41.979	5,3	N 10.724	1,3	For. 5.749	0,7	3.627	0,5
1999	1,140.076	718.977	63,1	685.171	221.034	32,3	247.736	36,2	136.843	20,0	15.330	2,2	50.446	7,4	CSA 9.476	1,4	-		4.306	0,6
O.Ö.																				
1996	979.594	677.907	69,2	655.531	186.579	28,5	202.459	30,9	184.351	28,1	22.594	3,5	42.671	6,5	N 9.774	1,5	For. 4.701	0,7	2.402	0,4
1999	991.397	552.259	55,7	533.205	163.715	30,7	170.627	32,0	133.133	25,0	10.143	1,9	46.089	8,6	CSA 6.622	1,2	-		2.876	0,5
Salzburg																				
1996	350.805	228.025	65,0	220.881	54.752	24,8	65.644	29,7	69.106	31,3	9.710	4,4	16.778	7,6	N 2.384	1,1	For. 1.817	0,8	690	0,3
1999	356.558	150.411	42,2	146.852	40.461	27,6	48.236	32,9	35.152	23,9	3.698	2,5	15.657	10,7	CSA 2.966	2,0	-		682	0,5
Steiermark																				
1996	908.555	570.919	62,8	557.177	162.569	29,2	169.400	30,4	160.735	28,9	17.921	3,2	32.128	5,8	N 5.858	1,1	For. 5.336	1,0	3.230	0,6
1999	913.643	397.854	43,6	389.389	125.856	32,3	117.151	30,1	97.470	25,0	8.285	2,1	30.609	7,9	CSA 6.542	1,7	-		3.476	0,9
Tirol																				
1996	460.006	264.654	57,5	259.616	44.099	17,0	87.487	33,7	87.416	33,7	11.870	4,6	22.292	8,6	N 3.189	1,2	For. 2.289	0,9	974	0,4
1999	469.004	166.067	35,4	163.924	35.575	21,7	61.379	37,4	36.219	22,1	4.529	2,8	21.264	13,0	CSA 4.255	2,6	-		703	0,4
Vorarlberg																				
1996	224.887	132.048	58,7	130.727	18.138	13,9	47.305	36,2	43.321	33,1	6.399	4,9	11.669	8,9	N 2.789	2,1	For. 833	0,6	273	0,2
1999	229.559	101.242	44,1	100.295	19.824	19,8	35.889	35,8	28.390	28,3	2.880	2,9	11.352	11,3	CSA 1.637	1,6	-		323	0,3
Wien																				
1996	1,118.096	774.800	69,3	743.555	252.609	34,0	162.958	21,9	180.264	24,2	49.113	6,6	75.331	10,1	N 10.785	1,5	For. 7.360	1,0	5.135	0,7
1999	1,107.978	471.119	42,5	461.014	158.317	34,3	92.321	20,0	101.190	22,0	25.137	5,5	69.316	15,0	CSA 7.886	1,7	-		6.847	1,5
Österreich																				
1996	5,800.377	3,928.538	67,7	3,794.145	1,105.910	29,2	1,124.921	29,7	1,044.604	27,5	161.583	4,3	258.250	6,8	N 48.600	1,3	For. 32.621	0,9	17656	0,5
1999	5,847.660	2,888.733	49,4	2,801.353	888.338	31,7	859.175	30,7	655.519	23,4	74.467	2,7	260.273	9,3	CSA 43.084	1,5	-		20497	0,7

Kandidierende Parteien:

Europawahl 1996:

Sozialdemokratische Partei Österreichs
Österreichische Volkspartei
Freiheitliche Partei Österreichs
Liberales Forum – Heide Schmidt
Die Grünen – Die Grüne Alternative
Die Neutralen – Bürgerinitiative
Forum Handicap
Kommunistische Partei Österreichs

Europawahl 1999:

Sozialdemokratische Partei Österreichs
Österreichische Volkspartei - Liste Ursula Stenzel
Freiheitliche Partei Österreichs
Liberales Forum
Die Grünen – Die Grüne Alternative
Christlich-Soziale Allianz - Liste Karl Habsburg
Kommunistische Partei Österreichs

Tabelle A3: Nationalratswahlen im Burgenland

	Wahl-berecht.	abgeg. Stimmen	Wahl-bet.	gültige Stimmen	SPÖ Stimmen	%	ÖVP Stimmen	%	FPÖ (WdU) Stimmen	%	KPÖ Stimmen	%	Stimmen	%	Stimmen	%	sonstige Stimmen	%
1945	137.222	132.043	96,2	131.336	58.917	44,9	68.108	51,9	-		4.311	3,3						
1949	169.836	165.914	97,7	164.972	66.739	40,5	86.700	52,6	W.d.U. 6.398	3,9	4.805	2,9	D.U. 133	0,1			197	0,1
1953	176.396	170.233	96,5	168.456	75.240	44,7	81.373	48,3	6.205	3,7	5.417	3,2	ÜEM 43	0,0			178	0,1
1956	175.955	168.340	95,7	165.828	76.265	46,0	81.516	49,2	FPÖ 4.919	3,0	3.128	1,9						
1959	175.878	164.059	93,3	162.430	75.587	46,5	76.788	47,3	8.154	5,0	1.901	1,2						
1962	177.335	166.924	94,1	165.162	76.389	46,3	80.456	48,7	6.602	4,0	1.715	1,0						
1966	176.577	168.914	95,7	167.421	76.006	45,4	85.700	51,2	4.019	2,4	758	0,4	DFP 1.505	0,9	LPÖ 191	0,1		
1970	182.626	173.720	95,1	172.199	83.989	48,8	82.813	48,1	4.639	2,7	790	0,5						
1971	180.590	170.879	94,6	169.254	85.021	50,2	78.586	46,4	4.857	2,9	772	0,4						
1975	183.683	175.265	95,4	173.560	89.827	51,8	78.565	45,3	4.396	2,5	694	0,4						
1979	192.225	182.448	94,9	180.717	95.688	52,9	79.394	43,9	4.941	2,7								
1983	197.459	187.135	94,8	184.704	94.850	51,4	81.791	44,3	4.090	2,2	543	0,3	ALÖ 1.609	0,9	VGÖ 1.821	1,0		
1986	200.572	188.069	93,8	185.497	90.862	49,0	79.418	42,8	9.985	5,4	626	0,3	GRÜNE 4.606	2,5				
1990	205.541	185.430	90,2	180.334	90.005	49,9	63.810	35,4	19.971	11,1	477	0,3	GRALT 4.501	2,5	VGÖ 1.570	0,9		
1994	212.341	187.240	88,2	183.240	81.120	44,3	57.719	31,5	30.640	16,7	182	0,1	GRÜNE 6.872	3,8	VGÖ 126	0,1	LIF 5.532	3,0
1995	212.319	190.465	89,7	186.022	83.120	44,7	59.291	31,9	31.349	16,9	239	0,1	GRÜNE 4.695	2,5	LIF 3.393	1,8	LIF 6.132 NEIN 969 BGÖ 80	3,3 0,5 0,04
1999	214.131	187.654	87,6	184.446	77.300	41,9	56.388	30,6	38.809	21,0	452	0,3	GRÜNE 6.875	3,7			DU 1.229 NEIN 1.196	0,7 0,6 -

Tabelle A4: Nationalratswahlen in Kärnten

	Wahl-berecht.	abgeg. Stimmen	Wahl-bet.	gültige Stimmen	SPÖ Stimmen	%	ÖVP Stimmen	%	FPÖ(WdU) Stimmen	%	KPÖ Stimmen	%	Stimmen	%	sonstige Stimmen	%	Stimmen	%
1945	204.641	182.622	89,2	179.260	87.572	48,9	71.265	39,8	-		14.451	8,1	DPÖ 5.972	3,3				
1949	267.272	252.008	94,3	248.834	101.356	40,7	83.801	33,7	W.d.U. 51.247	20,6	10.002	4,0	D.U. 335	0,1	2.093	0,8		
1953	285.615	260.413	91,2	253.175	121.775	48,1	73.015	28,8	42.053	16,6	10.405	4,1	ÜEM CDP 3.668	1,5	2.114	0,8		
1956	288.033	273.427	94,9	267.180	128.494	48,1	89.996	33,7	FPÖ 40.420	15,1	8.226	3,1	EK 145	0,1				
1959	298.478	274.638	92,0	271.371	136.967	50,5	88.813	32,7	36.687	13,5	6.714	2,5	BDS 44	0,0				
1962	306.746	279.420	91,1	276.500	137.283	49,7	94.639	34,2	34.544	12,5	8.911	3,2	EFP 2.190	0,8				
1966	316.740	291.052	91,9	288.008	142.813	49,6	106.421	37,0	33.113	11,5	-		DFP 1.123	0,4				
1970	336.452	309.670	92,0	307.314	163.636	53,2	109.682	35,7	29.722	9,7	3.655	1,2	DFP 5.661	2,0				
1971	333.231	303.811	91,2	300.553	165.167	55,0	101.449	33,8	29.177	9,7	4.760	1,6	619	0,2				
1975	344.797	315.558	91,5	311.835	170.719	54,7	105.572	33,9	31.059	10,0	4.485	1,4						
1979	364.432	332.356	91,2	328.831	184.899	56,2	107.355	32,6	32.947	10,0	3.630	1,1						
1983	378.661	347.283	91,7	342.937	181.497	52,9	109.949	32,1	36.775	10,7	2.562	0,7	ALÖ 5.148	1,5	VGÖ 7.006	2,0		
1986	393.327	369.366	93,9	361.990	170.704	47,2	98.452	27,2	75.735	20,9	2.341	0,6	GRÜNE 13.699	3,8	K.G. 1.059	0,3		
1990	407.925	363.309	89,1	354.386	163.428	46,1	65.565	18,5	107.322	30,3	1.217	0,3	GRALT 10.628	3,0	VGÖ 4.600	1,3	VDS 1.626	0,5
1994	419.648	345.332	82,3	338.513	133.783	39,5	55.399	16,4	113.456	33,5	509	0,2	GRÜNE 19.844	5,9	VGÖ 556	0,2	LIF 12.795	3,8
1995	419.255	360.002	85,9	351.508	143.426	40,8	64.942	18,5	114.862	32,7	694	0,2	GRÜNE 12.146	3,5	LIF 12.687	3,6	NEIN 1.921	0,5
1999	423.374	340.152	80,3	334.265	119.412	35,7	54.321	16,3	129.092	38,6	1.109	0,3	GRÜNE 18.300	5,5	LIF 8.713	2,6	NEIN 896	0,3

Zusätzliche Einträge 1995/1999: NEIN 1.590 0,5; DBP 581 0,2; DBP 830 0,2; DU 2.422 0,7

Tabelle A5: Nationalratswahlen in Niederösterreich

	Wahl-berecht.	abgeg. Stimmen	Wahl-bet.	gültige Stimmen	SPÖ Stimmen	%	ÖVP Stimmen	%	FPÖ(WdU) Stimmen	%	KPÖ Stimmen	%		Stimmen	%	sonstige Stimmen	%		Stimmen	%
1945	734.788	710.669	96,7	704.878	284.430	40,4	384.214	54,5	-		36.234	5,1								
1949	921.069	895.330	97,2	886.095	330.631	37,3	464.784	52,5	W.d.U. 39.385	4,4	48.459	5,5	D.U. ÜEM	1.288 786	0,2 0,1	Vierte P.	1.545	0,2		
1953	943.997	914.184	96,8	904.384	360.791	39,9	438.348	48,5	47.706	5,3	56.303	6,2	PDV	284	0,03		450	0,1		
1956	932.330	903.172	96,9	891.307	367.227	41,2	461.635	51,8	FPÖ 26.283	2,9	35.878	4,0								
1959	929.057	894.535	96,3	880.276	370.743	42,1	445.569	50,6	38.003	4,3	25.961	2,9								
1962	933.203	893.270	95,7	884.227	368.302	41,7	461.783	52,2	29.894	3,4	23.092	2,6	EFP DFP	1.156	0,1					
1966	937.781	895.695	95,5	886.399	367.173	41,4	478.978	54,0	20.699	2,3	-		DFP	19.549	2,2	NDP	539	0,06		
1970	958.394	909.852	94,9	902.713	408.129	45,2	459.691	50,9	24.037	2,7	8.148	0,9		2.169	0,2					
1971	943.546	896.350	95,0	887.103	417.135	47,0	431.413	48,6	27.594	3,1	10.961	1,2								
1975	950.592	903.952	95,1	895.357	429.621	48,0	430.843	48,1	25.970	2,9	8.923	1,0								
1979	984.013	928.215	94,3	919.513	445.116	48,4	434.799	47,3	32.738	3,6	6.860	0,7								
1983	1.014.506	957.340	94,4	945.494	433.819	45,9	454.890	48,1	28.586	3,0	5.636	0,6	ALÖ GRÜNE	8.336	0,9	VGÖ	14.227	1,5		
1986	1.042.311	964.345	92,5	950.126	402.735	42,4	449.637	47,3	57.828	6,1	5.815	0,6	GRALT	34.111	3,6					
1990	1.078.506	958.064	88,8	932.394	396.159	42,5	364.276	39,1	114.201	12,3	4.082	0,4	GRÜNE	30.480	3,3	VGÖ LIF	14.798 8.398	1,6 0,9		
1994	1.113.723	959.777	86,2	937.447	326.639	34,8	317.810	33,9	170.881	18,2	2.497	0,3	GRÜNE	53.766	5,7	VGÖ LIF	901 53.856	1,0 5,7	NEIN BGÖ	10.342 755	1,1 0,1
1995	1.116.215	995.160	89,2	972.478	368.884	37,9	335.223	34,5	167.935	17,3	2.756	0,3	GRÜNE	36.244	3,7	LIF	49.387	5,1	NEIN NEIN	12.049 12.049	1,2 1,2
1999	1.137.543	977.755	86,0	959.647	324.688	33,8	315.756	32,9	215.518	22,5	3.777	0,4	GRÜNE	57.123	6,0	LIF	27.573 4.458	2,9 0,5	NEIN DU	10.754	1,1

Tabelle A6: Nationalratswahlen in Oberösterreich

	Wahl-berecht.	abgeg. Stimmen	Wahl-bet.	gültige Stimmen	SPÖ Stimmen	%	ÖVP Stimmen	%	FPÖ(WdU) Stimmen	%	KPÖ Stimmen	%	Stimmen	%	Stimmen	%	sonstige Stimmen	%
1945	516.845	474.476	91,8	469.027	179.975	38,4	276.676	59,0	-		12.376	2,6						
1949	626.805	602.993	96,2	597.523	184.042	30,8	268.578	44,9	W.d.U. 124.520	20,8	18.574	3,1	D.U. 897 ÜEM	0,2	Vierte.P. 912	0,2	-	
1953	665.402	626.468	94,1	617.312	236.944	38,4	285.308	46,2	75.065 FPÖ	12,2	18.780	3,0	850	0,1			365	0,1
1956	682.692	654.903	95,9	647.205	260.938	40,3	325.874	50,4	46.224	7,1	14.169	2,2						
1959	704.646	670.261	95,1	663.366	278.538	42,0	313.817	47,3	57.922	8,7	13.089	2,0						
1962	723.385	685.705	94,8	679.014	280.696	41,3	330.057	48,6	54.486	8,0	12.351	1,8	EFP 1.424 DFP	0,2				
1966	742.058	702.735	94,7	695.650	280.310	40,3	357.015	51,3	44.810	6,4	-		13.118 DFP	1,9	LPÖ 397 NDP	0,1		
1970	775.094	728.015	93,9	722.053	335.931	46,5	332.284	46,0	48.120	6,7	4.152	0,6	466	0,1	1.100	0,2		
1971	769.942	722.936	93,8	715.303	343.226	48,0	319.627	44,7	46.536	6,5	5.914	0,8						
1975	788.957	745.070	94,4	737.310	359.473	48,8	322.026	43,7	49.696	6,7	6.115	0,8						
1979	831.469	776.185	93,4	767.783	385.853	50,3	320.995	41,8	55.347	7,2	5.588	0,7						
1983	872.094	816.478	93,6	806.402	373.443	46,3	351.110	43,5	48.083	6,0	4.091	0,5	ALÖ 11.069 GRÜNE	1,4	VGÖ 18.606	2,3		
1986	908.283	826.613	91,0	813.656	342.078	42,0	337.376	41,5	89.606	11,0	4.992	0,6	39.604 GRALT	4,9				
1990	942.375	819.645	87,0	795.849	334.481	42,0	264.883	33,3	127.689	16,0	3.097	0,4	32.844 GRÜNE	4,1	VGÖ 20.630 VGÖ	2,6	VDS 6.457 LIF	0,8	CWG 5.768 NEIN	0,7
1994	972.264	816.464	84,0	799.959	275.744	34,5	231.201	28,9	180.293	22,5	1.584	0,2	60.460	7,6	1.371	0,2	37.789 ÖNP 1.433 NEIN	4,7 0,2	6.333 CWG 3.751 NEIN	0,8 0,5
1995	973.319	858.628	88,2	840.208	319.985	38,1	247.981	29,5	181.347	21,6	1.785	0,2	GRÜNE 42.616 GRÜNE	5,1	LIF 36.923 LIF	4,4	9.571 NEIN	1,1	9.571 DU	1,1
1999	988.107	824.760	83,5	811.319	268.207	33,1	232.298	28,6	217.442	26,8	2.680	0,3	59.680	7,4	21.688	2,7	3.538	0,4	5.786	0,7

Tabelle A7: Nationalratswahlen in Salzburg

	Wahl-berecht.	abgeg. Stimmen	Wahl-bet.	gültige Stimmen	SPÖ Stimmen	%	ÖVP Stimmen	%	FPÖ Stimmen	%	KPÖ Stimmen.	%	Stimmen	%	Stimmen	%	sonstige Stimmen	%				
1945	142.707	128.372	90,0	126.390	49.965	39,5	71.631	56,7	-		4.794	3,8										
									W.d.U.				D.U.		Vierte P.							
1949	186.665	175.342	93,9	172.060	57.752	33,6	75.215	43,7	31.919	18,6	5.759	3,3	466	0,3	949	0,6						
													ÜEM									
1953	199.405	189.302	94,9	186.020	65.871	35,4	79.128	42,5	35.269	19,0	5.251	2,8	501	0,3								
									FPÖ													
1956	205.056	194.497	94,9	191.745	69.147	36,1	90.517	47,2	27.664	14,4	4.414	2,3										
1959	214.991	198.824	92,5	196.404	75.966	38,7	86.875	44,2	29.869	15,2	3.694	1,9										
1962	225.894	207.316	91,8	205.497	79.020	38,5	94.666	46,1	28.185	13,7	3.626	1,8										
													DFP									
1966	238.308	219.633	92,2	217.530	78.564	36,1	104.552	48,1	27.154	12,5	-		7.260	3,3								
													DFP		NDP							
1970	256.194	231.378	90,3	229.763	97.698	42,5	100.186	43,6	29.850	13,0	1.360	0,6	432	0,2	237	0,1						
1971	257.019	229.416	89,3	227.199	102.668	45,2	96.669	42,6	26.103	11,5	1.759	0,8										
													StF									
1975	268.589	242.873	90,4	240.870	106.977	44,4	102.507	42,6	29.194	12,1	1.752	0,7	440	0,2								
1979	284.273	257.253	90,5	254.849	114.510	44,9	109.676	43,0	29.084	11,4	1.579	0,6										
													ALÖ		VGÖ							
1983	299.832	271.697	90,6	268.750	111.064	41,3	123.901	46,1	21.384	8,0	1.119	0,4	3.904	1,5	7.378	2,8						
													GRÜNE									
1986	316.476	274.564	86,8	270.805	99.515	36,8	110.880	40,9	43.026	15,9	1.388	0,5	15.996	5,9								
													GRALT		VGÖ		WGÖ					
1990	333.516	269.886	80,9	262.206	99.193	37,8	84.241	32,1	53.878	20,6	991	0,4	19.087	7,3	3.325	1,3	1.491	0,6				
													GRÜNE		VGÖ		LIF		NEIN			
1994	346.798	273.709	78,9	268.279	83.256	31,0	77.768	29,0	64.182	23,9	-		21.841	8,1	366	0,1	17.038	6,3	2.408	0,9		
																			CWG			
																			1.420	0,5		
													GRÜNE		LIF		NEIN					
1995	347.347	294.200	84,7	288.053	93.822	32,6	83.785	29,1	73.053	25,4	570	0,2	16.108	5,6	17.582		3.133	1,1				
													GRÜNE		LIF		NEIN		CWG		DU	
1999	355.456	280.888	79,0	276.455	80.047	29,0	76.961	27,8	81.148	29,4	841	0,3	23.200	8,4	10.581	3,8	957	0,4	1.017	0,4	1.703	0,6

Tabelle A8: Nationalratswahlen in der Steiermark

	Wahl-berecht.	abgeg. Stimmen	Wahl-bet.	gültige Stimmen	SPÖ Stimmen	%	ÖVP Stimmen	%	FPÖ (WdU) Stimmen	%	KPÖ Stimmen	%		Stimmen	%		sonstige Stimmen	%		sonstige Stimmen	%
1945	531.238	499.310	94,0	493.861	205.779	41,7	261.358	52,9	-		26.724	5,4									
1949	678.328	664.301	97,9	653.755	244.482	37,4	280.719	42,9	W.d.U. 94.991	14,5	29.617	4,5	D.U.	3.540	0,5	Vierte P.	406	0,1			
1953	708.311	682.335	96,3	662.518	272.360	41,1	269.662	40,7	89.895	13,6	29.177	4,4	ÜEM	439	0,1		985	0,2			
1956	716.017	698.769	97,6	687.110	302.325	44,0	313.510	45,6	FPÖ 47.513	6,9	23.762	3,5									
1959	726.066	701.489	96,6	690.381	312.776	45,3	308.835	44,7	47.116	6,8	21.654	3,1									
1962	739.653	714.987	96,7	704.899	304.810	43,2	327.853	46,5	48.034	6,8	24.202	3,4									
1966	752.162	727.606	96,7	717.056	313.763	43,8	356.703	49,7	34.976	4,9	-										
1970	782.640	749.353	95,7	739.546	354.023	47,9	337.463	45,6	36.877	5,0	8.988	1,2	DFP	11.331	1,6	LPÖ 283	0,0				
1971	772.901	740.471	95,8	729.649	357.198	49,0	324.894	44,5	35.594	4,9	11.963	1,6				NDP					
1975	779.866	750.536	96,2	740.503	372.219	50,3	325.372	43,9	33.936	4,6	8.976	1,2	DFP	1.203	0,2	992	0,1				
1979	811.261	779.044	96,0	767.775	394.397	51,4	317.651	41,4	47.184	6,1	8.543	1,1									
1983	836.331	801.368	95,8	787.076	389.179	49,4	332.668	42,3	31.265	4,0	5.991	0,8	ALÖ	14.361	1,8	VGÖ 12.195	1,6	ÖP 1.408	0,2		
1986	859.323	820.081	95,4	798.892	352.219	44,1	327.557	41,0	79.364	9,9	7.160	0,9	GRÜNE	32.592	4,1						
1990	883.795	823.232	93,1	795.095	344.525	43,3	263.800	33,2	133.797	16,8	5.711	0,7	GRALI	31.334	3,9	VGÖ 8.818	1,1	VDS 7.110	0,9		
1994	905.719	793.151	87,6	772.694	282.781	36,6	212.122	27,5	181.051	23,4	2.960	0,4	GRÜNE	47.683	6,2	VGÖ 1.052	0,1	LIF 38.057	5,0		
1995	904.431	791.823	87,6	764.530	303.089	39,6	225.620	29,5	162.194	21,2	3.121	0,4	GRÜNE	30.830	4,0	LIF 32.177	4,2	NEIN 7.499	1,0	NEIN 6.415 BGÖ 573	0,8 0,2
1999	912.056	731.249	80,2	721.545	243.917	33,8	193.381	26,8	210.672	29,2	4.686	0,7	GRÜNE	41.960	5,8	LIF 18.993	2,6	NEIN 2.562	0,4	DU 5.374	0,7

Tabelle A9: Nationalratswahlen in Tirol

	Wahl-berecht.	abgeg. Stimmen	Wahl-bet.	gültige Stimmen	SPÖ Stimmen	%	ÖVP Stimmen	%	FPÖ Stimmen	%	KPÖ Stimmen	%	Stimmen		%	sonstige Stimmen		%	Stimmen	%	Stimmen	%
1945	178.449	156.952	88,0	153.571	40.857	26,6	109.360	71,2			3.354	2,2										
1949	237.912	231.405	97,3	226.497	53.820	23,8	127.528	56,3	W.d.U. 39.377	17,4	3.705	1,6	D.U. 1.644		0,7	Vierte P. 423		0,2				
1953	257.656	247.748	96,2	240.944	70.473	29,2	132.655	55,1	31.650	13,1	5.716	2,4	ÜEM 450		0,2							
1956	266.492	258.511	97,0	253.163	74.865	29,6	159.287	62,9	FPÖ 15.254	6,0	3.754	1,5										
1959	279.785	265.620	94,9	260.200	82.038	31,5	154.659	59,4	20.446	7,9	3.057	1,2										
1962	295.598	279.487	94,5	274.820	82.461	30,0	170.148	61,9	17.925	6,5	2.691	1,0	EFP 1.595		0,6	LPÖ						
1966	309.926	296.223	95,6	291.426	82.073	28,2	187.986	64,5	14.367	4,9	–		DFP 6.548		2,2	DFP 452		0,2				
1970	329.088	310.540	94,4	305.994	109.926	35,9	177.103	57,9	16.960	5,5	1.278	0,4	727		0,2							
1971	329.134	309.064	93,9	304.100	114.892	37,8	171.759	56,5	15.736	5,2	1.713	0,6										
1975	342.841	323.436	94,3	318.649	118.543	37,2	181.062	56,8	16.967	5,3	2.077	0,7										
1979	365.334	344.576	94,3	338.847	127.664	37,7	187.782	55,4	19.272	4,7	1.866	0,6	CSA 2.263		0,7							
1983	388.957	367.655	94,5	361.227	125.856	34,8	207.292	57,4	15.926	4,4	1.459	0,4	ALÖ 4.173		1,2	VGÖ 5.515		1,5	ÖP 1.006	0,3		
1986	411.454	384.933	93,6	374.830	109.401	29,2	199.509	53,2	42.186	11,3	2.141	0,6	GRÜNE 21.593		5,8							
1990	434.154	394.640	90,9	375.705	114.641	30,5	152.929	40,7	64.393	17,1	2.148	0,6	GRALT 23.771		6,3	VGÖ 12.165		3,2	WGÖ 2.505	0,7	CDP 3.153	0,8
1994	454.205	369.465	81,3	359.263	87.728	24,4	130.218	36,2	79.269	22,1	650	0,2	GRÜNE 34.293		9,5	VGÖ 483		0,1	LIF 18.998	5,3	NEIN 4.147	1,2
																			ÖNP 930	0,3	CWG 2.547	0,7
1995	455.706	398.181	87,4	386.211	105.681	27,4	120.935	31,3	104.222	27,0	985	0,3	GRÜNE 24.611		6,4	LIF 23.872		6,2	NEIN 5.905	1,5	CWG 1.497	0,4
1999	469.348	365.503	77,9	359.426	82.984	23,1	118.146	32,9	100.692	28,0	1.032	0,3	GRÜNE 34.898		9,7	LIF 13.407		3,7	NEIN 1.748	0,5	DU 5.022	1,4

Tabelle A10: Nationalratswahlen in Vorarlberg

	Wahl-berecht.	abgeg. Stimmen	Wahl-bet.	gültige Stimmen	SPÖ Stimmen	%	ÖVP Stimmen	%	FPÖ Stimmen	%	KPÖ Stimmen	%	Stimmen	%	Stimmen	%	sonstige Stimmen	%	Stimmen	%	Stimmen	%
1945	77.824	71.594	92,0	69.707	19.189	27,5	48.812	70,0	-		1.706	2,7										
1949	108.567	105.212	96,9	101.837	19.262	18,9	57.402	56,4	W.d.U. 22.287	21,9	2.435	2,4	D.U. 451 ÜEM	0,4								
1953	116.767	112.255	96,1	108.269	24.531	22,7	60.140	55,5	20.340	18,8	3.172	2,9	86	0,1								
1956	124.516	120.203	96,5	116.851	31.271	26,8	71.081	60,8	FPÖ 12.010	10,3	2.489	2,1										
1959	131.553	125.323	95,3	122.537	36.834	30,1	69.153	56,4	14.836	12,1	1.714	1,4										
1962	139.140	132.843	95,5	130.388	36.459	28,0	72.914	55,9	19.370	14,9	1.645	1,3										
1966	146.891	141.464	96,3	139.173	30.787	22,1	85.994	61,8	17.905	12,9	-		DFP 4.487	3,2								
1970	156.323	149.947	95,9	147.541	45.726	31,0	80.763	54,7	20.038	13,6	722	0,5	DFP 292	0,5								
1971	154.661	148.372	95,9	145.358	53.265	36,6	75.050	51,6	16.082	11,1	961	0,7										
1975	161.305	155.003	96,1	152.422	54.750	35,9	80.891	53,1	15.588	10,2	1.193	0,8										
1979	173.809	167.075	96,1	163.791	54.739	33,4	89.999	54,9	17.536	10,7	1.517	0,9										
1983	186.625	179.708	96,3	176.301	48.158	27,3	106.324	60,3	12.732	7,2	891	0,5	ALÖ 3.520	2,0	VGÖ 4.676	2,7						
1986	198.350	190.348	96,0	184.180	46.953	25,5	97.725	53,1	21.950	11,9	1.296	0,7	GRÜNE 16.256	8,8								
1990	210.902	196.918	93,4	188.345	54.333	28,8	76.010	40,4	32.335	17,2	1.182	0,6	GRALT 9.879	5,2	VGÖ 8.581	4,6	CWG 3.495	1,9	Fritz 2.530	1,3		
1994	221.450	160.342	72,4	158.595	33.075	20,9	59.921	37,8	37.354	23,6	-		GRÜNE 14.236	9,0	VGÖ 254	0,2	LIF 10.371	6,5	NEIN 799	0,5		
													BGÖ 350	0,2	ÖNP 420	0,3	CWG 1.333	0,8	Fritz 482	0,3		
1995	222.629	185.191	83,2	182.209	41.681	22,9	62.061	34,9	49.996	27,4	368	0,2	GRÜNE 13.218	7,3	LIF 12.969	7,1	NEIN 1.916	1,1				
1999	229.911	170.320	74,1	168.878	30.668	18,2	59.455	35,2	50.956	30,2	358	0,2	GRÜNE 16.950	10,0	LIF 8.133	4,8	NEIN 874	0,5	CWG 516	0,3	DU 968	0,6

Tabelle A11: Nationalratswahlen in Wien

	Wahl-berecht.	abgeg. Stimmen	Wahl-bet.	gültige Stimmen	SPÖ Stimmen	%	ÖVP Stimmen	%	FPÖ(WdU) Stimmen	%	KPÖ Stimmen	%	Stimmen	%	sonstige Stimmen	%	Stimmen	%
1945	925.891	897.291	96,9	889.324	508.214	57,2	310.803	35,0	W.d.U. -	-	70.307	7,9	-					
1949	1,195.361	1,158.111	96,9	1,142.160	565.440	49,5	401.854	35,2	79.149	6,9	89.710	7,9	DU 3.305	0,2	2.702	0,4		
1953	1,233.321	1,192.581	96,7	1,177.610	590.532	50,2	362.148	30,8	124.683 FPÖ	10,6	93.938	8,0	ÜEM 2.509	0,2	3.800	0,3		
1956	1,223.373	1,155.889	94,5	1,131.519	562.763	49,7	406.570	35,9	63.462	5,6	96.618	8,5	FAÖ 1.812	0,2	294	0,0		
1959	1,236.149	1,129.909	91,4	1,115.891	584.486	52,4	383.534	34,4	83.077	7,4	64.794	5,8						
1962	1,264.397	1,146.055	90,6	1,135.624	595.265	52,4	391.985	34,5	74.855	6,6	57.287	5,0	EFP 16.232 DFP	1,4				
1966	1,266.375	1,140.648	90,1	1,129.222	557.496	49,4	427.760	37,9	45.527	4,0	18.636	1,7	DFP 79.069	7,1	LPÖ 248 MLÖ 486	0,0 0,0		
1970	1,269.030	1,068.376	84,2	1,061.838	622.923	58,7	371.027	34,9	43.182	4,1	15.689	1,5	OL 9.017	0,9				
1971	1,243.424	1,086.717	87,4	1,078.471	641.596	59,5	365.266	33,9	46.794	4,3	22.941	2,1	GRM 1.874	0,2				
1975	1,198.647	1,050.991	87,7	1,042.926	624.072	59,8	354.453	34,0	42.638	4,1	20.739	2,0	1.024	0,1				
1979	1,179.919	1,017.021	86,2	1,007.145	610.360	60,6	334.088	33,2	47.694	4,7	15.003	1,5						
1983	1,141.971	993.790	87,0	980.535	554.663	56,6	329.883	33,6	42.948	4,4	9.620	1,0	ALÖ 13.696	1,4	VGÖ 22.374 GAL 6.005	2,3 0,7	ÖP 3.437 MIR 8.100	0,4 0,9
1986	1,131.318	921.979	81,5	912.212	477.557	52,4	303.109	33,2	52.525	5,8	9.345	1,0	GRÜNE 55.571 GRALT	6,1	VGÖ 17.790 VGÖ	2,2	VDS 12.242 LIF	1,5
1990	1,132.198	837.617	74,0	820.580	416.022	50,7	173.086	21,1	129.062	15,7	6.777	0,8	GRÜNE 62.560	7,6	VGÖ 667	0,1	LIF 12.242 BGÖ 82.144 ÖNP 746	1,5 9,0 0,1
1994	1,127.852	825.507	73,2	815.124	313.678	38,5	139.688	17,3	185.206	22,7	3.537	0,4	GRÜNE 79.543	9,8			LIF	
1995	1,116.878	885.889	79,3	873.029	383.991	44,0	170.659	19,6	175.217	20,1	3.421	0,4	GRÜNE 52.764	6,1	ÖNP 1.634 LIF	0,2	75.349 NEIN	8,6
1999	1,108.447	816.944	73,7	806.373	305.225	37,9	136.966	17,0	199.758	24,8	7.081	0,9	GRÜNE 83.274	10,3	56.131	7,0	4.253	0,5

Additional entries in "sonstige" column (rightmost):
- 1983: AHB 3.914 (0,4)
- 1986: CDP 3.041 NEIN (0,4)
- 1990: ÖNP 8.489 (1,0), ÖNP 1.426 NEIN (0,2)
- 1995: DU 9.994 (1,1)
- 1999: DU 13.685 (1,7)

Tabelle A12: Bundespräsidentenwahlen in Österreich 1951–1998

Der 1. Bundespräsident der 2. Republik, Dr. Karl Renner, wurde am 20. Dezember 1945 durch die Bundesversammlung gewählt.

Wahlen durch das Bundesvolk:

6.5.1951 (1. Wahlgang)

	Wahlberechtigte:	4,513.597	Wahlbeteiligung:	97 %
Dr. Burghard Breitner	Stimmen:	662.501	=	15,41 %
Gottlieb Fiala		219.969	=	5,12 %
Dr. Heinrich Gleißner		1,725.451	=	40,14 %
Ludovica Hainisch		2.132	=	0,05 %
Dr. Theodor Körner		1,682.881	=	39,15 %
Dr. Johannes Ude		5.413	=	0,13 %

27.5.1951 (2. Wahlgang)

	Wahlberechtigte:	4,513.597	Wahlbeteiligung:	92,71 %
Dr. Heinrich Gleißner	Stimmen:	2,006.332	=	47,94 %
Dr. Theodor KÖRNER		2,178.631	=	52,06 %

5.5.1957

	Wahlberechtigte:	4,630.997	Wahlbeteiligung:	97,2 %
Dr. Wolfgang Denk	Stimmen:	2,159.604	=	48,88 %
Dr. Adolf SCHÄRF		2,258.255	=	51,12 %

28.4.1963

	Wahlberechtigte:	4,869.603	Wahlbeteiligung:	95,6 %
Dr. Josef Kimmel	Stimmen:	176.646	=	4,0 %
Ing. Julius Raab		1,814.125	=	40,6 %
Dr. Adolf SCHÄRF		2,473.349	=	55,4 %

23.5.1965

	Wahlberechtigte:	4,874.928	Wahlbeteiligung:	96 %
Dr. Alfons Gorbach	Stimmen:	2,260.888	=	49,3 %
Franz JONAS		2,324.436	=	50,7 %

Fortsetzung Tabelle A12:

25.4.1971

	Wahlberechtigte:	5,023.767	Wahlbeteiligung:	95,3 %
Franz JONAS	Stimmen:	2,487.239	=	52,8 %
Dr. Kurt Waldheim		2,224.809	=	47,2 %

23.6.1974

	Wahlberechtigte:	5,031.654	Wahlbeteiligung:	94,1 %
Dr. Rudolf KIRCHSCHLÄGER	Stimmen:	2,392.367	=	51,7 %
DDr. Alois Lugger		2,238.470	=	48,3 %

18.5.1980

	Wahlberechtigte:	5,215.894	Wahlbeteiligung:	91,6 %
Dr. Norbert Burger	Stimmen:	140.741	=	3,2 %
Dr. Wilfried Gredler		751.400	=	16,9 %
Dr. Rudolf KIRCHSCHLÄGER		3,538.748	=	79,9 %

4.5.1986 (1. Wahlgang)

	Wahlberechtigte:	5,436.837	Wahlbeteiligung:	89,5 %
Freda Blau-Meissner	Stimmen:	259.689	=	5,5 %
Dr. Otto Scrinzi		55.724	=	1,2 %
Dr. Kurt Steyrer		2,061.104	=	43,7 %
Dr. Kurt Waldheim		2,343.463	=	49,6 %

8.6.1986 (2. Wahlgang)

	Wahlberechtigte:	5,436.837	Wahlbeteiligung:	87,3 %
Dr. Kurt Steyrer	Stimmen:	2,107.023	=	46,1 %
Dr. Kurt WALDHEIM		2,464.787	=	53,9 %

26.4.1992 (1.Wahlgang)

	Wahlberechtigte:	5,676.902	Wahlbeteiligung:	83,8 %
Dr. Robert Jungk	Stimmen:	266.954	=	5,74 %
Dr. Thomas Klestil		1,728.234	=	37,21 %
Dr. Heide Schmidt		761.390	=	16,39 %
Dr. Rudolf Streicher		1,888.599	=	40,66 %

Fortsetzung Tabelle A12:

25.5.1992 (2. Wahlgang)

	Wahlberechtigte:	5,676.902	Wahlbeteiligung:	80,3 %
Dr. Thomas KLESTIL	Stimmen:	5.528.006	=	56,89 %
Dr. Rudolf Streicher		1,915.380	=	43,11 %

19.4.1998

	Wahlberechtigte:	5.848.584	Wahlbeteiligung:	74,4 %
Dr. Thomas KLESTIL	Stimmen:	2.644.034	=	63,42 %
Mag. Gertraud Knoll		566.551	=	13,59 %
Ing. Richard Lugner		413.066	=	9,91 %
Karl Nowak		81.043	=	1,94 %
Dr. Heide Schmidt		464.625	=	11,14 %

Tabelle A13: Landtagswahlen im Burgenland 1953–1996

Jahr	Wahl-berecht.	Abgegebene Stimmen insges.	un-gültig	gültig	Abgegebene gültige Stimmen für SPÖ	ÖVP	FPÖ (WDU,FSÖ)	KPÖ (KLS,VO)	sonstige	
1953	176.398	169.784	2.271	167.913	74.934	81.137	6.056	5.786		
1956	175.955	167.696	2.767	164.929	75.874	81.127	4.805	3.123		
1960	178.126	165.173	2.519	162.654	75.081	78.315	7.486	1.772		
1964	178.847	166.798	1.697	165.101	79.630	78.101	5.965	1.405		
1968	177.303	168.743	1.541	167.202	84.119	77.888	3.701	810	DFP 385	Dorner 297
									LPÖ 224	
1972	181.970	169.271	1.607	167.664	84.710	77.021	5.097	612	NDP 493	
1977	187.392	174.635	1.866	172.769	89.747	77.981	3.923	625	NDP 401	
1982	198.000	177.440	4.610	172.830	91.996	74.357	5.140	936	GRÜNE 3.873	
1987	203.012	180.686	4.920	175.766	83.189	72.935	12.855	991	GAL 5.769	BIM 1.923
1991	208.251	177.800	5.469	172.331	82.955	65.814	16.793	-	GRÜNE 4.312	FDP 1.000
									FDP 240	LIF 2.424
1996	219.950	178.500	4.594	173.906	77.362	62.643	25.340	-		BIB 1.585

Datenanhang

Jahr	Prozent SPÖ	ÖVP	FPÖ	KPÖ	sonstige		Total	Mandate SPÖ	ÖVP	FPÖ	KPÖ
1953	44,8	48,4	3,6	3,2			31	14	16	1	–
1956	46,0	49,2	2,9	1,9			32	15	16	1	
1960	46,2	48,1	4,6	1,1			32	15	16	1	
1964	48,2	47,3	3,6	0,9	DFP	0,2	32	16	15	1	
1968	50,3	46,6	2,2	0,5		0,2	32	17	15	–	–
1972	50,5	45,9	3,1	0,4		0,2	32(36)	16(18)	15(17)	1(1)	–
1977	51,9	45,1	2,3	0,4		0,3	36	20	16	–	–
1982	53,2	43,0	3,0	0,5		0,3	36	20	16	–	–
1987	47,3	41,5	7,3	0,6	GRÜNE 2,2	BIM 1,1	36	17	16	3	–
1991	48,1	38,2	9,7	–	GAL 3,4	FDP 0,6	36	17	15	4	–
1996	44,5	36,0	14,6	–	GRÜNE 2,5	FDP 0,1 LIF 1,4 BIB 0,9	36	17	14	5	–

Kandidierende Parteien bei LTW 1996:
1. Sozialdemokratische Partei Österreichs
2. Österreichische Volkspartei
3. Freiheitliche Partei Österreichs
4. Grüne Alternative Liste (GRÜNE)
5. Liberales Forum (LIF)
6. Die Liberalen – Freie Demokratische Partei (FDP)
7. Bürgerinitiativen Burgenland (BIB)

Tabelle A14: Landtagswahlen in Kärnten 1953–1999

Jahr	Wahl-berecht.	Abgegebene Stimmen insges.	un-gültig	gültig	SPÖ	ÖVP	FPÖ (WDU,FSÖ)	KPÖ (KLS, VO)	Abgegebene gültige Stimmen für sonstige		
1953	285.615	259.507	5.904	253.603	122.245	72.321	42.877	10.337			5.823 RP
1956	288.034	271.507	5.449	266.058	128.006	86.996	41.722	8.238			1.096
1960	303.070	263.556	3.654	259.902	126.091	86.454	38.736	7.770			851
1965	313.317	275.343	3.597	271.746	133.955	89.523	36.494	7.502			4.272
1970	336.378	289.155	2.964	286.191	151.978	92.938	34.704	6.571			
1975	347.408	305.964	3.365	302.599	155.602	98.019	35.722	6.013	6.130 KEL		1.113 RP
1979	366.399	304.894	3.227	301.667	162.739	96.182	35.332	3.135	4.279 KEL-ALK		
1984	385.348	313.685	4.571	315.114	162.756	89.094	50.321	2.493	4.710 Grü-Zel.	3.576 VGÖ-Grü.	3.576 VGÖ / Grüne Parteil.
1989	401.759	361.913	9.047	352.866	162.147	74.054	102.322	2.155 LF	5.976 GRÜ	5.601 VGÖ	611
1994	417.620	356.311	6.414	349.897	130.768	83.224	116.419	8.961 KPÖ	5.554 D	1.236 VGÖ	3.327 EL / DBP 408
1999	420.344	338.394	6.033	332.361	109.228	68.940	139.778	1.359	13.056	-	-

Datenanhang

Jahr	Prozent				sonstige			Mandate				
	SPÖ	ÖVP	FPÖ	KPÖ				Total	SPÖ	ÖVP	FPÖ	KPÖ
1953	48,2	28,5	16,9	4,1			2,3	36	18	11	6	1
1956	48,1	32,7	15,7	3,1			0,4	36	18	12	5	1
1960	48,5	33,3	14,9	3,0			0,3	36	18	12	5	1
1965	49,3	32,9	13,4	2,8			1,6	36	18	12	5	1
1970	53,1	32,5	12,1	2,3	KEL			36	20	12	4	–
1975	51,4	32,4	11,8	2,0	2,0			36	20	12	4	–
1979	53,9	31,8	11,7	1,0	1,4	Grüne	0,4	36	20	12	4	–
					KEL-ALK	0,7						
1984	51,6	28,3	16,0	0,8	1,5 VGÖ		Parteilose	36	20	11	5	–
					Gr/Zel 1,1							
1989	46,0	21,0	29,0	0,6 LF	1,7 VGÖ 1,6	EL	0,2 DBP	36	17	8	11	–
1994	37,4	23,8	33,3	2,6 KPÖ	1,6 GRÜ 0,3 VGÖ	0,9	0,1	36	14	9	13	–
1999	32,9	20,8	42,1	0,4	3,9 D	–	–	36	12	8	16	–

Kandidierende Parteien bei LTW 1999:
1. Sozialdemokratische Partei Österreichs
2. Freiheitliche Partei Österreichs
3. Österr. Volkspartei – Dr. Christof Zernatto
4. Bündnis 99: Das Wahlbündnis: Die Grünen–Liberales Forum – Enotna Lista – Einheitsliste – Vereinte Grüne Österreichs
5. Kommunistische Partei Österreichs

Tabelle A15: Landtagswahlen in Niederösterreich 1954–1998

Jahr	Wahl-berecht.	Abgegebene Stimmen insges.	un-gültig	gültig	Abgegebene gültige Stimmen für ÖVP	SPÖ	FPÖ (WDU,FSÖ)	KPÖ (KLS, VO)	andere						
1954	927.467	878.855	17.419	861.436	436.686	353.070	22.039	49.641							
1959	929.057	886.422	24.057	862.365	438.625	364.589	34.059	25.092							
1964	934.414	864.402	11.195	853.207	440.834	365.187	25.536	20.780	EFP 861						
1969	952.004	874.565	10.768	863.793	435.140	385.174	27.798	8.433	DFP 5.202	NDP 2.053					
1974	969.060	869.333	10.896	858.437	447.397	376.603	25.556	8.881							
1979	1,027.372	899.491	9.987	889.504	441.431	403.708	28.700	7.034	WBU 7.725	NDP 903					
1983	1,142.955	959.448	19.918	939.530	512.528	388.501	15.861	7.817	ALNÖ 5.549	VGÖ 9.274					
1988	1,213.853	978.374	26.991	951.383	452.874	354.746	89.373	7.934	GAL 23.266	VGÖ 11.328	WIR 4.746	Wag. 5.460	Herz 1.656		
1993	1,269.391	958.843	25.679	933.164	412.730	316.516	112.433	2.170	GABL 29.589	VGÖ 11.242	LIF 47.773	ÖABP 711			
1998	1,291.108	928.932	24.234	904.698	405.900	274.980	145.514	5.811	GR.ALT. 40.639	BGÖ 5.208	LIF 19.279	LPW 7.060	LZÖCH 307		

Jahr	Prozent					Mandate						
	ÖVP	SPÖ	FPÖ	KPÖ	andere	Total	ÖVP	SPÖ	FPÖ	KPÖ	
1954	50,7	40,9	2,6	5,8		56	30	23	-	3	-
1959	50,9	42,3	3,9	2,9		56	31	25	-	-	-
1964	51,7	42,8	3,0	2,4		56	31	25	-	-	-
1969	50,4	44,6	3,2	1,0	DFP 0,6 NDP 0,2	56	30	26	-	-	-
1974	52,1	43,9	3,0	1,0	NDP	56	31	25	-	-	-
1979	49,6	45,4	3,2	0,8	WBUO 0,9 ALNÖ 0,6 VGÖ 1,0 NDP 0,1	56	29	27	-	-	-
1983	54,6	41,4	1,7	0,8	GAL 0,6 VGÖ 1,0 WIR 0,5 Wagner 0,6	56	32	24	-	-	-
1988	47,6	37,3	9,4	0,8	GABL 2,5 VGÖ 1,2 LIF 1,2 ÖABP 0,6 Herz 0,2	56	29	22	5	-	-
1993	44,2	33,9	12,0	0,2	GR.ALT. 3,2 BGÖ 1,2 LIF 5,1 LPW 0,1	56	26	20	7	-	LIF 3
1998	44,9	30,4	16,1	0,6	4,5 0,6 2,1 0,8 L.ZÖCH 0,03	56	27	18	9	-	GR.ALT. 2

Kandidierende Parteien bei LTW 1998:
1. Österreichische Volkspartei
2. Sozialdemokratische Partei Österreichs
3. Freiheitliche Partei Österreichs
4. Die Grünen – Die Grüne Alternative (Gr. Alt.)
5. Liberales Forum (LIF)
6. Liste Pepi Wagner (LPW)
7. Kommunistische Partei Österreichs (KPÖ)
8. Bürgerliche Grüne Österreichs für ein atomfreies Österreich
9. Vernunft für Niederösterreich – Dr. Wolfgang Zöch (L. Zöch)

Tabelle A16: Landtagswahlen in Oberösterreich 1955–1997

Jahr	Wahl-berecht.	Abgegebene Stimmen insges.	un-gültig	gültig	ÖVP	SPÖ	FPÖ (WDU)	KPÖ		sonst.			
1955	667.620	626.781	13.209	613.572	295.292	241.978	58.936	17.366					
1961	717.383	665.505	18.423	647.082	315.964	256.125	62.524	12.432					
1967	739.213	682.171	13.828	668.343	302.135	307.125	49.984	5.589	DFP	3.510			
1973	778.773	717.932	12.249	705.683	336.468	306.003	54.094	6.301	NDP	2.827			
1979	836.072	744.033	10.240	733.794	378.745	303.945	46.801	4.303					
1985	897.426	775.330	21.690	753.640	392.760	286.115	37.932	4.867	GAL	12.681	VGÖ	16.469	DGÖ 2.816
1991	948.245	807.890	16.315	791.575	357.771	248.640	140.311	-	GRÜNE	24.250	LIF	20.603	Neu CWG 6.241 2.954
1997	973.750	789.287	20.621	768.666	328.134	207.839	158.558	2.156	GRÜNE	44.416	LIF	16.035	FDP ÖNP 1.454 879

Jahr	ÖVP	SPÖ	FPÖ	KPÖ	Prozent sonstige		Total	ÖVP	SPÖ	FPÖ	GR
1955	48,1	39,4	9,6	2,9			48	25	19	4	
1961	48,8	39,6	9,7	1,9			48	25	19	4	
1967	45,2	45,9	7,5	0,8	DFP 0,5 NDP 0,4		48(56)	23(26)	23(26)	2(4)	
1973	47,7	43,4	7,7	0,9			56	28	24	4	
1979	51,6	41,4	6,4	0,6			56	29	23	4	
1985	52,1	38,0	5,0	0,7	GAL 1,7	VGÖ 2,2 DGÖ 0,4	56	30	23	3	
1991	45,2	31,4	17,7	-	3,1	2,6 -	56	26	19	11	
1997	42,7	27,0	20,6	0,3	GRÜ 5,8	LIF 2,1 Neu 0,8 CWG 0,4 FDP 0,2 ÖNP 0,1	56	25	16	12	3

Kandidierende Parteien bei LTW 1997:
1. Österreichische Volkspartei
2. Sozialistische Partei Österreichs
3. Freiheitliche Partei Österreichs
4. Die Grünen – Die Grüne Alternative – GRÜNE
5. Liberales Forum – Heide Schmidt – LIF
6. Die Neutralen Österreichs – Nein zu NATO und EU
7. Kommunistische Partei Österreichs
8. Christliche Wählergemeinschaft CWG
9. Freie demokratische Partei – FDP (nur Wahlkr.1,3,5)
10. Österreichische Naturgesetz Partei ÖNP (WK 1 und 2)

Tabelle A17: Landtagswahlen in Salzburg 1954–1999

Jahr	Wahl-berecht.	Abgegebene Stimmen insgesamt	un-gültig	gültig	ÖVP	SPÖ	FPÖ (WDU,FSÖ)	KPÖ (KLS,VO)	sonstige		
1954	197.511	176.961	4.058	172.903	79.391	66.019	22.787	4.012			694
1959	214.994	195.526	3.817	192.709	82.942	73.999	30.915	3.430			423
1964	232.355	202.816	1.899	200.917	90.206	82.177	23.789	2.361	EFP 2.384		
1969	254.296	214.435	2.183	212.252	86.439	85.775	38.202	1.466		DFP 370	
1974	267.018	220.921	2.400	218.521	102.914	79.223	33.839	2.545			
1979	283.202	233.419	1.992	231.427	105.073	90.449	30.703	946	Bürgerl. GABL 4.256	DGÖ 3.215	
1984	304.133	245.178	3.557	241.621	121.183	84.729	21.095	1.095	Bürgerl. 10.304	VGÖ 4.350	
1989	326.979	254.312	7.646	246.666	108.456	77.081	40.375	1.233	Bürgerl. 15.171	ÖABP 4.662	LIF 14.737
1994	346.626	261.520	5.882	255.638	98.676	69.146	49.827	–	18.590 GRÜNE	CSUÖ 702	LIF 9.242
1999	352.867	261.422	8.817	252.605	97.890	81.704	49.457	–	13.610		

Jahr	Prozente					sonstige	Mandate				
	ÖVP	SPÖ	FPÖ	KPÖ			Total	ÖVP	SPÖ	FPÖ	BÜRG
1954	45,9	38,2	13,2	2,3		0,4	32	15	13	4	
1959	43,3	38,6	16,1	1,8		0,2	32	14	13	5	
1964	44,9	40,9	11,8	1,2	EFP 1,2		32	15	13	4	
1969	40,7	40,4	18,0	0,7		DFP 0,2	32	13	13	6	
1974	47,1	36,2	15,5	1,2			36	18	13	5	
1979	45,4	39,1	13,3	0,4	Bürg- 1,8 GABL		36	17	14	5	
1984	50,2	35,1	8,7	0,5	4,3 Bürg.	DGÖ 1,3 VGÖ	36	19	13	4	
1989	44,0	31,2	16,4	0,5	6,2 Bürg.	1,8 ÖABP	36	16	12	6	2
1994	38,6	27,0	19,5	–	7,3 GRÜ	1,8 CSUÖ	LIF 5,8	36	14	11	8	3 GRÜ
1999	38,8	32,3	19,6	–	5,4	0,3	LIF 3,7	36	15	12	7	2

Kandidierende Parteien bei LTW 1999:
1. Österreichische Volkspartei
2. Sozialdemokratische Partei
3. Freiheitliche Partei Österreichs
4. Die GRÜNEN
5. CSUÖ – Christlich-Soziale Union Österreichs
6. Liberales Forum Heide Schmidt

Tabelle A18: Landtagswahlen in der Steiermark 1953–1995

Jahr	Wahl-berecht.	Abgegebene Stimmen insges.	ungültig	gültig	ÖVP	SPÖ	FPÖ (WdU)	KPÖ	sonst.					
1953	708.320	680.151	20.232	659.919	268.546	271.162	89.837	29.039	1.335					
1957	718.898	696.903	17.558	679.345	315.197	296.383	46.103	17.590	4.072					
1961	735.380	713.741	13.036	700.705	330.164	292.068	50.726	26.880	867					
1965	747.334	716.986	12.016	704.970	341.308	297.166	41.165	22.535	2.976					
1970	782.674	740.349	7.110	733.239	356.266	327.863	38.638	9.904	DFP 568					
1974	777.490	739.149	10.265	728.884	388.283	300.189	30.608	9.804						
1978	796.273	754.136	13.233	740.903	384.905	298.560	47.562	9.876						
1981	826.598	775.006	20.325	754.681	384.048	322.416	38.135	10.082						
1986	858.603	788.413	27.685	760.728	393.650	286.327	34.884	8.945	VGÖ/AL 28.366	DGÖ 4.844	GSL 1.526	GÖL 1.152		
1991	903.486	809.502	33.037	776.465	343.427	271.232	119.462	4.627	GAL 22.372	GRÜ 13.426	AHS 538	GH 1.034 GÖL 1.381		
1995	894.456	777.467	16.544	760.923	275.817	273.403	130.492	4.350	GRÜNE 32.831	LIF 29.238	ÖABP 7.129	NEIN 7.653		

Jahr	Prozent							Mandate					
	ÖVP	SPÖ	FPÖ	KPÖ	sonst.			Total	ÖVP	SPÖ	FPÖ	KPÖ	
1953	40,7	41,1	13,6	4,4			0,2	48	21	20	6	1	
1957	46,4	43,6	6,8	2,6			0,6	48	24	21	3	-	
1961	47,1	41,7	7,3	3,8			0,1	48	24	20	3	1	
1965	48,4	42,2	5,8	3,2			0,4	56	29	24	2	1	
1970	48,6	44,7	5,3	1,4			0,1	56	28	26	2	-	
1974	53,3	41,2	4,2	1,3				56	31	23	2	-	
1978	52,0	40,3	6,4	1,3				56	30	23	3	-	
1981	50,9	42,7	5,1	1,3				56	30	24	2	-	
1986	51,7	37,6	4,6	1,2	VGÖ/AL 3,7	GSL 0,2	GÖL 0,2	GH 0,1	56	30	22	2	-	VGÖ/AL 2
1991	44,2	34,9	15,4	0,6	GAL 2,9	AHS 0,1	GÖL 0,2		56	26	21	9	-	-
1995	36,3	35,9	17,2	0,6	GRÜNE 4,3	LIF 3,8	DGÖ 0,6	ÖABP 0,8	NEIN 1,0	56	21	21	10	LIF 2	GRÜ 2

Kandidierende Parteien bei LTW 1995:
1. Österreichische Volkspartei
2. Sozialdemokratische Partei Österreichs
3. Freiheitliche Partei Österreichs
4. Die Grünen (GRÜNE)
5. Liberales Forum (LIF)
6. Bürgerinitiative WIR für Steiermark – NEIN zur EU (NEIN)
7. Österreichische Autofahrer- und Bürgerinteressen-Partei (ÖABP)
8. Kommunistische Partei Österreichs (KPÖ)

Tabelle A19: Landtagswahlen in Tirol 1953–1999

Jahr	Wahl-berecht.	Abgegebene Stimmen insges.	Abgegebene Stimmen ungültig	Abgegebene Stimmen gültig	ÖVP	SPÖ	FPÖ	KPÖ	Abgegebene gültige Stimmen für sonst.	
1953	256.497	240.928	8.452	232.476	134.169	63.628	23.104	3.707		7.888
1957	269.451	251.665	6.884	244.781	145.025	75.812	20.739	1.909		1.296
1961	289.646	267.707	7.324	260.383	155.121	78.448	23.620	2.773		421
1965	308.926	280.753	10.798	269.995	171.531	82.146	16.278			
1970	326.425	301.411	5.093	296.318	179.146	99.169	16.927	477		599
1975	352.748	323.657	6.547	317.110	193.695	102.743	18.811	1.861		
1979 (80)	371.375	336.408	6.502	329.906	207.269	96.617	22.377	1.362		Mittel 2.281 and.T.
1984	403.881	358.535	8.508	350.027	226.242	88.256	21.098	1.411	Grüne 2.799	10.221 TAB
1989	434.471	394.911	20.131	374.780	182.601	85.550	58.320	2.257 LF	GAL 30.960 VGÖ 4.732	10.360
1994	451.673	398.074	31.063	367.011	173.587	72.803	59.230	12.323 LIF	GAL 39.208 VGÖ 223 KPÖ	DUT 8.815 ÖNP 822
1999	465.067	374.685	27.538	347.147	163.936	75.573	68.088	11.200 LIF	Grüne 27.860	490

Jahr	Prozent						Mandate				
	ÖVP	SPÖ	FPÖ	KPÖ		sonst.		Total	ÖVP	SPÖ	FPÖ	GAL
1953	57,7	27,4	9,9	1,6			3,4	36	23	9	4	
1957	59,2	31,0	8,5	0,8			0,5	36	23	11	2	
1961	59,6	30,1	9,1	1,1			0,1	36	23	11	2	
1965	63,6	30,4	6,0					36	25	10	1	
1970	60,4	33,5	5,7	0,2			0,2	36	23	12	1	
1975	61,1	32,4	5,9	0,6				36	24	11	1	
1979 (80)	62,8	29,3	6,8	0,4	Grüne 0,8		Mittel. 0,7 and.Tir. 2,9	36	24	10	2	
1984	64,6	25,2	6,0	0,4	GAL 8,3	VGÖ 1,3	TAB 2,8	36	25	9	2	
1989	48,7	22,8	15,6	0,6 LIF	GAL 10,7	VGÖ 0,1	DUT 2,4	36	19	9	5	3
1994	47,3	19,8	16,1	3,36	GAL	KPÖ 0,1	ÖNP 0,2	36	19	7	6	4
1999	47,2	21,8	19,6	3,2	LIF 8,0			36	18	8	7	3

Kandidierende Parteien bei LTW 1999:
1. Tiroler Volkspartei Wendelin Weingartner
2. Sozialdemokratische Partei Österreichs
3. Freiheitliche Partei Österreichs
4. Die Grüne Alternative
5. Das Liberale Forum
6. Kommunistische Partei Österreichs

Tabelle A20: Landtagswahlen in Vorarlberg 1954–1999

Jahr	Wahl-berecht.	Abgegebene Stimmen insges.	ungültig	gültig	ÖVP	SPÖ	FPÖ (WDU,FSÖ)	KPÖ (KLS,VO)	Abgegebene gültige Stimmen für sonst.			
1954	117.973	111.232	5.859	105.373	61.105	27.357	14.395	2.516				
1959	130.103	121.971	3.893	118.078	64.619	34.607	17.614	1.238				
1964	142.919	133.059	3.397	129.662	69.321	38.302	20.480	1.559				
1969	153.022	143.326	3.709	139.617	69.847	38.742	29.243	-	LPÖ 1.780			
1974	156.630	149.202	2.431	146.771	83.570	40.497	20.333	1.317	ÖDU 757	SGP 297		
1979	175.060	164.661	3.531	161.130	92.579	46.800	20.140	1.611				
1984	191.771	178.660	6.157	172.503	89.085	41.366	18.098	1.524	AL/VGÖ 22.430			
1989	207.555	188.806	10.694	178.112	90.904	37.919	28.707	1.266	GAV 9.234	DGV 8.736	Fritz 1.346	
1994	218.925	193.749	8.295	185.454	92.628	30.123	34.103	GAV 14.385	GBL 2.911	WPV 679	Fritz 1.705	CWG 2.443 LIF 6.477
1999	226.113	198.540	7.240	191.300	87.542	24.844	52.444	Grüne 11.541	VAU 4.363	LIF 6.424	Fritz 2.328	Leupr 135 NEU 1.679

Jahr	Prozent ÖVP	SPÖ	FPÖ	KPÖ	andere			Mandate Total	ÖVP	SPÖ	FPÖ	
1954	58,0	26,0	13,7	2,3				26	16	7	3	
1959	54,7	29,3	14,9	1,1				36	21	10	5	
1964	53,5	29,5	15,8	1,2				36	20	10	6	
1969	50,0	27,7	21,0	–	LPÖ 1,3 ÖDU 0,5			36	20(19)	9(10)	7 (7)	
1974	56,9	27,6	13,9	0,9		SGP 0,2		36	22	10	4	
1979	57,5	29,0	12,5	1,0				36	22	10	4	
1984	51,6	24,0	10,5	0,9	AL/VGÖ 13,0 GAV 5,2	Fritz 0,8		36	20	9	3	AL/VGÖ 4 GAV 2
1989	51,0	21,3	16,1	0,7 GAV	GBL 1,6	DGV 4,9 WPV 0,4		36	20	8	6	
1994	49,9	16,3	18,4	7,7		Fritz 0,9		36	20	6	7	3
1999	45,8	13,0	27,4	Grüne 6,0	VAU 2,3	Leupr 0,1	LIF 3,4 CWG 1,3 LIF 3,5 Fritz 1,2 NEU 0,9	36	18	5	11	2

Kandidierende Parteien bei LTW 1999:
1. Österreichische Volkspartei
2. Sozialdemokratische Partei Österreichs
3. Freiheitliche Partei Österreichs
4. Die Grünen – Grüne Alternative Vorarlberg
5. VAU – Vorarlberg-Heute
6. Leuprecht Elmar (nur im Bezirk Dornbirn)
7. Liberales Forum
8. Fritz Georg
9. NEU – Neutrales Österreich

Tabelle A21: Landtagswahlen in Wien 1954–1996

Jahr	Wahl-berecht.	Abgegebene Stimmen insges.	ungültig	gültig	SPÖ	ÖVP	FPÖ(WDU)	KPÖ	sonst.	
1954	1,197.966	1,114.533	35.545	1,078.988	568.266	357.944	63.372	89.161		245
1959	1,230.257	1,043.356	16.911	1,026.445	558.521	332.027	82.322	53.575		
1964	1,246.701	1,057.824	18.191	1,039.633	568.993	352.067	58.861	52.002		7.710
1969	1,274.224	967.223	11.099	956.124	544.155	265.541	69.277	27.357	DFP	49.794
1973	1,217.341	959.436	10.001	949.435	570.960	278.288	72.921	22.093		5.173
1978	1,173.454	847.779	11.421	836.358	478.336	282.533	54.267	14.771	WBU	6.451 ALW 23.969
1983	1,141.971	972.773	12.708	960.065	532.992	334.251	51.767	10.942	WBU	6.144 Grüne 30.713 VGÖ 5.878
1987	1,131.000	720.433	22.465	697.968	383.346	198.236	67.812	11.983	GA	65.245 VGÖ 13.035
1991	1,125.058	735.990	17.684	718.306	343.403	129.678	161.904	4.598 LIF	BGÖ	167 BRW 4.200 SOS 543
1996	1,099.234	751.808	14.624	737.184	288.558	112.519	205.968	58.622	GRÜ	58.568 ÖNP 112 FDW 63 DP 7.508 N 899

Datenanhang

Jahr	Prozent				sonstige			Mandate			
	SPÖ	ÖVP	FPÖ	KPÖ				Total	SPÖ	ÖVP	FPÖ	KPÖ
1954	52,7	33,2	5,9	8,2				100	59	35	–	6
1959	54,4	32,4	8,0	5,2				100	60	33	4	3
1964	54,7	33,9	5,7	5,0				100	60	35	3	2 DFP
1969	56,9	27,8	7,2	2,9				100	63	30	4	3
1973	60,2	29,3	7,7	2,3	WBU 0,7			100	66(65)	31(30)	3(5)	–
1978	57,2	33,8	6,5	1,8	WBU 0,7	ALW 2,5		100	62	35	3	–
1983	55,5	34,8	5,4	1,1		Grüne 4,4	VGÖ 0,8	100	61	37	2	–
1987	54,9	28,4	9,7	1,7		GA 9,1	VGÖ 1,8	SOS 0,1	100	62	30	8	– GA 7
1991	47,8	18,1	22,5	0,6	–	BGÖ 0,02	BRW 0,6	N 1,0	100	52	18	23	GRÜ 7
1996	39,1	15,3	27,9	7,95	GRÜ 7,95	ÖNP 0,02	FDW 0,01	DP 0,12	100	42	15	30	LIF 6

Kandidierende Parteien bei LTW 1996:
1. Sozialistische Partei Österreichs
2. Österreichische Volkspartei
3. Freiheitliche Partei Österreichs
4. Liberales Forum
5. GRÜNE
6. BGÖ Bürgerliche Grüne Österreichs (3.u.18.Bezirk)
7. BRW Bewegung Rotes Wien
8. N Bürgerinitiative Die Neutralen
9. ÖNP Österreichische Naturgesetzpartei (12. Bezirk)
10. FDW Freie Demokraten Wien (20. Bezirk)
11. DP Donaustadtpartei (20. Bezirk)

Tabelle A22: Volksabstimmung „Zwentendorf" 1978

Volksabstimmung am 5. November 1978 betreffend ein Bundesgesetz über die friedliche Nutzung der Kernenergie in Österreich. Die Ergebnisse der Volksabstimmung insgesamt und nach Bundesländern:

Landeswahlkreis	Stimm-berechtigte	Stimm-beteiligung %	abgegebene Stimmen Gesamtsumme	ungültige	gültige	Ja	gültige Stimmen %	Nein	%
Burgenland	187.879	68,1	127.897	3.513	124.384	74.377	59,8	50.007	40,2
Kärnten	355.219	63,0	223.637	5.726	217.911	117.841	54,1	100.070	45,9
Niederösterreich	964.048	71,9	692.756	20.602	672.154	341.831	50,9	330.323	49,9
Oberösterreich	809.904	68,0	550.776	12.811	537.965	254.337	47,3	283.628	52,7
Salzburg	277.141	61,0	169.096	3.573	165.528	71.576	43,2	93.947	56,8
Steiermark	793.746	58,1	461.351	8.928	452.423	238.851	52,8	213.572	47,2
Tirol	355.164	44,8	158.960	2.800	156.160	53.357	34,2	102.803	65,8
Vorarlberg	169.065	75,6	128.069	1.290	126.779	19.731	15,6	107.048	84,4
Wien	1,171.613	63,8	746.940	16.753	730.187	404.808	55,4	325.379	44,6
Österreich	5,083.779	64,1	3,259.482	75.996	3,183.486	1,576.709	49,5	1,606.777	50,5

Tabelle A23: Volksabstimmung „EU-Beitritt" 1994

Das Gesamtergebnis der Volksabstimmung vom 12. Juni 1994 über den Gesetzesbeschluß des Nationalrates vom 5. Mai 1994 über das Bundesverfassungsgesetz über den Beitritt Österreichs zur Europäischen Union lautet:

Landeswahlkreis	Stimm-berechtigte	Stimm-beteiligung %	abgegebene Stimmen			gültige Stimmen			
			Gesamtsumme	ungültige	gültige	Ja	%	Nein	%
Burgenland	213.090	94,03	200.371	2.092	198.279	148.041	74,66	50.238	25,34
Kärnten	420.630	81,89	344.454	3.587	340.867	232.457	68,20	108.410	31,80
Niederösterreich	1,115.663	90,58	1,010.548	11.077	999.471	678.988	67,93	320.483	32,07
Oberösterreich	974.865	85,42	832.771	8.259	824.512	539.965	65,49	284.547	34,51
Salzburg	347.387	82,43	286.363	2.080	284.283	184.948	65,06	99.335	34,94
Steiermark	907.991	80,97	735.156	7.119	728.037	501.481	68,88	226.556	31,12
Tirol	455.396	77,55	353.164	1.963	351.201	198.990	56,66	152.211	43,34
Vorarlberg	221.863	80,45	178.482	976	177.506	118.206	66,59	59.300	33,41
Wien	1,133.693	72,96	827.092	6.417	820.675	542.905	66,15	277.770	33,85
Österreich	5,790.578	82,35	4,768.401	43.570	4,724.831	3,145.981	66,58	1,578.850	33,42

Tabelle A24: Ergebnisse von Volksbegehren 1964–1997

Jahr	Betreff	Anzahl der gültigen Eintragungen	Stimmbeteiligung in %
1964	Österreichischer Rundfunk Gesellschaft m.b.H	832.353	17,27
1969	Schrittweise Einführung der 40-Stunden-Woche	889.659	17,74
1969	Abschaffung der 13. Schulstufe	339.407	6,77
1975	Schutz des menschlichen Lebens	895.665	17,93
1980	Pro-Zwentendorf-Volksbegehren	421.282	8,04
1980	Anti-Zwentendorf-Volksbegehren	147.016	2,80
1982	Konferenzzentrum-Einsparungsgesetz	1,361.562	25,74
1985	Konrad-Lorenz-Volksbegehren	353.906	6,55
1985	Volksbegehren zwecks Verlängerung des Zivildienstes	196.376	3,63
1985	Volksbegehren gegen Abfangjäger – für eine Volksabstimmung	121.182	2,23
1987	Anti-Privilegien-Volksbegehren	250.697	4,57
1989	Volksbegehren zur Senkung der Klassenschülerzahl	219.127	3,93
1989	Volksbegehren zur Sicherung der Rundfunkfreiheit in Österreich	109.197	1,95
1991	Volksbegehren für eine Volksabstimmung über einen Beitritt zum Europäischen Wirtschaftsraum	126.834	2,25
1993	Volksbegehren „Österreich zuerst"	416.531	7,35
1995	Volksbegehren „Pro Motorrad"	76.525	1,31
1996	Tierschutz-Volksbegehren	459.096	7,96
1996	Neutralitäts-Volksbegehren	358.156	6,21
1997	Gentechnik-Volksbegehren	1,226.551	21,25
1997	Frauen-Volksbegehren	644.977	11,17
1986	Anti-Draken-Volksbegehren (Steiermark)	244.254	4,50
1987	Volksbegehren gegen Parteibuchwirtschaft (Kärnten)	27.136	6,90

Anhang B: Daten aus Wahltagsbefragungen

Tabelle B1   Stimmenanteile von SPÖ und ÖVP nach soziodemographischen Gruppen (1986–1999)

Tabelle B2   Stimmenanteile der FPÖ nach soziodemographischen Gruppen (1986–1999)

Tabelle B3   Stimmenanteile der Grünen bzw. des Liberalen Forums nach soziodemographischen Gruppen (1986–1999)

Tabelle B4   Strukturprofile der Parteiwählerschaften 1999

Tabelle B5   Typologie der Identifikationsansätze (Wahlmotive) bei den Nationalratswahlen (1986–1999)

Tabelle B1: Stimmenanteile von SPÖ und ÖVP nach soziodemographischen Gruppen (1986–1999)

In Prozent haben bei den NRW gewählt	SPÖ 86	SPÖ 90	SPÖ 94	SPÖ 95	SPÖ 99	ÖVP 86	ÖVP 90	ÖVP 94	ÖVP 95	ÖVP 99
Männer	42	39	34	35	31	38	29	25	26	26
berufstätige Männer	41	38	34	34	30	38	29	24	24	26
Pensionisten	49	46	37	38	41	38	29	28	33	27
Frauen	43	44	36	40	35	43	33	30	29	27
berufstätige Frauen	46	40	32	35	32	37	34	27	26	26
Hausfrauen	36	51	38	38	33	52	31	33	31	24
Pensionistinnen	48	48	43	50	45	44	34	33	31	32
Unter 30 Jahre	39	35	31	30	25	33	24	19	18	17
30-44 Jahre	43	40	31	36	32	37	32	26	25	23
45-59 Jahre	42	46	37	39	35	48	34	30	33	32
60 Jahre und älter	45	46	41	44	39	44	34	33	34	33
Landwirte	1	1	8	4	-	93	85	73	72	87
Selbständige/freie Berufe	14	10	10	18	10	60	51	40	39	41
Beamte	49	40	35	48	33	33	30	23	20	30
Angestellte	40	38	29	32	36	36	27	25	28	23
Arbeiter	57	52	47	41	35	27	19	15	13	12
Pensionisten	49	47	40	45	43	41	32	31	32	30
in Ausbildung	18	16	16	25	21	38	29	18	22	18
Pflichtschulbildung	47	50	45	45	42	42	33	28	27	28
Fachschule/Berufsschule	45	46	50	38	35	38	27	24	25	23
Matura/Universität	29	24	19	30	27	46	38	32	32	30

Quelle: FESSEL-GfK, Repräsentative Wahltagsbefragungen (Exit Polls) zu den Nationalratswahlen 1986–1999.

Tabelle B2: Stimmenanteile der FPÖ nach soziodemographischen Gruppen (1986-1999)

In Prozent haben bei den NRW gewählt	FPÖ 86	FPÖ 90	FPÖ 94	FPÖ 95	FPÖ 99
Männer	12	20	28	27	32
berufstätige Männer	13	20	28	30	33
Pensionisten	11	22	29	23	28
Frauen	7	12	17	16	21
berufstätige Frauen	7	13	17	20	22
Hausfrauen	8	11	17	14	22
Pensionistinnen	5	12	19	10	19
Unter 30 Jahre	12	18	25	29	35
30-44 Jahre	11	15	22	24	29
45-59 Jahre	6	15	22	10	21
60 Jahre und älter	8	16	22	15	23
Landwirte	5	9	15	18	10
Selbständige/freie Berufe	15	21	30	28	33
Beamte	9	14	14	17	20
Angestellte	13	16	22	22	22
Arbeiter	10	21	29	34	47
Pensionisten	8	16	24	16	24
in Ausbildung	9	8	18	15	23
Pflichtschulbildung	6	14	21	18	25
Fachschule/Berufsschule	11	19	26	27	31
Matura/Universität	11	13	19	16	22

Quelle: FESSEL-GfK, Repräsentative Wahltagsbefragungen (Exit Polls) zu den Nationalratswahlen 1986-1999.

Tabelle B3: Stimmenanteile der Grünen bzw. des Liberalen Forums nach soziodemographischen Gruppen (1986–1999)

In Prozent haben bei den NRW gewählt	Grün 86	Grün 90	Grün 94	Grün 95	Grün 99	LIF 94	LIF 95	LIF 99
Männer	4	4	5	4	5	5	5	3
berufstätige Männer	4	4	6	4	5	5	4	3
Pensionisten	1	0	1	0	1	1	3	1
Frauen	5	5	9	5	9	6	6	4
berufstätige Frauen	7	6	12	7	12	9	8	5
Hausfrauen	4	3	7	7	10	3	6	3
Pensionistinnen	1	2	2	1	2	2	2	1
Unter 30 Jahre	11	9	12	10	13	11	9	4
30–44 Jahre	6	6	11	5	8	7	5	4
45–59 Jahre	1	2	5	2	5	4	5	4
60 Jahre und älter	1	1	2	0	2	1	2	2
Landwirte	1	–	1	1	2	–	1	–
Selbständige/freie Berufe	6	8	9	7	7	10	5	8
Beamte	6	8	18	6	12	9	6	3
Angestellte	7	7	12	7	10	11	8	5
Arbeiter	4	2	4	3	2	2	4	1
Pensionisten	1	1	2	1	1	2	3	1
in Ausbildung	23	28	21	19	20	27	18	10
Pflichtschulbildung	3	1	3	2	1	2	1	1
Fachschule/Berufsschule	3	2	4	3	4	3	4	2
Matura/Universität	11	13	16	9	13	13	11	7

Quelle: FESSEL-GfK, Repräsentative Wahltagsbefragungen (Exit Polls) zu den Nationalratswahlen 1986–1999.

Tabelle B4: Strukturprofile der Parteiwählerschaften 1999

In Prozent	SPÖ	ÖVP	FPÖ	Grüne	LIF
Männer	50	52	62	37	41
Frauen	50	48	38	63	59
	100%	100%	100%	100%	100%
18-29-Jährige	16	13	27	38	27
30-44-Jährige	31	28	34	38	38
45-59-Jährige	31	35	22	20	30
60-69-Jährige	13	14	8	1	5
70-Jährige und älter	10	10	8	3	0
	100%	100%	100%	100%	100%
Selbständige, freie Berufe	2	12	10	8	19
Landwirte	1	9	1	1	0
Beamte	9	11	7	16	9
Angestellte	34	26	26	46	43
Arbeiter	16	7	27	5	4
Hausfrauen	9	9	8	7	5
Pensionisten	26	22	18	3	6
	100%	100%	100%	100%	100%
Pflichtschulbildung	21	18	16	3	3
Fachschulbildung	49	41	55	29	24
Maturanten/Akademiker	30	41	30	68	73
	100%	100%	100%	100%	100%

Quelle: FESSEL-GfK, Exit Poll (1999).
Anmerkung zu den Berufsgruppen: Rest auf 100% = in Ausbildung bzw. Rundungsdifferenzen.

Tabelle B5: Typologie der Identifikationsansätze (Wahlmotive) bei den Nationalratswahlen (1986–1999)

In Prozent**)	SPÖ 86		ÖVP 86		FPÖ 86		Grüne 86		alle Parteien 86*)	
Tradition, Ideologie	29		28		12		5			
Gruppenbezug, Interessenvertretung	20	}49	8	}36	3	}15	5	}10		}38
Performance Konkurrenz	21		33		15		17		25	
Thema	9	}51	14	}64	1	}85	48	}90	12	}62
Kandidaten	16		4		48		4		14	
negative voting	5		13		21		21		11	

In Prozent**)	SPÖ 90		ÖVP 90		FPÖ 90		Grüne 90		alle Parteien 90*)	
Tradition, Ideologie	28		39		11		2			
Gruppenbezug, Interessenvertretung	22	}50	13	}52	2	}13	2	}4		}42
Performance Konkurrenz	16		24		25		33		20	
Thema	8	}50	10	}48	7	}87	46	}96	10	}58
Kandidaten	21		10		22		2		18	
negative voting	5		4		36		15		10	

In Prozent**)	SPÖ 94		ÖVP 94		FPÖ 94		Grüne 94		LIF 94		alle Parteien 94*)	
Tradition, Ideologie	24		38		6		6		5			
Gruppenbezug, Interessenvertretung	23	}47	12	}50	6	}12	5	}11	6	}11		}35
Performance Konkurrenz	26		26		26		28		33		28	
Thema	9	}53	9	}50	13	}88	43	}89	6	}89	11	}66
Kandidaten	15		10		16		10		30		15	
negative voting	3		5		33		8		20		12	

In Prozent**)	SPÖ 95		ÖVP 95		FPÖ 95		Grüne 95		LIF 95		alle Parteien 95*)	
Tradition, Ideologie	21		29		9		5		10			
Gruppenbezug, Interessenvertretung	19	}40	8	}37	5	}14	6	}11	8	}18		}30
Performance Konkurrenz	20		25		28		25		26		24	
Thema	22	}60	19	}63	13	}86	50	}89	6	}81	23	}70
Kandidaten	10		16		18		4		34		12	
negative voting	8		3		27		10		15		11	

In Prozent**)	SPÖ 99		ÖVP 99		FPÖ 99		Grüne 99		LIF 99		alle Parteien 99*)	
Tradition, Ideologie	24	}45	33	}44	5	}13	9	}11	15	}18		}29
Gruppenbezug, Interessenvertretung	21		11		8		2		3			
Performance Konkurrenz	29		25		41		27		25		31	
Thema	12	}55	18	}66	22	}90	39	}89	23	}82	20	}71
Kandidaten	6		7		12		15		24		10	
negative voting	7		6		15		8		10		10	

Quelle: FESSEL-GfK, Exit Polls zu den Nationalratswahlen (1986–1999).
*) Im Parlament vertretene Parteien (1986-1995), 1999 inklusive LIF.
**) In Prozent der zuordenbaren Motive (je Partei 92-98% aller Nennungen).

Die Autoren

Herbert Dachs	Universitätsprofessor an der Universität Salzburg.
Thomas Fliri	Forschungsgruppe mediAwatch, Innsbruck.
Oscar W. Gabriel	Universitätsprofessor an der Universität Stuttgart.
Gernot W. Gruber	Forschungsgruppe mediAwatch, Innsbruck.
Christoph Hofinger	SORA Institute for Social Research and Analysis, Wien.
Marcelo Jenny	SORA Institute for Social Research and Analysis, Wien.
Ferdinand Karlhofer	A.o. Universitätsprofessor an der Universität Innsbruck.
Claude Longchamp	Co-Leiter des GfS-Forschungsinstituts, Bern/Zürich.
Wolfgang C. Müller	A.o. Universitätsprofessor an der Universität Wien.
Günther Ogris	SORA Institute for Social Research and Analysis, Wien.
Günther Pallaver	Universitätsassistent an der Universität Innsbruck.
Imma Palme	IFES Institut für empirische Sozialforschung, Wien.
Clemens Pig	Forschungsgruppe mediAwatch, Innsbruck.
Fritz Plasser	Universitätsprofessor an der Universität Innsbruck und 2000-2001 Fulbright Professor an der George Washington University in Washington DC.
Michael Posselt	Politik- und Medienberater in Ellbögen (Tirol).

Manfred Rieglhofer	Geschäftsführer der Innsbrucker Stadtmarketing-Gesellschaft.
Hubert Sickinger	Institut für Konfliktforschung, Wien.
Gilg Seeber	A.o. Universitätsprofessor an der Universität Innsbruck.
Franz Sommer	Wahlforscher und Forschungskonsulent am Zentrum für Angewandte Politikforschung (ZAP), Wien.
Peter A. Ulram	FESSEL-GfK-Institut Wien und Universitätsdozent an der Universität Wien.
Elisabeth Wolfgruber	Universitätsassistentin an der Universität Salzburg.

Schriftenreihe des Zentrums für Angewandte Politikforschung

Band 1	Pensionierung bei geminderter Arbeitsfähigkeit	Wolfgang Mazal 1993, 107 Seiten, S 150,-, ISBN 3-85436-141-6
Band 2	Transformation oder Stagnation? Aktuelle politische Trends in Osteuropa	Fritz Plasser und Peter A. Ulram (Hg.) 1993, 251 Seiten, S 310,-, ISBN 3-85436-143-2
Band 3	Europa-Kampagnen. Dynamik öffentlicher Meinungsbildung in Dänemark, Frankreich und der Schweiz	Holger Rust (Hg.) 1993, 234 Seiten, S 290,-, ISBN 3-85436-144-0
Band 4	Österreichbewußtsein im Wandel. Identität und Selbstverständnis in den 90er Jahren	Ernst Bruckmüller 1994, 200 Seiten, S 250,- (vergriffen)
Band 5	Europa als Herausforderung. Wandlungsimpulse für das politische System Österreichs	Peter Gerlich und Heinrich Neisser (Hg.) 1994, 244 Seiten, S 290,-, ISBN 3-85436-159-9
Band 6	EU-Referendum. Zur Praxis direkter Demokratie in Österreich	Anton Pelinka (Hg.) 1994, 206 Seiten, S 280,-, ISBN 3-85436-165-3
Band 7	Effizienz der Gesetzesproduktion. Abbau der Regelungsdichte im internationalen Vergleich	Wolfgang Mantl (Hg.) 1995, 350 Seiten, S 348,-, ISBN 3-85436-166-1
Band 8	Wählerverhalten und Parteienwettbewerb. Analysen zur Nationalratswahl 1994	Wolfgang C. Müller, Fritz Plasser und Peter A. Ulram (Hg.) 1995, 582 Seiten, S 540,-, ISBN 3-85436-167-X
Band 9	Sozialpartnerschaft und EU. Integrationsdynamik und Handlungsrahmen der österreichischen Sozialpartnerschaft	Ferdinand Karlhofer und Emmerich Tálos 1996, 226 Seiten, S 278,-, ISBN 3-85436-185-8
Band 10	Kammern auf dem Prüfstand. Vergleichende Analysen institutioneller Funktionsbedingungen	Anton Pelinka und Christian Smekal (Hg.) 1996, 196 Seiten, S 248,-, ISBN 3-85436-198-X
Band 11	Wahlkampf und Wählerentscheidung. Analysen zur Nationalratswahl 1995	Fritz Plasser, Peter A. Ulram und Günther Ogris (Hg.) 1996, 407 Seiten, S 398,-, ISBN 3-85436-199-8
Band 12	Österreichs Nachbarstaaten. Innen- und außenpolitische Perspektiven	Peter Gerlich (Hg.) 1997, 323 Seiten, S 350,-, ISBN 3-85436-220-X

Band 13	Koalitionsregierungen in Westeuropa. Bildung, Arbeitsweise und Beendigung	Wolfgang C. Müller und Kaare Strøm (Hg.) 1997, 755 Seiten, S 584,-, ISBN 3-85436-241-2
Band 14	Länderpolitik. Politische Strukturen und Entscheidungsprozesse in den österreichischen Bundesländern	Herbert Dachs, Franz Fallend und Elisabeth Wolfgruber 1997, 433 Seiten, S 398,-, ISBN 3-85436-243-9
Band 15	Postmodernes Österreich? Konturen des Wandels in Wirtschaft, Gesellschaft, Politik und Kultur	Max Preglau und Rudolf Richter (Hg.) 1998, 393 Seiten, S 398,-, ISBN 3-85436-261-7
Band 16	On the Eve of EU Enlargement. Economic Developments and Democratic Attitudes in East Central Europe	Jan Stankovsky, Fritz Plasser und Peter A. Ulram 1998, 241 Seiten, S 291,-, ISBN 3-85436-262-5
Band 17	Österreich im europäischen Mehrebenensystem. Konsequenzen der EU-Mitgliedschaft für Politiknetzwerke und Entscheidungsprozesse	Gerda Falkner und Wolfgang C. Müller (Hg.) 1998, 251 Seiten, S 291,-, ISBN 3-85436-242-0
Band 18	Die innovative Verwaltung. Perspektiven des New Public Management in Österreich	Heinrich Neisser und Gerhard Hammerschmid (Hg.) 1998, 587 Seiten, S 475,-, ISBN 3-85436-280-3
Band 19	Zukunft der Sozialpartnerschaft. Veränderungsdynamik und Reformbedarf	Ferdinand Karlhofer und Emmerich Tálos (Hg.) 1999, 301 Seiten, S 350,-, ISBN 3-85436-297-8
Band 20	Parteien auf komplexen Wählermärkten. Reaktionsstrategien politischer Parteien in Westeuropa	Peter Mair, Wolfgang C. Müller und Fritz Plasser (Hg.) 1999, 405 Seiten, S 518,-, ISBN 3-85436-306-0
Band 21	Das österreichische Wahlverhalten	Fritz Plasser, Peter A. Ulram und Franz Sommer (Hg.) 2000, 477 Seiten, S 628,-, ISBN 3-85436-308-7

SIGNUM VERLAG   1080 Wien, Albertgasse 33, Tel. 01-4065033